신라인의 교육,
그 문명사적 조망

| 안경식 저 |

학지사

이 저서는 2014년 정부(교육부)의 재원으로 한국연구재단의 지원을 받아
수행된 연구임(NRF-2014S1A6A4026917).

머리말

신라시대는 고대 문명의 저수지

이 책은 신라시대의 교육을 문명사의 시각에서 고찰한 것이다. 신라사회는 우리나라, 나아가 고대 동아시아 문명의 '저수지'다. 우리 역사에 한정해 보더라도 신라 이전에 북방의 고조선, 낙랑, 예, 맥, 그리고 남방의 여러 한(韓) 나라가 존재했다. 신라와 동시대에도 고구려와 백제, 그리고 가야, 발해가 독립 국가의 이름을 달고 존재했다. 또 조금 더 범위를 넓혀서 보면, 중국 대륙의 여러 나라와 일본과 같은 해양 국가들과 시간, 공간을 나누게 된다. 신라를 신라로만 보아서는 안 되는 이유다. 『삼국사기』에 따르면 신라는 고조선의 유민이 남하하여 세운 나라다. 경주에서 출토된 유물들이 이를 증명하고 있다. 고구려와 백제, 가야는 국가 성립 단계에서 연맹체 소국들의 문명을 흡수하여 각기 나름대로의 문명국가를 건설하였고, 삼국이 전쟁을 하는 가운데서도 문명의 교류는 활발한 편이었다. 전쟁에 진 나라의 문명이라 해서 그냥 흔적도 없이 사라지는 것이 아니라 다른 나라에 의해 계승·존속되어 간다. 그런 까닭으로 신라는 고대 문명의 집결지가 되었고, 집결된 문명을 바탕으로 새로운 문명을 건설할 수 있었다. 이것은 마치 헬라스 사회의 역사를 정치적 단일 공동체로 통합한 세계국가인 로마 제국에 비유할 수 있을 것이다.[1]

---

1) A. J. 토인비(홍사중 역), 『역사의 연구』, 동서문화사, 2011, 27쪽. 토인비가 말한 동아시아 사회에서 세계국가의 시대는 몽골 제국의 시대다. 그러나 동북아시아를 중심으로 이야기한다면 신라가 될 수 있을 것이다.

이같이 신라시대는 문명사의 측면에서 매우 중요한 의미를 지니는 시대다. 신라시대의 문명을 탐구하지 않으면 한국교육사, 동아시아교육사가 성립할 수 없을 정도다. 그렇지만 이에 대한 교육학적 연구는 매우 소략하다. 실제 신라시대를 비롯한 고대 교육을 주 연구 대상으로 삼고 있는 학자들도 손에 꼽을 정도라는 것이 지금의 상황이다. 선배 학자들께 죄송한 말씀이지만 그렇다고 그동안 쌓아 놓은 성과도 '이것이다' 하고 내어놓을 정도가 못 된다. 연구 대상 역시 국가 중심의 제도사나 사상사 방면에 치우쳐 있으며, 화랑도 연구가 신라시대의 교육학 연구의 절반을 차지하고 있을 정도다. 화랑도 연구도 중요하지만 그 밖의 연구에 대해서는 거의 진척이 없는 상황이 안타까운 것이다. 한마디로 시대가 가지는 중요성에 비해 전반적으로 연구가 일천한 상황이다. 사실 이 시대가 중요하다는 것은 누구나 인식하고 있으나 문제는 '사료'다. 어느 연구인들 그렇지 않겠냐마는 사료 없는 역사 연구는 '어찌 해 볼 수 없는' 절망적 상황이다. 중국은 그렇다 치고 고대사에서만큼은 '멸시'에 가까운 태도로 보아 왔던 일본이 부러웠던 적이 한두 번이 아니다. 다른 것이 부러웠던 것이 아니라 그들의 '사료'가 부러웠던 것이다. 그렇다면 사료가 부족한 이 상황은 어떤 상황인가. 정말 '어찌할 수 없는' 절망적 상황인가? 없는 사료를 만들어 낼 수는 없다. 사료를 만들어 내라는 것이 아니다. 사료가 없다면 있는 사료라도 다시 보아야 한다. 역사는 '해석'이라고 하지 않는가?

나는 그동안 어떤 연구를 해 왔는가

저자는 20여 년 동안 몇 가지 새로운 시도를 해 보았다. 2004년에는 문화교류사적 방법으로 신라시대를 비롯한 한국 고대 교육사가 갇힌 돌파구를 마련해 보고자 하였다.[2] 2004년의 「문화교류사의 입장에서 본 동아시아 고대 교육」이 그것이

---

2) 안경식, 「문화교류사의 입장에서 본 동아시아 고대 교육」, 한국교육사상연구회, 『교육사상연구』 15집, 2004년 8월, 151-166쪽. 이 책의 11장 '신라 교육문명의 교류사'는 이 글의 문제

다. 다음으로 교육지성의 개념을 도입한 지성사적 방법을 활용해 보았다. 2010년의 「한국 고대교육사 연구와 불교 지성으로서 고승」이라는 글을 통하여 그동안의 연구가 '국가'나 '제도'에 초점이 맞추어져 있었고, 그 결과 국가의 통치 이데올로기인 유교 중심, 학교 중심의 교육사 연구에 갇혀 있을 수밖에 없었다는 점을 지적하였다.[3] 그리고 연구의 폭과 넓이를 심화시킬 필요가 있다고 주장하면서 우리가 그간 주목해 왔던 7세기의 고승뿐 아니라 나말의 고승에까지 연구 대상을 확대하였다. 2012년에는 역시 한국 고대 교육사 연구 대상과 방법의 확장을 위한 시론으로서 「신라 지성사의 구성과 그 특질」이라는 글을 발표하였다.[4] 그와 함께 시도한 방법이 미디어(media)론의 활용이다. 이는 미디어의 내용이 아닌 미디어의 특성 자체에 눈길을 돌린 맥루한(M. McLuhan, 1911~1980), 그리고 '교육은 지(知)의 전달'이라는 관점에서 전달 미디어에 주목하자는 츠지모토 마사시(辻本雅史)의 아이디어를 고대 교육사 연구에 활용하고자 한 것이다. 그리하여 2007년에 「『금강경』의 유통과정과 교화사적의 교육사적 의의」를 통하여 '교육은 지식의 유통과 소비의 과정'이라고 새롭게 정의하고, 『금강경』이라는 대승 경전(지식의 결집체)의 유통과 소비의 과정을 역사적으로 추적해 보았다.[5] 그리고 그 사이 몇 편의 글과 함께 「미디어의 관점에서 본 신라 국학의 의미」를 2014년에 작성하였다.[6] 저자의 이와 같은 실험적인 방법론 모색은 우리 고대 교육사, 특히 신라시대의 교육사 연구가 안고 있는 난점을 타파해 보고자 하는 시도였다. 그 결과, 사료가 없다는 것은

의식을 이어받은 글이다.

3) 안경식, 「한국 고대교육사 연구와 불교 지성으로서 고승」, 한국종교교육학회, 『종교교육학연구』33권, 2010년 6월, 191-221쪽.

4) 안경식, 「신라 지성사의 구성과 그 특질: 한국 고대 교육사 연구 대상과 방법의 확장을 위한 시론」, 한국교육사학회, 『한국교육사학』34권 4호, 2012년 9월, 23-58쪽.

5) 안경식, 「『金剛經』의 流通過程과 敎化事跡의 敎育史的 意義」, 한국종교교육학회, 『종교교육학연구』24권, 2007년 6월, 199-223쪽.

6) 안경식, 「미디어의 관점에서 본 신라 국학의 의미」, 한국교육사학회, 『한국교육사학』36권 4호, 2014년 12월, 111-132쪽.

학자로서는 자신의 임무를 방기한 일종의 핑계에 지나지 않는다는 생각까지 하게 된 것이다. 자, 보자. 우리가 교육은 국가의 일이고, 교육공간은 학교이며, 교육사상은 유학이라는 것으로 자신의 시각을 고정시켜 놓고 우리의 교육사를 바라보니 신라시대는 천년의 역사라고 하지만 보잘것없는 시대가 되고 만 것이다. 신라 천년의 교육사상으로 화랑도만 이야기하였고, 신라 천년의 교육사상가로 누구 한 사람 번듯하게 이야기할 사람이 없었던 것이다. 스스로 시각을 한계 지어 놓고 연구거리가 없다고 눈도 돌리지 않았던 것이다. 그러나 그 한계를 풀어 버리면 지금까지 교육 개념의 '밖'에 있던 것이 교육의 개념 '안'으로 들어오기 시작한다. 그리하여 교사의 개념이 달라지고, 학생의 개념이 달라지고, 학교의 개념이 달라지고, 마침내 교육의 개념이 달라지는 것이다. 교육사를 교류사의 시각에서 보니 보편성과 특수성이 보이고, 지성사의 시각에서 보니 수많은 교육지성이 드러나게 되고, 미디어사의 시각에서 보니 신라시대는 이 시대가 갖지 못한 엄청난 교육미디어를 가진 나라로 보이게 되는 것이다. 우리는 여기서 한 걸음 더 나아가야 한다. 신라시대의 교육 전체를 바라볼 시각을 지녀야 한다. 그것이 교육문명사다.

기술의 진보가 문명의 진보를 담보하지는 않는다

이만규(1888~1978)가 일찍이 『조선교육사』의 서문에서 "교육사는 문명사의 일종"이라고 규정한 적이 있다.[7] 어디 교육사만 그러하랴. 따지고 보면 역사 자체가 문명사다. 문명사의 관점에서 역사를 쓴 대표적 인물이 아놀드 토인비(Arnold Joseph Toynbee, 1889~1975)다. 그는 인류 문명의 발생과 성장, 그리고 쇠퇴와 해체에 이르는 과정을 도전과 응전으로 설명했다. 토인비의 연구에서는 문명의 변화와 교육의 관계에 대한 구체적인 언급은 없었지만 토인비의 답을 기다릴 것도 없이 교육은 문명의 핵심적인 내용이 되며, 문명의 발생과 성장에 결정적 역할을

---

7) 이만규, 『조선교육사(상)』, 을유문화사, 1947, 1쪽.

하는 요인이다. 이 점에 주목한 또 한 명의 문명사학자가 윌 듀런트(Will Durant)다. 그는 저서 『문명 이야기(The Story of Civilization)』(1935)에서 다음과 같이 말했다.

> 문명은 결국 무언가를 계속 쌓아 나가는 과정이고, 사람들은 커 가는 동안 그 보물 창고에 저장된 예술과 지혜, 각종 풍습과 윤리를 정신생활의 자양분으로 삼는다. 세대가 바뀔 때마다 사람들이 때맞춰 종족의 유산을 다시 습득하지 않는다면 문명은 돌연사할 수밖에 없다. 문명이 생명을 유지하는 것은 다 교육 덕분이다.[8]

이 책에서는 교육을 문제 삼는 것이 아니라 교육문명을 문제 삼는다. 교육문명이란 무엇인가. 신라시대의 교육을 단지 교육의 시각으로만 보면 교육 이상의 무엇도 아니다. 그러나 문명사의 시각에서 보면 교육은 인류 문명의 정화(精華)다. 신라시대 교육은 신라인이 '발명'한 교육문명인 것이다. 신라인은 우리에게 수많은 유·무형의 교육적 자산, 즉 교육문명을 남겨 놓았다. 그러나 우리는 그 자산이 무엇인지 알지 못한다. 신라인이 우리에게 남겨 놓은 불국사, 석굴암은 알아도 신라인이 남겨 놓은 교육문명이 무엇인지는 알지 못한다. 그 교육문명이 무엇인지, 어떤 것인지를 찾아보려는 것이 이 책의 작업 내용이다. 지금까지 드러나지 않은 교육문명에 대해서는 그 실체를 파악해야 하고, 드러난 교육문명에 대해서도 새롭게 바라보려는 노력이 필요하다.

그런데 본문에 앞서 우리가 문명에 대해 가지고 있는 편견 하나를 이야기할 필요가 있다. 그것은 우리 근대인이 가지는 시각인데, 문명을 근대화와 같은 맥락으로 보는 견해다. 우리는 흔히 문화와 문명을 구분하여 문화는 정신적인 측면, 문명은 물질적인 측면으로 나누는 경향이 있다. '신라문명' 하면 떠오르는 것이 불국사, 석굴암인 이유도 아마 이와 관련이 있지 않을까 싶다. 우리가 흔히 근대사회를 문명사회라고 생각하는 것도 마찬가지다. 지금도 중국의 농촌을 가 보면 학교

---

8) 윌 듀란트(왕수민, 한상석 역), 『문명 이야기』, 민음사, 2011, 187쪽.

와 같은 낡은 벽돌 건물의 벽에 '文明社會建設'과 같은 구호를 종종 볼 수 있다. 또 교양이 부족한 사람들을 가리켜 문명이 부족한 사람이란 뜻으로 '메이요원밍(沒有文明)!'이라는 말을 쓴다. 중국에서는 교육이 문명사회를 건설하고 문명인을 만들기 위한 도구다. 이러한 시각 아래에는 전근대사회를 미개사회(근대는 개화사회)라고 여기는 의식이 있다. 발전론적 시각이다. 저자, 즉 이 책은 이런 생각에 이의를 제기한다. 문명에는 차이만 있고 차등이 없다는 낭만적인 주장을 하고 싶지는 않다. 분명 문명에도 발전이 있을 수 있고, 시대적·사회적으로 차등이 있을 수 있다고 생각한다. 그러나 근대는 문명, 전근대는 미개라는 이분법에는 동의할 수 없다. 오히려 근대에도 저급한 문명이 있을 수 있으며, 전근대라도 고등 문명이 있을 수 있다는 것이 내 생각이다. 그러면 혹자는 이렇게 반박할지 모른다. '신라시대의 문명이 아무리 발달했다 하더라도 그것과 지금의 과학기술을 어떻게 비교할 수 있단 말인가'라고. 그럴 것이다. 과학기술에 한정해서 이야기한다면 신라시대의 과학기술이 아무리 발달했다 하더라도 지금의 과학기술에 어찌 비교할 수 있겠는가. 이것은 과학기술뿐 아니라 여러 영역에서 그러할 것이다. 교육의 경우도 그렇지 않다고 확실히 단언할 수 있겠는가. 일단 교육의 문제는 이 책의 주제이니 본문에서 하나하나 다루기로 하자. 문명이 발달하고 진보할 수 있지만 언제나 그런 것은 아니다. 이 시대에는 이 시대의 문명이 있고, 신라시대에는 신라시대의 문명이 있다. 이 시대의 인류가 성취한 문명이 위대하다고 주장하는 것은 부분적으로 동의할 수 있지만 그렇다고 해서 반드시 신라시대의 문명이 보잘것없다는 것에는 동의할 수 없다.

다시 토인비의 이야기를 하면 기술의 진보는 문명의 진보와 서로 무관하다는 것이다. 헬라스 사회의 경우에는 기술의 진보가 문명의 쇠퇴와 함께 일어난 현상이라고 보았다.[9] 이것은 매우 중요한 견해다. 비록 토인비 자신은 신라문화에 대해 구체적으로 언급한 바도 없으며, 다만 한국을 중국문명의 '자식' 문명 정도로밖에

---

9) A. J. 토인비, 앞의 책, 제3편 문명의 성장.

언급하지 않은 사람이다.[10] 그러나 그는 '자식' 문명의 의의를 충분히 인정한 사람이며, 더구나 서구 중심의 과학기술적 문명관에서 탈피한 사람이다. 우리가 신라의 문명을 볼 때, 물론 신라는 과학기술의 측면에서도 우수한 능력을 나타냈지만, 근대인이 가지는 자기중심적 편견을 가져서는 안 된다. 근대교육학의 성립은 근대 교육문명의 하나다. 공교육제도와 같은 학교 제도의 발달과 함께 교육학이라는 학문이 융성하여 바야흐로 20세기는 '교육의 시대'가 된 것이다. 그러나 이것이 교육문명의 진보를 말해 주는 것은 아니다. 우리는 이 점을 잊고 있다.

교육의 근대성과 폭력성

교육은 인간행동 가운데 참 특이한 것이다. 좀 이상한 말로 들리겠지만, 교육은 '폭력'을 정당화하는 면이 있다. 물론 우리는 이 폭력을 폭력이라 하지 않고 '영향'이라는 말로 포장하지만 말이다. 근대 교육학이론 가운데 '교육만능론'이라는 것이 있다. 그 학문적 단서를 제공한 사람이 왓슨(J. Watson, 1878~1958)이라는 행동주의 심리학자다. 그는 자신에게 아이 12명을 주면 그 아이 중 무작위로 한 아이를 선택해 자신이 원하는 인물로 기를 수 있다고 호언한 사람이다. 의사, 법률가, 예술가, 사업가, 심지어 거지나 도둑까지도 만들 수 있다고 하였다. 이 정도까지는 아니라 하더라도 지금 대한민국 사회의 교육에 대한 믿음도 '신화'에 가깝다. 교육이란 우리에게 이렇게 '대단한' 것이고, 그래서 우리는 교육에 모든 것을 다 걸고 있다.

근대교육학은 교직학(教職學)에서 출발하였다. 교직학은 교사 양성을 위한 학문이다. 교사란 남을 가르치는 '직업'이다. 지금은 이 직업이 매우 인기가 있어 상당 기간 동안 한국 청소년들이 선호하는 직업 1순위를 양보하지 않았다. 우리는 남을 가르치는 것을 두려워할 줄 모른다. 교육이 얼마나 무서운 것임을 모르는 것이다.

---

10) 앞의 책, 111쪽.

여기서 소크라테스를 떠올리지 않을 수 없다. 소크라테스는 대화편『소크라테스의 변론』에서 다음과 같이 말하고 있다.

> 나는 지금까지 한 번도 누구의 스승이 된 일이 없습니다. 그렇지만 젊은
> 사람이나 나이 많은 사람이나 나의 본업이라고 할 수 있는 이야기를 듣고
> 싶어 한다면, 들려주기를 거부한 일도 없습니다. 그리고 돈을 받아야 이야
> 기를 해 준다든지, 돈을 받지 않으면 이야기를 해 주지 않은 일은 없습니다.
> 나는 부자나 가난한 사람을 차별하지 않고 한결같이 질문을 받아 왔습니
> 다. 그리고 내 말을 듣고 싶어 하는 사람이라면 누구에게나 서슴지 않고 무
> 엇이든지 이야기를 해 주었습니다. 그렇지만 이 사람들 가운데 누가 훌륭하
> 게 되거나 또는 되지 못한 책임을 나에게 돌리는 것은 옳지 못합니다. 나는
> 아직 어떤 사람에게도 지식을 가르쳐 주겠다고 약속한 일이 없으며, 따라서
> 가르친 일도 없습니다.[11]

물론 알려진 바와 같이 소크라테스 시대에도 학교는 있었지만 오늘날과 같은 공교육 체제가 아니었으며, 소크라테스는 학교의 교사도 아니었다. 그러나 그 시대에도 오늘날 서양사회의 교사의 기원이 되었다고 하는 소피스트와 같은 교사들이 있었고, 그 역시 소피스트 가운데 한 사람이었다. 그런데 왜 그는 굳이 최후 법정에서 이와 같이 자신은 남을 가르친 적이 없다고 이야기했을까. 진정한 교육은 자발성에 있다는 것을 말하기 위함이었을까. 사실을 말하자면, 소크라테스는 한평생 대화라는 형식을 빌려 교육을 한 사람이다. 누구보다도 당시의 아테네 시민들에게 영향을 끼친 사람이었다. 심지어 메논은 이런 소크라테스를 '전기가오리'라고 했다. 근처에 가기만 해도 감전되는 위험한 물고기가 전기가오리다. 그의 영향력이 치명적일 정도로 컸음을 알려 주는 말이다. 소크라테스는 그런 인물이었다. 그럼에도 불구하고, 아니 그렇기 때문에 소크라테스는 최후 변론에서 자신은 교

---

11) 플라톤(최현 역),『소크라테스의 대화록』, 집문당, 1982, 42-43쪽.

육을 매개로 돈을 받은 적도 없고, 억지로 남을 가르친 사람이 아니었다고 항변한 것은 아닐까. 젊은이든 늙은이든 자신의 이야기를 들으려는 사람의 요청 때문에 강의한 것이고, 그것을 거부하지 아니한 것은 죄가 되지 않는다. 따라서 남에게 어떠한 영향을 끼쳤던 것은 다 그들이 원해서 한 것이다. 어찌 보면 옹졸하기조차 하다. 그러나 소크라테스의 이 말이야말로 소크라테스를 다시 보게 한다. 교육은 타인에게 영향을 끼치는 행위다. 하여 교육은 태생적으로 식민성을 내포하고 있다. 드러나지 않는 폭력성이 있다. 이를 간파한 사람이 소크라테스다.

근대는 어떤 시대인가. 소크라테스는 교육이 가지고 있는 이 폭력성을 변론하기 위해 애썼지만 근대는 더 이상 이를 스스로 변론하지 않아도 되는 시대다. 근대라는 시대는 이 식민성과 폭력성을 국가가 나서서 제도적으로 변론하고 있다. 그러나 여기서 머물지 않는다. 더는 소크라테스처럼 순진하게 스스로 고발하고 고백하지 않아도 되도록 문화적으로 보호하고 있고 학문적으로 장려하고 있다. 이미 푸코(M. Foucault, 1926~1984)가 폭로하였듯이, 교육학은 학교라는 공간을 통해 권력이 부과하는 질서를 내면화하는 논리를 개발해 왔다. 감시하고, 줄 세우며, 상벌을 부과하는 근대 학교가 감옥, 병원과 같은 차원에서 논의되는 것은 전혀 놀라운 일이 아니다. 이것이 근대 교육문명의 한 풍경이다.

나는 왜 신라의 교육문명에 주목하는가

인류 역사를 제도화의 역사로 보는 것은 어떨까. 막스 베버(M. Weber, 1864~1920)가 제도화, 합리화가 근대화의 핵심이라고 말하기 전부터 치자(治者)는 늘 제도화에 골몰해 왔다. 정치만 그러한 것이 아니다. 따지고 보면 역사도, 윤리도, 심지어 교육도 문화적 방식의 제도화와 다름없다. 어느 시대건 어느 사회건 다르지 않다. 제도화는 통제의 다른 이름이다. 제도화가 되어야 예측이 가능하고, 예측이 가능해야 통제가 가능하다. 그 극단에 있는 시대가 지금이다. 사실 동아시아 중국 고대사회에서 문명이란 말의 실체는 문물(文物)이다. 문물의 의미는 예악(禮樂),

전장(典章), 제도(制度)다.[12) 그리고 이 문명을 만든 사람이 이른바 성인(聖人)이다. 공자도 다른 사람이 아니라 문명을 만든 사람이다. 그래서 문선왕(文宣王)이라 한다. 춘추시대의 문명을 무(武)에서 문(文)으로 바꾸어 놓은 사람이 공자다. 신라시대의 위정자라고 다를 수가 있겠는가. 그들 역시 끊임없이 제도화를 통해 문명사회를 건설하려 했다. 국학이라는 학교 제도도 그 가운데 하나다. 학교는 문명, 특히 문자문명의 표지(標識)다. 그런데 신라의 교육문명 가운데는 이러한 문자를 바탕으로 제도화된 문명도 있지만 또 다른 문명도 있다. 이 책에서 문자문명, 제도문명을 외면하는 것은 아니다. 그러나 사실 그보다 더 주목하고 있고, 또 주목해야만 하는 것이 있다. 구술문명이라 일컫는 비문자적 문명이다. 비문자적 문명이었기에 주목의 대상도 되지 않았고, 역사 서술의 대상도 되지 못했다. 한 사회의 제도화는 문자를 매개로 하여 이루어진다. 신라도 국사의 편찬과 율령의 공포를 기점으로 급속히 제도화의 길로 접어들었다. 오감 가운데 한 방면의 감각이 특별히 발달하면 감각의 균형이 깨어져 다른 감각이 상대적으로 위축될 수 있다.

문명도 다르지 않다. 시각 중심의 문자문명이 특별히 발달하게 되면 구술문명이 위축될 수 있다. 맥루한의 저서 『구텐베르크 은하계(The Gutenberg Galaxy)』의 부제는 '활자형 인간의 형성'이다. 시각 미디어인 활자의 발명은 활자형 인간을 낳는다는 것이다. 무수한 별이 모여 은하계를 만들듯이 근대라는 시대는 활자가 우주를 만드는 시대다. 그런 점에서 우리가 살고 있는 세계는 구텐베르크 은하계다. 신라는 그 은하계가 막 시작된 시대다. 이제 구텐베르크 은하계가 저물고 있다. 근대학교는 이 은하계의 샛별이었다. 이제 인류는 이 은하계를 떠나 새로운 은하계를 찾아 나서야 한다. 『장자(莊子)』에는 이런 고사가 있다. 공자(孔子)의 제자 자공(子貢)이 한수(漢水) 북쪽을 여행하다 채마밭에서 일하는 노인을 만났는데, 노인은 밭고랑에 물을 주고 있었다. 밭고랑에 우물을 파서 한 바가지씩 퍼내 힘들게 고랑에 붓고 있는 노인을 보고, 자공은 물 푸는 기계를 사용하면 물을 빨리 퍼낼 수 있다고 조언하였다. 이 말을 들은 노인이 화를 내며, "기계를 사용하는 사람은

---

12) 『辭源』, 臺灣商務印書館, 1989, p. 1359. "文物, 舊指禮樂典章制度."

반드시 기계처럼 일을 하게 될 것이다. 기계처럼 일을 하게 되면 기계의 마음을 가지게 될 것이다. 기계의 마음을 품고 있는 사람은 순백한 마음을 잃어버릴 것이다. 순백한 마음을 잃어버리면 정신이 안정되지 않고 그러면 도(道)가 깃들 수 없게 된다."라고 하였다.[13] 노인이 몸 고생을 하는 것을 보고 안타까워 자공이 기계를 사용하라고 귀띔해 준 것뿐인데, 노인이 왜 화를 내었나. 노인이 기계의 존재를 모른 것이 아니다. 몸이 고된 것을 모르는 것도 아니다. 일부러 '몸소' 바가지를 사용하여 채마밭을 가꾸고 있는 것이다. 바가지에서 기계로의 변화는 문명의 전환이다. 감각문명에서 무감각문명으로의 변화다. 노인의 채마밭 농사는 감각문명을 바탕으로 하는 1차적 문명이다. 산업으로 치자면 1차 산업이다. 기계를 사용하면 농사의 의미가 퇴색되고 산업의 의미가 부가될 수 있다. 인류는 노인의 선택과 달리 기계를 선택했다. 그래서 이 시대에 우리는 농사를 짓는 것이 아니고 농산업을 하고 있다. 교육을 하고 있는 것이 아니고 교육산업을 하고 있는 것이다. 제4차 산업혁명을 빼면 이야기가 안 되는 시대다. 교육의 의미도 아무리 어떤 방식으로 이야기해도 산업을 빼면 이야기가 되지 않는다.

　구텐베르크 은하계가 저물고, AI 은하계가 떠오르고 있다. 이러한 시대에 신라의 문명이 무엇을 말해 줄 수 있는가. 나는 왜 신라의 문명에 주목하는가. 신라는 한국 역사상 교육을 개념화한 시대다. 교사를 개념화했으며, 학생을 개념화했고, 학습을 개념화했다. 문명이 달라지면 개념이 달라진다. 이 문명의 전환기에 우리는 인간을 다시 물어야 한다. 교육을 다시 물어야 하고, 교사와 학생을 다시 물어야 한다. 이 책에서 그 물음에 대한 신라인의 답을 찾고자 했다. 이것이 책을 낸 이유다.

쇠미산 아래 사직골에서

안경식

---

13) 이 말은 『장자(莊子)』에 있는 말로 맥루한이 인용하고 있다. M. 맥루한(임상원 역), 『구텐베르크 은하계−활자 인간의 형성−』, 커뮤니케이션북스, 2001, 65-67쪽. 『장자』 원문의 번역은 저자가 다시 하였다. 자세한 것은 이 책의 제4장을 참조하기 바란다.

차례

제9장 신라인의 의례와 교육 ● 371

제10장 신라인의 전업교육: 과학기술교육과 예술교육 ● 419

제11장 신라 교육문명의 교류사 ● 467

그림 차례

제1장

신라의 '교사'들

⊕ 개념의 변화는 문명 변화의 표지다

최근 『신찬교육학(新撰教育學)』(김성학, 2017)이라는 책이 발간되었다. 그런데 이 책은 사실 요즈음 발간된 것이 아니다. 1895년에 발간된 것을 다시 발간한 것이다. 이 책은 기무라 도모지(木村知治)라는 일본 사람이 저자이지만 조선에서 사용하였다. 일본 책을 조선에서 사용한 것이 아니라 조선인이 사용하도록 편찬한 책이다. 재미있는 것이 많지만 저자의 눈길을 끄는 것은 지금의 교육학과 당시의 교육학의 범위가 상당히 차이가 있다는 것이다. 예를 들면, 지금은 교육학의 범주에서 벗어나 있는 위생, 양호, 음식, 체조, 종교 등이 다 교육학의 학문적 범주 안에 있다는 것이다. 지금보다 교육학의 범위가 상당히 넓고 통합적이다. 이런 것도 교육학의 연구 대상이 되나 싶은 것들이 있고, 그래서 지금의 교육학이라는 학문의 정체성을 다시 생각하게 된다. 학문이라는 것이 원래 하나의 모습으로 존재하는 것이 아니라 시대에 따라 변화하는 것은 당연한 일이다. 교육의 모습도 마찬가지다. 교육의 모습이나 개념 변화는 문명의 변화를 알려 주는 표지(標識)일 수 있다. 신라시대 교육문명의 실체를 여기서는 교사의 모습에서부터 찾아보고자 한다.

⊕ '師'의 글자의 역사

사실 교사라는 개념은 우리가 전통적으로 사용하던 개념이 아니다. 물론 그 용어는 있었지만 지금과 같은 개념으로 사용하지는 않았다. 『한국한자어사전』(단국대학교 동양학연구소, 1997)에는 한자어 '教師'가 "조선시대 훈련도감, 금위영, 어영청, 총융청 등의 군문(軍門)과 각도 수영(水營)에 딸리어 군사의 교육과 훈련을 담당하던 무관"으로 설명되어 있다. 신라사회에서는 교사라는 용어가 사용되지 않았던 것이다. 그에 해당되는 개념을 찾으려면 오히려 우리가 '스승 사'라고 읽는 '師' 자에서 찾아야 한다. 물론 '師'의 개념도 시대에 따라 변화가 없지는 않았다.

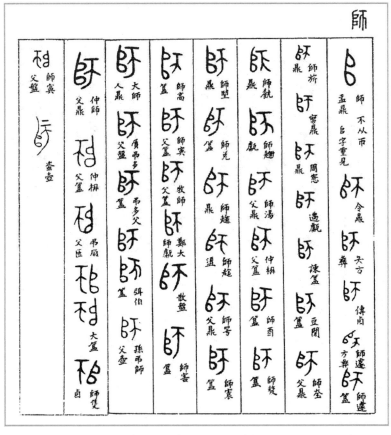

[그림 1-1] 금문(金文)의 師

출처: 容庚 編著, 『金文編』.

그래서 이 '師'에 대한 논의만 하더라도 끝이 없다.[1] 간략하게 정리하면, 한자의 기원이 되는 갑골문에는 이 글자가 없다. 갑골문에는 '師' 대신 '師'의 왼쪽 변인 '𠂤'를 사용하였으며, 그 뜻은 군대의 주둔지나 왕실 군대였다.[2] 이후 서주시대의 금문(金文)에 처음으로 '師'라는 글자가 나타난다. 금문에서는 '師'와 '𠂤'가 서로 통용되었으며, 의미는 오늘날과 같은 스승의 의미도 있지만 군대나 군관의 의미도 있다. 앞에서 조선시대 '敎師'의 의미를 보았거니와 조선시대까지 그 흔적이 남아 있으니 놀라운 일이다. 한자의 유래를 적어 놓은 『설문해자(說文解字)』에서는 '師'의 의미를 '二千五百人師'라 하였다.[3] 2,500명의 군인 대오를 '師'라 하여 갑골문, 금문과 같이 '師'의 기원이 군대에 있다는 것을 말하고 있다.

이후 중국 고대 왕실 제도를 집대성한 문헌 『주례(周禮)』에는 '師'에 대한 풍부한 용례가 나온다. 「지관(地官) 사도하(司徒下)」편에서는 왕실 자제의 교육 및 경호 등과 관련한 사씨(師氏)의 임무에 대해 기록하고 있다.[4] 또 음악 담당관인 악사(樂師)를 비롯하여 태자 교육담당관인 태사(太師), 소사(少師)를 비롯하여 의사(醫師, 의료담당관), 추사(追師, 왕후 및 내외명부의 관복을 제작하는 관리), 향사(鄕師, 지방교육담당관), 무사(舞師, 무용교육담당관) 등 수많은 '師'가 등장한다. 이 가운데 교육을 담당하는 직관도 있고 그렇지 않은 것도 있다. 왕의 경호나 의료, 의복 제작은 지금 우리가 생각하는 교육과 거리가 있다. 그렇지만 이들도 역사적으로 올라가면 교육과 완전히 무관한 것은 아니다. 갑골문에 나타나는 학교는 오늘날과 같은 학교가 아닌 군사훈련소의 성격이 있다. 오늘날 학교는 글을 배우는 곳이지만 당시 학교는 전쟁 준비를 위해 무술 훈련을 하고 원로들을 모아 놓고 작전 회의를 하며

---

1) 관심 있는 사람은 저자가 쓴 논문 「中國 古代의 師論」(한국교육학회 국제학술대회 겸 연차대회 논문집) 『21세기의 아시아교육(I)』(2000년 10월), 139~156쪽을 읽어 보기 바란다.
2) 楊寬, 「我國古代大學的特點及其基源」, 『古史新探』, 北京, 中華書局, 1965.
3) 段玉裁, 『說文解字注』, 上海, 上海古籍出版社, 1981.
4) 교육담당관인 사도(司徒)를 지관(地官)으로 분류하였다. 이는 임금이 천관(天官)인 것과 대비해 생각해 볼 수 있다. 즉, 교육은 하늘의 일이 아닌 인간의 일이라는 의미가 들어 있는 것 같다.

음식 대접을 하던 곳이었다.[5] 학교가 전쟁 준비를 하던 곳이라면 다소 의아할 것이다. 갑골문에 보면, 만(萬)이라는 사람이 언제 학교에 가는 것이 좋겠는가를 물은 내용이 있으며, 학교를 갈 때 큰 비를 만나겠는가를 물은 내용도 있다. 주지하듯이, 갑골문의 내용은 대개 복사(卜辭)다. 점치는 내용이다. 학교를 가는데 왜 점을 쳐야 하는가? 요즈음 학교가 아닌 것이다. 학교의 기능이 달랐다는 것이다. 『예기(禮記)』「왕제(王制)」편을 보면, "천자가 반역을 정벌하러 갈 때에 천지 신과 종묘 사직에 제사를 지내야 한다. 또 전쟁터에 도착해서는 군신(軍神)에게 마제(禡祭)를

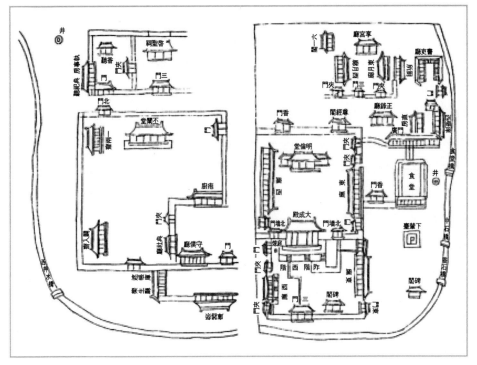

[그림 1-2] 반궁도

출처: 성균관, 『태학지』.

---

5) 저자의 또 다른 논문 「先秦 大學 制度의 考察」, 한국교육사학회, 『한국교육사학』 제22권 제2호, 2000년 12월, 121-137쪽 참조.

지내야 한다. 종묘에서 명을 받아야 하고, 학교에서 작전 회의를 해야 한다. 출정하여서는 죄를 다스려야 하고, 돌아와서는 학교에서 석전제를 거행하여 전황을 보고하여야 한다."라는 말이 있다.[6] 학교는 군사 작전을 하던 곳이고 군사 훈련을 하던 곳이었던 것이다. 예전에 성균관을 다른 말로 반궁(泮宮)이라고 했다. 중국의 성균(관) 이외에 우리 조선의 성균관도 별칭이 반궁이다. 이 '반(泮)'이란 말에 삼수 변(氵)이 있는데, 이것은 외적의 방어시설인 해자(垓子)의 물을 의미한다. 『태학지』를 보면 성균관의 위치도에도 건물 바깥에 그 물길의 흔적이 있다. 물론 오늘날 성균관은 현대 문명 '덕분'에 그 물길이 다 복개가 되어 버렸다([그림 1-2] 참조).

요컨대, '師'라는 글자는 뜻밖에 학교는 군대, 교사는 군관이라는 동아시아 학교의 원초적 모습과 맞닿아 있다. 이것은 중국의 경우에만 해당되는 것은 아니다. 고구려의 학교 경당(扃堂)만 하더라도 무술 연마가 교육과정에 들어 있고, 신라의 화랑도도 예외는 아니다. 조선시대의 군사 훈련과 교육 담당관을 교사라 한 것은 우연한 것이 아니고 동아시아 교육문명의 편린이었던 것이다.

❀ 관직의 우두머리, 군사

『주례』를 보면, 임금은 국가를 세운 사람이다[惟王建國]. 국가의 온갖 직관을 만든 사람이고, 그것을 나누어 준 사람이다[設官分職]. 임금은 모든 관직의 총책임자이다[天官冢宰].[7] 교육 장관으로 사도(司徒)가 있지만 사도 위에 임금이 있다. 온갖 '師' 자를 쓰는 관직이 있지만 그 관직의 총책임자가 임금이다. 그래서 임금을 일러 군사(君師)라고 하는 것이다. 사실 우리는 군사(君師)라고 하면 성군(聖君)을 떠올린다. 『조선왕조실록』을 보면 군사(君師)란 말이 곳곳에 등장한다. 변계량이 세

---

6) 『禮記』「王制」. "天子將出征, 類乎上帝, 宜乎社, 造乎禰, 禡於所征之地, 受命於祖, 受成於學, 出征, 執有罪, 反, 釋奠于學, 以訊馘告".

7) 괄호 안의 한자는 『주례』의 첫머리 부분이다. 모든 전장, 제도, 의례의 시작이 임금으로부터 유래된다는 것을 말하고 있다.

종 임금을 칭찬하면서 "상제(上帝)의 명을 받아 군사(君師)가 되었으니, 다사(多士)가 도와 모든 공적(功績)이 빛나네."라고 하였으며(세종 즉위년 11월 3일 기유), 세조 때는 성균관 유생이 세조에게 "지금 우리 주상 전하께서는 하늘이 낳으신 성인(聖人)으로서 군사(君師)의 지위에 올라 몸소 실행하고 마음 깊이 깨달아, 위에서 교육을 제정하고 사유(師儒)를 신중히 선발하여 아래에서 교육을 관장시켰으니, 천의(天意)를 이어받아 임금 자리에 오르고 인재를 무육(撫育)한 뜻은 실로 당우(唐虞)·삼대(三代)와 똑같은 법도입니다."라고 한 바 있다(세조 5년 5월 18일 기해). 조선조의 대표적 성리학자인 율곡 이이 역시 선조 임금에게 경전(『맹자』) 강론을 하면서, "오늘날 인심(人心)의 함닉됨은 홍수의 재해와 양묵(楊墨)의 피해보다 심하니, 성상께서는 다만 몸소 실천하고 마음으로 터득하여 교화를 세상에 포시(布施)하시어 군사(君師)의 책임을 다하시기를 바랄 뿐입니다."라고 한 바 있다. 이렇게 특히 조선시대에 군사(君師) 이념이 강조된 것은 성리학의 영향과 무관하지 않다.

🪷 주자의 군사 이념

성리학에서의 군사(君師) 이념은 일찍이 주자(朱子)의 「대학장구(大學章句)」의 서문에 명시되어 있다. 주자는 "하늘이 백성을 내릴 때 인의예지의 본성을 부여하지 않음이 없었지만 품부 받은 기질이 고르지 않은 관계로 자신이 가진 본성을 다 온전하게 펼치지 못한다. 그런 가운데 한 사람이라도 총명하고 예지로워 그 본성을 다한 사람이 있으면 하늘은 반드시 그를 억조의 군사(君師)로 삼아 그로 하여금 백성을 다스리고 가르치게 하여 그 본성을 회복하게 하였다. 복희, 신농, 황제, 요와 순이 하늘을 잇고 법을 세운 까닭이며, 사도(司徒)의 직책과 전악(典樂)의 관직을 설치한 까닭이다."라고 하였다.[8] 즉, 왕을 단지 '다스리는' 존재로만 본 것이 아니라

---

8) 蓋自天降生民, 則旣莫不與之以仁義禮智之性矣. 然其氣質之稟或不能齊, 是以不能皆有以知

'가르치는' 존재로까지 보았다는 것을 교육학자들은 눈여겨봐야 한다. 주자가 '가르치는[敎之]' 존재라고 했을 때, 그 가르침은 물론 왕이 직접 교사가 되어 가르치는 것을 말하는 것은 아닐 것이다. 크게는 '다스리는' 통치 행위 자체가 정치교육적 의미를 지니기에 '가르치는' 행위가 되지만, 억조창생의 전범(典範)의 역할, 혹은 그러한 전범을 만드는 역할도 '가르치는' 것이 되는 것이다. 그런데 이러한 군사(君師)의 모습은 중국의 경우에만 해당되는 것은 아니고 신라사회의 경우에도 해당된다 할 수 있다.[9]

⊛ 성인으로서의 혁거세

신라사회에서는 군사(君師)라는 개념이 직접 기록으로는 등장하지 않는다. 군사(君師) 개념은 유교적 색채가 강한데, 아직 유교사회가 아닌 신라 초기의 경우 그에 해당하는 다른 개념이 있었다. 신라를 개국한 사람이 혁거세인데, 당시 사람들은 혁거세를 성인(聖人)이라고 했다. 나아가 알영까지 성인이라 하여 그들을 두 성인[二聖]이라 칭했다. 혁거세를 성인이라고 한 것은 그렇다 치더라도 알영 부인까지 성인이라고 한 것은 신라의 독특한 면을 보여 준다. 『삼국사기』에는 마한 왕에게 신라의 사신 호공이 말하기를 "우리나라는 두 성인이 일어나서부터 인사(人事)가 잘 이루어지고 천시(天時)가 조화로워, 곳간이 가득 차고 백성은 공경하고 겸양하게 되었습니다."라고 하였다.[10] 사실 유교에서의 성인(聖人)은 요임금, 순임금과 같은 임금을 일컫는 말이었고, 그들을 성군(聖君)이라고 하였다. 그 뒤 성인 반

其性之所有而全之也. 一有聰明睿智能盡其性者出於其間, 則天必命之以爲億兆之君師, 使之治而敎之, 以復其性. 此伏羲 神農 黃帝堯舜, 所以繼天立極, 而司徒之職 典樂之官所由設也.

9) 이 부분과 무(巫), 천군, 화랑 부분의 논의는 저자가 쓴 논문 「교사의 탄생: 신라사회의 '교사'」, 한국교육사학회, 『한국교육사학』 제36권 제1호, 2014년 3월, 1-32쪽의 내용에 바탕을 두고 부분적으로 논의를 첨삭하였다.
10) 『삼국사기』, 「신라본기」, 시조혁거세거서간.

열에 오른 사람은 공자, 맹자[亞聖] 정도였다. 그렇다면 신라에서 성인이라고 불린 이들은 어떤 역할을 수행한 사람이고, 어떤 자질을 구비한 사람인가를 볼 필요가 있다. 첫째, 하늘이 내린 사람이다. 임금 자체가 하늘이 내린 사람이지만 성인(聖人), 군사(君師) 역시 하늘이 내린 사람이다. 알에서 태어나든 용의 옆구리에서 태어나든 하늘이 명하여 태어난, 신이(神異)함을 가지고 태어난 사람이다. 둘째, 덕 있는 사람이다. 덕은 통치자로서 임금이 갖추어야 할 첫 번째 자질이다. 혁거세의 등장은 우연이 아니다. 당시 6부의 지도자들이 알천 언덕에서 "우리들은 위로 백성을 다스릴 임금이 없어 백성들이 모두 방자하여 자기 하고 싶은 대로 하니 어찌 덕 있는 사람을 찾아 군주로 삼고, 나라를 세우고 도읍을 만들지 않으리오."라고 의논한 결과다. 당시에는 군주의 조건이 덕이었다. 덕으로써 통치하는 것이 성군(聖君)의 조건이었다. 덕은 바름[正]이고 선이다. 혁거세 30년(기원전 28년)에 낙랑이 침범을 하려는데 신라 사람들이 밤에 문을 잠그지 않고 노적가리를 그대로 들에 쌓아 둔 것을 보고, "이 지방 사람들은 서로 도둑질을 하지 않으니 도(道)가 있는 나라라고 할 만하다."라고 하며 부끄러워하며 되돌아갔다. 덕으로써, 도로써 백성을 교화한 결과라는 것을 말해 주고 있다. 셋째, 성인은 모범자이다. 혁거세 17년(기원전 41년)에는 왕이 알영 부인과 함께 6부를 순회하며 백성들을 위무했는데, 이때 농사와 양잠을 권장·독려하고 토지를 충분히 이용하게 하였다는 기록이 있다.[11] 조선시대에도 성종 대부터 친잠례(親蠶禮)라 하여 왕비가 내외명부를 거느리고 양잠을 독려하는 의식을 행하고, 왕이 조정이나 백성에 효유하였다. 이는 왕실에서 모범을 보임으로써 백성들을 교화하는 하나의 중요한 의식이었는데 혁거세가 알영 부인과 함께 6부를 순회하며 양잠을 독려한 것도 같은 맥락으로 볼 수 있다. 결국 신라 건국기의 성인은 뒷날 군사(君師)와 다름없이 하늘이 내린 사람이고, 덕으로써 만백성이 도를 실현하도록 한 사람이고, 억조창생의 모범자였던 것이다.

---

11) 『삼국사기』, 「신라본기」, 시조혁거세거서간.

⊕ 문명의 전달자로서의 임금

혁거세가 알영과 함께 6부를 순회하면서 농사와 양잠을 권장·독려한 것을 역사적으로 해석하면 생산력 증가와 관련이 있을 것이다. 예나 지금이나 국가의 발전은 생산력 증가와 불가분의 관계를 맺고 있고, 임금은 그 책임의 정점에 있는 사람이다. 그렇다면 그 책임을 어떻게 질 것인가. 생산력의 증가는 하늘(날씨)이 좌우할 수도 있지만 생산 도구가 큰 역할을 한다. 경주 지역의 유적지를 조사해 본 결과, 기원전 1세기부터 기원후로 갈수록 철기 유물이 증가되어 가며 청동기 유물이 세련되어 간다는 것을 알 수 있다.

[그림 1-3] 농경문청동기

이 시기는 신라 건국기다. 혁거세 신화에서도 짐작할 수 있지만 신라 건국 세력은 토착세력이 아니다. 이주세력일 가능성이 크다. 『삼국사기』에 의하면 혁거세가 왕위에 오른 것은 기원전 57년이다. 혁거세가 역사적으로 어떤 인물인지, 실제 왕위에 오른 해가 이때가 맞는지에 대해서는 그리 간단하게 말할 수 있는 것은 아니다. 그러나 『삼국사기』의 기록에 의하면 혁거세를 추대한 이들은 고조선의 유민 집단인 6촌(6부) 사람들이었는데,[12] 6촌의 지배세력이 고조선의 유민이라는 점은 그간 역사학계에서도 역사적 사실로 받아들여져 왔다. 그리고 이는 고조선의 전형적 묘제로 알려진 토광목관묘의 조성 등으로 뒷받침되고 있다.[13] 즉, 이전의 묘제인 지석묘의 축조가 기원전 1세기를 기점으로 사라진 점과 아울러 6촌의 촌장이 모두 산 정상에서 내려온 설화를 볼 때 6촌의 촌장이 이주민이었을 것으로 추정하고 있다.[14] 그들의 이주 이유는 위만조선이 망해서일 수도 있고[15] 혹은 진(秦)의 습격을 피해서일 수도 있을 것이다.[16] 기록에 의하면 조선의 유민들이 진(秦) 혹은 한(漢)의 침략과 수탈을 피하여 남쪽으로 기원전 3세기 말에서 기원 2세기 말까지 다섯 차례 정도 이동해 왔는데, 이는 문헌상 확인되는 커다란 사건에 따른 이동이고, 그 외에도 수시로 주민들의 남하가 있었을 것으로 보고 있다.[17] 이로써 조선 유민의 거듭되는 남하와 정착으로 청동기, 철기가 확대 보급되었음도

---

12) 『삼국사기』, 「신라본기」, 시조혁거세거서간 조에는 "조선의 유민들이 산골짜기에 나누어 살면서 여섯 촌을 이루고 있었는데……"라는 기록이 있고, 『삼국유사』 진한 조에서도 "진한은 원래 연나라 사람들이 피난해 왔던 것이어서 탁수의 이름을 취하여 그들이 사는 읍리(邑里)를 사탁, 점탁 등으로 불렀다."라고 했다.

13) 전덕재, 「니사금시기 신라의 성장과 6부」, 동국대학교 신라문화연구소, 『신라문화』 21, 2003, 183–185쪽.

14) 이인철, 「사로 6촌의 형성과 발전」, 진단학회, 『진단학보』 93, 2002, 23–24쪽. 6촌 촌장뿐 아니라 당시의 지배자들 가운데 많은 사람이 이주민이었음은 『삼국사기』의 곳곳에 나타난다. 탈해 이사금 역시 다파나국(왜국의 동북 1천리 거리에 있는 나라) 출신으로 기록되고 있으며(『삼국사기』 신라본기 제1, 탈해이사금), 혁거세 거서간 때 사신으로 활약한 호공 역시 본래 왜인 출신이었다고 기록하고 있다(『삼국사기』 신라본기 제1, 시조혁거세거서간).

15) 이종욱, 『신라국가형성사연구』, 일조각, 1982, 16쪽.

16) 『삼국사기』, 「신라본기」, 시조혁거세거서간. "이에 앞서 중국 사람들이 진(秦)나라에서 일어난 난을 힘들어하여 동으로 온 사람이 많았는데, 그 다수는 마한의 동쪽에 자리 잡아 진한 사람과 섞여 살아왔다."라는 기록이 있다.

17) 이인철, 앞의 논문, 19–21쪽. 『삼국지』 위서 동이전에는 진한은 마한의 동쪽에 있고, 그 노인들이 전하여 오는 말에 자신들은 옛날의 망명인들로 진역(秦役), 즉 진시황의 침입을 피하여 한국(韓國)으로 온 사람들인데 마한이 그 동쪽 경계의 땅을 나누어 주었다고 한다.

알 수 있다.[18] 선진 철기문화의 보급은 무기를 비롯한 농기구 제작 등 여러 방면에 파급효과를 낳았을 것이며, 그리하여 지배집단의 권력 강화와 농업 생산력의 증가도 동반되었을 것이다. 혁거세와 알영이 6부를 순회한 기록은 이러한 저간의 사정을 나타낸 것이 아닐까. 그렇다면 혁거세는 단지 농업 생산력을 증강시킨 임금이 아니라 철기문명과 그에 따른 농업 기술과 지식을 촉진시킨 사람, 즉 문명의 전달자로서 역할을 한 것이다. 신라 최초의 임금인 혁거세는 문명의 전달자이자 그 시대의 군사(君師)였던 것이다.

🏵 남해 차차웅은 무당 혹은 스승

고대사회의 한 특징이 제정일치 사회인데, 신라사회도 예외는 아니다. 통치자가 제사를 관장했다는 것은 국가의 이데올로기와 관계가 있다. 제사는 국가의 정체성과 관계되는 것이다. 지배층의 부장품 가운데 청동검, 동경(銅鏡)이나 방울과 같은 것은 위세품(威勢品)이자 종교적 의기(儀器)다. 초기 신라사회의 지배층은 천신, 지신을 비롯한 각종 신들에게 올리는 제의를 주관하였다. 기록에 의하면 남해왕 대부터 시조묘 제사가 시작되었다. 당시 왕의 친여동생이었던 아노(阿老)가 제사를 주관하였다.[19] 왕의 동생 아노가 주관하였다는 것은 왕의 권한을 대행한 것이다. 이후에도 역대 왕들의 시조묘에 대한 제사는 거의 빠지지 않고 거행하였고, 국왕이 친히 지내기도 하였다. 시조묘 제사는 시조인 혁거세가 천신의 자손임을 생각할 때 자신들과 다른 사람들과의 차별성을 강조하는 의례로 보인다. 나아가 이러한 선민의식은 타인에 대한 지배를 정당화하는 이데올로기가 되는 것이다. 이런 제사를 시작한 남해왕의 왕호는 차차웅 혹은 자충이었다. 이때 자충은 스승

---

18) 앞의 논문, 24-25쪽.

19) 『삼국사기』, 「잡지」, 제사.

(스승)의 차자 표기이며, 스승은 '巫' 혹은 '師'의 훈에 해당하는 말이었다.[20] 이는 상고시대의 지배층이 종교적 제사장의 역할, 구체적으로 '무(巫)'의 역할까지 수행했음을 짐작할 수 있는 것이다. 그렇다면 왕이 제사 의식을 관장하였다는 것이 교육학적으로는 무슨 의미가 있을까. 고대사회에서 제사 의식은 의식주와 같은 하부구조가 아닌 상부구조와 관련된 문제다. 제사 의식을 비롯한 종교 의식이 이데올로기의 역할을 할 수 있다는 것은 그것에 부여된 상징적 의미와 관련이 있다. 종교적 의미를 부여하지 않으면 산은 그냥 나무와 숲, 돌이 무성한 높은 언덕에 불과하다. 그러나 여기에 종교적 의미가 부여되면 인간의 삶, 국가의 명운과 백성의 삶을 좌우할 수 있는 성스러운 공간으로 변모하게 된다. 그 의미를 부여하는 사람이 신라 초기에는 국왕이었다는 것이다. 『삼국유사』에는 "신라에는 네 영지가 있다. 국가 대사를 의논할 때 대신들이 반드시 그곳에 모이는데, 여기서 모의하면 그 일이 반드시 이루어진다. 그 첫 번째가 동쪽의 청송산이고, 두 번째가 남쪽의 오지산, 세 번째가 서쪽의 피전, 네 번째가 북쪽의 금강산이다."라고 기록이 있는데,[21] 이는 세계에 대한 새로운 의미 부여이자 새로운 해석이다. 국왕의 이러한 의미 부여는 통치를 위한 정치적 행동이라 하더라도 그것은 동시에 세계 인식의 틀을 제공하는 행위이기도 하다. 오늘날 학교의 교사가 교과를 통해 세계는 어떤 것이라고 설명하고 해석하는 것에 비추어 본다면 그리고 그것을 교육이라 한다면, 신라시대 초기 어떤 사람들이 종교적 의례를 장악하여 세계 해석의 틀인 상징적 의미를 부여하였다면 그 역시 교육적 행위라는 의미를 부여할 수 있다.

🏵 정치교육의 담당자로서의 임금

지배집단이 수행한 역할 가운데 사회의 각종 법제를 제정하는 것 역시 임금의

---

20) 양주동, 『고가연구(증정판)』, 일조각, 1965, 180쪽.
21) 『삼국유사』, 「기이」, 진덕왕.

역할이라 볼 수 있을 것이다. 어느 사회든 일정한 규모 이상의 사회에는 어떤 형태의 법과 제도가 있을 수밖에 없다. 고조선의 팔조금법이 그 예가 될 것이다. 그런데 그 금법을 누가 제정했는지, 또 그 의미가 무엇이겠는지를 생각해 보면, 그것은 정교일치, 제정일치 사회에서는 지배자의 전권일 수밖에 없으며 그 의미 역시 사회질서 유지의 차원에서 생각할 수밖에 없다. 신라 6부의 조상들이 혁거세를 모신 것도 당시의 기록을 글자대로 해석하면 백성들의 방종과 욕심에서 오는 무질서를 바로잡으려는 목적에서라고 보아야 한다. 물론 여기서의 방종과 욕심은 단순한 백성들의 탐심이 아닌 토착민과 이주민의 충돌 상황, 갈등 상황을 이야기한 것으로 보인다. 그러나 왕이 방종과 욕심에 의한 갈등 상황을 해결하고 도(道)가 있는 나라, 그래서 서로 도둑질하지 않는 나라로 만들었다는 것은 오늘날 입장에서 보면 일종의 정치교육 혹은 윤리교육이 성공했다는 것이 된다. 탈해왕의 경우에도 자신의 출신국인 용성국의 왕들이 "백성을 가르쳐 그들의 성정을 바로잡는 [教萬民修正性命]" 존재였다고 하였는데,[22] 이는 곧 정치교육의 시행자인 셈이다. 고대사회에서 이른바 교화(敎化)는 군주의 중요한 임무 가운데 하나다.『예기』「학기」편에서 군자가 화민성속(化民成俗)을 하기 위해서는 성인의 도를 배우는 것에서부터 시작해야 한다고 하였는데[23] 화민성속이 곧 교화인 것이다. 이런 측면에서 볼 때, 혁거세가 농사와 양잠을 권장·독려한 행위[勸督農桑]나 유리왕이 환과고독을 보살피며 백성을 기르는 일[養民], 또 가악「도솔가(兜率歌)」를 지은 일[24]은 단지 정치나 사회복지 혹은 음악 차원의 일로만 볼 수 없다. 그것은 백성들을 대상으로 한 정치교육, 즉 교화 행위이며 화민성속 업무였던 것이다. 결국 당시 스승, 특히 군사(君師)의 역할은 오늘날 학교 교사와 같이 글을 가르치는 업무에 한정되는 것이 아니다. 백성을 기르는 일[養民], 즉 백성들의 후생과 복지까지도 군사의 역할에 들어가고, 그것은 현대문명에서 보면 '교육'의 범주 안에 들어가는 것이다.

---

22)『삼국유사』,「기이」, 탈해왕.

23)『禮記』「學記」. "君子如欲化民成俗, 其必由學乎".

24)『삼국사기』,「신라본기」, 유리이사금.

❖ 또 하나의 교사의 기원

신라사회에서 학교의 교사가 출현한 것은 7세기, 국학이라는 학교가 성립한 이후다. 그렇다고 7세기 이전에는 신라사회에 교사가 없었다고 할 수는 없다. 문명사의 입장에서 볼 때, 임금은 문명의 전달자이고, 문명의 창조자이기도 하였다. 다른 문명권으로부터 새로운 기술과 사상 등 문명을 받아들여 백성들에게 전달하기도 하고, 전달된 문명을 바탕으로 하여 새로운 문명을 창조하기도 하였다는 것이다. 고대의 문명, 특히 정신문명 가운데 핵심은 신앙, 종교 사상이다. 학문이 체계화되기 전, 종교는 그대로 정치적 이데올로기와 직결된다. 그래서 군왕은 제사장이 되어 종교적 의례를 주관하여 세상의 질서를 규범화해 나간다. 그러나 사회가 분화되어 감에 따라 주관해야 할 의례가 많아지고 그 모든 것을 왕이나 왕족이 담당할 수는 없게 된다. 일부 의례는 왕을 대신해서 '전문가', 구체적으로는 무(巫)와 같은 집단에게 맡길 수밖에 없게 된다. 여기서는 그 '전문가'인 무를 신라사회의 또 하나의 교사, 또 하나의 교사의 기원으로 보고자 한다. 이렇게 보는 이유는 고대의 종교 의례가 지니는 교육적 의미 때문이다. 종교 의례도 굉장히 다양하지만, 대표적인 것이 제사다. 제사의 기원이나 기능은 너무 다양하지만 그 가운데는 교육적 기능도 있다. 제사는 학교와 같은 교육 전문기관이 생기기 전에 사회적으로 가치를 확산시키는 중요한 의사소통의 통로 구실을 했으며, 이를 통해 집단의 구성원들을 묶어 놓을 수 있는 기능을 내재하고 있다.[25] 다시 말하면, 제사가 세상의 질서를 규범화하는 역할을 했던 것이다. 그래서 고대사회에서 제사는 그 자체로 중요한 교육미디어였으며, 제사 의례를 주관하는 사람은 그 미디어를 설계하고 운용하는 교사라는 논리가 성립하는 것이다.

---

25) 구효선, 「신라의 境界와 제사」, 한국고대학회, 『선사와 고대』 28집, 2008, 336쪽.

⊕ 무와 제사장

우리는 앞에서 신라 제2대 남해왕의 왕호가 차차웅(자충)이며, 그것은 무(巫)를 지칭한다는 김대문의 말을 언급하였다. 이는 실제 남해왕이 무당이었다는 것을 말하는 것이라기보다 무당의 지위와 역할에 대해 추정의 여지를 남겨 놓은 말로 받아들여야 할 것이다. 즉, 차차웅 혹은 자충이란 말이 왕호가 된 것은 "세상 사람들이 무당이 귀신을 섬기고 제사를 숭상하므로 무당을 두려워하고 공경하여 마침내 존장자(尊長者)를 자충이라 했다."[26]는 말에서 짐작할 수 있다. 상고시대, 제정일치 사회에서의 무당은 그 집단의 군장 정도의 위상을 가졌으며, 그는 실제 제사를 집행하였을 것이다. 그러다가 제정분리가 이루어지면서 무당은 제사장(제관)으로서만 역할이 한정되었을 수 있다. 제정분리의 시기가 정확히 언제인지는 알 수 없으나 『삼국지』의 기록이 참고는 될 수 있을 것이다.

> 늘 오월에 파종을 마치고 귀신에 제사를 지낸다. 사람들이 모여 음주가무를 주야로 하여 쉬지를 않는다. 그때 춤추는 사람이 수십 명에 이르는데, 일제히 일어나 열을 지어 땅을 밟고 오르내리며 손발을 자연스럽게 놀린다. 리듬은 (중국의) 탁무(鐸舞)와 같다. 시월에 농사일을 마치면 역시 다시 이렇게 한다. 귀신을 믿는다. 국읍에 각 한 사람을 뽑아 천신제를 주관하게 하는데 그 사람을 천군이라 한다. 또 각 나라마다 별읍을 두어 소도라고 하였다. 큰 나무를 세우고 방울과 북을 달아 귀신을 섬겼다. 도망자들이 그곳에 도피하면 모두 돌려보내지 않았다.[27]

이 기록은 중국 사람들이 삼한의 풍속을 기록한 내용인데, 이 시기(신라 성립 이전의 삼한시대)에 이미 천군이라는 명칭을 가진 한 사람을 뽑아 그가 천신제를 주

26) 『삼국사기』, 「신라본기」, 남해차차웅.
27) 『三國志』, 「東夷傳」, 韓.

관하였다는 것이다. 그런데 이 기록에서는 천군이 과연 어떤 사람인지에 대해서는 설명하지 않았다. 즉, 그가 무당인지, 무당과는 다른 제사장인지, 아니면 무당과 제사장을 겸하고 있는지 등 여러 가능성이 있다. 김정배는 이 사회가 이미 부족사회가 아니고 군장사회(chiefdom)로 접어들었기 때문에 군장은 분리가 이루어졌으며, 천군은 정치적 통치자가 아닌 제사장이라고 보았다. 그 제사장이 무당은 아니며, 무당을 겸하였는지에 대해서는 알 수 없으나 무당에서 발전한 것 같다고 했다.[28] 무당과 제사장은 일정한 관련성은 있지만 구분되는데, 무당이 영(靈)과의 접촉을 통하여 힘을 얻지만 제사장은 특별한 훈련을 통하여 조직사회의 일원으로 전문가의 일을 수행한다고 한다.[29] 그런데 소도에서 방울과 북을 나무에 달아 놓고 귀신을 섬겼다고 하니 무당과 무관하다고 주장하기도 힘든 것 같다. 이런 천군은 '국읍마다' 두었다고 한다. '국읍마다'라고 하였으니 마한의 도읍 한 군데는 아닐 것이다. 마한은 50여 국가로 구성되어 있고, 진한과 변한은 24국가로 구성되었다 했으니 그들 소국가 단위마다 각 한 사람씩 선발하였다는 것이 될 것이다. 하여튼 무당이든지 제사장이든지 이들의 역할과 그 교육적 의의에 대해 주목할 필요가 있다.

🉀 무의 역할과 교육적 의의

무(巫)의 역할은 일차적으로 제사 의식과 관련된다. 그리고 그 제사 의식의 의미는 정치적 측면, 종교적 측면, 교육적 측면 등 다양한 측면에서 부여할 수 있다. 정치적 측면에서의 제의는 사회 통합 및 지배층의 정체성 형성에 의미를 부여할 수 있다. 이는 이러한 제의의 장(場) 자체를 지배층이 주관하고 있는 측면도 있으며, 제의의 내용 역시 지배층의 정체성과 관련이 있는 각종 신들에 대한 제사이기도 하기 때문이다. 사회 구성원들은 이러한 제의에 참가함으로써 제의에 담긴 의

---

28) 김정배, 「소도의 정치사적 의미」, 『역사학보』 제79집, 1978, 14-17쪽.
29) 앞의 논문, 14쪽.

미들을 부지불식간에 받아들이게 되는데, 이는 교육학의 관점에서 본다면 정치교육에 대한 잠재적 교육과정이라 할 수 있다. 또 종교적 측면에서는 앞의 인용문에서 '귀신'에게 제사를 지낸다 하였듯이 어떤 초월적 존재와의 관계 정립이 되면서 '새로운 자신'을 경험하게 된다. 사실 무속의 경전이라 할 수 있는 무가, 특히 서사무가는 신화적 성격을 지니고 있고, 그래서 우주와 인간에 대한 의미 부여를 하게 된다. 그들이 구성하고 편성한 신화 체계는 최초의 우주에 대한 해설이자 설명이며 역사이다. 이를 통하여 자신이 누구인지, 어떻게 살아야 하는지를 깨닫게 된다. 그리하여 제의의 장은 성(聖)의 공간, 종교적 공간이기도 하지만 인간교육의 장이 되기도 한다. 여기서 이러한 제의를 주관하는 무당은 신과 인간, 성과 속의 중개자로서 인간은 그를 통해 또 다른 세계에 발을 들여놓을 수 있는 것이다. 미지의 세계, 공포의 대상인 죽음의 세계, 초자연의 세계는 무당의 입을 통해 인간이 알 수 있는 방식으로 새로이 구성되고, 급기야 초자연의 세계, 미지의 세계, 죽음의 세계가 여느 사람의 눈에도 보이게 되고, 이들 세계의 일이 여느 사람에게도 알 만한 일이 되고, 급기야 죽음이라는 것도 정신적인 존재 양식을 향한 통과의례 정도로 평가하게 되는 것이다.[30] 그리하여 그들 무당은 세계 인식의 바탕, 세계 해석의 바탕을 제공하는 사람이 되며, 이로 인하여 당시의 많은 사람은 속의 세계에서 성의 세계, 우주적 세계를 살 수 있게 되는 것이다.[31]

✤ 천문박사나 사천박사와 일자와 일관

삼한의 천지신에 대한 제의는 신라사회에 와서 시조묘 제사와 신궁 제사 등으로 그 형태가 바뀌어 갔다. 제사를 주관하는 사람도 무당에서 천군 그리고 전문직 제

---

30) M. 엘리아데(이윤기 역), 『샤머니즘』, 까치, 1992, 432쪽.
31) 정진홍, 「엘리아데의 생애와 사상」, M. 엘리아데(정진홍 역), 『우주와 역사』, 현대사상사, 1976, 244쪽.

관으로 변천되어 갔다. 남해왕의 여동생 아노는 전문직 제관이라기보다는 왕권의 대리자로서 제관이 되었던 것으로 보인다.

그런데 이러한 무나 제사장과는 조금 다른 입장에 있는 사람이지만 일자(日者)나 일관(日官)에 대해서도 주목할 필요가 있다.[32] 고대사회에서 일자(日者)라 하여 천문, 기상 등의 이변을 정치적 관점에서 해석하는 존재가 있었고, 이들이 중앙집권적인 체제 정비와 함께 일관(日官)이라는 관직자로 신분이 바뀌었다. 그리고 통일 이후에는 전업교육이 실시되면서 천문박사(天文博士)나 사천박사(司天博士)와 같은 전문가가 등장하였다는 것은 역사적 사실이다. 이 가운데 천문박사나 사천박사가 그 분야의 전문 지식인으로서 전업교육을 담당했다면 교사의 역사에서 빠뜨릴 수 없는 인물들이다.

천문박사나 사천박사가 생긴 이후에도 일관에 대한 기록은 있다. 그렇다면 일관이 천문박사, 사천박사로 바뀐 것은 아닌 듯하다. 그들의 역할이 서로 달랐던 것이다. 기록을 보면 원래부터 일자, 일관은 합리적 방법으로 문제를 해결하거나 현상을 해석하는 사람은 아니었다. 『삼국유사』의 '연오랑세오녀'조를 보면, 아달라왕 때 연오랑과 세오녀가 바위를 타고 일본으로 가 왕과 왕비가 되었다. 이때 신라에서는 해와 달이 없어져 버렸다. 이에 일자가 "해와 달의 정기가 우리나라에 내려와 있다가 지금은 일본으로 가 버려 이런 변괴가 생겼습니다."라고 하였다. 왕이 이 말을 듣고 사신을 일본에 보내어 문제를 해결하였다. 또 『삼국유사』의 '사금갑'조에는 이런 이야기가 있다. 비처왕대에 왕이 어느 곳을 행차하는데 까마귀와 쥐가 와서 울었다. 그리고 쥐가 사람 말을 하면서 까마귀가 가는 곳을 따라가라고 한다. 왕이 군사를 시켜 쫓아갔지만 돼지 싸움을 구경하다 까마귀를 놓쳐 버렸다. 이때 노인이 연못(서출지)에서 나와 편지를 주었는데, 그 겉봉에 "열어 보면 두 사람이 죽고, 열지 않으면 한 사람이 죽는다."라는 글귀가 쓰여 있었다. 왕

---

32) 신종원,「고대 일관의 성격」,『한국민속학』제12집, 1980, 115-143쪽; 박은해,「한국고대의 일자와 일관」,『지역과 역사』제27호, 2009, 145-169쪽; 서영대,「한국고대의 종교직능자」,『한국고대사연구』제12집, 1997, 203-240쪽.

이 두 사람이 죽는 것보다 한 사람이 죽는 것이 낫다고 여겨 열지 않으려 했다. 이에 일관이 아뢰기를 "두 사람은 일반 백성이요, 한 사람은 왕입니다."라고 하였다. 이에 왕이 열어 보니 "거문고 집을 활로 쏘아라."라고 하여 왕이 궁에 들어가 활을 쏘아 거문고 집 속에 승려와 궁주가 간통하는 것을 발견하고 처형했다는 것이 이야기의 줄거리다. 여기서 일관은 편지를 해독하는 능력을 발휘하였다. 문자로 쓰인 편지이지만 문자 '밖의' 일을 읽을 수 있었던 것이다. 이런 능력은 문자 공부로써는 갖출 수 없는 능력이다. 『삼국유사』 '만파식적'조에서는 일관이 점치는 사람으로 나온다. 신문왕이 즉위하여 부왕 문무왕을 위하여 감은사를 지었는데, 즉위 이듬해 5월 초하룻날에 해관(海官)이 아뢰기를 "동해 가운데 한 산이 파도를 따라 왔다 갔다 하나이다."라고 하자 왕이 일관 김춘질에게 점을 쳐 보게 한다. 일관은 "선대왕이 지금 해룡이 되어 삼한을 수호하고 있습니다. 또 김유신은 33천의 한 아들로 이제 대신으로 내려왔습니다. 두 성인의 덕이 성을 지키는 보물을 내리려는 듯하오니 폐하께서 해변으로 행차하시면 값을 매길 수 없는 보배를 얻을 것입니다."라고 하였다. 그래서 왕이 이견대로 행차하여 얻은 대나무로 만든 피리가 만파식적이다. 이야기가 설화 형식이어서 그럴 수도 있지만 실제 일관은 이와 같이 초월적 현상을 풀이하는 사람이었던 것 같다. 『삼국유사』의 '백률사'조나 '태종춘추공'조, '처용랑 망해사'조 등을 보더라도 혜성이 나타나거나 바닷가에 운무가 끼는 것과 같은 천문 현상에 대해 "가야금과 피리의 상서로움에 대해 작위를 봉해 주지 않아서 그러니 작위를 봉해 주라고 하거나 동해용의 장난이니 좋은 일로 풀어 주라"는 등의 방책을 내어놓았다.

　일자와 일관의 역할은 시대에 따라 크게 변하지 않았던 것 같다. 어떻게 보면 지금과 같은 과학의 관점에서 보면 미신적 설명이라고 볼 수도 있으며, 매우 황당한 설명이라 할 수 있다. 그런데 이들이 신라 말기까지 왕의 측근에 있었던 것으로 보면, 이들의 능력은 당시로 보아서는 매우 중요하게 여겨졌던 것 같다. 그 능력은 무(巫)적인 능력일 수도 있고, 혹은 경험적 능력일 수도 있을 것이다. 그 어떤 것이든 그들은 초월적 현상에 대해 설명하고 해석하는 전문가들이었던 것이다.

[그림 1-4] 세계피리축제로 되살아난 만파식적

지금의 교사는 교과의 전문가다. 이들이 가르치는 교과는 합리적 지식으로 구성
되어 있다. '비합리적 지식'이란 말이 어색하듯이, 지금의 지식은 합리성에 바탕을
둔 것들이다. 그런데 우리 삶과 관계하고 있는 앎[知]은 반드시 합리적인 것만은 아
니다. 직관적 앎과 같은 것도 있고, 합리성으로 설명하기 힘든 여러 가지 앎도 있
다. 무(巫), 일자, 일관은 20세기 이후 과학적 교육문명의 장에서는 설 자리가 없어
져 버렸다. 그러나 신라의 교육문명에서는 초월적·종교적 앎의 해설자로서 자신
들의 자리를 분명히 유지하고 있었던 것이다.

🌀 서로 가르치고 배우는 화랑과 낭도

필사본 『화랑세기』는 발견 당시부터 논란의 대상이었다. 한동안 불붙던 논쟁이 요즈음 들어서는 소강 상태다. 요즈음의 입장은 잘 모르겠지만, 최광식 교수는 한때 필사본 『화랑세기』의 기록에 주목하여 화랑을 국가제사의 제관으로 주목한 바 있다.[33] 즉, 필사본 『화랑세기』의 서문에는 "화랑은 선도이다. 우리나라(신라)에서 신궁을 받들고 하늘에 대제를 행하는 것은 마치 연의 동산, 노의 태산과 같다. (……중략……) 옛날에 선도는 단지 신을 받드는 일을 위주로 했는데, 국공들이 무리(화랑도)로 들어간 후에 선도는 도의를 서로 힘썼다."[34]라는 기록이 있다. 이재호 역시 "실제 이 선도는 신궁의 제사 의식을 집행하는 사람의 성격을 지니고 있으니, 이것은 중국의 풍습을 본받았기보다는, 우리나라 고유신앙(산천숭배, 제천의식, 무속신앙)의 전통을 계승 집행한 사람을 지칭한 것이라 생각된다."[35]라고 한 바 있다. 이들의 견해에 따른다면, 이는 물론 필사본 『화랑세기』의 기록에 바탕을 두고 있지만, 초기의 화랑은 제의를 거행하는 사람들이었다 할 수 있다. 그러나 『화랑세기』의 기록과 관계없이 화랑이 유오산수하면서 제사 의식을 거행했을 가능성이 충분하다. 김유신의 화랑도를 용화향도라 한 것이 그 단적인 예가 될 수 있다.

화랑도의 교사가 누구였는지에 대해서는 명료한 기록이 없다. 어느 화랑도에게나 적용되는 제도화되고 명문화된 직책을 가진 교사는 없었을 것이다. 화랑도가 자율적인 특성이 있었기에 화랑도마다 차이가 있었을 것이다. 그러나 전체적

---

33) 최광식, 『고대 한국의 국가와 제사』, 한길사, 1994. 제3부 제3장 '국가제사의 제관', 272–297쪽. 필사본 『화랑세기』에 대해서는 학계의 상반된 견해가 있어 왔다. 저자의 입장은 제3의 입장에 서 있다. 제1은 진본이라는 입장이고, 제2는 위작이라는 입장이다. 제3의 입장은 필사본은 진본이 아니나 소설로서 치부하여 버릴 것이 아니라 이 역시 하나의 연구 자료로서의 가치가 있으며, 이러한 전제하에서 제한적으로 연구에 활용할 수 있다는 입장이다.

34) 김대문(이종욱 역주해), 『대역 화랑세기』, 소나무, 2009, 15쪽.

35) 이재호, 「화랑세기의 사료적 가치—최근 발견된 필사본에 대한 검토—」, 한국정신문화연구원, 『정신문화연구』 제36호, 1989, 112쪽.

으로 보면, 충담사, 월명사, 융천사와 같은 승려 집단이 교육자의 역할을 한 것으로는 추정된다. 여기서 이들의 이름 끝에 '사(師)' 자가 붙은 것에 좀 주목할 필요가 있다. 이것을 '스승 사'라 하여 교사로 해석해서는 안 된다. 물론 이들이 교사의 역할을 수행했다 하더라도 그렇다. 앞에서 중국 고대의 '사'의 용례에 대해 이야기하였지만 신라에서도 마찬가지다. 『삼국사기』의 「잡지(雜志)」를 보면 여러 직관을 설명하고 있는데, 여기에는 상문사(詳文師), 공봉승사(供奉乘師), 공봉의사(供奉醫師), 공봉복사(供奉卜師) 등의 명칭이 등장한다. 충담사, 월명사, 융천사는 이들과 같이 국가에서 규정한 관직은 아닌 것으로 보인다. '충담'이나 '월명' '융천'은 그들의 행적과 관련하여 붙여진 이름이며, '사'는 법사(法師), 즉 승려를 의미하는 말이다. 사실 승려 집단은 화랑도가 생길 무렵에는 문자를 활용할 수 있는 거의 유일한 집단이었으며, 종교적 제의에 능숙한 집단이었기에 결과적으로는 스승의 역할을 하였겠지만 명칭으로 그들을 교사로 해석해서는 안 된다는 말이다. 신라 하대의 화랑 가운데 김응렴이 있었는데, 그의 무리 가운데는 범교사(範敎師)가 있었다. 이 역시 '범 교사'가 아닌 '범교 사'이며, 역시 승려였다. 그는 범교라는 말이 나타내듯 그 집단의 교육과 관련한 일을 수행한 듯하다. 실제 승려들이 화랑도에서 수행한 역할은 다양했을 것이다. 문자를 가르치는 역할을 했을 수도 있을 것이고, 향가와 같은 가악의 교수자 역할을 했을 수도 있을 것이다. 그런가 하면 주술적 역할을 수행하거나 천문 관련 지식을 가르치는 역할을 했을 수도 있을 것이다. 범교사의 경우처럼 화랑의 바람직한 행동을 가르치거나 조언하는 역할을 했을 수도 있을 것이다.

그런데 화랑도에서 교사와 학생의 관계를 지금의 교사와 학생의 관계로 보아서는 곤란하다. 지금의 학교에서 교사는 학생에게 지식을 전수하는 사람이고, 학생은 지식을 습득하는 사람이다. 이와 같은 교사는 가르치는 사람, 학생은 배우는 사람이라는 도식은 화랑도에서는 통하지 않는다. 화랑들은 서로 도의를 닦기도 하고[相磨以道義], 서로 가악을 즐기기도 한다[相悅以歌樂]고 하였다. 누가 누구에게 일방적으로 가르치는 것이 아니라 '서로' 가르치고 배웠다는 것이다. 가악을 잘하는 사람이 있으면 그 사람이 교사가 되고, 도의에 밝은 사람이 있으면 그 사람이 스승이 되고, 검술에 능한 사람이 있으면 그 사람이 스승이 되었을 것이다. 승려와 화랑의 관계를 보면, 승려가 화랑이 된 것이 아니라 화랑의 일원, 즉 낭도가 되었으며, 낭도로서 향가 등을 지도하였던 것이다. 응렴의 행동을 조언한 범교사의 경우도 마찬가지다. 화랑도의 것인지는 불분명하지만, 임신서기석에는 "임신년 6월 16일, 두 사람은 같이 하여 기록한다. 신 앞에 맹세하기를, 지금으로부터 3년 후에는 임금께 충성의 도를 지켜 나갈 것을 맹세하고 허물이 없을 것을 다짐한다. 만일 이 서약을 어기면 신께 큰 죄를 받을 것을 맹세한다."라고 쓰여 있다. 『시(詩)』『서(書)』『예(禮)』와 같은 경전을 3년간 공부하기로 하였던 것이다. 이는 기본적으로 두 사람 간에 '서로' 한 맹세다. 교사와 학생이 일방적인 관계여야만 하는 것은 아니다. 화랑과 낭도의 관계도 상관과 부하의 관계로만 보아서는 안 된다. 낭도 득오가 화랑 죽지랑을 흠모해 지은「모죽지랑가」나 충담사가 지은「찬기파랑가」를 보면 화랑과 낭도의 관계를 짐작할 수 있다. 이별의 아픔을, 간 봄 그리워하듯 그리워 운다고 하였고, 낭의 모습을 좇아 저승에라도 가고 싶다고 한 관계인 것이다.

오늘날 교육문명에서는 교사라고 하면 교사−학생의 이원적 관계를 생각하게 된다. 이 책의 제1장에서 교사, 제2장에서 학생을 다루고 있는 것도 그러한 이원적 사고의 영향이라고 보아야 한다. 그러나 신라 화랑도에서는 그러한 이원적이고 대립적인 관계가 보이지 않는다. 가르침은 일방적이지 않고 강압적이지 않다. 더불어 유오(遊娛)하는 사이 감화를 입게 되는 것이다. 화랑도의 교육문명에 대해서는 제6장에서 다시 언급하도록 한다.

❀ 무와 승

신라사회에서 불교 전래의 의미는 여러 측면으로 크지만 지식의 역사의 관점에서도 큰 의미가 있다. 불교 전래 이전에도, 아니 원삼국기나 신라 건국기에도 문자 사용이나 학문이 있었다는 것은 고고학적 자료나 문헌 자료로 능히 짐작할 수 있다. 창원 다호리 유적 1호분에서 다섯 자루의 붓이 발견된 것이나 탈해의 어머니가 탈해에게 학문을 권한 것이 그러한 예에 속할 것이다. 그러나 불교가 들어오면서 학문 발전에 끼친 영향은 가히 혁명적이라 할 수 있다. 신라가 불교를 공인한 것이 6세기 중엽이니 그 사이 사회 발전 정도도 무시할 수 없을 정도의 토대가 형성되었겠지만 불교라는 종교 사상이 들어옴으로써 수천 권의 경전이 들어오고 많은 지식인이 형성되었으며, 신라인의 정신과 인성 형성에 지대한 영향을 끼쳤다는 점에서 불교의 도입은 신라사에서 혁명적 사건이라 할 수 있다.[36] 이 내용은 너무 큰 내용이어서 자세한 것은 이 책의 뒷부분에서 다시 언급하기로 하고, 일단 여기서는 '교사'의 역사에서 무(巫)와 승(僧)이 차지하는 위상만 이야기하기로 하자.

혼히 불교의 출가 수행자를 '승(僧)' '승려(僧侶)'라 하는데, 우리나라 최초의 승은 372년 전진(前秦)에서 고구려에 온 순도다. 2년 뒤 아도가 진(晉)에서 고구려로 왔으며, 이들은 국가에서 지은 초문사와 이불란사에 각각 머물렀다. 백제에도 384년에 진으로부터 호승 마라난타가 왔으며 이듬해 백제인 10명이 승려가 되었다는 기록이 있다. 그리고 신라의 경우 눌지왕대(417~458)에 묵호자가 고구려에서 일선군에 왔고, 당시 그곳 사람 모례가 집에 굴방을 지어 편히 거처하게 하였다 한다.[37] 그 뒤 비처왕대(479~500)에 아도화상이 시자 3인을 데리고 역시 모례의 집으로 왔다 한다. 그는 수년간 그곳에서 머물렀고, 그의 시자 3인이 뒤에 경과 율을 강론했다고 한다.[38] 이것은 신라에서 불교 강론에 대한 첫 기록이다. 그가 데리고 온 시자 3인은 아마 제자였을 것이다. 그리고 3년간 머물며 경과 율을 강론했다는 것은 단지 신앙적 차원만이 아닌 교학적 차원에서의 교육이 이루어졌다는 것을 말한다. 이렇게 본다면 묵호자와 아도는 외지 사람으로서 신라에 새로운 문화, 문명을 전한 사람이며 불교라는 종교교육의 교사의 역할을 수행한 사람이다.

우리는 앞서 무(巫)를 종교교육의 교사라고 한 바 있다. 그러면 승(僧)은 그 이전

---

36) 안경식, 「한국 고대교육사 연구와 불교 지성으로서 고승」(『종교교육학연구』 제33권, 2010)에서는 고승을 그 시대의 지성으로 보고 그들의 삶을 지성의 형성, 발현 등의 관점에서 연구하였다.

37) 『삼국사기』, 「신라본기」, 법흥왕.

38) 『삼국사기』, 「신라본기」, 법흥왕.

한국 고대사회의 정신적 지도자인 무(巫)와는 어떤 차이가 있을까. 고구려나 백제에 처음 들어온 승려들은 국가 차원에서 온 사람들이었기에 수행력과 별도로 그들의 학문적 능력은 상당한 수준에 있었다고 볼 수 있다. 순도가 올 때 불상만 가져온 것이 아니라 경문을 같이 가져온 것으로 보아, 그는 의례적인 측면이나 교리적인 측면에서 불법을 '이해'하고 다른 사람에게 '전달'할 수 있는 능력의 소유자였다. 이러한 능력은 중국 남북조 시대의 불교의 수준으로 보아 지적인 능력을 포함하는 전문적인 능력이라 할 수 있다. 아도 역시 마찬가지다. 물론 고대사회의 '무' 역시 전문적인 능력의 소유자라 할 수 있으나, 불교의 승려와 비교해 볼 때 그들의 능력은 제정일치 시대에는 정치적 능력에서 기인하는 것이고, 제정이 분리되면서부터는 신적 · 초월적 특성에 기인하는 것이다. 불교사를 보면 승 가운데도 그런 초월적 능력을 발휘하는 사람이 없지는 않았다. 그러나 기본적으로 승려는 왕처럼 정치력이나 무력의 존재도 아니고, 무(巫)처럼 신기(神氣)를 '타고난' 존재도 아니다. 그는 수행에 의하여 '만들어진' 사람이다. 신라사회에서 승려는 그 시대의 대표적 지식인 계층이었다.

⊕ 문자문명의 수입자

　신라사회에서 문자는 누구나 익혀야 하고 누구나 익힐 수 있는 필수적인 도구가 아니었다. 통일 전까지는 문자를 가르치고 배울 학교도 없는 상황에서 그나마 문자를 자유롭게 활용할 수 있는 계층이 불교의 승려 계층이었다. 그들은 문자를 어디에서 어떻게 배웠을까. 당시의 문자는 한자였고, 한자를 사용하는 중국은 문명국이었다. 한자라는 문자 자체가 문명의 아이콘이었다. 골품제라는 제도의 한계 탓이기도 하지만 신라사회에서는 '출세(出世)'라는 말이 크게 의미가 없었다. 출세가 학문에 의해 결정되는 것이 아니었기 때문에 출세의 수단으로서 문자 공부의 의미가 크지 않았다. 통일기를 전후하여 정치적인 이유, 외교적인 이유로 유학(儒學) 공부의 필요성이 크게 대두되었다. 원광(圓光)은 6, 7세기에 활약한 고승이다.

그가 외교문서를 작성하게 된 것은 중국에서 유학(留學)을 하고 왔기 때문일 것이다. 그러나 굳이 승려인 그에게 걸사표를 쓰게 한 것은 신라 땅에는 아직 문자를 잘 활용할 만한 사람이 없었다는 반증이기도 하다. 신라 역사에서 최초의 유학자로 인식되고 있는 강수 역시 외교문서 작성으로 공을 세운 사람이지만 전문적이고 체계적으로 공부한 것 같지는 않다. 이러한 상황에서 문자 학습에 적극적이었던 계층은 승려 계층이었다. 가장 먼저 유학을 떠난 승려는 각덕이었다. 그는 "높은 곳으로 가려면 골짜기를 벗어나야 한다. 도를 배우기 위해서는 스승을 구하는 데 힘써야 한다."라고 하면서 중국 남조의 양나라로 갔다.[39] 거기서 여러 밝은 스승을 찾아다니며 공부하다 진흥왕 10년(549)에 귀국하였다. 이때 흥륜사 앞에서 진흥왕을 비롯한 백관의 환영을 받았다고 한다. 각덕 이외에도 명관, 지명, 담육 등이 양나라로 유학을 갔으며, 원광은 그 뒤에 떠난 사람이다. 이들 6세기의 승려들이 유학을 떠난 것은 물론 불법(佛法)을 구하기 위해서였다. 그래서 그들을 구법승이라고 한다. 법을 구하는 방법은 여러 가지가 있지만 그들처럼 밝은 스승을 찾는 것도 한 방법이었다. 스승을 찾아 이역만리를 떠났던 것이다. 당시 초기의 신라 구법승들이 찾은 중국 남조의 불교의 인적 · 물적 환경은 지금 생각해도 대단한 것으로 평가할 수 있다. 송(宋)나라는 사찰 1,913소, 승려 36,000명이 있었고, 제(齊)나라는 사찰 2,015소, 승려 32,500명이 있었다. 또 양나라는 사찰 2,846소, 승려 82,700명으로, 무제(武帝, 502~549 재위)의 숭불정책은 불교사에서도 널리 알려진 것이다. 진(陳)나라는 사찰 1,232소, 승려 32,000명이 있었다. 그리고 번역된 경전의 수도 송나라 465부 717권, 제나라 12부 33권, 양나라 46부 201권, 진나라 40부 133권 등 563부 1,084권에 달하는 상황이었다. 신도 수 역시 대단했는데, 한 고승 아래에 승속 제자가 천 명, 만 명에 달했다는 것은 『고승전(高僧傳)』에서 자주 볼 수 있는 기록이다.[40] 구법승들이 거기서 공부한 것이 경전 때문만은 아니겠지만 경전 학습은 필수적이었다. 구법승들은 문자를 기반으로 하여 본격적으로

---

39) 覺訓,『海東高僧傳』, 卷2, 釋覺德.

40) 任繼愈 主編,『中國佛教史』(第三卷), 北京, 中國社會科學出版社, 1988, 9~10쪽.

학문을 한 사람들이다. 그리하여 신라사회는 불교계를 중심으로 문자 기반 문명, 지식 기반 문명이 싹트기 시작하였던 것이다.

⊕ 원광과 이후 고승 대덕의 강경 활동

신라사회에서 청소년들의 스승으로 널리 알려진 원광은 원래 불교를 공부하기 위해 유학을 떠난 사람이 아니다. 그는 신라에서부터 문사(文辭)를 즐겨 공부하였고, 노장학, 유학 관련 서적과 역사책도 공부한 사람이었다. 그러나 스스로 부족함을 느껴 스물다섯에 문장의 나라[文國]인 진(陳)나라에 들어갔다. 그곳에 들어가서 불교의 종지를 듣게 되면서 세간의 전적(典籍)을 지푸라기처럼 여기고 불문에 들었다. 이름 있는 강석을 찾아다니며 『성실론(成實論)』과 각종 『아함경(阿含經)』을 비롯한 불교 삼장(三藏)을 두루 공부했다. 많은 지식이 있음에도 불구하고 그는 남의 스승이 되기를 꺼렸다. 그러나 어느 거사의 거듭된 간절한 강의 요청을 승낙하면서 '교사'의 길에 들어섰다. 당시의 그의 강의는 『성실론』 『반야경』 등 경전 강론이었다. 그의 강의는 난해한 내용을 명철하게 해석해 주었다 하여 삽시간에 소문이 퍼졌는데, "비단에 문채를 넣듯이 글의 뜻을 적절히 엮어 내니 듣는 사람은 기뻐했으며 그들의 마음에 들어맞았다."라고 하였다. 또 그의 경전 강의는 비록 이역에서의 전법이었지만 "명망은 중국 남방 일대에 흘러, 가시덤불을 헤치고 바랑을 둘러메고 오는 자가 고기비늘처럼 줄을 이었다."[41]라고도 하였다. 원광은 개황 9년(589)에 진나라가 망하자 수나라의 수도인 장안으로 들어가 당시 연구되기 시작한 섭론종 경전 강의를 하여 그곳에서도 명성을 드날렸다. 원광의 강경은 귀국 후에도 이어졌다. 그는 귀국 후 임금과 신하의 스승이 되었으며, 늘 대승경전을 강의했다고 한다. 그는 또 제자들을 양성했는데, 제자들을 대상으로 해마다 두 번씩 정기적인 강의를 했으며, 불문의 제자가 아닌 일반 청소년들에게도 스승이

---

41) 『삼국유사』, 「의해」.

되었다. 잘 알려진 바와 같이 그는 귀산과 추항에게 세속오계를 내렸는데, 충성으로 임금을 섬겨야 하고, 효도로서 부모를 섬겨야 하며, 친구와 사귐에 신의가 있어야 하고, 싸움에 나가서는 물러섬이 없어야 하며, 살생을 할 때는 가려서 하라는 이 오계는 유교적 덕목과 불교적 계율이 결합된 것으로 볼 수 있다.

원광 이후 7세기에도 많은 고승 대덕이 등장하여 경전 강론을 한 기록이 있다.[42] 계사(戒師)로 이름 높은 자장은 유학 도중 선덕왕(632~647 재위)의 요청으로 귀국하여 분황사에 머물렀다. 이때 그는 궁중에서『섭대승론』, 황룡사에서『보살계본』을 강의한 적이 있다. 강의를 하는 7일 밤낮에 감로가 내리고 구름과 안개가 강당을 덮는 기이한 일이 생겨 사부대중이 감탄하고 명망이 더욱 널리 퍼졌다 한다. 또 강의를 마치는 날에는 그에게 계를 받으려는 사람이 구름처럼 몰려왔고, 이로 인해 삶의 방향을 새롭게 하려는 사람이 열 집에 아홉 집이었다고 한다.[43] 또 훗날 자기가 태어난 집을 원녕사라는 절로 만들고, 거기서『화엄경』강의를 했다는 기록도『삼국유사』에는 남아 있다.

원효는 수많은 저술로써 동아시아에서 이름을 떨쳤으나 저술에 비하면 강경의 흔적은 많지 않다.『화엄경』을 강의한 기록과 자신이 지은『금강삼매경론』을 황룡사에서 강의했다는 기록이 있다. 그런데 재미있는 것은 원효가 강의를 하고 있는 그림이 일본에 남아 있다는 것이다. 원효와 의상을 존경하던 묘에(明惠, 1173~1232) 화상이 거주하던 교토의 코산지(高山寺)라는 절에 소장된 이 그림은『송고승전』에 의거해 그린 것이지만 당시의 모습을 짐작해 보게 하는 소중한 자료다(그림은 이 책의 제5장에 있다).

의상은 신라의 고승 가운데 가장 많은 강경의 기록이 남아 있다. 부석사에서의 40일간의 '일승십지문답', 황복사에서의 '법계강의', 태백산 대로방에서의 '십불강의', 소백산 추동에서의 90일간의『화엄경』강의' 등 기록에 나타난 강석만도 적지

---

42) 이에 대한 상세한 것은 안경식,「신라시대 불교 강경의 교육적 의의」, 한국종교교육학회,『종교교육학연구』52권, 2016년 12월, 71-101쪽에 서술되어 있다.

43)『續高僧傳』, 卷24, 釋慈藏.

않으며, 특히 추동에서의 『화엄경』 강의 때는 3,000명이라는 많은 대중이 운집하였다 한다.[44]

신라 고승들의 교육 활동은 다양하다. 여기서 그들의 강경 활동을 특별히 말한 것은 강경의 텍스트인 불경이 신라사회에서 문자문명을 촉진시켰으며, 이 과정에서 고승들은 '교사'의 역할을 하였기 때문이다. 신라의 고승들은 당시 사회에서 최고의 지식인이자 지성이었다. 고승의 '교사'로서의 역할은 단지 불교 내부에만 그치지는 않았을 것이다. 제자들이나 신도들에게 불교적 지식을 가르친 것은 말할 것도 없지만 일반인들에게 불교 외의 지식을 가르쳤을 가능성도 배제할 수 없다. 유교 경전을 비롯한 이른바 외전(外典)에도 박식한 고승들도 적지 않았으며, 관심 있는 사람들의 요청에 의해 교사의 역할을 했을 가능성도 보인다.[45] 『고려사』 민적 관련 기사를 보면, 당시 아이들이 대부분 절에서 글을 배웠다고 하며, 그 풍속이 신라에서 유래했음을 시사하는 내용이 있다.[46]

🏵 학교교육의 교사, 박사와 조교

우리는 통일 이후 신라의 대표적 인재 양성 제도로서 국학을 들 수 있고, 이 국학 교육의 담당자로서 박사와 조교가 있다고 알고 있다. 물론 국학이 설립되기 전에도 신라사회에서 유학을 가르치던 사람이 없지는 않았을 것이다. 6세기의 원광도 중국으로 떠나기 전, "글을 즐겨 읽어 현학과 유학을 두루 섭렵하고 자(子)와

---

44) 전해주, 『의상화엄사상사연구』, 민족사, 1993, 95쪽.

45) 오부윤은 「학교 전적을 통해 본 신라 학교교육의 특징-경학 및 전업교육 전적을 중심으로-」(제주한라대학 『논문집』 제26집, 2002, 161쪽 각주 8)에서 "신라의 경우 관학교육인 국학 출현 이전 다양한 형태의 사학교육이 진행되고 있었으며 원광, 김인문, 강수 등이 이를 통해 배출되었다. 교육장소로는 불교의 성행과 함께 佛寺(社)의 講院, 講堂, 禪院, 禪堂, 禪房 등 다양한 형태"라고 하였는데, 충분히 그 가능성을 생각할 수 있는 주장이다.

46) 『고려사』, 「열전」, 민종유.

사(史)도 연구하였다."라고 하였고,[47] 7세기의 강수 역시 스승에게 나아가 『효경』 『곡례』『이아』『문선』을 읽었다 하였다.[48] 또 7세기 중후반에 활약한 김인문 역시 "어려서부터 글을 배워 유가의 글을 많이 읽고 노장과 불교의 이론까지 널리 읽었다."라고 하였다.[49] 이러한 예를 보아 국학 설립 이전에도 유학을 공부하는 지식인이 적지 않았고, 이들은 나름대로 스승을 찾아 가르침을 받았을 것이다. 그러나 그들에게 유학을 가르친 스승들이 어떠한 사람이었는지에 대해서는 아직 알려진 바가 없다. 아마 화랑도나 불교를 제외하고는 아직 개별적이고 사적인 관계 속에서 가르침과 배움이 있지 않았나 여겨진다. 이런 가운데 『삼국사기』「잡지」에서는 신문왕 2년(682) 국학 설치 사실을 기록하고, 박사(博士)와 조교(助敎) 제도가 있었음을 언급하였다.[50] 『삼국사기』에서는 "『주역』『상서』『모시』『예기』『춘추좌씨전』 『문선』으로 나누어 학업내용[業]으로 삼게 하고, 박사 약간 명과 조교 1인으로『예기』『주역』『논어』『효경』 또는 『춘추좌씨전』『모시』『논어』『효경』 또는 『상서』『논어』『효경』『문선』으로 가르쳤다."[51]라고 하여, 가르치는 과목과 학업내용과 분반 등을 분명히 기록하고 있다. 신라에서 처음으로 학교가 생기고, 그 학교의 '교사'로서 박사와 조교가 등장한 것이다. 그런데 신라의 학교인 국학의 설립이나 '교사'인 박사와 조교의 등장은 단지 신라 내부의 사건이 아니라 김춘추가 648년 당의

---

47) 『삼국유사』,「의해」, 원광서학.
48) 『삼국사기』,「열전」, 강수.
49) 『삼국사기』,「열전」, 김인문.
50) 『삼국사기』,「잡지」, 직관 상. 물론 법흥왕 11년(524)에 세워진 것으로 보이는 '울진봉평신라비'에 '立石碑人喙部博士'라는 기록이 있다. 그러나 이때의 박사는 국학이라는 학교 제도의 교관과는 차이가 있다. 즉, 이 비를 세운 사람을 의례관으로 보기도 하고, 기술자 혹은 율령박사로 해석한 연구도 있다. 주보돈은 「울진봉평신라비와 법흥왕대율령」(『한국고대사연구』2, 1989) 132쪽에서 비문의 박사를 "율령박사로서 율령을 지방민에게 주지시킬 목적에서 임시로 파견한 관료"로 파악하였으며, 같은 논문집에서 최광식은 의례관으로, 이기문은 기술자로 보았다.
51) 『삼국사기』,「잡지」, 직관 상.

국자감을 참관한 것이 계기가 되었다.[52]

당의 국자감은 알려져 있듯이 국자학, 태학, 사문학, 율학, 서학, 산학의 6학(광문학까지 포함하면 7학) 체제였다. 국자학에서는 '교사'를 '학관(學官)'이라 하였는데, 학관은 6학의 구분에 따라 차이가 있었다. 국자학에서는 박사 5인(정5품상), 조교 5인(종6품상), 직강 4인을 두었으며, 태학 등 유학과 등에도 모두 박사, 조교, 직강을 두었다. 다만, 율·서·산 등 전업과에는 박사와 조교만 두었다. 당의 직제에서 박사는 학생 교육을 주관하여 유학 위주로 짜인 교과를 직접 가르치고[53] 평가하는 역할을 담당하였다. 조교의 임무는 박사를 도와 경전을 가르치는 것이며, 직강은 박사와 조교를 도와 경전을 가르치는 것으로 되어 있다. 신라 국학은 박사 약간 명과 조교 약간 명을 둔다고 규정하였고, 그 관등은 규정하지 않았다. 또한 직강 제도는 두지 않았다. 그러나 박사와 조교는 모두 경전을 가르치는 일을 하였다.

그러나 이 기록만으로 알 수 있는 것은 제한되어 있다. 특히 신라의 교관과 관련하여 많은 부분이 아직 규명되지 않았다. 신라 국학의 박사와 조교제는 언제 설치되었는지, 또 그들은 어떤 관등을 받았는지, 속수지례(束脩之禮)가 있었는지, 있었다면 어떠하였는지, 어떤 사람들이 당시의 박사와 조교로 임용되었는지, 경전을 가르치는 것 외에 다른 역할은 없었는지(석전제에서의 역할 등) 등이 그러하다. 박사와 조교제의 설치 연대에 대해서는 국학 설치 당시인 682년 혹은 대사 2인을 설치하여 국학 체제의 발판을 마련한 진덕왕 5년(651) 혹은 국학에 제업박사와 조교를 설치하였다는 경덕왕 6년(747) 설이 있다.[54] 또 교관의 관등과 속수례에 대해서는 기록이 없다. 교관의 관등에 대해서는 행정 장관인 경의 관등이 높지 않았던 것으로 보아 교관의 관등 역시 높지 않았던 것으로 짐작할 수 있다. 즉, 학생이 출학할 때 나마, 대나마라는 관등을 받았다는 기록과 김중용, 국학박사 김○○ 등

---

52) 여기서 비교는 신라의 경우 『삼국사기』의 기록이며, 당의 경우 대부분 『신당서』의 기록이다.

53) 유학 위주라고 한 것은 그 속에 『노자』도 있었기 때문이다.

54) 이들 설에 대해서는 이영호, 「신라 국학의 성립과 변천」, 제7회 신라학국제학술대회자료집 『신라 국학의 수용과 전개』, 2013, 93-103쪽 참조.

일부 경의 관등이 8등이나 9등으로 나타나는 것으로 보면 교관의 관등 역시 그 정도 선으로 생각할 수 있을 것이다. 속수례에 대해서는 당 국자감의 경우 학생이 입학하면 비단 한 광주리와 술 한 병, 말린 고기 한 묶음으로 속수례를 규정해 놓았다는 것[55]을 생각하면 국학이 강학 기능 외에 각종 학례가 추가된 9세기 이후에는 비슷한 속수례가 행해졌을 가능성도 있다. 그리고 박사는 각종 학례에서 헌관(獻官) 등 일정한 역할도 담당하였을 것으로 추정할 수 있다. 국학 설치 당시 어떤 사람이 박사와 조교에 임용되었는지에 대해서는 기록은 없으나, 학계에서는 이기백이 당시에 활약한 강수와 설총이 국학의 창설에 관여했다고 주장한 이래[56] 대체로 그 가능성을 인정해 왔다. 9세기 국학의 경(卿)과 박사로서는 김중용(金中庸), 설인선(薛因宣), 김소유(金紹遊) 등의 이름이 보인다.

지금까지 본 바와 같이 신라에서 박사와 조교를 하나의 관직으로 설립하였다는 것은 몇 가지 교육사적 의미가 있다. 첫째, 직업적 교사가 신라 역사상 처음 등장하였다는 의미가 있다. 이는 교직이 신라 역사상 처음 등장하였다는 것과 같은 의미다. 그 이전의 '교사'들이 각 분야에서 탁월한 가르침을 펼쳤다 하더라도 그들은 가르침을 업으로 삼은 직업적 교사가 아니었다. 그러나 국학의 박사나 조교는 학생을 가르치는 것을 하나의 업으로 삼은 사람들이다. 둘째, 교직을 관직화하였다는 의미가 있다. 박사와 조교와 같은 교관을 관직화하였다는 것은 교직을 직업화하고 전문화하게 된 계기를 마련한 것이다(실제로 국학의 경우 행정직과 교직을 분리함으로써 교직의 전문성을 공고히 하였다). 셋째, 교사의 정체성을 '국가적 존재'로 만들었다는 의미가 있다. 교사의 관직화는 한편으로는 교직의 전문화를 초래하였지만 다른 한편으로는 교육이란 국가가 필요한 것을 가르치는 것이라는 의미를 부

---

55) 하윤수, 「당육전 국자감 역주」, 중국고중세사학회, 『중국고중세사연구』 제14집, 2005, 140쪽.

56) 이기백, 『신라사상사연구』, 일조각, 1986, 228쪽. 그런데 설총의 경우 구경(九經)을 신라말로 풀이하고 후학을 훈도했다는 기록으로 보아 그 후학이 국학생일 가능성이 충분히 있다. 그러나 설총이 박사와 같은 관직을 맡았다면 전(傳)을 편찬할 때 그것을 누락했겠는가. 그렇다면 박사, 조교제의 설치는 경덕왕대라는 까오밍스(高明士)의 주장도 재고해 볼 가치가 있는 것이다.

여하였고, 교사는 그러한 일을 맡은 '공무원'의 성격을 지닌 사람으로 그 정체성을 규정하게 된 것이다. 넷째, 교관의 직무를 이전의 신앙적·종교적 차원의 성격과 구별되는 학문적 차원의 업무로 규정하였다는 것이다. 교관으로서 박사들은 자신의 전문 과목을 가지고 있었으며, 그것을 연구하고 가르치는 사람들이었다.

⊕ 교육문명사에서 본 신라사회의 '교사'들

2013년 가을, 한국교육사학회에서는 '역사 속 교사의 사회적 위상'이라는 주제로 학회를 열었다. 교사란 어떤 존재인가라는 물음이 매우 절실한 시점이었다. 교사는 어떤 존재이며, 어떤 존재여야 하는가를 물어야 하는 시점에 '중요성에 걸맞은 사회적 지위가 제공되었는가[57]'를 묻는 것은 어떻게 보면 과녁을 벗어난, 그래서 한가한 물음이라 할 수 있다. 교사가 사회적으로 어떤 위상에 있는가 하는 물음은 아직 지금의 교육의 위기, 교사의 위기의 본질을 못 보고 있는 것이다. 이 시대 교사의 위기의 본질은 위상 추락에서 오는 문제가 아니다. 물론 위상 추락도 적은 문제는 아니고 위상을 묻는 데서 해결의 실마리가 열릴 수도 있다. 또 역사상 이 시대만큼 위상이 추락한 시대가 또 있는가 싶기는 하다. 그러나 위상보다 더 근본적인 문제는 존재 문제다. 정체성 문제다. 그런데도 이 시대의 우리는 정체성에 대한 논의는 거의 하지 않는다. 왜 그런가. 역설적이게도 너무나 정체성이 확고하기 때문이다. 그 확고함은 교사는 곧 학교의 교사라는 확고함이다. 우리가 일상적으로 활용하는 네이버의 국어사전에서도 교사는 "주로 초등학교·중학교·고등학교 따위에서 일정한 자격을 가지고 학생을 가르치는 사람"으로 정의되어 있다. 이렇듯 교사와 학교는 분리할 수 없는 확고한 연대를 가지고 있다. 그러나 일찍이 이반 일리치(I. Illich, 1926~2002)가 "학교는 죽었다."라고 이야기했

---

57) 한국교육사학회, 2013년도 학술대회 자료집, 『역사 속 교사의 사회적 위상』, i쪽(회장의 인사말).

을 때, 이미 교사는 '학교 내 존재'로 규정할 수 없는 존재가 되어 버렸다. 물론 우리의 경우, 여전히 학교는 교육과 동의어로 쓰일 정도로 '위력'을 발휘하고 있기는 하지만. 교육문명사의 시각에서 볼 때, 신라시대는 다양한 교사상이 존재하던 시기다. 그 가운데는 오늘날과 같이 학교의 교사도 있었으나 학교의 교사가 그 시대의 대표적 교사는 아니었다. 무속, 화랑도, 불교, 유교, 도교 등 매우 다양한 사상이 신라 교육문명의 기반이 되었고, 각기 다양한 형태의 교육 전통을 유지했다. 그 전통 속에서 나름대로의 교사상이 만들어졌던 것이다.

신라의 교육문명사에서 첫 번째 교사는 신화로 그 모습을 드러낸 혁거세와 알영이다. 이들은 인간의 모습으로 태어난 것이 아니라 신의 형상으로 태어났으며, 그들이 교사가 된 것은 교육에 의해서가 아니라 신적인 능력에 의해서다. 그들은 하늘이 내린 성인(聖人)이었고, 그들의 모든 것은 모델, 모범이 되었다. 그것은 유교에서 말하는 군사(君師)로서의 역할과 상통하는 것이었다. 역사적으로 보면, 신라 초기의 6부의 지도자들은 이주민으로서 새로운 문명을 가지고 온 문명 전달자들이다. 그 문명이란 한편으로는 철기의 제작과 활용과 같은 기술문명이었고, 다른 한편으로는 정치, 제사와 같은 정신문명이었다. 신라 교육문명사에서 두 번째 교사는 무당이다. 이들은 초기에는 직접 제사장의 역할을 하다가 제정분리가 일어나면서 왕이 담당하던 제사장 역할의 일부를 위임받거나 왕의 자문 역할을 담당하던 사람들이다. 이들은 경험적으로 알 수 없는 초월적 현상의 해석자들이다. 무속의 철학, 세계관은 초월적이다. 이성과 완전히 무관하다고 할 수는 없으나 그렇다고 이성으로 설명될 수 있는 것도 아니다. 무당의 지(知)의 근원은 인간의 이성이 아닌 신과의 관계다. 신라 교육문명사의 세 번째 교사는 승려들이다. 불교는 기존 무속적 세계관이 지배하던 사회에 '새로운 물결(new wave)'로 다가왔다. 이 물결은 교육문명사적으로 큰 파동을 일으켰다. 승려들은 문자문명의 씨앗을 본격적으로 신라에 전파한 문자의 스승들이었다. 그들은 문자적 학습과 비문자적 수행을 통하여 무속과는 다른 독특한 지의 세계를 형성해 갔다. 승려 집단은 여러 측면에서 교사의 역할을 수행했다. 승려가 제자들을 대상으로 경전을 가르치는 문자교육을 실시한 기록은 많다. 승속(僧俗)을 대상으로 각종 불교 의례를 집전하여 종교적 교사로서의 역할을 담당하는 것 역시 그들의 전문 분야다. 그런가 하면 화랑도에 속해 향가를 가르치기도 했으며, 제관, 일관과 같이 신이한 자연 현상을 해석하기도 하였으며, 신라 말기에는 왕의 자문인 왕사(王師)와 같은 역할을 담당하기도 하였다. 네 번째 교사는 유학자들이다. 이들 역시 문자를 활용하는 지식인 집단이다. 초기에는 사적·개인적으로 제자를 양성하였으나 7세기 학교가 설립되면서 공적 관학 체계에 편입되었다. 법으로 규정된 교사—학생 체계 아래서 전문 직업인으로서 교사로 등장하였다. 교육문명사의 관점에서 볼 때 신라시대는 문자가 문명의 지배적 미디어가 된 시대가 아니다. 문자문명이 도입되고 정착되어 가던 시기다. 이 시대의 문명을 주도한 미디어는 구술적 특징을 가진 신화, 설화, 향가와 같은 것들이다. 신라시대의 교사를 문자를 가르치는 교사에 한정하여 논할 수 없는 까닭이다.

🏵 '포스트-포스트모더니즘시대'의 교사

현대를 일컫는 많은 말이 있다. 지식기반사회, 정보화사회는 '옛날' 이야기이고, 포스트모더니즘을 거론하는 사람도 많지 않다. 이제는 포스트-포스트모더니즘을 이야기하는 시대다.[58] 이러한 시대의 교사는 어떠한 존재이며, 어떠한 존재여야 할까. 그런데 어떠한 존재여야 할까라는 질문은 어떠한 존재여야 한다는 것을 전제로 한 질문이다. 지금까지 오랫동안 우리가 가지고 있는 교사에 대한 개념이 있다. 그것은 무엇을 가르치는 사람이라는 개념이다. 사전적 정의도 '가르치는 사람'으로 되어 있지 않나. 그런데 이제 와서는 그 생각을 폐기해야 할지도 모르겠다. 교사를 가르치는 사람으로 정의하는 것은 교육의 정의와 밀접한 관련이 있다. 이 시대의 교육의 정의도 뭐라고 정의해도 결국은 가르침으로 귀착될 수밖에 없다.

---

58) 송광일,「듀이의 포스트-포스트모더니즘」, 한국교육철학회,『한국교육철학회 2018년 한계 학술대회 자료집』, 2018, 23-37쪽.

신라시대는 역사적으로 보면 학교 중심의 교사 개념이 처음 확립된 시기다. 그렇게 확립된 교사 개념의 종점이 20세기다. 신라의 교육문명을 보면 반드시 교사가 있어야 교육이 이루어지는 것은 아니다. 교사가 교육을 주도한 상황도 있지만 전체적으로 신라의 교육문명은 교사 주도의 교육문명은 아니었다. 학생을 가르치는 교사가 없이도 교육이 이루어지는 문명, 이것이 신라 교육문명의 한 특징이다.

제**2**장

신라의 '학생'들

🏵 한국문화에서 학생의 의미

'학생(學生)'이란 말은 크게 두 가지 의미가 있다. 하나는 학교의 학생이다. 중학생, 고등학생 하듯이 학교의 한 구성원으로서의 학생이다. 이런 학생의 역사는 학교의 역사와 그 궤를 같이한다. 우리 문헌에 처음 학생이란 말이 등장하는 것은 신라시대다. 『삼국사기』'국학'조에 "무릇 학생은 관등이 대사 이하로부터 관등이 없는 자에 이르고, 나이는 열다섯에서 서른까지 모두 이에 충당했다."라는 말이 그것이다. 물론 고구려의 태학이나 경당에도 학생이 있었다. 다만, 사서에는 '자제(子弟)'로 기록되어 있다. 학생의 또 하나의 의미는 한자말 그대로 배우는 사람(배움을 뜻하는 '學', 사람을 뜻하는 '生'), 즉 요샛말로 학습자의 의미가 있다. 한국문화에서 '학생부군신위(學生府君神位)'는 낯선 말이 아니다.

[그림 2-1] 학생부군신위 위패

출처: 연합뉴스.

제사를 지낼 때, 큰 벼슬을 한 사람이 아닌 일반 사람들은 모두 학생이었던 것이다. 공부하는 사람, 학문하는 사람은 중요한 사람이며, 그들의 공부는 그 자체로 가치 있는 활동, 고귀한 활동이라는 것이 문인 사회였던 조선시대의 일반적인 인식이었다. 그러한 인식을 반영한 것이 '학생부군신위'다. 실제 조선사회에서 학생으로 살아간 사람, 한때나마 공부하면서 살아간 사람의 수는 그리 많지 않을 것이다. 그러나 어떤 일을 하면서 살아갔건 간에 그들이 다시 태어나면 학생으로 태어나기를 소원했고, 그리하여 지방(紙榜)을 학생부군으로 쓰게 된 것일 것이다. 이쯤 되면 우리 문화에서 학생이란 말은 단지 교육 관련 용어라고 묶어 둘 수가 없다. 그것은 우리의 생활문화를 반영하는 용어인 것이다. 우리의 생활 속에서는 수많은 배움이 일어나고 있다. 우리의 삶 자체가 곧 배움의 과정이다. 남녀노소 누구나 언제 어디서나 이 배움의 장은 펼쳐지는 것이다. 그런 측면에서 보면, 유학자가 아니어도 학생으로 칭한 것이 수긍이 간다.

❁ 본능으로서의 배움

사실 인간은 누구나 배움의 능력을 타고난다. 배움의 능력이 본능으로 갖추어져 있는 것이다. 태아를 대상으로 하는 교육, 즉 태교는 실제는 태아를 대상으로 하지만 임부에게 실시하는 특별한 형식을 지닌 교육이다.[1] 동양에서는 태교를 매우 중시했다. 실제 태아의 학습이 가능한지, 가능하다면 어떻게 가능한지에 대해 전통 사상에서는 감응론(感應論) 등 여러 가지 이론으로 설명해 왔으며, 현대 과학에서도 그것이 큰 연구거리가 된다. 인간은 태어나면서부터 학습의 기제가 작동한다. 오감을 이용하여 생존을 향한 활동이 이루어지고, 여기에 앎[知]이 다방면으로 작동하게 되어 있는 것이다. 이것은 인간에게는 공통적이고 보편적인 것이다. 그래서 인류의 역사는 교육학의 입장에서 보자면 앎의 역사가 된다. 개체 발달뿐 아니라 종족 발달도 그러하다. 그러나 사회가 분화하고 정치적 지배세력과 피지배

---

1) 동양의 전통 태교론에 대해서는 안경식, 『한국전통아동교육사상』, 학지사, 2005, 219-263쪽을 참조할 것.

세력이 생기면서, 백성들의 삶은 지배세력에 의해 좌우되게 되었다. 한자 '民'은 싹[芽]의 모양을 나타낸 상형자다.

　싹을 표현한 '民'이 백성의 뜻을 나타내게 된 것은 들풀의 싹의 모습에서 백성들의 모습을 본(혹은 그 반대인지도 모르겠지만) 기막힌 상상력 덕분이다. 그와 같은 상상력을 처음 발휘한 사람이 누구인지는 모르겠지만 민을 풀로 보고 민초라는 개념을 형성하게 한 것에는 공자의 힘이 크다. 공자는 "군자의 덕은 바람이요, 소인의 덕은 풀과 같다. 풀 위에 바람이 불면 풀은 반드시 눕게 되어 있다."(『논어』 「안연」)라고 하여 소인, 즉 민은 군자, 지도자와 상대되는 개념으로 따르고[順] 복

[그림 2-2] 金文에서의 '民'

출처: 容庚 編著, 『金文編』.

종하는[服] 존재여야 한다고, 그것이 그들의 덕이라고 보았던 것이다. 한 걸음 더 나아가 공자는 민을 노력해도 배우기 힘든 존재, 곤이불학(困而不學)의 존재로 보았다. 나면서부터 아는 사람[生而知之]이 가장 으뜸이고, 배워 아는 사람[學而知之]이 그다음이며, 피나는 노력을 해서야 아는 사람[困而學之]이 그다음이라 하면서, 열심히 노력해도 배우지 못하는 존재라는 말을 한 것이다. 공자는 어떤 이유에서, 어떤 상황에서 이런 말을 했을까 궁금하다. 현실적으로 생산업에 종사하는 그들의 처지를 감안한 말이라면 이해가 되지만, 천성이 우둔한 사람으로 보았다면 이해하기 힘든 폭언이 된다. 하여튼 배움의 능력은 천성적이다. 인간이면 누구든 오감을 비롯한 각종 학습 능력을 가지고 태어난다. 그리고 그 학습 능력을 활용하여 학습 활동을 한평생 이어 간다. 학교에서만 배우는 것은 아니다. 그런데 인간은 시공의 조건, 달리 말하면 사회적 조건하에 살아가게 마련이다. 학교에 갈 수 있는 조건에 있는 사람들은 학교에서 배우는 학생이 되는 것이고, 그렇지 못한 사람들은 각기 처한 삶의 현장에서 이러저러한 내용을 이러저러한 방식으로 배우게 되는 것이다. 인간의 배움은 자신의 고유한 생물학적 조건과 사회적 조건 사이의 함수 관계에 의해 발생하는 산물이다. 이 장에서는 신라시대라는 시간과 사회적

조건 아래서 이루어진 신라인들의 배움의 현상에 대해 알아보도록 하자.

⊛ 교화의 대상으로서의 백성

앞 장에서 우리는 신라사회의 '교사'들을 말하면서 맨 먼저 군사(君師)에 대해 이야기한 바 있다. 전통사회의 이상적 임금은 정치가일 뿐 아니라 교육자를 겸해야 한다는 것이었고, 실제 신라의 시조인 혁거세는 성군(聖君)이 갖춰야 할 여러 가지 자질을 겸비한 사람이었음을 시조신화는 말하고 있다. 그런데 여기서 임금이 스승이라면, 학생은 백성, 즉 민(民)일 수밖에 없다. 임금은 정치교육인 교화의 덕을 펼치는 사람이고, 백성은 그 덕화를 입는 사람이 되는 것이다. 자신의 의사와는 무관하게 그렇게 되는 것이다. 『시경』의 말대로, "온 하늘 아래 왕의 땅 아님이 없고(普天之下 莫非王土), 온 땅 아래 왕의 신하 아닌 사람이 없다(率土之濱 莫非王臣)." 라는 왕조시대의 논리다. 그 땅에 태어난 '죄'(시대적·사회적 조건) 때문에 왕이 베푸는 교화를 입을 수밖에 없는 사람이 된 것이다. 교화를 정치적인 측면에서 해석하면 그렇다는 것이다. 『삼국사기』에서는 왕, 즉 스승이 없을 때 신라의 백성들은 모두 방자한 사람들이었고, 그래서 제 마음대로 행동하는 사람이었다고 하였다. 그래서 교육이 필요한 사람들이었다. 그런데 이런 사람들이 임금의 교화 덕분에 도둑질을 하지 않게 되고, 서로 공경하고 겸양할 줄 아는 사람, 즉 교육받은 사람이 되었다는 것이다. 그들이 배운 것은 공경이나 겸양과 같은 덕목이었다. 침략자 낙랑인이 이 지방 백성들은 서로 도둑질하지 않으니 도가 있는 나라라고 한 상태가 된 것이다. 『예기』「학기」 편에 '화민성속(化民成俗)'이란 말이 있다. 백성을 교화하여 좋은 풍속을 만든다는 이 화민성속을 혁거세가 이룬 것이다. 「학기」 편에는 또 "옥도 다듬지 않으면 그릇이 될 수 없고 사람도 배우지 않으면 도를 모른다. 그래서 예전의 왕들이 나라를 세우고 백성들의 지도자 노릇을 할 때는 가르치고 배움을 우선해야 한다."라고 하였다. 여기서 그 유명한 '교학상장(敎學相長)'이란 말도 나오는데 드디어 백성들을 배움의 존재로 보았던 것이다. 소인과 여자를 아예 가르침의 대상에서 제외했던 공자의 인식에서 한 걸음 더 나아갔다 볼 수 있다. 백성을 가르침의 대상으로'까지는' 혹은 '까지만' 인정한 것이다. 아직 그들이 스스로 공부할 수 있는 능력을 가진 존재라는 것을 인정한 것도 아니고, 스스로 공부하라고 자율권을 인정한 것도 아니다. 이 상황에서 임금이 제시한 것이 예악(禮樂)이다. 고대사회에서 예악은 문명의 핵심이다. 임금은 문명을 만드는 사람이고, 문명으로 백성을 교화하여야 하는 책임이 있다. 예(禮)로 다스리면 백성들이 찾아오게 되어 있고, 악(樂)으로 다스리면 백성들이 마음으로 수긍하게 되어 있다. 예는 수직적인 것이고, 악은 수평적이라고 했다. 신라에서도 유리 이사금이 홀아비, 홀어미, 부모 없는 아이, 자식 없는 노인, 즉 환과고독(鰥寡孤獨)을 보살피자 많은 이웃 나라 백성이 소문을 듣고 왔다고 했다. 백성들의 풍속이 즐겁고 편안하여 「도솔가」라는 노래를 지었다고도 했다. 물론 민간에서도 자연발생적인 회소곡과 같은 노래가 없지는 않았지만 「도솔가」가 신라 가악의 시초다. 왕이 문명의 하나로 만든 것이다. 군왕은 한편으로는 형벌로써, 다른 한편으로는 예악으로써 백성들을 교화하게 되는데, 신라가 율령을 공포한 것은 법흥왕 7년(520) 정월에 이르러서다. 물론 그 이전에도 고조선의 '팔조금법'과 같은 법이 없지는 않았을 것이다. 왕조사회인 신라사회에서 백성은 피지배층이다. 그들은 지배층에 의해 교화를 입는, 지배층의 필요에 의해 배움을 '당하는' 존재로 기록되고 있다. 그런데 백성에 대한 교화를 이러한 정치적 관점으로만 해석할 것은 아니다. 종교적인 측면에서의 교화를 놓쳐서는 안 된다. 이것은 건국신화의 혁거세(赫居世), 광명이세(光明理世)의 이념에서 보듯이 세계와 인간을 빛의 존재로 보는 견해가 전제되어 있다. 정치와 교육을 통하여 신라인 모두를 빛의 존재로 변화시키겠다는 생각이 신화 속에 나타나 있다. 이러한 신라의 정교이념은 하늘과 땅, 바람(풍백), 비(우사), 구름(운사)이 합심하여 모든 인간이 자신의 삶을 살아갈 수 있도록 하는 홍익인간(弘益人間)의 교화이념과도 무관하지 않다.

❁ 원화의 무리는 신라 최초의 학생 집단인가

『후한서(後漢書)』의 「동이전」에는 성인식이라고 알려져 있는 기록이 있다. "사람 됨이 씩씩하고 용기가 있었다. 소년으로서 집을 지을 수 있고 힘을 쓰는 자는 밧 줄로 등가죽을 뚫어 거기에 막대기를 대고 능히 견디면 사람들이 튼튼하다고 환 호하였다."라는 기록이 그것이다.[2] 이 기록은 삼한의 풍습을 말한 것인데, 이와 같이 신라 이전의 한반도 남부 사회에서는 어떤 청소년 집단이 존재했을 수 있다. 그것과 화랑도의 관련성을 이야기하는 학자들도 있다.[3] 그러나 아직까지 확정할 자료는 없다. 이런 상황에서 신라 최초의 청소년 집단은 역시 원화나 화랑도라고 해야 할 것이다. 그리고 그들 사이에 학습 활동이 있었다면 원화의 무리나 화랑도 는 신라 최초의 학생 집단이 되는 것이다. 원화제도에 대해 『삼국사기』에서는 진흥 왕 37년(576)에 원화를 받들었다고 하였다. 임금과 신하가 인물을 알아볼 방법을 찾다 무리를 지어 함께 놀도록 하고 그 행동을 보아 인물을 발탁해 쓰고자 하였 던 것이다. 이에 남모와 준정 그리고 무리 300여 명을 뽑았다 했다. 『삼국유사』의 기록에서는 "민가의 낭자들 가운데 아름다운 사람을 뽑아 원화로 받들었다. 그것 은 무리를 모아 인물을 선발하여 효와 제, 충과 신을 가르치려 함이었다."라고 하 였다. 이에 남모와 준정을 원화로 뽑았고, 그 아래 모여든 사람이 3~4백 명이 되 었다고 하였다.[4] 두 기록에는 공통적으로 남모와 준정의 치정극이 상세히 기록되 어 있다. 그러다 보니 후대의 사람들에게 원화는 이상한 집단이 되고 말았다. 원 화와 그를 따르는 무리를 과연 미모만 다투는 그런 집단으로 보아야 할까. 이 모 임을 만든 때는 진흥왕 대이고, 모임을 만든 목적은 인재 선발이라는 것을 두 기록 은 분명히 말하고 있다. 그리고 인재를 교육시키기 위해 효와 제, 충과 신을 가르

---

2) 『後漢書』, 「東夷傳」, 韓. "其人壯勇, 少年有築室作力者, 輒以繩貫脊皮, 縋以大木, 囉呼爲健." 『三國志』의 「魏書」, 韓條에도 유사한 내용이 기록되어 있다.

3) 미시나(三品彰英)와 같은 학자가 대표적이다. 三品彰英(이원호 역), 『신라화랑의 연구』, 집 문당, 1995.

4) 『삼국유사』, 「탑상」, 미륵선화 미시랑 진자사.

치려고 했다는 것도 말하고 있다. 그렇다면 이때 모인 몇 백 명의 사람들은 그냥 농사짓거나 살림하는 사람이 아니라는 것을 알 수 있다. 『삼국유사』에서 비록 원화를 '민가의 낭자'라고 하였으나, 이 민가에서 민은 보통 백성으로서의 민이 아니라 그들이 관직에 있는 사람이 아니었다는 뜻에서의 민이었던 것이다. 『동사강목』에서 화랑을 귀인과 양가(良家)의 자제 중에서 선발하였다는 기록이 있는데,[5] 원화의 집단 역시 아무나 선발하지는 않았을 것이다. 원화 집단은 국가의 인재가 될 수 있는 집단이었으며, 실제 그들은 국가의 인재가 되기 위해 효제충신을 배우는 사람, 즉 '학생' 집단이었다고 보아야 한다. 그런데 실제 원화제도가 만들어지자마자 바로 문제가 생겼는지, 아니면 일정 기간 시간이 흐른 후에 문제가 생겨 폐지되었는지는 알 수 없다. 300여 명을 뽑았을 정도면 일정한 시간이 흘렀다고 볼 수 있을 것이고, 그렇다면 이들을 대상으로 어느 정도 교육도 이루어지지 않았을까 추정해 보는 것이 자연스러울 것 같다.

　그런데 원화의 무리를 학생 집단으로 볼 때, 그들이 무엇을 배웠느냐 하는 문제는 중요한 문제일 것이다. 『삼국유사』의 기록을 주목하지 않을 수 없는데, 일차적으로는 앞에서 말한 바와 같이 효제충신이라 할 수 있다. 그런데 저자는 또 하나 주목하고 싶은 것이 있다. 진흥왕이 원화를 설치한 까닭을 말하면서 "(진흥왕이) 천성이 풍미하고, 신선을 매우 숭상하여 민간의 낭자 중에서 아름다운 자를 택하여 원화로 받들었다."라고 한 부분이다.[6] 여기서 진흥왕이 숭상한 신선이 무엇인지 정확하게 기록해 놓은 것은 없다. 그런데 『삼국사기』 진평왕 9년(587)조에 이 신선이란 말이 다시 등장한다. 즉, "대세와 구칠 두 사람이 바다로 떠났다. 대세는 나물왕의 7세손 이찬 동대의 아들로 자질이 뛰어났고, 어려서부터 세속을 떠날 뜻이 있었다. 승려 담수와 사귀며 놀던 어느 날 말하기를, 이 신라의 산골에 살다가 일생을 마친다면, 못 속의 물고기와 새장의 새가 푸른 바다의 넓음과 산림의 너그럽고 한가함을 모르는 것과 무엇이 다르겠는가. 나는 장차 뗏목을 타고 바다를 건

5) 『동사강목』, 신라 진흥왕 37년.
6) 『삼국유사』, 「탑상」, 미륵선화 미시랑 진자사.

너 오월(吳越)에 이르러 차차로 스승을 찾아 명산에서 도를 물으려 한다. 만약 평범한 인간에서 벗어나 신선을 배울 수 있다면, 텅 비고 넓은 허공 위를 바람을 타고 훨훨 날 터이니 이것이야말로 천하의 기이한 놀이요, 볼 만한 광경일 것이다. 그대도 나를 따를 수 있겠는가?"라는 부분이 있다.[7] 여기서 말하는 신선은 도가의 신선사상과 크게 다를 바 없다. 진흥왕은 불교를 진흥시킨 왕이다. 그런 그가 신선을 매우 숭상했다는 것은 불교와 더불어 신선도에 관심이 많았다는 것이고, 그것이 결국은 원화와 화랑으로 연결되는 것이다. 화랑의 별칭이 선랑(仙郎)인 것을 생각하면 원화, 화랑의 사상에는 신선사상을 빠뜨릴 수 없다. 그렇다면 원화의 무리를 최초의 학생 집단으로 볼 때, 그 학습에는 신선도라는 부분이 있을 것이라고 추정할 수 있는 것이다.

🏵 화랑도에서 승려와 낭도

원화를 이어 화랑제도가 만들어졌다. 원화제도와 화랑제도는 차이가 없지는 않겠지만 그렇다고 별개의 제도로 볼 수는 없다. 사서의 기록대로 여성의 질투심이 문제가 되었는지, 또 다른 정치적 이유가 있었는지는 모른다. 그러나 국가의 인재 선발 및 양성 제도인 것만은 같으며, 화랑의 낭도 역시 원화의 무리[徒衆]와 마찬가지로 '학생' 집단의 성격이 있었다고 보아야 한다. 물론 화랑제도는 많은 그룹[徒]이 신라 하대에 이르기까지 장기간 여러 종류의 활동을 하였기에 그 성격을 하나로 규정하기가 어렵다. 그러나 국가의 인재 양성 및 선발 제도로 보는 것이 가장 기본적인 성격 규정이다. 이렇게 국가의 인재 양성 제도로 볼 때, 거기에는 분명 '학습'의 과정이 있을 수밖에 없다. 화랑도에서 신라사회의 '학생'의 모습 하나를 찾아보려는 것은 이 때문이다. 실제 『삼국사기』에는 도의 연마라든지, 정서 함양이라든지, 신체 단련과 같은 요소들이 있었다는 기록이 있다. 그러나 이것만으

---

7) 『삼국사기』, 「신라본기」, 진평왕 9년.

로 그들의 학습 활동이 다 밝혀진 것도 아니고 학생의 모습을 제대로 알 수 있는 것도 아니다. 화랑을 교육사의 한 페이지에서 이야기하려고 한다면 우리는 지금까지 이야기해 왔던 것보다 더욱 많은 담론을 생산해야 한다.

우리는 제1장에서 승려 집단을 화랑의 '교사'로서 주목한 바 있다. 학계에서도 화랑도의 교육은 주로 승려가 담당하였다고 이야기하고 있다.[8] 실제 사서의 화랑 관련 기사에 승려들이 등장하는 경우가 적지 않다. 미시랑과 진자사의 경우가 그러하고, 「찬기파랑가」를 쓴 충담사, 「혜성가」를 지은 융천사, 응렴에게 첫째 딸과 혼인하도록 충고한 범교사도 그러하다. 승려-화랑의 관계를 좀 더 면밀히 봄으로써 학습자 집단으로서 화랑도의 성격을 알 수 있을 것이다.

화랑과 관련하여 처음으로 등장하는 승려는 진자(眞慈)다. 그는 화랑제도를 설치한 진흥왕의 아들인 진지왕(576~579 재위)대의 인물이다. 신라 최초의 사찰로 알려진 흥륜사의 승려였는데, 미륵상 앞에서 "우리 부처님께서 화랑으로 화신하셔서 제가 늘 얼굴을 뵙고 곁에서 시중들도록 해 주십시오." 하고 빌었다고 한다. 이에 꿈에 수원사 절 앞에 가면 만날 수 있을 것이라는 계시를 받고 한 소년을 만났다. 그러나 그 소년이 미륵불이 화랑으로 화신한 미륵선화(彌勒仙花)임을 알아보지 못하였다. 이 소식을 들은 진지왕이 성 안에서 찾아보라 하였고, 미시(未尸)라는 소년을 찾아내었다. 왕이 그를 국선(國仙)으로 삼았다. 그는 자제(낭도)들과 화목하게 지냈으며 예의와 풍교가 보통이 아니었다고 한다. 미시랑의 풍류가 세상을 빛냄이 거의 7년이 흐른 어느 날, 미시가 사라졌다. 진자는 매우 슬퍼하고 안타까워했으나 그간 미시랑의 자비로운 은택을 많이 입었으며, 맑은 교화를 친히 접했으므로 스스로 잘못을 고칠 수 있었고 진실하게 도를 닦을 수 있었다고 한다.[9] 이를 보면 국선인 미시랑을 찾고 모셔 온 사람이 진자이며, 진자는 미시를 모시고

8) 이기동, 「신라 화랑도의 사회학적 고찰」, 『신라 골품제사회와 화랑도』, 일조각, 1984, 354-366쪽 및 주보돈, 「신라의 국학 수용과 그 전개」, 신라문화유산연구원, 『신라 국학과 인재양성』, 민속원, 2015, 15쪽.
9) 『삼국유사』, 「탑상」, 미륵선화 미시랑 진자사.

가르침을 받은 사람이다. 교사-학생 관계라면 미시가 교사이고, 진자가 학생이다. 그런데 주목할 것은 학생으로서 받은 교육 내용과 교육의 방식이다. 『삼국유사』에서는 진자가 받은 교육을 '자비로운 은택'과 '맑은 교화'라고 하였고, 한자로 '자택(慈澤)'과 '청화(淸化)'로 기록했다. 이것은 문자 교육을 말하는 것이 아니고 인품의 감화를 말하는 것이다. 인품의 넉넉함이 봄날 못의 물처럼 넘쳐나는 것으로 묘사한 글자가 '못 택(澤)' 자다. 또 온화한 인품의 감화를 맑은 봄바람으로 묘사한 글자가 '될 화(化)' 자다. 이러한 은택과 교화는 머리로 받는 것이 아니라 온몸으로 받는 것이다. 그래서 음목(飮沐), 닐승(昵承)이란 글자를 써서 음목자택(飮沐慈澤)이라 했고, 닐승청화(昵承淸化)라고 했다. 음목은 입으로 마시고 온몸으로 둘러쓰는 것을 말한다. 닐승은 친히, 직접 받은 것을 말한다. 이런 미시랑의 교육을 풍교(風敎)라고 하였다. 화랑을 풍류도라고 하지 않는가. 이것은 전통 교육의 한 형태다. 풍은 바람이다. 앞서 공자는 군자의 덕을 바람에 비유한 바 있다고 했다[君子之德風]. 바람이 불면 풀은 눕게 되어 있다. 화랑도의 풍교 역시 미시랑과 같은 인품 감화의 교육인 것이다. 그래서 학습자인 학생(이 설화에서는 진자)은 스스로 잘못을 인식하고 고치며[能自悔改], 진실하게 도를 닦을 수 있게 되었다[精修爲道]고 하였던 것이다. 화랑을 미륵불의 화신으로 만든 것은 역사적 사실이다. 이는 화랑 김유신의 낭도들을 용화향도(龍華香徒)라고 한 것에서도 알 수 있고, 화랑의 전성기에 미륵보살반가사유상이 가장 많이 조성된 것을 통해서도 알 수 있다. 미륵은 화랑도의 이상적 인간성이었으며, 낭도는 그 미륵을 스승으로 받드는 학생이었던 것이다.

다음으로 진평왕(579~632 재위)의 융천사(融天師)를 보자. 당시 제5 거열랑, 제6 실처랑, 제7 보동랑의 세 화랑이 금강산에 놀러가다 혜성(彗星)이 심대성(心大星)을 범하는 것을 보고 여행을 중지하려 했다. 이때 융천사가 노래(향가)를 지어 부르니 괴변이 사라졌고, 침략한 왜병도 사라졌다. 이에 임금이 기뻐 낭도들을 금강산에 보내어 놀게 했다는 것이다.[10] 당시 융천사가 이들 세 화랑과 동행했던 것 같다. 또 세 화랑에 속한 낭도들도 많았을 것이다. 융천이란 이름이 말해 주듯 천

10) 『삼국유사』, 「감통」, 융천사혜성가.

문, 지리를 관장하는 전문가였을 가능성이 있고, 주술적 성격의 노래를 지어 부를 수 있었으니 주술적 능력을 지닌 인물이었을 수도 있다. 융천사는 화랑도 안에서 전문 교사였을 수 있고, 낭도들은 이러한 전문 교사로부터 천문과 지리 현상과 향가 등을 배웠을 것이다.

마지막으로 경덕왕(742~765 재위)대의 승려 월명사(月明師)의 경우를 보자. 경덕왕 17년(760)에 두 해가 나타나 열흘 동안 사라지지 않았다. 일관이 인연 있는 스님을 초청해 산화(散花) 의식을 펼치면 된다고 하자 월명사가 초청되었다. 왕이 기도문을 지으라고 하자 자신은 국선(國仙)의 무리에 속해 있기에 향가만 알지 범성(梵聲)은 익숙하지 않다고 한다. 범성은 산스크리트어로 된 만트라, 즉 주문(呪文)이다. 왕이 향가라도 지으라고 하자 「도솔가」를 지었다. 그리고 괴변이 사라졌다. 월명사는 향가를 잘 지어 「제망매가」를 지은 적도 있고, 피리를 잘 불어 그가 달밤에 피리를 불면 가는 달이 멈추기도 하였다. 변고에 대처할 수 있는 정도의 능력 있는 승려였다. 충분히 국선도에서 낭도들의 스승이 될 만한 사람이다. 학생으로서 낭도들이 배워 즐긴 것은 향가였다. 그들이 서로 즐긴 가악[相悅以歌樂]도 향가였던 것이다.

화랑의 교사라고 생각하는 승려들을 모두 '사(師)'로 표현되어 있고, 이들은 공통적으로 모두 국가(왕)와 일정한 관련을 맺고 있다. 앞의 세 사례를 볼 때, 단순히 승려-화랑도의 양자 관계가 아닌 국가-승려-화랑도의 삼자 관계를 맺고 있다. 사실 승려는 그 당시 최고의 지식인이었다. 모든 승려가 다 문자(한자)를 활용할 수 있었던 것은 아니지만 이미 한자뿐 아니라 산스크리트어에 익숙한 사람들도 승려 계층에는 있었다고 보인다. 삼장법사로 이름난 현장(玄奘, 602~664)과 함께 중국에서 역경 사업에 큰 역할을 했던 신라 승려 원측(圓測, 613~696)과 같은 경우가 아니더라도 신라 내부에서도 산스크리트어를 활용하는 승려도 있었던 것 같다. 그것은 앞의 월명사 설화에서도 짐작할 수 있다. 또 최근에는 경북 금릉군 갈항사 삼층석탑에서 '복과 수명장수'를 얻을 수 있다는 '준제진언' 필사본 1매가 사리 장엄구 금속제 병 속에서 발견되어 신라시대에 범자가 필사되었다는 사실이

[그림 2-3] 김천 길항사 출토 사리 장엄구

밝혀졌는데,[11] 그렇다면 그것을 필사한 사람은 승려였을 가능성이 크다.

모든 승려가 다 낭도들의 스승이 된 것은 아니며, 모든 낭도가 다 승려로부터 문자나 향가 등을 학습한 것이라 할 수는 없다. 화랑도 기록 가운데 '서로[相]'라는 말이 있듯이, 이들은 서로 도의를 연마하고, 서로 가악을 즐겼다고 한다. 그들은 자신들끼리 가르치고 배우는, 그리고 함께 공부하고 수련하는 전통이 있었던 것이다. 그리고 주목할 것은 승려들과 화랑의 관계가 이 '서로'라는 개념 밖이 아닌 개념 안에 있었다고 보아야 할 것이다. 진자사, 융천사, 월명사, 범교사 등의 사례를 보면, 이들은 화랑도의 '외부인'이 아니다. 그래서 이들은 한편으로는 낭도들의 스승이라고 할 수 있지만 다른 한편으로는 '내부인'이기 때문에 여기에는 '서로'라는 말이 통용될 수 있는 동학(同學)의 인식도 있었다 할 수 있다.

---

11) 이태승, 최성규, 『실담범자입문』, 정우서적, 2008.

🕉 불교에서의 학생: 초전 당시의 상황

문명은 외부에서 전파되어 오는 것도 있고 내부적으로 일어나는 것도 있다. 화랑도는 내부적으로 일어난 문명이다. 물론 그 기원을 찾아 올라가면 내부와 외부의 경계가 모호한 지점도 있겠지만. 불교문명은 외부에서 들어온 문명이다. 외래 불교문명을 바탕으로 신라의 새로운 불교문명을 만든 것이다. 신라에 불교가 처음 들어온 것은 눌지왕(417~458 재위)대다. 묵호자라는 승려가 고구려에서 일선군(선산 지역)에 왔는데, 그곳 사람 모례가 집 안에 굴을 파서 방을 만들어 거처하게 하였다고 한다. 당시 양나라 사신이 의복과 향을 보내왔는데, 임금이 용도를 몰라 묵호자에게 물었다 한다. 묵호자는 또 왕의 딸이 병이 났는데, 향을 사르고 기도를 해 낫게 하였다. 임금이 묵호자를 불러 향에 대해 물어보고 공주의 병 치료도 맡긴 것으로 보아 무당과 비슷한 유의 사람으로 본 것 같다. 그러나 신라에도 있는 무당은 아니라는 것은 알았을 것이다. 묵호자(墨胡子)의 '묵'은 검다는 말이다. '호'자는 외국 사람이란 뜻이다. 아마 얼굴이나 피부색이 신라 사람보다는 검은 외국 사람이었던 것을 지칭하는 말이었을 것이다. 묵호자에게 향과 의복(이 의복은 승려의 의복, 즉 승복이었을 것이다)의 용도를 물어본 것으로 보아 이 방면에 지식이 있는 사람으로 판단했다는 것이다. 그리고 비처왕(479~500 재위) 때는 아도 화상(『삼국유사』에서 일연은 묵호자를 아도의 별명으로 보았다)이 시자(侍者) 세 사람과 다시 모례의 집에 왔다. 그는 몇 년 후 그곳에서 죽었고, 그의 시자였던 제자 세 사람은 정착하면서 경(經)과 율(律)을 가르쳤다. 이것이 신라 땅에서 불교교육의 시작이다. 그들로부터 불교 경전을 공부한 사람들은 신라불교에서는 학생의 시초다.

🕉 불교에서의 학생: 천축과 중국 유학승

이로부터 많은 불교 신봉자가 생겼으나 내부적으로 사상적 갈등이 생겨 이차돈의 순교 사태가 생겼다. 그렇지만 진흥왕 5년(544)에는 신라 최초의 절 흥륜사가 완성되었고, 이를 계기로 출가하여 승려가 되는 것을 국가에서 공식적으로 허가 했다. 그리고 다시 5년 뒤에는 양나라에서 사신과 입학승 각덕(覺德)을 보내어 부처 의 사리를 보내왔다고 한다. 앞서 각덕은 진흥왕 원년(540)에 양나라에 유학을 간 사람이라 했다. 그는 유학을 떠나며 "도를 배우는 사람으로 스승을 구하지 않고 편안히 지내기만 한다면 불자로서 은혜를 갚지 않는 것"이라 말하고,[12] 사신을 따 라 양나라로 유학을 떠났다. 도를 배우는 사람이라고 한 것으로 보아 이미 스스로 출가한 사람이었던 것이다. 각덕은 수도자이기도 했지만 학생 승려, 즉 학승이었 던 것이다. 당시 각덕 이외에도 명관, 지명, 담육 등도 남조에 유학을 하였다. 제1 장에서도 언급하였지만 중국의 남조는 불교가 매우 성행했다. 그 가운데 양나라 는 사찰 수가 2,846개소, 승려의 수는 82,700명에 달할 정도로 남조 가운데서도 가 장 불교가 성행한 나라였다. 각덕이 540년에 양나라에 가서 10년 후인 549년에 돌 아왔다면 이 시기는 양 무제(武帝) 소연(蕭衍)이 재위한 시기(502~549 재위)와 일 치한다. 무제 재위기는 남조 전체를 통틀어서도 가장 불교가 성행한 시기였다. 각 덕은 바로 이 시기에 유학을 하여 남조의 불교문명을 공부한 학생이었고, 돌아와 그 문명을 신라에 전달한 스승이었던 것이다.

신라 학생의 역사에서, 신라의 교육문명사에서 구법 유학승은 매우 중요한 부분 을 차지한다. 『삼국유사』「의해」편에는 천축, 즉 인도에 유학을 간 승려들을 '천축 으로 간 여러 스님들[歸竺諸師]'이란 제목으로 신라승 아리나발마(阿離那跋摩)에 대 해 다음과 같이 기록하고 있다.

처음 불교를 구하려고 일찍 중국으로 갔다. 그러나 불교 유적을 순례하다 용 기가 나서 정관 연간에 장안을 떠나 다섯 천축국에 이르렀다. 나란타사에 머 물러 율장과 논장을 많이 열람하고 패엽에 베껴 썼다. 그러나 고국에 몹시 돌 아오고 싶어 했으나 목적을 이루지 못하고 갑자기 그 절에서 세상을 떠났다.

---

12) 『海東高僧傳』, 卷2, 釋覺德.

[그림 2-4] 나란다 대학 유적

아리나발마가 정관 연간(627~649)에 찾았던 나란다(날란다)사는 5세기경에 지어진 절로 흔히 나란다 대학이라 불리는 불교 대학이다. 631년 당의 현장(玄奘, 602~664) 법사가 이곳으로 왔을 때, 상주하는 승려가 1만 명, 승려를 가르치는 교수가 2천 명이나 되던 지성의 집합소였다. 외국 사람으로서 이름을 얻고자 하는 사람은 모두 이곳에 와서 학문적 토론에 참여함으로써 비로소 명예를 얻는다고 했다. 심지어 거짓말로 이곳을 왔다 갔다라고 하기만 해도 인정받을 수 있는 분위기였다고 현장은 『대당서역기』에서 말하고 있다.

이 외에도 혜업, 현태, 구본, 현각, 혜륜, 현유 그리고 이름을 알 수 없는 두 승려가 인도로 유학을 떠났으며 돌아오지 못하는 사례가 많았다. 그러나 바른 가르침을 희구하고 진리를 구하겠다는 일념으로 유학을 떠난 이들은 한국 유학사(留學史)에 큰 자취를 남긴 사람들이다.

다음으로 중국으로 유학을 떠난 구법승들 중에서 중국 남조 양나라 때부터 북송 전반기까지 기록에 남아 있는 사람은 모두 223명이며, 명나라 초기까지는 244명으로 파악된다.[13] 물론 이름이 파악되지 않은 사람까지 치면 엄청난 수가 될 것이다. 이 가운데 『삼국유사』 「의해」 편에 기록된 신라 중대의 스님들 가운데 원광을

---

13) 黃有福, 陳景富(권오철 역), 『韓中佛敎文化交流史』, 까치, 1995, 41쪽.

비롯하여 보양, 의상, 자장, 승전 등은 중국 유학을 다녀온 사람들이다. 원효는 두 차례나 유학을 시도했으나 두 번째는 스스로 뜻을 접었다. 이를 보면 중국 유학은 많은 사람이 바라던 바였음을 알 수 있다. 중국 유학은 그 뒤 신라 하대에 다시 바람이 불기 시작했는데, 그때는 당나라에서 선종의 바람이 불어왔을 때다. 그리하여 뒷날 선문 9산을 연 대부분의 승려가 유학을 다녀왔고, 그것을 바탕으로 마침내 남의 손을 빌려도 되지 않을 정도로 내부적인 역량을 쌓게 되었다.

🏵 군인 신분의 효자 학생, 진정법사

고승들은 학문과 덕이 높은 승려다. 왕실에서는 이들을 활용하여 백고좌법회와 같은 국가적 행사를 열기도 하였고, 왕사(王師)로 임명하여 국왕의 스승으로 받들기도 했다. 한편, 6세기 이후부터 이들은 스스로 강석을 열고 제자를 기르기 시작했다. 제1장에서 이야기했듯이 원광을 비롯한 자장, 원효, 의상 등은 강경, 저술을 하면서 제자 양성에 나섰다. 불교에서는 제자를 지칭하는 용어도 다양했다. 『삼국유사』에는 문인(門人; 「자장정률」)이란 말도 보이고, 입실(入室; 「의상전교」), 도제(徒弟; 「의상전교」)란 말도 보인다. 용어야 어찌되었든 이들 고승이 기른 제자들은 교육학에서 보면 학생이다. 자연, 고승 아래에는 빼어난 인재들이 많이 배출되었다. 그 가운데 신분이 특이하고 효자로서 주목을 받은 사람(학생)이 있다. 『삼국유사』 「효선」 편에서 소개한 진정(眞定)이다.

그는 출가하기 전 신분이 군인이었다. 집이 너무 가난해서 장가도 못 간 상황이었다. 군에 복역하면서 틈틈이 품팔이를 해 홀어머니를 봉양했다. 재산이라고는 다리 부러진 솥 하나가 전부였다. 그런데 하루는 어떤 스님이 와 절에 쇠붙이를 보시하라고 했다. 진정의 어머니가 하나밖에 없는 그 솥을 시주했다. 그리고 밖에서 돌아올 아들의 반응이 궁금했다. 아들은 "불사(佛事)에 보시하는 것이 얼마나 좋은 일입니까. 솥이 없다 한들 무슨 걱정이겠습니까."라고 하며, 기와로 솥을 삼아 어머니를 봉양했다. 이처럼 불심이 깊은 진정은 군에서 의상대사가 태백산에

서 설법한다는 소식을 들었고 자신도 가고 싶은 마음이 생겼다. 그래서 어머니와
다음과 같이 이야기를 나누었다.

> 진　정: 효도를 마치고(어머니가 돌아가시고), 의상대사에게로 가서 머리 깎
> 　　　　고 불도를 배우고 싶습니다.
> 어머니: 불법(佛法)은 만나기 어렵고 인생은 너무 빨리 지나간다. 그러니 효
> 　　　　도를 마치고 간다면 늦다. 내가 살았을 때 도를 깨달았다는 것을 알
> 　　　　려 주는 것이 나으니 머뭇거리지 말고 빨리 떠나거라.
> 진　정: 어머니 늘그막에 저밖에 없는데 어머니를 버리고 어찌 감히 지금 출
> 　　　　가할 수 있겠습니까.
> 어머니: 아! 나 때문에 지금 출가하지 못하면 나를 지옥에 떨어지게 하는 것
> 　　　　이다. 살아생전에 온갖 음식으로 봉양한다 해도 그것이 어찌 효도
> 　　　　가 되겠느냐. 나는 남의 집 문 앞에서 옷과 밥을 얻어먹고 살더라도
> 　　　　하늘로부터 타고난 수명은 누릴 수 있다. 내게 효도하려거든 그런
> 　　　　소리는 하지 마라.
> 　　　　(진정이 한참을 곰곰이 생각하고 있었고, 어머니가 집에 있는 양식 자루를
> 　　　　털어 보니 쌀 일곱 되가 남아 있었다. 이것을 그날 모두 밥을 지어 버렸다.)
> 어머니: 네가 밥을 지어 먹으면서 가면 더딜까 걱정이다. 내 눈앞에서 한 되
> 　　　　는 먹고 나머지 여섯 되는 싸 가지고 떠나거라.
> 진　정: (울음을 삼키며 굳이 사양하면서) 어머니를 버리고 출가하는 것도 자식
> 　　　　으로서 차마 못할 일인데 하물며 며칠간의 양식거리도 다 싸 가지고
> 　　　　떠나 버리면 온 동네 사람들이 나를 뭐라고 하겠습니까.

이런 식으로 떠나라, 안 된다 하며 세 번이나 실랑이를 했다. 진정은 결국 어머
니의 뜻을 거역하지 못하고 길을 떠나 밤낮으로 걸어 사흘 만에 태백산에 도착하
여 의상대사의 제자가 되었다. 의상대사는 중국에서 화엄학의 대가 지엄법사의
문하에서 화엄학을 배우고 돌아와 여러 곳에서 화엄 강석을 열었다. 진정은 스승

의상이 태백산에 있을 때 찾아갔고, 마침내 의상의 10대 제자 가운데 한 사람이 되었다. 의상에게로 간 지 3년째 되던 해에 어머니가 별세했다는 부고를 받았다. 이에 진정은 가부좌를 틀고 선정(禪定)에 들어가 일주일 만에 일어났다. 스승 의상은 돌아가신 진정의 어머니의 명복을 빌기 위해 제자들과 함께 소백산 추동(錐洞)으로 가서 초가를 짓고 90일 동안 추모법회를 열었다. 법회에서 강의가 끝나자 진정의 어머니가 꿈에 나타나 나는 벌써 하늘나라에 태어났다고 말했다. 당시 법회에 모인 사람은 3천 명이나 되었고, 의상은 화엄사상을 강의했다. 제자 지통(智通)이 강의록을 만들었는데, 그것이 『추동기』다. 이 책은 편찬자의 이름을 따 『지통문답』이라고도 한다. 의상의 당시 강의는 일방적인 강의가 아니라 제자들이 궁금해하는 화엄사상의 구체적인 문제를 질문과 답변 형식을 정리한 것이다.[14] (제3장에서 그 질문과 답변의 일부를 교육학적 측면에서 해석해 놓았다.) 배움의 열의로 가득 찬 진정의 이야기는 후대까지 전해져 와서 일연 스님이 「효선」편에 편집해 넣었다.

🏵 물고기와 자라, 돌을 '학생'으로 삼은 고승들

불교의 세계관은 단순하지 않다. 세계를 우리가 살고 있는 이 지구밖에 없다고 제한 짓지도 않지만 인간만의 세계라고 말하지도 않는다. 잘 알려져 있듯이, 불교는 무명의 중생을 깨달음의 세계, 부처의 세계로 이끄는 종교다. 불교의 중생에는 인간과 같은 유정 중생도 있지만, 산천초목이나 토석과 같은 무정 중생도 있다. 그런가 하면 모양, 형상이 없는 무색 중생도 있다. 그래서 교화의 대상에 인간만이 있는 것이 아니다. 신라의 고승 진표와 승전은 물고기와 자라, 돌멩이를 학생 삼아 강의를 한 사람들이다. 물고기, 자라, 돌멩이도 '학생'이었던 셈이다.

진표는 자장율사와 함께 신라의 율사로 유명하다. 계율로써 중생을 교화하는 것

---

14) 자세한 것은 안경식, 「신라시대 불교 강경의 교육적 의의」, 한국종교교육학회, 『종교교육학연구』제52권, 2016년 12월, 83쪽을 창조할 것.

이 일생의 과업이었다. 그의 물고기, 자라 교화 사적은 『삼국유사』뿐 아니라 『송고승전』에도 기재되어 있을 정도로 유명하다. 진표가 아실라주(지금의 강릉 지역)에 있을 때, 섬들 사이에 물고기와 자라들이 다리를 만들어 그를 수중으로 맞아들였다. 진표는 물고기들을 대상으로 설법을 하고 계(戒)를 주었다. 이때가 천보(天寶) 11년(752) 2월 보름날이었다고 날짜까지 기록되어 있다. 진표의 사리(舍利)는 발연사(鉢淵寺, 지금 북한 지역에 있음)라는 절에 있는데, 이곳은 진표가 어족(魚族)을 위하여 계율을 강연하던 자리라는 설화가 남아 있다. 이 절의 기록(『鉢淵藪石記』)에는 짐승의 교화가 민중 교화로 이어진 또 다른 이야기가 남아 있다.[15] 이에 따르면, 진표가 금산에서 속리산으로 가다 길에서 소 수레를 탄 사람을 만났다. 그런데 수레를 끄는 소들이 진표율사 앞을 향하여 무릎을 꿇고 울었다. 수레를 탔던 사람이 내려와 "이 소들이 어째서 스님을 보고 우는 것입니까. 또 스님은 어디서 오시나이까?" 하고 물었다. 율사가 말하기를 "나는 금산에 사는 진표라는 중이오. 내가 전에 변산 부사의방(不思議房)에 들어가 미륵, 지장 두 대성께 친히 계법(戒法)과 간자(簡子)를 받고 절을 세워 오랫동안 수도할 자리를 찾고자 이렇게 온 것이오. 이 소들이 겉은 멍청하지만 속은 밝아 내가 계법을 받은 줄 알고 불법(佛法)을 소중하게 여기기 때문에 무릎을 꿇고 우는 것이오."라고 하였다. 그 사람이 이 말을 듣고 "짐승도 오히려 이와 같은 신심이 있는데 하물며 사람으로 태어난 난들 어찌 마음이 없으리오!" 하고 즉시 낫을 잡아 머리카락을 잘랐다. 이에 율사가 자비심으로 머리를 깎아 주고 계율을 주었다. 이와 같은 짐승 교화는 문무왕, 신문왕 때 활약했던 혜통 국사에서도 볼 수 있다. 당시 혜통 국사는 나쁜 짓을 일삼던 용에게 불살생계를 주었던 것이다.[16]

승전의 경우는 당나라에 가서 현수국사에게서 가르침을 받았다. 현수는 의상대사의 동문으로서 두 사람은 모두 지엄의 가르침을 받았다. 승전이 귀국할 때, 현수가 『탐현기』 등의 저서를 의상에게 보냈다. 귀국 후, 승전은 상주에 절을 짓고

---

15) 『삼국유사』, 「의해」.

16) 『삼국유사』, 「신주」.

돌멩이를 대상으로『화엄경』을 강의했다고 한다. 돌멩이가 승전의 강의를 듣는 제자이자 학생이었던 것이다.[17] 사사무애법계라는 화엄사상의 관점에서 본다면 돌멩이도 사람도 다 같이 불성(佛性)의 표현이다. 그들 사이에 아무런 차별과 걸림이 없는 것이다. 승전이 돌멩이를 대상으로 강의를 한 것은 그러한 뜻을 나타내는 퍼포먼스였을 수 있다. 지금의 관점에서 본다면 동물, 돌멩이를 교육 대상으로 삼았다는 것이 황당한 일로 여겨질 수도 있겠지만 당시의 세계관으로 본다면, 특히 불교의 세계관으로 본다면 이들도 중생이며, 이들을 교화의 대상으로 삼는다는 것은 하등 이상한 일이 아니다. 신라 사람들이 학생을 보는 하나의 관점일 뿐이다. 이것이 현대 교육문명과 다른 신라의 교육문명인 것이다.[18]

사실 불교에서는 사람과 짐승은 무관한 존재가 아니었다.『삼국유사』를 보면, 짐승과 사람의 관계는 여러 모습으로 나온다.『삼국유사』「감통」편 '김현감호'를 보면, 호랑이는 낭자로 변하여 김현과 부부 관계를 맺는다. 그리고 김현의 출세를 위해 희생한다. 김현은 자신의 출세를 위해 희생한 호랑이를 위해 절을 세우고 범이 좋은 과보를 얻는 데 도움을 준다. 또「피은」편 '낭지승운 보현수'에는 지통 스님(앞서 말한『추동기』의 저자이며, 의상 스님의 제자)이 어렸을 때 아량공의 종이었는데, 까마귀가 와서 "영취산에 가서 낭지(원효 스님의 스승)의 제자가 되라." 해서 출가를 했다. 이에 영취산을 가는데, 길에서 만난 스님에게 낭지 스님이 계신 곳을 물었다. 그런데 그 스님이 바로 낭지 스님이었다. 그는 "내가 바로 낭지인데, 지금 집 앞에서 또한 까마귀가 와서 거룩한 아이가 바야흐로 스님에게 오고 있으니 나

---

17) 『삼국유사』,「의해」.

18) 그래도 이 말이 이해가 되지 않을 수 있다. 이런 사람들을 위해 다시 예를 들어 보자. 요즈음 동물(지금은 애완동물이라는 말보다 반려동물이라는 말을 주로 쓴다)을 '가족'으로 여기는 사람들이 많다. 50년 전의 사람들에게 말하면, 어떻게 개와 고양이를 가족으로 여길 수 있겠느냐 할 것이다. 그러나 이 시대의 많은 사람이 개와 고양이를 가족의 한 구성원으로 인식하고 있는 것은 사실이다. 물론 이러한 현대인의 인식이 신라인의 인식 혹은 불교의 인식이라는 것은 아니다. 동물을 보는 현대인의 인식도 시대에 따라 차이가 있듯이 불교가 보는, 또 신라인이 보는 학생관도 지금과 차이가 있다는 것을 말하려고 하는 것이다.

가 영접하라 하므로 와서 맞이하는 것이다."라고 하였다. "이는 신령스러운 까마귀가 너를 깨우쳐 내게로 오게 했고, 내게 알려서 너를 맞이하게 했다. 이것이 무슨 상서일까. 아마 신령이 몰래 도우신 듯하다."라고 하였다. 짐승을 다만 짐승으로만 볼 수 없는 까닭이다. 불교 설화에는 사회적 약자인 노인, 아이, 거지 등이 성인으로 나타나는 것이 매우 많다. 스승-제자, 교사-학생의 관계가 지금 우리가 생각하는 것과는 상당히 다른 모습이다. 그 이원적 경계가 분명한 것이 이 시대의 관계라면, 경계가 불분명할 뿐 아니라 스승이 제자가 되고 제자가 스승이 되는 것이 불교의 논리이자 신라의 교육문명의 한 특징이다.[19]

🏵 학교의 설립과 학생 개념의 유래

앞서 말한 바와 같이, 신라사회에서 '학생'이란 개념은 국학이 생기면서 사용하게 되었다. 물론 그 이전에도 학문을 가르치는 사람 그리고 배우는 사람이 없지 않았다. 이미 탈해 신화에서도 학문이란 말이 등장한다. 탈해는 젊어서 고기잡이 어부로 살았는데, 체격이나 모습이 보통 사람과 다르고 매우 부지런하였다. 이에 그를 바다에 떠다니는 궤에서 꺼내 길러 준 노모가 "학문을 하여 공명을 세워라."라고 하였다. 이에 탈해는 "학문에 전념하였고, 겸하여 지리(地理)까지 알았다."라고 하였다.[20] 그가 닦은 학문은 어떤 학문이었는지, 그리고 누구로부터 배웠는지는 알 수 없으나 탈해는 학문을 통하여 능력을 쌓았고, 마침내 왕위에 오른 사람이다. 그 이후에도 학문을 한 사람은 적지 않다. 그러나 학자로 불릴 만한 사람은 강수(强首)가 처음이다. 강수는 어릴 때부터 총명하여 스스로 책을 읽을 줄 알았고, 뜻을 통달할 수 있었다. 그의 아버지가 너는 불교를 배우겠느냐 아니면 유교를 배

19) 안경식,『구비설화에 나타난 한국 전통교육』, 문음사, 2004의 제7장 '구비설화에 나타난 불교의 교육관'에서는 스승과 제자의 관계가 고정되어 있지 않는 것이 불교의 논리라는 것을 자세히 설명하고 있다.
20)『삼국사기』,「신라본기」, 탈해이사금.

우겠느냐고 묻자, 강수는 유교를 선택했다. 이에 그는 "스승에게 가서 『효경』『곡
례』『이아』『문선』을 읽었습니다."라고 한다.[21] 강수는 스승으로부터 배운 사람이
고, 스승의 제자였던 것이다. 그러나 강수가 누구의 학생이었다는 기록은 없다.

오늘날 우리가 학생이라고 하면, 학교의 학생을 떠올리게 되지만 실제로 학교에
적을 두고 공부하는 사람을 학생이라고 일컬은 역사는 깊다. 신라에서도 국학이
생기면서 학생이란 말을 사용하였다고 하였지만, 그 국학은 당나라의 국자감을
참조하여 만든 학교다. 그렇다면 당의 국자감에서는 학생을 무엇이라고 불렀는
가? 여기서도 학생으로 불렀다. 당 고종 용삭 2년(662) "동도(東都)에 국자감을 설
치하고, 학관(學官)과 학생(學生)을 두었다."라고 하였다.[22] 교수자의 명칭은 학관
이었고, 학습자의 명칭은 학생이었던 것이다. 그러면 당 이전은 어떠할까. 역사를
거슬러 올라가 보면 학생이라는 명칭은 『후한서(後漢書)』「영제기(靈帝紀)」에 처음
보인다. "광화(光和) 원년에 처음 홍도문(鴻都門) 학생을 설치했다(光和元年始置鴻
都門學生)."라고 한 기록이 있다.[23] 광화 원년은 서기 178년이고, 홍도문은 낙양에
있다. 이 홍도문에 세웠다고 해서 홍도문학이라고 한 이 학교는 기존의 태학과 다
른 학교다. 태학이 유학을 가르치는 학교임에 반해 이 홍도문학은 시(詩)나 부(賦),
서화(書畵) 등을 공부하는 학교였고 이 학교의 입학자를 학생이라고 하였다는 것
이다. 한(漢)의 대표적 학교인 태학에서는 학생이 아니라 태학생 혹은 제생(諸生), 박
사제자(博士弟子)라고 하였다.[24] 일본에서도 고대부터 학생이라는 말을 사용하였다.
스이코(推古) 천황 16년(608)에 학생이란 말이 처음 쓰였는데, 이때 이 말은 일반
학생을 지칭하는 것이 아니고 유학생(留學生)을 지칭하는 말이었다.[25] 그리고 유

---

21) 『삼국사기』,「열전」, 강수.

22) 『唐會要』卷66,「東都國子監」.

23) 그런데 이 기록을 '홍도문학/생'으로 볼 것인지, '홍도문/학생'으로 볼 것인지는 생각해 볼
문제다. 당시 학교는 '학교'라고 하지 않고 '학'이라고 했다(태학교가 아닌 태학이었다). 그
렇다면 '홍도문학/생'도 가능하다. 그렇다면 '생'이 당시는 학생의 의미로 쓰였을 수 있다.

24) 高時良,『中國古代教育史綱』, 北京, 人民教育出版社, 2003, p. 147.

25) 泉敬史,「古代日本の留學者たち①-學生, 學問僧-」, 札幌大學綜合論叢 第32號, 2011年 10月,

학생은 관에서 파견하는 유학생이었다. 동아시아의 경우 초기의 학생 개념은 민(民)이 아닌 관(官)과 관련하여 사용된 개념이다. 이는 동아시아 학교의 출발이 관학이기 때문이다. 관학이 국가의 관료 양성 기관이기 때문에 학생은 개인적·사적으로 공부하는 사람이 아닌 '관료 후보생'의 의미가 있다.

✤ 신라사회에서 공적 '학생' 탄생의 과정

신라에서 공적인 '학생'이 탄생하는 과정은 나름 곡절이 있었다. 국학이라는 학교가 생긴 것은 신문왕(681~692 재위)대인지, 진덕왕(647~654 재위)대인지 명확하지 않다. 『삼국사기』에는 신문왕 2년에 설치했다고 기록하고 있다. 그러나 진덕왕 5년(651)에 관련 직관을 설치한 기록이 있어 혼란이 생겼다. 대체로 진덕왕대에 설치하고 신문왕대에 확충한 것으로 보고 있다. 어찌되었든 7세기 중반이 되어서야 학교가 생기고 학생이 탄생한 것이다. 중국은 말할 것도 없지만 고구려만 하더라도 소수림왕 2년(372)에 이미 학교를 만들고 인재 양성에 나섰다. 백제도 학교 설립에 관한 직접적 자료는 아직 발견되지 않았어도 간접적인 자료는 상당히 많다. 학교교육 관련 책임자인 내법좌평을 두었는가 하면, 책임 부서인 사도부를 설치하고 연구 및 교육을 담당한 오경박사까지 둔 것이다. 최근에는 '진법자묘지(陳法子墓誌)'에서 태학정(太學正)이라는 관직명까지 등장했다. 중앙집권체제가 확립된 근초고왕(346~375 재위) 무렵에는 학교가 설립되었을 것이라 볼 수 있다. 그렇다면 신라는 왜 그로부터 다시 몇 백 년을 기다려야 했을까. 6세기 초에 제작되었다고 여겨지는 영일 냉수리비(冷水里碑)에서 그 하나의 단서를 찾아보기로 하자. 율령이 반포되어(520년) 국가의 운용 방식이 획기적으로 바뀐 것이 6세기다. 율령이 반포되기 전 만들어진 것이 냉수리비다. 재산권 분쟁을 조정하고 그 내용을 비석으로 세워 법적 증거로 삼으려고 만든 것이다. 분쟁의 원인인 재물이 금인지,

---

119-129쪽.

[그림 2-5] 포항 냉수리 신라비

철인지, 아니면 조세수취권인지는 분명치 않으나 합의에 서명한 사람이 지중왕을 포함한 7명이다. 이들의 출신을 보면, 사량부(沙梁部) 3명, 양부(梁部) 2명, 본피부(本彼部) 1명, 사피부(斯彼部) 1명이다. 김 씨계 세력의 기반인 사량부, 양부가 5명이다. 이들이 국정을 장악하고 있지만 여전히 본피부, 사피부(습비부)의 대표들도 지위를 과시하고 있다.[26]

 이를 보면 6세기 초엽까지 완전한 중앙집권체제가 형성되지 않았다는 것을 알 수 있다. 그래서 이때까지 별도의 인재 양성 제도가 필요하지 않았을 수 있다. 이른바 '6부의 자제들'이 권력을 장악하고 있었기 때문에 인재 양성 제도를 만들 수 없었을 수도 있다. 그런데 이른바 중고기(中古期)가 되면서 율령이 반포되고, 국가의 운영체제가 달라지기 시작한다. 대외 교류가 활발하게 되고, 가야도 정복하게 된다. 전쟁의 빈도가 점차 늘어난다. 선대왕인 지중왕대에는 이미 국호를 덕업이 날로 새로워지고[新] 사방을 망라한다[羅]는 의미의 신라로 정했다. 상복법을 제정하고, 주·군·현의 국가 체제를 정하고, 우산국을 토벌한 적이 있다. 이런 급변

---

26) 김기흥, 『천년의 왕국 신라』, 창비, 2006, 69-76쪽.

하는 상황에서 새로운 인재 등용에 대한 요구가 생기게 되었다. 이 시기에 골품제가 형성되었다. 그러나 골품제는 지배층 내부의 권력 재편 및 권력 분배의 의미가 있을 뿐이었지, 6세기의 사회 질서에 맞는 인재 등용법으로서는 부족했다. 진흥왕대인 6세기 중엽이 되어 원화제에 이어 화랑제가 만들어졌다. 화랑제는 내부적으로는 상당히 성공적이었다. 상대적으로 폭넓은 인재 양성이 가능했고, 양성된 인재를 조정에 천거하기도 하였다. 김대문이 『화랑세기』를 편찬할 때, "어진 보필자와 충성스러운 신하가 여기서 나왔고, 훌륭한 장수와 용감한 병졸이 여기서 나왔다."라고 말하기에 이르렀다. 그러나 국가의 입장에서는 화랑도만으로는 부족했다. 이제 국제 관계의 중요성은 더욱 커졌고, 중국의 여러 왕조와 교류하지 않으면 국가 생존을 장담할 수 없는 상황이 되었다. 그러나 대외 교류에 필요한 인재 양성이 안 되어 있는 상황이었다. 중국에서 유학하고 돌아온 승려(원광법사)에게 걸사표를 쓰라고 할 정도였다. 진평왕(578~632)대에는 중국은 수(隋), 당(唐)이라는 통일 왕조가 들어섰다.

국학의 설립은 이러한 급박한 국제 관계 속에서 국가 생존 차원에서 준비한 국가 프로젝트였다. 일조일석에 설립된 것이 아니다. 당 왕조는 개방정책을 펼쳐 국자감에 인근 각국의 유학생을 받아들였다. 당시의 유학은 개별적인 유학이 아니고 국가 간의 외교 관계에 의한 유학이었다. 이에 각국이 유학생 입학을 요청했고, 선덕여왕 역시 우리 자제들의 입학을 요청했다. 일종의 우호관계 수립을 위한 우회적 통로였다. 또 진덕왕대에는 당시의 최고 실력자 김춘추가 직접 당에 들어가 국학을 참관하였다. 물론 이때 김춘추의 입당은 국학 참관이 주목적은 아니고 백제의 정벌을 위한 청병(請兵)이 주목적이었다. 그러나 김춘추의 요청에 의해 국학 참관이 이루어졌고, 당의 황제는 서적과 비문 등을 주었다. 김춘추가 귀국할 때는 같이 갔던 그의 동생 문왕을 숙위(宿衛)로 남겨 놓았다. 숙위란 당과 주변국 간의 외교 형식이다. 황실의 경비를 선다는 목적으로 주변국의 자제들이 남아 있는데, 그들 가운데 국자감에 입학하는 사람들도 있었다. 그들을 숙위학생이라고 한다. 이렇듯 국학 설립을 위한 여러 가지 준비 과정이 있었다. 만약 조건이 맞았다면 통일 전에 설립이 이루어졌을 것이다. 그러나 통일 전쟁이 한창 진행되고 있는 시점에 학교를 설립한다는 것은 쉬운 일이 아니었을 것이다. 실질적으로 통일 전쟁 수행에 필요한 인재로는 화랑도가 더욱 도움이 되었을 것이다. 학교의 설립은 결국 통일 이후로 미루어질 수밖에 없었다. 삼국, 아니 가야를 포함한 사국의 통일은 결국 신라에 의해 이루어졌다. 이제 신라는 한반도 변방의 소국이 아니다. 통일 이후 당과의 18번의 전투에서 나라를 지켜 냈고, 국가는 차츰 안정을 찾게 되었다. 내부적으로 미루어 두었던 수많은 난제는 신문왕(681~692 재위)의 몫이었다. 그런데 신문왕이 즉위하지마자 큰 반란이 일어났다. 문무왕의 상중(喪中)에 반란이 일어난 것이다. 반란군 김흠돌, 홍원, 진공 등은 당시 소판, 파진찬, 대아찬 등의 고위직들이었다. 그런데 이들은 재능에 의해 벼슬에 오른 것이 아니라 은전(恩典)에 의해 오른 자들이었다. 반란은 제압되었지만 기존의 인재 등용 방식에 대한 재검토가 이루어졌을 것이다. 통일 전 작업에 착수했으나 현안에서 빠져 미루어 두었던 국학의 설립을 서두를 수밖에 없었다. 즉위 이듬해(682) 본격적인 국학의 개교 작업에 들어간 것이다. 그런데 국학이 그냥 당의 국자감을 모방하여 만들었다고 생각해서는 안 된다. 당의 제도를 참고는 하였으나 여러 가지 '현지화'의 노력이 필요했다. '현지화'의 노력은 이에 대해서 제도를 어떻게 도입하고 운영할 것인가 하는 측면에서도 이루어졌지만 수업 과정의 측면에서도 이루어졌다. 그 내용은 이 책의 제7장에서 자세히 다루기로 하고, 여기서는 학생에 대해서만 이야기해 보자.

🪷 국학의 학생

신라 국학에서 기르려고 했던 인재는 어떤 인재일까. 최상층의 국가 통치자들의 경우 여전히 골품제에 따라 신분과 직책이 부여되고 있었다. 그래서 6두품이 아무리 빼어나도 골품을 넘을 수는 없었다. 두품보다는 골품이 우선인 것이다. 성골과 진골을 위한 교육에 대한 기록은 발견되지 않는다. 중국 고대의 경우, 태사(太師)와 소사(少師)라는 직책이 있어 이들이 왕실의 태자나 세자 교육을 담당했다. 한대에 이르면 황실 귀족을 위한 학교가 생기고, 당대에 이르면 동궁(東宮)의 직할로 숭문관(崇文館)이 생기기도 하였다. 신라의 경우도 동궁관(태자관)이 설치되어 있었으나 그 구체적 내용에 대해서는 기록이 없다. 태자 교육에 관여했을 가능성이 있다. 신라의 기록에도 태사라는 말이 보이며, 실직보다는 명예직이었던 것 같다. 신라 국학의 입학 자격을 보면 누구를 대상으로 한 학교였는지가 드러날 것이다. 학생은 대사(大舍)에서 관등이 없는 자[無位]에 이르기까지 입학이 가능하다고 기록되어 있다. 대사는 17관등 가운데 12관등이다. 이것이 상한선이고, 하한선은 관등이 없는 사람까지 가능하니 평민도 입학은 가능하도록 했다. 그런데 12관등인 대사가 하는 일은 주로 문서[書], 실무[事], 장부[簿] 등을 주관하는 업무를 담당하거나 또는 녹사(錄事), 곧 사원성전의 실무 관직으로 소속되어 어떤 사항을 기록[錄]하는 업무다.[27] 그렇다면 국학은 사실상 왕족 귀족을 위한 학교는 아니라는 이야기다. 관청의 행정 업무를 담당하는 현직 실무직을 양성하는 학교 정도로 볼 수 있다. 그리고 이들이 졸업하면 그보다 조금 높은 나마, 대나마의 관직을 주었다. 국학생의 입학 연령은 15세에서 30세까지라고 했다. 당시의 인근 국가와 비교해 볼 때 15세는 적정 연령이지만 30세까지 허용한 것은 의문이 남는다. 전공에 따라 차이가 있지만 당은 15세에서 19세, 일본은 13세에서 16세 정도였는데, 왜 30세까지 허용했을까. 30세는 입학 연령이 아닌 재학 연령이 아닐까. 15세에 입학하여 9년을 재학하는데, 경우에 따라 9년이 넘어도 재학이 가능했으니 재학 가능한 연령으로 보아야 할 듯하다(이 역시 상세한 것은 제7장에서 논의한다). 한 걸음 더 나아가면 학교 설립 초기에는 현직 실무직들도 연수 차원에서 입학하였을 가능성이 있다. 졸업 후에 받는 관직이나 나이 30세를 고려해 보면 그럴 가능성이 있다는 말이다.

이제 신라의 학생들이 구체적으로 무슨 공부를 하였나를 살펴볼 필요가 있다. 국학의 교과로는 『주역』 『상서』 『모시』 『예기』 『춘추좌씨전』 『문선』 등이 있었다. 그런데 이를 『예기』와 『주역』반, 『춘추좌씨전』과 『모시』반, 그리고 『상서』와 『문선』

---

27) 김희만, 「新羅 官名 '大舍'의 運用과 그 性格」, 동국사학회, 『동국사학』 54호, 2013, 29쪽.

반 등으로 나누고, 『논어』와 『효경』은 공통적으로 부과하였다. 일단 이들 과목이 대부분 유가 경전들이라는 점이 눈에 뜨인다. 이것은 신라가 불교사회이기는 했으나 국가의 통치이념으로는 유교를 채택했다는 것을 말하는 것이다. 국가의 '공무원'을 양성하는 데 국가의 통치이념을 가르치는 것은 당연한 일이다. 당나라와의 차이점도 없지는 않다. 당에서는 채택하지 않은 『문선(文選)』을 강조했다는 점이다. 이 책은 양나라 무제의 아들 소명태자(501~531)가 엮은 책으로 여러 문장 형식이 수록되어 있다. 문장 공부를 하는 사람에게는 모범 교본이 된다. 신라뿐 아니라 고구려, 일본 등에서도 이 책을 교재로 채택했고, 신라의 유학자 강수 역시 이 책을 공부한 적이 있다. 외교 문서를 비롯하여 각종 형식의 글을 작성하는 데 유용한 교재였다고 여겨진다.

지금의 대학생들도 그러하지만 신라 학생들도 취업 문제가 골칫거리였을 것이다. 취업과 관련해서는 독서삼품과를 주목해 볼 필요가 있다. 원성왕 4년(788)에 처음 실시한 이 제도는 유교 경전을 비롯한 문장 시험 제도다. 원래 시험은 인재를 선발하는 기능과 학습을 촉진하는 기능이 있다. 학습을 촉진하는 목적보다도 시험을 통해 필요한 인재를 선발하는 것이 독서삼품과였다. 주 시험 대상이 국학의 학생이다. 학생들만 시험을 쳤는지, 즉 국학 출신자[諸生]만 시험을 쳤는지 다른 사람들도 허용을 했는지는 불분명하다. 그러나 시험을 통해 사람을 뽑았다는 것은 획기적인 일이다. 그 이전의 시험이라고 해야 궁술 정도가 있었을 뿐이다. 그런데 평가는 상, 중, 하의 3품으로 이루어졌는데, 오경(五經)과 삼사(三史) 그리고 제자백가를 다 통달한 사람은 특별 채용을 하였다. 사실 국학에서 공부한 과목과 독서삼품과에서 시험 보는 내용이 정확히 일치하지는 않는다. 국학 개설 당시와 개설 교과목이 바뀌었을 수도 있다. 제자백가까지 통달한 사람이라면 당에서 유학을 하고 돌아온 사람일 수도 있을 것이다. 원성왕 5년, 즉 독서삼품과를 시행한 다음해에 자옥이란 사람을 양근현의 소수(小守)라는 관리에 임명했다. 그랬더니 모초(毛肖)라는 사람이 항의를 했다. 자옥이 문적(文籍) 출신이 아닌데 어찌 지방 관직을 맡길 수 있느냐는 것이었다. 문적은 국학을 말하는 것 같다. 그러자 그는 당나라의 학생 출신이니 무방하다는 답이 돌아왔다. 국학 출신자의 입장에서는 이중고가 생긴 것이다. 지금까지 당연히 자신들의 '자리'였던 관직에 들어가기 위해 이제 국가시험을 따로 쳐야 할 어려움이 있는데다, 지방 관직마저 당에서 유학한 사람에게 빼앗기게 생긴 것이다. 신라의 학생들도 이 무렵 취업난이 생겼을 가능성이 있다.

☯ 열두 살의 조기 유학자, 최치원

사서에는 국학에서 공부한 학생들의 이름이 거의 등장하지 않는다. 유학생 출신 자옥의 등용을 항의한 모초는 아마 국학의 학생 출신이었을지도 모른다. 이에 비해 당에서 유학한 사람들의 이름은 종종 등장한다. 자옥도 그러하지만 김운경, 최리정, 김숙정, 박계업, 그리고 김윤부, 김립지, 박량지, 김가기 등 몇 십 명의 이름을 파악할 수 있다. 당시 당의 국자감 유학은 초기에는 앞서 말한 바와 같이 국가 차원의 인재 파견 프로그램에 따른 것이었다. 국가 파견 유학생은 당의 홍려시(鴻臚寺)에서 의복, 식량비를 지급하였고, 신라에서는 서적비를 지급하였다. 신라 하대로 가면서부터 유학생 수가 크게 증가하였다. 『당회요(唐會要)』에 의하면 희강왕 2년(837)에 당에 있던 유학생 수가 216명이었고, 3년 뒤 체류 기한이 만료되어 귀국 조치된 학생은 105인이었다. 하대에 유학한 이들이 다 국가에서 파견한 유학생은 아닌 것으로 보인다. 사비로 유학을 간 사람들도 있어 보이며, 최치원 역시 그중 한 사람으로 보인다. 『삼국사기』「열전」에 입전된 유학자 가운데 상세한 전기를 남긴 사람은 최치원밖에 없다(설총도 짧은 전기가 있기는 하지만 유학 여부가 불분명하다). 그는 9세기 후반에 입당하였는데 그때가 열두 살이었다. 어려서부터 학문을 좋아하였다고는 하나 그 집안의 세계(世系)도 알려져 있지 않은 6두품으로 추정된다. 유학에 임하여 그의 아버지는 "십 년 안에 과거에 급제하지 못하면 내 아들이 아니니 열심히 하라."라고 했는데, 과연 열여덟 살에 한 번 만에 과거에 급제했다. 입당 유학생들이 남긴 시에는 힘들었던 유학 생활이 묘사되어 있다. 박처사(朴處士)라는 사람은 소년에 본국(신라)을 떠나 노인이 되어 귀국했다고 하며,

[그림 2-6] 최치원 영정

출처: 국립중앙박물관.

그곳에 머물며 귀국하지 않은 사람도 있었다. 최치원의 경우도 중국에서의 관리 생활의 경력이 있음에도 불구하고 귀국 후 중용되지 못하였다. 지방 관직을 전전 하다 독서로 소일하며 쓸쓸한 최후를 보내게 된다.

🏵 '학생' 탄생의 의미: 교양인인가, 기능인인가

국학의 설립은 교육문화에 큰 변화를 낳았다. 가장 큰 변화는 교육이 국가의 일 이 되었다는 것이다. 이미 임금에게 군사(君師)로서의 역할을 기대했으니 교육은 처음부터 국가의 일이 아니었던가라고 할 수도 있다. 화랑도도 국가에서 관여하여 만든 조직이니 국가의 인재 양성 조직이 아니었던가라고 할 수도 있다. 불교의 고승 치고 국가와 무관한 승려가 어디 있었는가 할 수도 있다. 그런 면도 있다. 애당초 개인들 사이의 교육은 교육으로 치지도 않았으니까 교육은 처음부터 국가의 일이었다 할 수도 있을 것이다. 그러나 국학 이전의 교육은 국가가 관여했다 해도 매우 느슨한 형태였거나 실제로는 자율적인 형태로 이루어졌다. 그러나 국학의 설립은 법령에 의한 것이다. 선생도, 학생도, 교육 내용도, 시험도 모든 것이 법령에 의해 이루어지는 교육이다. 화랑도의 인재상이 충성스러운 신하와 용감한 장수라고 하지만 실제는 모든 화랑도가 언제나 그런 것은 아니었다. 그래서 저자는 화랑 조직이 국가적이라기보다 '부족적'이라고 본다. 그러나 국학은 그렇지 않다. 매우 국가적이고 관료적이다. 국학의 인재상은 단일하다. 그것은 국가의 다양한 조직 가운데 하나의 기능을 담당하는 기능인으로서의 인재다. 물론 국학의 교과목은 교양인을 양성하기에 충분하다. 그러나 국학은 교양인 양성을 목적으로 설립된 것이 아니다. 신라사회를 기능적으로 작동하도록 하는 데 필요한 인재 양성이 주목적이었기 때문에 국학에서의 학생의 탄생은 직능인의 탄생이었던 것이다. 이에 대해서는 이 책의 제4장 후반부에서 다시 이야기하기로 한다.

❂ 교육문명사에서 본 신라의 '학생'들

지금까지 신라의 '학생'들을 살펴보았다. 여기서 신라의 학생을 문제 삼고자 하는 것은 신라의 학생은 누구였는가를 알아보려는 뜻도 있지만 더 나아가 신라인들의 삶에서 배움이 어떤 식으로 일어났는지를 알아보려는 의도도 있다. 인간은 배움의 능력을 본능으로 가지고 태어나고, 생존 전략으로 그 능력을 활용한다. 인간 존재를 배움의 존재로 규정한다면 인간은 누구나 '학생'으로 태어나는 것이다. 이것을 '제1의 학생'이라 할 수 있을 것이다. 그런데 배움이 일어나는 것은 인간의 삶이 그러하듯이 언제나 현실적 조건에 제한될 수밖에 없다. 현실적 조건에 따라 배움의 양상이 달라지고, 여기서 '제2의 학생'이 탄생하는 것이다. '제2의 학생'은 사회적 조건이 만들어 내는 '학생'이고, 그래서 교육문명의 한 부분이 된다. 왕조 시대의 백성들은 민(民)이란 신분적 조건을 안고 태어났기 때문에 화민(化民)의 대상이 될 수밖에 없었다. 그러나 신라 건국기의 화민이념은 그렇게 차별적이고 강제적이거나 일방적인 이념이 아니었다. 빛으로 세상을 교화하겠다는 것이 신라의 정교이념이다. 신라 건국기의 백성들은 각종 제의나 음악, 놀이 등을 통해 광명이세의 이념을 학습하였을 것이며, 이후 각종 예악이나 율령 등을 통하여 정치적 이념을 학습하는 형태가 되었을 것이다. 원화나 화랑도가 생기기 전부터 이미 신라에는 원화나 화랑도의 모태가 된 청소년 집단이 있었을 수도 있을 것이다. 그러나 그 내용을 알 수 없는 상황에서는 아무래도 화랑도에 주목할 수밖에 없다. 그들 사이에는 서로 도의를 연마하고, 가악을 즐기고, 산수를 유오하는 등 학습 활동이라 할 만한 행동들이 있었으며, 그래서 그들을 신라 최초의 학생 집단이라 할 수 있다. 화랑도의 배움은 문자적 교육문명과는 다른 범주에서 파악해야 한다. 화랑도의 배움은 기본적으로 몸의 문명에 속한다. 인류의 교육문명은 문자로 이루어진 것만 있는 것으로 생각하기 쉽지만 그렇지 않다. 몸으로 이루어진 교육문명도 있으며, 이는 인류의 교육문명사를 볼 때 굉장히 중요한 부분이다. 사실 신라시대의 교육문명의 특징은 이 점에 있는지도 모른다. 몸의 교육문명이란 오감을 비롯하여 온몸을 학습 미디어로 활용하면서 형성한 문명이다. 화랑들이 서로 가악을 즐기고 산수를 유오한다고 했을 때, 그것은 문자가 아닌 몸을 활용한 학습이며, 이 학습이 지속되면서 지적인 전통을 만들게 되고, 급기야 하나의 교육문명을 이룩하게 된다. 불교의 수행 역시 몸의 교육문명을 계승하고 있다. 물론 신라 불교의 교육 전통에는 강경과 같은 문자적 학습의 전통도 중요한 부분을 차지한다. 그러나 원효의 염불 수행과 같은 것은 몸의 교육문명의 한 유형이라 보아야 한다. 몸이 반복 동작에 의해 체득되는 앎[知]이 있다. 7세기 국학의 학습은 문자적 학습의 전형이다. 문자적 학습이라 해서 몸의 학습과 완전히 무관한 것은 아니다. 전통사회의 경전 학습에는 몸으로 하는 반복 학습 과정이 동반된다. 그러나 그 목표가 제한적 직능인의 양성이었기 때문에 학습 역시 기능적인 형태로 이루어질 수밖에 없었던 것이다.

제**3**장

7세기 신라의 교육사상가

사상이란 무엇인가. 앎의 체계다. 그렇다면 사상가는 어떤 사람인가. 사상가는 체계화된 앎으로써 현상을 설명하고 문제를 해결하려는 사람이다. 신라 천년의 역사를 볼 때, 알려지지 않은 사상가야 말할 것도 없지만 알려진 사상가만 하더라도 수많은 인물이 있다. 여기서는 그 인물들 가운데 신라문명의 황금기라 할 수 있는 7세기 신라의 교육사상가, 자신의 교육사상을 신라사회에서 교육실천으로까지 연결한 교육사상가, 동아시아 문명사와 지성사에 사상적 영향을 끼친 사상가에 주목하고자 한다. 이미 제1장에서 신라사회에서 '교사'라 불릴 수 있는 다양한 집단과 인물에 대해 논의한 바 있지만, 이 장에서는 그들 가운데 원효와 의상 그리고 설총을 선택하여 그들의 교육사상 혹은 교육이론 체계에 대해 살펴보고, 그것과 교육실천이 어떤 관계를 맺고 있는지 살펴보기로 한다.

🔯 원효의 교육사상과 교육실천

붓다, 불교교육학의 창시자

원효는 신라의 사상가 가운데 대표적인 '교육'사상가로 인정받는 고승이다. 신라시대 원효가 교육사상가로 인정받는 이유는 조선시대 퇴계가 교육사상가로 인정받는 이유와 다르지 않다. 그것은 원효의 불교학과 퇴계의 성리학이 다 같이 '인간학'이기 때문이다. 흔히 우리는 교육을 '인간형성'이라고 정의하고, 교육학을 '인간

형성'의 학문이라고 한다. 개인적 편견인지 모르지만 인간을 '형성'한다는 말에서 현대 행동주의 심리학을 떠올리게 된다. 마음에 들지 않는 동물의 행동을 특정 프로그램을 통해 교정하고 수정하듯이, 인간의 행동도 생각도 그렇게 교정하고 수정할 수 있다는 그 심리학이다. 원효와 퇴계의 학문과 사상은 결코 '인간형성'의 학문이 아니다. 그렇지만 그들의 학문적 관심사는 인간의 삶이었고, 그래서 그들의 학문을 인간학이라고 한 것이다. 원효는 불교인간학자였고, 퇴계는 유교인간학자였다. 원효의 80여 부 200여 권의 저작이 불교인간학에서 벗어난 것은 하나도 없다. 원효를 불교인간학자라 할 때, 그 인간학의 창시자는 붓다다. 이 인간학은 인류가 '발명'한 최고의 교육학 체계 가운데 하나다. 원효학 연구자인 박태원 교수는 다음과 같이 말하고 있다.

> 붓다의 전통이 안내하는 곳은 존재 본래의 모습이 고스란히 현현하는 지평이다. 인지의 근원적 결핍에 따른 인식과 욕망의 왜곡으로 인해 가려졌던 존재의 참모습으로 복귀하는 것이 수행의 과정이자 목표다. 따라서 '본래의 참됨 → 무지로 인한 왜곡과 오염 → 본래지평 회복 과정 → 본래지평 복귀' 가 불교 수행과 깨달음을 관통하는 구조다.[1]

박 교수의 말대로 "인지의 근원적 결핍에 따른 인식과 욕망의 왜곡으로 가려진 존재의 참모습"으로 복귀하는 것이 붓다가 창시한 인간학, 철학이라면 그것은 적어도 두 가지 측면에서 교육학 체계와 밀접한 관련성을 가지고 있다. 첫째는 '인간 존재의 참모습으로의 복귀'라는 목표가 그러하다. 이것은 지금에 와서 '인간형성'이라는 개념으로 변형되었을 뿐이다. 오늘날 교육학을 '인간형성학'이라고 한다면, 불교교육학은 '인간복귀학'일 뿐 다른 차이는 없다. 둘째는 '인지의 근원적 결핍'과 '인식의 왜곡'이라는 인식론적 진단에서 그러하다. 붓다가 인간 존재의 참모습으로의 복귀 문제의 열쇠를 인식의 문제에서 찾고 있다는 것은 그 자체만으로

---

1) 박태원, 『원효의 『금강삼매경론』 읽기』, 세창미디어, 2014, 151쪽.

철학자뿐 아니라 교육학자의 관심을 끌기에 충분하다.

붓다와 대승불교 시대의 마명보살(Aśvaghoṣa)이 제시한 인간 복귀의 길을 7세기 신라사회에서 자신의 언어로 새롭게 설명한 사상가가 원효다.

원효의 시대

원효가 왜 출가했는지, 출가 인연에 대해서 말해 놓은 기록은 없다. 『송고승전』에서는 원효가 나이 15세에 '홀연히' 불문(佛門)에 들었다고 했다. 그때가 선덕여왕 원년 632년이었다. 그 전 해(631)에 신라에 반란이 있어 구족을 멸하는 사태가 발생했다. 또 그 전해(630)에는 지진이 일어나 대궐의 땅이 갈라지는 변괴가 있었다. 또 그 전해(629)에는 고구려와의 전쟁이 있었고, 그 전해(628)에는 백제와의 전쟁이 있었다. 그리고 가뭄이 들고, 백성들이 굶주려 자녀를 파는 일도 생겼다. 원효의 시대는 이러한 시대였다. 원효의 출가가 이러한 시대상과 관련이 있을까. 아니면 그의 출신과 관련이 있을까. 당시는 골품제가 막 형성되던 시대였다. 원효는 할아버지(잉피공 혹은 적대공)와 아버지(담날내말)의 이름이 후세까지 남아 있고, 할아버지의 사당도 남아 있었다. 그의 출신을 6두품으로 추정할 수 있는 하나의 근거다. 당시 학문이나 사상 쪽으로 나아간 계층이 6두품이었다. 동시대의 강수(强首) 역시 같은 처지로 불가와 유가를 놓고 진로를 고민하다 유가를 선택하였다. 6두품 가운데 학문으로 방향을 잡은 사람은 불가나 유가 가운데 하나를 선택했던 듯하다. 강수의 말대로 유가는 세간, 불가는 출세간의 길로 길이 달랐다. 출세간의 길을 선택한 사람들의 마음이 다 같지는 않겠지만 진평왕 9년(587)에 대세(大世)와 구칠(仇柒)이라는 사람이 있었다. 대세는 내물왕의 7세손이었는데, 어려서부터 속세를 떠날 생각이 있었으며, 담수(淡水)라는 승려와 교유하기도 했다. 그는 "이 신라의 산골에 살다 일생을 마친다면 어찌 연못의 물고기나 새장의 새가 푸른 바다의 넓음이나 산림의 여유로움을 모르는 것과 다르리오. 나는 곧 뗏목을 타고 바다를 건너 오월(吳越)로 가서 차차 스승을 찾을 것이다. 또 명산에서 도를 물을 것이다. 만약 평범한 사람에서 벗어나 신선을 배울 수 있다면 표연히 바람을 타고

허공을 나를 것이다. 이야말로 천하의 기이한
놀이요 멋진 광경일 것이다."라는 생각을 가
졌다. 불가인지 도가인지 모를 이런 사람들도
당시에는 있었다. 원효가 출가의 길을 선택한
것은 신분 때문인지, 시대 상황 때문인지, 아
니면 그의 성품 때문인지 알 수 없다. 그는 출
가 후, 한 스승을 정해서 배우지 않았다. 이곳
저곳을 다니며 돌아다니며 스승을 구했고, 급
기야 중국 유학까지 떠난 것을 보면 그의 출가
가 상황에 밀린 소극적인 선택은 아니었던 것
같다. 그가 태어난 마을 이름이 불지촌(佛地
村)이라 한 것은 훗날 붙여진 이름일 것이다.
자신이 태어난 집을 절로 만들어 절 이름을 초
개사(初開寺)라 하고 신라어로 처음을 뜻하는
원효(元曉)를 불명으로 삼은 것은 모두 당시
스스로의 선택이다. 이를 보면 그는 역사를

[그림 3-1] 분황사 원효대사 진영

만들어 가는 의지력이 있는 인물이었음을 알 수 있다. 그의 시대가 어떠하든, 그
의 출신이 어떠하든 그는 언제나 새아침을 열어 가는 인물이었던 것이다.

원효의 깨달음

불교는 깨달음[佛]의 종교[敎]다. 원효의 인생에서 가장 극적인 장면은 역시 깨달
음을 얻은 순간이 아닐까. 알려진 대로 원효는 두 차례나 입당 유학을 시도했다.
첫 시도는 34세 때였다. 이때는 고구려를 거쳐 요동반도로 가는 길에 첩자로 오인
받아 고초를 당하고 뜻을 이루지 못했다. 유학에 대한 열의를 접지 못하고 11년 뒤
인 45세 때 두 번째 시도를 하게 된다. 당시 당(唐)은 대제국을 건설한 통일 왕조
였고, 각 방면의 최고의 문명국이었다. 불교학 역시 최고의 수준을 보인 시대였기

에 유학은 목숨을 걸 만한 가치가 있는 것으로 생각되었다. 그런데 원효는 그 유학을 포기하고 만다. 깨달음을 얻었기 때문이다. 원효의 깨달음에 대한 이야기는 『송고승전』에 다음과 같이 기록되어 있다.

> 본국의 바닷길 관문이자 당으로 가는 경계에 도착했다. 큰 배를 구해 만경창파를 건너려고 했다. 그 중도에 심한 폭우를 만났다. 길 옆의 토굴 사이에 몸을 피해, 회오리바람과 습기를 피하고자 했다. 다음 날 날이 밝아 보니 해골이 있는 오래된 무덤가였다. 하늘에서는 아직도 비가 내리고 땅은 질어 조금도 앞을 나갈 수 없었다. 그래서 다시 그곳에 머물렀다. 밤이 깊지 않아 갑자기 귀신이 나타나 놀라게 했다. 원효가 이에 탄식하며 "전날 밤에는 토굴에서 잤어도 편안하더니 오늘 밤에는 귀신 굴에 근심이 많구나. 알겠노라. 마음이 일어나니 온갖 현상이 생겨나고, 마음이 없어지니 토굴과 무덤이 둘이 아님을. 삼계는 오직 마음이로구나. 모든 현상[萬法]은 오직 식(識)으로 인한 것이로구나. 마음 밖에 따로 현상이 없으니 어찌 다른 데서 따로 구할 것인가. 나는 당나라로 가지 않겠소."라고 했다.[2]

원효가 깨달았던 만법유식(萬法唯識)은 모든 존재 현상은 '식(識)'의 소산이라는 것이다. 불교 유식학(唯識學)은 '식'에 대한 사상이다. 그런데 이 '식'이 우리가 관심을 가지고 있는 앎과 관련이 있다. 서양철학에서 앎에 대한 사상을 인식론이라고 한다면 불교철학에서 앎에 대한 사상은 유식학이라 할 수 있다. 그리고 유식학에서의 앎[識]은 곧 마음[心]과 동의어로 쓰이고 있다. 서양철학에서의 의식이나 인식의 개념과는 차이가 있다. 개념은 같아도 의미는 차이가 있다.

---

2) 『宋高僧傳』, 「義解」, 唐新羅國 釋義湘.

『대승기신론』에서 보는 마음

　원효는 80여 부 200여 권의 저술을 내어놓았다. 그 가운데 깨달음에 대해 잘 설명하고 있는 것이 『대승기신론소』다. 인도의 마명 보살(Aśvaghoṣa)이 쓴 『대승기신론』을 풀이한 책이 『대승기신론소』다. 『대승기신론』의 깨달음에 대한 논의는 사실 마음에 대한 논의와 다르지 않다. 『대승기신론』에서는 마음을 온갖 방식으로 설명하고 있는데, 가장 기본적인 것이 진여의 마음[心眞如]과 생멸하는 마음[心生滅]이다. 일단 진여의 마음은 두고, 생멸하는 마음부터 설명해 보자. 생멸하는 마음이라는 말은 글자 그대로 생겼다 사라졌다 하는 마음이란 뜻이다. 원효가 토굴에서 귀신 체험을 하고 "마음이 일어나니 온갖 현상이 생겨나고"라고 한 그 마음이다. 어제는 아무 일 없었는데 오늘 귀신 생각에 사로잡히니 두려운 마음이 일어났다. 이렇게 일어났다 사라졌다 하는 마음이 생멸심이다. 원효는 생멸의 마음을 공화(空華)의 비유로 설명하였다. 공화는 허화(虛華)라고도 하는데 '헛꽃'이란 말이다. 눈병이 생겨 눈앞에 생겨난 환상의 꽃을 말한다. 눈병이 나으면 그 꽃은 사라진다. 눈앞의 꽃은 내가 분명 경험한 꽃이다. 나의 경험이기에 부정하기가 어렵다. 그래서 경험자의 입장에서는 그 꽃이 없다고 할 수도 없다. 그러나 그 꽃은 나의 눈병에 '의지하여[依]' 생긴 것이다. 눈병 때문에 생겼다는 말이다. 당연히 눈병이 사라지면 헛꽃도 사라지게 된다. 아무리 내가 직접 경험했다 하더라도 그 경험이 진실을 담보하는 것은 아니다. 그의 경험을 부정할 수는 없지만 그의 경험을 받아들이는 눈이 병이 났기 때문에 경험의 해석 역시 '오염'될 수밖에 없다. 그래서 눈병으로 망심(妄心) 혹은 망념(妄念)이 생겨난 것이다.

　여기서 마음이 생겨나는 과정을 조금 더 보기로 하자. 우리는 외부 대상을 볼 때 혹은 어떤 생각을 할 때 그냥 대상을 있는 그대로 보는 것이 아니다. 시간적으로 그 이전에 성립되어 있는 인식의 틀, 불교에서 식(識)이라고 하는 것이 작동하여 그것을 해석해서 보게 된다. 예를 들어, 어느 가을날, 세 사람이 모여 동쪽 울타리 밑에 핀 국화를 본다고 하자. 세 사람이 국화를 본 것은 세 사람의 체험이다. 세 사람이 체험을 했지만 체험의 내용과 질이 같지는 않다. 그냥 같은 꽃을 보았으나 같은 체험을 한 것은 아니다. 세 사람이 서 있는 장소, 세 사람의 시력 상태, 세 사람의 후각 상태 등 신체 상태에 따라 체험하는 바가 차이가 생길 수도 있고, 세 사람의 심리 상태에 따라서도 차이가 생긴다. 또 세 사람의 이전의 지식 정도에 따라서도 체험하는 바에 차이가 생긴다. 이와 같이 세 사람이 국화를 보는 체험을 했어도 그 인식[識]은 다 차이가 있게 마련이다. 인식의 차이가 사람에 따라 생겨나는 것만은 아니다. 한 사람이라 하더라도 차이는 발생한다. 원효는 밤중에 본 것과 아침에 본 것이 다르다고 느낀 것에 놀랐던 것이다. 생멸하는 마음을 본 것이고, 그 마음의 이면에는 식(識)이 작용한다는 것을 알고 모든 현상은 오직 식으로 인한 것이로구나 하였던 것이다.

불교에서는 여덟 가지의 식을 이야기한다. 눈이 대상을 만남으로써 안식(眼識), 즉 눈으로 인하여 생기는 인식이 만들어지고, 귀가 소리를 만남으로써 이식(耳識)이, 코가 냄새를 만남으로써 비식(鼻識)이, 혀가 맛을 만남으로써 설식(舌識)이, 몸이 외부 물건을 만남으로써 신식(身識)이 생긴다. 이른바 전 5식이다. 5식 이외에도 의식(意識)이라는 6식, 말나식(末那識)이라는 7식, 아리야식(阿梨耶識)이라는 8식까지 있다. 5식까지는 감각 경험이다. 아리야식은 의식적·무의식적 삶의 모든 체험을 다 저장한다 하여 장식(藏識)이라고도 한다. 분별하는 마음, 생멸하는 마음, 변화하는 마음의 저장소다. 우리가 흔히 알고 있는 원효가 해골바가지의 물을 마셨다는 것은 『송고승전』에는 나오지 않는 이야기다. 훗날 보태어진 것으로 보인다. 그런데 만일 이 이야기와 같이 원효가 아침에 해골바가지를 보고 구토를 일으켰다고 하자. 그러면 여기에는 먼저 눈으로 봄으로써 생긴 분별심, 즉 안식(眼識)이 작용했을 것이다. 역겨운 냄새를 맡았다면 비식(鼻識)이 작용했을 것이다. 그리고 안식, 비식의 이면에는 해골이 무섭고 더럽다는 기억, 즉 의식(意識)이 작용했을 것이다. 그런가 하면 내가 기억하지 못하는 어떤 과거의 기억이나 꿈속의 경험과 같은 인식의 근원적 요소인 말나식, 아리야식이 작용할 수 있을 것이다. 이를 원효는 "모든 현상은 오직 식으로 인한 것이로구나."라고 표현한 것이다.

깨달음의 과정

원효는 눈병을 치료하는 과정을 깨달음[覺]의 과정으로 설명하고 있다. 눈병이 나기 전의 상태, 이를 본래 깨달음, 본래 앎이라는 의미의 본각(本覺)이라 한다. 눈병이 나서 헛꽃을 보는 상태를 깨닫지 못한 상태, 즉 불각(不覺)이라 한다. 눈병이 났음을 비로소 인지하고 고쳐 나가는 단계는 시각(始覺)이라 한다. 치료의 순서는 본각에서 불각, 불각에서 시각, 시각에서 다시 본각의 단계가 된다. 왜 본각에서 부터인가. 인간은 원래 본각의 존재다. 깨달음의 존재요 앎의 존재라는 것이다. 지금의 자신의 상태를 생각해 보고, 내가 왜 본각의 존재냐고, 나는 무명의 존재라고 스스로 말할지 모른다. 그러나 그렇지 않다. 인간은 태어난 조건이 다 같지는 않지만 기본적으로 앎의 존재다. 이 앎을 지금의 지식으로 생각해서는 안 된다. 지식이 교육을 받아야 가능한 것이라면 앎은 그보다는 훨씬 폭이 넓다. 앎의 능력은 누구나 다 가지고 태어난다. 눈이 있으면 볼 줄 알고, 귀가 있으면 들을 줄 안다. 코가 있으면 냄새 맡을 줄 아는 이 능력이 앎의 능력이다. 인간은 이러한 존재다. 그래서 각의 존재, 앎의 존재라고 한 것이다. 그런데 불각이라고 한 것은 무슨 말인가. 그것은 잘못된 앎이다. 눈으로[根] 대상[境]을 보았지만 거의 동시에 관념이 붙는다. 관념은 해석이다. 선입견[識]이다. 아침이 되면 눈이 떠지고, 눈이 떠지면 온갖 것이 보인다. 그러나 그냥 보는 것이 아니라 지금까지 보고 듣고 하면서 생긴 관념으로 본다. 원효도 해골에 담긴 물은 더럽다는 관념으로 본 것이다. 이를 불각의 상태, 앎의 왜곡이 일어난 상태라고 하였다. 그렇다면 어떻게 하면 각의 상태로 나아갈 수 있을까. 향을 싼 종이에 향의 냄새가 배고, 생선을 산 종이에는 생선의 냄새가 배게 마련이다. 그것을 훈습(薰習)이라 한다. 원래 앎의 능력을 가지고 태어났지만 무명에 훈습되면 무명에 물들어 어리석은 삶, 불각의 삶을 살게 되고 만다. 이때 우리의 마음은 여러 변화를 나타낸다. 깨닫지 못해 마음이 흔들리는 단계, 또 '나'라고 하는 주체가 생기는 단계, 주체가 생겨 대상 경계가 눈에 들어오는 단계가 있다. 이를 세 가지 미세한 마음의 변화[三細]라고 한다. 대상 경계가 눈에 들어오면 또 마음은 좋아하거나 좋아하지 않는 분별심이 생겨난다. 그리고 이 분별심이 지속되면서 괴로움과 즐거움이 생겨난다. 이어 좋아하고 싫어하는 것에 대한 집착이 일어나고, 대상에 붙여진 언어, 문자에 묶이게 된다. 언어, 문자에 묶이면 행동으로 업을 짓게 된다. 행동으로 발현된 업은 결국 괴로움이라는 결과를 낳게 된다. 『대승기신론』에서는 이를 여섯 가지 거친 마음의 변화[六麤]라고 이야기한다. 그러나 무명에 훈습되어 불각으로 나아가지 않고, 진여에 훈습되면 깨달음의 삶을 살게 된다. 길은 양쪽으로 열려 있는 셈이다. 우리의 마음은 오묘한 것이다. 어느 길을 갈 것인가. 무명도 자신의 방향으로 끌어당기는 훈습력이 있지만 진여 또한 훈습력이 있다. 두 훈습력이 동시에 마음을 끌어당기고 있는 것이다. 그래서 마음이 무명의 방향으로 가고 있다가도 진여의 불가사의한 힘에 이끌려 본각으로 돌아갈 수 있는 것이다. 불가사의한 힘에 의해 방향 전환이 이루어지고, 불각으로 향하던 마음이 깨달음 쪽으로 방향 전환이 이루어진다. 드디어 깨달음의 여정이 시작된다. 그래서 이를 시각(始覺)이라 한다.

　깨달음의 여정은 네 단계가 있다. 첫 번째는 무명의 방향으로 길을 가다 발길을 멈춘 단계다. 걸음만 멈추어도 더 이상의 악행은 짓지 않게 되지만 아직 깨달음이라고 할 수는 없다[凡夫覺]. 두 번째는 이 길이 잘못된 길이라는 것을 인식하는 단계다. 여전히 완전한 깨달음은 아니지만 깨달음의 부류에 들 수 있는 단계다[相似覺]. 세 번째는 내가 왜 그 길을 가게 되었나 하는 것을 알게 되는 단계다. 그 길을 선택하게 된 것이 분별심에 의한 것임을 알고 분별심을 버린 단계다[隨分覺]. 깨달음에 근접한 단계다. 네 번째는 마음의 행로를 낱낱이 아는 단계다. 망심이 처음 일어나는 것부터 모두 알아차리니 다시는 어긋날 일이 없다[究竟覺]. 그런데 이 네 번째 단계는 결국 망념이 일어나기 전의 자리, 원래 자리였다. 눈병을 치료하고 나니 망념으로 생긴 환상의 꽃, '헛꽃'이 사라진 것이다. 그렇다고 내 눈이 기능하지 않는 것은 아니다. 더럽고 깨끗함을 나누는 마음, 분별하는 마음이 사라진 것이지 마음이 작동하지 않는 것은 아니다. 이제 비로소 '걸림 없는 자유인으로서 원효[元曉不羈]'가 된 것이다.

　그런데 이렇게 깨달음의 여정이 마련되어 있지만 현실적으로 누구나 쉽게 깨달음의 길로 들어설 수 있는 것은 아니다. 열심히 하여 성불할 가능성이 있는 사람

[正定聚]이 있는가 하면, 타락하여 악도에 떨어질 사람[邪定聚]도 있다. 그런가 하면 그 어느 쪽인지 아직 정해지지 않은 사람[不定聚]도 있다. 이른바 부정취 중생인데, 이들 가운데 수승한 사람은 진여의 길로 가고, 열등한 사람은 물러나 악도에 떨어질 수 있다. 『대승기신론』에서는 이들 부정취 중생을 위해 네 가지 믿음과 다섯 가지 수행법을 제시하고 있다. 네 가지 믿음이란 진여의 법이 가치 있다는 것, 부처님에게는 무량공덕이 있다는 것, 진리의 길을 따르는 것이 큰 이익이라는 것, 수행승을 믿고 따르는 것이다. 그리고 다섯 가지 수행법은 보시, 지계, 인욕, 정진, 지관(止觀)이다. 이 수행법은 사실상 대승불교의 6바라밀을 이야기한 것이다.

지금까지 『대승기신론』을 텍스트로 해서 원효철학을 주로 앎의 관점에서 이야기해 보았다. 원효의 관심사는 인간의 삶이고, 그래서 원효철학은 인간학이다. 원효철학과 교육학이 만날 수 있는 지점은 여기다. 이를 다시 한 번 정리하면 이렇다. 인간은 누구나 앎의 능력을 가지고 태어난다. 그것은 선천적인 것이고 이를 본각이라고 한다. 그러나 현실적으로는 본각의 존재임을 알지 못하고, 왜곡된 인식을 가진 불각의 존재로서 살아가게 된다. 원효의 철학과 교육학은 '깨달음의 철학' '깨달음의 교육학'이고, 그것은 불각의 상태를 시각의 과정을 통하여 본각에 이르게 하는 여정이다. 어떻게 보면 현대교육학에서 학습자는 무지의 존재이고, 학습의 과정은 무지에서 앎의 과정으로 나아가는 것이니 그것은 원효의 교육학과 다름없지 않느냐고 할 수도 있을 것이다. 그러나 그렇지 않다. 원효의 교육학에서 주목할 것은 불각이 출발점이 아니라는 것이다. 불각은 지금의 상태이지 출발점이 아니다. '깨달음의 교육학'에서는 출발점과 목표점이 같다. 본각이다. 이 말은 원래의 상태로 돌아가는 것, 이른바 환지본처(還至本處)가 목표라는 것이다. 눈병만 치료하면 된다. 교육을 인간 만들기, 인간형성으로 보는 현대적 관점과 차이가 있다.

원효철학에서 앎의 의미

원효철학에서 앎이란 무엇인가. 오늘날 우리는 앎을 (외부) 대상(세상)에 '대한'

앎으로 보고 있다. 나와 나 밖의 존재와 현상은 이원적으로 존재하는 것이다. 그러나 원효에게는 나와 세상이 이원적으로 존재하는 것이 아니다. 모든 존재와 현상은 우리가 인식하는 것처럼 그렇게 존재하는 것이 아니다. '그렇게'라는 말은 고정된 상태로라는 말이다. 우리는 산을 어떻게 보는가. 물은 어떻게 보는가. 산은 산이고, 물은 물로 보지 않는가. 그러나 산은 산으로 존재하는 것이 아니고 물은 물로 존재하는 것이 아니라는 것이 원효의 입장이다. 물이란 개념과는 달리 '실제의' 물은 고정되어 있지 않다. 끊임없이 운동하고 있고 변화하고 있다. 물은 액체라고 생각하지만 그것은 개념상 그러할 뿐, 실제는 무어라 정의할 수 없는 상태다. 상황에 따라 끊임없이 변화하고 있는 것이 실제의 물이다. 그런데도 나는, 내 마음은, 나의 인식은 세상을 내 눈에 보이는 대로 존재하는 것처럼 생각한다. 착각이다. 원효의 깨달음은 "아, 지금까지 내가 착각했구나!" "모든 것이 내 마음이 만들어 낸 것이구나!" 하는 깨달음이다. 세상은 우리가 생각하는 대로 존재하는 것이 아니다. 오히려 내 생각이 사라진 그곳에 세상은 자신의 모습을 드러낸다(철학자 라캉은 "내가 존재하지 않는 곳에서 나는 생각하고, 고로 생각하지 않는 곳에 나는 존재한다."라고 했다).

원효철학에서 깨달음은 신비적인 것이 아니다. 앎이다. 지금의 지식은 고정되어 있고 개념화되어 있지만, 원효의 앎은 열려 있고 살아 있다. 앎이 곧 삶이다. 앎과 삶이 결코 분리될 수 없다. 앎이 없는 곳에는 삶이 있을 수 없고, 삶이 없는 곳에는 앎이 있을 수 없다. 앎은 개념이 아니고 작용이다. 작용은 우연히 일어난 것이 아니라, 조건에 따른 필연적 결과다. 그러나 인간은 그 작용을 자신의 관념으로 해석한다. 여기서 앎은 개념화되고, 왜곡되고, 오염된다. 한때 석가모니가 사위국(śrāvastī) 기수급고독원에서 비구 1,250명을 대상으로 강의를 한 적이 있다. 그 강의록이 『금강경』이다. 석가모니의 대화의 상대자는 수보리(수부티)다. 수보리는 석가모니에게 수많은 질문을 던지고, 석가모니는 그의 모든 질문에 성실히 답한다. 수보리의 질문은 깨달음이 무엇이며, 부처가 무엇이며, 중생이 무엇이며, 진리가 무엇이냐는 등 불교의 핵심적인 내용들이었다. 그런데 석가모니의 대답 방식이 참 특이하다. 학교에서 학생이 선생님에게 A가 무엇이냐고 물으면, 선생님은 A는 무엇이다라고 대답을 한다. 그러나 석가모니는 이날 수보리에게 "A는 A가 아니다(A卽非A)." "그 이름이 A다(是名A)."라고 답을 한다. 이날 우리가 석가 모니에게 산이 무엇이며 물이 무엇이냐고 물었다면, 석가모니는 "산은 산이 아니 고 그 이름이 산이니라, 물은 물이 아니고 그 이름이 물이니라."라고 대답했을 것 이다. 석가모니는 왜 이렇게 대답을 했겠는가. 석가모니의 지식관은 무유정법(無有 定法)의 지식관이다. 정해진 진리란 없다는 지식관이다. 이러한 석가모니의 지식 관을 이어받은 것이 원효철학이다. 그래서 앎의 성격은 공성(空性)이고, 무아(無 我)로 특징지어진다. 원효철학에서 교육의 과제는 이 공성과 무아를 체득하는 것 이고, 고향으로 돌아와 존재와 세계의 본모습을 만나는 것이다.

저잣거리의 교육자, 원효

원효가 동아시아의 위대한 사상가였다는 것은 새삼 거론할 필요가 없다. 그런 데 원효의 삶은 사상만으로 이야기할 수 없다. 그가 교화행자였다는 점을 간과해 서는 안 된다. 그의 교화행에 대해 『삼국유사』에서는 다음과 같이 기록하고 있다.

> 원효 성사가 파계하여 설총을 낳았다. 이후 속복으로 바꾸어 입고, 스스 로 소성거사(小性居士)라고 했다. 우연히 광대들이 가지고 노는 큰 박을 얻 었다. 그 모양이 괴이하여 생긴 대로 그릇을 만들어 무애라고 이름을 붙였 다. 이는 『화엄경』의 '어느 것에도 걸림이 없는 사람은 생사를 벗어난다.'는 말에서 따온 것이다. 원효는 계속해서 노래를 지어 세상에 퍼뜨렸다. 일찍 이 그 그릇을 가지고 수많은 촌락을 노래하고 춤추며 다니다 읊조리며 돌아 오니, 가난하고 무지몽매한 사람들도 다 부처의 이름을 알게 되고, '나무아 미타불'의 염불을 하니 원효의 교화가 컸던 것이다.

그런데 이런 원효의 교화행은 '뜻밖의' 것이 아니었다. 그가 파계했기에 혹은 국 가불교체제에 편입되지 못했기에 '어쩔 수 없이' 선택한 것도 아니다. 그의 시대는 한편으로는 국가불교가 가장 왕성하던 시대였지만 다른 한편으로는 민중불교의 흐름도 있었던 시대였다. 이런 가운데 그의 실천적 관심은 명백히 민중불교로 향하고 있었다. 원효와 동시대 승려로 혜공이 있었는데, 원효는 그와 교유하였다. 혜공은 작은 마을에 살면서 삼태기를 지고 거리에서 노래하고 춤추며 민중을 교화하였다. 그의 삶은 원효에게도 큰 영향을 준 듯하다. 혜공과 원효는 서로 장난을 칠 정도로 친한 사이였으며, 경전을 연구할 때 많은 의견을 나누기도 하였다. 또 한 명의 민중불교인이 대안법사인데, 그는 저잣거리에서 그릇을 두드리며 "대안! 대안!" 하며 다녔다. 원효의 무애가(無碍歌), 무애무(無碍舞)의 염불 교화는 이러한 시대의 요청에 대한 반응이었던 것이다.

한역(漢譯) 불교 경전에서의 교화는 산스크리트어 pari-√pac(paripacati, paripācana), vineṣate, śāsana(팔리어 sāsana) 등의 역어(譯語)이며, 뜻은 불타가 중생을 제도하는, 중생을 성숙하게 하는 과정이다. 그래서 성숙과 열반의 산스크리트어와 교화를 지칭하는 말이 모두 pari-√pac이라고 한다. 한역 과정에서 교화 이외에도 '개화(開化)' '섭화(攝化)' '시화(施化)' '권화(勸化)' '조복(調伏)' 등으로 번역되기도 하였다. 원효 불교만이 아니라 대승불교의 전통에서 중생교화는 키워드다. 그 어느 것도 이와 무관할 수는 없다. 물론 불교의 중생 개념은 요즈음 우리가 널리 사용하고 있는 사회과학적 민중 개념과는 다른 개념이다. 요즈음 우리는 정치적으로 억압당하고, 경제적으로 수탈당하고, 문화적으로 소외당한 민초들을 민중이라 하지만, 원시 불교에서의 중생의 개념은 오온(五蘊)의 구성체 정도가 될 것이다. 그렇지만 인류의 역사 속에서 보면 중생은 무색무취한 존재가 아니라 오히려 민중에 가깝다. 그래서 흔히들 '무지한 중생'이라고 하지 않는가. 원효가 정토교에 관심을 가진 것은 정토교가 이 '무지 중생' '무명 중생'의 맞춤형 불교였기 때문이다. 원효의 중생은 실은 원효가 무애가를 부르고 무애무를 추며 누비고 다녔던 신라의 시골 마을의 필부필부들이다. 이들에게 나무아미타불이라는 6자염불을 미디어로 하여 교화를 펼쳤던 사람이 원효였던 것이다.

원효는 『무량수경종요(無量壽經宗要)』 『아미타경소(阿彌陀經疏)』 『유심안락도(遊心安樂道)』 등 정토교 관련 저서를 남겼다. 그런데 『무량수경종요』에서 원효는 중생의 마음의 바탕은 툭 트여 걸림이 없다고 했다. 허공과 같고 바다와 같다고 했다. 진여의 마음을 말한 것이다. 그러나 중생의 마음은 인연에 따르기 때문에 움직일 때도 있고 고요할 때도 있다고 하였다. 생멸의 마음을 말한 것이다. 그래서 어떤 사람은 번뇌의 바람이 불어 오탁에 빠져 바람을 따라 구르기도 하고, 고통의 물결에 잠기어 흘러가는 사람도 있다. 또 어떤 사람은 선근(善根)을 이어서 번뇌의 흐름을 끊고 저 언덕에 이르러 고요해지기도 한다. 이렇게 움직임과 고요함은 한 바탕의 꿈과 같아 깨어나면 고요함도 움직임도 없다. 예토와 정토가 본래는 한마음[一心]이요, 생사 열반도 두 경계가 없다고 하였다. 그러나 중생으로 보아 꿈을 깨는 것은 너무나 어려운 일이다. 그래서 정토교에서는 부처님의 원력(願力)을 제시한다. 지금 내 몸이 여의치 않아 천리 길을 갈 수가 없다. 그러면 그 길을 포기해야 하는가. 그렇지 않다. 배를 타고 가거나 말을 타고 가면 된다. 나의 힘으로 다 될 것이라는 생각은 착각이다. 짧은 소견으로 생각하면 생각할수록 일은 더 꼬이게 된다. 대자대비한 부처님의 자비력에 맡기면 된다. 그것이 원효가 민중에게 제시한 나무아미타불, 6자염불이다.

🏵 의상의 교육사상과 교육실천

의상의 삶에 대해 알려 주는 전기(傳記)는 몇 종류가 있다. 대개 고승들의 전기가 그러하듯 의상 역시 출가 이전의 행적에 대해서 상세하게 알려 주는 전기는 없다. 「부석본비(浮石本碑)」에 출생연도가 무덕 8년(진평왕 47년, 625)이라는 것이 알려져 있다. 또 출가한 곳이 황복사이고, 그때가 29세 무렵이었다는 것, 아버지가 김한신이라는 것은 『삼국유사』에 기록되어 있다. 『송고승전』에는 의상의 성이 김 씨가 아닌 박 씨로 되어 있고, 계림 사람이라고 하였다. 또 어려서 영특했는데 자라면서 속세를 떠나 이곳저곳을 소요(逍遙)하다 불문(佛門)에 들었다고 한다. 그리고 그의 성품은 천연(天然)하였다고 기록하고 있다. 잘 알려져 있듯이, 의상은 출가 이후 얼마 지나지 않아 원효와 함께 입당 유학을 시도했다. 입당 유학을 시도한 것도 『송고승전』에서는 약관의 나이라고 하였는데, 『삼국유사』의 이야기와는 맞지 않다. 어찌 되었든 그는 끝까지 입당의 의지를 꺾지 않고 관철시켰고, 입당의 이유는 당나라의 불교 교학이 성행함을 들었기 때문이라고 했다. 당에 가서는 당시 유식학의 대가인 현장(玄奘)의 문하에서 공부하려고 하였다. 그러나 입당 후 생각이 바뀌어 종남산 지상사(至相寺)로 가서 지엄 (智嚴, 602~668)의 문하에 들었다. 지엄은 중국 화엄종의 2조이며, 당시 의상과 함께 동문 수학한 3조 법장(法藏, 643~712)의 스승이다. 의상의 사상을 화엄사상으로만 한정할 수는 없다. 아미타신앙이나 관음신앙이 귀국 후 의상의 삶에서 중요한 부분을 차지한 것을 보면 그의 사상 역시 화엄에만 한정할 수는 없는 것이다. 그가 출가한 황복사가 유가계(瑜伽系) 사찰이라고 본다면, 그리고 이후 유식학의 대가 현장의 문하로 가려 했던 것으로 본다면 유식사상 역시 그의 사상과 무관하다 할 수 없다. 그러나 의상을 대표하는 사상은 역시 화엄사상이다. 화엄사상을 중심으로 의상의 교육론을 살펴보기로 한다.[3]

[그림 3-2] 의상대사

---

3) 원효에 비해, 또 그의 위상에 비해 의상의 교육론과 관련한 논문은 드물다. 남겨진 저서가 별로 없기 때문일 것이다. 박재영, 「의상(義湘)의 『화엄일승법계도(華嚴一乘法界圖)』의 교육사(教育史)적 의의」, 『동아시아불교문화』 11집, 2012; 박재영, 「7세기 지성으로서의 고승 (高僧) 의상(義湘) 연구」, 『한국교육사학』 34권 2호, 2012; 박보람, 「의상계 화엄을 통해 본 교육의 목적과 주체」, 한국교육철학회 편, 『교육과 한국불교』, 학지사, 2017, 113-139쪽 등이 있다. 이하 의상의 교육론은 안경식, 「의상대사의 교육론」, 『교육사상연구』 33권 2호, 2019년에 발표된 글이다.

『법계도』에 나타난 의상의 교육사상

　의상은 동시대의 사상가, 예를 들면 원효에 비해 많은 저술을 남기지는 않았다. 『화엄일승법계도』(이하 『법계도』라고 함)가 대표적 저술로 남아 있고, 그 밖에 제자들에 의해 정리된 강의록 일부와 기도문 정도가 남아 있다. 『법계도』는 일연이 한 솥의 음식을 맛보는 데는 한 점의 고기만으로 충분하다고 표현했듯이 화엄사상을 요약 정리한 도장 모양의 그림이다. 그래서 『법계도』의 내용부터 살펴보기로 하자. 『법계도』의 구성은 먼저 이를 짓게 된 목적을 적은 글, 서문이 있다. 이어 법계도인(法界圖印)이 제시되어 있다. 법계도인은 7언 30구 210자의 게송을 도장 모양의 그림 형식으로 만든 것이다. 이어 도장 모양으로 만든 까닭과 글의 의미 등을 해석한 석문(釋文)이 있다. 끝에는 발문(跋文)이 있다.

　서문에서는 "부처님의 좋은 가르침은 정해진 처방이 있는 것이 아니고 중생의 근기와 병의 증상에 따르는 것이지 하나로 정해져 있는 것이 아니다. 어리석은 사람은 그림자에 집착하여 본체를 잃는 것을 알지 못한다. 열심히 해도 근본으로 돌아갈지 기약하지 못한다. 그래서 불교의 이치에 의지하고 스승들의 가르침에 근거하여 간략히 반시(槃詩)를 만든다. 이름에 집착하는 무리들을 이름 붙일 수 없는 참된 근원에 돌아가게 하고자 함이다."라고 하였다.[4] 그러니까 이 글을 쓴 목적은 그림자를 참이라고 착각하고 이름에 집착하여 본질을 놓치는 무리들이 참된 근원으로 돌아갈 수 있도록 한 것임을 밝히고 있다. 교육적 목적의 글이라는 것을 알 수 있다. 이어 시를 어떤 순서로 읽어야 하는지를 말하고 있다. 가운데 법(法) 자로부터 시작하여 굽이굽이 돌아 불(佛) 자에서 끝이 난다고 말하고 있다.

　서문에 이어 제시한 법계도인은 [그림 3-3]과 같다.

　법계도인을 제시한 다음, 왜 도장[印]이라고 하는가를 설명하고 이어 왜 도장 모양의 길이 오직 하나의 길로만 되어 있는지, 왜 굽이굽이 굴곡이 있는지, 하나의 길에 시작과 끝이 없는 이유는 무엇인지, 왜 4면 4각으로 되어 있는지, 왜 글에 시

---

4) 의상, 「화엄일승법계도」, 『한국불교전서』(제2책), 동국대학교출판부, 1980, 1쪽.

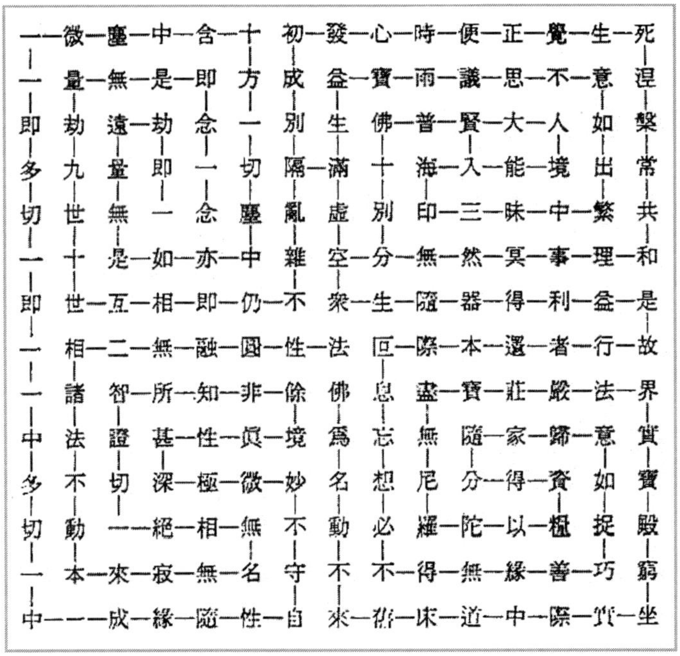

```
一微一塵一中一含一十　初一發一心一時一便一正一覺一生一死
一量一無一是一即一方　成　益一寶一雨一議一思一不一意　涅
即劫一遠一劫一念一一別　生　佛一普一賢一大一人一如　槃
多九一量一即一一切　隔　滿　十海一入一能一境　出　常
切十一是一如一亦一中　亂　雜　別印一三一昧一中一繁　共
一世一互一相一即一仍不　衆　空分無然　冥事理一和
即相二一無一融一圓性法　叵　生隨器得　利一益　是
一諸一智一所一知一非餘　佛　際本　還者一行　故
一　法證甚性眞境　爲　息盡　寶莊嚴一法界
中　不切深極微妙　名　忘無隨家　歸意　其寶
多　動一一絕相無　不　想必　得資　如　殿
切　本來寂無名守　不　羅陀以糧　捉
一　一一成緣隨性自　來　必耀　得無緣善巧
中多切一　　　　　來　舊　床道一中際一實坐
```

[그림 3-3] 법계도인

출처: 『한국불교전서』.

작과 끝이 있는지 등을 문답식으로 제시하고 있다. 이어 게송(시)의 내용 풀이로 들어간다. 게송은 다음과 같다.

法性圓融無二相 (법의 모습은 둥글어 두 모습이 아니며)

諸法不動本來寂 (모든 법은 부동하여 본래가 고요한 자리)

無名無相絶一切 (이름도 없고 모양도 없이 일체가 끊어진 자리)

證智所知非餘境 (깨달음의 지혜로 알 뿐 다른 자리 아니네)

眞性甚深極微妙 (참된 성품 깊고도 미묘하여)

不守自性隨緣成 (자기 성품 고집 않고 인연 따라 나투노라)

一中一切多中一 (하나 가운데 전체 있고 전체 속에 하나 있네)

一卽一切多卽一 (하나가 전체고 전체가 하나)

一微塵中含十方 (한 티끌 속에 시방 세계 있으니)

一切塵中亦如是 (모든 티끌 이와 같네)

無量遠劫卽一念 (무량겁이 일념이요)

一念卽是無量劫 (일념이 무량겁이라)

九世十世互相卽 (구세 십세가 서로 붙어 있지만)

仍不雜亂隔別成 (어지럽지 않고 따로따로 이루어졌네)

初發心時便正覺 (초발심했을 때가 곧 정각의 때요)

生死涅槃常共和 (생사 열반이 하나로 어우러졌네)

理事冥然無分別 (이치와 현상이 깊이 어우러져 분별이 없으며)

十佛普賢大人境 (십불과 보현은 큰 사람의 경지)

能入海印三昧中 (능히 해인 삼매 가운데 들어가)

繁出如意不思議 (생각대로 나타냄이 헤아릴 수 없고)

雨寶益生滿虛空 (중생에 도움 주는 보배 비 허공에 가득하니)

衆生隨器得利益 (중생은 그릇 따라 이익을 얻는구나)

是故行者還本際 (이 까닭에 행자가 돌아가고자 하는 본래 자리는)

叵息妄想必不得 (망상을 쉬지 않고는 얻을 수 없네)

無緣善巧捉如意 (인연 떠난 좋은 방편 마음대로 잡아서)

歸家隨分得資糧 (본가로 돌아가는 길, 분수 따라 양식을 얻네)

以陀羅尼無盡寶 (다라니는 무한한 보배)

莊嚴法界實寶殿 (법계를 장엄하고 보배 궁전 채우니)

窮坐實際中道床 (원래 그대로 중도의 자리에 늘 앉아)

舊來不動名爲佛 (억만겁 부동함을 이름하여 부처라네)

게송의 구조는 처음 18구는 자리행(自利行), 그 이후의 4구는 이타행(利他行), 그 이후의 8구는 수행방편과 그에 따른 이익을 말하고 있다. 자리행은 진리의 세계를 말하고 있다. 화엄의 세계는 흔히 법계(法界)로 비유된다. 여기에는 네 가지 진리의 세계가 있다. 깨달음의 입장에서 보면 화엄 세계는 둘로 나누어지지 않는 세계다. 거기에는 이름도 없고 모양도 없다. 깊고도 미묘한 세계, 이 세계가 이법계(理法界)다. 그러나 그 이치의 세계는 스스로 독자적인 모습을 가지지 못한다. 따라서 자기 성품을 고집하지 않고 인연 따라 모습을 나투게 되어 있다. 인연 따라 드러난 모습, 그것이 사법계(事法界)다. 이를 경전에서는 "해가 뜨면 마을, 도시, 궁전, 가옥, 산, 못, 새, 짐승, 나무, 숲, 꽃, 과실 등의 가지가지 물건을 눈 있는 사람은 모두 보느니라. 햇빛은 평등하여 분별이 없지마는 눈으로 하여금 각기각색의 모양을 보게 하듯이……."라고 하였다.[5] 해는 하나로 차별이 없는 것은 이법계다. 해에 비치는 사물의 모습이 천차만별인 것은 사법계다. 이런 사법계에서 보면 산은 산이고 물은 물일 수밖에 없다. 그러나 물이 물로 보이고 산이 산으로 보이는 것이 해 때문이라고 한다면, 해와 산 그리고 물은 별개의 것이 아니다. 나와 너가 둘이 아니다. 의상의 게송에 의하면 한 물건, 한 사람, 한 티끌 속에도 법의 이치가 없음이 없으니[一微塵中含十方] 그 하나하나 속에 전체가 있고, 전체가 가운데 하나가 있다[一中一切多中一]. 생사와 열반이 다르지 않고[生死涅槃常共和], 부처와 중생이 다르지 않다. 이치와 현상이 깊이 어우러져 분별이 없으니 이것이 이사무애법계(理事無碍法界)다. 이치와 현상이 분별 없는 세계에서는 개개 현상이 아무리 섞여 있어도 다 자기 모습을 분명히 할 수 있고 어지럽지 않다[仍不雜亂隔別成]. 이것이 사사무애법계(事事無碍法界)다.

　이 화엄 세계를 인간의 마음에 적용해 보자. 인간의 마음은 깊고 오묘한 세계다[眞性甚深極微妙]. 이 마음은 모양도 형상도 없으며[無名無相絶一切], 우리가 마음이라 이름 붙이지만 그 이름에 구애되지 않는 세계다. 이것이 마음의 세계, 마음의 이법계다. 그런데 그 마음은 불변의 실체가 있는 것이 아니어서 인연 따라 천변만화의 모습을 보여 주게 된다[不守自性隨緣成]. 이것이 마음의 사법계다. 마음은 상황에 따라 이런저런 작용을 하고 모습을 나타내지만 그것은 내 생각이 만들어 내는 것이 아니다. 유식학에서는 전5식과 6식, 7식, 8식이 만들어 낸다고 한다. 원효와 『대승기신론』에서는 아리야식의 자리에서 생멸의 마음도 생기고 진여의 마음

---

5) 『화엄경』, 「십정품」.

도 생긴다고 하였다. 의상은 진여의 마음을 본래 자리[本際]라고 하였고, 이 자리는 깨달음의 지혜로만 알 수 있는 자리라고 하였다[證智所知非餘境]. 그리고 이 자리는 망상을 쉬어야만 얻을 수 있다고 하였다[叵息妄想必不得]. 망상을 쉬려면 해인삼매가 필요하다. 해인삼매로 망상이 떠난 자리는 무심의 자리가 된다. 무심이 되면 부처의 성품[性]이 저절로 드러난다[起]. 화엄사상에서 말하는 성기(性起)다.

이와 같이 화엄의 세계는 원래가 스스로 구족한 세계다. 그래서 자리행이라고 했다. 천차만별의 세계가 있어도 걸림이 없으며 과거, 현재, 미래의 3세, 과거의 과거, 과거의 현재, 과거의 미래 등 9세, 10세가 함께 있어도 걸림이 없다. 자유자재의 경지다[繁出如意不思議]. 일부러 누구에게 이익을 주려 하지도 않는다. 다만, 중생은 자기 그릇대로 이익을 받을 뿐이다[衆生隨器得利益]. 이것이 진정한 부처와 보살의 이타행이다. 『법계도』는 자리행과 이타행에 이어 수행 방편을 이야기하고 있다. 그런데 수행도 억지로 하는 수행이 아니다. 망상을 쉬는 수행이다. 망상을 쉬면 인연에 연연하지 않는다. 그리고 인연을 떠난 수행이라야 자유자재함을 얻는다[無緣善巧捉如意]. 인연을 떠난다는 것은 억지로, 무리하지 않는다는 것이다.

『법계도』의 끝은 맺음말(발문)이다. 여기서는 왜 편집한 사람의 이름을 적지 않았는지, 그러면서 왜 편집 연월일은 표시했는지, 법의 인연은 어디에서 오는지 등을 자문자답하고 있다. 글의 끝은 서원(誓願)이다. 이러한 일승법 관련 글과 뜻을 보고 듣고 모으고 엮은 선근 공덕을 일체중생에게 돌린다는 내용이다.

환본의 교육론

『법계도』에는 의상의 교육사상이 담겨 있다. 지금까지 본 바와 같이『법계도』의 내용은 대부분 화엄법계를 설명하고 있지만, 글을 쓴 목적이 '길을 잃고 헤매는 사람[迷者]'을 위한 것임을 분명히 하고 있다. 교육학의 관점에서 보면 이들이 교육 대상인 것이다. 교육목표는 마음의 근본 고향으로 돌아가는 것이다. 의상은『법계도』에서 '귀종(歸宗)' '환귀(還歸)' '환본제(還本際)' '귀가(歸家)' 등의 표현을 쓰고 있다. 원효의 교육사상과 마찬가지로 의상의 교육사상도 인간형성의 교육론이 아니다. 근본 마음으로 돌아가는 교육, 즉 '환본(還本)의 교육론'이다. 이 환본의 교육론에서 주목해야 할 것은 학습자인 중생에 대한 인식이다. 현대 교육에서 학습자는 무지의 존재다. 무지의 존재나 길을 헤매고 있는 존재나 같은 존재라고 생각하기 쉽지만 그렇지 않다. 무지의 존재는 무능력의 존재이고, 그렇게 되면 교육자의 역할이 강조된다. 그런데 앞서 보았듯이 의상의 교육론, 환본의 교육학에서는 교육자의 역할이 거의 드러나 있지 않다. 학습자를 행자(行者)라고 표현하고 있다. 행자는 길을 가는 사람, 즉 수행자다. 누가 길을 가는가. 스승의 수행이, 교육자의 수행이 학습자의 것이 될 수는 없다. 학습자 스스로 자신의 길을 가야 하는 것이다. 마음의 망상은 누구의 망상이며, 누가 그 망상을 쉬게 할 수 있나. 스스로 쉬게 할 수밖에 없다. 현대 교육학에서는 교육자와 학습자가 엄격히 구분되어 있지만 환본의 교육론에서는 그 구분이 고정되어 있는 것이 아니다. 중생이 부처고, 부처가 중생인 것이다. 의상은 중생이 부처이고 부처가 중생인 것은 부처가 중생을 별개의 것으로 보지 않고 완전히 나의 몸으로 보기 때문이라고 했다.[6] 그렇지만 우리는 그렇게 보지 않는다. 나의 몸은 나의 몸이고 부처의 몸은 부처의 몸이라고 보는 것이다.

'내 몸' 교육론

『법계도』에는 등장하지 않는 이야기지만, 의상이 제자들과 문답할 때 종종 '내 몸' '나의 몸(吾五尺身 혹은 吾身)'이란 말을 많이 한다. 내 몸이 내 몸을 교육한다는 것이 의상의 '내 몸 교육론'이다. 의상은 제자들을 대상으로 경전 강의를 많이 했는데, 그 가운데 『화엄경문답』이라는 글이 지금까지 남아 있다. 의상과 제자의 대화를 조금 옮겨 보자.[7]

---

6) 김상현 교감번역, 『교감번역 화엄경문답』, 씨아이알, 2013, 37–38쪽.
7) 앞의 책, 88–92쪽(번역은 저자가 다시 하였음).

제자: 현재의 내 몸이 미래세(未來世)에는 부처가 된다고 하면 그 부처가 지금의 내 몸을 교화하여 수행하게 하는 것입니까.

의상: (그 부처가) 교화하여 수행하게 하는 것이다.

제자: 그 부처는 오늘의 내가 수행해서 (미래에) 얻을 것인데 어찌 지금의 나를 교화하고 수행하게 한다고 합니까.

의상: 그 부처가 교화하지 않는다면 지금의 내 몸이 부처가 되지 못하는 까닭이다. 그 부처의 교화가 있어야 비로소 내가 수행하여 부처가 될 수 있다.

제자: 어찌하여 그렇습니까.

의상: 만약 연기도리(緣起道理)의 입장에 의거하면 그 부처가 아니면 지금의 내가 없고, 지금의 내가 아니면 그 부처도 없다. 그래서 그러함을 알 수 있다. 지금 그러한 것처럼 과거에도 그러하였다.(……)

제자: 만일 그렇다면 결국 스스로가 스스로를 교화한다는 것인데 어떻게 그럴 수 있습니까.

의상: 남이 아니기 때문에 교화할 수 있다. 만일 남이라면 교화할 수 없다. 왜냐하면 남은 자기 밖에 있기 때문에 나의 교화 대상이 아닌 것이다.

제자: 그렇다면 자신은 이미 부처인데, 어찌하여 교화를 한다고 합니까.

의상: 그가 부처이기 때문에 교화를 한다. 만약 부처가 아니면 종일토록 교화해도 성불하지 못할 것이다. 본래 성불한 존재이나 자신이 그것을 모르고 있는 것이다. 교화로써 스스로가 그러하다는 것, 교화로써 스스로가 부처라는 것을 알려 주는 것, 이것을 이름 붙여 교화라고 하는 것이다. 그래서 참다운 교화는 교화할 바가 없는 것이고, 참다운 성취는 성취할 바가 없는 것이다.

제자: 만일 그러하다면 결국 자기 힘으로 스스로 자기를 교화한다는 것입니다. 교화에는 다른 사람을 교화한다는 뜻은 전혀 없습니까.

의상: 또한 다른 사람을 교화하는 것도 가능하다. 남이 아니면 자신도 없기 때문이다. 자타가 인연으로 이루어져 분별이 없기 때문이다. 그래서

부처는 능히 자신을 완전히 남이라고 볼 수 있기 때문에 따로 교화할
대상이 없다는 것이다.

　현대 어느 교육학자도 이런 교육론을 이야기한 사람은 없다. 아주 특이한 교육
론이다. 자기가 자기를 교육한다는 것이다. 그것도 미래의 자기가 현재의 자기를
교육한다는 것이다. 지금의 논리로는 도저히 이해할 수 없는 교육론이다. 지금의
논리란 스승이 제자를, 아는 사람이 모르는 사람을 가르치는 것이다. 물론 최근
들어 '자기교육'이란 말이 나오고 있지만 의상의 교육론은 이와도 다르다. 의상의
이러한 교육론을 이해하기 위해서는 자기, 즉 '내 몸'이라는 것을 먼저 이해해야
한다. 의상은 '내 몸'을 '오신(吾身)' '금오신(今吾身)' '오척신(五尺身)' 등으로 표현하
고 있다. 일상적인 측면으로 보면, '내 몸'은 '남의 몸'과 상대되는 개념이다. 내 몸
이 있고 남의 몸이 있지 않은가. 남의 몸은 남의 몸이고 내 몸은 내 몸이니까. 그
리고 보통의 경우 내 몸은 다 '지금의 내 몸'이지 다른 몸이 없다. 있다면 살아 있
는 내 몸이 있을 뿐이지, 죽은 뒤의 내 몸이라는 것이 무슨 의미가 있는가. 살아 있
는 이 몸, 즉 다섯 자 정도의 길이를 가진 보통 사람의 몸이 곧 '내 몸'인 것이다. 그
런데 앞의 대화에서 보면, 우리는 방금 앞에서 말한 뜻으로 '내 몸'을 이야기하고
있는데 의상은 그렇지 않다. 우리는 지금 여기에 있는 '내 몸'을 이야기하고 있는
데 의상은 그렇지 않다. 의상의 '내 몸'은 지금 여기에만 있는 것도 아니고 남과 구
분되는 것도 아니다. 의상의 견해는 화엄사상의 논리다. 사법계(事法界)의 입장에
서 보면, 나는 나고 남은 남이다. 산은 산이고 물은 물이다. 같을 수가 없다. 그러
나 이치의 입장[理法界]에서 보면, 내가 너고 네가 나다. 산이 물이고 물이 산이다.
부처는 중생을 모두 자신의 몸으로 보지 중생의 몸이 있고 부처의 몸이 있다고 보
지 않는다. 현재와 과거, 미래도 마찬가지다. 우리의 인식 속에는 과거, 현재, 미
래가 뚜렷이 구분되지만, 부처의 눈으로 볼 때는 한 찰나(일념)만 존재한다. 그래
서 『법계도』에서도 '구세십세호상즉(九世十世互相卽)'이라 하였다. 구세는 과거의
과거, 과거의 현재, 과거의 미래라는 과거 삼세와 현재의 과거, 현재의 현재, 현재
의 미래라는 현재 삼세, 그리고 미래의 과거, 미래의 현재, 미래의 미래라는 미래

삼세를 말한다. 여기에 이 구세가 따로 있는 것이 아니라 다만 일념이라고 한다. 이 일념을 포함하여 십세라고 하고, 그것이 서로 붙어 있다고 한 것이다. 그러니까 미래의 '내 몸'이 지금의 '내 몸'과 따로 존재하는 것이 아니라는 것이다. 『부모은중경(父母恩重經)』에 이런 이야기가 있다. 부처님께서 사위성에 계실 때, 제자들과 길을 걷다가 마른 뼈 무더기를 보고 공경 예배하셨다. 이를 본 제자들이 삼계도사(三界導師)이시고 사생자부(四生慈父)이신 부처님께서 어찌 마른 뼈 무더기에 예배를 하느냐고 하였다. 이에 부처님은 이 뼈 무더기가 아득한 과거세에 부모일 수도 있다고 하였다. 지금의 자식이 내 자식이 아니고 과거의 내 조상일 수 있다는 말이니, 자식이 부모고 부모가 자식이며, 현재가 과거고 과거가 현재라는 논리도, 또 현재가 미래고 미래가 현재라는 논리도 성립되는 것이다. 의상은 이를 "연기도리(緣起道理)의 입장에 의거하면 그 부처가 아니면 지금의 내가 없고, 지금의 내가 아니면 그 부처도 없다."라고 한 것이다. 자, 여기서 의상과 제자의 대화를 다시 보자.

> 제자: 현재의 내 몸이 미래세(未來世)에는 부처가 된다고 하면 그 부처가 지금의 내 몸을 교화하여 수행하게 하는 것입니까.
> 의상: (그 부처가) 교화하여 수행하게 하는 것이다.

현재의 내 몸을 우리 눈앞에 보이는 나뭇잎이라고 해 보자. 그 나뭇잎은 미래에는 무엇이 되는가. 단풍이 될 것이고, 그리고 낙엽이 될 것이고, 그리고……. 여기서 '그리고……'라고 한 것은 그 이후에는 무엇이 될지 모르기 때문이다. 그런데 그 나무 아래 떨어져 거름이 되고, 그래서 다시 어떤 과정을 거쳐 어린 싹이 된다고 하자. 누군가 이 나무 곁에 와서 이 어린 싹을 보고, 이 싹은 미래의 낙엽이 되고, 그 낙엽이 거름이 되고, 그 거름이 싹을 자라게 하여 이 싹이 이렇게 푸르게 존재하는 것이라고 하면 그 말은 터무니없는 말이 되는가. 의상이 이 몸을 다섯 자의 몸, 즉 오척신이라고 한 것은 나무의 싹과 같은 것이다. 단풍과 낙엽과 거름은 이른바 미래의 몸, 즉 미래신이다. 그 미래의 몸과 '지금 이 몸(今品身)'은 별개의 것이 아니다. 더 넓게 말하면, 그 싹은 단풍과 낙엽만이 아니라 공기와 물과 햇빛과 한 몸이고, 나아가 새소리, 물소리, 흘러가는 구름까지도 한 몸인 것이다. 이것을 문학적 비유라고만 생각해서는 안 된다. 이러한 '미래의 몸'이 지금의 몸을 만든다는 것은 잘못된 논리가 아니다. 다시 한 번 그들의 대화를 보자.

> 제자: 그 부처는 오늘의 내가 수행해서 (미래에) 얻을 것인데 어찌 지금의 나를 교화하고 수행하게 한다고 합니까.
>
> 의상: 그 부처가 교화하지 않는다면 지금의 내 몸이 부처가 되지 못하는 까닭이다. 그 부처의 교화가 있어야 비로소 내가 수행하여 부처가 될 수 있다.

제자의 질문은 직선적인 시간관에서 있을 수 있는 의문이다. 미래의 것이 지금의 것에 영향을 끼칠 수 있느냐는 말이다. 미래는 앞으로 있을 일이고 아직 일어나지도 않은 일인데, 그것이 지금의 나에게 영향을 준다고 하니 가능하지 않은 일이라 보는 것이다. 그런데 미래가 없다면 과거도 없는 것이다. 미래 없는 과거가 없듯이 과거 없는 미래도 없다. "그 부처가 교화하지 않는다면 지금의 내 몸이 부처가 되지 못하는 까닭"이란 그 부처와 이 몸이 둘이 아닌 까닭이다. 의상의 글 가운데 「백화도량발원문(白華道場發願文)」이 있다. 관세음보살을 친견하고자 하는 발원문이다. 여기에 보면 "이제 관세음보살의 거울 가운데 제자의 몸이 귀명정례하옵나니, 제자의 거울 가운데 계신 관세음보살의 진실한 소리를 발하시어 가피를 입게 해 주옵소서."라는 말이 있다.[8] 관세음보살의 거울 속에 제자가 있고 제자의 거울 속에 관세음보살이 있다는 말은 양자가 둘이되 둘이 아니라는 말이다. 이렇게 되면 불제자가 말하되, 불제자의 말이 아닌 관세음보살의 말이 되는 것이다. 거울은 마음이다.

동학의 2대 교주인 해월 최시형 역시 비슷한 이야기를 한 적이 있다. 하루는 청

---

8) 의상,「백화도량발원문」,『한국불교전서』(제2책), 동국대학교출판부, 1980, 9쪽.

주 지역의 신도인 서택순의 집을 지나다가 베 짜는 소리가 들려 누가 베를 짜는가 하고 물으니 서택순이 자기 며느리가 짠다고 대답하였다. 이에 해월은 "그대의 며느리가 베를 짜는 것이 참으로 그대의 며느리가 베를 짜는 것인가?" 하고 되물었다.[9] 서택순이 해월의 말을 알아듣지 못하였던 것이다. 해월의 말은 며느리가 며느리가 아니라는 말이다. 며느리가 곧 한울이라는 이야기다. 한울이 베를 짜는 것이지 며느리가 베를 짜는 것이 아니라는 말을 한 것이다. 이미 나는 부처이고, 관세음보살이고, 한울인 것이다. 내가 수행하고, 염불하고, 베를 짠다 해도 그것은 내가 수행하고, 말하고, 베 짜는 것이 아니라 부처가 수행하고, 관세음보살이 말하고, 한울이 베를 짜는 것이다. 그 말을 부처가 부처를 교화한다, 내가 나를 교화한다고 한다고 해도 마찬가지다. 부처가 중생을 가르치는 것이 아니고 중생이 부처에게 배우는 것도 아니다. 내가 남을 가르치는 것도 아니고, 남이 나를 가르치는 것도 아니다. 대승불교에서 일불승(一佛乘) 사상이 있다. 성문, 연각, 보살 등 다양한 근기를 가진 수행자들이 있어도 그 본바탕은 다 부처라는 사상이다. 부처의 바탕이 없는데 어떻게 부처가 될 수 있는가. 그래서 의상 역시 본래 각자는 성불한 존재이지만 그것을 모르고 있을 뿐이라고 한 것이다. 교화라고 하는 것은 스스로가 부처라는 것을 알려 주는 행위, 그것이라고 말하고 있는 것이다. 제자의 마지막 질문은 교화라는 것이 자신이 자신에게 행하는 것이라면 다른 사람을 교화한다는 것은 불가능한 일인가라는 것이다. 이에 의상은 그도 가능하다고 말한다. 그러나 그것이 가능한 것도 자타 구분이 없기 때문이라고 한다. 실제 우리는 다른 사람을 대상으로 교육하고 있지 않나. 그러나 의상의 관점에서는 그 타인도 실은 타인이 아니다. 우리 머릿속에는 자타의 경계가 깰 수 없을 정도로 굳게 박혀 있으며, 의상의 마음속에는 아예 그런 자타의 구분이 없는 것이다.

---

9) 천도교중앙총부, 『천도교경전』, 포덕 110년(1969), 133쪽.

의상의 교육실천

의상은 교육사상가일 뿐 아니라 매우 활동적인 교육실천가였다. 『삼국유사』에서 일연은 의상의 교육사적을 기록하며 "義湘傳教(의상이 불법을 전하다)"라고 글의 타이틀을 달았고, 『송고승전』에서는 "湘講樹開花 談叢結果(의상의 강설의 나무가 꽃을 피웠고, 강담의 숲이 열매를 맺었다)"라고 하였다. 동시대의 다른 사상가들은 사제 관계, 사자상승(師資相承)의 기록이 별로 없는 데 비해 의상은 그것이 분명하다. 『송고승전』에서 의상의 업적을 말하면서 강설의 나무에 꽃이 피고 강담의 숲에 열매가 맺었다고 한 것은 매우 적절한 비유다. 그는 실제 교육자로서 제자 양성에 탁월한 업적을 남겼으며, 남아 있는 경전에 대한 해설인 강경이나 교리, 학설에 대한 강설, 강담 등의 기록도 적지 않다.[10] 부석사에서 행한 40일간의 '일승십지문답', 황복사에서 행한 '법계강의', 태백산 대로방에서의 '십불강의', 소백산 추동에서의 90일간의 『화엄경』 강의' 등 기록에 나타난 강석만도 적지 않으며, 특히 추동에서의 『화엄경』 강의 때는 3,000명이라는 많은 대중이 운집하였다 한다.[11] 이들 기록을 조금 더 자세히 살펴보자. 먼저 부석사에서의 강의 기록이다.

> 부석산 40일 법회에서 (의상) 스님이 "일승십지(一乘十地)는 횡(橫)이며 수(竪)다."라고 하자, 상원(相元)과 지통(智通) 등이 "이미 스님의 뜻은 알고 있습니다."라고 말했다. 그 법회가 끝날 때 각기 깨달은 바를 말씀드리니, 스님이 "모두 아직 멀었다. 일승의 십지란 적멸도량에서 비로소 정각을 이루신 부처님의 마음에 의지하여 보는 것이다."라고 했다.[12]

---

10) 의상의 강경을 비롯한 신라시대의 불교 강경에 대한 자세한 내용은 안경식, 「신라시대 불교강경의 교육적 의의」, 한국종교교육학회, 『종교교육학연구』 52권, 2006, 71-101쪽의 내용 참조. 의상의 강경에 대한 내용도 그 논문의 내용을 바탕으로 쓴 것이다.

11) 전해주, 『의상화엄사상사연구』, 민족사, 1993, 95쪽.

12) 『법계도기총수록(法界圖記叢髓錄)』 상2.

부석사는 의상이 당에서 귀국한 후 문무왕 16년(676)에 왕명으로 지었다는 절이
다. 이날 강의의 주제는 『법계도』의 일승(一乘)의 십지(十地)에 대한 것이었다. 앞
서 본 『법계도』의 정식 명칭도 『화엄일승법계도』이듯이 의상의 사상도 일승사상
으로 요약할 수 있다. 그 일승에 대해 제자들과 문답을 하고 있는 것이다. 그런데
의상의 교육 형식은 대부분 경전의 내용에 대한 강사의 일방적 해설이 아닌 제자
와의 문답 형식을 띠고 있다는 특색이 있다. 물론 이러한 문답 형식은 동서고금을
통한 가장 보편적인 강의 형식의 하나였으며, 석가모니의 교화 역시 문답 혹은 대
화 형식이었다는 것은 잘 알려진 사실이다. 이러한 불교의 문답 전통은 동아시아
의 불교 의례 가운데 강경 의례의 한 부분으로 남아 있다(이 내용은 이 책 제9장 3절
의 '불교의 의례와 교육'에 상세히 언급되어 있다). 신라의 고승들이 널리 활용한 교화
방식이기도 했겠지만 의상이 즐겨 사용한 방식이었으며, 『법계도』나 『지통문답(智
通問答)』 등에서 그 사례를 볼 수 있다. 『송고승전』에서는 의상의 제자 교육에 대해
"제자들이 가르침을 청해 올 때는 서두르지 않았다. 그들의 마음이 고요히 가라앉
을 때를 기다린 뒤 그들을 일깨워 주었다. 의상은 의문에 따라 막힌 곳을 풀어 주
되 조그마한 의심도 남지 않도록 했다."라고 한다.[13] 다음은 황복사에서의 강의
기록이다.[14]

    표훈(表訓), 진정(眞定) 등 10여 대덕이 스님이 계신 곳을 가서 이 인(印)을
    배울 때, 부동오신(不動吾身)이 (법신임을) 어떻게 볼 수 있는지에 대해 여쭈
    었다. 이에 스님은 사구게(四句偈)로써 답하였다 모든 인연의 근본은 나이
    며, 모든 법의 근원은 마음이며, 말은 매우 중요한 근본이니, 진실한 선지식
    이다. 이어 이르기를 "그대들은 마땅히 마음을 잘 써야 할 뿐이다."라고 말

---

13) 『송고승전』, 「義解」, 唐新羅國 釋義湘. "凡弟子请益不敢造次, 伺其怡寂而后启发, 湘乃随疑
    解滞必无滓核".
14) 상원 원년은 경덕왕 19년, 서기 760년인데 이때는 의상의 사후다. 의상이 황복사에서 한 강
    의라 하면 시간이 맞지 않다. 그래서 표훈은 의상의 직제자가 아닌 손제자라는 설도 있다.

쏨하셨다. (……) 상원(上元) 원년(元年) 황복사에서 이야기한 것이다.[15]

여기서 이 인(印)이란 법계도(인)를 말한다. 의상의 강의는 특정 경전에 한정되지는 않았지만 『법계도』를 활용한 강의도 적지 않았다. 의상은 수많은 『화엄경』 강의를 한 명강사였으며, 강의가 60일, 90일 등 장기간에 걸쳐 이루어진 것도 많다. 교육의 관점에서 생각해 보면, 『법계도』는 『화엄경』 강의를 거듭한 끝에 강의의 효과와 효율성을 높이기 위해 새로운 형식의 교육미디어를 개발한 것이 아닌가 짐작할 수 있다.[16] 『법계도』는 방대한 화엄사상을 설명한 것이니만큼 강경에는 자주 활용했던 것 같고, 도인(圖印)은 오늘날의 학교 졸업장과 같이 제자들을 인가(認可)할 때도 활용하였다.[17] 황복사 강의에서는 오신(吾身), 즉 '내 몸'이 어떻게 법신임을 알 수 있는지에 대해 제자들이 물었다. 이에 대해 의상은 인연의 근본은 '나'이며, 내 '마음', 내 '말'이 선지식임을 알라는 이야기를 하였다. 다음은 태백산 대로방에서의 강의 기록이다.

> 고기(古記)에 이르기를 의상 스님이 태백산 대로방(大蘆房)에 계실 때, 진정(眞定), 지통(智通) 등을 위해 "수행하는 사람이 십불(十佛)을 보고자 할 때는 마땅히 안목을 길러야 한다."라고 설했다. 지통 등이 "무엇이 안목입니까?" 하고 여쭈었다. 스님이 말하기를 "『화엄경』으로 자신의 안목을 삼아라. 한 구절 한 문장이 모두 십불이니 이것 밖에서 십불을 보고자 한다면 다생다겁이 끝나도 보지 못하리라."라고 하였다. 스님은 "이른바 무착불이 세간에 편안히 머무르는 것은 정각을 이루었기 때문이다. 오늘 나의 오척의 몸

---

15) 『법계도기총수록(法界圖記叢髓錄)』 상1.

16) 물론 『법계도』의 저자에 대한 논란도 있지만 여기서는 의상의 것을 전제로 하고 논의를 전개하였다. 설령 스승 지엄 역시 이러한 도인 형식을 즐겨 사용했고, 설령 지엄의 제작이라 하더라도 의상이 그것을 교육에 활용한 것은 부인할 수 없는 사실이다.

17) 균여의 『釋華嚴旨歸章圓通鈔』(卷下)에서는 제자 지통(智通)이 그릇이 완성되었음을 알고 '법계도인'을 주었다는 말이 있다. 『한국불교전서』(제4책), 139-140쪽.

의 이름이 세간이다. 이 몸은 허공법계에 편만하고, 텅 비어 이르지 않은 곳
이 없으므로 정각이라 한다. 세간에 편안히 머무르기 때문에 생사의 집착을
여읜 것이다. 그러나 만약 실재를 기준으로 하여 말한다면 세 가지 세간이
원만히 밝고 자재하기 때문에 무착불이라 한 것이다.[18]

태백산과 소백산은 의상의 주된 교화지였다. 이 기사는 태백산 대로방에서의
『화엄경』의 행경십불(行境十佛)에 대하여 설한 내용이다. 십불은 수행을 통하여 얻
을 수 있는 열 가지 부처의 경지에 대한 것인데, 의상의 강의에서는 매우 중요한
주제였다. 현존하는 의상의 『화엄경문답』에 보면, 역시 십불에 대한 문답이 상당
히 많다. 이른바 십불이란 무착불, 원불, 업보불, 지불, 열반불, 법계불, 심불, 삼
매불, 성불, 여의불인데, 특정 부처를 지칭한다기보다는 모든 부처를 일컫는 말이
다. 의상이 『화엄경』 한 마디 한 마디가 모두 십불 자체임을 깨달으라고 한 것은
『화엄경』 독송을 수행의 방법으로 삼으라는 것으로 볼 수 있다. 다음은 그 유명한
추동에서의 강의의 기록이다.

(의상의 문하에) 거(居)한 지 3년째 어머니의 부음이 왔다. 진정(眞定)은 가
부좌를 하고 선정에 들어가 이레 만에 일어났다. (……) 선정에서 나와서는
뒷일을 의상에게 고하니 의상은 문도를 거느리고 소백산의 추동(錐洞)에 가
서 초가를 짓고 도중(徒衆) 3,000명을 모아 약 90일 동안 『화엄대전』을 강했
다.[19]

이미 제2장에서 진정법사의 이야기는 한 바 있다. 의상의 십대제자 가운데 한
사람이 진정(眞定)인데, 출가 후 3년째 되는 해 그의 어머니가 돌아가셨다 했다.
요즈음 같으면 달려가 장례 의식을 치르고, 사십구재와 같은 추모 의식을 거행했

---

18) 『법계도기총수록(法界圖記叢髓錄)』 하2.

19) 『삼국유사』, 「효선」.

을 것이다. 그러나 진정법사는 부음을 듣고 선정에 들었다 이레 만에 자리에서 일어났으며, 이러한 제자를 본 스승 의상은 제자의 어머니를 위하여 추모의 법석을 소백산 추동에서 열었던 것이다. 이때 의상은 『화엄경』을 90일간 강의하였고, 그곳에는 3,000명이나 되는 사람이 모였다고 하니 여기에는 (비록 인원수가 과장이라고 하더라도) 승속이 다 참여하였을 것이다. 강의가 끝나는 날 어머니가 진정에게 현몽하여 "나는 이미 하늘에 환생하였다."라고 하였다.[20] 그런데 당시 문인 지통이 이때의 강의의 요점을 2권으로 정리하여 세상에 유통하였는데, 그 책이 이른바 『추동기』(『지통문답(智通問答)』 『지통기』 『추혈문답(錐穴問答)』 등 여러 이름이 있음)이며, 내용은 『법계도기총수록(法界圖記叢髓錄)』에 부분적으로 나타나 있다. 최근 김상현은 그동안 당의 법장(法藏, 643~712)의 저작으로 알려진 『화엄경문답』 역시 『추동기』의 이본(異本)임을 논증하는 논문을 발표한 바 있고, 그것을 단행본으로 출간하여 세상에 알렸다.[21] 이와 같이 제자가 스승(의상)의 경전 강의를 정리하여 편찬한 것은 『추동기』 외에도 『도신장(道身章)』이 있다. 제자 도신에 의해 편찬된 이 책의 내용은 역시 『법계도기총수록』에 일부 남아 있다. 이 『도신장』은 어디에서 행한 강의인지는 알려져 있지 않다. 그 밖에 『자체불관론(自體佛觀論)』 역시 의상의 강의를 어느 제자가 기록한 문답으로 『법계도기총수록』에 남아 있다. 이를 보면 의상의 강의는 알려져 있지 않은 것도 꽤 많았던 것 같다. 마지막으로 볼 자료는 최치원이 쓴 『법장화상전(法藏和尙傳)』(원명은 『당대천복사고사주번경대덕법장화상전(唐大薦福寺故寺主飜經大德法藏和尙傳)』)의 일부분이다.

　　의상은 법장(法藏)의 글을 읽어 보니 마치 스승의 가르침을 직접 듣는 것과 같았다. 문을 잠그고 탐토(探討)하기를 열흘이 지나서야 밖을 나갔다. 문하의 제자로서 스승의 법을 이을 만한 네 영재인 진정(眞定), 상원(相元), 양

---

20) 『삼국유사』, 「효선」.

21) 김상현, 「『錐洞記』와 그 異本 『華嚴經問答』」, 『교감번역 화엄경문답』, 씨아이알, 2013, 219-239쪽(원문은 1996년 『한국학보』 84집에 게재됨).

원(亮元), 표훈(表訓)을 불러 각각 5권씩 나누어 강의하게 하면서 말하기를, "나를 넓혀 주는 자는 법장이고, 나를 일으켜 세우는 자는 너희들이다. 문설 주의 의지하여 문을 나설 수 있고, 도끼를 잡아야 도끼자루를 다듬을 수 있다. 각자 마땅히 열심히 하여 스스로를 속임이 없어야 한다."[22]

법장의 글이란 당의 지엄 화상 문하에서 동문 수학하던 법장의『탐현기(探玄記)』인데, 당시 당에서 수학하던 신라승 승전(勝詮)이 가져온 것이다. 의상이 이 자료를 가지고 직접 강의를 한 것은 아니고, 네 제자에게 분담을 시켜 연구하고 강의하게 하였다.

의상의 제자를 일컫는 말로 십대제자(十代弟子), 사영(四英), 등당도오자(登堂都奧者) 등이 있다. 십대제자(혹은 십성제자)란『삼국유사』에서 말한 오진(悟眞), 지통(智通), 표훈(表訓), 진정(眞定), 진장(眞藏), 도융(道融), 양원(良圓), 상원(相源), 능인(能仁), 의적(義寂)의 열 명이다. 이들은 아성(亞聖)이라 불렸고, 각각 전기가 있을 정도로 빼어난 사람들이었다. 또 사영(혹은 四足), 즉 네 명의 빼어난 제자는 진정, 상원, 양원, 표훈을 말하며, 최치원이「법장화상전」에서 한 말이다. 또『송고승전』에서는 지통, 표훈, 범체(梵體), 도신(道身) 등을 가리켜 등당도오자(登堂睹奧者), 큰 알을 깨고 나온 가류라조(迦留羅鳥, 금시조)라고 했다.

이상에서 보았듯이, 의상은 당대의 누구보다도 강경 활동을 활발하게 하였다. 국가나 사찰에서 의례로서 행해지는 강경이 아니라 제자와 일반인을 깨우치기 위한 강경이었다. 의상의 강경 활동이 신라사회 안에서 화엄 교학의 수준을 한 단계 높이는 데 기여하였음은 말할 것도 없고, 일본을 비롯한 동아시아 화엄학의 발전에도 기여하였다. 그리하여 신라의 대표적 교육사상가로서 손색이 없다 하겠다.

---

22)『법장화상전(法藏和尙傳)』.

✿ 설총의 교육사상과 교육실천

　김부식이 편찬한 『삼국사기』에는 인물 전기인 「열전(列傳)」이 있다. 왕조사회에서 열전에 들어간 사람들은 역사를 만든 사람들이다. 『삼국사기』에 입전된 사람은 모두 59명이다. 이 가운데 종군자(從軍者)가 26명으로 가장 많다. 학자는 6명에 지나지 않는다. 그 6명은 강수, 최치원, 설총, 최승우, 최언위, 김대문이다. 이 가운데 최승우, 최언위, 김대문은 설총전 끝에 잠깐 언급한 수준이므로 전을 남겼다고 보기도 어렵다. 물론 김부식의 역사 편찬 기준은 지극히 유교적이어서 수많은 불교지성이 모두 제외되었다. 사가(史家)의 '폭력'이라 하지 않을 수 없다. 그렇다면 이 세 명이 입전한 이유는 무엇일까. 최치원을 유교사상가로 한정 짓는 것 역시 그의 지성을 무시하는 처사이지만 엄연히 '동국18현'의 한 분으로 문묘에 종사(從祀)되고 있음을 생각한다면 답은 유학에서 찾을 수밖에 없다. 강수는 역사에 등장하는 신라 최초의 유학자다. 강수는 스스로 유학자의 길을 선택한 사람이고, 그 시대의 문장가로 통했다. 관직에 나아가서는 표문 등 외교 문서 작성에 공을 남겼으나 교육사상가 혹은 교육실천가로 이야기할 수 있는 근거는 크게 없다. 다만, 그가 신문왕 때 죽은 것으로 보아 신문왕 때 체제를 갖추었다고 하는 국학의 설립이나 운영에 관여했을 가능성은 있다. 최치원은 12세에 입당하여 빈공과에 합격하여 현지에서 관리를 지낼 정도의 인물이었다. 그의 사상은 앞에서 말한 바와 같이 유학에 한정 짓기 어렵다. 유, 불, 선을 회통한 지성으로 보는 것이 마땅하다. 그러나 그 역시 교육사상가로 보기 어렵고, 제자를 양성했다든지 하는 교육 활동도 찾아보기 어렵다. 이렇게 볼 때, 결국 신라의 유학자 가운데 남는 인물은 설총밖에 없다. 설총은 현대의 교육학자들에 의해서도 고대의 교육가로 선정되어 주목받은 바 있다.[23] 학자들이 설총의 교육사상과 관련하여 논의한 것은 주로 이른바 「화왕계(花王戒)」라는 글과 관련해서다. 그러나 「화왕계」가 아니더라도 지금까지

---

23) 대표적인 것이 박상만의 『한국교육사』(중앙교육연구소, 1956)와 한기언의 『한국교육사』(박영사, 1963)다. 이후 다수의 저서에서 설총을 교육사상가로 다루기 시작했다.

[그림 3-4] 전 홍유후설총묘

교육학계에서 논의되지 않았던 점들이 적지 않다. 여기서는 그 점들을 중심으로 설총이 신라의 유학교육에 어떤 공적을 남겼는지를 알아보려고 한다.

　설총의 인물 정보에 대해서는 남아 있는 기록이 매우 부족하다. 『삼국사기』「열전」에서는 "설총의 자는 총지(聰智)다. 그의 조부는 나마 담날이고, 아버지는 원효다."라고 그의 가계에 대해 간략히 언급하고 있다. 또 뒷날 설총의 아들이 신라 사신으로 일본에 갔다는 기록이 있다. 그때 일본의 진인(眞人)이 그에게 시를 지어 주며, 『금강삼매론』을 보고 그 사람을 보지 못한 것을 안타까이 여겼는데, 그 손자를 보고 기뻐 시를 지어 보낸다는 내용도 언급되어 있다. 설총의 아들이 설중업이고, 혜공왕 15년(779)에 일본에 사신으로 갔다는 것이 서당화상비문과 『속일본서기(續日本書紀)』에 기록되어 있다. 또 『삼국사기』「열전」에는 설총에 대해 "천성이 똑똑하고 분명하여 나면서부터 도리를 알았다. 방언으로 구경(九經)을 읽어 후생들을 가르쳤다. 오늘에 이르기까지 유학을 공부하는 사람들은 그를 으뜸으로 삼는다. 또 글을 잘 지었으나 세상에 전하는 것이 없다. 다만, 지금 남쪽 지방에 설총이 지은 것 같은 비명이 있으나 글자가 없어져 읽을 수 없다. 그래서 끝내 그것이 어떤 뜻인지 알 수 없게 되었다."라는 내용과 고려 현종 13년 건흥 원년 임술년(1022)에 설총을 홍유후로 추증하였다. "어느 사람은 설총이 일찍이 당나라에 가서 배웠다고 하나 그런지는 알 수 없다."라는 기록까지만 서술되어 있다.

국학 설립과 설총

신라의 교육에 설총이 어떤 영향을 끼쳤는지에 대해서는 구체적으로, 직접적으로 기록된 것은 없다. 그러나 강수가 그러하듯 설총 역시 신문왕대의 국학 교육과 관련 가능성이 있는 유력한 인물로 일찍부터 주목받아 왔다.[24] 이제 그 가능성을 하나하나 짚어 보기로 하자.

먼저 설총과 신문왕의 관계를 주목할 필요가 있다. 『삼국사기』「열전」에는 이런 기록이 있다. "신문대왕이 한여름 날 누각에서 설총을 돌아보고 말하기를, '오늘은 장마가 처음 그치고 바람도 서늘하오. 비록 맛있는 음식과 감상적인 노래가 있다 하더라도 고상한 이야기와 재미있는 해학으로 울적한 마음을 푸는 것만 같지 못할 것 같소. 그대는 진기한 이야기가 있을 것 같은데, 어찌 나에게 그것을 들려주지 않으시오'라고 하였다." 이에 설총이 대왕에게 화왕의 이야기를 들려주었다고 한다. 이른바 「화왕계」라고 알려진 화왕의 이야기는 임금이 간사하고 아첨하는 사람을 멀리하고 정직한 사람은 가까이 하라는 우화다. 듣기에 따라서 매우 민감한 이야기일 수 있다. 그러나 설총은 임금에게 이러한 이야기를 할 수 있는 정도의 친밀한 관계를 유지한 사람이었다. 임금은 이 말을 듣고 깊은 뜻이 있다고 하였고, 글로 써서 군주의 경계로 삼으라고 하기도 했다. 또 설총을 높은 벼슬에 발탁하였다. 이를 보면 신문왕 2년에 설립되었다고 기록되어 있는 국학의 설립과 운영에 유학자인 설총이 직간접적으로 관여하지 않았을 리가 없다고 보는 것이다.

다음으로, 국학의 건물터에 주목할 필요가 있다. 국학의 구체적 위치는 현 경주 향교의 기지(경주시 교동 17-1번지)로 알려져 있다. 그것은 『삼국유사』에서 요석궁을 두고 "지금의 학원이 바로 이곳이다(今學院是也)."라고 한 말에 근거한

---

24) 설총이 국학의 설립에 관여했을 것이라는 것은 이기백 교수가 주장한 이래 대체로 받아들여져 오고 있다. 이기백, 『신라사상사연구』, 일조각, 1986, 228쪽.

다.[25] 국학 자리가 요석궁이었다는 것은 자연히 설총을 떠올리게 되는데, 주지하듯이 요석궁은 설총의 어머니가 살던 곳이며 설총이 태어나고 자란 곳이다. 뒤에는 설총의 집이었을 수도 있다.[26] 신문왕대의 대유학자인 설총이 국학의 설립에 어떤 식으로든 관여했다면 자신의 집을 국학의 터로 내어 놓았다는 것은 이치에 어긋난 일이 아니다. 당시의 신라사회에서는 자신의 집을 절터로 내어놓는 일을 흔히 볼 수 있고, 원효 역시 집을 내어놓아 초개사(初開寺)를 만들었다.

설총 역시 국학 설립이라는 대의에 기꺼이 자신의 집을 희사했을 수도 있을 것이다. 그 터가 사연이 없는 보통의 터였다면 화제가 될 리가 없지만 원효대사가 파계하여 요석공주와 머물렀던 공간이라는 특이성은 시간이 지나도 잊힐 수가 없는 것이다. 일연이

[그림 3-5] 원효성사탄생지유허비-
경산 제석사 경내

『삼국유사』를 편찬할 당시까지 이 이야기는 전해져 왔던 것으로 보인다. 결국 국학의 공간 배치가 국도에 이루어졌던 것은 당의 국자감과 다름없지만 당시 기지(基地)와 건물의 마련에는 설총이 직간접적으로 관여한 것이 아닌가 여겨진다.[27]

---

25) 『삼국유사』, 「의해」, 원효불기.

26) 『삼국유사』에서는 "원효가 일찍이 살았던 혈사(穴寺) 옆에 설총의 집터가 있다고 한다."라는 기록이 있지만 요석궁 역시 설총과의 관계를 부정할 수는 없다.

27) 안경식, 「신라국학의 '현지화' 과정 연구」, 한국교육사학회, 『한국교육사학』 38권 4호, 2016년 12월, 117-138쪽.

학습 방법의 개발자로서의 설총

지금까지 국학의 설립 과정과 설총과의 관계를 추정해 보았다. 『삼국사기』『삼국유사』『제왕운기』 등에는 설총의 여러 행적이 기록되어 있다. 그리고 거기에는 교육자로서, 학자로서의 행적에 관한 내용이 공통적으로 들어 있다. 그 기록은 다음과 같다.

> ① 방언으로 구경(九經)을 읽어 후생을 훈도하였다. 오늘에 이르기까지 유학을 공부하는 사람은 그를 으뜸으로 삼는다(以方言讀九經, 訓導後生, 至今學者宗之).[28]
>
> ② 방음(方音)으로 중국과 신라의 풍속과 물명(物名)에 능통하였고, 육경(六經)과 문학(文學)을 훈해하였고, 오늘에 이르기까지 해동에서 명경을 업으로 하는 자가 전하여 이어져 끊어지지 않는다(以方音通會華夷方俗物名, 訓解六經文學, 至今海東業明經者, 傳受不絶).[29]
>
> ③ 큰 선비인 설총은 이두를 지었고, 속언(俗言)과 향어(鄕語)로 과두(蝌蚪) 문자와 예문(隷文)을 통했다(弘儒薛侯製吏書, 俗言鄕語通科隷).[30]

사료 ①을 보면, '방언'으로 구경을 읽어 후생을 훈도했다는 말이 나온다. 후생을 훈도했다는 말이 국학에서 후생을 가르쳤다는 말이 될 수도 있을 것이다. 그러나 그런 기록이 없기 때문에 그 확정은 일단 보류하자. 그보다 '방언'이라는 말에 대해 주목할 필요가 있다. 설총에 대해 기록하고 있는 사료는 공통적으로 이 문제를 거론하고 있다. 사료 ①에서는 방언이라고 하였지만 사료 ②와 ③에서는 '방음' '속언' '향어' 등으로 표현하고 있다. 표현의 차이는 있지만 신라말이라는 뜻이다. 그런데 이 말은 교수 용어로 신라말을 사용했다는 말은 아닐 것이다. 당시의 누구

---

28) 『삼국사기』, 「열전」, 설총.
29) 『삼국유사』, 「의해」, 원효불기.
30) 『제왕운기』 하권.

라도 수업에서는 신라말을 사용했을 것이다. 그런데도 '방언' '방음' '속언' '향어'라고 한 것은 특별한 의미, 또 다른 의미가 있다고 보아야 한다. 육경이나 구경과 같은 유교 경전을 당시 중국의 언어로 수업하지 않았다면, 결국은 당시의 신라어로 수업을 했을 것이고, 그렇다면 그것은 특별한 일이 될 수가 없는 것이다. 그럼에도 불구하고 '방언' '방음' '속언' '향어'를 사용한 것이 특별한 일이 된 것은 단지 수업 언어의 문제가 아니라는 것이다.

그렇다면 도대체 무엇이 특별하다는 말일까. 다시 사료를 들여다보면, 사료 ①에서는 신라말로 구경(九經)을 읽었다고 하였고, 사료 ②에서는 신라말로 육경(六經)과 문학을 훈해하였다고 하였고, 사료 ③에서는 이두를 지었으며[製吏書], 과두 문자와 예문에 통달했다[通科隷]고 했다.³¹⁾ 이를 종합해 보면, 설총의 업적은 경전을 읽는 방식, 풀이하는 방식에 있고, 이 방식은 이두와 관련이 있음을 짐작할 수 있다. 강수의 학습 과정에서 알 수 있듯이 이미 당시에 중국의 각종 유교 경전들은 들어와 있었지만³²⁾ 이들 경전이 모두 외국어인 한문으로 된 것이니 그것을 신라에서 공부한다는 것은 적지 않은 어려움이 있었을 것이다. 우선 당시는 신라의 글이 없었기에 신라글로 번역한다는 것은 불가능한 일이다. 그래서 설총이 한 일은 문자언어로의 '번역'은 아니라는 결론에 도달한다. 그렇다면 신라말로 읽었다든지, 신라말로 풀이하였다는 말은 무슨 뜻일까. 경전을 신라의 음(소리)으로 읽었다는 것일까. 예를 들면, '學而時習之不亦說乎'이라는 구절이 있다 하면, 이 구절의 당음(唐音)이 있을 것이다. 우리는 지금 이를 '학이시습지……'라고 한국어로 읽고 있지만 당시에는 이런 통일된 자체의 독음이 없었다면(신라 사람이 쓰는 일상적인 말은 있었지만 이렇게 당의 글자를 신라의 말로 전환하는 통일된 언어 체계가 없었다면) 당음을 신라음으로 바꾸어 확정 짓는 것도 매우 중요한 학문적 작업 가운데

---

31) 조선시대에 와서도 이두는 설총이 지은 것으로 알고 있고 기록하고 있다. 『대명률직해(大明律直解)』(1395)를 비롯하여 『경상도지리지(慶尙道地理志)』(1425), 『훈민정음서(訓民正音序)』(1446), 『동국여지승람(東國輿地勝覽)』(1486) 등이 그러하다. 김항수, 「신라 유학과 설총의 학문」, 국립국어원, 『새국어생활』 11권 3호, 2001년 가을호, 75쪽.

32) 『삼국사기』, 「열전」, 강수.

하나다. 실제로 일본 대학료(大學寮)의 경우 음박사(音博士)가 있어서 학생은 강의에 들어가기 전에 중국음으로 경서를 읽는 것을 배웠다.[33] 신라의 경우는 음박사가 있었다는 기록이 없다. 우리가 아는 바와 같이 이 작업(한자음을 우리음으로 바꾸는 것)은 조선 세종조에 와서『동국정운(東國正韻)』(1448)으로 결실을 거두게 된다. 그러나 설총이 신라말[方音]로 중국과 신라의 풍속과 물명에 회통했다는 것을 보면 그가 이 문제에 매우 고심했을 것으로 짐작할 수 있다. 사실 국학의 교육에서도 경전 공부, 예를 들면 통독을 할 때, 중국글에 대응하는 신라말, 신라의 소리가 정해져 있지 않으면 통독 방식의 공부는 불가능한 것이 되고 만다. 그런데 설총의 업적은 여기서 그치지 않았을 것이다. 당시 고구려와 백제는 말할 것도 없고 신라도 이두를 비롯한 차자(借字) 표기를 활용하고 있었다. 차자 표기는 신라를 비롯한 한반도에서 사용한 언어는 교착어(膠着語)이고, 이는 고립어(孤立語)인 중국어와 달라, 한자를 신라말로 표기하거나 신라말을 한자로 표기하려고 할 경우 한자나 부호를 차자하여 표기 수단으로 삼는 것을 말한다. 설총이 이두를 제작한 것으로 기록되어 있지만 이두는 그 이전부터 있었던 차자표기법의 하나다. 설총은 이러한 이두를 포함한 차자표기법을 집대성한 사람으로 보아야 한다는 국어학계의 주장이 타당한 것 같다.[34]

저자의 한문 학습 경험과 석독구결[35]

저자의 경험을 덧붙여 말하자면, 저자는 유교 경서들을 처음 읽을 때 주로 명문

---

33) 츠지모토 마사시, 오키타 유쿠지 외 지음(이기원, 오성철 역),『일본교육의 사회사』, 경인문화사, 2011, 28쪽.

34) 정광,「한반도에서 한자의 수용과 차자표기의 변천」, 구결학회,『구결연구』11집, 2003년 8월, 53-86쪽.

35) 이 부분은 저자의 앞의 논문(「신라 국학의 '현지화' 과정 연구」)에서 언급한 내용이다. 최근 박종배는 이 문제를「설총의 석독구결과 한국 고대의 유학교육」, 한국교육사학회,『한국교육사학』제40권 제3호(2018)에서 더욱 상세히 다루었다.

당(明文堂) 출판사에서 나온 책들을 보았다.[36] '현토석자구해(懸吐釋字具解)' 『논어집주』라는 책이 있었는데, 1976년 초판이 출간되었다. 이 책에는 앞의 논어 구절을 '學而時習之면不亦說乎아'라고 큰 활자로 적고 있다. 여기서 '……면 ……아'와 같은 우리말 토씨가 달려 있다. 이처럼 토씨를 다는 것을 현토(懸吐)라고 한다. 이 현토의 의의는 한편으로는 끊어 읽어야 할 지점을 알려 주면서, 다른 한편으로는 해석의 방향을 알려 주는 구실을 한다. 한문을 어디서 끊어 읽어야 하느냐 하는 것은 한문(古文으로서) 공부에서 대단히 중요한 문제이다. '學而時習之'에서 끊어 읽어야 한다는 것을 알려 주면서도, '……면'이라고 토씨를 달아 '조건'과 관련되어 있다는 해석의 방향까지 알려 준다. 그리고 이 책에서는 '學而時習之면不亦說乎아' 옆줄에 작은 글씨로 '學ᄒᆞ고時로習ᄒᆞ면또한깃브지아니ᄒᆞ랴'라고 되어 있는데, 이것이 당시의 해석이다.

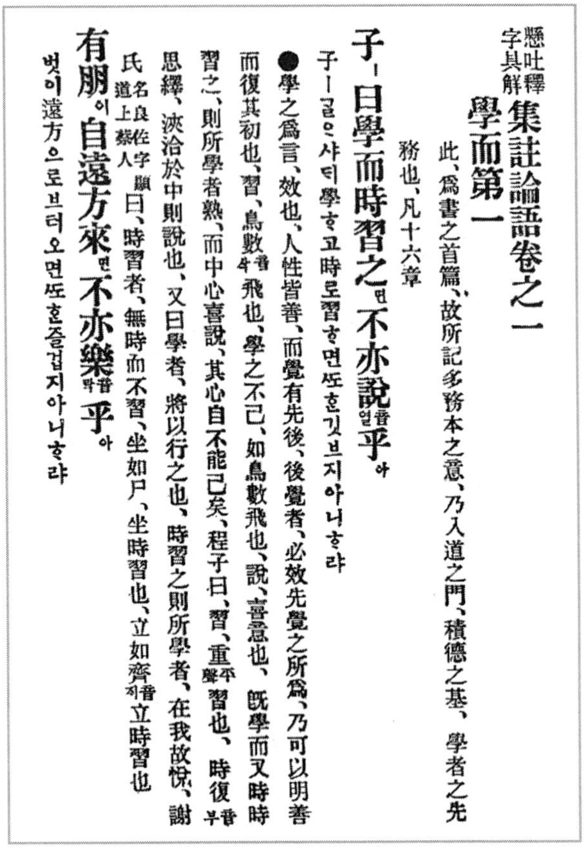
懸吐釋字具解 集註論語卷之一
學而第一
此、爲書之首篇、故所記多務本之意、乃入道之門、積德之基、學者之先務也、凡十六章
子ㅣ曰學而時習之면不亦說열音乎아
子ㅣ골으샤되學ᄒᆞ고時로習ᄒᆞ면또ᄒᆞᆫ깃브지아니ᄒᆞ랴
●學之爲言、效也、人性皆善、而覺有先後、後覺者、必效先覺之所爲、乃可以明善而復其初也、習、鳥數삭音飛也、學之不已、如鳥數飛也、說、喜意也、旣學而又時時習之、則所學者熟、而中心喜說、其心自不能已矣、程子曰、習、重平聲習也、時復부音思繹、浹洽於中則說也、又曰學者、將以行之也、時習之則所學者、在我故悅、謝氏名良佐字顯道上蔡人曰、時習者、無時而不習、坐如尸、坐時習也、立如齊재音立時習也
有朋이自遠方來면不亦樂락音乎아
벗이遠方으로브터오면또ᄒᆞᆫ즐겁지아니ᄒᆞ랴

[그림 3-6] 현토석자구해 『논어집주』

36) 명문당은 1926년 영산당에서 출발한 출판사로 1970년대 들어 많은 동양고전들을 출간하였다.

앞의 작업(현토)을 통독(通讀)구결이라 하고 뒤의 작업을 석독(釋讀)구결이라 한
다. 국문학계에서는 설총이 석독구결의 작업을 집성・보급한 것으로까지 보고 있
다.[37] 앞에서 일본의 대학료(大學寮)에서는 음박사를 두었고, 신라에는 음박사를
두지 않았다고 했다. 이 점은 교육사에서는 대단히 중요한 문제가 될 수 있다. 이
것은 두 나라의 경전 공부 방식이 달랐다는 것을 의미하기 때문이다. 일본에서 음
박사를 두었다는 것은 당시 끊어 읽는 법이 없어 통째로 암기하는 방식으로 수업
이 이루어졌다는 것을 말하고, 신라는 이두를 활용하여 문장을 끊어 읽는 방식으
로 수업이 이루어졌다는 것을 의미하는 것이다. 실제 설총이 한 일은 무엇이며,
그것은 국학 교육과 어떤 관계에 있을까.

각필과 석독구결

그런데 이와 같은 설총의 노력이 구체적으로 어떤 것이었는지를 이해할 수 있는
한 단서가 일본인 학자 고바야시 요시노리(小林芳規) 교수에 의해 확인된 바 있다.
고바야시 교수는 고대 필기도구의 하나인 각필(角筆)로 쓰인 문헌, 즉 각필문헌의
권위자다.

그는 일본과 한국의 각필문헌을 광범위하게 조사하였는데, 이것은 본문의 한문
을 독해하거나 송창(誦唱)하기 위해서 문자나 부호를 본문 속에 각필로 기입한 것
이다. 각필로 쓰인 문자나 부호들은 일본의 문자인 가나(假名)의 원형으로 생각되
어 일본 학계가 비상한 관심을 가졌는데, 가나의 원형이라는 각필 부호가 한반도
에서 건너갔을 가능성을 제기함으로써 다시 양국의 큰 관심을 받았다. 2000년대
에 들어 그의 각필 연구는 원효의 저서 『판비량론(判比量論)』으로 이어졌다. 그는
일본의 교토 대학(京都大學)과 오타니 대학(大谷大學)에 소장되어 있던 원효의 55세
작 『판비량론』을 조사한 결과, 역시 각필 문자와 부호가 기재되어 있다는 것을 발
견하였다. 그리고 이 각필 문자와 부호는 일본에서 기입된 것이 아니라 8세기

---

37) 정광, 앞의 논문, 81쪽.

신라에서 기입된 것이라고 주장하였다. 각필의 부호는 몇 가지 형태가 있는데, 우선 절박사(節博士)라는 것이 있다. 이것은 다시 두 가지 형태가 있다. 하나는 불교의 의식이나 법회에서 스님이 독송하는 성명(聲明, 범패)의 가사(歌辭) 옆에 그 고저장단의 선율을 나타낸 악보(樂譜)이며, 다른 하나는 두 글자 이상으로 구성되는 구(句)의 끝 한자에 표시한 것으로, 신라어 어순에 따라 석독(釋讀)할 수 있도록 표시한 것이다. 또 성점(聲点)이라 하여 한자(漢字)의 성조(악센트)를 나타내기 위해 한자의 네 모퉁이 등에 기입하는 부호가 있다. 또

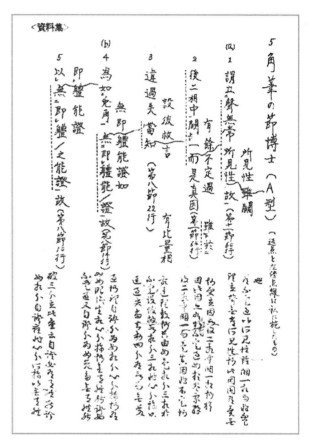

[그림 3-7] 각필의 절박사

출처: 고바야시 교수 논문 자료.

합부(合符)라 하여 2글자, 3글자(혹은 그 이상)의 한자(漢字)가 하나의 단어라는 것을 표기하기 위한 연결 부호가 있다.

고바야시 교수는 이러한 각필 부호와 문자 발견의 의의를 "신라에 있어서 8세기에 경전을 독송한 당시의 생생한 사료"이며, "8세기 경전독송의 구체상을 밝힐 수 있는 길이 열리는 단서"라고도 하였다.[38] 각필 연구는 한국과 일본에 현존하는

---

38) 고바야시 요시노리(小林芳規, 윤행순 역), 「新羅經典에 기입된 角筆文字와 符號−京都・大

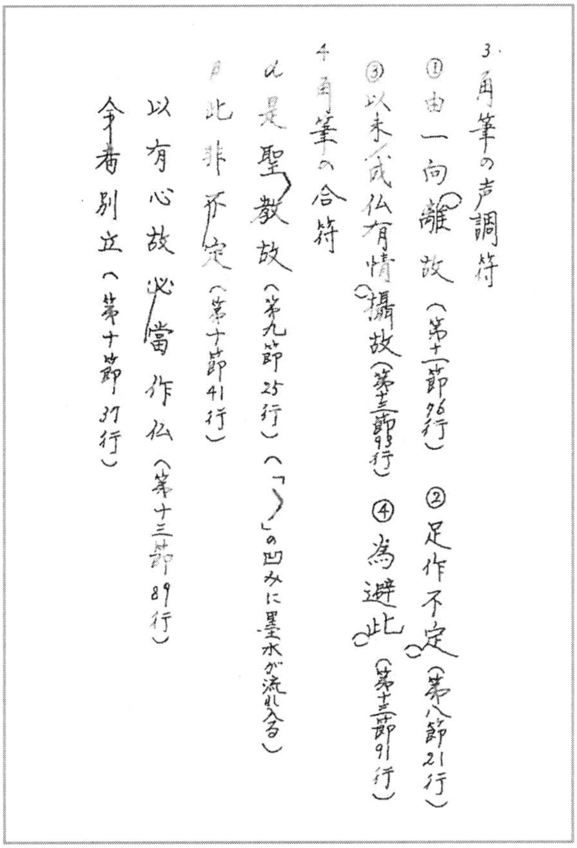

여러 불교 경전의 조사로 이어졌는데, 근래에는(2009년에서 2012년까지) 신라에서 제작된 『화엄경』 사경을 조사하기도 하였다. 이 역시 일본의 나라시(奈良市) 토다이지(東大寺) 도서관에 소장된 것인데, 고바야시 교수와 한국의 남풍현 교수 등에 의해 조사되었다. 조사 결과, 이는 740년 이전에 이루어진 것으로 추정되었고, 역시 여기에도 여러 종류의 부호와 문자가 각필로 기입되어 있었다. 조사에 참여한 남풍현 교수는 "이들은 신라시대의 언어와 석독구결의 실재(實在)는 물론 한문의 석독법이 일본에 전파된 과정을 논증하는 데도 중

[그림 3-8] 각필의 성조부

출처: 고바야시 교수 논문 자료.

요한 사료로 생각된다." "이 사료가 8세기의 석독구결을 반영하고 있음을 확인하여 주는 것이다. 이는 설총과도 매우 가까운 시대의 사료여서 설총의 구결이 실존하였음을 증명하여 주는 것으로 볼 수 있게 하는 것이다."라고 말하기도 하였다.[39]

谷大學藏 『判比量論』에서의 發見—」, 구결학회, 『口訣研究』 제10집, 2003년 2월, 20쪽.

39) 남풍현, 「東大寺 所藏 新羅華嚴經寫經과 그 釋讀口訣에 대하여」, 구결학회, 『구결연구』 30, 2013년 2월, 53쪽.

설총에 대한 옛 기록과 최근의 각필 문헌에 대한 연구를 종합한 결과, 설총이 각
필 부호나 문자를 '발명'했다고까지는 이야기하기 힘들다. 이미 당시 불교계에서
의상 대사와 같은 스승의 강의를 제자들이 기록하였는데, 여기에 방언(신라식) 한
문 기록이 보인다는 점을 보면 최소한 7세기 중엽부터는 차자에 대한 필요성과 구
체적인 움직임이 있었다고 보아야 한다.[40] 또 서거정의『동국통감(東國通鑑)』에서
"그때 강수와 설총의 무리가 의미와 이치를 모두 깨달았으며, 신라말로 구경을 강
론하여 후학을 훈도하였다."라 한 것을 보면 유학의 대가였던 강수 역시 경전 독
송과 훈해를 위해 노력했음을 알 수 있다.[41]

결과적으로 설총은 이 문제에 대해 상당한 성취를 이루었고, 그 결과를 사료
①에서 "오늘에 이르기까지 유학을 공부하는 사람은 그를 으뜸으로 삼는다[至今學
者宗之]."라고 표현하였고, 사료 ②에서는 "오늘에 이르기까지 해동에서 명경을 업
으로 하는 자가 전하여 이어져 끊어지지 않는다[至今海東業明經者, 傳受不絶]"라고
표현한 것이다. 설총이 신라말로 많은 유교 경전을 훈해하여 후학을 지도하였다
는 것은 기록에 나타난 바와 같다. 그가 지도한 학생이 국학의 학생이었는지 아니
었는지, 설총이 국학의 교관을 담당했는지 아닌지는 현재로서는 확정할 수는 없
다. 설령 설총이 국학의 교관이 아니었다 하더라도 그의 훈해 작업이 고려시대까
지 영향을 끼쳤음을 생각하면 그가 신라의 학문과 교육에 끼친 영향은 결코 무시
할 수 없는 것이다.

7세기 이후의 신라의 교육사상가

이 장에서는 신라문명의 전성기라 할 수 있는 7세기의 교육사상가로 원효, 의
상, 그리고 설총의 3명을 들고 그들의 교육사상과 교육실천에 대해 이야기했다.

---

40) 이시이 코세이(石井公成),「華嚴經問答의 諸問題」, 195쪽. 김상현 교감번역,『화엄경문답』,
씨아이알, 2013, 189-218쪽에 수록된 논문(원문은 1996년 일본에서 발표).

41) 정광, 앞의 논문, 75쪽에서 재인용. "其時强首薛聰輩通曉義理, 以方言講九經, 訓導後學."

사실 7세기뿐 아니라 신라 전체를 놓고 볼 때 수많은 교육사상가가 있었을 것이다. 그 가운데 아직 연구가 미흡하여 이 글에서 이야기하지 못한 시대와 사상가들이 있다. 나말에 선종이 들어오면서 여러 선사(禪師)가 등장하는데, 도의, 홍척, 진감(774~850), 무염(800~888), 범일(810~889), 적조(824~882) 등이 그들이다.[42] 이들은 대부분 중국 유학의 이력을 거쳤으며, 수행과 교화에 남다른 능력을 보인 사람들이다. 이들은 당시 신라 최고의 지성인들로서 불교계나 일반 백성은 말할 것도 없고, 나라로부터 국사(國師)로 칭호를 받아 국왕을 비롯한 지배층에도 적지 않은 교육적 영향력을 발휘하였다. 낭혜 화상의 비문을 지은 유학자 최치원은 당시의 이러한 불교 선사들을 심학자(心學者)라고 했다. 마음 공부를 하는 사람이라는 뜻이다. 그리고 자신과 같은 유학자를 구학자(口學者), 즉 입으로 학문하는 사람이라고 하였다. 다 같이 중국에 가서 공부를 하고 돌아왔지만 말을 남기는 구학자는 결국 덕을 세우는 심학자의 비문을 쓰는 노릇을 하는 사람이라고 자탄한 바 있다. 신라의 교육사상가는 출신으로 볼 때 크게 유학자와 고승으로 나눌 수 있다. 신라의 유학자들은 대개 정치적 이데올로기를 제공하거나 관료 생활로서 그 소임을 다했으며, 그 삶은 체제 내적인 삶에 그치는 경우가 많았다. 고승들은 삶이라 하여 체제와 무관하거나 민중과 무관한 것은 아니었지만 그들의 삶은 신라사회에서 최초로 체제를 벗어나 자유인으로서 '개인'의 삶을 희구했던 사람들이었다. 신라의 교육사상가로서 이들의 삶에 좀 더 적극적인 관심을 가질 필요가 있다.

7세기 신라인의 교육사상과 미래의 교육

앞서 저자는 사상은 앎의 체계라고 했고, 사상가는 체계화된 앎으로써 현상을 설명하고 문제를 해결하려는 사람이라고 했다. 우리는 사상가라고 하면 주로 이론의 전문가로 생각하게 된다. 사전적 정의도 그러하다. 그런데 저자가 사상가

---

42) 안경식, 「신라 하대 불교지성, 진감선사의 삶의 교육학적 의미」, 한국교육철학회 편, 『교육과 한국 불교』, 학지사, 2017, 167-200쪽에서 교육가로서 진감선사의 삶을 이야기하고 있다.

를, '현상의 설명'에 그치지 않고 '문제를 해결하려는 사람'이라고까지 이야기한 것
은 과거 전통사회의 사상가들이 그러하였기 때문이다. 이 장에서 다룬 원효, 의
상, 설총 역시 마찬가지다. 굳이 구분하여 말하자면, 이들의 사상의 귀결점은 현
상의 설명보다도 오히려 문제의 해결에 있었을 것이다. 그럴 정도로 이들은 당시
의 시대, 사회의 현실과 현장을 중시했던 사람들이다. 그렇지만 이들의 현상 설명
논리, 즉 사상 체계가 이론적 논리로 무장한 요즈음의 사상가들의 것보다 '허술'한
것은 아니다. 20세기 최고의 교육학자로 불리는 듀이(J. Dewey, 1959~1952)는 전
통교육이 이원론에 갇혀 있음을 지적하고, 이 이원론의 극복을 자신의 학문적 과
제로 삼은 바 있다. 사실 이원론의 극복 문제는 듀이만의 과제는 아니었다. 우리
가 보았듯이 원효나 의상의 사상 역시 따지고 보면 주/객, 자/타, 부처/중생의 인
식론적 이원론을 어떻게 극복하느냐를 과제로 삼고 있었다. 그리고 이들은 그 과
제를 이론적으로, 실천적으로 해결한 사람들이었다. 우리는 이들의 사상을 현대
적이라 해서는 안 된다. 이들의 사상의 의의를 현대적이라고 말하는 것은 칭찬이
아니다. 환본의 교육론, '내 몸' 교육론과 같은 사상은 현대 교육사상에서도 찾아
보기 힘든 이론이다. 미래의 자기가 현재의 자기를 교육한다는 논리는 7세기 의
상의 교육사상이지만 현대의 교육사상으로서는, 아니 여전히 이원론의 벽에 갇혀
있는 현대 교육사상이기에 감당할 수 없는 논리다.

제**4**장

신라의 교구,
교육미디어 그리고 교육문명

　어느 교육학 사전에서는 교구(敎具, teaching aids)를 "교수(敎授)의 수단 또는 방법으로서, 교수를 용이하게 하고 교수효과를 높이기 위하여 사용되는 도구"로 정의하고 있다. 이 사전에서는 또 "교재(敎材)가 교수-학습 과정을 성립시키는 직접적인 매개물인 데 대해, 교구는 간접적인 매개물이라 할 수 있다. 또는 교재는 그 자체 안에 교육적 가치를 내포하고 있는 데 대해, 교구는 교재와 결부됨으로써 비로소 교육적 가치를 갖게 된다."라고 설명하고 있다.[1] 여기서 말하고 있는 교재는 물론 학교에서 사용하는 텍스트다. 우리는 텍스트라고 하면 당연히 교과서, 즉 '책'을 떠올리게 된다. 한때 교구가 새로운 교육의 상징처럼 여겨지던 시절이 있었다. 지구본 하나도 귀한 시절에 최신 교구가 얼마나 갖추어졌는가는 그 학교가 얼마나 좋은 학교인가를 가늠하는 척도가 되던 시절의 이야기다. 우리 교육학계에 교육공학이라는 학문이 자리 잡기 시작한 것이 1980년대 초일 것이다. 그 사이 교구라는 말도 매체, 미디어라는 말로 대체되었다. 그러나 교구든 매체든 미디어든 교육학계에서의 논의는 여전히 학교교육 안에서의 이야기다. 교수-학습의 수단으로서 교구, 매체, 미디어인 것이다. 그런데 이 매체, 미디어를 다른 관점에서 접근한 사람이 있다. 마샬 맥루한(M. McLuhan, 1911~1980)이다. 그는 『미디어의 이해(Understanding Media)』(1964)라는 책에서 "미디어는 메시지다(The medium is the message)."라는 말로써 미디어의 특성이 지니는 의미에 대해 주목한 바 있다.

　예나 지금이나 학교교육의 중요한 교구로 인정되어 왔던 것이 교과서다. 교과

---

1) 서울대학교 교육연구소, 『교육학용어사전』, 하우동설, 1995, '교구' 항목.

서가 교육에서 중요시되어 온 이유는 교과서에 담긴 내용 때문이라고 생각해 왔다. 인류 지혜의 소산이 그 교과서 안에 압축되어 실려 있기 때문이다. 그런데 맥루한은 교과서의 내용에 주목하는 것이 아니라 교과서라는 텍스트의 형식에 주목한다. 교과서를 하나의 '그릇'으로 보는 것이다. 그 그릇은 종이로 만들어진 그릇이며, 종이 위에는 문자가 빼곡히 담겨 있다. 지금은 흐지부지하게 되어 버렸지만 한때 우리 정부는 2015년을 기점으로 이 '그릇'을 바꾸려는 계획을 짠 적이 있다. 2014년까지는 종이로 된 그릇을 사용했다면 2015년부터는 점차 전자적 형태의 그릇으로 바꾸겠다는 것이었다. 정부가 이

[그림 4-1] 맥루한의 『미디어의 이해』

런 정책을 계획하면서 디지털 시대를 선도하는 인물을 만들겠다는 포부와 함께 (그때는 4차 산업혁명이 이야기되기 전이다.) 기존 교과서로는 담을 수 있는 지식 정보의 양도 제한된다는 점을 이야기했다. 그런데 맥루한의 관점에서 보면 이 변화의 포인트는 용량이 아니다. 손톱 크기의 칩 하나에 영화가 몇 백 편 들어가고, 브리태니커 사전이 몇 권 들어가고 하는 문제가 아니다. 그릇의 특성에 주목하자는 것이다. 이러한 생각은 문명사를 논의하는 이 책의 주제와 맞닿아 있다. 왜냐하면 그릇의 특성이 곧 교육의 특성이기 때문이다. 그 시대의 특성, 문명의 특성이 그릇을 통해 드러나기 때문이다. 이것이 그가 말한 "미디어는 메시지다."라는 말이다. 인간은 도구를 사용한다. 사실이 아니겠지만 인간은 도구를 사용하는 유일한 존재라고 말하기도 했다. 그러나 맥루한의 관점에 의하면 도구는 단지 수단적 의미만 지니는 것이 아니며, 인간의 의식, 무의식, 욕망, 가치관 등을 지배하는 것이 도구, 매체다. 신라의 교육문명사를 연구하는 데 미디어론에 주목하는 이유가 여

기에 있다.

⊕ 그림 미디어로서의 암각화

울산은 신라 왕경 경주에서 그리 멀지 않다. 이곳 울산에는 우리에게 잘 알려진 바위그림이 두 개 있다. 울주군 대곡리에 있는 반구대 암각화, 두동면에 있는 천전리 암각화가 그것이다. 여기서는 이 암각화를 교육미디어로 보고자 하는 것이다.

반구대 암각화와 천전리 암각화가 만들어진 시기는 학자들의 견해가 일치하지 않고 있다. 둘 다 상한대로는 신석기 시대부터 청동기까지로 보고 있으며, 몇 단계에 걸쳐 조성이 되었다. 하한선은 반구대 암각화의 경우 주로 청동기로 보고 있으나 천전리 암각화의 경우 삼국시대에 기록된 명문이 있다. 이 두 개의 암각화는 다 같이 울산 울주에 위치해 있고, 거리도 2~3km 정도 떨어진 가까운 곳에 있으나 제작 기법에 차이가 크다. 그래서 동일 시대의 동일 집단에 의해 만들어진 것으로는 보지 않고 있다. 그럼에도 불구하고 암각화라는 공통성, 신라 왕경에서 멀

[그림 4-2] 반구대 암각화(전체)

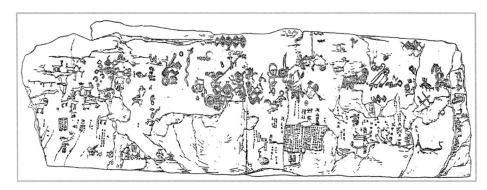

[그림 4-3] 천전리 암각화(전체)

지 않은 곳에 위치한 점, 산이 가까이 있는 물가에 조성된 작품이라는 점의 공통점이 있다. 천전리 암각화가 있는 지역을 서석곡(書石谷)이라고 하는데 그 명칭은 525년에 이곳을 찾아왔던 신라 사부지 갈문왕이 붙였다. 이곳은 신라 왕족, 귀족과 승려, 화랑들이 즐겨 찾던 곳이다. 즉, 신라시대의 유명한 유오지(遊娛地) 가운데 한 곳이었던 것이다. 따라서 비록 암각화가 만들어진 상한대는 선사시대라 하더라도 신라시대에도 신라인들에게 의미 있는 공간으로 인식되었던 곳이다.

교육미디어란

여기서 우리가 암각화를 교육미디어라고 할 때, 그 '교육'은 오늘날의 학교교육과 같은 것은 아니다. 학교교육은 대표적인 '정형화된 교육(formal education)'이다. 교육이 형식화되고 정형화되었다는 이야기는 교육의 미디어가 형식화되었다는 말이다. 학교의 부지는 어떠어떠해야 하고, 교사는 어떤 사람, 학생은 어떤 사람, 교재는 어떤 것 등등, 교육과 관련한 거의 모든 것이 규정으로 정해져 있는 것이 바로 형식화된 교육이다. 암각화가 만들어지던 시기, 암각화가 생활 속에서 기능하고 있던 시기에는 교육이 형식화되지 않았던 시기다. 교육미디어도 형식화되지 않았던 시기다. 물론 교육이 없었다는 것은 아니다. 형식화되지 않았을 뿐이지 '관습적'인 비형식교육(informal education) 혹은 무형식교육(nonformal education)이

엄연히 존재했다. '관습적'이라는 말은 '의미 없이'라는 말이 아니다. 여기서 '관습'의 상대어는 '법률'이나 규정 정도가 될 것이다. 율령과 같은 형태로 규정되어 있지 않았다는 말이다. 일상생활문화든 정치문화든 혹은 종교문화든 문화적으로 교육이 이루어지던 시기다. 그래서 오늘날 개념의 교육미디어를 생각할 것이 아니라 문화미디어에 주목해야 한다는 것이다. 맥루한이 인간이 만든 모든 것을 미디어라고 했지만, 어떤 미디어든지 교육과 관련한 메시지를 발신한다면 곧 교육미디어가 되는 것이다. 암각화가 선사인 혹은 신라인들에게 어떤 메시지를 발신하였을까.

교육미디어로서 암각화의 특성

우리는 메시지를 보낸다고 하면 당연히 메시지의 내용에 관심을 가진다. 내용이 메시지라고 생각해 왔던 것이다. 물론 그렇다. 그러나 내용 못지않게 중요한 것이 메시지를 발신하는 형식이다. 암각화의 경우도 마찬가지다. 암각화의 내용도 메시지를 발신하지만 바위라는 매체 자체가 발신하는 메시지도 있다. 인류 역사를 이야기할 때, 우리는 석기시대부터 이야기한다. 구석기, 신석기가 그것이다. 이렇듯 석기는 한 시대의 '상징물'이다. 석기시대와 함께 청동기시대, 철기시대가 이어지지만 석기시대가 가장 길다. 계산을 해 보자면, 인류사의 99% 이상이 석기시대이니 한 시대라기보다 인류 문명의 상징이기도 한 것이 석기다. 석기는 그냥 돌이 아니다. 돌을 매체로 만든 것이 석기다. 돌을 매체로 만든 것이 각석, 즉 암각화다. 그러나 석기든 암각화든 바탕은 돌이고, 그들이 돌을 사용하여 매체로 만든 것은 돌의 속성과 관련이 없지 않다. 돌의 의미는 시대마다, 사회마다 차이가 있을 수 있다. 의미는 부가하는 것이지 원래 그 매체가 가지고 있던 속성이 아니다. 책의 의미는 책의 내용에서 찾지만, 그것은 부가된 의미다. 그래서 책마다 의미가 다르지 않은가. 부가되지 않은 의미가 있을 수 있는가 하는 것은 논쟁거리가 될 수 있을 것이다. 있다면 그것을 직관적 의미라고 해 보자. 사실 이것은 의미라기보다는 느낌에 가까울 수 있다. 지금 내 눈앞에 바위가 있으면 느낄 수 있지만 그럴 수 없으니 눈을 감고 큰 바위를 한번 떠올려 보자. 어떤 느낌이 드는가. 무어라고 말할 수는 없지만 느낌이 있을 것이다. '와!' '아!' 하는 느낌이 일지도 모른다. 압도감이라고 할까. 나를 누르는 듯한 느낌일 수도 있을 것이다. 돌은 부동(不動)의 존재다. 무엇에 의존하지 않으며 스스로 존재하는 것이 돌이다. 불안정한 삶을 사는 인간의 입장에서 보면 돌은 그 불안정함을 넘어선다. 절대적인 존재 양식을 보여 주고 있는 것이 돌이다.[2] 돌이 신앙의 상징물이 되는 까닭이 여기에 있다. 거석 신앙은 세계적으로 있다. 돌은 힘을 상징한다. 그래서 권력자들은 그들의 치적을 돌에 새긴다. 돌로 무덤을 만들기도 하고, 비를 세우기

[그림 4-4] 삼막사 남녀근석

도 한다. 돌은 또한 풍요를 상징한다. 자식의 잉태를 빌 때 돌을 만지는 것은 흔한 일이다. 이때 돌은 풍요석이 된다. 매체의 상징은 매체의 성질과 관련이 있다.

[그림 4-4]는 신라시대 원효대사가 세웠다는 삼막사(안양시 만안구 소재)의 남녀 근석이다. 절을 창건하기 전부터 토속 신앙의 대상으로 숭배했다고 한다. 지금도 민간에서는 이 돌을 만지면 다산과 출산에 효험이 있다고 알려져 많은 사람이 찾는다고 한다.

돌의 성질은 무거움, 견고함이다. 돌의 직관적 의미인 부동, 힘, 영원 등은 무겁고 견고한 돌의 성질에서 온다. 암각화는 이 돌을 매체로 사용하였다. 돌을 매체로 사용했기 때문에, 돌의 성질과 상징 때문에 시간을 옭아맬 수 있다. 돌의 힘을 빌려 돌에 그려진 글, 그림은 시대의 차이를 없앨 수 있는 매체가 된다. 그러니 이 매체가 가지는 의미는 종이의 그것과 완전히 다르다. 종이는 그 무게와 편리성으

---

2) M. 엘리아데(이은봉 역),『종교형태론』, 형설출판사, 1982, 238-260쪽.

로 공간을 수평적으로 단일화해 버린다. 그러나 돌은 그 무게와 불편함으로 시간을 단일화한다.[3] 그래서 돌에 새긴 글과 그림은 우리가 책을 읽는 것과는 비교되지 않을 만큼의 힘을 오랜 시간 동안 가질 수 있는 것이다.

암각화가 지닌 매체로서의 1차적 특성이 돌이라면, 2차적 특성은 그림이라는 점이다. 1차적 특성은 매체 재료상의 특성이고, 2차적 특성은 매체 기록 형식의 특성이다. 반구대 암각화의 경우는 완전한 그림이고, 천전리 암각화의 경우는 그림과 문자가 함께 있다. 그런데 문자는 뒷날, 즉 신라시대에 부기된 것이어서 전체적으로는 그림 형식의 미디어로 보아도 무방할 것 같다. 그렇다면 그림과 문자는 미디어의 특성상 어떤 차이가 있을까. 역시 맥루한의 말을 빌리면 일차적으로 그림 미디어는 쿨(cool)한 특성이 있으나 문자 미디어는 핫(hot)한 특성이 있다. 문자도 어떤 문자냐에 따라 차이는 있겠으나 그림에 비해 의미가 고정되어 있는 편이다. 그러나 그림은 그림을 보는 사람에 따라 다양한 의미를 부여할 수 있다. 문자에 비해 정세도(精細度, definition)가 낮고 참여도(participation)가 높은 미디어인 것

[그림 4-5] 천전리 암각화의 동심원, 물결무늬

출처: 정동찬, 『살아있는 신화 그림 바위』, 혜안, 1996.

---

3) 앞의 책, 26쪽.

이다. 천전리 암각화에서 큰 부분을 차지하고 사람들의 주목을 받아 온 것이 동심원, 물결무늬, 마름모꼴 무늬 등 추상적인 무늬, 부호들이다.

이 무늬 혹은 부호들이 무엇을 상징하는지에 대해 오늘날 학자들은 매우 다양한 견해를 내어놓는다. 암각화가 만들어지던 시대에는 오늘날 우리에 비해 좀 더 단일한 견해, 공통된 견해를 가졌을 수도 있을 것이다. 만일 공통된 인식을 가졌다면 이러한 무늬나 부호는 그림 이상의 역할, 즉 문자로서의 역할을 했다고 볼 수도 있을 것이다. 이른바 그림문자가 되는 것이다.[4] 고대 이집트의 문자 가운데 히에로글리프(hieroglyph)라는 문자도 그림문자고, 한자의 상형문자 역시 그림문자에서 유래하였다.

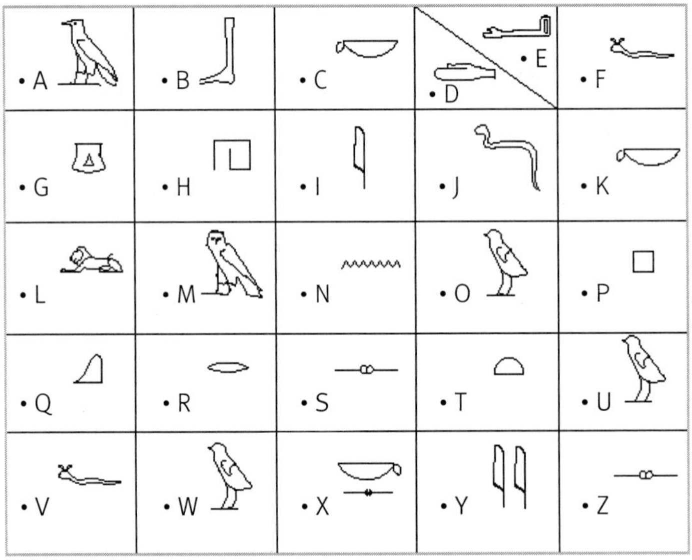

[그림 4-6] 이집트 상형문자(히에로글리프)

---

4) 그런데 반구대 암각화나 천전리 암각화의 그림들을, 설령 그림의 전체가 아닌 일부라 하더라도 과연 그러한 그림문자로까지 볼 수 있는지는 학자들에 따라 의견 차이가 있다. 상징기호로 보는 학자들도 있지만 그림문자로 보는 사람들도 있다. 이건무는 상징기호로, 송기호는 그림문자로 이해하고 있다. 이에 관한 논의는 전호태, 「울주 천전리 각석의 세선각화와 동아시아 선사고대미술로 본 기록문화」, 『선사와 고대』 제47호, 2016년 3월, 22쪽 참조.

그림 혹은 그림문자가 그 시대에 문자 역할을 했거나 뒷날 문자로 바뀌었다 하더라도, 그림은 어차피 정세도가 높은 미디어가 아니고 따라서 해석이 열려 있는 미디어일 수밖에 없다. 고대인, 특히 선사인들이 오늘날 우리가 보는 것 이상의 공통적인 인식을 가졌다면 그 인식은 어디서 유래하는 것일까. 그들과 우리의 인식의 차이는 어디서 발생하는 것일까. 나는 현대인과 고대인은 인식의 차이가 없지는 않을 것이라 본다. 각 시대는 각 시대 나름의 세계 인식의 틀이 있다. 이것은 만들어진 틀이다. 각 시대의 지식, 그리고 그 지식을 만들어 낸 권력의 소산이다. 그러나 인간의 인식을 모두 지식이나 권력으로 환원시켜 버릴 수는 없다. 지금은, 현대라는 이 시대는 주목하고 있지 않지만, 또 일상생활 속에서 느끼지 못하고 있지만 인간은 감각을 가지고 있는 존재다. 동서양의 고대 교육사상가들은 오히려 주목해 왔지만 현대 교육학에서 거의 주목하고 있지 않는 것이 감각이다. 고대인과 현대인의 인식 차이가 있다면 그 인식 차이가 발생하는 또 하나의 이유는 감각을 활용하기 때문이다. 이를 뒤집어 말하면, 고대인과 현대인이 같은 인식을 가지는 것도 감각 때문이라는 말이 된다. 이 시대의 시인 이건청은 반구대 암각화를 보고 다음과 같은 시를 썼다.

암각화를 위하여

여기 와서 시력을 찾는다.
여기 와서 청력을 회복한다.
잘 보인다. 아주 잘 들린다.
고추잠자리까지, 풀메뚜기까지
다 보인다. 아주 잘 보인다.
풍문이 아니라, 설화가 아니라
만져진다. 손끝에 닿는다.
(……)

이 시인은 감각이 먼저고 의미는 나중이라고 했다. 감각이 본질을 이루는 것이고, 의미는 그 본질에 부차적으로 따라붙으며 형성되는 것이라고 했다. 반구대 암각화는 시인에게 감각으로 왔다고 했다. 눈과 귀와 코와 피부를 통하여 암각화들이 내게 왔다고 했다.[5] 교육미디어로서 암각화가 커뮤니케이션하는 방식은 분석적이지 않다. 그것은 감각적이고 직관적이다. 암각화는 감각적·직관적으로 메시지를 발신하고 수신자는 머리가 아닌 온몸으로 그 메시지를 수신하게 되는 것이다. 그런 점에서 암각화는 하나의 예술 작품과 같다. 예술 작품이 메시지를 발신하고 수신하는 방식도 그런 것 아닌가. 실제 이들 암각화는 하나의 멋있는 예술 작품이다. 선사시대를 대표하는 예술 작품이다. 따라서 암각화의 그림 내용에 대해 그 사람들이 얼마만큼 해석을 했겠는가 하는 것은 또 다른 문제다. 교육미디어로서의 암각화의 특성은 내용을 가르치는 것이 아니라 '드러내' 준다는 데 있다. 미디어 자체가 드러내 주기 때문에 그것을 감각을 통해 받아들이는 것, 이것이 암각화의 교육인 것이다.

그런데 암각화를 교육미디어로 본다고 할 때, 이와 같은 방식이 아닌 또 하나의 방식이 있다. 그것은 암각화 자체를 아예 교육용 그림, 즉 교구로 보는 견해다. 사실 고고학계에서는 일찍부터 암각화를 교육용 그림으로 보는 견해가 있었다. 정동찬은 반구대 암각화를 "짐승들의 종류와 생태, 사냥 방법 등을 그려 놓고 입문식 같은 의식 속에서 교육훈련을 하는 데 쓰인 의식용이자 교육용 그림"으로 이해하였다. 그는 또 "이 평면그림을 남긴 사람들은 여름에는 주로 고래사냥을 하면서 물짐승들을, 겨울철에는 주로 사슴사냥을 하면서 뭍짐승들을 잡으며 살았던 집단으로 여겨진다. 이 사람들은 이곳을 성스러운 의례 장소로 삼고 물짐승과 뭍짐승에 대한 사냥계절에 따른 의식, 즉 짐승들에 대한 생태, 사냥 방법 등을 마을사람들 모두에게 가르치면서 고래숭배 의식과 같은 어떤 의식을 치렀던 것으로 믿어진다. 또한 이 그림들은 모두가 그림글자 내지는 그림언어로서의 역할을 해 왔을

---

5) 이건청, 「감각과 주술─시의 힘을 송신해주는 「반구대 암각화」」, 『반구대 암각화 앞에서』, 동학사, 2010, 97쪽.

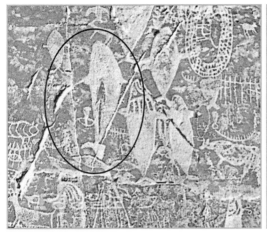

[그림 4-7] 반구대 암각화
(고래사냥)

[그림 4-8] 반구대 암각화
(새끼를 업고 있는 고래)

것으로 보아도 지나침이 없을 것이다."라고 하였다.[6]

반구대 그림 전체가 다 교육용 그림이라고 보기는 어렵지만 일부분은 그렇게 볼 수 있다고 여겨진다. [그림 4-7]은 고래의 몸속에 작살이 들어 있는 그림이다. [그림 4-8]은 큰 고래가 새끼 고래를 업고 다니는 모습의 그림이다. 반구대 암각화의 주인은 고래다. 그림의 숫자도 많지만 고래에 대한 풍부한 지식을 담아 놓았다. 고래에 관한 지식을 담아 놓은 텍스트가 반구대 암각화라고 볼 수 있는 것이다. 이 텍스트를 이용하여 고래 잡는 법을 가르쳤을 수도 있을 것이다.

[그림 4-9]는 동물을 우리에 가두어 놓은 그림이다. 혹은 덫을 놓아 짐승을 잡는 모양의 그림이다. 들짐승을 잡아 가축으로 만드는 과정을 가르치는 교육용 그림일 수도 있다. 그렇다면 이들 암각화는 교육용 그림, 교구로서의 역할을 했다고 볼 수도 있다. 이 경우, 바위는 오늘날 학교의 칠판 혹은 글자를 담고 있는 종이의 역할을 한 것이 된다. 역사시대의 것이지만 천전리 암각화의 경우 명문이 있고, 이 명문들 가운데는 글자를 잘못 새긴 것들도 많고, 단순한 낙서나 습작으로 여겨

---

6) 정동찬, 『살아있는 신화 바위그림』, 혜안, 1996, 121-122쪽.

[그림 4-9] 반구대 암각화(가축 양육)

지는 것들도 적지 않다. 그리고 어떤 것은 습작의 흔적으로 보인다는 이야기도 있

다.[7] 그렇다면 이 역시 바위는 칠판이
나 종이의 역할을 한 것이 된다.

천전리 암각화가 있는 곳에는 앞서
말한 바와 같이 수많은 신라인이 찾아
왔다. 그 가운데 화랑들도 많았다. 화
랑들이 이곳에 온 이유를 정확히 알기
는 어렵다. 그런데 7세기에 기록된 것
으로 보이는 한 명문에는 '戊年六月二
日永郎成業'이란 내용이 있다. 무술년
의 6월 2일에 영랑이 성업하였다는 말
이다. 이 영랑이 영랑호(永郎湖)의 주
인공, 「관동별곡」에 나오는 이른바 사
선(四仙), 즉 영랑, 술랑(述郎), 남랑(男
郎), 안상(安詳) 가운데 영랑인지는 알
수 없다. 그러나 많은 화랑이 이곳에

[그림 4-10] 천전리 암각화(永郎成業 명문)

---

7) 강종훈, 「명문의 새로운 판독을 통해 본 울주 천전리각석의 성격과 가치」, 『대구사학』 제123호,
   2016년 5월, 42-43쪽.

와서 노닐었던 것만은 분명하다. 이때 노닌다는 것은 한자로는 '遊'에 해당한다. 실제 천전리 각석에도 을사년에 사탁부 갈문왕이 누이 어사추매랑과 함께 놀러왔다고 하면서 '遊' 자를 쓰고 있다. 화랑들의 활동 가운데 '유오산수(遊娛山水)'는 매우 중요한 활동이다. 지금의 관점, 특히 한국적 상황에서 논다고 하는 것은 부정적 의미가 있다. 직장인에게 노는 것의 상대적 개념은 일하는 것이고, 학생들에게 노는 것의 상대적 개념은 공부하는 것이다. 그러나 화랑도의 놀이에서 보듯이 그것은 그들의 업(業)의 하나였던 것이다. 한자어 '遊'의 용례를 찾아보면 산수(山水)를 유력(遊歷)하는 의미도 있고 논다는 의미도 있지만 동시에 '從學就學(학교에 들어가서 공부하거나, 스승에게 입문하여 배우는 것)'의 의미도 있다.[8] 즉, 공부와 노는 것이 별개가 아니라는 것이다. 그렇다면 영랑이 이곳에 와서 업(業)을 이루었다는 것도 유오산수의 한 과정이 아니었을까. 유오산수의 일련의 과정이 있다면, 혹은 유오산수를 포함한 일련의 교육과정이 있다면 그 과정을 여기서 완수했다는 것을 말하는 것일 수도 있다. 화랑들이 이곳에 온 것은 암각화 때문만이라고는 단정할 수 없다. 그러나 이곳이 화랑들이 그들의 교육과정을 이수하던 곳이라는 점에서 암각화뿐 아니라 이곳의 산수도 그들의 교육공간, 그들의 교육미디어라고 할 수 있다.[9]

---

8) 『孟子』「盡心章」에 '遊於聖人之門者難爲言'이 있다. 『正中形音義綜合大字典』, 臺北, 正中書局, 1974, '遊' 字項目. 천전리 암각화와 관련하여 이 '遊' 자에 주목한 연구가 있다. 한순미, 「언어문화적 상상력으로 읽어 본 「천전리 암각화」」, 국어국문학회, 『국어국문학』 제147호, 2007, 82−88쪽.

9) 화랑의 교육공간에 대해서는 황금중, 「교육공간으로서의 자연: 화랑도 교육의 공간, 산수(山水)」, 한국교육사학회 편, 『역사 속의 교육공간, 그 철학적 조망』, 학지사, 2011, 제2장에 자세히 논의되어 있다.

🏵 구술 미디어로서의 신화와 설화 그리고 노래

신라사회와 구술문화

지금까지 암각화를 교구 혹은 교육미디어의 하나로 살펴보았다. 이렇게 암각화를 교육과 관련지어 본다는 것은 암각화가 있는 그곳을 교육의 '현장'으로 보았다는 것이다. 암각화를 오늘날의 책처럼 들고 다닐 수 있는 것이 아니라면, 바로 그곳이 교육 현장일 수밖에 없는 것이다. 그렇다고 그 현장을 오로지 교육 현장이라고만 규정할 수는 없다. 지금의 입장에서 볼 때 교육 현장으로 볼 수 있다는 것이지 단지 교육만을 위한 현장이었다고 주장할 수는 없다. 그 현장이 어떤 현장인가에 대해서는 다양한 논의가 이어져 오고 있고, 그 가운데 제사 의례의 현장이었을 것이라는 견해는 암각화 발견자인 문명대 교수부터 시작하여[10] 최근까지의 가장 지배적인 견해다. 만일 그렇다면, 그곳이 제사 의례의 현장이었다면 암각화는 단순한 그림이 아닌 현장의 제사 '도구'였던 것이 된다. 제사의 '미디어'였던 것이다. 그런데 제사를 지낸다면 제사의 대상이 있어야 한다. 암각화 자체가 대상이 될 수는 없다. 요즈음은 제사를 지낼 때 병풍을 치고 위패를 놓고 제물을 차리고 제사를 지낸다. 병풍, 위패, 제물은 제사 도구다. 제사는 고인의 삶에 대한 추모의 장이다. 반구대 암각화도 마찬가지다. 무엇에 대한 제의인 것이다. 그 무엇에 대한 이야기를 우리는 신화, 설화라고 한다. 즉, 암각화는 기리는 대상에 대한 신화와 설화를 그림으로 그려 놓은 물건인 것이다. 박형익 등은 "반구대 암각화는 실제 대상을 그린 그림이지만, 동시에 신화와 의례에서 칭송받는 찬양의 그림"이라고 하면서, 상징물은 남아 있지만 신화의 내용은 사라진 경우라고 보았다.[11] 나경수 역시 반구대 암각화를 그림으로 표현된 신화라고 보고 있다.[12] 그림에는 그림을 만든 집단

---

10) 문명대, 「울산 반구대 암각화의 발견과 의의」, 『반구대매거진』 창간호, 2013년 8월, 24쪽.

11) 박형익, 조병로, 김헌선, 「알타이신화의 문화사적 의의 연구-한국신화와 신화 그림의 시원적 기저 탐색을 중심으로-」, 『한국사상과 문화』 제17집, 2002, 339쪽.

12) 나경수, 「반구대 암각화의 신화학적 해석 가능성」, 한국암각화학회, 『한국암각화연구』 제

의 신화, 설화가 표현되어 있고, 그들은 그림 앞에 모여 정기적으로 그 이야기들을
의례의 형식으로 재현했다고 볼 수 있다. 교육은 이 과정에서 일어나는 것이다.

하나의 교육 현장에서는 하나의 교육미디어만 활용되는 것이 아니다. 반구대나
천전리 암각화의 경우, 암각화도 하나의 교육미디어이지만 그 암각화가 그려진
공간 자체도 교육미디어다. 대곡천이라는 계곡 자체가 발신하는 메시지가 있는
것이다. 지금 반구대 입구에는 울산암각화박물관이 있다.

이 박물관에서는 반구대 암각화와 천전리 암각화를 그대로 재현해 놓고 있다.
그러나 그곳은 '현장'이 아니다(지금 우리에게는 박물관 교육의 현장이 되기는 하지
만). 그렇기에 발하는 메시지도 차이가 있을 수밖에 없다. 제사 의례 역시 교육미
디어다. 의례의 과정과 그 과정에 참여하는 사람들이 메시지를 발신하고 수신하
는 것이다. 당연히 의례 참여자들이 그 공간에서 주고받거나 떠올리는 신화나 설

[그림 4-11] 울산암각화박물관

16집, 2012, 7쪽.

화와 같은 이야기도 교육미디어가 된다. 미디어의 반복, 중첩, 연속이다. 인간의 삶은 미디어를 떠나서 이루어질 수 없다. 인간은 미디어의 존재인 것이다(Homo medius, Homo lexis). 그런데 각 시대는 시대마다 지배적인 미디어가 있다. 언어를 매개로 생활이 이루어지는 시대를 구술 미디어(oral media)의 시대라고 한다면, 문자를 매개로 삶이 구성되는 시대를 문자 미디어 혹은 기술(記述) 미디어(literate media)의 시대라고 한다. 지금은 전자 매체를 중심으로 우리의 삶이 전개되고 있으므로 전자 미디어(electric media)의 시대라 할 수 있다. 물론 지금은 전자 미디어의 시대 중에서도 아날로그 미디어 시대를 지나 디지털 미디어 시대에 와 있다.

천전리 암각화는 신라시대까지 교육미디어의 역할을 했고, 천년의 시간을 건너 이 시대에 와서 다시 교육미디어의 역할을 하고 있지만, 선사시대의 대표적인 미디어다. 그렇다면 신라시대의 지배적인 미디어는 무엇일까. 신라사회는 구술 미디어가 지배했던 사회다. 이 말은 신라사회에서 문자가 쓰이지 않았다는 뜻이 아니다. 7세기 고승 원효를 보자. 그는 문자로서 자신의 철학을 다 풀어내었다. 문자를 자유자재로 활용하는 집단이 이미 7세기에는 상당히 형성되었던 것이다. 그러나 신라사회 전체를 본다면, 신라사회는 문자가 지배한 사회가 아닌 구술문화의 사회다. 구술문화는 물론 입말, 언어를 매체로 성립하는 문화다. 우리는 구술문화라고 하면 앞에서 말한 신화와 설화와 같은 이야기를 떠올릴 수 있다. 물론 신화와 설화는 대표적인 구술 미디어다. 그러나 구술문화는 여기에 한정되지 않는다. 임재해는 구술문화를 확대하면 애기들의 옹알이에서부터 휘파람, 구음장단, 웃음과 울음, 돋움 소리와 추임새 등 입으로 표현되는 다양한 구술문화가 있다고 말한다. 이 구술문화는 신화나 설화와 같이 문학으로 나아갈 수도 있고, 민요와 같이 음악으로 나아갈 수도 있다. 암각화와 같이 예술로 나아갈 수도 있고, 종교, 철학, 역사, 교육으로 나아갈 수도 있다. 구술문화는 인간의 가장 기본적인 문화다.[13]

---

13) 임재해, 「통섭과 융합의 학문으로서 구비문학 연구의 실천」, 실천민속학회, 『실천민속학연구』 제29호, 2017년 2월, 10-11쪽.

구술문화의 출발점으로서의 신화와 설화

신라사회를 구술문화를 기반으로 하는 사회라고 볼 때, 신라 구술문화의 시원 (始源)이자 핵심은 신화, 설화다. 우리는 선사시대의 대표적 교육미디어로 암각화를 들었다. 암각화가 메시지를 발하는 과정은 네 과정이 있다. 첫째, 바위 그 자체가 가지는 메시지가 있다. 둘째, 바위에 그림이 그려지면 새로운 메시지가 창출된다. 셋째, 그러나 바위에 그림이 그려지려면 그림의 대상에 대한 이야기, 즉 신화와 설화가 있어야 한다. 넷째, 이 모든 것을 갖추고 난 다음 이루어지는 의례다. 바위 → 제사의 대상이 되는 존재에 대한 신화, 설화 → 그림 → 의례의 순서이지만 실제는 이 모든 것이 결합하여 메시지를 발신한다. 이때 암각화는 제대로 된 구실을 한다. 나경수는 암각화를 신화(神話)의 다른 형태인 신화(神畵)라고 한다.[14] 그 신화(神畵)는 신화(神話)를 그림으로 표현한 것이다. 반구대 암각화의 경우, 안타깝게도 신화(神話)는 사라지고 없다.

20세기의 아이누는 고래잡이에 의식을 벌였다고 한다. 고래를 잡으면 고래를 준 바다신에게 감사를 드렸고, 고래 고기와 기름을 얻은 대가로 예물과 술을 바쳤으며, 제주(祭主)는 고래의 혼을 보내 드리니 또 고래 고기를 달라고 빌었다고 한다.[15] 그렇다면 고래는 제사의 대상이었던 것이다. 고래가 신격(神格)이었다는 말이다. 그래서 고래에 대한 이야기는 그렇고 그런 세상잡사로 그치는 것이 아니라 신화가 되는 것이다.

암각화는 고래의 신화를 그림으로 말해 주고 있지만 고래만 그런 것이 아니다. 곰과 범도 마찬가지다. 곰과 범의 신화가 단군신화고 말과 용과 닭의 신화가 신라신화다. 일러스트레이터 김충열은 신라시조 박혁거세의 신화를 [그림 4-12]와 같이 그림으로 나타내었다.[16]

---

14) 나경수, 앞의 논문, 9쪽.

15) 정동찬, 앞의 책, 164쪽.

16) https://blog.naver.com/kcykorea0506

[그림 4-12] 박혁거세 신화

출처: 일러스트레이터 김충열.

물론 이 그림은 오늘날의 그림이다. 반구대 암각화와 달리 당시의 그림은 없고 (당시에 있었는지 없었는지도 모른다), 신화는 남아 있다. 신화는 다음과 같다.

> 높은 곳에 올라가 남쪽을 바라보니 양산 아래 나정 곁에 이상한 기운이 번갯불처럼 땅에 비치는데, 백마 한 마리가 꿇어 앉아 절하는 형상을 하고 있었다. 그곳을 찾아가 살펴보니 자줏빛 알 한 개가 있었다. 말은 사람을 보고는 길게 울며 하늘로 올라가 버렸다. 그 알을 깨서 사내아이를 얻었다. 형상과 용모는 단정하고 아름다웠다. 경이로워 아이를 동천에서 목욕시키니 몸에서 광채가 나고, 새와 짐승이 함께 춤추었고, 천지가 진동하고 해와 달이 청명해지므로, 그를 혁거세왕이라 이름 지었다.

신화에서의 말은 천마(天馬)다. 신화는 그림이 되기도 하고(천마도), 제사 의례가 되기도 한다(시조묘 의례). 신화는 역사가 되기도 하고(박 씨 집안의 역사, 신라사), 신앙이나 사상, 철학이 되기도 한다(태양숭배, 산악숭배 신앙). 인간이 세계와 소통하는 방식은 매우 다양하다. 신라인 역시 마찬가지였을 것이다. 그러나 문자를 사용하면서부터, 그리고 문자가 보편적인 커뮤니케이션 방식이 되면서 인간과 세계

[그림 4-13] 천마도

의 소통 미디어는 매우 단순해졌다. 문자는 의미를 고정시킨다. 그러나 말(입말)
은 그렇지 아니하다. 문자는 정세도가 높은 핫미디어지만 말은 정세도가 낮은 쿨
미디어다. 한 사람에게서 다른 사람에게도 전해지는 순간 달라지기 일쑤다. 그래
서 이야기를 만들고 노래를 만든다. 한 사람이 아닌 여러 사람이 참여하여 이야기
를 만든다. 이것이 신화고 설화다. 신화, 설화는 신라인이 그들의 지(知)를 가두어
두는 하나의 방식이다. 신화와 설화는 신라인이 그들의 종교지식, 역사지식, 지리
지식을 비롯하여 각종 철학과 사상을 저장하고 전달하는 방식으로 사용한 미디
어였던 것이다. 노래의 기원이 기억술과 관련 있다는 것은 이미 널리 알려진 이야
기다. 신화와 설화 역시 마찬가지다. 정보나 지식의 저장, 전달 미디어로서 신화
가 있고 설화가 있는 것이다. 신화, 설화, 노래는 신라인이 세계와 소통하는 방식
이다. 그들은 나라를 세운 사연을 신화로 나타냈다. 사람이 태어나도 사연이 있고
죽어도 사연이 있다. 그냥 태어나고 죽는 것이 아니다. 그 사연을 설화로 표현했
다. 이야기는 세상의 이치뿐 아니라 세상에 일어나는 온갖 현상도 포섭한다. 설화
속에는 세상만사에 대한 온갖 지식이 담기게 되는 것이다. 신라인은 지식과 정보
를 그냥 '설명'하지는 않는다. 설명과 기술(記述)은 과학시대의 언어다. 신라시대
의 언어는 객관적이지 않다. 그들의 눈으로 본 것을, 그들이 귀로 들은 것을, 그들

이 몸으로 느낀 것을 말할 뿐이다. 상당히 신체적이고 감각적이다. 앞의 박혁거세
신화를 보더라도 그렇다. 번갯불, 자주색 알, 하늘로 올라가는 모습, 새와 짐승이
춤추는 모습은 시각적이다. 천마가 우는 것은 청각적이다. 천지가 진동하는 것은
촉각적이다. 그들이 온몸으로 느낀 것을 이야기하고 있다.

설화와 파토스의 지(知)

  일본의 철학자 나카무라 유지로(中村雄二郎)는 인간은 신체를 가진 존재이고 파
토스(pathos)적인 존재라고 한다. 이 말은 인간을 수동적(受動的)·수고적(受苦的)
존재로 본다는 것이다. 인간은 외부 작용에 몸을 드러내지 않을 수 없고, 세상으
로부터 고통이나 괴로움을 당하지 않을 수 없다. 그런데 인간은 애초 그러한 존
재이기 때문에 그 문제에 대처할 힘을 가지고 태어난다. 이를 '파토스의 지(知)'라고
말하면서 다음과 같이 설명하고 있다.[17]

    '과학의 지(知)'가 조작의 지인 것에 대하여 '파토스의 지'는 환경이라든지
  세계가 우리에게 가리키는 것을 간파하고 의미를 부여하는 방향으로 성립
  한다. 그것은 우리들의 주위에 있는 모든 것의 징조, 조짐, 표현에 대해 그
  들 내에 잠재해 있는 중층적 의미를 묻고, 우리 몸에 엄습하는 여러 위험에
  대처하면서 농밀한 의미를 가진 공간을 만들어 내는 지이다. 그리고 실은
  일상의 경험이 우리들에게 가르치는 곳에서도 역시 파토스의 지는 작동하
  고 있다. (……) 또 과학의 지가 싸늘한 시선의 시각의 지인 데 비해 파토스
  의 지는 신체적, 체성 감각적인 지라고 할 수 있는 것이다. 여기서 체성 감
  각이라는 것은 촉각, 근육감각, 운동감각을 포함한 전신의 기초적 감각이
  다. 내촉각이라고 말해지는 코스믹한(우주적인) 감각도 이 체성 감각에 다름
  아니다. 오감(제 감각)에 통합된 생생한 전면적 움직임으로서의 공통감각도

17) 中村雄二郎, 『術語集』, 東京, 岩波書店, 2013, 186-188쪽.

이 체성 감각의 위에 따르고 있다. 결국 파토스의 지에 있어서도 시각이 움직이지 않을 리는 없고, 거기서는 시각도 체성 감각과 결부되어 오히려 본래적으로 한층 더 공통감각적으로 잘 움직이는 것이다.

신화, 설화는 이런 파토스의 지를 전달하기에 적절한 미디어다. 교육은 지의 전달이며 습득이다. 현대의 교육은 로고스의 지, 과학적 지에 치중되어 있다. 그러다 보니 지식은 로고스적·명제적 그리고 문자적인 것과만 관련된 것으로 여기게 되었다. 그 사이에 우리의 감각, 누구나 가지고 있는 공통감각으로 파악할 수 있는 지를 잊게 된 것이다. 우리가 감각이라고 할 때, 그 각(覺)도 지의 한 측면이다. 시각, 청각, 후각, 미각, 촉각이 모두 지의 미디어인 것이다. 눈으로 알고, 귀로 알고, 냄새로 알고, 맛으로 알고, 온몸으로 아는 것이다. 신라인은 이 앎을 그림으로 표현하고, 소리로 표현하고, 향기로 표현하고, 맛으로 표현하고, 온갖 감각으로 표현했던 것이다. 그것이 암각화로, 설화로, 노래로, 미술로, 건축으로 나타난 것이다. 따라서 우리는 역으로 암각화에서, 설화에서, 노래에서 신라인의 지, 앎을 찾아내야 하는 것이다.

설화의 세계

혹자는 이렇게 말할지도 모른다. 신화, 설화는 허황된 것이라고. 우리의 삶의 경험과는 동떨어진 것이라고. 그러나 그렇지 않다. 허황된 표현이 없는 것은 아니지만 그것은 재미를 위한 장치다. 모두 삶의 경험을 표현한 것이고, 삶의 이상을 표현한 것이다. 다만, 표현의 방식이 지금과 다를 뿐이다. 과학의 언어는 분석적이고, 논리적이고, 제한적이다. 그러나 설화의 표현은 감각적이고, 직관적이며, 제한이 없다. 현실적 삶은 제한이 없을 수 없다. 그러나 신화, 설화는 이 제한을 뛰어넘는다.[18] 박혁거세 신화를 허황된 것이라고 무시할지 모르지만 여기에는 분명

---

18) 안경식, 『구비설화에 나타난 한국 전통교육』, 문음사, 2004, 12-13쪽.

그들의 현실적 경험이 반영되어 있다. 동시에 그들의 이상이 반영되어 있다. 설화는 허황된 것으로 보이지만 오히려 진실을 말하고 있다. 조동일은 이를 다음과 같이 말하고 있다.[19)]

> 설화는 또한 진실이 아니면서 진실이기도 하다. 문자 그대로 드러난 뜻에는 진실이 아닌 충격을 지니고 있지만, 그 충격이 다시 뜻하는 바는 진실의 반영이면서 진실에 대한 발언이다. 설화에서 전개되는 자아와 세계의 대결 양상 자체가 일정한 역사적 의의를 지닐 뿐만 아니라, 설화의 각 작품도 어느 것이나 현실적인 문제에 대한 논쟁에 참가하고 있다고까지 말할 수 있다.

설화는 삶의 경험(삶의 이상도 경험에서 오는 것이다)을 언어적으로 반영한 텍스트다. 설화는 진실의 반영이며 진실에 대한 발언이라고 했는데, 문자시대가 되면서 우리는 진실은 경전에만 있는 것으로 생각하게 되었다. 설화는 재밋거리 이야기지 진실과는 거리가 멀다고 생각하게 되었다. 진실은 성현의 것이고, 자신들의 것만 유일한 진실이라고도 했다. 민중들의 입에서 나온 이야기, 여기서는 이렇게 이야기되고 저기서는 저렇게 이야기되는 것이 진실일 수는 없다고 보았다. 진실은 경전에 적혀 있는 것이어야지 필부필부들의 입에서 나오는 말일 수는 없다고 보았던 것이다. 그러나 우리의 삶도 각자의 몫이 있듯이 진실도 성현이 독점할 수 있는 것이 아니다. 이 세계가 언제나 천변만화(千變萬化)의 모습을 지니듯이 이야기의 세계 역시 역동적이고 다원적이다. 이 현실세계의 역동성과 다원성을 방해하는 것이 권력이다. 권력은 권력자의 의도대로 대상 세계를 구속하고 틀을 지운다. 설화는 민중들이 그들의 삶을 엮어 가는 도구이기도 하지만 권력에 대항하는 도구이기도 하다. 민중들은 합리와 논리로서는 넘을 수 없는 권력의 벽을 설화적 상상력으로 허물려 한다.[20)]

---

19) 조동일, 『구비문학의 세계』, 새문사, 1980, 123-124쪽.
20) 안경식, 앞의 책(2004), 259쪽.

원효 설화와 도천수관음가

　원효는 우리가 잘 아는 신라의 고승이다. 당대 최고의 대중 스타다. 그래서 신라의 설화 가운데 가장 많이 등장하는 인물이 원효다. 고승들의 전기에 해당하는 『삼국유사』「의해」편의 이야기를 제외하더라도 수많은 이야기가 『삼국유사』에도 남아 있고, 21세기 지금도 곳곳에 설화나 전설로 남아 있다. 그렇다면 설화에서는 원효를 어떻게 보고 있을까.

　『삼국유사』「낙산이대성(洛山二大聖)」편에 나타난 모습이다. 의상이 당나라에서 돌아와 동해안 어느 굴에 관세음보살이 산다는 말을 듣고 기도하여 낙산사를 세웠다. 이에 원효가 관세음보살을 참례하러 갔다. 가는 도중에 절 남쪽 교외에 이르러서 한 여인이 흰옷을 입고 벼를 베고 있는 것을 보았다. 원효가 그 벼를 달라고 장난삼아 이야기했다. 여인은 벼가 아직 영글지 않았다고 거절한다. 또 길을 가는데 다리 밑에서 한 여인이 월경대를 빨고 있었다. 원효가 물을 한잔 달라고 하자 여인은 빨래하던 물을 떠 준다. 원효는 그 물을 더럽다고 여겨 버리고 다시 물을 떠 마신다. 이때 들 가운데 있던 소나무 위에서 푸른 새 한 마리가 원효에게 그만두라고 말한다. 곧 새는 사라져 버리고 그 자리에 신발 한 짝이 남아 있었다. 원효가 절에 가서 보니 관세음보살상의 자리 밑에 조금 전에 본 신발 한 짝이 놓여 있었다. 원효는 그 여인이 관세음보살의 진신임을 알았고, 사람들이 푸른 새가 있던 그 소나무를 관음송이라고 했다. 원효가 다시 관음굴로 들어가 관세음보살의 얼굴을 보려고 했으나 풍랑이 일어 들어가지도 못하고 떠났다는 것이 설화의 줄거리다. 이 이야기는 원효의 실패담이다. 그렇게 대단한 원효지만 아낙네를 우습게 보고 농담을 걸며 벼 이삭 하나를 달라고 하다 거절을 당한 것이다. 또 고승으로서 깨끗함과 더러움을 분별하다 관세음보살을 알아보지 못한 것이다. 보잘것없는 여인네라고 여겼던 사람이 관세음보살이었던 것이다.

　광덕과 엄장의 설화에서도 광덕의 처는 분황사의 종으로 살았지만 실은 관세음보살의 19응신(應身)의 하나였다. 부득과 박박의 해탈을 도운 낭자 역시 관세음보살이었던 것이다. 관세음보살이 어떤 분인가. 온 세상 사람들의 고통의 소리를 살필 줄 아시고 그 고통을 어머니와 같은 자비의 손길로 다 구해 주시는 분 아닌가. 손이 천 개라도, 눈이 천 개라도 부족한 분 아닌가. 그 관세음보살이 바로 벼 베고, 월경대를 빨래하는 여인네였던 것이고, 분황사의 종이었고, 광덕의 처, 출산을 앞둔 낭자의 모습으로 나타난 것이다. 설화의 세계에서 고승 원효는, 엄격한 수도승 엄장은, 계율에 엄격한 박박은 '권력'의 상징으로 나타난다. 신라의 현실에서 원효는 국가불교의 편에 선 사람이 아니다. 오히려 민중불교의 스님이었다. 스님이라는 타이틀마저 버린 사람이었다. 그러나 그런 원효도 민중의 입장에서 보면 힘 있는 사람, 즉 권력자가 될 수 있는 것이다. 자비의 보살, 관세음보살도 마찬가지다. 즈믄(천) 개의 눈, 즈믄 개의 손이 있다고 자비로운 보살이 아니다. 내 현실의 고통을 덜어 줄 수 없다면 소용없는 자비다. 갑자기 눈이 멀어 버린 내 딸을 위해 그 눈 하나 내어 줄 수 없으면 그는 자비의 보살이 아닌 것이다. 경덕왕 시대에 한기리에 살던 여인 희명이 다섯 살 된 눈먼 아이를 안고 분황사 천수관음화상 앞에 가서 부르던 노래가 있다. 이른바 향가 「도천수관음가(禱千手觀音歌)」다.

> 두 무릎을 낮추며 두 손바닥 모아,
> 천수관음 앞에 비는 말씀 두노라.
> 즈믄 손에 즈믄 눈을 하나를 놓아 하나를 들어,
> 두 눈 감은 나니, 하나를 숨겨 주소서 매달리누나.
> 아아, 나라고 알으실진댄 어디에 쓸 자비라고.[21]

　설화의 세계는 이러하다. 표면적으로는 이렇게 고승을 거부하고 불보살을 부정하지만 그 말을 뒤집으면 고승과 불보살을 인정하는 것이 된다. 힘을 인정하니 그에게 기도하는 것 아닌가. 힘이 있으니 그를 비꼬는 것 아닌가. 설화는 대단히 민중적인 미디어다. 말을 배우는 것 자체가 인간으로서는 최대의 교육적 도구를 획득하는 것이다. 글이 보편화하는 데는 시간이 필요하지만 말은 일찍부터 보편화

---

21) 조동일, 『한국문학통사 1』(제2판), 지식산업사, 1992, 162쪽의 번역이다.

하였다. 누구나 말을 이용해 삶을 가르치고 배운다. 민중들은 말을 도구로 삼아 글을 도구로 삼는 권력층과 대립한다. 우리의 삶이 늘 세계와의 대립으로 구성되듯 설화의 세계도 늘 대립이 펼쳐진다. 배운 자/못 배운 자, 아는 자/모르는 자, 가진 자/못 가진 자, 잘난 자/못난 자, 속이는 자/속는 자, 이기는 자/지는 자, 가는 자/오는 자 등등. 앞에서 본 원효 설화만 하더라도 성인(聖人)/범인(凡人), 보살/중생, 남자/여자, 인간/짐승, 앎/무지, 권력자/민중의 구도가 숨어 있다. 삶 자체가 대립이지만, 대립이 없으면 이야기가 무미건조해진다. 설화에서의 대립 구도의 형성은 탁월한 교육미디어의 운용이다. 현실에서는 이기는 자와 지는 자가 정해져 있지만, 설화에서는 이기는 자가 지는 자이고 지는 자가 이기는 자가 된다. 아는 것이 모르는 것이고 모르는 것이 아는 것이 된다. 이것이 설화의 세계다. 부정(不定)의 세계다. 그런가 하면 그렇지 않고, 그렇지 않은가 하면 그렇다.

⊛ 문자 미디어로서의 책

공적인 용도로 활용되었던 신라사회의 문자

신라만 그러한 것은 아니지만 신라에서 문자는 상당히 제한된 용도로 사용되었다. 『양서(梁書)』에는 "(신라에는) 문자가 없다. 나무에 새겨 소통을 했다. 말은 백제를 기다려 통했다."라고 했다.[22] 『양서』는 중국 남조 양의 4대(고조, 태종, 고종, 세조) 56년간의 정사인데, 당 정관 연간에 편찬되었다. 양나라에서 수집·정리한 자료를 바탕으로 편찬한 것으로 보인다. 만일 양나라라고 하면 6세기 전반인데, 실제 신라에서는 외교문서 작성이 원활하지 않았을 때이다. 여기서 백제를 기다린다는 말은 백제의 통역관이 와서 통역을 해 주었다는 당시 상황을 기록한 것으로 보인다. 이런 상황을 볼 때, 신라에서 문자란 공용(公用), 즉 공적인 용도에 활

---

22) 『梁書』, 「列傳」, 諸夷.

용된 것으로 볼 수 있다. 인간이 언제부터 언어(입말)를 사용했는지는 모르지만 언어가 인간의 삶의 도구로 보편화한 것은 꽤 오래되었을 것이다. 앞서 본 암각화를 신석기시대의 것이라고 본다면, 그리고 암각화가 신화나 설화를 바탕으로 제작되었다면, 적어도 신석기시대에는 신화나 설화가 있었다는 이야기가 된다. 어휘 수는 제한적이었겠지만 구석기시대 사람들도 언어를 사용했다는 것이고, 신석기, 청동기를 넘어 신라시대에 와서는 입말이 꽤 발달했을 것이다. 문자가 보편화하면 입말의 활용이 오히려 제한되는 면이 있다. 신라시대는 문자가 보편화한 시기가 아니고, 그래서 신라의 입말은 어휘도 어휘지만 활용 방면으로도 꽤 발달한 것으로 추정해 볼 수 있다. 이것은 현대사회가 아무리 발달된 사회라 하더라도 자연에서의 생존 능력을 놓고 말한다면 현대인이 원시인보다 못한 면이 많은 것과 같다. 문자를 사용함으로써 편리한 점도 있겠지만 불편한 점도 적지 않다. 그럼에도 불구하고 문자를, 그것도 입말과 글말이 어긋나는 문자를 사용한다는 것은 사정이 있었을 것이다. 그 사정은 나라마다, 시대마다 차이가 있다.

중국의 경우, 갑골문은 신의 뜻을 묻는 데서 출발했다. 우리 반구대나 천전리도 제장(祭場)이었다면 암각화도 신의 뜻을 묻는 문자였을 수도 있다. 신의 뜻은 평소에 묻는 것이 아니다. 위급할 때 묻는 것이다. 신에게 종족의 생존, 부족의 생존, 국가의 생존이 걸린 문제를 묻는 것이다. 신라가 문자를 사용한 기록은 많지 않다. 자기 글이 없어서 그런지 신라사에는 글을 몰라 고생한 이야기가 많다. 앞의 이야기도 남조의 양나라가 생존 전략으로 인근 나라와 활발한 외교 관계를 맺으려 하는 중의 상황일 것이다. 신라와도 외교 관계를 맺으려 하는데 신라에 중국 글을 아는 사람이 없고 말을 아는 사람도 없으니 글과 말을 아는 백제 사람을 부를 수밖에 없었다. 당시 백제에는 오경박사를 비롯하여 문자에 능한 사람들이 많았다. 원광이 걸사표를 써야 했던 진평왕대의 이야기도 마찬가지다. 고구려 30만 대군이 침략을 하는 상황에서 수나라의 군사적 도움이 절실했다. 이 문서를 작성할 사람이 없었던 것이다. 그리하여 불살생을 목숨보다 소중히 하는 승려가 걸사표를 쓸 수밖에 없는 상황이 된 것이다. 달리 말하면, 그 중요한 외교문서를 쓸 전담 인력이 없었다는 것이다. 당나라와의 외교문서를 담당한 사람 중 이름이 드러난 사람은 강수다. 당시 문장 공부를 하는 곳이 없으니 개인적으로 스승을 찾아가 배우는 수밖에 없었고, 그렇게 공부한 강수가 국서를 책임질 정도였으니 강수의 활약에 왕이 탄복할 수밖에 없었다. 신라에서 문자의 용도는 제한적이었고 그것도 대부분 공적인 용도였던 것이다.

문자 기록의 매체 재료들

그렇지만 남쪽 지방에서만도 문자를 사용한 역사는 몇 백 년을 더 거슬러 올라간다. 문자 관련 유물 중 가장 이른 것이 경남 창원시에서 발견된 다호리 1호 무덤에서 발견된 붓과 칼이다. 기원전 1세기 후반에 만들어진 것으로 여겨지는 붓과 칼인데, 옻칠을 한 붓대에 붓털을 꽂아 사용한 것이며, 칼은 일종의 지우개 역할을 한 것이거나 목간의 제작과 관련이 있는 것으로 보인다. 이것은 문자를 사용했다는 명백한 흔적이며, 동시에 한반도에서 발견된 최초의 문방구라고 볼 수 있다.

[그림 4-14] 다호리 붓과 칼

목간의 발견은 문자 사용의 직접적인 증거다. 목간은 동아시아 지역에서 종이가 발명되기 전 혹은 종이가 보편화하기 전에 죽간과 함께 널리 활용한 용구다. 나무를 자르고 쪼개어 글을 쓰기 쉽게 만들고 거기다 글을 쓴 형태다. 오늘날 책의 원형적 모습이다. 그렇게 볼 때 목간의 존재는 동아시아뿐 아니라 인류의 문명사에 큰 의미를 지니는 도구라 할 수 있다. 최근 목간이 우리나라 곳곳에서 발견되고 있는데 신라시대의 것이 대부분이다. 신라의 목간은 월성해자나 안압지, 그리고 국립경주박물관 부지 등과 같은 왕경에서 출토되기도 하였고, 함안 성산 산성, 하남 이성 산성, 김해 봉황동 등 지방에서 출토된 것도 적지 않다. 목간은 용도에 따라 문서 목간, 꼬리표[附札] 목간으로 구분된다. 문서 목간은 관사(官司)나 관인들 사이에 명령의 전달이나 행정 처리의 보고, 업무 연락을 위한 것들과 행정상의 각종 내용을 기록으로 남겨 두기 위한 것들이 있다. 또 꼬리표 목간은 짐이나 물품의 꼬리표로 사용한 것이다. 이 밖에 주술용, 의례용 목간도 있으며 교육, 학습용 목간도 있다.[23]

교육, 학습용 목간이라고 여겨지는 목간으로는 김해 봉황동 유적, 인천 계양 산성에서 출토된 논어 목간이 있다. 이것은 7~8세기경의 목간으로 둘 다 『논어』 「공야장」 편이 기록되어 있다. 지방의 향교나 관청에서 논어를 학습하기 위해 1m 이상의 목간에 경전의 내용을 적었던 것 가운데 일부분으로 여겨진다. 『논어』는 동아시아의 지식인, 관리에게 필수적인 교과였음을 보여 주는 것이다. 또 글자 연습 목간도 있는데, 부여 궁남지, 부여 능산리 절터, 경주 월지, 나주 복암리 등에서 출토된 목간이 그것이다. 경주 월지에서 출토된 것은 관직에 해당하는 한사(韓舍)라는 글자를 반복적으로 적고 관리의 얼굴을 그리고 있다.[24] 지루한 글자 연습 가운데 얼굴이나 코를 그린 것은 일종의 낙서 행위로 볼 수 있을 것이다. 나주 복암리의 것은 통일 이전인 610년에

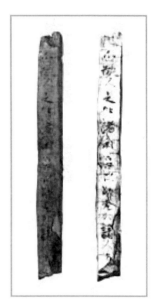

[그림 4-15] 봉황동 출토 논어 목간

제작된 것으로 당시의 문장 학습의 교본이었던 『문선』의 내용을 연습한 것이다.

최근에는 백제의 구구단 목간도 발견되었다. 비록 신라의 것은 아니지만 당시의 수리 교육을 짐작하게 하는 중요한 자료이며, 교구로 활용되었을 가능성도 있다. 구구표 목간은 9단부터 2단까지 칸을 나누어 기록하였다. 9단을 맨 위에 배치하였으며, 아래쪽으로 하위 단들을 기록하고, 각 단들 사이에는 가로 선을 그어 구

---

23) 이경섭, 『신라 목간의 세계』, 경인문화사, 2013, 27-32쪽.

24) 김재홍, 「고대 목간, 동아시아의 문자 정보 시스템」, 『내일을 여는 역사』 67호, 2017년 여름호, 146-147쪽.

분하였다. 같은 숫자가 이어질 경우, 반복부호(﹔)를 사용하였다. 십 단위는 廿(20), 丗(30), 卌(40) 등으로 표기하였다.

목간과 함께 널리 활용된 서사(書寫) 재료가 돌이다. 즉, 포항 중성리 신라비(501년), 포항 냉수리 신라비(503년)나 울진 봉평리 신라비(524년) 등이 그것이다. 이들 비문은 당시 국가나 지역사회의 법령과 관련된 것으로 법령은 당시 사회의 매우 중요한 교육 내용 가운데 하나다.

[그림 4-16] 울진 봉평리 신라비

돌에 새긴 글로서 주목할 만한 것은 이른바 임신서기석이다. 앞서 암각화를 이야기할 때도 언급하였지만 돌 자체의 상징 이미지가 굳세고 단단함, 부동이다. 맹세의 내용을 돌에 새겼지만 돌 자체가 맹세의 상징이다.

문자나 그림의 재료로서 종이의 등장은 목판이나 돌과 비교할 수 없다. 종이의 등장이 문자의 시대를 촉진한 것은 틀림없다. 신라에서 종이에 문자를 기록한 것이 언제부터인지 정확히 알 수 없다. 그러나 남아 있는 종이 기록으로는 세계 최

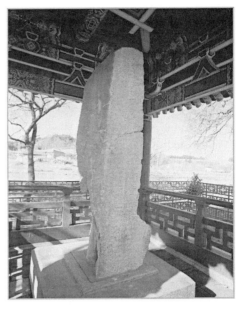

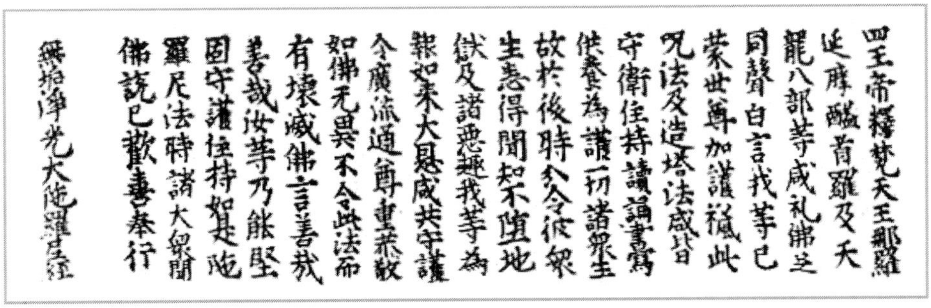
四王帝釋梵天王那羅
延摩醯首羅及天
龍八部等咸礼佛足
同聲白言我等已
蒙世尊加護祐此
咒法及造塔法咸皆
守衛住持讀誦書寫
供養為護一切諸衆生
故於後時亦令彼衆
生悉得聞知不墮地
獄及諸惡趣我等為
報如來大慈咸共守護
令廣流通尊重恭敬
知佛無異不令此法而
有壞滅佛言善哉
善哉汝等乃能堅
固守護住持如是陀
羅尼法時諸大衆聞
佛說已歡喜奉行
無垢淨光大陀羅尼經

[그림 4-17] 무구정광대다나라니경(국보 126호)

출처: 문화재청.

고의 목판인쇄물로 인정받는 국보 126호『무구정광대다라니경』의 용지다. 이는 불국사 석가탑 수리 때 나온 것으로 751년 이전의 닥종이라는 것이 밝혀졌다. 또 호암미술관에 소장되어 있는『백지묵서 대방광불화엄경』도 신라 경덕왕 14년(755년) 때의 문서로 확인되었다. 이를 보면 신라에서 문서는 관공서와 더불어 불교와 밀접한 관련이 있음을 알 수 있다. 문자 기록의 활성화는 아무래도 종이의 발명국이자 한자의 종주국인 중국과의 교류와 관련이 깊다. 그런데 6세기 이래 남조의 여러 나라와 빈번한 교류가 있었고, 그때 불경을 비롯한 서적이 들어오기 시작하였다. 또 신라의 승려들이 중국 유학을 다녀올 때마다 많은 서적을 가져옴으로써 신라도 본격적으로 문자의 시대로 접어들게 되었다.

불교와 문자

불교의 교육, 즉 교화에는 매우 다양한 미디어가 활용된다. 이 점이 유교와의 차이다. 유교는 일찍부터 통치이념이 되어 학교교육의 교과목으로 설정되면서 상대적으로 다양한 교육미디어가 개발되지 못하였다. 그러나 불교의 경우는 역사적으로 전파된 나라도 많으며, 각 나라, 각 시대마다 다양한 교화 미디어가 개발되었다. 또 불교의 사상적 특성으로 인하여 문자에 의존하는 비율, 즉 의존율이 유교와 비교해 볼 때 상대적으로 높지 않다. 그렇다고 불교의 문자적 전통이 약하다거나 문자 기록을 많이 남기지 않았다고 생각해서는 안 된다. 간단하게는 유교 경전과 불교 경전의 수를 비교해 보면 알 수 있다. 비교 대상이 되지 않는다. 중국으로부터 유입된 서적만 하더라도 유교 경전은 손에 꼽을 정도이지만 불교 경전은 매우 방대하다.『삼국유사』에서는 진흥왕대인 천가 6년(565) 진(陳)나라의 사신 유사(劉思)가 승려 명관(明觀)과 함께 불교의 경, 논 1,700권을 가져왔다고 하였고, 정관 17년(643)에는 자장법사가 경, 율, 론의 삼장 400여 함을 당에서 싣고 왔다고 하였다.[25] 불교의 승려들은 신라 최고의 지식층이었던 것이다. 그러나 이들이 단

---

25)『삼국유사』,「탑상」.

지 중국의 서적을 수입하고 학습하는 '지식의 소비자'로 머물렀던 것은 아니다. 원효를 비롯한 신라의 많은 고승은 문자문화를 기반으로 하는 새로운 '지식의 생산자' '지식의 수출자' 역할까지 했던 것이다.

유럽의 경우, 종교개혁이 문자의 보급과 초등교육의 활성화에 기여했다는 점은 서양교육사에서 널리 알려진 이야기다. 그러나 불교가 신라인의 문자 사용에 얼마만큼 기여했는지는 명확하지 않다. 원효와 같이 문자에 능한 고승의 수가 많았던 점을 생각한다면 문자의 보급에 일정한 기여를 했다고 할 수 있다. 일반 민의 이야기가 아니라고 할지 모르지만 의상대사의 제자 가운데 하층민들도 더러 있었다는 점을 보면 사회 전체적으로 영향을 끼친 것은 분명해 보인다. 그러나 신라의 불교 신앙이 서책을 중심으로 이루어진 것은 아니라는 점을 생각한다면 문자의 보급에 끼친 불교의 영향을 과대평가해서도 안 된다.

국학 성립 이전의 화랑도와 교육문명

신라사회에서 문자 보급의 큰 계기는 아무래도 학교인 국학의 설립과 관계가 깊다. 국학에 대해서는 이 책의 곳곳에서 언급하고 있듯이 국가가 설립한 인재 양성 기관이다. 국가에서 문자 텍스트를 교재로 지정해 놓은 기관이다 보니 문자를 가르치고 배우는 것이 일상으로, 일과로 행해지는 곳이다. 문자를 전문적으로 가르치고 그것을 표준으로 인재를 선발하는 곳이 국학이다. 국학이 성립하면서, 문자를 교육미디어로 하는 학교가 성립하면서 생긴 변화는 크다.[26] 그 변화는 큰 틀에서 보면 교육문명의 변화이며, 구체적으로 보면 구전문명에서 문자문명으로의 변화다. 이는 종래(국학 설립 이전)에 문자가 없었다는 것이 아니다. 앞서 보았듯이 국학이 설립되기 수 세기 전부터 신라사회는 문자문명을 준비하는 조건들을 하나하나씩 갖추어 갔다. 불교가 도입되면서 한자뿐 아니라 산스크리트에 대한 존재

---

26) 이하의 논의는 안경식, 「미디어의 관점에서 본 신라 국학 성립의 의미」, 한국교육사학회, 『한국교육사학』 제36권 제4호, 2014년 12월, 119−126쪽의 내용을 수정한 것이다.

도 인식하였고, 불교계 내부에서도 한자의 불편을 완화할 방법을 강구하였다. 그러나 교육사의 측면에서 말할 때 문자문명이 정착하게 된 결정적 계기는 역시 국학의 성립이라 하지 않을 수 없다.

국학이 초래한 문명과 문화의 변화를 이해하기 위해 국학이 생기기 전의 교육문명과 문화, 그 가운데서도 화랑도에 대해서 주목할 필요가 있다. 화랑도의 특질을 한마디로 규정하기는 힘들지만, 그렇다 해도 그 특질을 문자문명으로 규정하기는 힘들 것이다. 오히려 구술문명, 몸의 문명 속에서 논의하는 것이 타당할 것이다. 화랑도의 교육은 국학과 같이 정형적 공간인 학교를 지어 놓고 문자를 학습하는 형태의 교육이 아니라 화랑과 낭도가 혹은 낭도와 낭도가 몸을 미디어로 하는 교육이 주가 되었기 때문이다. 문자를 통한 교육과는 달리 몸이란 미디어는 지식을 저장하기 어려운 구조이다. 시간과 공간의 제약이 뚜렷해서 동시에 여러 명이 서로 나누기 어렵다. 글은 노동 집약적 구조임에 비해 신체는 노동이 많이 필요한 미디어다. 화랑도가 문자 학습을 하지 않은 것은 아니나 화랑도의 문화와 문명은 여전히 구술적 특성을 지녔다. 몸을 미디어로 하는 문명인 것이다. 그 문명에서 가악교육이나 유오산수와 같은 교육은 몸으로, 구술로 이루어지지 악보를 통하여, 문자를 통하여 이루어지는 것이 아니다. 심지어 그들의 도의(道義) 교육조차 원광 법사를 찾아가 직접 대면하면서 세속오계를 받아들이거나 자체의 관습이나 전통을 통해, 그리고 일정한 의례를 통해 몸으로 익히는 방식으로 진행되었지 오늘날처럼 도덕, 윤리 교과를 설정하여 문자로 배우는 형태는 아니었던 것이다. 물론 임신서기석에 나타난 경전 공부를 부정하는 것이 아니다. 화랑도에서 경전, 문자는 화랑도의 주된 교육미디어가 아니라는 것이다. 결국은 국학이 성립하기 전, 아니 그 후에도 사회 전체로 본다면 신라의 교육문명은 문자적 교육문명이 아닌 구술적 교육문명이라 할 수 있다. 당시 사회에서 가장 탁월한 민중교육자였던 원효는 이러한 신라의 문명적 상황을 잘 인식한 사람이었다. 문자문명에도 익숙했던 그가 불교의 수많은 방편 가운데 무애가나 6자염불이라는 구술적ㆍ주술적 미디어를 선택한 것은 당시 신라사회의 문명 수용 환경을 잘 인식한 것이라 할 수 있다.

국학의 성립과 교육문명의 변화

화랑도와는 달리 국학 교육의 주된 미디어는 문자다. 미디어의 관점에서 국학의 기능을 말한다면, 그곳은 문자를 미디어로 교육이 이루어지는 곳이라고 할 수 있다. 고구려의 경당이 '송경습사(誦經習射)'의 전통, 문자 교육과 몸 교육이 함께 이루어지는 전통을 가지고 있었던 것과는 달리 국학에서 몸 교육의 전통은 배제되었다. 물론 문자 학습도 결국은 몸을 가지고 학습하는 것이기는 하다. 일본의 교육학자 츠지모토 마사시(辻本雅史)는 일본 유학교육이었던 가쿠몬주쿠(學問塾), 항코(藩校)와 같은 학교의 독서에서 소독(素讀) 과정을 분석하였다. 소독은 '성인의 가르침'이라고 하는 소위 진리가 집약되어 있는 경서를 소리 내어 암송하여 완전히 외워 버리는 것을 말한다. 그는 이 소독의 과정을 경서 텍스트를 완전히 자신의 신체 내부에 체득하여 '신체화'하는 과정으로 보았다.[27] 그가 말한 소독은 근대 일본의 사례이지만 실제 고대 일본의 대학인 대학료(大學寮)에서도 중국의 발음을 그대로 가르치는 음박사(音博士)의 존재가 있었다. 원전을 중국어 발음 그대로 공부하는 것이다. 우리 국학에서는 음박사 제도가 없었다. 대신 앞 장에서도 말했듯이 설총이 이두를 통하여 한자를 최대한 현지화(신라화)하려는 노력을 했다. 이 점이 차이다. 그렇다 하더라도 신라에서도 여전히 외국어 경전을 공부한다는 것은 텍스트의 신체화가 이루어지지 않고서는 힘들었을 것이다. 저자가 국학에서 몸교육이 배제되었다는 것은 이런 의미가 아니다. 교육미디어의 측면에서 기존의 비문자 미디어, 구술 미디어가 배제되었다는 의미다. 물론 이것도 석전제와 같은 의례가 실시되었다면 문제는 달라진다. 사실 국학이 성립되었다 해서 일시에 신라의 교육문명이 구술이나 주술에서 문자적 형태로 넘어간 것은 아니다. 그러나 국학의 성립은 문자를 미디어로 하는 교육문명 성립의 상징이자 표지가 되었다. 국학이 문자적 교육문명 성립의 상징이자 표지라는 것은 국학의 교육과정 구성에서 잘 드러난다. 『삼국사기』에서는 "가르치는 법은 『주역』『상서』『모시』『예기』

---

27) 츠지모토 마사시(이기원 역), 『일본인은 어떻게 공부했을까?』, 지와 사랑, 2009, 79-81쪽.

『춘추좌씨전』, 『문선』 등을 나누어 업(業)으로 삼는다."[28]라고 기록하고 있다. 그리하여 『예기』, 『주역』, 『논어』, 『효경』을 업으로 하는 반과 『춘추좌씨전』, 『모시』, 『논어』, 『효경』을 업으로 하는 반, 『상서』, 『문선』, 『논어』, 『효경』을 업으로 하는 반의 세 개 학반을 구성하였던 것이다. 국학의 이러한 구성은 중국의 국자감과는 다소 차이가 있지만 문자 텍스트를 바탕으로 이루어진 교육과정이라는 점에서는 차이가 없다. 박사와 조교의 활동은 이들 문자 텍스트를 가르치는 것[敎授之]이다.

문자 미디어의 문명이 낳은 교육문화의 변화

이제 이러한 문자 미디어의 특성은 무엇이며, 그것은 당시 사회의 교육문화에 어떠한 변화를 초래했는가를 생각해 보자. 앞에서 보았듯이 신라 국학에서 채택한 교육과정은 이른바 경학류를 포함하여 문학과 역사서 등으로 '고정'되어 있다. 교육과정이 고정되어 있고(물론 시대에 따라 변화가 없지는 않았겠지만), 교육 내용이 고정되어 있다. 문자 미디어의 시대가 도래했다 해서 구술 미디어가 사라지는 것은 아니다. 그러나 문자 위주의 교육이 진행되는 공간에서는 구술이 문자의 부수적 기능을 수행할 따름이다. 화랑도의 교육을 상상해 보건대, 나름대로 정해진 규칙이나 틀이 없지는 않았겠지만 국학 교육에 비해 시공의 제약을 훨씬 덜 받았을 것이다. 달리 말하면, 훨씬 탄력적인 교육과정 운영이 가능했을 것이다. 그러나 국학에서 텍스트로 삼은 문자 미디어는 제1발화자와 제1수화자가 사라진 상황에서 수백 년, 근 천 년에 이르는 시간 차이를 두고 있다. 문자 텍스트를 두고 이루어지는 교육에서 교사는 제1발화자가 아니다. 그렇기 때문에 국학에서와 같이, 그리고 현대 학교에서와 같이 문자 텍스트를 교재로 지정해 놓은 경우, 교사의 발화자로서의 역할은 현저히 제한되는 상황이 발생하고, 그래서 교사는 지식의 생산자가 아닌 유통자의 역할을 하게 된다. 이런 상황에서 교육이라는 개념도 크게 바뀔 수밖에 없다. 언제나 그런 것은 아니지만 화랑도에서의 교육이란 발화자와 수화

---

28) 『삼국사기』, 「잡지」, 직관상.

자가 대면 관계를 이루는 경우가 많았을 것이며, 제1발화자가 따로 있다 하더라도 그 발화와 수화 사이의 시간적 간격이 그리 길지 않았을 것이다. 교육에서 발화자와 수화자가 공간적으로 다른 공간에 있고, 수화와 발화 사이에 시간적 간격이 길다는 것은 교육의 생동성, 역동성을 떨어뜨린다. 교육이 상당히 단조로워진다.

문자 미디어의 특성이 낳은 교육문화의 변화는 교육의 '표준화'라는 말로 설명할 수 있다. 문자문명의 파동은 교육을 '표준화'하고 '가시화'하였다는 것이다. 교육을 '표준화'하고 '가시화'할 수 있다는 것은 교육 상황을 객관적으로 규정할 수 있다는 것이다. 생각해 보면, 화랑도의 교육은 가시화하기 힘든 교육, 규정하기 힘든 교육이었을 것이다. 교육의 주체나 객체, 교육의 장(場), 교육과정 등이 없지는 않았겠지만 그것을 '표준화'하거나 '가시화'하기는 힘들었을 것이다. 그러나 국학이 성립함으로써 비로소 신라사회에서 교육이란 것이 '가시화'된 것이다. 당장은 아니겠지만 점점 교육이라는 것이 문자 학습과 관련된 활동이라는 인식이 확대되었을 것이고, 교육이라는 것이 국가의 유지와 관련된 '공적인' 활동이라는 의식도 점점 퍼져 나가게 되었을 것이다. 국학에서의 교육이 가시화되었다는 교수에 대한 규정이나 학생의 입학 자격, 교과과정의 구성 등의 규정 제정에서도 단적으로 찾아볼 수 있다. 그런데 교육이라는 개념과 활동을 표준화하고 규격화한 것은 국학의 성립이 큰 역할을 하였지만 이를 신라사회에 굳건하게 정착시킨 동력은 평가 제도의 도입이라고 할 수 있다. 『삼국사기』에 나타난 평가에 의한 인재 선발 규정은 원성왕 4년(788)에 설치하였다는 이른바 독서출신의 법이다. "『춘추좌씨전』이나 『예기』『문선』을 읽어 그 뜻에 능통하고 『논어』와 『효경』에도 밝은 자를 상으로 삼고, 『곡례』와 『논어』『효경』을 읽은 자를 중으로, 『곡례』와 『효경』을 읽은 자를 하로 하며, 만일 오경(五經)과 삼사(三史), 제자백가서를 두루 통할 수 있는 사람은 삼품을 넘어 뽑아 등용한다."[29]라고 한 그것이다. 독서삼품과가 국학의 내부 시험인지 국학생을 대상으로 한 별도의 시험인지에 대해서는 아직 논의가 더 필요한 상황이지만 국학 교육이 일시에 끝나지 않고 지속적으로 실시될 수 있었던 것은 국

---

29) 『삼국사기』, 「잡지」, 직관상.

학 교육과 평가가 연결되어 있었기 때문이다. 예나 지금이나 평가는 교육의 방향을 결정하는 제1의 요소인데, 신라에서 평가권과 학교의 교육과정 결정권, 심지어 교과서의 주석서까지 '국정'으로 해 놓은 상황(신라에서는 그런 자료를 찾을 수 없지만 당이나 왜의 경우)이어서 교육은 국가의 일이 아닐 수 없고, 국가의 시선이 반영되지 않을 수 없는 것이다. 이것은 마치 미셸 푸코(M. Foucault, 1926~1984)가 『감시와 처벌-감옥의 역사』에서 시험 제도를 "감시하는 위계질서의 기술과 규격화를 만드는 상벌 제도의 기술을 결합시킨 것" "규격화하는 시선이고, 자격을 부여하고 분류하고 처벌할 수 있는 감시"라고 한 말을 연상시킨다.[30] 신라에서의 시험의 등장, 즉 국가에서 지정한 문자 텍스트에 대한 지필 시험의 등장은 그러한 분류와 감시의 시선의 등장과 다를 바 없는 것이다. 물론 신라 국학에서 시험이 어떤 식으로 이루어졌는지에 대한 상세한 기록은 없다. 그러나 삼품 분류의 기준이 되었던 '독서(讀書)'라는 말로 유추해 보면, 첫째, 그것은 문자 텍스트의 내용, 즉 '서(書)'를 기반으로 하고 있다는 것을 알 수 있다. 문자 텍스트 밖의 내용, 예를 들면 인성에 관한 내용이라든지 하는 것에 대해서는 전혀 언급이 없는 것이다. 둘째, '독(讀)'이라고 표현한 학습 방법과 관련된다는 것을 알 수 있다. 물론 이 '독'은 단지 눈으로 보았다는 의미가 아닌 이해, 체득의 의미가 들어 있을 것이고, 그 이해가 이루어진 상태를 '능통'이라고 표현하였을 것이다. 일반적으로 동아시아의 전통적 유학교육 방식을 보면, 소독(素讀), 음독(音讀)이라 하여 경전의 내용을 그냥 그대로 통째로 외우는 단계가 있고,[31] 이후 그 의미를 이해하는 단계가 있었지만 교육 내용과 교육 방법은 교육 평가와 분리될 수 없다. 그리하여 시험의 방식 역시 텍스트를 얼마만큼 외웠는지를 파악하는 단계와 그 의미를 얼마나 이해하였는가, 나아가 얼마나 활용할 수 있는가를 파악하는 단계로 구분하여 이루어졌을 가능성이 있다. 이 모든 시험이 다 지필 고사의 형식으로 이루어지지는 않았겠지만(배강을 비롯하여 여러 형식이 있을 수 있다), 문자 텍스트의 내용을 시험하였다는 것이 중요하다.

---

30) 미셸 푸코(오생근 역), 『감시와 처벌-감옥의 역사』, 나남출판, 1995, 276쪽.
31) 츠지모토 마사시(이기원 역), 앞의 책, 79-85쪽 참조.

그럼으로써 신라사회, 나아가 이후의 역사에서 학교교육은 곧 문자 학습이라는 교육 개념의 변화를 초래했다.

학습문화의 변화 양상(1): 기능적 학습의 발생

이제 이러한 교육 개념의 변화에 따라 이루어지는 부수적 학습문화의 변화 양상을 몇 가지 측면에서 살펴보기로 하자. 앞에서 국학의 성립 이전, 예를 들면 화랑도나 승려들에 의해 이루어진 교육은 '표준화'하고 '가시화'하기 힘들다고 하였다. 그것은 학습 형태도 매우 다양하거니와 학습의 범위 역시 특정하기 힘들기 때문이기도 하다. 그러나 국학에서의 공부는 특성상 '기능적' 학습의 형태를 띤다 할 수 있다. 여기서 말하는 '기능적'이라는 말은 기능을 학습하는 것과는 다른 말이다. 화랑도에서 낭도들이 익힌 검술 교육 같은 것은 일종의 기능 학습이라 할 수는 있다. 그러나 학습의 형태 면에서는 기능적이라 할 수 없다. 화랑도의 학습은 낱개로 구분된 지식의 기능적 습득이 아니었기 때문이다. 낭도들이 검술을 익힌다 하더라도 검술에 관한 지식을 습득하는 형태가 아니었다. 경전의 학습을 이야기한 기록이 없는 것은 아니지만 실제 그들의 학습 대부분은 생활과 결부된 삶 속에서의 학습이었다. 이런 측면에서 화랑도의 학습은 기능적 학습이라기보다는 체험적 학습이라 할 수 있다. 그러나 국학에서의 학습은 발화와 수화가 분리되어 있는 고정된 문자 텍스트를 통하여 이루어지기 때문에 학습이 실생활에 직접적 연관을 맺고 이루어지는 것이 아니라 하나의 지식의 습득으로 이루어진다. 국학에서의 지식은 체험적 지식이 아니라 이해의 지식이라는 측면에서 이차적 지식이라 할 수 있다.

학습문화의 변화 양상(2): 시각 의존적 학습문화의 발생

기능적 학습의 발생과 함께 생긴 또 하나의 학습문화의 변화는 시각 의존적 학습문화가 발생했다는 것이다. 계속 반복하는 이야기지만, 화랑도나 불교의 경우 학습 미디어는 매우 다양하다. 그러나 국학에서의 학습 미디어는 매우 제한되어 있다. 물론 뒤에 의례라는 미디어가 추가되기도 하였지만 초기에는 문자 미디어가 주가 되었던 것이다. 앞서도 말했지만 종래의(혹은 동시대의) 화랑도 교육은 청각적이고 촉각적인 인지 양식을 위주로 하는 학습문화였다. 향가와 같은 정서적 학습이나 유오산수와 같은 체험적 학습은 시각적이라기보다는 청각적 · 촉각적 측면이 강한 것이고, 이는 국가에 의한 '표준적' 학습 방식이 정착되기 전의 대표적 학습 양식이라 할 수 있다. 그러나 종래의 중요한 청각적 교육 매체였던 말이 문자화되면 그것은 또 다른 형식의 매체가 되고, 또 다른 학습문화를 창조하게 된다. 즉, 미디어가 청각적 매체에서 시각적 매체로 바뀌게 되면, 그것을 학습하는 양식 역시 시각적인 것으로 바뀌게 된다. 따라서 면대면의 청각적 교육에서 중시되던 열정이라든지 현장의 느낌과 같은 것들이 시각적 교육에서는 무시된다. 대신 논리나 합리와 같은 것들이 새롭게 중시되는데, 이는 시각에 의존하는 논리, 합리다.[32] 이것은 단지 학습 방식이 바뀌는 것을 의미하는 것을 넘어 학습자들이 세계를 파악하는 방식이 바뀌는 것을 의미한다. 촉각이나 청각은 인간의 삶에서 가장 원초적인 세계 파악 방식이요 학습 방식이다. 물론 시각도 감각 가운데 하나이지만 시각이 지배하는 환경에서 다른 감각들은 그 기능이 퇴보되게 되고, 감각들 사이의 균형은 무너지게 된다. 맥루한의 저서 『구텐베르크 은하계』의 부제는 '활자형 인간'의 형성인데, 시각 미디어인 활자의 발명은 활자형 인간을 낳는다는 것이다. 맥루한은 과학자 하이젠베르크(W. K. Heisenberg, 1902~1976)의 말을 빌려 『장자(莊子)』의 한 고사를 말하고 있는데 매우 시사적이다. 즉, 공자(孔子)의 제자 자공(子貢)이 한수(漢水) 북쪽을 여행하다 채마밭에서 일하는 노인을 만났는데, 노인은 밭고랑에 물을 주고 있었다. 밭고랑에 우물을 파서 한 바가지씩 퍼내 힘들게 고랑에 붓고 있는 노인을 보고, 자공은 물 푸는 기계를 사용하면 물을 빨리 퍼낼

---

32) 오늘날의 교육문화에도 구술성이 있고 논리성이 중시된다고 말할 수 있겠지만 그것을 언어학자들은 '이차적 구술성' '연출된 구술성' 등으로 구분하고 있다. 크리스타 뒤르샤이트(김종수 역), 『문자언어학』, 유로, 2007, 95-97쪽.

수 있다고 조언하였다. 이 말을 들은 노인이 화를 내며 "기계를 사용하는 사람은 반드시 기계처럼 일을 하게 될 것이다. 기계처럼 일을 하게 되면 기계의 마음을 가지게 될 것이다. 기계의 마음을 품고 있는 사람은 순백한 마음을 잃어버릴 것이다. 순백한 마음을 잃어버리면 정신이 안정이 되지 않고 그러면 도(道)가 깃들 수 없게 된다."[33]라고 하였다. 노인(사실은 장자)이 말한 순백한 마음은 곧 감각이다. 미디어의 변화는 곧 감각의 변화를 의미하고, 그것은 근본적으로 그의 삶의 변화를 의미한다는 것이다. 물 푸는 기계를 사용할 줄 몰라서가 아니라 그 도구(미디어)의 사용이 그의 삶을 바꾸어 놓기에 노인은 화를 내며 거부한 것이다. 신라사회에서 시각적 교재의 등장은, 나아가 국학 성립의 의미는 신라인들의 학습 방식, 나아가 신라인의 세계 인지 양식의 전환을 의미하는 것이다.

학습문화의 변화 양상(3): 수동적 · 단편적 학습 양식의 초래

국학이라는 미디어의 도입이 낳은 또 하나의 학습문화의 변화는 신라인의 학습 양식을 능동적이고 종합적인 데서 수동적이고 단편적인 방식으로 바꾸어 놓았다는 것이다. 문자 텍스트에는 텍스트를 만든 사람의 관점이 반영되어 있다. 신라인들이 국학에서 유교 경전을 공부할 때, 그들은 그 텍스트를 만든 사람의 관점을 능동적으로 받아들이기보다 수동적으로 받아들이게 되어 있다. 이 점에 대해서는 일찍이 플라톤이 『파이드로스(Phaedrus)』에서 다음과 같이 말한 바 있다.[34]

파이드로스, 글쓰기에는 뭔가 이런 기이한 점들이 있으니, 그것은 사실 그림 그리기와 똑같네. 거기서 생겨난 것들은 살아 있는 생물처럼 보이지만, 자네가 어떤 질문을 던지면 무겁게 침묵한다네. (글로 쓰인) 말들도 똑같

33) M. 맥루한(임상원 역), 『구텐베르크 은하계-활자 인간의 형성-』, 커뮤니케이션북스, 2001, 65-67쪽. 『장자』 원문의 번역은 저자가 다시 하였다.
34) 플라톤(조대호 역해), 『파이드로스』, 문예출판사, 2016, 143쪽.

지. 자네에게는 그것들이 마치 무언가 생각을 가지고 말하는 것처럼 보일 수도 있겠지만, 그 글에 담긴 것들 가운데 무언가 배우고 싶은 것이 있어서 질문을 던지면 글은 언제나 똑같이 하나만을 가리킨다네. 일단 글로 쓰이고 나면, 모든 말은 장소를 가리지 않고 그것을 이해하는 사람들 주변과 그 말이 전혀 먹히지 않는 사람들 주변을 똑같이 맴돌면서, 말을 걸어야 할 사람들과 그렇지 않은 사람들을 가려 알지 못하네.

문자의 수동성을 지적한 말이다. 사실 지금의 학교교육도 그러하지만 텍스트를 능동적으로 또는 창의적으로 받아들이는 것은 한계가 있다. 텍스트를 그대로 받아들이는 것이 잘 받아들이는 것인지, 아니면 텍스트를 창의적으로 받아들이는 것이 잘 받아들이는 것인지, 텍스트의 아이러니가 있는 것이다. 나아가 구술문명에서는 여러 감각이 종합적으로 작동하는 데 비해 문자문명이 지배하는 상황에서는 감각의 균형 비율이 깨어진다. 즉, 시각이 다른 감각을 압도함으로써 학습자를 수동적 존재로 만들 수밖에 없는 구조가 된다.

새로운 인재상의 등장

국학이라는 미디어는 신라사회에 이전과는 다른 새로운 인재상을 만들어 냈다. 이 점에 대해서도 화랑도의 인재상과 비교해 보는 것이 이해하기 빠를 것 같다. 화랑도의 인재상에 대해 우리가 먼저 떠올리는 것은 역시 김대문이 『화랑세기』에서 말했다는 "어진 재상과 충성스러운 신하가 이로부터 솟아나고 어진 장수와 용감한 병졸이 이로부터 나왔다."[35]라는 대목일 것이다. 말하자면 국가를 위해 충성하는 인재가 화랑도의 인재로 여겨지는 것이다. 그러나 진흥왕 37년 전후, 즉 화랑제도 성립 전후의 화랑도가 실제 국가적 목적을 위해 일사불란하게, 조직적으로 움직인 단체라 할 수 있는지는 의문이다. 화랑제도의 성립 과정에서 보듯이 화

---

35) 『삼국사기』, 「신라본기」, 진흥왕.

랑은 국가적 단일 조직이 아니다. 따라서 국가적 충성 운운한 것은 김대문의 설명이다. 화랑도의 조직은 '국가적'이라기보다 '부족적'이다. 따라서 적어도 일정 시점까지의 화랑도의 인재상도 (그것이 어떤 것인지는 설명하기 어렵지만 형상화한다면) 부족적 성향의 인재상으로 형상화해야 하는 것이 더 타당할 것이다. 물론 화랑에 충성하는 낭도들을 길러 낸다는 것은 공통된 것이겠지만, 완전한 국가 조직이 아니라는 화랑도의 특성상 나름대로의 고유의 이념이 있을 수가 있다는 것이다.

　그러나 국학은 다르다. 국학에서의 인재상은 단일하다고 볼 수 있다. 그것은 국가 조직 가운데 한 기능을 담당하는 기능인으로서의 인재상이다. 이 말은 국학에서는 기능인만 양성했지 교양인의 양성은 목표로 하지 않았다는 말이 아니다. 국학의 교육과정을 볼 때, 교양인이 형성될 가능성은 충분하다. 경학, 문학, 사학의 조화 있는 인문학 과정으로 교육과정이 구성되어 있는 것을 볼 때 교양인이 배양되었음은 의심하지 않아도 될 듯하다. 특히 중국과는 달리 『문선』을 강조하여, 『문선』에 능한 자를 상품으로 뽑았다는 것은 실용적인 목적 이외에 교양인의 양성이라는 목적도 있었다고 보아야 할 것이다.[36] 그러나 여기서 교양인의 양성은 오히려 2차적인 목적이며, 1차적 목적은 역시 신라사회를 기능적으로 작동하도록 하는 데 필요한 기능인으로서의 인재였던 것이다. 국학이라는 미디어의 등장이 낳은 또 하나의 큰 변화는 '교사'와 '학생'의 탄생이다. 이에 대해서는 이미 제1장과 제2장에서 살펴본 바 있다. 국학 이전에도 신라사회에는 여러 형태의 교육자, 지식인들이 있었다.[37] 즉, 정치교육의 책임자로서의 군사(君師), 종교교육 담당자로서의 무(巫), 천군(天君), 화랑 그리고 사회교육과 종교교육을 담당한 고승 등 여러

---

36) 『문선』의 강조를 오히려 기능적인 측면에서 해석할 수도 있을 것이다. 삼국시대 교육과정에서 『문선』에 대해서는 안경식, 「삼국 및 통일신라시대의 유학교육사상」, 한국국학진흥원, 『한국유학사상대계 V (교육사상편)』, 2006, 82–83쪽 및 노용필, 「신라 국학의 교육 내용과 『문선』」, 제7회 신라학국제학술대회논문집, 『신라국학 수용과 전개』, 2013, 215–292쪽 등 참조.

37) 이에 대해서는 이 책의 제1장 및 안경식, 「교사의 탄생: 신라 사회의 '교사'」, 『한국교육사학』 제36권 제1호, 2014년 3월, 1–32쪽 참조.

방면에서 여러 직역을 담당한 '교사'들이 있었다. 그러나 이들을 교육을 직업으로 하는 전문 교사라 하기는 힘들다. 국학이 성립하고 박사와 조교를 하나의 관직으로 설립함으로써 비로소 지식을 가르치고 배우는 것을 업으로 삼는 직업인으로서의 교사가 탄생하게 된 것이다. 이들이 비로소 현대의 학교 교사의 원조가 된 것이다. 정규적으로 관에 소속되어 관직을 받고, 업무가 법령에 의해 규정된 '공무원'으로서의 교사(관직으로서의 교사)가 된 것이다. 국학 성립은 맥루한의 표현대로라면 "역할의 세계에서 직업의 세계로"[38] 신라의 역사가 이행하는 계기를 마련했다. 즉, 그 이전에는 교사라는 직업이 없었다. 다만, 그 역할을 하는 사람이 있었을 뿐이다. 국가의 임금이, 무당이, 승려들이, 때로는 화랑들이 그러한 역할을 수행했을 뿐이라는 것이다.

국학의 성립은 마찬가지로 학생을 탄생시켰다. 인류 역사가 시작된 이래 어느 시대건 가르치는 사람과 배우는 사람이 없었던 시대는 없었다. 그러나 국학의 성립은 학생의 의미 역시 새롭게 하였다. 『삼국사기』에서는 "무릇 학생의 직위는 대사(大舍)에서부터 아래로 무위(無位)자에 이르기까지며"라고 하였으며 직위가 "대나마, 나마에 이른 이후에 출학(出學)할 수 있다."라고 규정하고 있다.[39] 이 내용에서 유의할 것은 학생의 입학과 졸업이 모두 관직과 연관이 있다는 것이다. 이는 앞서도 언급하였고 지금까지 모든 학자가 공통적으로 인정하듯이 신라 국학의 학생이 관료 양성에 목적을 둔 것임을 말하는 것이다. 그런데 여기서 말하는 관료란 교양인의 성격보다는 직업인의 성격에 가깝다. 이 말은 앞에서도 말했지만 신라 국학의 학생이 교양인이 아니었다는 말이 아니고, 또 교양 교육을 받지 않았다는 말도 아니다. 오늘날 우리가 쓰고 있는 교양인이란 말은 서양의 자유교육, 교양교육의 전통에서 말하는 교양인과는 차이가 있으며, 그런 점에서 본다면 오히려 국학 교육은 서양 교육의 전통에서 말하는 교양교육이 아니라 직업인의 양성을 목표로 하는 교육이라고 할 수 있을 것이다.

---

38) M. 맥루한(임상원 역), 앞의 책, 35쪽.

39) 『삼국사기』, 「잡지」, 직관상.

우리는 지금까지 국학에서 양성하고자 하는 인재를 '관리(官吏)'라고 표현하였고, 결국 이를 직업인 혹은 기능인의 다른 표현이라고 한다면, 지식의 형태 역시 비표준화된 생활 지식(실천적 지식)보다는 표준화된 지식이 적합할 수 있다. 텍스트라는 미디어에 압축적으로 기록된 지식은 현장성이 있는 일차적 지식이 아니라 이차적 지식인데, 이러한 지식을 통해 학습자를 획일화하고 균질화할 수 있고,[40] 기능인, 직업인으로 양성할 수 있었던 것이다. 그리하여 국학의 학습자들은 지식의 생산자들이 아닌 소비자들이고, 교사들은 그 지식의 유통자라 할 수 있다.[41] 물론 지식은 유통과 소비의 과정에서도 창조적으로 변화될 수 있다. 단언하기는 어렵지만, 설총이 "방언으로 구경을 풀어 후학을 훈도하였다."[42]라는 기록이 국학과 관련이 있다면 그 역시 창조적 과정으로 볼 수 있을 것이다. 그러나 여전히 국학의 교육이 학습자를 획일화하고 균질화하여 '인문적 기능인'이라는 형상을 만들었다는 점은 부정하기 어렵다.

4차 산업혁명의 시대와 교육미디어

이 장에서는 교구, 교육미디어의 관점에서 신라시대의 교육을 살펴보았다. 그간 우리는 미디어를 도구적 측면으로만 보아 왔다. 여기서 도구란 메시지를 전달하는 도구다. 그러나 메시지가 미디어와 무관하게 전달되는 것이 아니라는 점에 주목해야 한다. 미디어 자체가 메시지이기 때문이다. 이런 점에서 신라의 교육을 미디어의 관점에서 본다는 것은 미디어에 담긴 메시지의 내용을 보는 것이 아니라 미디어의 특성이 발신하는 메시지를 읽는다는 것이다. 지금까지 본 바와 같이, 신라의 교육미디어로서는 암각화에서부터 시작하여 신화, 설화, 노래와 같은 구술

---

40) M. 맥루한(임상원 역), 앞의 책, 53쪽.

41) 교육을 지식의 유통과 소비의 과정으로 보고, 불교에서의 그러한 사례를 살펴본 논문이 앞서 언급한 안경식의 「『금강경』의 유통과정과 교화사적의 교육사적 의의」라는 논문이다.

42) 『삼국사기』, 「열전」, 설총.

적 교육문명을 대표하는 여러 미디어와 문자적 교육문명을 대표하는 국학의 서물들을 살펴보았다. 미디어가 도구로서만 의미를 지니는 것이 아니다. 교육미디어의 변화는 엄청난 교육문화의 변화를 초래한다. 미디어의 변화는 그냥 일어나는 것이 아니다. 단일 요인이 아니어서 변화의 요인을 다 파악하기는 어렵다. 왜 그러한 변화가 일어나는가를 아는 것은 변화의 본질을 파악하는 데 필수적이다. 전통사회에서는 아무래도 정치권력을 주목하지 않을 수 없다. 현대사회에서도 다르지 않다. 여기에 더하여 오늘날 한국사회에서 미디어의 변화는 자본권력을 주목하지 않을 수 없다. 전통사회에서 교육은 정치에 복무했지만 현대사회에서의 교육은 자본에 복무하고 있다. 교육계에도 제4차 산업혁명의 논의가 최고의 화두로 등장했다. 따지고 보면 산업혁명은 미디어 혁명이다. 제4차 산업혁명 역시 다르지 않다. 우리는 무조건 새로운 미디어를 '학습'하는 데 교육의 초점을 맞추고 있다. 왜 그 미디어를 학습하지 않으면 안 되는가에 대한 대답은 오로지 '산업적' 측면에서의 대답밖에 없다. 교육계가 산업계에서 해야 할 대답을 하고 있는 것이다.

미디어는 문명이다. 어떤 미디어를 활용하는가가 문명의 성격을 말해 준다. 신라인들이 활용한 미디어가 바로 신라문명이다. 이 책의 논지에 따르면 신라인은 신라에서 태어나서 신라인이 아니다. 신라문명, 신라의 미디어에 의하여 신라인이 되는 것이다. 구술 미디어가 구술형 인간을 만들고, 문자 미디어가 문자형 인간을 만든다. 마찬가지로 이 시대에서는 AI와 같은 전자 미디어가 AI형 인간을 만들게 되는 것이다. 신라인은 감각적 미디어를 활용하던 사람들이다. 파토스의 지(知)를 삶에 활용하며 살던 사람들이다. 4차 산업혁명은 AI를 기반으로 한 로고스의 지(知)로 이루어진 문명이다. 감각적 미디어인 반구대 암각화가 발신하는 메시지는 감각으로 읽을 수 있다. 눈으로 보이고 귀로 들리는 지(知)다. AI는 전자적 미디어다. 이 미디어가 발신하는 메시지는 감각으로 읽기 힘들다. 문자라는 미디어가 등장한 후 교육의 개념이 문자 중심으로 바뀌었듯이, AI 등장 이후 교육 개념이 또 어떻게 바뀌고 교육문화가 어떻게 바뀔지는 단언하기 힘들다. 신라인의 지(知), 공통감각을 기반으로 한 파토스의 지가 설 자리가 어딘지도 궁금하다.

제5장

신라인의 교육공간 디자인

모든 장소들은
생생한 걸 준비해야 한다.
생생한 게 준비된다면
거기가 곧 머물 만한 곳이다.
물건이든 마음이든 그 무엇이든
풍경이든 귀신이든 그 무엇이든
생생한 걸 만나지 못하면
그건 장소가 아니다.
(······)
생생해서 문득 신명 지피고
생생해서 온몸에 싹이 트고
생생해서 봄바람 일지 않으면
그건 장소가 아니다.
오 장소들의 지루함이여.
인류의 시간 속에 어떤 생생함을
한 번이라도 맛볼 수 있는 것인지

—정현종의 시, 「장소에 대하여」

2008년 가을, 한국교육사학회에서는 '역사 속의 교육공간, 그 철학적 조망'이라는 주제로 교육학을 하는 사람과 건축학을 하는 사람이 함께 모임을 가졌다. 그때 저자는 "교육공간을 단지 교육이 이루어지는 공간이라고 정의하는 것은 의미가 없다. 교육공간은 교육이 이루어질 뿐 아니라 생활, 즉 삶이 이루어지는 공간이기 때문에 주목의 대상이 되는 것이다. 그러나 우리의 교육공간은 어떠한가. 견고한 콘크리트 건물, 꽉 짜인 시간표, 그 속에서 정신없이 지식을 거래하는 교사와 학생, 이것이 지금의 학교의 모습임을 누구도 부정할 수 없을 것이다."라고 말한 바 있다. 또 "아쉽게도 학교의 모습은 그 시대의 교육이상을 반영하는 것임과 동시에 시대의 이데올로기, 문화, 욕망을 반영하는 것임을 안다면 이것이 우리의 자화상임도 부정할 수 없는 사실이다. 다시 말하면, 우리 교육공간의 모습은 이 시대 우리가 추구하는 삶과 이데올로기, 욕망 등을 총체적으로 반영하는 거울이라는 것이다."라고 말한 바 있다.[1] 그렇다. 우리가 신라의 교육공간에 주목하는 것은 지금의 학교 모습이 우리의 자화상이듯이 그것은 그 시대의 자화상이기 때문이다. 교육공간은 그 시대의 교육적 욕망과 이상을 반영하는 거울이니, 그 시대의 교육의 성격을 알기 위해서는 공간과 장소를 주목할 수밖에 없는 것이다.

미디어의 관점에서 공간과 장소가 지니는 의미는 근원적이다. 근원적이라는 말은 공간과 장소 자체가 1차적 미디어라는 것이다. 산속에 학교가 있다면 산속이라는 공간, 장소가 1차 미디어다. 그 공간 안의 학교는 2차 미디어, 학교 안의 교실은 3차 미디어와 같은 식이다. 그기에 공간과 장소를 근원적이라고 하는 것이다. 이는 학교교육, 사회교육이 중요하다고 하더라도 교육의 근원은 가정교육임과 마찬가지다. 인간의 삶은 가정이 출발점이기 때문이다. 공간과 장소는 미디어의 출발점이다.

신라 역사는 천년의 역사다. 신라인의 천년의 교육공간을 한마디로 규정할 수 없다. 우리가 생각하는 것보다 신라에는 다양한 교육 공간과 장소가 있었다. 이 장에서는 신라인이 근원적 교육미디어인 교육공간을 어떻게 디자인했는지를 살펴보기로 한다.

---

1) 한국교육사학회 편, 『역사 속의 교육공간, 그 철학적 조망』, 학지사, 2011, 3-4쪽.

✤ 신화 교육의 공간으로서의 반구대와 천전리, 그리고 나정

반구대와 천전리

신라인은 신화적 삶을 산 사람들이다. 신화가 그들의 삶을 이끌었다. 신라인이 신화적 교육공간으로 선택한(디자인한) 공간이 반구대와 서석곡이다.[2]

　신화적 공간은 신화라는 개념적 도식의 공간이다. 암각화의 이면에 있었을 신화, 설화적 개념에 의해 구성되는 공간이다. 신화, 설화가 뒷받침되지 못하면 이 장소, 공간은 성(聖)의 공간이 아니다. 이 장소는 애니미즘, 샤머니즘, 토테미즘과 같은 사상을 비롯하여 선사시대의 교육 내용이 신화나 설화와 같은 형식을 통하여 전수되고 학습되는 공간이다. 그런 측면에서 신화적 교육공간이라고 하는 것이다. 반구대 신화의 주인공은 고래였을 가능성이 크다. 즉, 지금 울산의 상징 동물이 고래이듯이, 암각화가 그려지던 그 시대에도 고래는 지역 토템의 주인공이었을 것이다.

[그림 5-1] 대곡리 반구대 암각화 공간

[그림 5-2] 천전리 서석곡 공간

2) 지리학자 이-푸 투안은 공간을 신화적 유형, 실천적 유형, 추상적(이론적) 유형의 셋으로 구분한 바 있다. 이-푸 투안(구동회, 심승희 역), 『공간과 장소』, 대윤, 2007, 36쪽. 이 장에서는 그 유형을 차용하여 신화적 교육공간, 실천적 교육공간, 이론적 교육공간의 개념을 사용하였다.

[그림 5-3] 울산의 상징 – 고래

 이 공간은 역사시대가 되면서 신전이 되고 사당이 되었을 공간이다. 실제 그 시대에도 그리고 일정 시점까지 제의가 이루어지던 공간이었을 것이다. 사원이 되었어도 이상할 것 없는 공간이다. 천전리에 찾아온 신라인 가운데 승려들도 적지 않았다. 승려들이 이곳에 찾아온 것은 한편으로는 화랑과 관련하여 생각해 볼 수 있다. 승려 가운데 화랑의 무리에 속한 사람들이 적지 않았기 때문이다. 다른 한편으로는 이 공간에서 제의가 이루어졌고, 그 제의에 승려들이 참여하였을 가능성도 있다. 제4장에서도 이야기했듯이, 반구대에서는 또한 실용적 교육이 이루어졌을 가능성이 있다. 반구대의 암각화를 교구로 삼아 고래를 잡는 방법이라든지 가축을 잡아 기르는 방법과 같은 실용적 교육을 했을 것이라 여겨지기 때문이다. 구술시대의 사람들에게 교육이란 지금처럼 이론을 가르치고 배우는 활동이 아니었다. 그러기에 교육만을 위한 공간이 따로 존재하지 않았다. 생활공간이 곧 교육공간이었던 것이다. 고대 철학자 소크라테스만 하더라도 학교나 교실에서 사람들을 가르친 것이 아니었다. 소크라테스의 교육공간은 그가 생활하던 아테네 거리, 다리 위, 시장 등이었다. 심지어는 사형 판결을 받은 감옥과 재판정도 그에게는 훌륭한 교육공간이었던 것이다. 반구대와 천전리는 한편으로는 신화나 설화를 통해, 또 성스러운 제의를 통해 신화적 '지'의 전달이 이루어지는 교육공간이었다. 그러면서도 동시에 생활교육이 이루어지는 실용적 '지'의 교육공간이기도 했다.

나정과 알영정, 그리고 시림

반구대와 천전리가 선사시대부터 신라시대까지의 신화적 공간이었다면, 보다 직접적인 신라의 신화적 공간으로는 나정과 알영정, 그리고 시림, 오릉 등을 들 수 있다.

양산 밑의 나정은 신라의 시조 혁거세가 태어난 곳이며, 알영정은 왕후 알영이 태어난 곳이다. 시조 신화의 현장이요 장소다. 계림은 김 씨 시조 알지가 태어난 곳이다. 그런데 신라인들에게 신화는 곧 역사이기 때문에 이곳은 그들에게는 신화적 공간이면서 역사적 공간이기도 하였다. 나정, 알영정, 시림은 눈으로 볼 수 있고 온몸으로 느낄 수 있는 공간이었다. 그러나 그 장소는 일상적 생활공간은 아니고, 신라인의 마음의 고향, 원형 같은 곳이다. 신라의 '배꼽(옴파로스)'이다. 물론 그곳이 지리상의 중앙 지점은 아니다. 신라인의 머리와 가슴 속에 그렇게 인식되어 있는 공간이다. 혁거세가 태어난 곳이 신라의 중심이 될 수 있는 것은 하늘과 관련이 있다. 빛의 기운이 하늘로부터 내려온 곳이고, 하늘의 말(천마)이 꿇어앉아 있다 하늘로 올라간 곳이다. 알지가 태어난 곳 역시 자주색 구름이 하늘에서 땅에

[그림 5-4] 나정의 당간지주

[그림 5-5] 알영정

[그림 5-6] 시림-계림비각   [그림 5-7] 오릉

뻗쳐 있는 곳이다. 그래서 신라의 중심, 신라인의 고향인 것이다. 그곳의 우물에
서 물을 떠다 제사를 지내고, 그곳에 시조묘(始祖廟)를 만들어 의례를 행한다. 신
앙의 관점에서 보면 신앙적 공간이지만, 교육의 관점에서 보면 교육의 공간이다.
신라인은 그곳에서 신화, 설화, 의례 등을 통하여 신화적 '지'를 습득하게 된다. 신
라인은 그 이야기를 들으며 자신이 누구인지 정체성을 확립하게 된다.

화랑도의 교육공간으로서의 유오지

화랑과 신선

　화랑도가 다녔던 곳 가운데 천전리가 있다. 앞서 이야기하였듯이, 이곳에 다녀
간 그들은 '영랑성업(永郞成業)'이란 글을 새겨 놓았다. 그 '업'이 구체적으로 어떤 활
동이었는지까지는 적어 놓지 않았다. 넓게 이야기하면, 심신수련을 목적으로 한
유오(遊娛) 활동이었을 것이다. 이 유오 활동을 하는 장소로 천전리를 선택했던 것
이다. 그런데 유오는 지금의 개념과 다르다. 지금 생각으로 우리는 유오를 단순

히 먹고 노는, 그래서 소비적인 것으로 생각하기 쉽지만 화랑도의 유오는 교육 활동이었다.『예기』「학기」편에는 군자의 공부에 대해 이야기하고 있다. 군자의 공부 과정은 네 단계가 있다. 지식을 받아들이는 단계[藏], 연마하여 자기화하는 단계[修], 멈추는 단계[息], 노는 단계[遊]가 그것이다.[3] 앞의 두 단계가 공부의 전형적인 단계임은 지금과 같다. 그러나 뒤의 두 단계는 다소 의외일 것이다. 군자의 공부에 멈추고, 쉬면서 노는 단계를 설정해 놓았다는 것은 매우 큰 의미가 있는 것이다.「학기」편에서는 대학의 교육에는 정업(正業)이 있고 거학(居學)이 있다고 했다. 정업은 정규 수업으로 학교 교실에서의 수업을 말한다. 거학은 학교에서 나와 집에 머물면서 하는 공부다. 이른바 연거지학(燕居之學)이라 하여 휴식하면서 하는 공부다. 공부는 교실에서만 이루어진다고 생각해서는 안 된다. 공부는 때와 장소가 있는 것이다.

때에 따른 공부를 시교(時敎)라고 하여 동아시아 고대의 교육에서는 이를 상당히 중요시하였다. 양나라에 황간(皇侃, 488~545)이라는 사람이 있다. 그는 배움에는 세 가지 때가 있다고 하면서 신중시(身中時), 연중시(年中時), 일중시(日中時)를 말했다. 신중시는 우리 몸의 시간을 말하고, 연중시는 해(1년)의 시간, 일중시는 하루의 시간인데, 고대부터 교육은 이 원리에 따라야 한다. 특히 연중시, 즉 계절에 맞추어 교과를 구분하였는데, 춘하는 양의 계절이므로 가볍고 맑은 기운의 교과인 시와 악을 가르쳐야 하고, 추동은 음의 계절이므로 무겁고 탁한 기운이 주가 되는 교과인 서와 예를 가르쳐야 한다고 했다. 그리고 청소년기인 열다섯 성동(成童)이 되면 무무(武舞)인 상무(象武)를 가르쳐야 한다고 했다.[4] 화랑도의 교육과정도 그러하였을 것이다. 영랑이 언제 천전리를 찾았는지는 기록되어 있지 않으나 때와 무

---

3)『예기』의「학기(學記)」편에서 가르침의 때를 설명하면서 '君子之於學也藏焉修焉息焉遊焉' 이라고 했다. '遊'의 의미에 대해서는 동한(東漢)의 유학자 정현(鄭玄)은 한가하고 일 없는 것[閒暇無事於之遊]이라고 풀이하였다.『十三經注疏 5(禮記)』, 台北, 藝文印書館, p. 651. 이에 대한 자세한 논의는 안경식,「先秦儒家의 時敎論」, 한국교육사학회,『한국교육사학』제23집 제1권, 2001, 113-129쪽을 참조할 것.

4) 앞의 논문, 126쪽.

관하지는 않았을 것이다. 그리고 어쩌다 그 장소를 간 것이 아닐 것이다. 화랑들이 그 장소를 선택한 것은 유오에 적합한 장소였기 때문일 것이다. 그 장소는 그들이 디자인한 장소인 것이다. 화랑의 교육 활동 가운데 산수유오는 핵심적인 활동이다. 도의상마(道義相磨)나 가악상열(歌樂相悅)은 산수유오의 과정 속에서 함께 이루어질 수 있는 활동이다. 이들 활동이 최고의 효과를 거둘 수 있는 장소를 그들은 찾아냈던 것이다.

최치원은 화랑도를 풍류도라고 하였으며, 여기에는 유교, 불교, 선도(仙道) 사상이 포함되어 있다고 하였다. 풍류도의 사상적 연원은『선사(仙史)』라는 책에 기록되어 있다고 하나 아쉽게도 이 책은 전하지 않는다.『화랑세기』가 역대 국선 화랑의 계보를 적은 책이라면,『선사』는 이름으로 보아 화랑과 관련한 책이거나 아니면 신선과 같은 풍류인의 몸으로 살다간 사람들의 전기류 정도가 될 것이다. 화랑 혹은 화랑도를 지칭하는 용어 가운데 유독 '선(仙)' 자가 들어간 말이 많다. 선사(仙史)도 그러하지만 국선(國仙), 선랑(仙郎), 선화(仙花), 사선(四仙)이라는 말도 보인다. 화랑을 줄여서 랑(郎)이라고 하지만 이 말은 남성을 지칭하는 말이며, 실제 이칭(異稱)은 선(仙)이었다. 그렇다면 왜 선(仙)일까. 그 실체가 어떠하였든 간에 화랑을 한자 '仙'으로 표기했다는 것은 글자가 가지는 의미와의 연관성을 생각하지 않을 수 없다.『설문해자(說文解字)』에 '仙'은 '僊'으로 표기되어 있다. 그리고 그 뜻은 "오래 살다 위로 올라가는 것[長生僊去]"이다.[5] 뒤에 '仙'으로 바뀌었는데, 산은 높은 곳의 상징 공간이다. 뒤에 '仙'은 신선을 의미하게 되었고, 신선은 산에 사는 사람으로 상징화되었다. 이때 산 역시 지리적 공간이 아닌 상징적 공간이다. 탈속적 공간을 의미한다. 신라에서는 탈속하여 산수에 노니는 사람을 '仙'이라고 했다. 그리고 그에 해당하는 사람이 화랑이었기에 화랑을 '仙'으로 표기했다. 이렇게 볼 때, 화랑을 지칭하는 '仙' 속에 이미 공간과 장소 개념이 들어가 있다. 화랑도를 지칭하는 풍류(風流)나 풍월(風月)도 마찬가지다. '風' '月' '流'에는 공통적으로 고정의 이미지보다는 변화나 흐름의 이미지가 있다.

---

5) 段玉裁,『說文解字注』, 臺北, 天工書局, 1987, 383下.

흐느끼며 바라보매

이슬 밝힌 달이

흰 구름 따라 떠간 언저리에

모래 가른 물가에

기랑의 모습이올시 수풀이여

일오(逸烏) 냇가 자갈 벌에서

낭이 지니시던

마음의 끝을 좇고 있노라

아아, 잣나무 가지가 높아

눈이라도 덮지 못할 고깔이여

고등학교 교과서에 실려 있는 「찬기파랑가」다. 여기서 보듯이 달과 구름, 물은 변화와 흐름의 상징이다. 화랑은 움직이는 집단이었지 한곳에 정착한 집단이 아니었음을 말한다. 그리하여 화랑도의 교육공간 역시 국학과 같이 정해진 닫힌 공간이 아니라 부정(不定)의 열린 공간으로 규정할 수 있다.

화랑도의 교육공간으로서의 유오지

화랑도의 교육공간은 열린 공간으로서 고정되어 있지 않다. 상황에 따라 변할 수 있다. 화랑도의 유오지(遊娛地)는 무원부지(無遠不至), 즉 아무리 먼 곳이라도 가지 않은 곳이 없다고 했다. 역사적으로 알려져 있는 곳이 꽤 있으므로 구체적으로 어떤 곳이 있는지 알아보자.

우선 가까이는 남산(南山)이다. 남산은 왕경 안에 있지만 신라인들에게는 성지다. 신라 말기의 화랑 효종랑은 남산 포석정에 낭도들과 유오한 적이 있다. 포석정은 경애왕이 술 마시고 논 곳으로 알려져 있지만 그것은 고려의 정통성을 세우기 위한 역사 서술에 불과하다. 견훤이 쳐들어오는데 술 마시며 즐길 사람이 어디

[그림 5-8] 경주 포석정지

있겠는가. 최근의 발굴 조사에서 제사터로 추정되었다.

혁거세 탄생지 나정과도 거리가 멀지 않다. 만일 그렇다면 그곳은 국가적으로 의미 있는 공간이고, 그곳에서 중요한 의례가 행해졌을 가능성도 있다. 화랑들에게는 필수 유오지였을 수 있다.

중악(中嶽)과 인박산(咽薄山)도 화랑 김유신이 청년기에 수행했던 곳으로 알려져 있다. 중악은 신라 오악(五嶽) 가운데 하나로서 경주 부근의 산으로 추정하고 있다. 국가 제사 가운데 중사(中祀)가 치러질 만큼 의미 있는 산이었다.

금강산 역시 화랑의 유오지였다. 진평왕(579~632 재위)대의 거열랑, 실처랑, 보동랑의 세 화랑의 무리가 풍악산(금강산의 별칭)으로 유오 가는 중에 혜성이 심대성(心大星)을 침범하였다. 낭도들이 이상하게 여겨 그 행사를 중지하려 했다. 이때 융천사(融天師)는 노래를 지어 불렀다.

예전 동해 물가 건달바의 논 성을랑 바라보고
'왜군도 왔다'고 봉화를 든 변방이 있어라
삼화(三花)의 산 구경 오심을 듣고 달도 부지런히 들불을 켜는데
길 쓸 별을 바라보고 '혜성이여' 사뢴 사람이 있구나
아으, 달은 저 아래로 떠갔더라
이 보아, 무슨 혜성이 있을꼬

[그림 5-9] 화랑의 유오지 - 총석정 사선암

노래는 주술적인 효력을 발휘하였다. 변괴는 사라지고 일본의 군대도 물러갔다. 임금이 기뻐하여 화랑들을 풍악에서 놀게 하였다. 풍악산은 금강산 가운데 내금강 지역이다. 외금강, 해금강 지역은 동해안 지역인데, 이 지역 역시 화랑들의 유오지다. 총석정(叢石亭), 사선봉(四仙峯), 금란굴(金蘭窟), 한송정(寒松亭), 경포대(鏡浦臺) 등이 있는 통천(通川), 명주(溟州), 강릉(江陵) 지역과 월송정(越松亭)이 있는 지금의 울진 지역 등이다. 이 가운데 총석정, 사선봉 등에 대한 기록은 고려의 문인 이곡(李穀, 1298~1351)의 유람기 「동유기(東遊記)」에 나온다.

천도(穿島)로부터 바다를 질러 남쪽으로 가면 총석정에 갈 수 있는데 그 사이가 8, 9리요, 또 총석정으로부터 바다를 질러 남쪽으로 가면 금란굴에 갈 수 있는데 그 사이가 또 10여 리, 주중(舟中)의 승경(勝景)은 이루 말할 수 없다 한다. (……) 이른바 사선봉이라는 것은 그 돌이 묶여 서 있고 그 줄기가 방직(方直)한 것은 대개 국도(國島)와 같은데, 다만 그 빛이 붉고 그 석벽의 돌이 울툭불툭 가지런하지 않을 뿐이다. 그 위에서 내려보매 네 봉이 따로따로 우뚝 솟아 있고 절벽이 깎아지른 듯 동명(東溟) 만 리를 바라보고 서령(西嶺) 천 겹을 대하였으니, 실로 관동의 장관이다. (……중략……) 사람들이 말하기를, "신라 때에 영랑, 술랑 등 네 선동(仙童)이 그의 무리 삼천 명과 더불어 해상에서 놀았다" 하니 그 무리가 세운 것일까. (……중략……) 초4일에 일찍 일어나 삼일포에 이르렀다. 포는 성북 5리에 있는데 배에 올라 서남쪽 조그만 섬에 이르니, 덩그란 큰 돌이다. 그 꼭대기 돌벽장[龕]이 있고 그 안에 단서(丹書)가 있기에 가 보니, 두 줄에 줄마다 석 자인데 그 글에 가로되, '술랑도남석행(述郞徒南石行)'이라 하였다. (……중략……) 이윽고 배를 돌려 사선정에 오르니, 이 또한 호수 가운데의 한 섬이다. (……중략……) 사람들이 말하기를, "이 호수가 사선이 놀다 간 36봉이라 하며, 봉에는 비가 있던 것을 호종단(胡宗旦)이 다 가져가 물속에 넣어 지금 그 대석(臺石)이 아직도 남아 있다" 한다. (……중략……) 한송정에서 전송으로 마시니, 이 정자 또한 사선이 노닌 곳인데, 고을 사람이 유람자가 많은 것을 귀찮게 여겨 집을 헐어 버렸고, 소나무도 야화(野火)에 타 버렸으며, 다만 돌풍로, 돌연못과 두 돌우물이 그 곁에 남아 있을 뿐인데, 역시 사선의 다구(茶具)다.[6]

이렇듯 이곡이 이곳을 방문했을 당시 화랑의 흔적이 더러 남아 있었고 그들의 유오는 사람들에게 널리 회자되고 있었다. 특히 여기서 말하는 사선은 술랑, 남랑, 영랑, 안상을 이야기하는데, 이들과 관련된 유적이 적지 않다. 이들에 관한 기록은 『동국여지승람(東國輿地勝覽)』에도 나오는데, 그에 따르면 고려의 문인 안축(安軸, 1282~1348)의 기문(記文)에서도 신라시대의 사선이 놀던 곳이라고 기록하고 있다 한다.

화랑의 유오지는 이상의 문헌 기록 이외에도 전국 곳곳에 전설로도 남아 있다. 전설로 남아 있는 화랑 관련 지역과 장소들을 몇 가지 소개하면 다음과 같다.

부산의 부암동에 있는 사찰 선암사(仙岩寺)는 문무왕 15년(675)에 원효대사가 견강사(見江寺)라는 이름으로 창건하였다 한다. 뒷산 절벽 바위에서 신라의 국선(國

---

6) 이곡, 「동유기」, 고전국역총서 30, 『동문선』 71, 1982.

仙) 화랑들이 수련하였다 하여 선암사로 부르게 되었다고 한다.[7] 절 뒷산 언덕에 가면 낙동강이 한눈에 들어온다. 이 선암사 뒷산이 백양산(白楊山)인데 이곳에는 낭 바위라는 바위가 있다. 이 바위 역시 화랑이 말을 타고 훈련을 했다고 하여 낭 바위라 한다는 전설이 있다.[8] 경상북도 의성군 비안면 서부리(西部里)에서 서쪽으로 약 1km 떨어진 곳에 '화랑재'라는 고개가 있다. 이 고개를 오르면 평평하고 넓은 곳이 나타나는데, 그 서쪽과 북쪽으로는 푸른 강이 둘러 흐르고 있어 아름다운 경관을 자랑한다. 신라의 화랑들이 바로 이곳에서 삼국 통일의 대업을 이루기 위해 무예를 수련하였다고 전하며, 지금까지도 화랑재라 부른다고 한다.[9] 전라남도 여수시에 있는 통일신라시대 산성으로 화랑산성(혹은 호랑산성)이라는 곳이 있다. 이곳 역시 신라 말 화랑들이 수련했다는 전설이 있어 화랑산성이라고 부르며, 산성 주위에 있는 굴을 화랑굴이라고 한다.[10] 이와 같이 지금도 전국 곳곳에는 그동안 역사서나 각종 문헌을 통해서는 잘 알려지지 않은 수련처 내지 유오처가 남아 있고 그와 관련한 전설, 설화도 남아 있다.

지금까지 본 화랑의 유오지는 몇 가지 공간적 특징이 있다. 첫째, 중악이나 남산과 같이 제사 공간으로 활용된 성스러운 공간이다. 둘째, 금강산이나 동해안 여러 지역과 같이 풍광이 뛰어난 명승지다. 셋째, 신라의 동남해안 지역과 같은 접경지대다. 넷째, 지역적으로 산과 바다, 계곡을 망라했다. 이러한 여러 특징을 볼 때, 화랑도의 교육공간이 어느 특정한 하나의 목적만을 지향했다고 보기는 어렵다. 도의연마, 정서도야, 체력단련 등이 포함된 통합적 인간교육의 공간이 바로 화랑도의 교육공간이었던 것이다. 이렇게 목적은 차이가 있지만 화랑도의 교육 활동의 성격은 이론적이지 않고 실천적이라는 것이다. 물론 앞에서 본 바와 같이 신화적 교육공간에서 업을 완수했다는 기록도 남아 있다. 그러나 그 공간에서의 활동

---

7) 한국향토문화전자대전, 선암사(仙岩寺) 항목.

8) 한국향토문화전자대전, 백양산의 낭 바위 항목. 이 바위에는 모양이 농처럼 네모지거나 홍수 때 농처럼 물 위에 둥둥 떠내려가서 농 바위라고 했다는 암석 유래담도 있다.

9) 한국향토문화전자대전, 검바위와 화랑재 항목.

10) 한국향토문화전자대전, 호랑굴 항목.

역시 실천적이고 실제적인 활동이었던 것이다. 그 실천적 활동의 장소가 지금까지 거론한 산수, 자연이었다. 교육학자 황금중은 화랑도의 교육공간을 논하면서 "산수, 즉 자연은 한국의 교육공간의 역사상 가장 오래되었을뿐더러 가장 핵심적인 교육공간"이라고 이야기한 바 있다. 또 "소유적 욕망을 잠재우고 내면 깊은 곳에 자리한 존재적 본성을 들여다보고 이끌어 내도록 자극을 주는 공간"이라고 공간의 교육적 의미를 말한 바 있다.[11] 사실 산수, 자연은 태초부터 있어 왔다. 그러나 그것이 그대로 교육공간이 되지는 않는다. 산수, 자연은 화랑도가 유오라는 교육 활동을 위해 '선택한' 교육공간이고 '디자인한' 공간이다.

✽ 복합적 교화공간으로서의 불교의 사원

신라 불교 최초의 교육공간

신라에 불교가 들어온 것은 제19대 왕인 눌지왕(417~458 재위)대였다. 묵호자가 고구려로부터 일선군(一善郡, 1995년 구미시로 통합되기 전의 선산군)에 와서 그 지역 사람 모례의 집에 머물렀다. 그 뒤 21대 비처왕(소지왕, 479~500 재위)대에는 아도화상이 시종 세 사람을 데려왔는데 그의 모습이 묵호자와 비슷했다고 한다. 묵호자와 아도화상은 같은 사람으로 보고 있다.

아도 일행은 이곳에 몇 년간 머물며 신라

[그림 5-10] 아도화상 초상(구미 도리사)

11) 황금중, 「교육공간으로서의 자연: 화랑도 교육의 공간, 산수(山水)」, 한국교육사학회 편, 『역사 속의 교육공간, 그 철학적 조망』, 학지사, 2011, 91쪽.

에 불법(佛法)을 전파하기 위
해 노력했는데, 효과를 거두지
못하였고 박해까지 받았다.
아도가 죽은 후에도 그의 제자
들은 남아 신라 사람들을 대상
으로 불교의 경(經)과 론(論)을
가르쳤다. 이렇게 볼 때, 모례
의 집은 신라 최초의 불교교육
이 이루어졌던 공간이라 할 수
있다. 지금 구미시에는 아도

[그림 5-11] 전 모례가정

화상이 지었다는 도리사(桃李寺)가 신라, 고려, 조선 시대를 거쳐 남아 있다.

공식적으로 알려진 신라 최초의 절은 흥륜사다. 흥륜사의 창건 역시 아도화상
과 관계가 있다. 미추왕 3년(264)에 공주가 병이 들어 무당과 의원이 치료해도 효
험이 없자 사방으로 의원을 찾았다. 고구려의 아도가 들어가 병을 고쳤다. 왕은

[그림 5-12] 아도화상이 세운 도리사(조선시대 중창)

그에게 소원을 물으니 천경림에 절을 지어 불교를 일으키고 싶다고 했다. 당시 지은 집은 거창한 사찰이 아닌 띳집이었다. 여기서도 불법이 강연되었다고 한다.[12]

황룡사 강당

불교교육의 공간으로 주목할 것은 강당(講堂)이다. 요즈음 우리가 강당이라 하면, 학교의 체육관과 비슷한 큰 규모의 복합 공간을 말한다. 그런데 개념적으로 보면, 그리고 역사적으로 보면 강당은 불교의 경전 해설을 위해 지은 건물을 말한다. 불교의 교육공간이었던 것이다. 강경은 아무나 할 수 있는 것이 아니다. 7세기 신라에서는 주로 중국에 유학을 다녀온 고승들이 강경을 맡았다. 원광은 수나라에서 귀국한 후, 연 2회 정기적으로 강경을 하여 후학을 양성했다. 원광은 왕경에 머물지 않고 외곽 지역인 가실사(加悉寺, 청도군 운문면에 있던 절)에 머물렀는데, 이때 귀산과 추항이 찾아가서 가르침을 청했다. 제자 양성과 정기적인 강경도 여기서 행해졌을 가능성이 있다. 원광은 진평왕 35년(613)에 행해졌던 백고좌강회에서 맨 윗자리[上首]에 앉았는데,[13] 이때의 행사는 황룡사에서 행해졌다. 황룡사는 진흥왕 14년(553)에 대궐을 지으려다 황룡이 나타나 절을 지었던 곳이다. 진흥왕 30년(569)에 완성되었으며 신라의 대표적 국가 사원이다. 절터에 대한 발굴조사가 이루어졌는데, 전용 교육공간인 강당 자리가 확인되었다. 동서 52.6m, 남북 21.2m, 면적 1,114m²이고, 전면 9칸(최초에는 전면 10칸이었음), 측면 4칸의 건물로 드러났다. 당시로서는 매우 큰 규모의 교육공간을 건설했던 것이다. 이렇게 큰 강당을 지은 것은 그것이 당시 동아시아의 일반적 사원 형식이기도 했지만, 그만큼 7세기에 들어와 신라에서는 강경 활동이 활발해졌다는 것이기도 하다.

---

12) 『삼국유사』를 편찬하면서 이 일을 기록으로 남긴 일연은 미추왕대의 일은 눌지왕대의 일과 시대가 맞지 않으니 믿을 수 없다고 하였다. 『삼국유사』, 「흥법」.

13) 신라시대 불교 강경에 대해서는 안경식, 「신라시대 불교 강경의 교육적 의의」, 한국종교교육학회, 『종교교육학연구』 제52권, 2016년 12월, 71–101쪽을 참조할 것.

[그림 5-13] 경주 황룡사지

　　원효 역시 『금강삼매경론』을 황룡사에서 강의했는데, 이때 왕과 신하, 승과 속이 모두 참여했다고 한다. 원효가 『금강삼매경론』을 강설하는 모습은 지금 일본의 코산지(高山寺, 교토에 있는 절)에 그림으로 남아 있다. 카마쿠라(鎌倉) 시대에 그려진 『화엄종조사회전(華嚴宗祖師繪傳)』이라는 책의 3권에는 원효와 의상의 설화를 바탕으로 한 다수의 그림이 남아 있다. 주지 묘에(明惠, 1173~1232)가 동아시아 화엄종의 발전에 기여한 두 조사를 존경하여 만든 것이다. 원광, 원효의 강경은 교육의 성격상 실천적 교육이 아닌 이론적 교육이다. 따라서 그 교육공간도 그에 맞는 강당과 같은 공간을 디자인할 수밖에 없었던 것이다.

　　그런데 원효의 교화를 이론적인 것만으로 묶어 놓을 수는 없다. 우리가 잘 알고 있듯이, 원효가 활동하던 곳으로 빼놓을 수 없는 곳이 저잣거리다. 7세기 신라 불교의 한 흐름이 대중불교다. 혜숙(惠宿)과 혜공(惠空), 대안(大安) 등이 이미 신라의 거리를 교화지로 만들고 있었다. 저잣거리의 교화 활동은 십우도에서도 보듯이 공부가 익었을 때 나서는 교화지다. 이런 저잣거리에서 강경 활동이 이루어진 것은 아니다. 글을 모르는 저자의 사람들을 대상으로 개념, 이론을 이야기했을 리가 없다. 저잣거리는 대중들을 위한 원효의 교육공간이었고, 그 교육은 실천적 성격의 교육이었다.

원효와 함께 의상은 신라 불교사의 거장이다. 정확한 수는 헤아릴 수 없지만 전국에 남아 있는 고사찰 가운데 원효와 의상이 창건하였다고 알려진 절은 상당수에 달한다. 의상이 강경한 장소로 알려져 있는 곳만 하더라도 부석사, 황복사, 태백산 대로방, 소백산 추동 등이다. 이들 가운데 의상이 화엄사상을 전교한, 이른바 화엄 10찰에 포함되는 곳은 한 곳밖에 없다. 화엄 10찰은 태백산의 부석사를 제외하고도 원주의 비마라사(毘摩羅寺), 가야산의 해인사(海印寺), 비슬산의 옥천사(玉泉寺), 금정산의 범어사(梵魚寺), 남악(南岳, 지리산)의 화엄사(華嚴寺) 등이 있다. 의상은 화엄 10찰 이외에도 강릉 낙산사를 비롯하여 수많은 절을 창건하였고, 그 절들이 지금도 전국 곳곳에 남아 있다. 물론 창건 당시의 상황과 그 절들에서 의상이 어떤 교화 활동을 벌였는지는 기록에 없다. 그래서 교육공간의 성격을 무어라 말하기 힘들다. 그러나 원효와 의상이 수많은 사찰을 창건한 역사적 사실만 가지고서라도 신라시대 불교교육의 공간을 디자인하고 만들어 낸 그들의 공적을 인정할 수 있다.

사원은 대표적인 불교 교육공간이다. 오늘날의 통도사나 범어사 등 큰 사원에서도 알 수 있듯이, 사원 안에는 다시 다양한 성격을 지난 공간들이 있다. 이른바 총림이라고 체제를 갖춘 사원에는 선원, 강원, 율원이 다 갖추어져 있다. 강원이야 경전과 같은 이론적 성격의 교육이 이루어지는 곳이지만 선원은 문자 밖의 교육, 즉 실천적 성격의 교육이 이루어지는 곳이다. 여기서 신라 하대의 상황과 선종의 교육공간에 대해서도 언급할 필요가 있다.

선종의 교육공간

신라 하대에는 당으로부터 선종(禪宗)이 들어오면서 상대적으로 경전 공부에 대한 의미가 감소하였다. 따라서 강경에 대한 기록이 많지는 않다. 그러나 오히려 마음 공부를 위해서는 사원의 위치와 장소 등 물리적 환경이 중요하게 되었다. 진감(眞鑑, 774~850) 혜소 선사의 사례를 통해 당시의 상황을 짐작해 볼 수 있다. 혜소는 당에서 남종선을 공부하고 57세에 돌아왔다. 처음 상주 장백사에 자리 잡았다가 곧 지리산으로 자리를 옮겼다. 이때의 상황은 "명의의 문전에 병자가 많은 것처럼 찾아오는 이들이 구름 같았는데, 방장(方丈)이 비록 넓었으나 물정(物情)이 자연 군색했으므로 마침내 걸어서 강주 지리산에 이르렀다." 라고 비문에 기록되어 있다.[14] 찾아오는 사람이 많다는 것은 이곳이 그의 수행처가 아닌 교화 공간이었음을 말한다. 또 그가 옮긴 것은 사우(寺宇)가 좁아서가 아니다. 물정이 군색하다는 말은 자연 경관을 포함한 주위의 상황이 마음 공부에 적절하지 못함을 지적한 말이다. 두 번째 교화지에서도 "법

[그림 5-14] 쌍계사

익(法益)을 청하는 사람들이 벼나 삼대처럼 들어서 열(列)을 이루니, 거의 송곳 꽂을 만한 땅도 없었다."라고 하였다.[15] 그 후 혜소는 다시 새로운 교화지로 자리를 옮긴다. 지리산 옥천사(쌍계사)다. 다음과 같이 정경에 대해서 비문에서는 다음과 같이 적고 있다.[16]

드디어 기묘한 절경을 두루 가리어 남령(南嶺)의 한 기슭을 얻으니, 앞이 확 트여 시원스럽기가 으뜸이었다. 선사(禪寺)를 지음에 있어, 뒤로는 저녁 노을이 끼는 봉우리에 의지하고, 앞으로는 구름이 비치는 간수(澗水)를 내려 보았다. 시야를 맑게 하는 것은 강 건너 먼 산이요, 귓부리를 시원하게 하

---

14) 최영성 역주, 『역주 최치원 전집 1-사산비명-』, 아세아문화사, 2004, 179-180쪽.

15) 위의 책, 183쪽.

16) 위의 책, 183-184쪽.

는 것은 돌에서 솟구쳐 흐르는 여울물 소리였다. 더욱이 봄이 되면 시냇가
에 온갖 꽃들이 피고, 여름이 오면 길가에 소나무가 그늘을 드리우고, 가을
이 되면 두 산 사이의 오목한 구렁에 밝은 달이 떠오르고, 겨울이 되면 산마
루에 흰 눈이 뒤덮여, 철마다 모습을 달리하고, 온갖 물상(物像)이 빛을 나누
며, 여러 울림소리가 어울려 읊조리고, 수많은 바위들이 다투어 빼어났다.
일찍이 중국에 유학했던 사람으로서 찾아와 머물게 되면, 모두 깜짝 놀라
살펴보며 이르기를, "혜원(慧遠) 선사의 동림사를 바다 건너로 옮겨 왔도다!
연화장세계야 비범한 곳이니 비길 바 아니로되, 항아리 속에 별천지가 있
다"는 말인즉 믿을 만하다고 했다. 홈을 판 대나무를 가로질러 시냇물을 끌
어다가 축대를 돌아가며 사방으로 물을 대고는, 비로소 '옥천(玉泉)'이라는
이름으로 사방(寺牓)을 삼았다. 손꼽아 헤아려 보니, 선사는 곧 혜능의 현손
제자인지라, 이에 육조의 영당(影堂)을 세우고 흰 담을 채색으로 장식하여
중생을 인도하는 데 널리 이바지하였으니, 경(經)에 이른바 '중생을 기쁘게
하기 위한 까닭에' 화려하게 여러 빛깔을 섞어 많은 상(像)을 그린 것이다.

　선사가 거처를 옮긴 것은 역시 수행 환경상의 이유일 것이다. 중국의 동림사(東
林寺)와 같은 환경을 찾은 것은 아닐까. 동림사는 중국 정토불교의 초조(初祖)라고
할 수 있는 혜원(慧遠, 334~416)이 머물던 곳이다. 호계삼소(虎溪三笑)의 고사로 널
리 알려져 있다. 동진(東晉)의 혜원이 여산(廬山)의 동림사에서 결사(結社)를 만들
어 수행하면서, '그림자는 산문을 벗어나지 않고, 발자취는 속세에 들이지 않는다
(影不出山, 跡不入俗).'는 원칙을 고수하였다. 한 번은 유가의 도연명(陶淵明)과 도
가의 육수정(陸修靜)이 방문하여 같이 담소하다 헤어질 때 자신도 모르고 호계를
넘어 버렸다는 것이 호계삼소의 고사다.[17] 오늘날 한국 불교의 선종을 생각하면
선방(禪房)을 떠올리게 된다. 숨소리마저 들리지 않는 극도로 절제된 공간이다.

---

17) 안경식, 「신라 하대 불교지성, 진감 선사의 삶의 교육학적 의미」, 한국종교교육학회, 『종교
　　교육학연구』 제54권, 2017년 7월, 186-187쪽.

그러나 선종이 처음 들어왔던 신라시대는 오히려 이와는 달랐던 것 같다. 자연을 최대한 활용하여 교화와 수행의 공간으로 삼았던 것이다.

사원공간의 디자인 철학이 담긴 연기 설화

교육학의 관점에서 보면 사원은 학교다. 불교교육이 주로 이루어지는 학교인 것이다. 자기 교육인 수행이 이루어지고 중생 교화가 이루어지는 장소다. 그러나 동아시아의 사원의 역사를 보면 그곳에서는 속인(俗人)을 대상으로 한 외전(外典) 교육이 이루어지기도 했으며, 지역의 문화 센터로서의 역할, 사회교육 센터로서의 역할까지 수행했던 사례가 있다.[18] 신라인들 역시 불교사상에 맞추어 독특한 교육공간을 디자인하고 조영했고, 그 속에서 다양한 교육 활동을 전개했다. 그런데 학교로서 사원 공간의 디자인 철학을 엿볼 수 있는 실마리가 사원의 연기(緣起) 설화에 있고, 우리는 이 점을 좀 더 주목할 필요가 있다.

[그림 5-15] 낙산사 홍련암

18) 여기에 대해서는 안경식, 「당대 사원의 세가지 역할과 정토사원의 교화사적」, 한국교육사상연구회, 『교육사상연구』 제2집, 1993년 2월, 99-116쪽을 참조할 것.

[그림 5-16] 정암사 적멸보궁

낙산사는 관음신앙의 성지로, 부석사는 아미타신앙의 성지로, 의상에 의해 설계 조영되었다. 낙산사는 의상이 당에서 돌아온 뒤 관음보살의 진신이 이 해변의 굴에서 산다는 말을 들었다. 그래서 이곳을 인도에서 관음보살이 거주한다는 보타락가산의 이름을 그대로 따서 낙산(洛山)이라 하였다. 의상은 관음보살을 친견하기 위해 재계 기도하였다.

이레 만에 좌구(座具)를 물에 띄우니 천(天), 용(龍) 등 팔부중(八部衆)이 굴 속으로 인도하여 그곳에서 수정 염주를 받았다. 또 동해 용왕이 주는 여의주 한 알을 받아 나와 다시 이레 동안 기도하니 관음보살을 친견하게 되었다. 관음보살은 의상에게 산꼭대기에 한 쌍의 대나무가 솟아날 것이니, 그 땅에 불전(佛殿)을 짓는 것이 좋겠다고 했다. 의상은 그곳에 금당(金堂)을 지었다. 그리하여 낙산사가 관음보살의 성지가 되었다. 또 율사로 알려진 자장은 신라의 오대산을 문수보살의 성지로 만들었다. 자장은 당에 유학할 때, 중국의 오대산의 태화지, 문수보살의 석상(石像)이 있는 곳에서 이레 동안 기도를 했다. 꿈에 부처가 나타나 게송을 주었으나 범어(梵語)로 되어 있어 해득이 안 되어 고민했다. 그때 한 노승이 나타나 해득을 해 주고 가지고 있던 바릿대와 가사, 정골 사리를 주었다. 그러면서 석가

세존의 물건이니 잘 보호하라고 하였다. 또 그대 나라의 동북방 명주(溟州, 강릉) 경계에 오대산이 있는데, 1만의 문수보살이 언제나 그곳에 거주하고 있으니 가서 친견하라고 하였다. 사실은 그 노승이 문수보살이었던 것이다. 자장은 선덕여왕 12년(643)에 오대산에 이르러 정암사를 세웠다. 정암사는 통도사 등과 함께 지금도 부처님의 정골 사리를 모신 한국의 5대 적멸보궁 가운데 하나로 유명하다.

　사원은 인간이 세우기는 했지만 '부처님'이 머무는 공간이다. 부처님은 고귀한 존재이고, 그래서 불상은 황룡사 장육존상(丈六尊像)과 같이 황금으로 만들거나 황금 칠을 한다. 불상을 안치해 놓은 본당을 금당(金堂)이라고 한다. 황룡사 금당에 모신 불상은 장육존상이다. 진평왕이 하늘로부터 받은 옥대(玉帶), 황룡사 9층 탑과 함께 신라의 세 가지 보물 가운데 하나다. 원래 인도 아육왕(阿育王, 아소카왕)이 황철(黃鐵) 5만 7천 근과 황금 3만 푼을 모아 석가모니 불상 3개를 만들려다 이루지 못하였다. 이에 그것을 배에 실어 바다에 띄우면서 인연 있는 나라에 가서 장육존상을 이루어 달라는 축원을 했다. 장육존상이 신라에서 완성되자 그 이듬해 불상에서 눈물이 발꿈치까지 흘러내려 땅이 한 자나 젖었다고 한다. 황룡사는 장육존상도 유명하지만 연좌석(宴坐石)도 유명하다. 연좌석이란 참선을 하기 위해 앉는 돌인데, 부처님의 과거 7불 가운데 가섭불이 앉았던 가섭연좌석이 유명하다. 자장이 중국 오대산에서 문수보살을 친견했을 때, 문수보살이 "너의 나라의 황룡사는 석가와 가섭불이 강연했던 장소다. 연좌석이 아직 남아 있다."라고 말했다는 설화가 있다.[19] 황룡사에서 빠질 수 없는 것이 9층탑이다. 9층탑 역시 자장과 문수보살의 연기 설화가 있다. 문수보살이 자장에게 너희 나라 국왕은 인도 찰리종족(크샤트리아 계급)의 왕인데 이미 부처님의 수기(授記)를 받아 남다른 인연이 있다. 산천이 험준하여 가끔 사람들의 성품이 거칠기에 천신이 화를 내리기도 한다. 그러나 다문(多聞) 비구가 나라 안에 있어 임금, 신하, 백성이 모두 편안하다라고 하면서 사라졌다. 그 후 신인(神人)이 나타나 자장과 대화하면서 황룡사의 호법룡은 나의 맏아들이니 그대가 돌아가 절 안에 구층탑을 세우면 나라가 평안할 것

---

19) 『삼국유사』, 「탑상」.

이라고 하였다. 이와 같이 사원은 부처님이 머무는 공간이고, 그래서 사원 안에는 불탑, 불화를 비롯한 부처님과 관련한 많은 상징이 있으며 여기에도 설화가 깃들어 있다. 사원의 각종 불교 예술이 설화라는 미디어의 형식을 빌려 민중들에게 메시지를 발산하고 있는 것이다. 사원이 학교라고 할 때, 그 학교는 그냥 생겨난 것이 아니다. 학교라는 공간과 학교 안의 각종 교육미디어는 철학에 의해 디자인되었다. 그 철학이 사원의 연기 설화에 들어 있는 것이다.

문화예술 교육공간으로서의 불교 사원

사원이 교육공간이라면, 교육을 하는 사람은 고승 대덕으로 생각하게 된다. 한 사람의 고승 대덕의 교화력은 경전의 그것을 뛰어넘는다. 그러나 사원에서의 교화는 고승 대덕만이 하는 것은 아니다. 문화예술 작품을 감상할 기회가 부족했던 전통사회에서는 사원이야말로 서민들의 문화예술의 공간이다. 사원이라는 공간 안에는 불상, 불탑, 불화 등 불교사상을 상징으로 나타낸 다양한 불교 예술품이 있다. 이들을 미디어로 하여 불교사상이라는 메시지가 중생들에게 전달되는 것이다. 건축가 김봉렬은 다음과 같이 말하고 있다.[20]

> 불교의 교리는 엄청난 양의 경전에 의해 전해졌지만, 일상적 포교는 문자를 통해 이루어지지 않았다. 대다수 민중들이 문맹이었던 상황에서 경전은 몇몇 학승들의 차지였다. 대중의 직접적인 신앙 대상은 불탑과 불상과 불화였고, 더 나아가 그것들을 종합한 사찰 건축이었다. 불교의 조형예술은 가장 적극적인 포교의 수단이었으며, 동시에 일차적인 신앙의 대상이었다. 따라서 불교문화 최대 장르는 당연히 조형예술인 회화와 조각, 공예와 건축일 수밖에 없었고, 문자를 매개로 하는 문학은 그 근원성에도 불구하고 그다지 발달하지 못했다.

---

20) 김봉렬, 『김봉렬의 한국건축 이야기 3』, 돌베개, 2006, 156쪽.

문화예술이 사람을 교육한다. 예술의 교육적 특성이다. 신라시대는 사원이 문화예술의 공간이었고, 그래서 사원이 교육공간이 되는 것이다.

전통적으로 유교적 공간은 사회 지배층의 공간으로서 배타성, 폐쇄성이 강하다. 반면, 사원 공간은 개방적이었다. 신라의 사원은 지배층에서 노비에 이르기까지 누구나 이용할 수 있었다. 조선의 문인 성현(成俔, 1439~1504)은 『용재총화(慵齋叢話)』에서 "신라의 옛 서울에는 절이 민간의 집보다 많았고, 또 송도에서도 그랬으며, 왕궁과 큰 집들은 모두 절과 연해 있어 왕이 후궁과 더불어 절에 가서 향을 피우지 않은 달이 없었으며, 팔관회와 연등에 대례를 베풀되 모두 절에서 하였으니, 비록 유림의 명사라도 모두 이를 본받았다."라고 하였다.[21] 왕과 왕비가 행차하는 공간이지만 노비도 갈 수 있는 열린 공간이 사원이다.

⊕ 유교의 전문 교육공간으로서의 국학

흔히 우리가 신라를 불교사회라고 하지만 신라에 불교가 들어온 것은 신라 역사의 반환점을 돌 무렵이다. 그래서 신라사회 전체를 불교사회라고 단정짓는 것은 무리다. 유교가 신라사회에 언제 들어왔는지는 알 수 없다. 내물 마립간(356~402 재위) 시기에는 유교식 정교이념이 확립되었던 것 같다. 신라에서 유교교육이 본격화한 것은 역시 국학이 설립된 이후의 일이다. 그 이전의 유교교육은 개인적·사적 차원에서 이루어졌을 뿐이다. 유교의 교육공간은 국학이 될 수밖에 없다. 여기서는 유교의 전문 교육공간으로서 국학의 공간적 특성에 대해 먼저 알아보고, 이어 묘학(廟學)이라고 하는 유교 특유의 공간 구성에 대해 이야기하기로 한다.[22]

---

21) 성현, 『용재총화』, 권8(『국역 대동야승 I』), 민족문화추진회, 1982, 190쪽.

22) 이 부분은 안경식, 「미디어의 관점에서 본 신라 국학 성립의 의미」, 한국교육사학회, 『한국교육사학』 제36권 제4호, 2014년 12월, 115-119쪽의 내용을 수정·보완하였다.

국학의 공간적 특성(1): 국학의 위치

동양의 사상적 전통, 특히 유교의 사상적 근원이 되기도 한 음양오행설에 따르면 위치, 방향은 중요한 철학적 의미를 지니고 있다. 동서남북중(東西南北中)의 오방(五方)은 목금화수토(木金火水土)의 오행(五行)과 대응한다. 인의예지신의 오상(五常)과도 대응하고, 부자유친, 군신유의, 부부유별, 장유유서, 붕우유신의 오륜(五倫)과도 대응한다. 그런가 하면 궁상각치우(宮商角徵羽)의 오음(五音)과도 대응하며, 간폐심신비(肝肺心腎脾)의 오장(五臟)과도 대응한다. 사실상 세상사 모든 것과 대응하도록 되어 있다. 그렇기 때문에 위치, 방향은 그 자체만으로 단독적 의미를 지니는 것은 아니다. 학교를 어떤 위치, 어떤 방향에 세우느냐 하는 것은 사상적으로 중요한 의미를 지닌다.

학교의 방향과 관련해서는 이미 선진(先秦) 시대부터 특별한 의미를 부여했던 사례가 있다. 『예기(禮記)』에는 "국로(國老, 고관 출신의 원로)를 동서(東序)에서 대접하였고, 서로(庶老, 관직이 없는 서민 출신의 노인)를 서서(西序)에서 대접하였다."[23]라는 기록이 있다. 서(序)는 술(術, 지금의 州 정도의 행정 구역으로 12,500의 家로 구성된다)에 세워진 학교다. 또 "은나라 사람은 우학(右學)을 세워 대학으로 삼았고, 좌학(左學)을 소학으로 삼았다."[24]라는 기록이 있다. 학은 국도에 세워진 학교다.[25] 이를 보면 좌우와 동서의 방향은 나름대로 존비를 구분하는 의미를 담고 있다. 학교의 설립 위치 역시 중요한 의미를 담고 있다. 『예기』에는 "소학은 궁궐의 남쪽 왼편에, 대학은 교(郊)에 세운다."[26]라고 하였다. 교(郊)는 오늘날 우리가 말하는

---

23) 『禮記』「王制」. "夏后氏養國老於東序, 養庶老於西序".

24) 『禮記』「明堂位」. "殷人設右學爲大學, 左學爲小學".

25) 중국 고대 대학, 소학 제도에 대한 상세한 논의는 안경식, 「先秦 大學 制度의 考察」, 한국교육사학회, 『한국교육사학』 제22권 제2호, 2000년 12월, 121-137쪽과 안경식, 「先秦 小學 制度의 研究」, 한국교육사학회, 『한국교육사학』 제33권 제1호, 2011년 4월, 47-67쪽을 참조할 것.

26) 『禮記』「王制」. "小學在公宮南之左, 大學在郊".

[그림 5-17] 경주향교 대성전

교외의 의미가 아니고, 『주례(周禮)』에서는 '국(國)'과 '야(野)'의 분계선이라고 하였다. 즉, '국'은 왕성과 국도를 말하며, 왕성의 성곽 안쪽을 '국내'라 하고, 성곽 밖에 멀리 떨어져 있는 주변 지역을 '교'라고 한다고 하였다.[27]

　그러면 신라의 경우는 어떠한가. 신라 국학의 위치는 현 경주 향교의 기지(경주시 교동 17-1번지)에 설립된 것으로 알려져 있다.[28]

　왜 이곳에 설치했는지에 대해서는 기록에 없지만 국도(國都)에 설립한 것만은 분명하다.[29] 그렇다면 국학을 국도에 설립하였다는 것은 무엇을 의미하는가. 국도는 나라의 중심이다. 나라의 중심에 설립했다는 것은 업무나 행정적 편리성을 도

---

27) 『說文解字』에서는 "국에서 백리 떨어진 곳을 교라고 한다."라고 하였고, 투안위차이(段玉裁)는 "오십 리를 근교, 백 리를 원교라고 한다."라고 주석을 달고 있다. 『說文解字注』, 上海古籍出版社, 1981, 284쪽.

28) 이곳을 국학의 터로 보는 것은 『삼국유사』에 요석궁을 두고 "지금의 학원이 바로 이곳이다."라고 한 말이 나오는 것에 근거한다.

29) 박방룡 국립부산박물관장의 말(2014년 저자와의 통화)에 의하면, 월정교를 경계로 볼 때 월정교 밖이므로 궁궐 안이라 보기는 어렵고, 당시 관아가 있던 자리가 아닌가 여겨진다. 장소 설정 이유에 대해서는 편리성을 들었다.

모하려는 측면도 있었겠지만 그보다는 권위를 부여한다는 상징성이 크다. 이는 이후 고려조나 조선조에 학교를 국가의 '원기(元氣)'로 표현해 왔던 것과 맥락을 같이한다. 조선조 사학이었던 서원의 공간적 위치를 생각할 때, 관학을 관아가 있는 국도나 지방의 중심지(향교의 경우)에 설립하였던 것은 권력과 권위의 상징이라 할 수 있는 것이다. 국학의 건물 구조 역시 지금으로서는 알 수 없지만 이런 권위를 구현하는 형식으로 조영되지 않았을까 생각할 수 있다. 권위를 구현하는 형식이라는 것은 당시의 일반 민가와 비교해 볼 때 크고 높은 건물을 상정할 수 있다. 국학에 앞서 지어졌을 것으로 추정되는 지방 학교인 고구려의 경당 역시 '길가의 큰 집' 형식이었던 것을 감안하면, 신라의 국학 역시 건물 자체만으로도 일정한 권위를 '느낄 수 있는' 공간이었지 않나 여겨진다. 그런데 초기부터 큰 건물을 지었는지 어떤지는 알 수 없다. 국학의 설립과 운영에 깊이 관여했을 것으로 추정되는 이가 설총이다. 『삼국유사』에서 설총의 어머니가 살던 요석궁을 두고 "지금의 학원이 바로 이곳이다[今學院是也]."라고 했는데, 이 말에 근거하면 설총이 자신의 집터를 내놓았을 가능성도 있다.

국학의 공간적 특성(2): 폐쇄성

유교적 교육공간이 불교의 그것과 비교할 때 정형적이고 폐쇄적이라는 것은 앞서 말한 바와 같다. 신라의 국학 역시 사원과 같은 개방형 공간은 아니었을 것이다. 마치 현대의 학교와 같은 정형적·폐쇄적 공간이었을 것으로 추정한다. 국학의 교육과정을 볼 때 그렇게 추정할 수 있다. 국학의 교육과정이 고구려 경당의 교육과정과 다른 점은 경당에는 문(文)과 무(武)의 요소가 함께 교육과정 속에 들어 있는데, 국학에는 무의 요소가 배제되었다. 따라서 화랑도와 같은 개방적 교육공간보다는 오늘날의 교실과 같은 정형적 형식의 고정 건물이 필요했으리라 여겨진다. 이러한 국학의 건물 구조상 형태는 지금까지 신라사회에 있어 왔던 교육의 개념, 학습의 개념, 공부의 개념에 순환적 변화를 초래하게 된다. 즉, 건물의 미디어적 특성이 교육, 학습, 공부의 개념에 영향을 끼치고, 그렇게 형성된 교육, 학습,

공부 개념이 다시 건물의 구조와 형상에 영향을 끼치게 되는 것이다. 그런데 국학 공간이 폐쇄적 성격을 지녔을 것이라 했을 때 그 폐쇄성은 두 가지 의미가 있다. 하나는 물리적 폐쇄성이다. 제한된 물리적 공간 안에 닫힌 건물이기 때문이다. 조선시대의 서원이나 향교를 보면, 강학 공간인 명륜당 등은 매우 답답한 공간임에 비해, 입구에 세워진 누각은 전망이 트인 개방적 공간이다. 개방적 누각을 세운 것도 교육적 의도가 있겠지만 강학 공간을 폐쇄적으로 해 놓은 것 역시 학습의 집중도와 효율성을 높이기 위한 그 나름대로의 교육적 의도가 읽힌다. 또 하나의 폐쇄성의 의미는 소통성의 문제다. 외부와의 소통성이라고 할까 관계성이라고 할까 그런 측면에서 폐쇄되어 있다는 것이다. 이것은 마치 퇴계가 이산원규(伊山院規)를 지을 때 색(色, 여성)은 문 안에 들어올 수 없다고 한 것과 같이 누구나 드나들 수 있는 공간이 아닌 제한된 공간이었을 것이라는 점이다. 국학 건물의 이러한 특성은 교육과 생활의 분리를 낳는다. 학교란 것이 원래 다 그런 것(즉, 생활과 분리된 공간)이 아니냐고 말할 수도 있겠지만 다 그런 것은 아니다. 교육운동가 윤구병 선생이 변산공동체학교를 세웠다고 하니, 많은 사람이 참관하면서 하는 질문이 "학교 건물은 어디 있나요?"라는 것이다. 변산공동체학교는 학교 건물이 있는 학교가 아니다. 학교에 대한 우리의 고정관념이 작동한 것이다. 국학 건물의 폐쇄성, 분리성은 관학의 특성이라고 볼 수도 있고, 유가교육의 한 특성이라고 볼 수도 있다.

국학의 공간적 특성(3): 묘당과 학교가 결합된 묘학제

신라 국학의 또 하나의 중요한 공간적 특성은 제사공간(혹은 추모공간)인 묘당[廟]과 교육공간인 학교[學]가 결합되어 있다는 점이다. 이른바 묘학제(廟學制)의 공간이다. 신라 국학이 언제부터 묘학, 묘당이 설치된 학교로서의 특성을 갖추었는지는 알 수 없다. 김춘추는 국학이 세워지기 전인 648년, 당에 들어가 국학의 석전(釋奠)과 강론을 참관하였다고 한다. 이것이 국학의 설립, 특히 신라 국학의 건축 구조나 형상에 일정한 영향을 끼쳤는지도 알 수 없다. 국학 성립 당시에는 국학에 묘당이 설치되었다는 기록은 없다. 성덕왕 13년(714)에 숙위 학생으로 간 왕자 김수충이 717년 9월에 귀국하면서 문선왕, 십철, 72제자의 도상(圖像)을 바치므로 곧 태학에 모셨다는 기록이 있다. 그 후 혜공왕 원년(765)에 왕이 태학에 행차하여 박사에게 명하여 『상서(尙書)』의 뜻을 강의하게 했다는 기록,[30] 또 혜공왕 12년(776) 2월에 왕이 국학에 행차하여 강의를 들었다는 기록,[31] 경문왕 3년(863) 2월에 왕이 국학에 행차하여 박사 이하의 사람들에게 경전의 뜻을 강론하게 하였다는 기록,[32] 헌강왕 5년(879) 2월에 왕이 국학에 행차하여 박사 이하의 사람들에게 경서를 강론하게 했다는 기록[33]이 있다. 이를 근거로 실제 신라에서의 석전 의례는 혜공왕대에 이루어졌다는 견해가 있다.[34] 그리고 『삼국사기』에서는 백제에서 온 사람들에게 준 관등을 기재하면서 '공자묘당대사(孔子廟堂大舍)'의 직을 이야기하고 있는 것으로 보아[35] 공자의 묘당이 국학에 설치된 것은 분명하다. 대만의 학자 까오밍스(高明士)가 동아시아 고대교육의 특징을 '묘학제'라고 한 바 있듯이,[36] 동아시아 전통교육에서 학교 시설과 종교 시설은 분리될 수 없다. 학교에 묘당이 설치되었다는 것은 교육미디어의 측면에서도 의미하는 바가 있다. 초기의 한 교육공간 안에 도상을 안치하는 형식에서 후에 별도의 공간이 마련되었을 것이다. 지금 남아 있는 성균관, 향교, 서원의 구조가 다 그러하다. 이렇게 되면 석전 의례와 같은 관련 의례를 행하기가 용이해진다. 묘당에서의 학습은 교실에서의 학습과 다르다. 일반적으로 교실을 교육의 장(場), 묘당을 종교적 성소로 구분하게 되는데, 실은 묘당 자체도 하나의 교육미디어다. 묘당이 교육미디어라는 것은 두 가지 측면에서 생각해 볼 점이 있다. 하나는 묘당의 공간 구성 방식이 미치는

---

30) 『삼국사기』, 신라본기 제9, 혜공왕.

31) 『삼국사기』, 신라본기 제9, 혜공왕.

32) 『삼국사기』, 신라본기, 제11, 경문왕.

33) 『삼국사기』, 신라본기, 제11, 헌강왕.

34) 오부윤, 「당대이후 한·중 석전학례의 공동발전-동아교육권의 연속존재와 관련하여-」, 제주대학교동아시아연구소, 『동아시아연구』 제5호, 1994, 251-276쪽.

35) 『삼국사기』, 권제40, 잡지 제9, 직관하.

36) 高明士(오부윤 역), 『한국교육사연구』, 대명출판사, 1995.

교육적 영향이다. 우리가 감옥과 같은 닫힌 공간에 들어가면 답답함을 느끼고 숲과 같은 열린 공간에 들어서면 편안함을 느끼는 것과 같이, 묘당이라는 공간 구성 자체가 감옥이나 숲과 같이 우리 인간의 삶, 교육에 영향을 미치는 미디어라는 것이다. 『공간과 장소』라는 글을 쓴 이-푸 투안(Yi-Fu Tuan)은 건축 형태는 일단 완성이 되면 인간에게 일종의 환경이 되며, 그것은 인간의 정서와 의식에 어떤 식으로도 영향을 미친다고 하였다. 이는 비유하자면, 말이 정서를 포함하고 정서를 강화시키는 것과 같다고 하였다. 말이 없으면 정서가 순간적으로 솟아오르고 금방 사그라지듯이, 건물이 없으면 공간에 대한 정서가 덧없이 흩어지고 만다는 것이다.[37] 이 말을 묘당에 적용하면, 묘당이라는 공간 구성이 엄숙함, 성스러움을 느낄 수 있게 구성되어 있어 거기에 들어서는 것만으로 교육적 영향을 받게 되어 있는 것이다. 다른 하나는 묘당에서 규칙적으로 이루어지는 행위, 즉 의례가 미디어의 역할을 함으로써 교육적 영향력을 행사한다는 것이다. 의례는 특정한 행동의 반복을 특성으로 하는데, 그 행동의 근원은 성스러움이다. 지극히 성스러운 사람, 즉 지성선사(至聖先師)의 이념과 행동을 본받음(기리는 것도 본받음과 관련이 있다)이 의례의 본질인 것이다. 그래서 묘당에서 이루어지는 의례는 대부분 교육 의례로서의 의미가 있고, 교육미디어의 역할을 하게 된다. 신라시대에 국학 묘당에서 어떤 교육적 의례(학례)가 이루어졌는지는 기록에 없다. 그러나 조선 말기까지 향촌의 서당에서도 삭망(朔望)에는 정읍례(庭揖禮)와 같은 의례들이 늘 행해졌다.

시대의 자화상으로서의 교육공간

옛 사람은 학교를 세울 때 두 가지 원칙을 가지고 있었다. 하나는 응취풍수(應取風水)의 원칙이다. 자연환경을 고려하여 교육공간을 구성하여야 한다는 것이다. 다른 하나는 모합청정(謨合淸淨)의 원칙이다. 이는 인문 환경을 고려하여 교육공간을

37) 이-푸 투안(구동회, 심승희 역), 앞의 책, 175쪽.

구성하여야 한다는 것이다.[38] 자연과 조화된 인간의 삶을 우선한 학교 설립의 원칙이다. 지금 이 시대는 학교 설립에 어떤 원칙이 있을까. 이렇다 할 원칙이 없다. 군이 있다면 경제성의 원칙일 것이다. 농촌의 소규모 학교가 통폐합의 길을 걷는 것도 경제성의 원칙에 따른 결과다. 어떻게 보면 농촌의 소규모 학교도 하나의 바람직한 학교 모델이 될 수 있을 것 같다. 굳이 자연주의자가 아니라도 많은 사람이 생태, 자연을 21세기 문명의 키워드로 들고 있고, 그렇다면 농촌의 학교는 이 시대의 교육공간으로 각광받을 수도 있는 것이다.

공간 디자인 자체가 문명이다. 신라인의 교육공간 디자인은 몇 가지 특징이 있다. 우선 단위가 소규모, 소단위라는 것이다. 화랑도는 산수자연을 교육공간으로 활용했지만 단위는 '부족적'이었다. 국학 역시 왕경에 설립되기는 했으나 대규모 학교가 아니다. 대단위가 되면 획일적이 되고, 획일적이 되면 강제적이고 폭력적이 될 수 있다. 다음으로 문명의 특성에 맞는 형식의 교육공간이 디자인되었다. 신화가 문명인 시대에는 신화가 탄생한 지역에 신화적 방식의 교육공간이 만들어졌다. 변화와 흐름을 정신으로 하는 풍류도가 문명인 시대에는 개방적 형식의 교육공간이 구성되었다. 또 불교적 문명에서는 불교의 성격에 적합한 교육공간이 구성되었고, 유교적 문명에서는 유교적 학습에 적합한 국학이라는 교육공간이 만들어졌다.

물리적 한계를 초월하는 사이버공간의 시대다. 그렇다 보니 물리적 공간은 효율성을 저해하는 시대에 뒤떨어진 것처럼 생각되기 쉽다. 그러나 공간은 인간의 삶에서 선택적인 것이 아니고 근원적인 것이다. 인간 교육에 있어서 공간을 수단적이고 부수적인 것으로 생각해서는 안 된다. 사람이 교육을 하기 전에 이미 공간 자체가 메시지를 발신하고 있다. 공간이 사람에 선행하여 교육을 하고 있는 것이다. 공간은 수동적이지 않다. 새로운 문명의 건설은 새로운 공간 디자인에서부터 시작된다.

---

38) 정순목, 『한국서원교육제도연구』, 영남대학교 민족문화연구소, 1980, 177-178쪽.

제**6**장

신라인의 화랑도 교육

🏵 화랑제도와 화랑사상

사전에는 화랑도를 대개 두 가지로 구분하여 설명하고 있다. 하나는 '花郎徒'다. 한국민족문화대백과사전에서는 이에 대해 "신라시대 화랑을 우두머리로 한 청소년 수련단체"라고 정의하고 있다. 화랑은 개인이고 화랑도는 단체라는 말이다. 신라시대에는 개인으로서 화랑은 그의 이름을 따서 ○○랑(郎)으로 표현하였고, 화랑도는 상황에 따라 도(徒), 낭도(郎徒), 도중(徒衆) 등으로 표현하였다. 화랑도를 설명하는 또 하나의 개념은 '花郎道'다. 역시 한국민족문화대백과사전에서는 이에 대해 "신라의 화랑과 그 낭도들이 사상적으로 간직하고 실천하려고 힘썼던 도리(道理)"라고 정의하고 있다. 이는 화랑사상을 일컫는 말이다. 신라시대에는 花郎道라는 말은 사용하지 않았다. 그렇지만 화랑을 하나의 사상으로 본 견해는 이미 신라시대부터 있었다. 신라의 대사상가 최치원이 난랑비의 서문에서 화랑의 원류를 풍류(風流)로 보았고, 풍류를 하나의 사상으로 보았다. 그래서 당시 사상을 표현하는 개념인 도(道)라고 기록하였다. 나아가 풍류는 그냥 사상이 아니라 깊고 오묘하다는 뜻을 지닌 현묘(玄妙)한 사상[玄妙之道]이라고 하였다. 공자의 유교, 석가의 불교, 노자의 도교의 삼교(三敎)를 다 포함할 정도로 깊고 오묘하다고 하였다. 화랑사상에 대한 이야기는 최치원의 개인적 견해인 듯하지만 그렇지 않다. 화랑도를 처음 설치했다는 진흥왕대부터 있었던 이야기다. 『삼국유사』에 따르면 화랑 이전의 원화제도가 있었다. 그런데 남모와 준정의 갈등에 의해 그 제도가 성과를 거둘 수 없었다. 이때 진흥왕은 나라를 일으키려면 반드시 풍월도를 먼저 일으켜야 한다고 했다.[1] 진흥왕이 말한 풍월도는 '風月徒'가 아닌 '風月道'다. 진흥왕 당시에 이미 풍류도는 하나의 사상이었던 것이다. 이러한 두 가지 개념, 단체에 대한 호칭, 사상에 대한 호칭으로서의 개념 이외에도 화랑도란 말에는 또 하나의 의미가 있다. 그것은 제도(institution)를 지칭하는 개념이다. 화랑도를 개인이나 집단의 호칭으로 보건, 사상으로 보건 그것은 신라에 그러한 제도가 있었다는 것이다. 그 제도를 지칭하는 것도 花郞徒로 표기되고 있다. 사상과 제도는 안과 밖, 내용과 형식의 관계에 있다. 제도는 사상의 표현이고 사상을 형식화한 것이다. 사상은 제도의 이념이고 제도의 운영 원리다. 화랑도(花郞道, 風月道)와 화랑도(花郞徒) 역시 신라사회의 역사적 사상과 제도로서 당시의 개인의 삶에 여러 가지 영향을 끼쳤을 것이다. 그리고 그 영향 가운데는 교육적 영향도 있었을 것이다. 이 장에서는 화랑사상과 화랑제도가 신라인에게 끼친 교육적 영향을 화랑도의 행동특성을 통해 고찰해 보기로 한다.

🏵 화랑도와 유불도 삼교

한 인간의 행동을 결과물, 즉 산물로 보는 견해가 있을 수 있다. 그 행동은 본능적인 행동이 아니라면 사회의 산물로서의 행동이다. 즉, 사상의 산물일 수도 있고, 제도의 산물일 수도 있다. 교육의 관점에서 말한다면 교육사상과 교육제도의 산물일 것이다. 예를 들어 보자. 뒤에서 구체적으로 언급하겠지만 화랑 사다함이 동료 무관랑과 생사를 같이하기로 약속을 했다. 그런데 어느 날 무관랑이 병이 들어 죽었다. 이에 사다함이 슬퍼하면서 7일 만에 죽은 일이 있었다. 사다함의 이 행동은 신의로써 벗을 사귄다는 교우이신(交友以信)의 행동으로 해석할 수 있다. 당시의 사회적 가치, 화랑도(花郞徒)라는 제도에서 중시하는 가치, 화랑들이 지켜야 할 도(道)로서의 가치가 신의였을 것이다. 사다함의 이 행동을 교육의 관점에서

---

1) 『삼국유사』, 「탑상」, 미륵선화 미시랑 진자사.

본다면 화랑도(花郞道)의 교육사상의 반영이고, 화랑도(花郞徒)라는 신라의 청소년 교육제도의 반영이다. 좀 더 큰 관점에서 말하면 교육문명의 반영이다.

　사실 우리 학계에서는 그동안 화랑도의 본질을 찾기 위해 노력해 왔다. 민족주의라는 관점에서도 우리 고유의 사상을 찾는다는 것은 의미 있는 일이다. 실제 최치원이 나라에 현묘한 사상이 있으니 그것을 풍류도라고 한다고 하지 않았나. 그러면 풍류도는 어떤 사상인가. 이에 대해 최치원의 대답은 조금 애매하다. 풍류도는 이것이다라는 방식으로 설명한 것이 아니라 무엇무엇을 포함한다는 방식으로 설명했다. 그 무엇무엇은 유, 불, 도다. 유, 불, 도는 신라의 사상이 아닌 중국의 사상이다. 최치원은 유, 불, 도에 회통한 지식인이었다. 화랑도를 채 알기도 전인 12세에 유학을 떠났고, 그래서 화랑도보다 유, 불, 도를 먼저 체득한 사람이었다. 그렇기에 유, 불, 도의 개념으로 화랑도를 설명할 수밖에 없었는지도 모른다. 그러나 최치원 시대는 화랑도가 존재하고 있었고, 『선사(仙史)』나 『화랑세기』와 같은 화랑과 관련한 문헌도 있었다. 나아가 최치원 자신이 화랑에 대한 비문인 난랑비(鸞郞碑)까지 쓴 사람이다. 한 사람의 화랑에 대한 비문을 쓸려면 화랑도에 대한 많은 자료 수집과 연구가 있어야만 한다. 결국 최치원은 몸으로 화랑도를 체험한 것은 아니지만 지식적으로는 화랑도에 대해 정통한 사람이었다고 보아야 한다. 그런 그가 화랑도를 간접적 방식으로 설명하였다는 것은 결국 그것이 화랑도의 모습이었기 때문일 것이다. 우리가 유, 불, 도 이외의 고유의 사상을 찾고 있거나 배타적인 특징을 보이는 어떤 사상을 찾고 있기 때문에 유, 불, 도를 포함한다는 데 만족하지 못하는 것은 아닐까. 더 나아가 유, 불, 도를 능가하는 어떤 사상을 찾고자 하는 것은 아닌가. 그렇게 되면 국수주의(國粹主義)가 되고 만다.

　저자는 화랑도를 기존 삼교와 같은 선상에 두어서는 안 된다고 본다. 기존 삼교는 하나의 이데올로기적 사상이다. 그러나 화랑도는 배타적 이데올로기가 아니다. 특정 이데올로기를 사상으로 채택하고 있지 않다. 시대 상황에 따라서 다양한 모습을 보일 수 있다. 유교적 모습도 보이는가 하면, 불교적 모습도 보이고, 때로는 도가적 모습도 보인다. 화랑도는 원래부터 특정 이데올로기적 사상에서 출발한 것이 아니기 때문에 배타적인 하나의 사상으로 이야기하기 힘들다. 그래서 최치원은 삼교를 포함한다고 이야기할 수밖에 없지 않았을까. 그렇다면 화랑도의 고유성이나 비밀스러운 실체를 찾는 데 집중하기보다 화랑도의 현상적 모습을 찾는 것이 나을 것이다. 그 현상적 모습이 곧 그대로 화랑도의 모습이기 때문이다. 추상적 사상에서 행동을 이야기할 것이 아니라 구체적 행동에서 사상적 특성, 제도적 특성, 문명적 특성을 이야기하도록 하자. 이 장에서는 크게 화랑도의 행동특성을 신라사회 최대의 사회적 사건이었던 통일을 기점으로 그 전과 후로 구분하여 살펴보기로 한다.

❀ 통일 전의 화랑도의 행동특성

통일 전의 인물로 열전 혹은 열전에 버금가는 상세한 기록을 가지고 있는 인물은 진흥왕대의 화랑 사다함, 진지왕대의 미시랑, 진평왕대의 화랑 김유신, 태종무열왕대의 화랑 관창 등이 있다. 그 외에도 여러 화랑이 있지만 단편적인 내용만 알려져 있고, 오히려 낭도로서 상세한 기록을 가진 인물들도 있다. 이들을 차례로 살펴보도록 하자.

전장에서의 용기와 친구에게 죽음으로 신의를 보여 준 사다함

사다함은 진골 출신으로 나밀왕(奈密王, 나물왕)의 7세손이다. 『삼국사기』「열전」에 단독으로 입전(入傳)되어 있다. 이는 『화랑세기』라든지 무슨 기록에 그의 기록이 계속 남아 있었다는 것일 것이다. 사다함은 초기 화랑의 역사에서 이상적 인간상의 하나였다는 것을 말해 준다. 그는 스스로 화랑이 되기를 원한 사람이 아니었다. 고귀한 가문의 후예로서 풍채가 빼어났고, 뜻과 기개가 곧았다. 당시 사람들이 그를 화랑으로 받들기를 청했고, 그는 부득이 맡았다. 그런데 그가 화랑으로 공을 세운 것은 전쟁에서였다. 가야와의 전투가 한창일 때 종군하기를 원했고, 나이가 어려(15, 16세) 왕이 만류했음에도 불구하고 낭도와 같이 참가하여 공을 세웠다. 전쟁이 끝나고 공을 인정하여 포로와 토지를 주었으나 세 번 사양하였다. 왕이 굳이 주므로 받아 포로는 풀어 양인이 되게 하고, 토지는 군사들에게 나누어 주었다. 그의 죽음 역시 남달랐다. 그에게는 전쟁에 같이 참가하여 같이 죽기를 맹세한 친구 무관랑(武官郞)이 있었다. 전쟁이 끝난 후에 친구가 병사하자 사다함도 7일 뒤에 죽었다. 친구의 죽음을 너무 슬퍼하다 죽은 것이다. 이때가 17세였다.

사다함의 행동특성, 인물특성은 어떤 것일까. 먼저 겸손함을 볼 수 있다. 스스로 화랑이 된 것이 아니라 다른 사람의 추천에 의해 부득이 맡았다는 것이고, 전쟁의 공으로 주는 포상도 사양했다는 것이다. 둘째, 충(忠)과 용(勇)이다. 이는 그 시대가 요구하는 행동특성이었다. 국가를 위해 목숨을 아까워하지 않는 용기 있는 행동은 국가가 요구하는 행동이었고, 이를 화랑도가 반영하였던 것이다. 셋째, 벗에 대한 의리다. 특히 전쟁 때 함께 죽기를 맹세하는 것은 흔히 있는 일이라고 볼 수도 있다. 그러나 전쟁이 끝난 후에도 그것을 지키는 사람은 없다. 그런 점에서 그의 행동특성은 초기 화랑도의 인간상을 형성하는 데 중요한 지표가 되었다 할 수 있다. 그의 낭도 수가 1천 명에 다다랐다고 하니, 그의 행동이 당시 청소년의 품성형성에 끼친 영향을 결코 작다 할 수 없다. 사다함의 학습 과정이나 수련 과정에 대해서는 알려진 바가 없다. 다만, 그의 이름에서 하나의 실마리를 찾을 수 있을 것 같다. 사다함(斯多含)은 불교의 이른바 성문사과(聲聞四果)의 하나다. 수다원, 사다함, 아나함, 아라한의 네 단계 가운데 두 번째 단계가 사다함이다. 당시는 진흥왕이 불교를 진흥시키고, 왕족들도 불교식 인명을 택하던 시절이었다. 이로 보아 화랑 사다함 역시 불교적 분위기에서 자랐다고 볼 수 있을 것이다. 진흥왕이 원화와 화랑을 설치한 이유는 인재를 선발하고자 함이었고, 그들에게 효(孝), 제(悌)와 충(忠)과 신(信)을 가르치려 함이었다고 『삼국유사』에서는 말하고 있는데, 사다함은 충과 신의 행동을 확실히 보여 주었다.

　　미륵선화가 화신한 미시랑

이미 제2장에서도 보았듯이, 진지왕대의 화랑 미시랑에 대한 내용은 『삼국유사』

에 설화 형식으로 전한다. 홍륜사의 승려 진자(眞慈)는 미륵상 앞에서 부처님께서 화랑으로 화신(化身)하여 이 세상에 오실 것을 빌었다. 그리고 자기가 늘 그 부처님의 얼굴을 뵙고 곁에서 시중들게 해 달라고 기도했다. 그 정성에 감응하여 꿈에서 웅천 수원사라는 절에 가면 미륵선화, 화랑으로 태어난 부처님을 만날 수 있다는 말을 듣게 된다. 진자는 기뻐하며 일보일배(一步一拜)하며 열흘이나 걸려 수원사에 다다랐다. 절 입구에 도착하자 한 소년이 나타나 그를 절로 인도하였다. 진자가 모르는 사람인데 어찌 이렇게 정성껏 인도하느냐고 물으니, 소년은 자기도 서울 사람이라며 먼 곳에서 오셨기 때문에 그리했다고 한다. 절로 인도한 후 그 소년은 곧 문밖으로 사라져 버렸다. 절에 들어가 미륵선화를 만나러 왔다고 하니 다시 남쪽으로 천산(千山)이라는 곳에 가면 현철(賢哲)들이 숨어 살고 있으니 그들이 일러 줄 것이라고 한다. 진자가 다시 그 산에 다다르니 산신령이 노인으로 변해 왜 왔느냐 묻는다. 진자가 미륵선화를 뵙고자 한다고 하니, 노인이 지난 번 수원사 문밖에서 이미 뵈었다고 한다. 이미 만나고도 못 알아보았던 것이다. 진지왕이 이 이야기를 듣고 진자를 불렀다. 그리고 그때 소년의 모습을 한 미륵선화가 스스로 서울 사람이라고 했으니 성 안에서 찾아보라고 한다. 진자가 왕의 뜻을 받들어 민가를 두루 돌아다니며 소년을 찾아내었다. 집과 성씨를 물으니 이름은 미시(未尸)이며, 조실부모하여 성을 모른다 한다. 이에 그를 가마에 태워 왕을 뵈니 왕은 그를 존경하고 사랑하여 국선으로 삼았다. 그는 화랑이 되어 낭도들과 화목하였고, 예의와 풍교가 남달랐다. 미시랑은 7년간 풍류로 세상을 밝히더니, 갑자기 자취를 감추었다. 그가 사라지자 진자는 그를 생각함이 더욱 간절해졌다. 미시랑과 함께하면서 감화를 크게 받았다. 또 훌륭한 가르침을 받았기에 능히 스스로의 잘못을 고칠 수 있었다. 진자 역시 정성껏 도를 닦으며 지내다 만년을 어디서 마쳤는지 모른다.

　이 이야기를 보면, 진자와 미시는 낭도와 화랑의 관계, 승려와 부처님의 관계다. 미시랑은 화랑이 되기 전부터 보통 사람이 아니었고 미륵의 화신이었다. 그 미륵을 화랑으로 모셨으니 화랑은 곧 미륵의 화신이라는 등식이 성립한다. 미시랑의 행동은 화랑이 되기 전과 화랑이 되고 난 후로 구분하여 볼 필요가 있다. 화랑이

되기 전에는 미목(眉目)이 수려한
미소년의 모습으로 나타난다. 진자
를 절로 이끌어 안내하는 행동을
하기도 하고, 마을에서 천진난만하
게 놀고 있는 모습을 보이기도 한
다. 그러나 화랑이 되고 난 후에는
예의와 풍교(風敎)가 남다른 점이
있었고, 도중(徒衆)을 화목하게 잘
이끌었다 했다. 무리를 화목하게
하는 것, 이것은 초기 화랑도의 큰
덕목이었다. 남모와 준정이 화목하
지 못하여 원화제도가 실패한 경험
이 있기 때문이다. 이 설화의 사상
적 배경은 말할 것도 없이 미륵사
상이다. 미륵불은 미래불이다. 당

[그림 6-1] 미륵보살반가사유상(국보 제83호)

시 사회적으로는 미륵사상이 유행했고, 그래서 미륵보살반가사유상이 많이 제작
되던 때다. 당시 신라에서는 설화에서 보듯이 미륵을 화랑의 상징으로 삼았다. 그
래서 화랑을 미륵선화(彌勒仙花)라고 칭한 것이다.

　승려였던 진자가 만나고 싶었던 것은 미륵불이 아닌 미륵선화고, 그 미륵선화
를 만나 그는 낭도가 되고자 했던 것이다. 그런데 미시랑이 7년간 화랑으로 남다
른 예의와 풍교로 무리를 이끌다가 자취를 감추었다는 것은 불교사상이라기보
다 도가 신선사상에 가깝다. 당시 사상적으로 미륵사상도 유행했지만 동시에 도
가 신선사상 역시 힘을 얻고 있었다. 이는 진평왕대의 대세와 구칠 이야기에서 알
수 있다. 대세와 구칠은 진평왕 9년(587)에 바다로 떠난 사람이다. 즉, 외국으로
자취를 감춘 사람들이다. 대세는 사다함과 마찬가지로 나물왕의 7세손이었다. 어
려서부터 세속을 떠날 뜻이 있었다. 승려 담수와 사귀며 지내다 뗏목을 타고 중국
에 가서 신선(神仙)을 배우기를 원했다. 그러나 담수는 거절하였고, 구칠이라는 사

람을 만나 남해에서 배를 타고 신라를 떠났다. 미시랑이 자취를 감춘 것은 산으로 들어간 것인지, 해외로 간 것인지 알 수 없다. 설화가 사실이라면, 미시랑은 산으로 갔을 가능성도 있지만 해외로 갔을 가능성도 있다. 어디로 갔든 당시 화랑도 가운데는 이런 도가적 기질을 가진 사람도 있었다는 것을 인식하는 것이 중요하다. 미시랑의 낭도가 몇 명이나 되었는지는 알 수 없다. 그러나 그를 화랑으로 만드는 데 결정적인 역할을 했던 진자마저 나중에 자취를 감추었다는 것은 화랑 미시의 영향이라 하지 않을 수 없다. 그렇다면 통일 전 화랑도의 모습으로 한편으로는 종군형 화랑이 있는가 하면 다른 한편으로는 신선형 화랑도 있었다고 할 수 있다. 실제 화랑은 후세까지 선랑(仙郞), 신선(神仙)으로 불리기도 하였다.

용화향도로 불린 김유신의 화랑도

진평왕대의 화랑으로는 여러 사람이 역사에 이름을 남겼지만 그 가운데서도 김유신이 대표적인 사람이다. 김유신은 15세에 화랑이 되었다. 그의 무리를 용화향도(龍華香徒)라고 하였다. 용화향도 역시 미륵불을 신앙하는 사람들이란 뜻으로 김유신 화랑도의 성격을 말해 주고 있다. 그러나 김유신 화랑도, 즉 용화향도에 대해서는 상세한 기록이 없다. 화랑과 낭도의 관계 대신에 개인적인 영웅담이 곳곳에 기록되어 있다. 먼저 『삼국사기』 「열전」에는 화랑으로 수련하는 모습이 비교적 자세히 나와 있다. 진평왕 28년(611), 그의 나이 17세에 고구려, 백제, 말갈이 국경을 침범하는 것을 보고 의분에 넘쳐 적을 평정할 뜻을 품고 홀로 중악(中嶽)의 석굴에 들어가 재계(齋戒)하고 하늘에 기도하였다. 나흘째 되던 날 난승(難勝)이란 이름을 가진 노인이 나타나 비법을 가르쳐 주고 사라진다. 진평왕 34년(612)에는 적병이 다가오자 김유신이 혼자 보검을 들고 인박산 깊은 골짜기로 들어가 중악에서와 같이 기도하였다. 다른 화랑들의 기록에서도 화랑의 수련 장면이라든지 하는 것이 잘 드러나지는 않는다. 그런데 김유신의 경우 산악 수련을 하였다는 것이 기록되어 있다. 신라에서는 예전부터 산악숭배가 있었다. 시조 혁거세도 양산 밑 나정가에서 알로 태어났으며, 6부의 조상들도 산을 근거로 자리 잡고 있다. 신라의 제

[그림 6-2] 김유신묘

사 제도를 보면 삼산 오악으로 구분하여 대, 중, 소의 제사를 지냈다. 이를 보면 화
랑들이 산에 들어가 기도를 하는 것은 김유신만이 아니라 신라의 전통이라 할 수
있다. 화랑들 역시 전국의 많은 명산을 순례하며 개인적으로 혹은 집단적으로 여
러 종류의 수련을 했을 것이다.

　사서에 기록된 김유신의 일화는 주로 전장에서의 것들이 많다. 몇 가지를 살펴
보자. 진평왕 51년(629)에 신라와 고구려가 전쟁을 할 때의 이야기다. 신라군이 패
하여 기세가 떨어졌을 때, 김유신은 자신은 평생 충과 효로써 살겠다고 기약했다
고 하면서 전장의 선두에 섰던 적이 있다. 그의 삶을 지배한 가치관은 바로 충과
효였음을 알 수 있는데, 이는 신라 화랑의 행동을 지배하는 공통적인 가치관이기
도 했다. 또 김춘추가 백제와의 전쟁에 필요한 원군을 청하기 위해 고구려에 들어
갔을 때의 이야기다. 만일 김춘추가 정해진 기한 내에 신라로 돌아오지 못하면 김
유신은 자신의 말발굽이 고구려와 백제의 임금의 뜰을 짓밟을 것이라는 약속을
한다. 그런데 김춘추가 돌아오지 않자 약속대로 즉시 군사를 일으켰다. 사다함의
이야기에서 볼 수 있었듯이 신의 역시 화랑들이 중시한 덕목이었다. 또 백제와 전
쟁 중 자기 집 앞을 지나게 된 적이 있다. 이때 김유신은 집에 들리지 않았고, 처
자도 만나지 않았다. 사사로움보다 공(公)을 중시하는 행동을 한 것이다. 여러 번
전쟁에서 전공을 세웠고 사람들이 그의 공을 치하해도 그는 자신을 과시하지 않

고 하늘이 도와주었기 때문이라고만 말을 한다. 실제 「열전」을 비롯한 김유신 관련 기록을 보면, 김유신이 어려움에 처했을 때마다 신인(神人)이 나타나 계시를 주는 등 도움을 준다. 김유신은 인간의 삶은 자신의 힘만으로 이루어지는 것이 아니라는 것을 이미 수련과 전장에서 깨달은 사람이라 할 수 있다. 하늘을 믿고 하늘과 감응하기를 원했던 사람이다. 김유신은 전쟁 중이라도 인명을 무조건 살상하지는 않았다. 김춘추의 사위였던 품석(品釋)과 김 씨 부인이 백제군에게 죽음을 당하고 시신을 빼앗겼을 때 포로로 잡힌 백제 부장 8명과 시신을 바꾼 적이 있으며, 항복해 오는 백제군 좌평 정복(正福)과 병사 1천 명을 모두 석방하여 각자 가고 싶은 대로 가게 한 적도 있다. 당나라 군대와 연합하여 백제를 멸망하게 한 뒤에 소정방이 김유신에게 백제의 땅을 개인 식읍으로 주려 하자 개인적인 이익을 챙길 수 없다 하여 사양하기도 했다. 김유신은 만년에도 고구려와의 전쟁에서 출정을 자원했고, 이때도 동굴 안의 절에서 재계하고 영실(靈室)로 들어가 문을 닫고 홀로 앉아 분향하며 며칠 밤을 지낸 적도 있다. 김유신의 기도는 화랑 시절 때부터의 행동이었고, 김유신의 화랑도를 용화향도라고 하여 김유신의 행동특성을 반드시 불교적 영향이라고 볼 필요는 없다. 미륵사상은 당시에 유행했던 하나의 사상이었지만 김유신이 큰일을 앞두고 산이나 동굴에 들어가 기도를 올린 것은 그야말로 천지신명에게 도움을 청한 것이라 볼 수 있다. 김유신의 행동에는 당시 신라의 청년들에게 널리 알려진 이른바 세속오계가 그대로 반영되어 있다. 한평생 충과 효로써 살겠다고 다짐한 것은 사군이충, 사친이효의 반영이고, 친구 김춘추와 신의를 지킨 것은 교우이신의 반영이다. 포로를 함부로 죽이지 않고 돌려보낸 것은 살생유택의 반영이고, 전장의 선두에 서서 목숨을 아까워하지 않은 것은 임전무퇴의 실현이었다. 김유신의 삶은 통일기의 화랑도의 모범이 되었을 것이고, 나아가 신라 청소년들의 행동 전범이 되었을 것이다.

대대로 죽음으로 충효를 보인 김흠순

김유신의 아우 김흠순(金欽純, 金欽春이라고도 함) 역시 진평왕대의 화랑이었는데,

그도 어짊[仁]이 깊고 신뢰가 두터워 뭇 사람들의 마음을 얻었다고 한다. 태종무열왕 7년(660)에 당과 연합하여 백제를 칠 때 참전하였다. 황산벌에서 계백과 싸울 때 전세가 불리하자 아들을 불렀다. 그리고 말하기를 신하로서는 충성이 가장 중요하고 자식으로서는 효가 가장 중요하다. 위험을 보고 목숨을 바치면 충과 효가 모두 이루어진다고 하였다. 이에 아들 반굴이 그렇게 하겠다고 하면서 나아가 싸우다 죽었다. 반굴의 아들 영윤 역시 전장에 나갔는데 전진이 있을 뿐 후퇴가 없는 것이 병졸의 임무라고 하면서 싸우다 죽었다. 김흠운이 충과 효를 삶의 가치관으로 삼은 것은 형 유신과 같다. 그들에게 효는 집에서 부모를 봉양하는 것이 아니었다. 전장에서 임전무퇴의 전신을 보임으로써 부모를 욕되게 하지 않는 것이었다.

어린 나이에 화랑이 된 관창과 양산가의 주인공 김흠운

태종무열왕대의 화랑으로는 관창(官昌)과 문노(文努)가 있다. 관창은 어린 나이에 화랑이 되었고 사람을 잘 사귀었다 한다. 16세 때 말타기, 활쏘기에 능했다. 태종무열왕 7년(660)에 황산벌 전투에 나갔다. 그때 아버지 품일이 말하기를, 너는 비록 어린 나이지만 뜻과 기개가 있으니 오늘이 바로 공명을 세워 부귀를 취할 수 있는 때이니 어찌 용기가 없을쏘냐라고 했다. 이에 대답하고 적진에 뛰어들기를 반복하다 계백에게 머리를 베였다. 화랑 문노에 대해서는 전해진 바가 없으나, 그의 낭도인 김흠운(金歆運)에 대해서는 「열전」에 기록이 있다. 그는 내물왕의 8세손으로 어려서부터 전장에 나가기를 소원했다. 지척을 구분할 수 없는 상황에서 전쟁이 벌어지고 있었다. 이 상황에서는 죽어도 누가 알아주지도 않는다며 출전을 만류하는 이가 있었지만 이 말을 듣고도 출전했다. 대장부가 이미 몸을 나라에 바치겠다고 하였으면 누가 알아주든 몰라 주든 매한가지니 어찌 이름을 구하랴라고 말하면서 나가 전사하였다. 부하들은 김흠운이 귀한 신분에 영화로운 자리에 있어 사람이 아끼는 바인데도 절조를 지켜 죽었으니 나 같은 사람은 살아도 별 이익이 되지 않고 죽어도 별 손해가 되지 않는다며 용기를 내어 싸웠다 한다. 당시 사람들은 이런 상황을 듣고 노래 「양산가(陽山歌)」를 지어 애도하였다.

화랑도의 도의교육을 보여 준 검군과 혜숙

화랑 기록을 보면 김흠운과 같이 화랑보다 낭도가 주인공인 경우가 종종 있다. 화랑 근랑(近郎)의 낭도 검군(劍君), 호세랑(好世郎)의 무리에 속해 있던 혜숙(惠宿)이 그들이다.[2] 진평왕 49년(627) 서리가 내려 농작물이 말라 죽고, 이듬해는 기근이 들어 백성들이 자식을 팔아 끼니를 때우는 상황이 발생했다. 궁중의 사인(舍人)들이 모의하여 창예창(唱翳倉)의 곡식을 훔쳐 나누었는데 검군만 받지 않았다. 다들 받는데 왜 받지 않는 것이냐고 물으니, 나는 근랑의 문도에 이름이 실려 있기에 진실로 의로운 것이 아니면 천금의 이익이라도 마음을 움직일 수 없다고 하였다. 이에 말이 새어 나갈 것을 염려한 사인들이 검군을 죽일 것을 모의하였고, 이를 눈치챈 검군은 근랑에게 찾아가 작별을 고한다. 근랑이 왜 관청에 알리지 않느냐고 하자, 자기의 죽음을 두려워하여 뭇 사람으로 하여금 죄에 빠지게 하는 것은 인정상 차마 할 수 없다고 하였다. 그렇다면 왜 도망가지 않느냐고 하자, 저들이 굽고 나는 곧은데 도망가는 것은 대장부가 할 일이 아니라고 거절하였다. 그러고서는 사인들과의 모임 장소에 가서 그들이 주는 술과 음식에 약이 들었다는 것을 알면서도 먹고 꿋꿋하게 죽었다. 검군의 이야기는 『동국통감』과 『삼국사절요』에 같은 내용이 실려 있는데, 불의와 타협하지 않는 정직과 의로움을 화랑의 행동 덕목으로 삼았음을 알 수 있다.

혜숙 역시 진평왕대의 사람인데 호세랑의 낭도였다. 앞서 진평왕대에 자취를 감추고 해외로 나간 대세와 구칠 이야기를 했지만 혜숙 역시 화랑의 명부인 황권

---

2) 진자나 혜숙 등은 승려였고, 그래서 일반 낭도들과 구별되는 신분이었다. 그렇지만 '이혜동진(二惠同塵)'조에서 '釋惠宿沈光於好世郎徒'라고 한 것으로 보아 화랑의 무리에 속한 것이 분명하고, 그래서 낭도라 할 수 있다. 그렇지만 화랑과 낭도의 관계가 군대처럼 수직적인 지배-복종의 관계가 아니라는 것을 여기서도 볼 수 있다.

(黃卷)에서 자취를 감춘 사람이다. 그러나 그는 해외로 가지는 않고 적선촌(赤善村, 안강현)에 20년간 은거했다. 은둔하며 수도하는 승려가 된 것이다. 이때 국선 구참공(瞿旵公)의 무리가 이곳 적선촌에서 사냥놀이를 했는데 혜숙 역시 같이 가기를 청해 허락을 얻는다. 혜숙은 웃통을 벗어젖히고 열심히 뛰었고 이를 본 구참공이 기뻐했다. 사냥을 마치고 쉬면서 고기를 구워 먹었는데 승려인 혜숙 역시 거리낌 없이 고기를 먹었다. 그뿐 아니라 구참공에게도 맛있는 고기가 있으니 더 드시는 것이 어떠냐고 권한다. 구참공이 좋다고 하자, 피가 철철 흐르는 자기 다리 살을 베어 소반에 얹어 올렸다. 놀란 구참공이 왜 그러는지 그 까닭을 물었다. 혜숙은 자기가 구참공을 따라갔던 것은 공이 어진 사람인 줄 알았기 때문인데, 알고 보니 죽이는 것만 좋아해 남을 해쳐 자기 몸을 즐겁게 하는 데 몰두하고 있으니 이는 군자의 행동이 아니라고 하면서 떠나 버렸다. 구참공이 자신의 행동을 부끄러워하며, 혜숙이 먹던 소반 위의 고기 살점을 보니 하나도 없어지지 않고 그대로 있었다. 혜숙이 처음 화랑의 무리에 있다가 나와 뒷날 신이함으로 화랑을 깨우쳐 가르친 것이다. 화랑의 관점에서 보면 살생유택을 가르친 것이고, 불교의 관점에서 보면 자비를 가르친 것이다. 그리고 유교적 관점에서 보면 인(仁)을 가르친 것이다. 혜숙이 바라는 화랑의 이상적인 모습은 어진 군자의 모습이었다. 이는 단지 혜숙의 바람만이 아니라 당시 사회에서 바라는 화랑의 모습이었을 것이다. 삼국이 한창 전쟁 중이지만 산목숨을 함부로 죽여서는 안 된다는 것을 가르친 것이다. 낭도 검군과 혜숙의 이야기에서 우리는 화랑도에서 행해졌던 도의교육의 내용이 어떤 것인지, 그것이 어떤 방식으로 행해졌는지의 일면을 엿볼 수 있다.

금강산을 유오했던 세 화랑

진평왕대의 화랑의 행동을 보여 주는 또 하나의 사례를 『삼국유사』의 융천사(融天師) 혜성가 설화에서 볼 수 있다. 거열랑(居烈郎), 실처랑(實處郎), 보동랑(寶同郎)의 무리가 풍악(금강산)에 놀러 가다 혜성이 심대성을 침범하는 것을 보았다. 이에 융천사가 「혜성가」라는 노래를 지어 불러 변괴를 해결했다는 내용이다. 이 상황은 화랑도의 행동과 관련하여 중요한 의미를 지닌다. 그래서 저자의 상상력으로 다시 당시 상황을 재구성해 보고자 한다. 당시 화랑도들은 개별적 도(徒) 단위로 움직이기도 했지만 이렇게 몇 개의 무리가 집단적으로 움직이기도 했다. 거열랑, 실처랑, 보동랑은 평소 친분이 깊은 화랑들이었을 것이고, 대표적 유오지 가운데 하나였던 풍악을 가기로 했던 것이다. 가는 도중에 혜성이 심대성을 침범하는 기이한 현상을 발견했던 것이다. 화랑도의 유오는 단지 먹고 노는 유희가 아니었다. 천문을 살피기도 하고, 지리상 요충지나 성(城)과 같은 군사 시설을 점검하기도 하였다. 마침 최근 일본 군대가 자주 출몰하여 국가적 문제가 되고 있던 시점이었다. 그래서 이번 행사는 화랑 내부의 행사만이 아니라 국가적으로도 의미 있는 행사였다. 이번 유오에는 천문을 전문적으로 볼 수 있는 사람도 동행을 했다. 그가 천문 변괴 현상을 인지하였던 것이다. 낭도들 사이에서 왜 이런 현상이 일어났는지, 이 현상

[그림 6-3] 혜성

을 어떻게 해결할 것인지에 대한 논의가 분분하였다. 일단 행사를 중지해야 한다고 의견이 모아졌다. 이를 『삼국유사』에서는 "낭도들이 이를 의아하게 생각하여 유오 행사를 중지하려 했다[郞徒疑之, 欲罷其行]."라고 기록하고 있다. 동행한 스님이 주술로써 해결을 시도하였다. 이 스님이 바로 융천사다. 융천사라는 이름은 하늘과의 갈등을 해결한 스님이라는 뜻이다. 이 일을 해결하고 난 뒤에 붙여진 이름일 것이다. 그가 짓고 부른 노래가 「혜성가」다. "예전 동해 물가 건달바의 논 성을랑 바라보고/'왜군도 왔다'고 봉화를 든 변방이 있어라"로 시작되는 노래다. 이 노래는 즉시 효과를 발휘했다. 변괴가 해결되었던 것이다. 임금에게 이 일을 보고하였더

니 마침 그때 일본군도 물러갔다는 보고가 들어왔다. 임금은 괴변이 경사가 되었다며 기뻐하며 낭도들을 다시 풍악에 유오하게 하였다. 저자가 상상력을 가미하여 구성한 것이지만 저자가 말하고 싶은 것은 화랑의 유오 행사가 단지 유희 행사가 아니라는 것이다. 그들이 금강산과 같은 동해안을 즐겨 찾았던 것은 유희도 포함되어 있겠지만 천문 현상과 지리상 요충지를 점검하는 행사이기도 했다는 것을 말하고 싶은 것이다. 화랑의 무리 가운데 누군가 천문의 변괴를 발견했다는 것은 「혜성가」에서 "삼화(三花)의 산 구경 오심을 듣고 달도 부지런히 들불을 켜는데/길 쓸 별을 바라보고 '혜성이여' 사뢴 사람이 있구나"라고 한 것에서 짐작할 수 있는 것이다.

⍟ 통일 이후 화랑도의 행동특성

금란으로 유오를 간 안상의 무사귀환

　　통일 전과 후의 화랑도의 행동특성에는 차이가 있다. 통일기에는 아무래도 전장에서 활약하는 화랑의 모습이 주를 이루었다면, 통일 이후에는 전장에서 활약하는 화랑의 모습은 사라지고 다양한 모습의 화랑상이 등장한다. 효소왕대의 화랑으로 부례랑(夫禮郞), 준영랑(俊永郞)의 이름이 등장하고, 죽지랑(竹旨郞)의 이름도 등장한다. 부례랑은 낭도가 1천 명이나 되었는데 안상(安常)과 특히 친하였다. 안상이 바로 준영랑이라고 한다. 부례랑이 낭도와 함께 금란(지금의 통천)에 유오를 떠났는데 말갈군에게 잡혀갔다. 그때 임금이 내고(內庫)에 보관해 놓은 거문고[玄琴]와 피

[그림 6-4] 백률사 금동약사여래입상

리[神笛]도 사라져 버렸다. 부례랑의 부모가 백률사의 관세음보살상 앞에 가서 기도를 올렸더니 거문고, 피리와 함께 부례랑, 안상이 돌아왔다는 이야기다. 화랑이 금란에 유오하러 갔다가 말갈군에게 잡혀갔다는 것은 이 역시 유오가 그냥 유오가 아니었음을 짐작하게 한다. 그냥 노는 사람을 잡아간 것이 아니라 뭔가 군사적 상황이 있었던 것이다. 그리고 아들이 잡혀가자 부모가 할 수 있는 일은 백률사의 관세음보살상 앞에서 기도를 올리는 일밖에 따로 없었던 것이다. 부례랑의 유오 역시 군사적 목적이 있었음을 암시하는 내용이다.

죽지랑의 인품에 탄복한 득오곡의 노래, 모죽지랑가

죽지랑의 아버지는 술종공으로 진덕왕(647~654 재위)대의 사람이다. 삭주의 도독사로 부임하던 중 죽지령(竹旨嶺)이란 고개에서 어떤 거사와 인연을 맺게 되었다. 거사가 죽으면서 술종공의 꿈에 나타난 뒤 태어난 아들이 죽지다. 죽지는 젊어서는 김유신을 따르며 종군하였다. 그 뒤 진덕왕, 무열왕, 문무왕, 신문왕대에 걸쳐 이름난 재상으로 활약했다. 죽지랑이 화랑이었을 때 득오곡이란 사람이 낭도로 있으면서 매일 출근하였다. 그러던 어느 날, 득오곡이 열흘 정도 보이지 않아 죽지랑이 그 어머니에게 까닭을 물었다. 모량부의 익선 아간이 득오곡을 성의 창고지기로 갑자기 차출하게 되어 죽지랑에게 인사도 못하고 갔다고 어머니가 대답하였다. 죽지랑은 이에 술과 떡을 가지고 낭도 137명과 함께 찾아가니 득오곡은 부역을 하고 있었다. 익선에게 휴가를 청하여 데리고 가려 했으나 허락하지 않았다. 익선에게 좋은 뇌물을 더 주고서야 허락하였다. 조정에서 이 말을 듣고 익선에게는 벌을 주고, 모량리 사람은 앞으로 벼슬하지 못하게 하였다. 뒷날 득오곡은 죽지랑의 인품을 잊지 못해 노래를 지었다.

간 봄 못오리니 계시지 못해 우올 이 시름,
두덩을 밝히오신 모습이 해가 갈수록 헐어가도다.
눈 돌림 없이 저를 만나보기 어찌 이루리.

낭이여, 그릴 마음의 모습이 가는 길 다복 구렁에서 잘 밤 있으리.[3]

　지나간 봄날을 그리워하듯 가고 없는 죽지랑과의 좋은 시절을 눈물로 그리워하는 모습을 노래로 나타낸 것이다. 득오곡이 이 노래를 지은 것이 효소왕대라면 이는 득오곡의 만년일 것이다. 만년에도 죽지랑을 잊지 못하고 있는 것으로 보아 죽지와 득오곡의 관계, 화랑과 낭도의 관계는 상관과 부하의 관계로만 이해할 수 없다. 낭도 한 사람 보이지 않자 그 집까지 찾아가 안부를 확인하고, 술과 떡은 물론 뇌물까지 바쳐 가며 낭도의 어려움을 해결하는 모습은 쉽게 할 수 있는 행동이 아니다.

　기파랑의 마음과 기상을 노래한 충담사

　화랑의 모습을 노래한 또 하나의 향가가 「찬기파랑가」다. 화랑 기파랑을 추모한 노래인데, 역시 화랑과 낭도의 관계가 어떠한 관계였는지를 잘 보여 준다.

[그림 6-5] 21세기 찬기파랑가 –
정동극장 공연 포스터

　　열치매 나타난 달이,
　　흰 구름 좇아 떠남이 아니냐, 새파란 내에
　　기랑의 모습이 있어라, 이로 냇가 조약에서
　　낭이 지니시던 마음의 끝을 좇고자.
　　아아, 잣가지 높아 서리 못 누울 화판이
　　여.[4]

3) 조동일, 『한국문학통사 1』, 지식산업사, 1995, 160–161쪽.
4) 앞의 책, 171–173쪽.

　구름을 열치며 나타난 달은 기파랑이다. 달이 새파란 냇가의 물에 비친 것에서 기파랑의 모습을 떠올렸다. 그리고 냇가의 조약돌에서 기파랑이 지녔던 그 마음의 끝이라도 좇아가고자 하노라고 했다. 화랑은 서리가 범접하지 못할 높은 잣가지이며 화관이다. 화랑을 그리워하는 것은 무슨 권세나 벼슬이 아니다. 화랑이 지니던 '마음'이다. 이 노래의 작자는 충담 스님, 즉 충담사다. 경덕왕은 충담사가 이 노래를 지었다는 것을 알고, 국태민안을 위한 노래도 하나 지어 달라고 한다. 그래서 「안민가(安民歌)」라는 노래를 지어 올렸다. "임금은 아비요, 신하는 사랑하시는 어미요, 백성은 어리석은 아이라고 하시면, 백성이 사랑하리라 (……) 아아, 임금 같이, 신하답게, 백성같이 하면 나라 태평하리라."라는 노래다.[5] 승려 신분임에도 불구하고 대단히 수분(守分)사상, 정명(正名)사상을 표방하는 유가적인 노래를 지어 올렸다. 충담사(忠談師)는 그 이름, 즉 충을 이야기하는 사람이라는 데서, 그리고 국왕의 요청을 받고 「안민가」를 지어 올린 것에서 국가와 일정한 관계를 맺고 있는 사람임을 짐작해 볼 수 있다. 그렇다면 기파랑과 충담사의 관계 역시 무관한 관계가 아니고, 충담사가 기파랑의 무리에 속해 있었던 사람이라고 짐작해 볼 수 있다.

　사방을 유오한 김응렴

　뒷날 48대 경문왕(861~875 재위)이 된 김응렴은 18세에 국선이 되었다. 그런데 20세가 되자 헌안왕(857~861 재위)이 그대는 국선이 되어 사방을 널리 유람하였으니 무슨 특별한 것을 보았는가 하고 물었다. 이때 그는 행실이 아름다운 사람 세 명을 보았다고 한다. 첫째는 남의 윗자리에 있을 만하면서 겸손하여 남의 밑에 있는 사람이고, 둘째는 세력이 있고 부자이면서 옷차림이 검소한 사람이고, 셋째는 본래 귀하고 세력이 있으면서도 그 위세를 보이지 않는 사람이라고 했다. 임금이 이 말에 감격하여 두 딸을 시중들게(혼인하게) 하겠다고 한다. 누구를 택할지

---

5) 앞의 책, 170쪽.

결정하기 위해 가족회의가 열렸는데, 부모는 맏공주는 얼굴이 초라하고 둘째 공주는 매우 예쁘니 둘째 공주에게 장가가라고 한다. 이 말을 들은 낭도 가운데 범교사(範敎師)가 있었는데 응렴을 찾아가 만일 낭(응렴)이 둘째 공주에게 장가든다면 나는 낭의 면전에서 죽을 것이며, 맏공주에게 장가든다면 좋은 일이 세 가지 있을 것이라고 하였다. 낭은 범교사의 말을 따랐다. 얼마 뒤, 헌안왕이 죽고 맏딸의 남편인 응렴이 왕위에 오르게 되었다. 왕위에 오름으로써 둘째 딸도 취할 수 있고, 맏공주에게 장가들어 왕과 부인이 기뻐하게 되니 세 가지 좋은 일이 다 이루어졌다. 이 기록은 『삼국유사』의 기록인데 『삼국사기』에도 같은 기록이 있다. 『삼국사기』에서는 왕이 응렴과 대화를 나눈 것이 15세라 하였고, 응렴에게 둘째 딸에게 장가가라고 한 사람은 흥륜사 스님이라고 하였다. 화랑이 산수를 유오한 것은 오랜 전통이었는데, 여기서는 그 유오지가 산수가 아니라는 것이 특이하다. 유오나 유람이 아니라 여유 있게 돌아다닌다는 뜻의 '우유(優遊)'라고 했다. 그리고 특정 지역이 아닌 사방(四方)을 돌아다녔다고 했다. 응렴은 유행(遊行)으로 마을 곳곳까지 두루두루 다녔다는 것을 알 수 있다. 일종의 민정시찰이며 숨은 인재까지 알아내는 역할을 한 것이다. 화랑 응렴이 생각하는 인재상은 겸손하고 검소한 사람이었다는 것을 나타낸 것이다. 범교사(範敎師)는 그 말 자체가 모범이 되는 스님이란 의미인데, 실제 낭도와 화랑까지 지도하였다는 것을 보여 준다. 경문왕 자신이 화랑 출신이어서인지 경문왕대에는 화랑들과의 관계가 조금 더 밀접했던 것 같다. 요원랑(邀元郎), 예흔랑(譽昕郎), 계원(桂元), 숙종랑(叔宗郎) 등이 금란(金蘭)을 유람할 때 정치에 참여하려는 뜻이 있어 노래 세 수를 지어 대구화상(大矩和尙)에게 곡을 짓게 했다. 그리고 경문왕에게 바치니 왕이 좋아했다는 기록도 남아 있다.

효녀를 도운 효종랑

진성여왕(887~897 재위)대에는 효종랑(孝宗郎)이라는 화랑이 있었다. 경순왕의 아버지인 그는 효의 으뜸[孝宗]이라는 이름 그대로 효와 관련한 일화를 남기고 있다. 남산 포석정에서 유오하고 있을 때 그의 낭도들도 모두 그곳으로 모이게 되었다.

그때 두 사람이 늦게 와서 그 까닭을 물으니 이렇게 대답했다. 분황사 동쪽 마을에 20세쯤 되는 어떤 여인이 있었는데 눈먼 어머니를 껴안고 울고 있어서 마을 사람들에게 물었다. 마을 사람들이 말하기를 이 집은 원래 가난해서 걸식으로 연명했는데 흉년이 들어 걸식이 어려워졌다. 그래서 남의 집 품팔이로 팔려 가게 되었다. 그 어머니가 묻기를 전에는 거친 음식이라도 마음이 편했는데 요즈음 먹은 쌀밥은 편하지 않으니 어찌된 일이냐고 물었다. 이에 그 여인이 자기가 어머니의 구복(口腹)만 봉양하고 마음을 편하게 하지 못했음을 탄식하고 서로 붙잡고 운 것이라고 했다. 두 낭도는 이런 광경을 보고 오느라 늦었다고 했다. 효종랑이 이를 듣고 눈물을 흘리며 곡식 백 곡(斛)을 보냈다. 낭의 부모도 옷을 한 벌 보냈으며 낭도 1천 명도 조(租) 천 석을 보냈다. 여왕도 그 말을 듣고 곡식 5백 섬과 집까지 내려 주고 그 동네를 효양리(孝養里)라고 했다는 것이다. 충효는 화랑의 대표적 가치관이자 행동 덕목이었다. 통일기에 전쟁과 관련한 효행의 사례들이 많았다면, 이 시기에 와서는 부모의 봉양과 같은 것으로 화랑의 효행 내용이 바뀌었다. 구복을 봉양하는 것도 효지만 마음을 받든 것만 못하다는 것은 유가적 가치관을 반영한 말이다.

화랑도의 행동특성

지금까지 살펴본 화랑도의 행동특성을 정리해 보면 〈표 6-1〉과 같다.

앞서도 말했지만, 화랑도의 행동특성은 통일 전과 후가 크게 차이가 있다. 통일 전에는 전장에서의 '용기'가 가장 큰 행동특성으로 드러나며, 충과 효를 비롯하여 겸양 등이 특징적으로 드러난다. 크게 보면, 원광법사가 말한 이른바 세속오계(世俗五戒)가 화랑도의 행동으로 잘 드러난다. 임금을 충으로 섬기고[事君以忠], 부모를 효로써 섬기고[事親以孝], 벗을 신의로써 사귀고[交友以信], 전장에서 물러섬이 없으며[臨戰無退], 산목숨을 함부로 죽이지 말라[殺生有擇]는 가르침을 그들은 행동으로 실천하고 있다. 그런데 통일 후에는 전장에서의 용기와 같은 덕목은 보이지 않는다. 대신 화랑들의 유오(遊娛) 관련 행동이 많이 보인다. 화랑과 낭도 사이의 신의나 효행을 강조하는 것도 보이지만 전쟁 중일 때와는 그 내용에서 차이가 있다.

〈표 6-1〉 화랑도의 행동특성

이름(관련 인물)	신분	행동특성	관련 향가
사다함	화랑	충성, 용기, 겸양, 신의	
미시랑(진자사가 속한 화랑)	화랑	화목, 예의 바름	
김유신	화랑	충성, 용기, 신의, 어짐	
김흠순(유신의 아우)	화랑	어짐, 신의, 충성, 효도	
관창	화랑	용기	
김흠운(문노의 낭도)	낭도	용기	양산가
검군(근랑의 낭도)	낭도	정직	
혜숙(호세랑의 낭도)	승려(낭도)	자비	
융천사(거열랑, 실처랑, 보동랑)	승려(낭도)	주술	혜성가
죽지랑(득오곡)	화랑	신의	모죽지랑가
기파랑(충담사)	화랑	늠름함	찬기파랑가, 안민가
김응렴	화랑	겸양, 검소	
효종랑	화랑	효	

　그렇다면 이러한 화랑도의 행동특성의 의미는 무엇일까. 화랑의 행동특성은 신라 청소년의 행동의 모범(model)이라는 것이다. 하나의 화랑도는 몇 백 명에서 천명을 넘는 인원으로 구성되는 경우도 있었으니 적어도 그들 사이에는 화랑의 행동이 본받아야 할 모범적인 행동이 된다. 나아가 낭도가 아니더라도, 화랑도에 소속되지 않았더라도 화랑의 행동은 신라사회에서 지니는 의미가 컸던 것이다.

　다음으로 화랑도의 행동특성 형성에 영향을 준 요소를 생각해 보자. 이는 둘로 나누어 생각해 볼 수 있는데, 하나는 특정 개인적 차원의 영향이고 다른 하나는 당시의 사상적 영향이다. 개인적 영향이란 어떤 스승이나 화랑의 개인적 인품이나 성향 등을 말한다. 원광에게 가르침을 받은 귀산과 추항이 화랑도였다는 기록은 없다. 그러나 원광의 가르침은 시대적 요구를 반영한 가르침이다. 승려였지만 유교적 덕목도 들어 있고, 불교적 계율도 시대에 맞추어 변형된 형태로 전달하였기에 당시의 청소년들에게는 매우 큰 행동 지침이 되었을 것이다. 화랑도의 교육을 담당한 사람으로 이 책에서는 승려를 주목해 왔다. 김응렴에게 둘째 딸과 결혼하라고 충고한 범교사는 응렴의 화랑도에 속해 있는 사람으로서 어떤 종류의 교육을 담당한 승려였을 가능성이 높다. 호세랑의 낭도였던 혜숙도 화랑 구참공의 행동이 남을 해쳐 자기 몸을 즐겁게 하니 군자의 행동이 아니라고 깨우쳐 주고 있다. 또 충담사, 월명사와 같은 향가 작자 가운데는 승려 계층이 많았고, 화랑 관련 향가도 주로 승려 계층이 지었다. 그들이 화랑도의 행동특성에 영향을 끼쳤다고 보는 것은 당연하다. 이와 아울러 「모죽지랑가」 「찬기파랑가」와 같은 향가에는 화랑의 인품을 찬양하는 내용이 들어 있다. 화랑의 인품이 낭도들의 행동에 영향을 주었을 수 있다.

　화랑도(花郎徒)의 행동특성 형성에는 당시의 사상도 어떤 식으로든 영향을 주었을 것이다. 이 장의 서두에서 화랑의 고유한 사상, 즉 화랑도(花郎道)가 무엇인지에 대해서는 최치원도 그것이 무엇이라고 설명하지 않았다고 했다. 현묘하다든지, 유, 불, 도의 삼교를 포함하고 있다든지 하는 간접적인 방식으로 설명하고 있다고 했다. 화랑도가 유, 불, 도와 다른 점은 사상을 제시하고 있는 경전 같은 것이 없다는 점이다. 그래서 화랑도(花郎道)는 화랑도(花郎徒)의 행동에서 찾을 수밖에 없다고 한 것이다. 실제 화랑의 행동에서는 유교적인 사상의 흔적도, 불교적인 사상의 흔적도, 또 도가적인 사상의 흔적도 모두 발견할 수 있다. 충과 효를 강조하고 인과 겸양, 검소함을 강조하는 화랑의 행동은 진흥왕대에 화랑이 등장한 이래 지속적으로 드러나고 있고, 김응렴의 사례에서도 명확하게 볼 수 있다. 이는 유교적인 사상과의 교류의 흔적이다. 국학을 설립하고 유교적 인재를 양성하기 전부터 유교는 이미 국가의 통치이념이 되어 있었다. 따라서 충효이념은 화랑도의 행동에도 그대로 반영될 수밖에 없는 것이다. 임신서기석이 화랑도와 관련이 있는지를 확정할 직접적 증거는 없다. 그러나 국가에 충성을 맹세하고 유교 경전을 학습하기로 맹세하였다는 것은 국학의 학생 아니면 화랑도의 그것일 가능성이 크다. 국학생이 학교의 정규 과정으로 경전을 배우게 되므로 맹세까지 필요 없었을 것이라 보면, 역시 화랑도의 것으로 보는 것이 타당할 것 같다. 화랑 집단은 화랑과 낭도, 낭도와 낭도 사이에 신의를 중시하는 집단이다. 신의가 유교의 전유물이라고 하지는 못하겠지만 붕우유신, 교우이신은 유교적 가치관의 반영이라 하지 않을 수 없다. 불교의 경우는 앞서 본 바와 같이 승려 계층과의 관계도 그러하지만 화랑도 자체를 미륵선화, 용화향도라고 불리기까지 했다는 점에서 역시 밀접한 관련과 영향을 생각할 수 있다. 도가와의 관련성에 대해 최치원은 무위에 처하고 말없음의 가르침을 실천하는 것[處無爲之事, 行不言之敎]이 그러하다고 했다. 그러나 저자가 보기에는 도가와의 관련성은 역시 화랑도의 산수유오에서 찾아야 한다. 화랑도의 산수 탐방의 목적이 단지 놀이 행위만이 아니라는 것은 앞에서 말한 바와 같다. 그럼에도 그들의 유오(遊娛)에서는 도가적 성격을 배제할 수 없다. 화랑들을 신선, 선랑이라 부른 것에서도 도가적 경향을 찾을 수 있다. 그리고 최치원이 말한 삼교에는 들어가지 않지만 화랑도의 사상적 배경으로 무속, 주술적 측면을 이야기하지 않을 수 없다. 화랑의 설화에는 언뜻언뜻 주술적 요소들이 보인다. 김유신의 수련 과정 등에서 신과의 소통 이야기가 여러 차례 등장한다. 향가 「혜성가」도 분명 주술적 요소를 볼 수 있다.

❀ 교육문명사에서 본 화랑도의 교육

화랑도의 성격을 어떻게 볼 것인가에 대해서는 군사적 성격, 종교적 성격, 유희적 성격 등 여러 가지 측면이 논의되어 왔지만 교육적 성격을 빼놓을 수 없다. 화랑도의 행동특성을 살펴본 것도 그것이 교육과 관련되기 때문이다. 화랑도가 추구했던 교육적 이상을 그들의 행동특성에서 찾을 수 있고, 화랑도의 교육실천 역시 그들의 행동에서 찾을 수밖에 없다. 화랑도의 교육 역시 시대적 환경에 따라, 화랑과 낭도의 특성에 따라 차이가 있었을 것이다. 화랑도 조직이 국가와 일정한 관련성을 맺고 있기는 하지만 자율성을 가진 집단이었고, 따라서 그들의 교육 활동도 각 도(徒)마다 차이가 발생하게 마련이다. 화랑도의 교육을 알려 주는 것은 화랑도의 모습(행동)인데, 『삼국사기』에서는 그것을 도의연마, 가악상열, 산수유오라는 말로 요약하고 있다. 화랑도의 다양한 교육 활동을 이 세 가지로 요약하고 있는 것이다.

여기서는 이들을 교육문명사의 시각에서 다시 살펴보기로 한다. 교육문명사적 시각이란 화랑도는 후대의 교육문명, 즉 문자문명의 시각으로 보아서는 안 되며, 신라인 그들의 시각인 구술문명의 관점에서 보아야 한다는 것이다. 화랑도는 구술 문명의 산물이기 때문이다. 물론 화랑도 교육에도 문자교육이 있었을 가능성이 있다. 앞에서 말한 바와 같이 임신서기석은 문자 학습과 관련한 낭도들의 맹세일 수도 있고, 그 밖에도 여러 가지 문자교육과 관련한 활동들이 있었을 수 있다. 신라 시대 교육을 대표하는 것은 화랑도 교육과 국학 교육이다. 이 양자의 교육은 성격이 전혀 다르다. 국학이 문자를 바탕으로 이루어지는 교육문명의 상징이라면, 화랑도는 몸(구술도 몸으로 이루어지는 것 가운데 하나)으로 이루어지는 교육문명의 상징이다. 이런 관점에서 화랑도 교육의 세 측면, 즉 도의연마, 가악상열, 산수유오를 다시 한 번 정리해 보자.

실천 중심의 화랑도의 도의연마

『삼국사기』에서는 화랑도가 "서로 도의를 닦았다[相磨以道義]."라고 하였다. 화랑도의 도의연마는 두 가지 특성이 있다. 하나는 내용상 특성이고, 다른 하나는 방법상의 특성이다. 화랑도의 행동특성 가운데 도의와 관련한 내용들은 적지 않다. 앞서 본 바에 의하면 화랑도의 행동특성으로 드러난 것들 가운데 상당수는 도의적 영역으로 생각할 수 있을 것이다. 도의의 사전적 정의는 사람으로서 마땅히 행해야 할 것 정도가 된다. 그런데 그 마땅함의 기준은 시대마다 차이가 있을 수밖에 없다. 전통사회의 도의라고 할 때 우리는 주로 삼강오륜과 같은 인륜, 즉 유교적 도의를 떠올리게 된다. 확실히 화랑도에도 유교의 영향이 적지 않았고, 그래서 충과 효, 신의와 같은 유교적 덕목들을 화랑도의 행동에서 자주 볼 수 있다. 국학에서도 『효경』은 『논어』와 함께 어느 분과나 익혀야 할 공통 필수과목이었다. 『효경』과 『논어』가 강조하는 것이 바로 효제충신(孝悌忠信) 아니던가. 효제충신의 유교적 가치관은 중앙집권적 질서가 잡혀가면서부터 신라사회의 가치관으로 자리 잡게 되었고, 국가와의 일정한 관련하에 작동되었던 화랑도의 가치관으로도 강조 되었던 것이다. 그렇다면 국학에서의 도의교육과 화랑도의 도의교육은 어떤 차 이가 있는가. 그 차이는 '도의'에 있는 것이 아니라 '교육'에 있다. 도의란 원래 이 론적인 것이 아닌 실제적인 것이다. 화랑도의 도의는 교실에서의 도의, 문자 속 의 도의가 아니다. 그들의 도의는 생활 속에서 이루어지는 실천적 도다. 그들에 게서 도의는 생활과 유리된 배움의 대상이 아닌 실천의 대상이었다. 생활 속에서, 실천 속에서 배움이 이루어지는 것이다. 그래서 화랑도가 누구에게 도의를 가르 쳤다거나 배웠다는 기록은 없다. 이론적 배움이 아니기에 『삼국사기』에서도 '學'이 란 개념을 쓰지 않고 '磨'라는 개념을 사용하였다. '磨'는 연마, 수련의 의미다. 화 랑도의 도의는 덕목 중심의 도의가 아닌 상황 중심의 도의, 실천 중심의 도의다. 화랑도의 도의는 유교적 도의에 한정되지 않는다. 화랑도 자체가 사상적인 폭이 넓듯이 화랑도의 도의 역시 매우 사상적 범위가 넓다. 화랑도가 제도적으로 성립 하기 전의 신라사회는 사상적으로 무속적 가치가 지배하던 사회였다.

  화랑도의 도의에는 무속적 성격도 있다. 무속은 조화를 내세우는 사상이다. 신 과 인간, 인간과 인간, 인간과 자연의 조화를 이야기하는 것이 무속이다. 무속을 도의와 무관하게 생각해서는 안 된다. 애니미즘, 토테미즘, 샤머니즘과 같은 사상 들은 구술문명 시대의 대표적 사상이다. 이 사상들이 도의와 무관하다고 생각해 서는 안 된다. 화랑도의 도의는 전장에서도 드러나지만, 신라인들의 신앙이나 각 종 의식에서도 드러난다. 화랑도의 도의는 때로는 주술적이고 무속적인 옷을 입 고 나타나기도 하지만, 때로는 유교, 때로는 불교의 옷을 입고 나타난다. 화랑도 의 도의는 어떤 옷을 입고 나타나든 상황적이고 실천적인 성격이다. 미시랑을 예 로 들어 보자. 미시랑은 7년간 풍류로 세상을 밝힌 사람이다[風流耀世]. 미소년의 모습으로 세상에 나타난 그는 화랑이 되어 낭도들과 화목하였고, 예의와 풍교가 남달랐다. 낭도들은 미시랑과 함께하면서 감화를 크게 받았고, 스스로의 행동을 고쳤다. 이것이 화랑도의 도의교육이다. 누가 누구의 잘못을 지적하는 것이 아니 라 지도자의 행동에 감화를 받아 스스로 행동을 되돌아보는 것이 화랑의 도의교육이었던 것이다.

화랑도가 즐긴 가악

풍류는 그 자체가 도덕적 덕목이 아니다. 『삼국사기』에서는 "서로 도의를 닦았다[相磨以道義]"라는 말에 이어 "서로 가악을 즐겼다[相悅以歌樂]"라고 했다. 화랑도를 풍류도, 풍월도라고도 한 것은 화랑도의 활동 가운데는 풍류인의 모습이 있었기 때문이다. 풍류는 화랑도의 행동특성이라고 할 수 있다. 그리고 그 행동특성의 하나가 바로 함께 가악을 즐기는 것이다. 화랑들이 즐긴 가악의 전모는 모르지만 대표적으로 알려져 있는 것이 향가다. 앞에서 본 「혜성가」를 비롯하여, 「모죽지랑가」 「찬기파랑가」 등이 그것이다. 『삼국유사』에 남아 있는 14수 가운데 화랑도의 노래도 이와 같이 3수가 남아 있다[사내기물악(思內奇物樂)이나 「양산가」와 같이 이름만 전하는 화랑의 노래도 있다]. 충담사나 월명사, 융천사는 화랑도과 관련이 있는 승려들인데, 이들이 향가를 만들었으며, 화랑도는 그 노래를 즐겼다. 그런데 화랑도에게 가악은 그냥 단순히 즐기는 노래 이상의 의미가 있었다. 「모죽지랑가」와 「찬기파랑가」는 낭도들이 지은 추모의 노래다. 「혜성가」는 이와는 다르다. 별자리에 이상이 생겨 지은 노래다. 충담사가 지은 「안민가」는 정치적 교훈을 담은 내용이고, 월명사가 지은 「도솔가」는 불교 의식 때 부른 노래일 것이며, 「제망매가」는 누이의 죽음에 부치는 노래였다. 물론 「안민가」 「도솔가」 「제망매가」는 직접적으로는 화랑도와 관계가 없으나 화랑도 소속인 월명사와 충담사가 지은 노래이기에 주목의 대상이 된다. 이에 한정해서 보더라도 화랑도와 직간접적으로 관련 있는 향가는 다양한 기능과 사상적 배경을 가지고 있음을 알 수 있다. 「혜성가」와 같은 것은 주술적인 사상을 배경으로 하고 있고, 「안민가」는 유교, 「도솔가」 등은 불교를 사상적 배경으로 하고 있다. 기능적인 측면에서 보더라도 「양산가」와 같이 화랑의 용기를 노래한 것도 있는가 하면, 화랑을 추모하는 노래도 있다. 또 「안민가」와 같이 교훈적 기능을 가진 노래도 있지만 각종 의식 때 부른 노래도 있다.

화랑도가 즐긴 가악은 단순하지 않다. 매우 다양한 노래가 있었을 가능성이 있다. 그냥 경치 좋은 곳에서 음풍농월한 것으로 생각해서는 안 된다. 화랑이 부른 노래가 모두 향가는 아닐 것이다. 화랑도에서 자체적으로 지은 향가와 같은 노래도 있겠지만 민요와 같이 전해져 내려오는 노래도 있었을 것이다. 전래된 노래든 향가든 이들 노래는 신라의 노래(향가의 '향'도 신라의 의미다)이며 그들의 생활을 반영한 노래다. 문자문명의 시대에 살고 있는 우리는 구술문명의 시대를 살아간 그들에게 있어 노래의 의미를 다 헤아리기는 힘들다. 문자시대의 문자와 구술시대의 노래는 같은 의미를 지닌다. 문자가 '지(知)'를 전달하는 미디어라면 노래 역시 그러하다. 우리는 '지'를 문자에 한정하여 생각하는 경향이 있다. 그렇지 않다. 인간의 '지', 즉 앎은 전인적(全人的)으로 일어난다. 머리로, 이성 작용으로만 일어나는 것이 아니다. 온몸 전체가 '지'를 파악하고 받아들이는 미디어다. 화랑도의 교육은 이해가 아닌 감화(感化)다. 문자로 이해시키는 것이 아니라 온몸으로 받아들이는 감화가 화랑도의 교육법이다. 화랑들은 이 감화를 위해 향가와 같은 노래를 활용하였던 것이다. 화랑의 노래가 교육적 효과를 낼 수 있는 것은 모두 감화 때문이다. 화랑도의 교육 가운데는 감화 아닌 것이 없다. 「혜성가」를 보면 감화는 인간 세계에만 적용되는 것이 아니다. 하늘에게도 적용된다. 하늘도 감화되어 하늘의 질서를 잡게 된다는 것이 「혜성가」다. 충담사가 지었다는 「안민가」도 감화의 노래다. 백성들을 노래로써 감화시키고, 임금은 임금답게, 신하는 신하답게, 백성은 백성답게라는 수분(守分)사상을 노래에 실었던 것이다.

『삼국유사』에는 원성왕대의 이야기인 '영재우적(永才遇賊)'이란 이야기가 있다. 영재는 성품이 익살스럽고 재물에 얽매이지 않는 승려다. 화랑도와의 관계는 모르겠지만 역시 향가를 잘했다고 한다. 만년에 남악(南嶽, 지리산)에 은거하려고 가던 중이었다. 대현령이라는 큰 고개를 넘을 때 60인의 도적떼를 만났다. 도적들은 영재를 해치려 했으나 오히려 영재는 두려워하지 않고 온화한 태도로 그들을 대했다. 도적들이 이상하게 여겨 이름을 물으니 영재라고 하였다. 영재는 당시에도 향가의 작자로 널리 알려진 사람이었다. 도적들은 그 이름을 듣고 노래를 지어 보라고 하였다. 영재는 노래를 지었고, 그 노래를 들은 도적들은 감동하였다. 그래서 도적들이 오히려 영재에게 재물을 주었으나 재물은 지옥 가는 근본이라서 궁벽

한 산중으로 가는데 어찌 그것을 받느냐며 땅에 던져 버렸다. 도적들은 감화되어 칼과 창을 버리고 영재의 제자가 되었다. 노래의 감화력은 이처럼 대단한 것이다.

화랑도의 유오와 그 교육적 의미

화랑도의 교육은 학교와 교실이 따로 없다. "산수를 유오하였는데, 먼 곳까지 이르지 않은 곳이 없었다[遊娛山水無遠不至]."라고 하였듯이 그들의 유오지는 온 국토였고, 온 국토가 바로 그들의 교육 현장이었던 것이다. 천전리에 화랑들이 다녀가면서 각석에 '영랑성업(永郎成業)'이라고 새겨 놓았다 했다. 화랑 영랑이 이곳에서 업을 마쳤다는 뜻이다. 그 업이 무슨 업인지 지금으로서는 알 수 없다. 천지신에게 제사를 지내는 행사인지, 조상을 기리는 행사인지, 향가를 통해 정서를 도야하는 행사인지, 혹은 낭도들이 함께 심신을 단련하는 행사였는지 알 수 없으나 교육의 관점에서 보면 모두 학업(學業)의 의미가 있다. 신라인의 학업, 화랑도의 학업이었던 것이고, 천전리는 그 학업의 교실이었던 것이다. 화랑의 유오는 단일한 목적보다 여러 가지 목적으로 행해졌다고 앞서 말한 바 있다. 그들이 유오지를 선택한 기준은 거리나 편리함이 아니었다. 그들이 즐겨 찾던 유오지는 오히려 멀고 불편한 동해안 지역이 많다. 그들은 그곳에서 천문 현상을 관찰했을 수도 있고, 국경 지대를 점검했을 수도 있다. 삼국이 대치하고 있는 상황에서 국경 지대를 다니며 상무적인 기상을 길렀을 것이다. 금강산과 같은 명산은 단지 명승지가 아닌 신이 임재(臨在)하는 곳이다. 그곳에서 가악을 즐김으로써 정서를 도야하기도 했고 심신을 도야하기도 했을 것이다.

교육공동체로서의 화랑도 교육

화랑도 관련 기록을 보면 화랑이 낭도를 지도했다든지 아니면 어떤 스승이 와서 낭도를 지도했다는 말이 드물다. 누가 누구에게 배웠다는 말이 거의 없다. 대신 '서로 닦았다[相磨]' '서로 즐겼다[相悅]'고 하였다. 여기서 '서로[相]'라는 말은 외부의 스승에 의한 학습이 아닌 조직 내부의 자발적 학습이 주가 되었다는 말이다. 임신서기석이 화랑의 유물이라면 이 역시 이를 뒷받침하는 하나의 증거가 되지 않을까. 교육의 관점에서 볼 때, 화랑도는 일종의 교육공동체다. 생활공동체이기도 하고, 생사를 같이하는 운명공동체이기도 했다. 전장에서 생사를 같이함은 당연하지만 전쟁이 끝나고도 신의를 지키기 위해 죽음을 같이한 사다함과 같은 사람도 있으니 운명공동체라고 할 수 있다. 그들을 화랑의 무리, 화랑의 도(徒)라고 부르는 것 자체가 공동체임을 밝히고 있는 것이다. 실제 고려시대의 사학(私學) 집단으로 사학 12도(徒)가 있지 않은가. 화랑도를 연구한 교육학자 황금중 교수는 이와 같이 교육의 집단에 '도(徒)' 자를 붙이는 풍토는 화랑도의 전통일 가능성이 높다고 보고 있다.[6] 화랑 집단은 신라사회의 요역(徭役) 동원 대상 연령과 결부 지어 볼 때 대체로 15, 16세 정도의 청소년들로 구성되었을 것이다. 그들은 몇 년 정도 공동체 생활을 하면서 각종 교육과 훈련을 받았을 것이다. '상마이도의(相磨以道義)' '상열이가악(相悅以歌樂)'했다는 점에서 도의 공동체요, 정서적 공동체요, 미륵사상과 결부되어 '용화향도(龍華香徒)' 혹은 '미륵선화(彌勒仙花)'로도 불리었다는 점에서 종교적 공동체였다고도 할 수 있다. 화랑과 낭도는 단지 지도자와 학습자, 스승과 제자라는 지금의 학교교육에서 생각할 수 없는 일종의 도반(道伴)의 관계라 할 수 있다. 이러한 화랑도를 단순한 무사 집단으로 보는 것은 그들의 성격을 지나치게 단순화하는 것이다. 화랑도의 리더십은 권력이나 무력에서 오는 것이 아니라 정신적 권위에서 오는 것이다. 「모죽지랑가」나 「찬기파랑가」에서 볼 수 있듯이 화랑과 낭도, 낭도와 낭도의 관계는 힘이나 권력에 의한 지배−복종의 수직적 관계가 아닌 종교적 이념과 도덕적·예술적 정조로써 서로서로 인격 도야를 위해 돕는 관계, 나아가 서로의 품성 함양에 도움이 되는 도반의 관계라 할 수 있고, 그러기에 화랑도는 공동의 이념을 가지고 생활하면서 도덕과 정서, 신체를 다같이 연마하는 교육공동체라 할 수 있는 것이다.

---

6) 황금중, 「교육공간으로서의 자연: 화랑도 교육의 공간, 산수(山水)」, 한국교육사학회 편, 『역사 속의 교육공간, 그 철학적 조망』, 학지사, 2011, 84쪽.

교육문명사의 관점에서 본 화랑도 교육

　화랑도 교육의 세 측면, 즉 도의연마와 가악상열, 산수유오는 얼핏 보면 별개의 것처럼 보여도 실은 별개의 것이 아니다. 도의연마는 가악상열과 산수유오 속에서 이루어졌고, 가악상열은 산수유오의 과정 속에서 이루어졌는데 정서적으로 도의연마의 효과가 있었으며, 산수유오는 도의연마와 가악상열이 이루어지는 공간이었기에 셋은 불가분의 관계를 맺고 있다. 화랑도의 교육은 학교교육이 아니다. 그것은 풍류도의 교육이다. 풍류, 풍월이란 말이 상징적으로 나타내듯이, 그것은 고정되고 폐쇄된 교육이 아니다. 문자 위주의 학교교육과는 문명적으로 다른 교육이다. 후세의 풍류라는 말도 그러한 의미가 있지만 화랑도의 풍류정신은 자유정신을 핵심으로 한다. 풍류도가 화랑도로 개편되어 국가의 일정한 통제를 받고 있었을지라도 화랑도는 풍류정신을 핵심으로 하고 있었던 것이다. 바람[風], 흐름[流], 달[月], 신선[仙] 등 화랑과 풍류를 상징하는 개념들은 하나같이 정형(定型)을 거부한다. 국가는 인재 양성과 선발의 목적으로 화랑도를 만들었지만 화랑도를 완전히 국가의 기구로 통제하지는 못하였다. 국학이라는 학교 제도가 생겼지만 화랑도는 없어지지 않았다. 화랑도에는 자유와 자율이 있었다. 화랑도의 정신은 풍류정신이며, 풍류정신의 본질은 자유정신이다. 화랑도의 행동특성에서 보았듯이, 화랑도는 권세나 이익에 집착하는 무리가 아니었다. 그렇다고 그들은 현실을 도외시하지 않았다. 현실 속에서 살면서도 '여유'와 '멋'이라는 행동특성을 늘 보여주었다. 화랑도의 교육은 신라인을 넘어 고대 한국인의 교육의 원형이라고 말하고 싶다.[7]

---

7) 저자의 이러한 주장을 선구적으로 제시한 학자가 있다. 기초주의라는 한국적 교육철학을 제시하였던 한기언 교수다. 그는 역저 『21세기 한국의 교육학』에서 한국인 형성의 핵심 사상이자 교육이념으로 '멋'을 제시한 바 있다. 그리고 '멋'이 곧 화랑과 신라의 풍류라고 하였다. 한기언, 『21세기 한국의 교육학』, 한국학술정보(주), 2003, 166쪽.

제**7**장

신라인의 유학교육

　유학은 오늘날까지 우리의 머릿속에 가장 강력하게 남아 있는 전통사상의 하나다. 전통적 생활문화는 말할 것도 없고 교육과 학문으로도 한국인의 삶에 큰 영향을 끼쳤다. 조선사회와 비교해 볼 때, 신라사회를 유교사회라고까지 할 수는 없다. 그렇지만 신라시대는 유교가 본격적으로 사회의 가치관으로 자리 잡았던 시기이고, 정치이념으로 도입된 시대이기도 하다. 국학이 설치됨으로써 유교는 하나의 학문으로 연구되고 교육되기 시작하였다. 이 장에서는 신라의 유학교육의 전개 과정을 정교이념의 측면, 사회적 가치관의 측면, 학교교육의 측면 등에서 살펴보고, 그 의의를 교육문명사의 관점에서 논의해 보고자 한다.[1]

⊛ 삼국 이전의 유학교육

　우리나라 유학교육의 출발점은 삼국시대로부터 잡는 것이 학계의 통례다. 그러나 삼국 이전에 유학교육이 성립했을 가능성을 완전히 부정할 수는 없다. 현재로서는 삼국 이전의 유학교육을 논의할 만한 충분한 사료가 있는 것은 아니다. 삼국시대를 우리나라 유학교육의 출발점으로 삼기 전에 몇 가지 검토해야 할 사항이 있다.

---

1) 이 장의 내용은 한국국학진흥원에서 발간한 『한국유학교육사상대계 Ⅴ(교육사상편)』(2006년) 가운데 저자가 집필한 제1장 「삼국 및 통일신라시대의 유학교육사상」(65-122쪽) 가운데 일부분을 교육문명사의 입장에서 고쳐 쓴 글이다.

기자교화설

기자교화설(箕子教化說)이란 것이 있다. 은(殷)의 왕족인 기자가 조선으로 건너와 백성을 예의로써 가르쳤다는 것인데, 『한서(漢書)』에 관련 기록이 있다. 즉, "은나라의 도가 쇠하자 기자가 조선으로 가서 조선의 백성에게 예의(禮義)와 전잠(田蠶)과 직작(織作)을 가르쳤다. 낙랑 조선의 백성에게는 범금팔조(犯禁八條)가 있었는데, 사람을 죽이면 즉시 죽음으로써 갚고, 상해를 입혔을 때는 곡물로 배상한다. 도둑질한 남자는 그 집의 종으로 삼고 여자는 여종으로 삼는다. 노비에서 벗어나려는 자가 있으면 오십만 냥을 내야 한다. 그리하여 비록 죄를 면해도 사람들이 이를 부끄럽게 여겨 장가들고자 하여도 짝이 없었다. 그래서 그 백성들은 끝내 서로 도둑질하지 않았고, 문을 닫지도 않았다. 그리고 부인은 정숙하여 음란하지 않았다."라고 하였다.[2] 이 기록의 내용은 두 가지다. 하나는 은의 기자가 조선의 후(侯)로 봉해져 조선 백성들에게 유교적 교화를 펼쳤다는 내용이고, 다른 하나는 범금팔조에 관한 내용이다. 오늘날 우리 학계에서는 범금팔조는 기자가 가르친 것이 아니라 고조선의 고유한 관습법이고, 기자동래설(箕子東來說)이나 기자교화설도 역사적 사실이 아닌 것으로 보고 있다. 그러나 기자교화설은 삼국시대 사람들의 '인식' 속에서는 사실로 존재하였다. 당시 그들은 『한서』를 비롯한 중국의 역사서들을 텍스트로 삼아 공부하였으며, 그 속에 담긴 기자동래설과 기자교화설도 사실로 인식하였다.[3] 기자교화설은 역사적 사실과 무관하게 삼국인들의 인식 속에서 사실이 되어 있었던 것이다. 삼국의 유학교육사상에서 기자동래설과 기자교화설을 무시할 수 없는 이유가 여기에 있다.

---

2) 『漢書』 28下, 志 8下, 地理.

3) 류남상, 「백제 유학의 기반과 본질 추구를 위한 시도」, 충남대학교 백제연구소, 『백제연구』 6집, 1975, 27-41쪽.

위만조선시대의 유학교육

『사기(史記)』「조선열전(朝鮮列傳)」에는 "조선왕 만(滿)은 예전의 연나라 사람이다. (……중략……) 손자 우거(右渠) 때에 이르러서는 한나라에서 유인해 낸 망명자의 수가 대단히 많아졌으며, 천자에게 입견하지도 않았다. 진번(眞番) 주변의 '여러 나라들[衆國]'이 글을 올려 천자에게 알현하고자 하는 것도 가로막고 통하지 못하게 하였다."[4]라는 기록이 있다. 이른바 위만조선(기원전 194~기원전 108)에 대한 이야기다. (위)만이 연나라 사람인지, 조선 사람인지는 학계의 논란거리다. 그러나 이미 이 시대에 한의 유민들이 대거 유입했다는 점에서 한자를 비롯한 한나라의 유교문화까지 유입되었을 가능성이 있다. 특히 진번 곁의 '여러 나라들[衆國]'을 『한서(漢書)』에서는 진국(辰國)으로 표기하였고,[5] 이들이 상서를 작성하여 천자를 알현하고자 하였다는 것은 이미 한문에 상당한 능력을 가졌다는 것을 의미한다. 천자에 올리는 글을 방언으로 썼을 리 없으며 당시 국제 외교에 통용되는 방식으로 작성하였을 것이다. 또한 『위략(魏略)』에서도 "연나라가 스스로 높여 왕이라 칭하고 동쪽으로 침략하는 것을 보고, 조선후도 역시 스스로 왕을 칭하고 군사를 일으켜 연나라를 쫓고 주 왕실을 받들려 하였는데, 그의 대부 예(禮)를 서쪽으로 파견하여 연나라를 설득하게 하니, 연나라도 전쟁을 멈추고 침공하지 않았다."[6]라고 하여 연나라와 교류가 있었다는 것을 증명하고 있다. 이들 자료를 볼 때, 이미 이 시대의 통치 계층에서는 한자의 사용이 낯선 일은 아니었을 것이고, 비록 제한된 범위이기는 하겠지만 한자와 관련된 유학교육의 가능성을 추정할 수 있다.

---

4) 『史記』 115, 「朝鮮列傳」 55.

5) 『漢書』 95, 「西南夷兩粵朝鮮傳」 65.

6) 『三國志』 30, 魏書 30, 「韓傳」.

한사군시대의 유학교육

위만조선이 망하고 설치되었다는 것이 이른바 한사군(漢四郡)이다. 위만조선이 멸망한 기원전 108년에 한사군이 실제 설치되었는지는 의문이 있다. 그러나 위만조선의 터에 설치하였다는 낙랑(樂浪)은 다른 군에 비해 하나의 세력을 형성하여 지속적으로 한과 고구려 등과 교류를 하였다. 특히 낙랑에는 백성을 교화하는 삼로(三老)라는 관직이 설치된 기록이 있는데,[7] 이를 통하여 우리는 학교의 존재 가능성과 유학교육이 실시되었을 가능성을 추정할 수 있다. 삼로는 원래 지방의 교화를 담당하는 직으로, 향관(鄕官)이기는 했으나 지방 정부의 속리(屬吏)는 아니다. 삼로는 지방에서 백성들에게 존경받는 인물이며, 임무는 지방의 교화를 담당하는 것이었다. 낙랑군에 삼로직이 설치되었다는 것은 교화사업이 일찍부터 전개되었음을 시사하고, 이로부터 학교의 존재 가능성을 추정할 수 있다.[8] 이러한 삼로에 대한 기록은 예(濊)에도 있다. 『삼국지(三國志)』에는 "(예에는) 대군장(大君長)이 없고, 한대 이래로 후(侯), 읍군(邑君), 삼로(三老)의 관직이 있어서 하호(下戶)를 통치하였다. 그 나라의 노인들은 예부터 스스로 일컫기를 '(고)구려와 같은 종족이다'라고 하였다."[9]라는 기록이 있다. 중국 선진(先秦)사회에서는 천자가 동서(東序)에서 삼로와 오갱(五更)을 초청하여 양로례를 베풀었다. 이때 천자는 삼로오갱을 부형(父兄)의 예로 모시고 좋은 음식과 음악으로 대접하며, 좋은 말을 청하는 걸언(乞言)과 선왕의 법을 기준으로 예악에 대해 서로 의견을 나누는 합어(合語) 의식을 하게 된다.[10] 선진시대의 이러한 양로의식은 유교적인 위계질서 확립이라는 측면에서 한대 이후의 태학에서도 중시되었다. 중국 중앙 정부와 밀접한 관련 속에 있었던 낙랑과 예의 삼로 제도 역시 지방민의 교화적 차원에서 마련된 직책이었다면 양로례와 관련하여 학교의 존재와 유학교육의 가능성도 추정해 볼 수 있다.

---

7) 『後漢書』76, 「循吏．王景傳」.

8) 高明士, 『唐代東亞教育圈的形成』, 臺北, 國立編譯館中華叢書編審委員會, 1984, 256-259쪽.

9) 『三國志』33, 魏書 30, 「濊傳」.

10) 『禮記』, 「文王世子」.

⊕ 정교이념에 반영된 신라의 유학사상

중앙정치에 반영된 유교적 가치관

불교도 그러하지만 유교 역시 신라사회에 들어온 것은 민간의 차원이 아닌 정치적 차원에서였다. 진한 12개 소국 가운데 사로국을 중심으로 성장한 신라사회는 이사금시대와 마립간시대를 거쳐 나물마립간대(356~402)에 오면서 고대국가로서의 체제를 갖추게 된다. 나물마립간은 김 씨 왕실과 6부 중심의 정치체제를 마련하면서 국내적으로는 중앙집권체제의 기반을 마련했고, 국외적으로는 전진(前秦)과의 교류를 시작하여 신라사회를 새로운 차원으로 발전시켰다. 특히 나물마립간 2년(357)에는 관리를 지방으로 파견하여 환과고독을 위문하고, 효제로 남다른 행실이 있는 자에게 관직 한 직급을 주었는데,[11] 이는 이때 유교식 정교이념이 실제로 확립되었음을 말하는 것이다. 지중왕대(500~514)에 오면 6부 중심의 정치체제를 극복하고 왕의 초월적 지위를 부여하기 위해 다른 유력 귀족들이 왕의 칭호를 쓰지 못하게 하고 왕만이 왕호를 사용하게 하였다. 그리고 503년에는 국호를 신라로 확정하고, '덕업을 나날이 새롭게 하고 사방을 망라한다[德業日新, 網羅四方]'는 유교식 정치를 선언하였다. 505년에는 주군제(州郡制)를 실시하여 지방관을 주군에 파견함으로써 실질적인 중앙집권제를 실시하게 된다. 이런 과정을 거쳐 법흥왕 7년(520)에 이르러 율령을 반포하여 중앙집권제의 법률적 기반을 마련했고, 백관의 공복(公服)을 제정하여 관료 질서 체계를 정비했다. 그리고 동왕 15년(528)에는 불교를 공인하여 유교와 더불어 왕권 강화의 이념으로 삼았다. 진흥왕대(540~576)에는 법흥왕대(514~540)까지 마련된 중앙집권체제에 힘입어 활발한 정복 활동을 전개하였고, 545년(진흥왕 6년)에는 거칠부로 하여금 국사를 편찬하게 하였다. 국사 편찬의 목적에 대해 이찬 이사부는 임금과 신하의 선악을 기록하여 만대에 포폄을 보이기 위함이라고 했다.[12] 유교적인 춘추필법의 역사관에 입각하

---

11) 『삼국사기』, 「신라본기」, 나물이사금 2년.

여 역사서를 편찬하였다는 것을 알 수 있다. 삼국의 다른 나라에서는 역사 편찬을 박사가 맡았으나 신라는 이때까지 학교 제도나 박사관 제도도 없었다. 그러나 이는 신라의 인재 양성 방식이 달라서이지 유교적 정교이념이 보급되지 않아서 그런 것은 아니다.

순수비에 나타난 유교적 정교이념

신라의 유교적 정교이념이 잘 나타나 있는 것은 진흥왕 순수비다. 황초령비에서는 "순수한 풍습이 베풀어지지 못하면 세상에 참된 도리가 어긋나게 되고, 훌륭한 교화가 퍼지지 못하면 사특함이 다투어 일어난다. 따라서 임금이 통치이념을 세우는 것은 모두 자기 몸을 닦아 백성을 편안하게 하고자 아니함이 없다."라고 하여 수기안인(修己安人)의 유교이념을 정교이념으로 천명하였다. 또 마운령비의 "백성을 편안케 하는 것이 곧 수기이기 때문에 민심을 탐방코자 북행길에 오른다."라는 말도 유교적인 정교이념을 만방에 과시한 것이다.

[그림 7-1] 북한산 진흥왕순수비

---

12) 『삼국사기』, 「신라본기」, 진흥왕 6년.

진평왕대의 유교적 정교이념

진평왕대(579~632)에는 관제가 크게 정비되었는데, 의례와 교육을 담당한 부서인 예부가 진평왕 8년(586)에 설치되어 유교사상이 더욱 정치사상에 영향을 미쳤다. 당시 사냥을 즐기던 진평왕에게 김후직이 "옛날의 임금은 반드시 하루에도 만 가지 정사를 보살피되 심사(深思) 원려(遠慮)하고 좌우의 올바른 선비의 직간을 받아들이면서 부지런하여 감히 편안하고 방심하지 아니한 까닭에 덕정이 순미하여 국가를 보전할 수가 있었습니다. (……중략……) 『서경』에 이르기를 '안으로는 여색에 빠지고 밖으로 사냥을 일삼으면, 그중에 하나가 있어도 혹 망하지 않음이 없다' 하였습니다." 하며 왕도정치, 덕의 정치를 간했다.[13] 그리하여 진평왕대에는 불교마저 유교의 영향을 강하게 받을 수밖에 없으며, 유교는 정교이념에만 머물지 않고 사회적으로 청소년들의 교육이념으로까지 확대되어 가는 과정을 원광법사의 세속오계에서 알 수 있다. 고승 원광은 진평왕 11년(589)에 진(陳)에 불법을 구하러 떠났다 진평왕 22년에 수나라에서 돌아와 가실사(加悉寺)에 머물렀다. 당시 사량부의 청년 귀산과 추항은 서로 이르기를, "우리들이 꼭 사군자(士君子)와 놀기를 약속했으니, 먼저 정심수신하지 않으면 욕을 면치 못할 것 같다. 그러니 현자의 곁에서 도를 듣지 않겠는가?" 하며 원광법사에게 가서 일생 동안 계로 삼을 말을 청하자 이른바 사군이충·사친이효·교우이신·임전무퇴·살생유택의 세속오계를 준다. 이에 이들이 다른 것은 알겠지만 살생유택은 잘 모르겠다고 하자 불교의 육재일(六齋日)과 봄과 여름에 살생하지 않는다는 것이라고 일러 준다.[14] 원광법사는 불교의 보살계를 언급하며 임금을 받드는 신하의 신분으로서는 그것을 다 지키지는 못할 것이라 하면서 충과 효, 신 등 유교적인 덕목으로 된 다섯 계율을 일러 주었다. 귀산과 추항이 잘 모르겠다고 한 살생유택은 불교의 계율로 볼 수도 있지만 유교적 내용으로 볼 수도 있다. 『예기』「월령」에는 봄에는 살생

---

13) 『삼국사기』, 「열전」, 김후직.

14) 『삼국사기』, 「열전」, 귀산.

을 금하는 등 계절에 따라 살생을 가려야 한다는 내용이 들어 있다.

임신서기석에 나타난 유학교육

임신서기석은 진평왕 34년(612)으로 추정되는 임신년에 신라의 두 젊은이가 서로의 맹세를 돌에 새긴 것으로 유학교육의 사회적 확대 과정을 알 수 있는 기록이다. 그 내용은 "임신년 6월 16일에 두 사람이 함께 맹세하고 기록한다. 지금으로부터 3년 이후에 충도(忠道)를 집지(執持)하고 과실이 없기를 맹세한다. 만약 이를 저버리면 하늘의 벌을 받을 것을 맹세한다. (……중략……) 또 신미년 7월 22일에 별도로 먼저 맹세했다. 『시』 『상서』 『예기』 『춘추』 『좌전』 등을 차례로 3년에 습득할 것을 맹세한다."라는 것이다. 이 역시 진평왕대에는 유교적 이념이 이미 사회적으로 완전히 정착되었다는 것을 보여 준다.

이상에서 본 바와 같이, 유교는 상당히 이른 시기부터 이미 신라의 정교이념으로 채택되었음을 알 수 있다. 정교이념이란 간단히 이야기하면 정치적 이념이다. 정치가 어떤 가치를 지향하는가를 나타내는 것이 정교이념이다. 이것을 그냥 정치이념이라 하지 않고 '교'자가 붙여 정교이념이라고 한 것은 정치가 교육과 무관하지 않다는 것을 나타낸 것이다. 고대사회에서는 교육이 정치의 한 부분이었다. 정치의 한 부분으로서 교육이 행해졌다는 것이다. 이렇게 행해진 교육을 교육이라고 하지 않고 교화라고 하였고, 그 교화의 이념이 수기안인이라는 유교이념을 채택했다는 것이다. 그러나 예나 지금이나 현장의 교육은 국가가 내세우는 교육이념과는 괴리가 있게 마련이다. 어떤 이념이 제대로 실현되었는지 여부는 그 이념이 교육부의 시책이나 교시(校是)라는 학교의 교육이념에 반영되어 있느냐가 아니다. 그 사회에 사는 사람들의 삶의 가치관, 다시 말하면 사회적 가치관으로 자리 잡았느냐 하는 것이다.

✿ 사회적 가치관의 측면에서 본 신라의 유학교육

사회적 가치관으로서의 충

삼국의 다른 나라와 마찬가지로 신라사회에서도 학교 제도가 확립되기 훨씬 전부터 유교적인 가치관은 사회의 상층부에서는 이미 자리 잡고 있었다. 앞서 신라사회에서 유교적 교화이념을 정치적으로 확립한 때가 나물마립간이었다고 하였지만 그보다 훨씬 전인 3세기 초반에도 유교의 대표적 덕목인 충효는 사회적으로 중요한 가치였음을 말해 주는 기록이 있다. 나해(奈解) 이사금대(196~229)의 물계자(勿稽子)의 이야기가 그것이다. 물계자는 전쟁에서 공을 세웠으나 태자에게 미움을 받아 상을 받지 못했다. 이때 누가 이러한 사실을 왕에게 아뢸 것을 말하자, 물계자는 "공을 자랑하고 이름을 다투며 자기를 나타내고 남을 가리는 것은 지사(志士)의 할 바가 아니다."라 하였다. 나해왕 20년에도 전쟁에 공을 세웠으나 사람들이 그의 공을 말하지 않았다. 이에 물계자는 그의 아내에게 "내 들으니 임금을 섬기는 도리는 위태로움을 보고는 목숨을 바치고 환란을 당해서는 몸을 잊어버리며, 절의를 지켜 돌보지 않음을 충이라 하였소. (……중략……) 나는 일찍이 자기 몸을 잊고 목숨을 바치는 용맹이 없었으니 이것은 불충하기 이를 데 없는 것이오. 이미 불충으로써 임금을 섬겨 그 누(累)가 아버님께 미쳤으니 어찌 효라고 할 수 있겠소. 이미 충과 효를 잃었으니 무슨 낯으로 다시 저자거리에 설 수 있겠소." 하고 산에 들어가 은둔하며 세상을 마쳤다 한다.[15] 충은 원시 유교에서는 자기 자신에게 성실함을 다하는 내면적 덕목[盡己之謂忠]이었으나 한대(漢代) 이후에는 군주에 대한 덕목으로 그 의미가 바뀌었다. 물계자의 예에서 보듯이 신라사회에서도 충은 일찍부터 강조되었지만, 삼국 통일 이전에는 군주 개인보다도 주로 나라에 대한 충이 강조되었다. 김대문의 『화랑세기』에서 말한 '충신'이나 최치원의 난랑비 서문에 있는 "집 밖을 나서서는 나라에 충성하는 것[出則忠於國]"과 같이 화랑도

---

15) 『삼국유사』, 「피은」, 물계자.

의 충은 국가에 대한 충이었다. 그러나 진평왕대에 오면서 군주에 대한 충이 언급된다. 상사인(上舍人) 실혜(實兮)는 참소로 귀양을 갔으면서도 "옛날 굴원은 외롭게 충직하여 초(楚)의 출척을 받았고, 이사는 충성을 다하다가 진(秦)의 극형을 받았다. 그러므로 아첨하는 신하가 임금을 미혹하게 하고 충성된 선비가 배척을 당하는 것은 옛날에도 그러하였으니 어찌 이를 슬퍼하랴." 하고 변명하지 않았다.[16] 통일 전후로 충의 내용이 임금이 알아주지 않아도 임금을 버리지 않는 것과 임금이 바른 길을 가도록 간하는 형태로 나타나다. 통일 이후에는 임금을 배반하지 않는 것을 충으로 여기는 경향을 띠게 된다.

사회적 가치관으로서의 효

효 역시 빼놓을 수 없는 유교적 덕목인데, 『삼국사기』와 『삼국유사』에는 효와 관련된 사례들이 적지 않다. 의상대사의 제자 진정이 홀로 남은 어머니 걱정에 출가를 미루려고 한 이야기는 제2장에서 설명한 바 있다. 불국사와 석불사를 세운 김대성이 금생과 전생의 부모를 위해 절을 세웠다는 것도 우리가 익히 알고 있는 설화다. 『삼국유사』「효선」편에는 이 외에도 향덕의 이야기와 손순의 이야기, 빈녀양모 이야기 등이 차례로 실려 있다. 경덕왕대(742~765)의 향덕(向德)은 흉년이 들어 부모가 주려 죽게 되었다. 게다가 어머니는 종기가 생겨 낫지 않았다. 이에 향덕이 넓적다리 살을 베어 부모를 먹이고 어머니의 종기를 빨아내어 모두 평안하게 되었다. 향사(鄕司)에서는 주(州)에 이 일을 보고하였고, 주에서는 왕에게 아뢰었다. 왕은 하교하여 벼 300곡, 집 한 채와 약간의 구분전(口分田)을 내렸으며 석비를 세워 그 사실을 기록하게 하였다.[17] 향덕의 사례는 범례가 되어 그 뒤에도 효자들에게는 향덕의 예에 의거하여 상이 주어졌다. 그런데 경덕왕 2년(743)에는 당 현종이 주(注)를 단 어주(御注)『효경』이 신라에 하사되었는데,[18] 이를 계

---

16) 『삼국사기』, 「열전」, 실혜.
17) 『삼국사기』, 「열전」, 향덕; 『삼국유사』, 「효선」, 향덕사지할고공친.

기로 효에 대해서는 국가에서 특별히 정책적으로 장려했을 수 있다. 홍덕왕(826~
836 재위)대의 손순(孫順)의 경우도 왕이 집 한 채와 해마다 벼 50석을 주어 효성을
숭상했다. 또 진성여왕(887~897 재위)대에도 20세 안팎의 젊은 여인이 품을 팔아
눈 먼 어머니를 봉양하면서 구복의 봉양만 하고 색난(色難)을 하지 못함을 안타까
이 여겨 통곡한 일이 있었다. 이 일을 듣고 화랑 효종랑을 비롯한 당시의 많은 사
람이 곡식과 옷을 주었고, 왕도 곡식 500석과 집 한 채를 주고 군사를 보내 그 집
에 도둑이 들지 못하게 한 적이 있다.[19] 여기서 색난은 공자의 말로서, 부모를 먹
을 것으로만 봉양한다면 진정으로 효를 다한다고 볼 수 없으며 마음을 기쁘게 할
때 진정으로 효라고 할 수 있다는 것이다. 걸식을 하고 품팔이를 하면서 살아가는
젊은 여인이 색난의 효까지 알았다는 것은 효가 신라 하대에는 하층민에까지 삶
의 가치관으로 확고히 자리 잡았음을 말해 주는 것이다.

사회적 가치관으로서의 신

충, 효와 더불어 강조된 유교적 덕목으로 신의가 있다. 신의는 사회생활에서 벗
들 사이에 필요한 덕목이기도 하지만 가정생활에서도 필요한 덕목이다. 최초의
유학자라 할 수 있는 강수(强首)는 20세에 이미 나라 전체에 그 명성이 자자한 사
람이었다. 그런데 어린 나이에 촌에 사는 풀무장이 딸과 야합하였다. 부모가 그의
신분에 맞지 아니하다 하여 읍중의 용모와 행실이 바른 여자를 골라 혼인시키려
하자 "가난하고 천한 것이 수치스러운 것이 아닙니다. 옛사람의 말에 '조강지처는
내쫓을 수 없으며, 빈천지교는 잊을 수 없다[糟糠之妻不下堂, 貧賤之交不可忘]' 하였
으니 천한 아내라 해서 차마 버릴 수는 없습니다." 하였다.[20] 이는 강수가 학문으
로서 유학을 연구한 학자일 뿐 아니라 그것을 생활 속에 실천한 사람이라는 것을

---

18) 『삼국사기』, 「신라본기」, 경덕왕 2년.

19) 『삼국유사』, 「효선」, 빈녀양모.

20) 『삼국사기』, 「열전」, 강수.

[그림 7-2] 김정희 세한도

말해 준다. 강수는 7세기 중엽에 활약했던 사람으로 『효경』 『곡례』 『이아』 『문선』과 같은 유교 전적을 공부하여 문장에 능통하여 외교 문서를 작성하는 일을 맡았다. 이런 강수가 죽자 그의 아내 역시 생활이 어려워졌지만 국가의 도움을 사양하고 향리로 돌아가는 겸양의 덕을 실천하였다. 강수의 이야기는 이미 국학이 설립되던 7세기 중엽에는 유교적 덕목이 일상생활 속에서 실천될 만큼 보편적인 가치가 되었다는 것을 말해 준다.

벗과의 신의를 말해 주는 예도 있다. 효성왕(737~742 재위)이 잠저에 있을 때 어진 선비 신충(信忠)과 더불어 궁정의 잣나무 밑에서 바둑을 두면서 말하기를 "훗날 만약 그대를 잊는다면 저 잣나무가 증거가 될 것이다."라고 하니 신충이 일어나 절했다. 몇 달 뒤 효성왕이 왕위에 올라 공신들에게 상을 주면서 신충을 잊었다. 신충이 이를 원망하여 노래를 지어 잣나무에 붙이니 나무가 갑자기 말라 버렸다. 왕이 이를 괴이하게 여겨 다시 신충을 불러 벼슬을 주니 잣나무가 다시 살아났다는 이야기다. 잣나무는 소나무와 더불어 절개와 신의를 상징하는 나무다. "날이 차진 연후에 송백이 뒤에 짐을 안다[歲寒, 然後知松柏之後彫也]."라는 『논어』 「자한」 편의 내용이 당시 사회에서도 널리 알려진 것 같다.

그 밖에 사회적으로 통용된 유교적 가치관

이 밖에도 겸양, 검약, 공정 등의 덕목도 신라사회에서 통용된 유교 덕목이었다.[21] 앞 장에서도 언급하였지만 응렴의 사례를 다시 한 번 들어 보자. 헌안왕(857~

861 재위) 3년 임해전에서 연회를 할 때, 뒷날 경문왕이 된 응렴(膺廉)의 심지를 엿보기 위해 왕이 묻기를 "너는 한참 동안 사방으로 돌아다니며 견학을 하였으니 착한 사람을 본 적이 있느냐?" 하니 응렴이 세 사람을 보았다 하면서 설명하기를, "하나는 귀한 집 자제로서 남과 교제함에 자기를 먼저 하지 않고 남의 밑에 처하기를 좋아하였고, 다른 하나는 부잣집 사람으로 의복이 사치할 것인데 항상 베와 모시로 만족하였고, 또 한 사람은 세력과 영화를 누리되 그 세력을 가지고 남을 누르려 한 적이 없었습니다." 하였다. 이에 왕은 사람을 많이 겪어 보았으나 응렴과 같은 자가 없다 하고 사위로 삼았다.[22] 응렴의 이 말에서는 『논어』에 나오는 "가난하나 권세에 아첨함이 없고 부유하나 교만함이 없다[貧而無諂, 富而無驕]"라는 말에서 볼 수 있는 겸양을 생각할 수 있으며, "다 해진 핫옷을 입고 담비 가죽옷을 입은 자와 함께 서 있어도 부끄러워하지 않는 자는 중유인저![衣敝縕袍, 與衣狐貉者立, 而不恥者, 其由也與]"라는 공자의 말에서 볼 수 있는 유가 선비의 모습도 떠올릴 수 있다.

　이상에서 본 바와 같이 신라사회의 가치관 가운데는 유교적인 가치관들이 적지 않고, 또 그 가운데는 우리나라 유학교육사상의 핵심인 선비정신의 초기 형태도 엿볼 수 있다.

🏵 학교교육의 입장에서 본 신라의 유학교육

제도 도입과 '현지화'의 기반

　신라 유학교육 발전의 획기적인 전기는 역시 국학의 설치다. 따라서 이 문제를 심도 있게 보지 않으면 안 된다. 저자는 이와 관련하여 두 편의 논문을 쓴 적이 있

21) 천인석,「통일신라의 유학사상」,『변정환화갑기념논집』, 1992, 668쪽.
22) 『삼국사기』,「신라본기」, 헌안왕 3년.

다. 하나는 「미디어의 관점에서 본 신라 국학 성립의 의미」이며,[23] 다른 하나는 「신라 국학의 '현지화' 과정 연구」다.[24] 앞의 논문의 내용은 국학이라는 학교가 성립함으로써 야기된 여러 교육문화의 변화에 관한 것이며, 이 책 제4장에서 그 요지를 소개하였다. 뒤의 논문에서는 신라의 유학교육 제도로서 국학의 성립 과정과 운영 등에 대해 서술하였는데, 그 요지를 여기에 소개하고자 한다.

국학이 언제 설립되었는지에 대해서는 아직도 논란이 있다. 『삼국사기』에는 "신문왕 2년(682)에 설치했다[神文王二年置]"고 기록하고 있다. 그런데 같은 기록에는 진덕왕 5년(651)에 대사(大舍) 2인을 두었다고 기록하고 있어 논란의 불씨가 되고 있다. 근래에는 대체로 진덕왕대에 설치되었고, 신문왕대에 정비 혹은 완성되었을 것으로 보는 견해가 적지 않다.[25] 그런데 저자는 이 문제는 요즈음도 교사(校史) 편찬 과정에서 종종 일어나고 있는 학교의 설립 기점 논란과 유사하다고 본다. 20세기의 학교사를 보면, 학생을 받아 수업이 진행되기 전에 미리 설립 신고와 같은 법적 등록을 마친 경우가 많다. 그래서 실제 수업을 개시한 해와 법적 설립 신고를 마친 해가 차이 나는 경우가 있다. 6·25와 같은 전쟁 전후로 생긴 학교에서는 흔히 볼 수 있는 사례다. 이 경우, 학교 연혁을 정리할 때 언제를 설립 기점으로 잡아야 하는지 혼란을 겪게 된다.[26] 국학 역시 제도를 만든 시기와 교육을 실시한 시기에 차이가 있었던 것으로 보인다. 그런데 그 기간이 31년의 차이가 있다. 앞선 논리에 따르면 이 31년은 개교를 위한 준비 기간이 되는 셈이다. 그런데 준비 기간으로 치자면 31년이 아니라 그를 훨씬 상회한다. 물론 시간으로 따질 문제만은 아니지만 그간의 준비 과정을 자세히 살펴볼 필요가 있다.

---

23) 『한국교육사학』 제36권 제4호, 2014.

24) 『한국교육사학』 제38권 제4호, 2016.

25) 노중국, 「신라와 고구려·백제의 인재양성과 선발」, 신라문화선양회, 『신라문화재학술발표논문집』 19, 1988, 47쪽.

26) 실제 저자가 몇 년 전 한국학중앙연구원의 '향토문화대전'을 집필하면서 지역 학교들을 조사해 본 결과, 상당수의 학교가 법적 등록 연도와 개교 연도가 달랐다.

당의 제도에 대한 관심

신라에서 당의 국학(국자감)에 관심을 가지기 시작한 것이 언제부터인지는 정확히 알 수 없다. 적어도 선덕여왕(善德王, 632~647 재위) 9년(640)보다는 더 되었다 할 수 있다. 선덕여왕 9년 기사에는 다음과 같은 기록이 있기 때문이다.

> 왕이 자제들을 당에 보내 국학에 입학할 수 있기를 요청했다. 이때 (당)태종은 천하의 이름난 학자를 학관으로 널리 불러들였고, 국자감에 자주 행행(行幸)하였으며, 강론을 하게 했다. 학생으로서 대경(大經) 하나 이상을 능통한 자는 모두 관리에 보임될 수 있었다. 학사(學舍)를 1,200칸으로 증축했으며, 학생을 3,260명으로 늘렸다. 이때 고구려, 백제, 고창, 토번에서도 자제를 파견하여 입학시켰다.[27]

즉, 선덕여왕 9년에 이렇게 요청했을 정도면 그 이전부터 이미 당의 교육제도를 눈여겨보았을 것이다. 당의 국학은 국자감의 하위 부서인데, 당의 건국 시기인 무덕(武德, 618~626) 초에 국자학으로 처음 설립되었다가 정관(貞觀) 원년(627)에 국자감으로 바뀌었다.[28] 『신당서(新唐書)』에는 태종은 즉위하자 고조 때보다 더욱 유술(儒術)을 높였는데 여러 관련 부서의 설치에 이어 학사(學舍)를 1,200칸으로 증축했으며, 고려(고구려), 백제, 신라, 고창, 토번과 같은 사이(四夷)에 자제를 계속 보내 8,000여 인에 이르렀다고 적고 있다.[29] 물론 외국 유학생을 적극적으로 수용한 것은 포용과 회유라는 당 태종의 외교 정책과 밀접한 관련이 있다. 선덕여왕이 당 태종에게 신라 자제들의 국학 입학을 요청한 목적이 교육제도의 도입에 있었다고 볼 수 있을지는 의문이 있다. 당과의 일종의 우회적 외교 관계 내지는

---

27) 『삼국사기』, 「신라본기」, 선덕왕.

28) 『唐會要』(中), 卷66.

29) 『新唐書』 卷44, 「選擧志上」.

문화적 외교 관계의 수립이라는 측면이 강했을 수도 있다. 그러나 만일 이때 신라의 요청이 받아들여져 자제의 파견이 이루어졌다 하면—설령 파견이 이루어지지 않았다 하더라도—그것은 분명 뒷날 신라 땅에 국학의 설립을 위한 자산이 되었을 것이다.

숙위 제도와 김춘추의 국학 참관

그런데 당시 당과 그들이 '사이(四夷)'라고 불렀던 당시의 '주변국' 사이에는 숙위(宿衛)의 형태의 특이한 외교 관계 형식이 있었으며, 숙위 자제 가운데는 황실의 호위뿐 아니라 국자감에 입학하는 숙위학생도 있었다. 다음 사료는 진덕왕 2년 김춘추가 입당한 기사인데, 그때 김춘추는 그의 아들 문왕과 함께 가서 귀국할 때는 문왕을 숙위로 남겨 놓았고, 651년 문왕이 귀국할 때는 그의 둘째 아들인 인문(629~694)과 교체하였다.

> (진덕왕 2년) 춘추가 국학에 가서 석전제와 강론하는 것을 참관하기를 청하니 태종이 허락하였다. 이때 자신이 지은 온탕비(溫湯碑)와 진사비(晉祠碑) 및 새로 지은 『진서(晉書)』를 하사하였다.[30]

진덕왕대의 최고 실력자인 김춘추가 당에 간 목적은 단지 국학을 참관하기 위해서가 아니었다. 당시의 상황을 볼 때, 당과의 외교 관계를 통해 군사 요청과 같은 문제를 해결하는 것이 우선이었을 것이다. 그렇다고 해서 국학 참관이 여가 시간의 '관광'과 같은 성격은 결코 아니었다. 이미 앞의 사료에서 본 바와 같이 선덕여왕 당시부터 신라는 국학에 대한 관심이 컸고, 진덕왕에 이르기까지 여러 문물제도를 적극 받아들이는 과정에 있었다. 따라서 국학의 참관은 처음부터 관심을 가지고 있었던 사항이며, 김춘추가 참관을 '요청'한 사항이었다. 국학 참관의 소감에

---

30) 『삼국사기』, 「신라본기」, 진덕왕.

대해서는 기록이 없어 알 수 없지만, 아마 이러한 제도를 도입해야겠다는 생각을 했을 가능성은 충분하다. 춘추의 입당을 계기로 당의 연호와 의관을 도입했고, 숙위가 이루어지는 등 일련의 문물제도의 도입이 이루어진 것을 보면, 국학의 참관은 국학의 도입을 염두에 둔 행보였다고 보인다. 그러나 다른 제도와는 달리 국학의 도입이 늦추어진 것은 여러 가지 국내 사정이 있었을 것이다. 한창 전쟁 중이라는 시국 상황과 화랑도라는 기존 인재 양성 제도와의 관계 설정, 중앙집권제의 수용을 반대하는 귀족들의 저항 등 여러 정치적 문제와 함께 학교 설립과 운영에도 교사 양성과 같은 난관이 적지 않았을 것이다. 그러나 고구려의 경우만 하더라도 이미 4세기 후반에 태학을 설립하고 그 뒤 경당까지 설립하여 인재 양성의 기반을 마련한 지 오래되었다는 것과 백제 역시 사도부라는 부서를 설립하고 박사 및 태학정(太學正)이라는 관직을 두었다는 것으로 볼 때 학교 제도가 이미 존재했다고 보면,[31] 신라도 학교라는 새로운 인재 양성 제도에 무관심했을 수는 없었을 것이다. 앞서 현대의 상황을 잠시 이야기했지만 학교 설립은 법적 제도의 마련부터 시작되고, 교사(校舍)와 같은 물적 토대 마련은 그다음이다. 따라서 신라도 법적 제도의 마련부터 시작했을 것으로 추정한다.

국학 설립을 위한 법적 제도 마련

신라에서 국학 설립을 위한 법적 제도의 마련은 다음 사료에서 보는 바와 같이 진덕왕 5년(651)에 이루어졌다.

대사(大舍)는 2인이었으며, 진덕왕 5년에 두었다.[32]

---

31) 백제의 경우, 학교 제도의 설립에 관한 직접적인 증거는 아직 없다. 최근에 발견되어 학계에 소개되고 있는 백제 유민 진법자(陳法子)의 묘지명에 나온 '태학정' 역시 직접적인 증거는 아니지만 관학 존재의 가능성을 높여 주는 사료라 할 수 있다. 박현숙, 「백제의 교육기관과 인재양성」, 주보돈 외, 『신라 국학과 인재양성』, 민속원, 2015, 211-236쪽.

32) 『삼국사기』, 「직관지」, 국학.

그러니까 신문왕 2년(682) 국학의 본격적인 운영에 앞서 설립 실무를 담당할 관리를 임명한 것이며, 이들이 오늘날 '학교설립준비위원회'와 같은 업무를 담당했을 것으로 보아도 무방할 것 같다. 실제 학교가 설립되었다는 말도 없고, 운영과 관련한 구체적인 내용이 전혀 없기 때문이다. 그런데 진덕왕 5년에는 또한 좌이방부가 설립되었는데, 이 부서는 율령격식의 제정 및 실행을 담당한 부서다. 이렇게 보면 국학의 설립을 위한 법적 준비 역시 율령제도의 성립과 보완의 측면에서 이해할 수 있다.[33] 국학의 설립과 관련한 법적 제도의 정비와 관련한 또 다른 증거는 김유신 비문이나 문무왕릉 비문에서도 볼 수 있다. 즉, 『삼국사기』의 찬자 김부식은 김 씨의 유래를 설명하면서 "신라 국자박사 설인선이 지은 김유신 비[新羅國子博士薛因宣撰金分信碑]"가 출처라고 한 바 있다. 김유신 비가 세워진 연대가 673년경이라고 볼 때(김유신이 죽은 해를 기준으로), 그때 국자박사가 임명되었다는 이야기가 된다. 문무왕릉비에서도 비문 찬자의 관직이 국학소경(國學少卿)이었다는 기록이 있는데, 비의 제작이 문무왕이 죽은 681년이라고 본다면[34] 이 역시 국학 설립을 위한 법적 제도가 신문왕 이전에 마련되었다는 증거가 될 수 있다.

국학 설립을 촉진한 내부 사정

그런데 국학 설립에 있어서 내부 사정도 무시할 수 없다. 신문왕대에 국학을 정비한 또 하나의 계기는 그 앞 해인 681년에 소판 김흠돌과 파진찬 원흥, 대아찬 진공 등이 일으킨 모반 사건일 수 있다. 난을 진압하고 신문왕은 교서를 내려 이들 적괴가 자신의 능력으로 벼슬이 높아진 것이 아니라 실상 왕의 은혜로 올라간 것

---

33) 한준수, 『신라중대 율령정치사 연구』, 서경문화사, 2012, 70쪽.

34) 물론 이 비석의 건립 연대에 따라 이야기는 달라진다. 까오밍스(高明士)는 비문의 건립 시기를 국학 설립 이후로 보고 있다. 高明士(오부윤 역), 『韓國敎育史硏究』(대명출판사, 1995)의 98쪽에서 "682년에서 716년까지의 신라 교육 발전 상황은 단지 문헌상에 있어서의 교육 제도나 그에 따른 행정 인원만 배치해 놓고 있었을 뿐, 학관을 임명하거나 학생들을 모집하여 실질적인 교육 활동을 전개해 나간 면은 전혀 볼 수 없다."라고 하였다.

임에도 불구하고 스스로 삼가지 못하였음을 지적하였다. 뒤이어 이 모반에 가담한 병부령 이찬 군관을 베고 역시 교서를 내려 그가 능력이 아닌 차례[班序]에 의해 승진한 사람임에도 불구하고 그 본분을 다하지 못함을 세상에 알렸다.[35] 이에 신문왕이 종전과는 다른 새로운 인재 양성 제도에 주목하고 이를 재정비하게 된 것이라고 볼 수 있다.

국학의 기지 선정

앞서도 말하였지만, 『삼국사기』에서는 국학을 "신문왕 2년에 설치했다[神文王二年置]"고 기록하고 있다. 여기서의 '설치'가 국학의 실질적 운영, 즉 교육의 실시를 의미한다고 본다면, 무엇보다 학교 건물을 마련해야 하고, 학생들을 가르칠 교관의 선발, 그리고 학생의 선발, 교육과정의 마련 등 제반 작업이 이루어져야 한다.

산수자연(山水自然)을 교육공간으로 하는 화랑도 교육과는 달리 국학에서는 교육을 위해 교사(校舍), 즉 학교 건물이 마련되어야 한다. 그러나 그에 선행되어야 하는 것이 어디에 학교를 세울 것인가, 즉 기지(基地) 선정에 착수하는 것이었다. 국학의 공간 설립에 대해서는 제5장 '신라인의 교육공간 디자인'에서 이야기했듯이 국도에 설립한 것은 최고의 권위를 부여한 것이며, 현 향교 부지에 설립한 것은 설총 및 요석공주와 관련이 있을 것이라는 추정을 한 바 있다. 즉, 국학의 구체적 위치는 현 경주 향교의 기지(경주시 교동 17-1번지)로 알려져 있는데, 그것은 『삼국유사』에서 요석궁을 두고 "지금의 학원이 바로 이곳이다[今學院是也]."라고 한 말에 근거한다.[36] 국학 자리가 요석궁이었다는 것은 자연히 설총을 떠올리게 하는데, 주지하듯이 요석궁은 설총의 어머니가 살던 곳이며 설총이 태어나고 자란 곳이다. 뒤에는 설총의 집이었을 수도 있다.[37] 사실 설총이 국학의 설립에 관여했을

---

35) 『삼국사기』, 「신라본기」, 신문왕 원년.
36) 『삼국유사』, 「의해」, 원효불기.
37) 『삼국유사』에서는 "원효가 일찍이 살았던 혈사(穴寺) 옆에 설총의 집터가 있다고 한다."라는 기록이 있지만 요석궁 역시 설총과의 관계를 부정할 수는 없다.

것이라는 것은 이기백 교수가 주장한 이래 대체로 받아들여져 오고 있다.[38] 신문
왕대의 대유학자인 설총이 국학의 설립에 관여했고, 자신의 집을 국학의 터로 내
어놓았다는 것은 이치에 어긋난 일이 아니다. 왜냐하면 당시의 신라사회에서는
자신의 집을 절터로 내어놓는 일을 흔히 볼 수 있고, 원효도 집을 내어놓아 초개
사(初開寺)를 만들었다. 설총 역시 국학 설립이라는 대의에 기꺼이 자신의 집을 희
사했을 수도 있을 것이다. 그 터가 사연이 없는 보통의 터였다면 화제가 될 리 없
지만 원효대사가 파계하여 요석공주와 머물렀던 공간이라는 특이성은 시간이 지
나도 잊힐 수 없는 것이다. 일연이 『삼국유사』를 편찬할 당시까지 이 이야기는 전
해져 왔던 것으로 보인다. 결국 국학의 위치 설정이 국도에 이루어졌던 것은 당의
국자감과 다름없지만 당시 기지와 건물의 마련에는 설총이 직간접적으로 관여한
것이 아닌가 여겨진다.

교사의 양성과 선발

학교 건물의 마련과 함께 추진되어야 하는 것은 교관, 즉 교사(教師)의 양성과 선
발이다. 『삼국사기』의 국학 관련 기록에는 교사로 박사와 조교가 있고, 그 수는 정
해지지 않았다고 했다. 박사와 조교와 관련하여 먼저 검토해 보아야 할 문제는 박
사와 조교를 담당할 만한 인적 자원이 과연 신라사회 내부에 있는지다. 불교의 경
우를 보면, 신라에 불교를 가지고 온 아도화상은 고구려를 거쳐 온 외국인이었
는데, 서축 사람이라고도 하며 오나라 사람이라고도 한다. 아도화상과 동일인인
지 아닌지 알 수 없는 묵호자의 경우도 신라인은 아니다. 물론 불교의 경우와 유
학의 경우는 다를 수 있고, 시대에 따라 상황도 차이가 있게 마련이다. 그런데 일
본의 예를 보면, 우리는 유학의 경우에도 처음에는 외국인, 특히 백제의 박사들
이 건너가 초석을 마련하였다는 것을 잘 알고 있다. 신라에 유학이 언제 들어왔는
지는 자세하지 않다. 그러나 이미 4세기 중엽 나물마립간 시기에는 유교식 정교

---

38) 이기백, 『신라사상사연구』, 일조각, 1986, 228쪽.

이념을 확립하였고, 6세기 초 지증왕(500~514 재위)대에는 본격적인 유교식 정치
가 시행되었다. 그리고 법흥왕 7년(520)에 이르러 율령을 반포하였고, 진흥왕(540~
576 재위) 6년(545)에는 거칠부가 유교적 춘추필법에 입각하여 국사를 편찬하였
다. 삼국의 다른 나라에서는 역사 편찬을 박사가 맡았으나 신라는 이때까지 박사
관 제도가 없었다. 그러나 이는 신라의 인재 양성 방식이 달라서이지 유교적 이념
이나 사상이 보급되지 않아서 그런 것은 아니다. 국학 설립 이전에도 임신서기석
에서 보듯이 스스로 유학 경전을 공부하는 사람이 적지 않았고, 강수의 이력에서
보듯이 유학을 가르칠 만한 스승들도 있었다. 또 원광과 같이 유학을 마치고 돌
아온 사람도 있었다. 신라에서 박사의 기록은 김유신 비문에 보이는 국자박사 설
인선의 경우가 처음이다. 아마 설인선이 최초의 국학 박사였는지도 모른다.[39] 설
인선에 대해서는 김유신 비문의 작성자로만 알려져 있을 뿐 다른 것은 알 수 없
다. 설인선 이후, 즉 국학의 성립 과정에 관여했을 만한 사람은 역시 강수와 설총
이다. 강수의 경우, "스승에게 나아가 『효경(孝經)』『곡례(曲禮)』『이아(爾雅)』『문선
(文選)』을 읽었다."라는 기록이 있고, 당에서 조서(詔書)가 와서 해득이 안 되는 부
분이 있었는데 강수가 왕 앞에서 단번에 막힘없이 풀이하였다고 하였다.[40] 그때
부터 국가의 중요 외교 문서는 강수가 담당하였으며, 문무왕은 이 공을 기려 그에
게 벼슬과 봉록을 주었다고 하였다. 강수의 사망 연대는 신문왕대(681~692)라고
하므로, 이때 강수는 만년이었을 것이다. 국학 설립 당시에 생존해 있었다면 당
대 최고의 문장가로 통하는 강수는 분명 국학의 설립에 일정 부분 관여했을 것이
다. 한편, 설총의 경우 역시 구경(九經)을 신라말로 풀이할 정도였고, 글을 잘 지
었다고 하며, 신문왕과 허물없는 이야기 상대가 될 정도였으니 국학 설립에 관여
하였을 것이라고 추정하는 것은 전혀 무리가 아니다. 이러한 상황을 본다면, 신문

---

39) 까오밍스(高明士)는 박사와 조교가 누구였는지 전혀 기록이 없는 것은 신문왕대에 학교 운
　　영이 안 되었다는 한 증거이며, 경덕왕 6년(747)으로 보아야 한다는 주장을 하였다. 高明
　　士, 앞의 책, p. 106.
40) 『삼국사기』, 「열전」, 강수.

왕 당시에는 신라 내에서도 국학의 교육을 직접 담당할 박사와 조교 인력이 있었다고 보아야 할 것이다. 앞서 말한 국자박사 설인선의 경우도 김유신 비문을 지을 정도라면 상당한 문장 실력을 갖춘 국가의 인재임에 틀림없다. 그러나 그가 누구인지도 알려져 있지 않다면, 역으로 이 정도의 문장가는 적지 않았다는 이야기가 되지 않을까. 강수의 스승 역시 누구인지 알려져 있지 않은 것도 마찬가지다. 결국 신문왕대의 국학에서는 박사와 조교조차 구하지 못할 정도는 아니었던 것으로 보인다.

학교의 운영 체제

국학의 체제와 교육과정과 관련해서는『삼국사기』에 교과목 구성과 전공의 분반, 수업 연한, 교수진 구성 등에 대해 기록되어 있다. 대체로 보아 당의 제도와 비슷한 점이 많다. 그러나 조금 더 세밀하게 보면 적지 않은 차이도 발견된다.[41] 당의 국자감은 국자학, 태학, 사문학, 율학, 서학, 산학의 6학 체제였다. 신라의 국학은 초기 유학교육 기관인 국학 단일 체제였으나 후에(성덕왕 16년) 산학박사와 조교를 두어 산학을 가르침으로써 산학과가 편입된 것으로 보인다.[42] 신라도 뒤에 각 부서에 천문, 의학 등 박사를 두고 학생을 양성하였으나 당과 같이 국학 내에 두지 않고 내성(內省)에 두었다. 기본적으로는 당의 체제를 도입하였으나 당과 같이 6학 체제를 두지 않은 것은 역시 당시 신라의 사회 상황, 즉 '현지'의 상황이 6학을

---

41) 여기서의 비교는 신라의 경우『삼국사기』의 기록이며, 당의 경우 대부분『신당서』의 기록이다. 여기서의 비교 내용은 안경식,「교사의 탄생: 신라사회의 교사」, 한국교육사학회,『한국교육사학』36권 제1호(2014년 3월)의 내용을 보완한 것이다.

42) 성덕왕 16년에 의박사, 산박사가 설치되었으며, 17년에 누각전을 설치하고 박사 5명을 두었다. 그런데 산학박사 부분이 '국학'조에 실려 있어 산학이 국학과 같이 설립된 것으로 볼 수밖에 없는 상황이 되었는데, 실제로 그러하였는지는 좀 더 논의가 필요하다. 아울러『삼국사기』의 '국학'조의 내용들이 시대를 적시한 것도 있지만 그렇지 않은 것들도 있어서 완전한 기록이라고 보기는 어렵다.

설치할 상황이 아니었기 때문으로 보인다. 6학을 설치하기 위해서는 일차적으로 학생이 충분히 확보되어야 하는데 화랑제도가 병행되고 있는 시점이어서 학생 자원 그리고 교사 자원도 6학 체제를 둘 정도의 상황은 아니었다고 보아야 한다. 신라에서는 끝내 6학은 설치되지 않았고, 뒷날 고려시대에 이르러 당의 국자감과 같이 국자감 6학 체제가 이루어진다.

행정관과 학관 제도

행정관과 학관도 당의 제도를 참고하기는 했지만 현지의 사정에 따라 축소하여 결정하였다. 당의 국자감에서는 행정 장관으로 좨주 1인(종3품), 부장관으로 사업 2인(종4품하)을 두어 유학(儒學) 훈도 관련 정무를 관장하게 하였다. 좨주는 천자가 시학(視學)을 하거나 황태자의 치주(齒胄, 황태자가 국자감에서 행하는 입학례) 때 강의(講義)를 하고 석전 때 집경(執經) 논의(論議)를 한다.[43] 학생을 훈도한 공의 많고 적음을 가지고 연말에 학관을 평가한다. 신라의 국학은 예부 소속으로 경(卿), 사업(司業)을 행정 장관으로 두었다. 경과 사업이 언제부터 두어졌는지는 모르지만 진덕왕 당시 처음 제도를 마련할 때에는 대사(大舍) 2인부터 설치한 것으로 보인다. 그 뒤, 사(史) 2인을 두었다가 혜공왕 원년(765)에 두 명을 더 늘렸다. 당의 경우, 정관(貞觀) 연간에는 당시의 대표적인 경학자였던 공영달(孔穎達, 574~648)을 좨주로 임명했다. 그는『오경정의(五經正義)』를 편찬하여 경전의 주석을 '단일화' '표준화'했다. 신라 국학 설립 당시의 행정관이 어떤 사람이었는지는 알려져 있지 않다. 학관[44]의 경우, 당의 국자학에서는 박사 5인(정5품상), 조교 5인(종6품상), 직강 4인을 두었으며, 태학 등 유학과 등에도 모두 박사, 조교, 직강을 두었다. 다만, 율·서·산 등 전업과에는 박사와 조교만 두었으며 관등도 차이가 있었다. 당의 직제에서 박사는 학생 교육을 주관하여 유학 위주로 짜인 교과를 직

---

43) 여기서의 강의, 집경, 논의는 일반적인 정규 수업과는 구별되는 특별한 의식이다.

44)『신당서』에서는 교육을 실제 담당한 사람을 '學官'이란 용어로 사용하고 있다.

접 가르치고[45] 평가하는 역할을 담당하였다. 조교의 임무는 박사를 도와 경전을 가르치는 것이며, 직강은 박사와 조교를 도와 경전을 가르치는 것으로 되어 있다. 신라 국학은 박사 약간 명과 조교 약간 명을 둔다고 규정하였고, 그 관등은 규정하지 않았다. 또한 직강 제도는 두지 않았다. 그렇지만 박사와 조교가 경전을 가르치는 일을 하였다는 점은 공통이다.

학생 선발과 자격

학생의 선발 역시 신분에 따라 입학이 제한되었다는 점은 당과 공통이지만 입학 연령과 관련해서는 신라 현지의 사정을 반영하여 결정하였다. 즉, 당의 국자학에서는 3품 이상 및 국공(國子, 公子)의 자손, 종2품 이상의 증손으로 규정되어 있고, 태학 이하 모두 품계에 따라 차등 입학하게 되어 있다. 율·서·산의 경우 8품 이하 서인 자제들이 입학하는 것으로 규정되어 있다. 입학 연령은 14세에서 19세까지로 규정하였다. 신라 국학에서 학생은 대사(大舍)에서 무위(無位)에 이르기까지 입학이 가능했다. 나이는 15세에서 30세까지이며, 재학 연한은 9년이었다. 관직의 등위가 나마(11위), 대나마(10위)에 이른 이후에 국학을 나간다[出學]고 하였다. 나이는 15세에서 30세까지라는 말의 원문은 "15세부터 30에 이르는 사람으로 모두 채운다[年自十五至三十皆充之]"로 되어 있는데, 15세에서 30세라는 것이 입학을 규정한 연령인지 또는 재학을 규정한 연령인지는 다시 생각해 보아야 한다. 이영호 교수는 「신라 국학의 성립과 변천」이라는 논문에서 이 부분을 "나이는 15세에서 30세까지인 자를 모두 입학시켰다."라고 번역하고 있다.[46] 아마 입학 연령으로 본 것 같다. 그런데 주보돈 교수는 이를 재학 연령으로 보고 있다.[47] 15세에서 30세라고 한 것은 당시 정해진 재학 기간이 9년이며, 9년이 넘어도 재학이 허용

---

45) 유학 위주라고 한 것은 그 속에 『노자』도 있었기 때문이다.

46) 주보돈 외, 『신라 국학과 인재양성』, 민속원, 2015, 91쪽.

47) 위의 책, 35쪽.

되었던 것으로 보아 입학에서 졸업[出學]까지의 기간, 그러니까 재학생의 연령으로 보는 것이 타당할 듯하다. 입학 연령이 당의 국자감은 14세에서 19세였으며[48] 일본의 대학료(大學寮)는 13세에서 16세였다는 것을 본다면, 신라도 입학 연령은 15세 무렵이라고 보는 것이 타당할 듯하다. 그렇다면 30세라는 것은 어떻게 이해해야 할까. 그것은 신라의 특수한 상황, 즉 현직 관리를 선발했을 가능성이 있기 때문이다.[49] 사실 국학을 비롯한 고대 동아시아의 학교는 모두 신분제적 질서라는 전제에서 운영되었다. 국학의 경우, 대사 이하에서 관등이 없는 자[位自大舍已下至無位]라고 하였다. 우선은 상한선을 12등급인 대사까지로 한정했다는 사실에 주목해 보자. 한 연구에 의하면, 17관등 가운데 12관등인 대사는 주로 "문서(書), 일(事), 장부(簿) 등을 주관하는 업무를 담당하거나 또는 녹사(錄事), 곧 사원 성전의 실무 관직으로 소속되어 어떤 사항을 기록(錄)하는 업무를 담당"하는 직책을 맡았다고 한다.[50] 그렇다면 현직 실무직에 있는 사람이 입학하도록 했다는 것이 된다. 이는 조선시대의 초계문신제와 같이 현직 실무직에 대한 일종의 직무 연수로 볼 수 있을 것이다. 아마 국학 초기의 상황이 아니었나 싶고, 그래서 이 사람들이 국학의 과정을 수료하면 관등이 그보다 한 단계 혹은 두 단계 높은 나마, 대나마의 관직을 준 것으로 보인다. 대사 이하라는 신분 규정과 30세 이하라는 연령 규정에는 신라의 '현지'의 사정과 고민이 반영된 것으로 보인다.[51]

---

48) 그런데 당의 경우를 보면 학생의 입학 연령은 개설한 전공에 따라 차이가 있었다. 율학의 경우에는 경학보다 다소 늦은 18세 이상 25세 이하라고 규정하고 있다. 이것은 율학의 재학 기간이 6년으로 경학보다 짧은 것과 관계가 있을 수도 있다.

49) 주보돈, 「신라의 국학 수용과 그 전개과정」, 주보돈 외, 『신라 국학과 인재양성』, 민속원, 2015, 35-36쪽.

50) 김희만, 「新羅 官名 '大舍'의 運用과 그 性格」, 동국사학회, 『동국사학』 54호, 2013, 29쪽.

51) 그런데 입학 신분의 하한선으로 무위자를 말하고 있는데, 17관등 가운데 1, 2, 3관등이 평민에 해당되고, 무위자를 입학자로 인정한 것은 평민에게 입학의 기회를 부여했다는 것을 의미한다. 골품제 사회에서 평민에게 국학의 문호를 개방했다는 것은 적지 않은 의미가 있지만 과연 실제로 그러했을까 하는 의문이 있다. 관등제에 의하면, 6두품은 아찬(6관등), 5두품은 대나마(10관등)까지이며, 4두품은 대사(12관등)로 관등의 상한선이 정해져 있

교과과정의 설정

교과과정 설정에서도 당과 신라는 차이를 보인다. 당의 국자학에서는『주례』『의례』『예기』『모시』『춘추좌씨전』의 5개 과목이 정규 교과로 설정되어 있었고,[52] 비정규 교과[53]로는 예서(隸書)와『국어』『설문』『자림』『삼창』『이아』등 소학(문자서) 과목을 공부하도록 되어 있으며, 매해 2개의 경전을 통과하도록 하였다. 이러한 과목은 유학과는 모두 공통적으로 적용되었고, 전문과는 각기 나름대로 관련 과목을 설정하였다. 신라의 국학에서는『주역』『상서』『모시』『예기』『춘추좌씨전』『문선』이 설정된 교과였으며, 이를 세 반(『예기』와『주역』반,『춘추좌씨전』과『모시』반, 그리고『상서』와『문선』반)으로 나누되『논어』와『효경』은 공통적으로 가르쳤다. 신라의 경우 외교 관계의 문서 작성 등 사회 내부의 특수성으로 인하여『문선』이 강조되었음을 알 수 있고,『논어』와『효경』이 중시되었음도 알 수 있다. 또 기록에는 없지만 글씨 쓰기나 문자서의 공부도 고구려의 태학 등의 예를 보아 있었을 것이라고 추정할 수 있다. 교과과정 편성에서의 '현지화'는 역시 당에서는 교과로 편성되지 않은『문선』을 편성한 것이다. 그런데 이는 고구려나 일본의 경우에도 그러하므로 중국과 외교 관계를 맺고 있는 나라들로서는 필수적인 교과로 인식되었던

다. 그런데 국학생이 수료 후에 대나마와 나마의 관등을 받았다면 그것은 평민이나 4두품은 받을 수 없는 관직이 된다. 따라서 실제 국학생의 대상은 6두품이거나 5두품으로 제한되며, 그 가운데서도 5두품이 졸업과 동시에 상한선의 관등을 바로 받기는 어려웠을 것이다. 그렇다면 결국 6두품이나 진골이 대상이 되는데, 진골은 스스로 규제받는 상황을 원치 않았을 것이므로 6두품이 주 대상이었을 것으로 본다. 한준수,「신라국학의 수용」, 주보돈 외,『신라 국학과 인재양성』, 민속원, 2015, 71쪽.

52) 당의 제도에서는『예기』와『좌전』은 대경(大經),『모시』『주례』『의례』는 중경(中經),『상서』『주역』『춘추공양전』『춘추곡량전』은 하경(下經)으로 분류해『논어』『효경』과 더불어 공부하게 했다. 그리고 당의 경우, 사람에 따라 학습 내용을 선택할 수 있게 하였으며, 각 경전의 학습 연한 규정도 달랐으며, 대체로 상경의 경우는 각 3년, 중경은 2년, 하경은 1년 반 정도로 규정하고 있다.

53)『신당서』에서는 '暇則習……'로 표기되어 있으나, 저자는 이를 비정규 교과로 보았다.

듯하다. 일찍이 스승에게 나아가 『문선』을 읽었던 강수가 외교 관계의 문서 작성을 담당했던 것도 같은 맥락에서 이해할 수 있다.

수업 과정의 변화

긴 시간에 걸쳐 다양한 준비 과정을 거쳐 본격적으로 가동되기 시작한 신문왕 대의 국학은 수업에 있어서도 상당한 정도의 진척이 있었던 것 같다. 특히 설총의 행적에 대해서는 이미 제4장에서 상세히 이야기한 바 있다. "방언으로 구경을 풀어 후학을 훈도하였다."[54] "방음(方音, 신라의 말)으로 중국과 다른 나라들의 풍속과 사물의 이름을 풀이했을 뿐 아니라 육경(六經) 문학도 풀이했다."[55]라는 말은 그가 유학을 신라화하는 데 관심이 컸다는 것을 말해 주는 증거가 된다. 설총이 방언(음)으로 풀이한 것은 학생의 특성(학생이 신라인이라는 점)에 맞게 교재를 재편찬한 것이 되며, 이는 한국 유학교육사에서 획기적인 일로 볼 수 있다.

유학생의 국제 교류

신라 유학교육의 역사에서 발전의 큰 계기는 대내적으로는 국학의 설치이지만 대외적으로는 유학생의 교류다. 고구려나 백제와 마찬가지로 신라에서 처음 당나라에 유학을 보낸 것은 서기 640년이다. 『삼국사기』에 의하면, "이때 당 태종은 천하의 이름난 유학자를 학관을 삼고 자주 국자감에 행차하여 그들로 하여금 경전을 강론케 하였다. 대경 가운데 하나 이상 통달한 자는 다 관리로 임명했으며, 학사(學舍) 천이백 칸을 증축하고 학생을 늘리어 3,260명을 채웠다. 이에 사방의 학자가 구름처럼 장안에 모였고, 고구려, 백제, 고창, 토번도 또한 자제를 보내어 입학케 하였다."라고 하였다.[56]

---

54) 『삼국사기』, 「열전」, 설총.

55) 『삼국유사』, 「의해」, 원효불기.

56) 『삼국사기』, 「신라본기」, 선덕왕 9년.

그런데 신라인의 중국 유학은 사적으로는 당 고조 때에도 있었다. 7세기 초의 신라 사대부 자제였던 설계두(薛罽頭)는 "신라에서 사람을 쓰는 데는 먼저 골품을 따지므로 정말 그 골품이 아니면 비록 큰 재주와 뛰어난 공이 있다 하더라도 골품을 넘을 수 없다. 나는 중국에 가서 불세출의 지략을 발휘하고 비상한 공을 세워 제 스스로 영화의 길을 열기를 원한다." 하고 진평왕 43년(621)에 몰래 입당하였다.[57] 설계두는 문인이 아닌 무장으로 출세하였다. 그러나 그의 입당 동기는 그의 말대로 골품제에 따른 신라의 좁은 인재 등용에 대한 불만이었다.

경덕왕(742~765 재위) 15년에 당 현종이 보낸 시에서는 "(신라를) 명의(名義)의 나라라 말하지만 산하야 어찌 다를 소냐. 사신이 다녀가면 풍교(風敎)를 전하고, 사람이 오면 전모(典謨)를 배워 간다. 의관인(衣冠人)은 예를 알고, 충신인은 유(儒)를 높일 줄 안다."라고 하여[58] 양국의 왕래가 빈번하였음을 일러 주고 있다. 당 현종은 신라에 파견되는 사신 형도(邢璹)에게 일러 말하기를 "신라는 군자의 나라라 일컬어지는데 자못 학문을 알아 중화와 유사하다. 그대의 학술이 뛰어나 신라인과 더불어 잘 강론할 수 있을 것이므로 그대를 뽑아 보낸다. 신라에 도착하거든 마땅히 경전을 선양하여 당의 유학이 성행함을 알게 하라." 하였다.[59] 이를 보아 신라의 유학은 이미 8세기 중엽에는 중국에까지 대단하여 군자지국으로 소문이 나 있을 정도였다. 경덕왕을 이은 혜공왕(765~780 재위)은 즉위하자마자 국학에 행차하여 박사로 하여금 『상서』를 강의케 하였고, 재위 12년 2월에도 국학에서 청강하였다는 기록이 있다.[60] 이렇게 국가 통치의 이념으로 유학사상이 확고하게 자리를 잡자 원성왕(785~798 재위) 4년에는 독서삼품과를 설치하여 유학적 소양을 기준으로 관인을 선발하게 된다.

9세기 초반에는 당에 머무는 도당(渡唐) 유학생의 총 인원이 100명 혹은 200명

---

57) 『삼국사기』, 「열전」, 설계두.

58) 『삼국사기』, 「신라본기」, 경덕왕 15년.

59) 『舊唐書』199上, 「列傳」149上, 新羅.

60) 『삼국사기』9, 「신라본기」9, 혜공왕 원년 및 12년. 국왕의 행학 기록은 경문왕 3년(863)과 헌강왕 5년(879)에도 보인다.

이 넘을 때도 있었다. 헌덕왕(809~826 재위) 17년에 왕자 김흔을 당에 보내어 조공하면서 황제에게 앞서가 있던 태학생 최리정, 김숙정, 박계업 등은 본국으로 돌려보내 주고 새로 입조한 김윤부, 김입지, 박량지 등 12인은 숙위에 머물게 해 주기를 주청하고, 이때 또 그들을 국자감에 배치하여 학업을 닦게 하고 홍로시(鴻盧寺)에서 자량을 출급케 해 달라고 청하매 황제가 허락하였다.[61] 홍덕왕(826~836 재위) 11년에는 국학에서 공부하고 있던 학생 216명의 의복과 식량을 지급해 줄 것을 요청하였고, 아울러 옛날에 와서 당에 머물고 있던 학생들의 본국 방환을 청하자 당 황제는 조칙을 내려 이 가운데 7명에게는 의복과 식량을 지급하지만 나머지 기한에 찬 사람에게는 줄 수 없으므로 본국으로 돌려보냈다고 한다.[62] 또 문성왕(839~857 재위) 2년에는 당의 문종이 홍로시에 명하여 신라의 질자와 만기가 되어 귀국해야 할 학생 105명을 모두 돌려보내게 하였다 한다.[63] 이와 같이 우리 측의 요청이 아닌 당의 지시로 돌려보낸 것으로 보아 당시 많은 신라 유학생 수는 당에서도 감당하기 부담스러웠던 같다. 9세기 후반에 와서는 황소(黃巢)의 난 등 당나라 내부의 사정이 좋지 않았지만 유학생은 끊이지 않았다. 경문왕(861~875 재위) 9년에 학생 이동 등 3인을 진봉사 김윤과 함께 딸려 보내어 학업을 닦게 하였는데 이때 그에게 책값으로 은 300냥을 주었으며,[64] 헌강왕(875~886 재위)대에도 김무생, 최환, 김광유 등의 국자감 입학을 청하여 허락을 받았고, 진성왕(887~897)대에도 수차례 유학생의 입학을 청하였다.[65]

이러한 도당 유학생들은 최치원의 경우와 같이 당의 빈공과 별시에 합격하여 벼슬을 받은 경우도 있으나 주로 말단 외직을 받았기에 되돌아오는 경우가 많았으며, 그곳에서 당의 문인, 관리들과 친분이 있었으므로 당의 사절로 임명되기도 하였다. 그러나 돌아와서도 태수(太守)나 소수(少守)와 같은 하급 외직에 임명되거나

61) 『삼국사기』, 「신라본기」 10, 헌덕왕 17년.

62) 『唐會要』 36, 권덕영, 『고대한중외교사』, 서울, 일조각, 1997, 82쪽에서 재인용.

63) 『삼국사기』 11, 「신라본기」 11, 문성왕 2년.

64) 『삼국사기』, 경문왕 9년.

65) 권덕영, 앞의 책, 93쪽.

중사성(中事省), 선교성(宣敎省) 등 근시(近侍) 기구와 한림원(翰林院), 서서원(瑞書院), 숭문대(崇文臺) 등 문한직에 보임되었으나 신라사회의 골품제의 한계로 그들이 받은 이러한 직책이 그들이 당에서 10년간 연마한 학문적 성취에 합당한 대우로는 부족한 면이 있었다. [66]

신라의 유학교육이 내적으로 국학의 설립과 대외적으로 활발한 유학생의 교류로 학문적 수준에서 당에 못지않은 성취가 있었다. 그러나 사회적으로 상층부의 인재 선발이 여전히 골품제의 영향을 받을 수밖에 없었기에 유학교육의 발전 역시 한계가 있었다.

⊛ 교육문명사에서 본 신라 유학교육의 특징과 의의

대만의 사학자 까오밍스(高明士)는 자신의 저서 『唐代東亞敎育圈的形成−東亞世界形成史的一側面−』(1984)을 통해 '동아시아 교육권[東亞敎育圈]'론을 제시하였다. '동아시아 세계' 형성의 근간은 곧 교육권의 존재에 있다는 설을 제기한 것이다. '동아시아 세계'라는 개념은 까오밍스만의 개념은 아니고, 일찍부터 역사학계에서는 제기되어 왔던 개념이다. 중국의 푸스니엔(傅斯年)을 비롯하여, 한국의 전해종, 일본의 니시지마 사다오(西嶋定生), 미국의 페어뱅크(J. K. Fairbank) 등이 논의한 바 있으며, 까오밍스는 그 개념을 이어받아 이렇게 설명한 것이다. [67] '동아시아 세계'라는 개념을 이해하기 위해서는 중국 중심의 '천하질서'라는 것을 먼저 이해해야 한다. 중국의 '천하' 관념의 출발은 "하늘 아래 왕의 땅이 아님이 없고, 땅끝까지 왕의 신하가 아닌 사람이 없다[普天之下, 莫非王土, 率土之濱, 莫非王臣]."라는 『시경』 「소아(小雅)」편의 왕토, 왕신 사상이다. 이것은 천하의 모든 국토, 모든 백성이 다 천자(天子)인 왕의 소유라는 사상이다. 그 왕의 나라가 중국이며, 이를 중화주

---

66) 신형식, 『한국의 고대사』, 삼영사, 1999, 60쪽.

67) 高明士, 앞의 책, 1-66쪽; 高明士(오부윤 역), 앞의 책, 331-291쪽.

의라고 한다. 그러나 이러한 중국 중심의 천하질서가 현실적으로 실현되기는 애당초 불가능한 것이다. 중국의 국력 문제와 지리적 장애가 있기 때문이었다. 그렇지만 동아시아 세계에서는 제한적으로 그러한 중국 중심의 천하질서가 통용되기도 하였다. 그 시대가 중국의 당대(唐代)였고, 우리로서는 삼국, 신라 시대였던 것이다. 이 시대에 역사적으로 형성된 것이 동아시아 공동 문화권이고, 이 공동 문화를 바탕으로 형성된 세계를 '동아시아 세계'라고 말하는 것이다. 까오밍스가 주목하는 점은 바로 이 '동아시아 세계'를 형성하고 유지하는 데 큰 역할을 한 것이 한자, 유교, 율령, 과학기술 및 불교 등으로 구성된 중국문화, 중국식 교육이라는 것이다. 그런데 정치적으로 볼 때 핵심적인 것은 역시 유교다. 유교사상은 중국의 입장에서는 중국 중심의 질서, 즉 중화주의를 뒷받침하는 사상적 기반이다. 그 밖의 나라에서도 대내적으로 전제왕권적 질서를 이론적으로 뒷받침해 줄 수 있는 사상으로 유교를 수용하였다. 신라 역시 중앙집권적 질서가 확립되던 시점에는 유교를 적극적으로 수용한 흔적이 나타난다. 실제 중국이 생각하던 대로 중국 중심의 세계 질서, 아니 '동아시아 세계'가 실현되었다고는 할 수 없다. 7~8세기 당을 중심으로 그러한 질서가 형성되는 듯도 하였으나 지속되지 못하였다. 신라만 하더라도 통일 전쟁을 전후로 하여 당과의 협력관계, 갈등관계를 거쳐 다시 협력관계를 회복하는 데는 시간이 걸렸고, 일본의 경우도 9세기 이후 국풍화가 시작되었고 견당사가 중지된 이후에는 교류 자체도 소원해졌다. 그렇지만 유교의 도입은 동아시아 세계에서는 그야말로 문명사적 사건이었다. 유교가 단지 하나의 사상이나 문화 이상의 의미를 지닌다 해야 할 것이다. 유교가 학문으로 발전하면서, 즉 유학이 되면서 그 나라의 토착사상으로 정착될 기반을 마련하였고, 여기에 유학교육 기관이 큰 역할을 하게 된다. 신라의 태학과 일본의 대학료(大學寮)는 그 자체로 하나의 교육문명의 상징이었다. 모든 사상은 그 나름대로 특성이 있지만 유학은 그 이전의 사상들과는 차이가 있다. 신라의 경우를 예로 들면, 토착적인 샤머니즘이라든지 그 이후에 들어온 불교나 도교와 같은 사상들은 사상 자체가 신화적·설화적 성격을 지니고 있다. 이는 이들 사상의 세계관 자체가 신화적·설화적 성격을 지니고 있기 때문이다. 그러나 유학은 천지 창조와 같은 장엄한 신화나 설화를 찾아보기 힘들다. 유학은 현실 세계를 넘어 존재하는 절대 세계나 절대적 신을 말하지 않는다. 유학에서도 천(天)을 이야기하지만 이 천과 인(人)은 뚜렷이 이원적으로 대립하는 것이 아니다.[68] 유학의 이상은 어디까지나 천인합일(天人合一)이다. 유학은 종교사상의 측면도 있지만 실은 사회사상으로 보아야 한다. 초월을 이야기하기보다는 수기치인(修己治人)을 이야기한다. 오늘날 서양사상에서 이야기하는 합리성(rationality)과는 논의의 배경이 다르기는 하지만 유학 역시 초월성이 아닌 합리성을 중시하는 사상이다. 이러한 유학이 교육사상이 되고, 유학 경전이 학교에서 가르치는 교과로 고정됨으로써 종래의 구술적 특성을 지닌 교육문명은 설 자리를 상실하게 된다. 적어도 관학 주도의 교육에서는 구술문명이 아닌 문자문명만이 인정받게 된 것이다. 이미 이 책의 제4장에서도 이야기한 바와 같이 문자문명 위주의 교육은 표준화·규격화되고, 그리하여 학습 역시 전인격적으로 일어나는 것이 아니라 기능적으로 일어나게 된다. 즉, 수동적이고 단편적인 것으로 학습 양식이 변하게 되는 것이다. 이는 세계의 인지 양식의 변화이며, 결과적으로 맥루한(M. McLuhan)의 지적처럼 구텐베르크적인 '활자형 인간'을 형성하게 되는 것이다. 이러한 교육문명의 변화를 초래한 것은 학교라는 제도의 등장 때문이지 유학 자체의 문제는 아니라고 할 수도 있다. 그럴 수도 있다. 유교가 관학의 교과로 등장한 것은 동아시아의 전제 왕권 사회와 관련이 있다. 유교는 삼국시대 이래 조선시대까지 사회적 가치관으로도 인정되어 왔기 때문에 반드시 문자문명과 동일시되는 것은 아니다. 유학사상은 전통사회의 학교교육을 지배하기도 하였지만 사회의 가치관, 규범으로도 작동되어 왔다. 그리고 불교와는 다른 방식으로 세계를 해석하게 하고, 인격의 완성을 이야기했다. 신라시대의 유학사상은 긍정·부정을 떠나 신라사회에 새로운 교육문명의 씨앗을 심었다. 그 씨앗은 고려사회를 거쳐 조선사회에 본격적으로 꽃을 피웠다. 그리하여 한국의 전통교육사상으로 엄연히 자리 잡고 있는 것이다.

---

68) 금장태, 『유학사상의 이해』, 집문당, 1996, 24쪽.

제**8**장

신라인의 불교교육

🏵 신라교육사 연구에서 불교의 위상

　역사 연구의 목적이 무엇이냐는 질문에 대한 대답은 시대나 사회에 따라 차이가 있을 수밖에 없다. 최근에는 다양한 주제 중심의 역사 연구도 많이 이루어지고 있지만 얼마 전까지만 하더라도 역사 연구에서 '국가'는 빠질 수가 없었다. 역사 연구에서 '국가'가 키워드가 되어 온 것은 동서고금에 차이가 없다. 교육사 연구 역시 다르지 않다. 국가가 중심이 되다 보니 국가 차원의 인재 양성 제도에 연구의 초점이 맞추어졌다. 국가가 설립한 학교가 교육제도의 중심에, 국가의 통치이념인 유교가 교육사상의 중심에, 국가가 시행하는 과거가 인재 선발 제도의 중심에 있을 수밖에 없었다. 교육사 연구의 폭과 깊이를 심화하고 확대하기 위해서는 다양한 연구 방법론의 개발이 필요하다. 그래서 저자는 교육미디어에 주목해야 한다는 주장과 함께 교육미디어로서 인물 연구나 지성사로 접근하는 방법을 이야기하기도 했다.[1] 사실 이러한 주장은 우리 교육사 연구 전반에 걸쳐 해당하는 말이지만 연구자의 주 관심사인 고대교육사의 경우에 더욱 절실한 말이기도 했다. 역사 연구에서 인물 연구의 중요성은 과거 사서(史書)의 편찬에서도 충분히 드러난다. 동양사, 특히 중국 사서의 경우 인물 '열전(列傳)'의 비율이 61.9%이며, 『삼국사기』나 『고려사』의 경우는 평균 28%라고 한다.[2] 그런데 『삼국사기』의 경우 입

---

1) 안경식, 「한국 고대교육사 연구와 불교 지성으로서 고승」, 한국종교교육학회, 『종교교육학연구』 제33권, 2010년 6월, 192쪽.

전자(入傳者) 59명 가운데 장수를 비롯한 종군자가 26명이고 학자는 6명에 그친다. 이 6명은 강수, 최치원, 설총, 최승우, 최언위, 김대문이다. 이들은 모두 유교 관련 인물들이다. 불교 관련 인물은 한 명도 입전되지 못하였다. 김부식의 사관을 탓할 수 없는 것이, 지금의 우리도 마찬가지이기 때문이다. 신라 천년의 문명 운운하면서 신라시대 교육을 다룬 연구서 한 권도 내어놓지 못한 실정에서 더 이상 세부적인 사항을 언급한다는 것 자체가 우스운 이야기일 수 있다. 그렇지만 그 가운데서도 신라시대 교육사의 2대 주제가 화랑도와 국학이었고, 인물 연구라 하더라도 원효를 벗어나기가 어려웠다. 아쉽게도 신라시대는 조선사회와 같은 유교 중심의 사회가 아니었다. 오히려 불교를 이해하지 않고서는 신라사회를 이해할 수 없음에도 불구하고 불교가 남긴 교육문화적 자산에 소홀히 했다. 불교는 신라의 정신문명에서 핵심적인 요소다. 사상적으로 이야기하면 신라에는 예부터 전해오던 애니미즘, 토테미즘, 샤머니즘과 같은 사상을 비롯하여 화랑도나 유교와 같은 사상도 있었다. 그러나 신라사회 전체를 놓고 볼 때 불교는 다른 사상에 비해 그 역할이 결코 가볍지 않다. 교육의 경우도 마찬가지다. 불교가 신라인의 교육사상이 된 것은 말할 것도 없고 교육 실제에 있어서도 그러하다. 불교의 교육적 영향에 대해서는 이 책 곳곳에서 말하고 있다. 제1장과 제2장에서는 교육자와 학습자라는 관점에서, 제3장에서는 교육사상가의 관점에서 고승들의 사상을 다루고 있으며, 제5장에서는 신라인의 교육공간으로서 사원을 이야기하고 있다. 또 제9장에서는 신라인의 교육 실제의 하나로서 불교 의례에 대해 이야기하고 있다. 이 장에서는 불교의 교육사상이 신라인의 삶에 어떤 교육적 영향을 끼쳤는지를 살펴보고, 그것이 교육문명사의 관점에서 어떤 의미가 있는지를 알아보고자 한다.

신라의 불교사상은 단일하지가 않다. 무엇 하나로 설명할 수 없다. 전래 초기의 윤회사상이나 인과응보사상 등 소박한 불교교리로부터 중대(中代)의 아미타사상, 미륵사상, 관음사상 등과 같은 실천성이 강한 서민불교, 그리고 유식사상이나 화엄사상과 같은 교학불교, 하대(下代)의 선불교에 이르기까지 매우 다양한 사상이

---

2) 신형식, 『삼국사기연구』, 일조각, 1981, 228쪽.

있다. 그리고 이들 가운데 신라인의 삶에 영향을 주지 않은 사상이 없다. 여기서
는 그 가운데 특히 실천적 성격이 강한 아미타사상, 미륵사상, 관음사상 등과 신라
교학불교의 대표적 성격을 지닌 화엄사상을 중심으로 이야기를 해 보자.[3]

⍟ 신라인의 아미타신앙과 교육

신라인의 아미타사상 관련 저술

아미타사상, 미륵사상, 관음사상 등은 대승불교의 대표적 사상이다. 이들 사상
의 기원은 인도이지만 공통적으로 중앙아시아를 거쳐 중국에서 꽃을 피웠고, 이
어 고대 한국과 일본 등 동아시아 각국에 큰 영향을 끼쳤다. 특히 중국 당대(唐代)
에는 정토종을 비롯하여 천태종, 법상종, 화엄종, 율종, 선종, 밀종 등 다양한 종파
가 형성되었고, 각종 경전의 번역이 활성화됨으로써 신라 불교에도 큰 영향을 끼
쳤다. 이 가운데 아미타사상은 다른 사상에도 공통 요소로 포함되어 있을 정도로
중시되었고, 위로는 왕실과 귀족으로부터 아래로는 서민에 이르기까지 두루 영향
을 끼친 사상이다. 아미타사상이 언제 신라에 들어왔는지는 자세히 알 수 없다.
그러나 자장에서부터 시작하여 원측, 원효, 의상 등 신라의 고승들 치고 아미타사
상 관련 저술을 남기지 않은 사람이 없을 정도로 아미타신앙은 7세기 이래 '핫 이

---

3) 이들에 대해서는 저자가 쓴 몇 편의 논문이 있다. 안경식, 「아미타신앙이 한국 고대 교육문
화에 끼친 영향」, 한국교육사상연구회, 『교육사상연구』제3집, 1993, 23-45쪽; 안경식, 「미
륵신앙이 한국 고대 교육문화에 끼친 영향」, 한국교육학회 교육사연구회, 『한국교육사학』
제16집, 1994, 257-284쪽; 안경식, 「관음신앙이 한국 고대 교육문화에 끼친 영향」, 한국교육
사상연구회, 『교육사상연구』제4집, 1994, 81-100쪽; 안경식, 「신라 화엄사상이 한국 고대
교육문화에 끼친 영향」, 한국교육사상연구회, 『교육사상연구』제5집, 1995, 59-81쪽. 이 장
은 이 논문들을 참조하여 재구성·재서술하였다. 기존 논문의 인용 부분은 주에 따로 표시
를 해 놓았다.

슈'였다. 자장은『아마타경의기』와『아미타경소』각 1권을 남겼으며, 원측은『아미타경소』와『무량수경소』각 1권을 남겼다. 원효는『아미타경소』2권,『무량수경종요』2권과『유심안락도』1권(저자의 시비가 있음)과『아미타경통찬소』2권,『무량수경소』1권,『무량수경사기』1권,『무량수경료간』등 여러 저서를 남겼다. 화엄사상가로 알려져 있는 의상 역시『아미타경의기』1권을 남겼고, 그 밖에 경흥, 영인, 의적, 도증, 태현, 법위, 현일 등 많은 고승도 저술을 남겼다. 이 가운데 지금도 남아 있는 것은 원효의 몇 가지 저술과 경흥, 현일의 저술이다. 신라인들이 남긴 저술을 보면 대개 이른바 정토 3부경이라고 하는『아미타경』『무량수경』『관무량수경』에 대한 기(記)나 소(疏)와 같은 풀이가 많고,『미타증성게』와 같은 게송이나『서방극락요찬』과 같은 찬문(讚文)도 있다.

원효의 아미타사상

원효는『미타증성게(彌陀證性偈)』에서 아미타불이 된 법장(法藏) 비구의 발심과 서원, 증득과 회향의 과정을 다음과 같이 읊고 있다.

지금으로부터 오랜 과거 한 때에(乃往過去久遠世)

높은 뜻 세우신 법장 비구 계셨네(有一高士號法藏)

무상보리심으로 발심하셨고(初發無上菩提心)

속을 떠나 도에 들어 모든 형상 부수었네(出俗道入破諸相)

누가 일심에 두 가지 형상이 없음을 알리(誰知一心無二相)

뭇 생명이 고해에 허덕임을 가엾이 여겨(而愍群生沒苦海)

48대원 일으켜 세우셨으니(起六八大超誓願)

정행을 다 닦아 온갖 더러움을 벗어났나니(具修淨行離諸穢)

법계의 몸은 헤아리기 어려워(法界身相難思議)

고요하여 함이 없으나 하지 않음이 아니네(寂然無爲無不爲)

지극히 저 부처님의 몸과 마음에 수순하면(至以順彼佛身心)

반드시 어긋나지 않고 정토에 태어나리(必不獲已生彼國)

　이『미타증성게』는 보조국사 지눌의 글에 들어 있는 것으로, 원효의 일심사상에 따라 정토사상을 표현한 것으로 여겨진다. 어떤 의례에 활용했음직한 게송이다. 아미타사상 관련 원효의 저술 다수가 일실되었고, 사상의 전체 면모가 밝혀지지 않은 상황이다. 다만, 그가 남긴『아미타경소』2권,『무량수경종요』2권 등을 통해 짐작할 수 있을 뿐이다. 원효는 이 두 권의 저서에서 중생의 문제로부터 이야기를 끌어내고 있다. 실은 후대 사람의 저작이라고 이야기되고 있는『유심안락도』까지 포함해서 원효의 저서는 대부분 중생, 중생심으로부터 출발한다. 그리고 보면 원효사상에서 핵심 개념이 바로 중생, 중생심이라고 할 수도 있겠다.『무량수경종요』에서 원효는 다음과 같이 말하고 있다.

　　중생심이란 융통 자재하여 걸림이 없고, 크기는 허공과 같고, 깊이는 큰 바다와 같다. 그 바탕이 평등하여 특정한 형상 없이도 얻을 수 있으니 어찌 깨끗하고 더러운 곳이 있을 수 있으랴. 오히려 큰 바다와 같아 그 성질이 윤택하고 매끄러워 능히 인연을 따르면서도 거스르지 않으니 어찌 움직일 때와 고요할 때가 없으랴. 이에 혹 번뇌의 바람으로 인하여 오탁에 떨어져 구르기도 하고, 괴로움의 파도에 빠져 길게 흘러가기도 한다. 혹은 선근(善根)을 이어받아 사류(四流, 네 가지 번뇌)를 끊고 이곳으로 되돌아오지 않고 피안에 이르러 길이 적멸에 들기도 한다. 이 움직임과 고요함이 다 큰 꿈일 뿐이다. 깨달음의 입장에서 말하면 이곳도 저곳도 없고, 예토도 정토도 본래 일심(一心)일 뿐이고 생사와 열반도 끝내 둘이 아니다. 그러나 원래의 큰 깨달음으로 돌아가는 것은 공을 쌓아야 얻을 수 있다. 번뇌의 긴 꿈을 따라가서는 문득 깨치기는 어렵다. 그래서 성인(聖人)이 교화의 자취를 베풀었는데, 자취가 먼 것도 있고 가까운 것도 있다. 말씀으로 가르침을 펴신 것 중에는 칭찬한 것도 있고 야단친 것도 있다. 석가모니와 같은 이가 이 사바세계에 나타나시어 오악을 경계하고 착함을 권하였고, 아미타여래께서는 저 안양국에서 삼배(三輩, 삼배구품)를 왕생하도록 이끄셨으니 이런 방편 교화의 자취는 다 열거할 수가 없다.

원효에게서 중생심은 우리가 생각하는 중생심이 아니다. 우리가 생각하는 중생심이란 탐, 진, 치로 가득한 마음이다. 그러나 원효의 중생심은 원효 불교의 핵심사상인 일심과 다름 아니다. 중생심이 융통 자재하여 걸림이 없다는 것, 바탕이 평등하여 깨끗하고 더러움의 구별이 있을 수 없다는 것 등은 진여의 관점에서 본 일심 그 자체다. 그러나 이 마음이 번뇌의 바람으로 인하여 오탁에 떨어져 구르기도 하고, 괴로움의 파도에 빠져 길게 흘러가기도 한다는 것은 생멸의 관점에서 본 일심과 다름 아니다. 그래서 깨달음의 입장에서 보면 다만 일심일 뿐이라고 하였다. 예토, 정토가 따로 실재하는 것이 아니라는 입장이다. 내 마음이 진여의 상태로 돌아가 있으면 그곳이 정토이고, 내 마음이 오탁악세(五濁惡世)에 있으면 그곳이 예토라는 것이다. 이러한 생각은 원효가 정토를 어떻게 보고 있는가를 말해 주는 것이다. 그의 정토관은 일심사상을 중생의 근기에 맞게 변형 혹은 적용한 것이다. 정토 자체가 일심의 다른 표현이라고 보아도 무방하다. 극락정토에 왕생하는 것은 일심으로 돌아가는 것의 다른 표현이다. 그런데 중생에게는 생멸하는 마음이 있기에 번뇌라는 긴 꿈을 꾸고 있고, 그리하여 오탁악세의 고해, 즉 예토에 살고 있는 것이다. 이를 극복하고 일심으로 돌아가려면 성인의 도움을 받을 수밖에 없다. 성인 가운데 한 분인 아미타불은 삼배구품의 모든 중생을 위하여 염불을 비롯한 갖가지 방편을 제시해 놓았고, 우리는 그 길을 통해 일심으로 돌아갈 수 있다는 논리를 제시하고 있다.

신라 중대의 불교의 흐름은 국가불교, 왕실불교의 흐름도 있었지만 다른 한편 민중불교의 흐름도 뚜렷하다. 그 중심인물이 원효이며, 원효의 민중불교의 사상적 바탕이 아미타신앙이다. 『삼국유사』에서는 원효의 교화 덕분에 가난하고 무지몽매한 사람들도 다 부처의 이름을 알고 나무아미타불의 염불을 하게 되었다고 전하고 있다. 아미타사상이 사상으로만 그치지 않고 원효를 비롯한 고승들의 교화에 힘입어 신라인의 삶 속에서 신앙으로 작동된 것이다.

광덕과 엄장 설화에 나타난 아미타신앙

신라인의 구체적 아미타신앙 사례는 대부분 설화로 남아 있다.[4] 『삼국유사』는 10여 건의 아미타신앙 관련 설화나 향가가 남아 있다. 그 가운데 원효가 등장하는 설화가 있다. 광덕과 엄장 설화가 그것이다. 설화의 줄거리부터 보자. 광덕과 엄장은 문무왕대의 승려다. 광덕은 분황사 서쪽에서 신을 삼는 것을 업으로 하는 사람인데 아내가 있었다. 엄장은 남악에서 농사를 지으며 암자를 짓고 화전민으로 사는 사람이었다. 둘은 매우 친한 사이여서 먼저 극락왕생하는 사람은 반드시 알리고 가기로 하자고 약속을 했다. 그런데 어느 날 저녁, 엄장의 집 창밖에서 "나는 이미 서방극락에 가노니 그대는 잘 살다가 속히 나를 따라오게."라는 소리가 들렸다. 엄장이 급히 문을 밀치고 둘러보니 구름 밖에 극락세계의 음악소리가 들리며 환한 빛이 땅에 비치었다. 엄장이 다음 날 광덕의 처소에 가 보았더니 과연 광덕이 죽어 있었다. 엄장과 광덕의 부인이 함께 장례를 치렀다. 장례 후, 엄장이 광덕의 부인에게 남편이 죽었으니 이제 나와 같이 살자고 하여 허락을 얻었다. 밤에 잘 때 관계하려 하자 부인이 거절하며 말하기를 "스님이 서방정토를 구하는 것은 연목구어와 같습니다."라 하였다. 엄장이 이상하게 여겨 "광덕과 이미 관계한 터에 어찌 나와는 안 되는 것이오."라며 물으니, "남편은 나와 같이 산 지 십 년이 넘었어도 하루 밤도 같은 자리에서 잔 적이 없으니 어찌 몸을 더럽혔겠습니까. 남편은 매일 밤 단정히 앉아 아미타불만 염불하거나 혹은 16관(觀)을 지었으니, 관(觀)이 익으면 밝은 달이 창을 넘어 들어오고, 그 달빛에 가부좌를 더욱 당겼습니다. 정성을 바침이 이와 같으니 서방극락에 왕생하지 않으려 해도 어디를 가겠습니까. 대체로 천리를 가는 사람은 한 걸음부터 알 수 있으니 스님을 보니 동쪽으로는 가겠지만 서방극락은 잘 모르겠습니다."라고 하였다. 엄장이 이에 부끄러워 물러나 바로 원효대사를 찾아가 극락왕생의 방법을 묻는다. 원효는 삽관법(鍤觀法)

---

4) 설화에 나타난 아미타신앙의 전개 양상은 안경식, 앞의 논문(1993), 32-41쪽의 내용을 수정 했다.

이라는 방법으로 그를 이끌어 주었다. 엄장은 이에 몸을 깨끗이 하여 뉘우치고 한 마음으로 관을 닦으니 역시 극락왕생할 수 있었다. 그런데 광덕의 부인은 분황사의 노비였는데 실은 관음보살의 19응신의 하나였다. 광덕에게는 일찍 노래(향가)가 전해져 오고 있었다.

> 달아, 이제 서방까지 가려는가요?
> 무량수전에 뉘우침 오램을 함씬 사뢰소서.
> 다짐 깊으신 존전을 우러러 두 손을 모두어,
> 원왕생, 원왕생 그리는 사람 있다고 아뢰소서.
> 아아, 이 몸을 남겨 두고 사십팔대원 이루실까.[5]

이 설화에서 주목해야 할 몇 가지 사항이 있다. 우선 이 설화의 주인공들은 모두 당시 사회의 하층민들이다. 광덕과 엄장은 승려의 신분이었지만 신을 삼아 지내거나 화전민으로 살아가던 사람이었다. 광덕의 부인 역시 분황사의 종이었다 하니 사회의 하층민들이었던 것이다. 그들이 주인공이 된 설화이니 그들의 삶에 적지 않은 영향을 끼쳤을 것이다. 즉, 구술문명의 시대를 산 그들에게는 이러한 설화가 비문자적 텍스트의 역할을 했다고 볼 수 있다. 원래 아미타신앙은 상품, 중품, 하품의 삼배구품을 다 교화의 대상으로 삼고 있지만 실제는 민중적 성격이 강하다. 관음신앙, 미륵신앙과 함께 대표적 민중불교의 하나였기에 그들에게는 그들의 삶을 이끄는 사회적 가치관의 역할을 하였다. 그렇다면 구체적으로 아미타사상과 신앙은 신라인에게 어떤 사회적 가치관을 제시했는가. 이 설화에서도 보듯이 아미타사상에서는 현세의 극락이 아닌 내세의 극락왕생을 이야기한다. 법장비구의 48대원 가운데 제19원[來迎引接願]이 있다. "내가 부처가 될 적에, 시방세계의 중생들이 보리심을 일으켜 모든 공덕을 쌓고, 지성으로 저의 불국토에 태어나고자 원을 세울 제, 그들의 임종 시에 제가 대중들과 함께 가서 그들을 마중할 수

---

5) 서재극의 번역을 조동일, 『한국문학통사 1』, 지식문화사, 1992, 161쪽에서 재인용했다.

없다면, 저는 차라리 부처가 되지 않겠나이다."라는 것이 그것이다. 또 『아미타경』에는 하루에서 7일까지 일심으로 염불하면 그 사람이 명을 다할 때 아미타불이 모든 성중(聖衆)과 함께 그 앞에 나타나 극락왕생할 수 있다고 하였다. 지금도 그러한 경향이 있지만 아미타신앙은 죽음을 앞둔 사람을 구제하기 위한, 그리하여 극히 간단한 열 번의 칭명염불로도 왕생할 수 있다고 말한 것이다. 그렇다면 신라인들은 과연 아미타사상을 그들의 현실 속에서 어떻게 받아들였는가. 이 설화가 말하고 있다. 그냥 열 번의 칭명염불만으로 극락왕생하고자 한 것이 아니었다. 극락왕생을 위해서는 부부라 하더라도 한 번도 동침한 적이 없는 '깨끗한 몸'과 달밤에도 가부좌를 틀고 앉아 일심으로 아미타불을 외는 '간절한 마음'이 필요함을 말하고 있다. 광덕의 노래라고 알려져 있는 「원왕생가」는 왕생을 바라는 그 간절한 마음이 잘 표현되어 있다. 신을 삼으며 하루하루를 살아가면서 밤이면 달빛 아래 일심으로 염불하는 광덕에게 무슨 뉘우칠 일이 있으랴마는 "무량수전에 뉘우침 오램을 함씬 사뢰소서"라고 자신의 마음을 표현하고 있다. 원효가 일러 주었다는 '삽관법(혹은 정관법)'이라는 것도 깨끗한 몸으로 뉘우치고 한마음으로 염불하라는 뜻이었을 것이다.

욱면비 설화에 나타난 아미타신앙

신라사회의 아미타신앙의 실제를 짐작할 수 있는 또 하나의 설화가 욱면비(郁面婢) 설화다. 설화의 내용은 이렇다.

경덕왕 때 강주(지금의 진주) 선사(善士, 남자 신도) 수십 인이 서방정토에 뜻을 두고 미타사라는 절을 세우고(『승전』에는 혜숙법사가 세운 절이라고 함), 만일(萬日) 동안 염불을 하기로 계(契)를 만들었다. 이때 귀진이라는 사람의 집에 욱면이라는 여종이 있었는데, 주인을 따라 절에 가서 마당에 서서 스님을 따라 염불을 했다. 주인은 종의 신분에 이렇게 하는 것이 못마땅했다. 그래서 곡식 두 섬을 주면서 하루 저녁에 그것을 다 찧게 했는데, 욱면은 그것을 초저녁에 다 찧어 놓고 절에 가서 염불을 밤낮으로 계속하였다. 심지어 뜰 옆에다 말뚝을 세워 두 손바닥을 뚫어 묶어 합장하며 염불에 열중했다. 이때 하늘에서 "욱면 낭자는 법당으로 들어가 염불하라."라는 소리가 들렸다. 절의 스님들이 이 소리를 듣고 욱면에게 법당으로 들어가 법당 안에서 정진하게 했다. 얼마 지나지 않아 천악(天樂)이 서방으로부터 들려오더니 욱면이 집 들보를 뚫고 서방으로 갔다. 천천히 가는 도중에 들 가운데서 몸이 부처의 몸으로 화현하여 연화대에 앉았으며, 음악소리가 끊이지 않았다는 것이다.

이러한 욱면비 이야기는 당시에 매우 널리 퍼졌던 모양이다. 지금은 전하지 않지만 『승전(僧傳)』이라는 책에도 실렸고, '내 일이 바빠 주인집 방아를 서두른다.'는 속담으로도 전해졌다. 『삼국유사』에는 『승전』의 내용도 소개하고 있는데, 그에 따르면 욱면의 전생은 부석사의 소였다. 불경(佛經)을 싣고 다니는 소였는데, 불경의 힘으로 귀진의 집에 종으로 태어났다. 그런데 당시 팔진이라는 사람이 있었는데 그는 관음보살의 화신으로 알려져 있었다. 1천명이나 되는 많은 사람이 그에게 몰려왔는데, 그들은 두 패로 나뉘어 한 패는 수행 정진하고 다른 한 패는 일을 했다. 일을 하는 패 가운데 한 사람이 계를 어겨 축생도에 떨어져 부석사의 소가 된 것이다. 그러니까 팔진의 무리 가운데 한 사람이 소가 되었고, 그 소가 다시 욱면이 되었다는 윤회의 고리를 말하고 있는 것이다. 그 윤회의 고리를 끊어 버린 것이 욱면의 염불이었다. 욱면의 염불은 9년간 계속 되었으며, 서방정토를 가다 소백산에 이르러 신한 짝을 떨어뜨렸는데 그곳에 보리사라는 절을 지었고, 그곳에 욱면등천지전(郁面登天之殿)이라는 방을 써 붙였다. 또 집 마루에는 욱면이 등천하면서 생긴 구멍이, 일연이 이 설화를 편찬할 때까지도 남아 있었는데, 눈, 비가 내려도 젖지 않았다고 했다. 욱면비의 주인이었던 귀진의 집도 신통하고 비범한 사람이 살던 곳이라 하여 뒤에 법왕사라는 절이 되었는데 일연이 그 후의 역사까지 상세하게 기록하고 있다. 이러한 기록을 보면 욱면비는 실존 인물이었던 것 같다. 설령 실존 인물이 아니었다 해도 설화는 시대적 상황을 충분히 반영하고 있는 것으로 보인다.

이 설화에서 주목할 점은 몇 가지가 있다. 첫째, 당시에 염불계가 성행했다는 것이다. 둘째, 생활과 신앙(수행)이 결합되어 있다는 점이다. 욱면비의 경우도 그러하지만 팔진의 수행단체 역시 일하는 조(組)와 수행하는 조를 구분하였다는 것은 특이한 일이다. 자신의 삶, 생계를 도외시하고 염불에 몰두한 것이 아니라 생활 속에서 생활과 더불어 염불 수행을 하였던 것이다. 셋째, 욱면비 설화를 통해 우리는 하층민들의 신앙 행태도 알 수 있다. 앞서 본 광덕과 엄장의 경우도 그러하지만 욱면 역시 사회의 최하층민임에도 불구하고 주인의 미움을 받아 가며 염불 수행을 계속했다. 이는 욱면이라는 사람 자체의 특성이기도 하겠지만 아미타 염불 수행의 특성에 기인하기도 하다. '나무아미타불'의 6자염불은 불교 가운데서도 대표적 이행도(易行道)다. 누구나 시간, 장소의 제한 없이 가능한 수행이 염불이다. 그러나 신라의 염불행자들은 결코 염불을 쉽게 생각하지 않았던 것 같다. 쉽게 생각하지 않았다는 말은 염불이 어렵다는 말이 아니라 염불에 진지하게 접근했다는 말이다. 다른 수행도 마찬가지지만 염불은 무엇보다 마음가짐이 중요하다. 오로지 한마음으로 염불하는 것이 중요한데, 신라인들의 마음에서는 그러한 간절함과 정성스러움을 볼 수 있다.

옥천사 청련암으로 이어진 만일염불계

앞에서 욱면비 설화를 통하여 신라사회에 염불계가 유행했음을 알 수 있다 했다. 그런데 욱면비 설화의 무대가 강주라고 하였다. 그 강주는 지금의 진주 지역인데, 욱면 설화의 전통이 21세기 지금까지 이 지역에서 이어져 오고 있다. 진주 지역의 고찰 가운데 옥천사(玉泉寺)가 있다(현재는 행정구역상 고성군이나 근세까지 진주 옥천사였다). 신라시대에 창건된 절인데, 지금은 쌍계사의 말사로 되어 있다. 이 절의 부속 암자로 1678년에 건립된 청련암(靑蓮庵)이 있는데, 여기서 만일계(정

[그림 8-1] 만일계 명부

식 명칭은 정토만일봉사회)를 결성하여 활동하고 있다.

표지 연구에 의하면 만일계는 조선 후기에서 근대에 이르기까지 대부분의 전라도와 경상도 사찰에 존재했다고 한다.[6] 지금 청련암의 만일계의 유래는 일제 강점기에 시작된 청련암 만일계와 관계가 있는데, 지금 옥천사 성보박물관에는 일제 강점기에 작성된「고성군 옥천사 청련암 만일계 계원 모집문」이 남아 있다.[7]

대저 만일계의 목적은 무엇인가? 그 사실을 말하자면 우리 인생이 이 고(苦)의 세상을 살다가 필경 이 몸이 죽은 후에 이와 같은 괴로운 세상에 다시 나지 말고 저 즐겁고 좋은 극락세계에 왕생할 뜻으로 30년 동안 장원한 시간에 1만일을 한정하고 염불하는 법사를 모셔 놓고 날마다 네 번씩 아미타불 명호를 부르게 하며, 해마다 춘추로 두 번씩 아미타불에 크게 불공을 올리고 계원되는 사람의 축원을 드리며 (……) 옛날 발징화상께서는 강원도 금강산 건봉사에 만일계를 설시하고 31인을 모시고 염불을 모시더니 신라 법흥왕 29년(법흥왕 29년이 아니고 29년이 지난 시점임 - 필자주) 7월 17일 아침에 31인이 한꺼번에 허공으로 솟아올라 방 천장을 뚫고 날아가다가 5리나 되는 재 위에서 육신을 버리고 법신으로 극락세계로 날아갔으며, 신라 경덕왕 14년 병자에 강주에 사는 신자 수십 명이 극락으로 가기를 발원하고 그 고을 경내에 미타사를 짓고 만일계를 설치하여 염불을 모시더니 그때에 아간 귀진이란 사람의 부인이 발심하여 미타사에 가서 염불하는 바 그 집의 여종 욱면이란 여자가 발심하여 (……) 우리도 본사 청련암에 만일계를 설시하고 30년 동안 염불을 모시오니 누구든지 극락 발원하시는 제씨께옵서는 이 계중에 참여하시와 염불을 많이 모시고 극락세계 왕생하시기로 천만 발의하나이다. 나무아미타불, 을미년 칠월 15일, 화주 채서웅은 고백하나이다.

모집문을 적은 사람은 서응당(瑞應堂) 채동호(蔡東濠) 스님이다. 만일계가 발족

---

6) 옥천사, 『연화산 옥천사지, 연화옥천의 향기』, 연화산옥천사, 1999, 77쪽.
7) 위의 책, 163-164쪽.

한 것은 1919년 기미년이다. 그런데 청련암은 그 이전에도 미타도량이었고 그 흔적이 지금도 남아 있다. 고종 16년인 1879년에는 아미타행자로서 청련암에 주석하였던 서봉(瑞峰) 스님이 좌탈입망(坐脫立亡)하면서 방광을 한 '사건'이 생겨 대중 스님들이 환희심에 북받쳐 저절로 '나무아미타불'의 6자염불 소리가 나왔다 한다. 그 사적비가 청련암에 올라가는 길에 남아 있다. 또 지금 옥천사 박물관에는 아미타불회도가 남아 있는데 만일회나 염불회가 진행되는 염불당에 봉안되었던 후불도다. 이와 같이 신라시대의 욱면비 설화가 근거가 되어 옥천사 청련암을 비롯한 각지에 염불계가 이어져 오고 있다는 것은 놀라운 일이다.[8] 이러한 염불계를 종교의 관점에서 보면 수행공동체로서의 의미가 있지만 교육의 관점에서 보면 학습공동체가 된다는 점에서 중요한 의미가 있다.

[그림 8-2] 옥천사 청련암 아미타불회도

---

8) 최근에는 1998년에 김해장 스님(건봉사), 한보광 스님(동국대) 등과 3,000불자가 동참하여 발기한 만일염불회가 활동하고 있으며, 통도사 극락암에서도 경봉 스님이 1968년에 염불만일회를 결성한 바 있다.

아미타신앙이 배경이 된 제망매가

욱면비 설화와 같은 시대, 즉 경덕왕 때 월명사라는 승려가 있었음은 앞서 말한 바가 있다. 경덕왕 19년(760), 두 해가 나타나 열흘 동안 사라지지 않았다. 일관(日官)이 인연 있는 승려를 초대해 산화(散花) 의식을 행하면 된다 하였다. 월명사가 초대되어 기도문을 짓게 했더니 자신은 그저 국선의 무리에 속해 있어 향가만 알지 범성(梵聲)에는 익숙지 않다고 하였다. 범성은 산스크리트어로 만트라, 즉 주문(呪文)을 말하는 것이다. 언어의 힘을 믿었던 것이다. 임금은 향가라도 지으라고 하였고, 그때 지은 노래가 「도솔가」다. 또 이 월명사가 죽은 누이를 위해 지은 노래가 「제망매가(祭亡妹歌)」다.

> 생사 길은 이에 있으매 머뭇거리고,
> 나는 가노라는 말도 못다 이르고 가나잇고.
> 어느 가을 이른 바람에, 이에 저에 떨어질 잎처럼,
> 한 가지에 나고, 가는 곳 모르온저.
> 아아, 미타찰에서 만날 나, 도 닦아 기다리겠노라.[9]

노래가 매우 애처롭고 감상적이다. 국왕에게 나아가 향가를 바치고 선물로 품차(品茶)와 수정 염주 108개를 받을 정도로 대단한 승려였지만, 누이의 죽음 앞에서 인간의 삶이란 가을바람에 이곳저곳에 떨어질 나뭇잎임을 절감한 것이다. 미타찰은 아미타불이 계신 극락세계다. 그 누이를 만날 곳은 미타찰밖에는 없는 것이다. 그리고 미타찰에 가기 위해서는 비록 승려 신분이라 해도 도를 닦지 않으면 안 된다. 그래서 도 닦아 기다리겠다는 다짐을 한 것이다.

---

9) 조동일, 앞의 책, 154쪽.

신라사회에서 아미타신앙이 성행한 이유

신라사회에서 아미타신앙이 성행한 것은 여러 이유가 있을 것이다.[10] 아미타신앙은 아미타사상을 바탕으로 성립한 신앙인데, 아미타사상 자체가 신라인들에게 매우 매력적인 사상으로 받아들여졌다. 『아미타경』에 묘사된 극락은 인간이 상상할 수 있는 최고의 세계이며, 『무량수경』에 기술된 법장 비구의 48대원은 인간의 모든 소망을 다 포괄하고 있다. 그래서 정토신앙은 신라인, 나아가 동아시아인들에게는 구원과 희망의 메시지를 던져 주었다.

아미타신앙이 성행하게 된 또 하나의 이유로는 원효를 비롯한 당시 고승들의 교화력을 들 수 있다. 특히 원효는 교학적 측면에서 범부의 왕생 가능성을 제시했을 뿐 아니라 실천적 측면에서도 염불로 기층 민중들을 교화함으로써 아미타신앙이 신라에 자리 잡는 데 결정적인 공헌을 한 사람이다. 그 밖에도 신라 중대 이후의

[그림 8-3] 아미타정토변상도

출처: 洞悉敦煌.

---

10) 안경식, 앞의 논문(1993), 41-44쪽.

사회적 상황 역시 아미타신앙의 확산에 유리한 조건을 마련하였다. 선덕왕 2년 (633)부터 아미타정토신앙이 매우 성행했던 문무왕 21년(681) 사이에 88차례의 전쟁과 14차례의 천재지변, 15차에 걸친 축성 등이 있었다.[11] 이로 인하여 당시 민중들은 현세를 고해(苦海)로 여겼으며, 내세에서는 극락세계에서 생활할 수 있기를 간절히 바랐다.

아미타신앙이 신라인의 교육문명에 끼친 영향

이와 같은 상황에서 전 신라인의 사상과 신앙으로 자리 잡은 정토사상과 신앙이 당시 사회, 문화, 윤리·도덕, 예술 등 교육문화와 교육문명에 끼친 영향은 어떤 것일까. 다음과 같이 몇 가지로 정리해 볼 수 있을 것이다.

첫째, 사회적 입장에서 본다면, 정토사상과 신앙은 평등사상을 고취했다. 신라사회는 전제왕권 사회이고 성골, 진골 등 엄격한 골품제 계급사회였다. 따라서 왕족, 귀족들은 정치 이외에도 경제, 사회, 문화 등 모든 방면에서 최고의 특권을 누리게 되었다. 불교 역시 도입 이래 왕실과 귀족을 위해 봉사하는 왕실불교, 귀족불교의 모습을 탈피하지 못했다. 그러나 7세기 이래 앞에서 말한 몇 가지 이유로 정토신앙을 비롯한 민중불교가 성행하기 시작했다. 설화의 사례에서와 같이 정토신앙이 하층민들에게 특히 환영받았던 것은, 도입 초기부터 널리 퍼졌던 윤회사상이 현실적으로 귀족들의 특권만을 옹호하는 편파적인 이데올로기로 작용할 수 있었던 데 반해, 아미타정토사상은 윤회가 없는 평등세계인 극락을 이야기하였기 때문이다. 그리하여 아미타정토사상은 특정 계층의 이데올로기가 아닌 신라사회의 보편적인 삶의 가치관이 되었으며, 위로는 귀족층에서, 아래로는 노비계층에 이르기까지 널리 환영받는 사상이 되었다. 또 수도의 방법 면에서도 까다로운 계율을 강조하지 않았고 힘든 선정을 강조하지도 않았다. 더구나 방대한 경전의 학습을 요구하지도 않았다. 생업을 하면서 수행할 수 있는 염불 수행 앞에서는 신분

---

11) 목정배, 『삼국시대의 불교』, 동국대학교출판부, 1989, 166쪽.

이나 성별 등 어떠한 차별도 인정되지 않았다.

둘째, 문학적 입장에서 본다면, 정토사상과 신앙은 문학의 내용과 형식에 영향을 끼쳤다. 우리의 고대 문학에서 불교와 관련한 작품의 비중은 매우 크다. 고구려나 백제의 경우는 자세히 알 수 없으나 신라는 분명 향가라는 시가문학이 있고, 이는 불교와는 불가분의 관계에 있다. 그 가운데 「원왕생가」나 「제망매가」는 정토신앙과 관련한 대표적인 작품으로, 문학적 기교는 말할 것도 없고 내용 면에서도 높은 정신적 경지를 추구하는 '도심(道心)'을 신라인의 일상적 삶 속에서 구현했다는 측면에서 높은 평가를 받고 있다. 아울러 적지 않은 정토설화 작품 역시 당시 백성들을 교화하는 미디어로서 큰 역할을 했다 할 수 있다.

셋째, 윤리·도덕의 측면에서 본다면, 아미타사상과 신앙은 선인선과(善因善果)의 윤리를 강조하였다. 삼국 초기, 불교가 이 땅에 들어온 이래, 기복적인 성격을 벗어나지 못했다. 아미타사상에서는 극락왕생이 선과이며, 그 선과를 맺게 하는 데는 선인이 필요함을 말하고 있다. 원효는 왕생의 요건[因]을 정인(正因)과 조인(助因)으로 구분하고, 정인으로 발보리심을, 조인으로 염불이나 계율을 이야기하고 있다. 이는 교학적인 측면에서만 그러한 것은 아니고 실생활에서도 그러하였다. 광덕과 엄장, 부득과 박박 설화에서 볼 수 있듯이 신라의 아미타신앙은 윤리적인 면이 필수적으로 들어 있다. 정토에 왕생하기 위해서는 정심(淨心)의 과정이 필요하다는 것을 설화의 형식으로 말한 것이다.

넷째, 예술적 측면에서 본다면, 정토사상과 신앙은 신라인의 예술성을 고양시켰다. 신라 불교예술의 대표적 작품이 석굴암이라는 데는 이견이 없다. 화강암으로 된 인조석굴인 석굴암은 그 시대의 최고의 기술문명이 동원되었음은 말할 것도 없지만 불국, 정토를 향한 간절한 마음이 뒷받침되지 않으면 이루어질 수 없는 대역사였다. 이 석굴암의 구조를 보면, 본존불인 아미타불을 중심으로[12] 십일면관

---

12) 이 본존불을 석가여래라고 보는 견해도 있으나 근래에 발견된 상량문 등에 의하면 아미타불이다. 문명대, 「경덕왕대의 아미타조상문제」, 불교사학회 편, 『신라미타정토사상연구』, 민족사, 1988, 199쪽.

음, 십나한, 대범천과 제석천, 문수보살, 십육제자, 사천왕 등이 배치되어 하나의 정토세계, 불국토를 이루고 있다. 이는 바로 당시 신라인들이 바라는 이상세계였다. 석굴암 이외에도 감산사의 아미타상, 불국사의 금강아미타여래좌상, 남산 칠불암의 아미타상, 굴불사의 아미타상 등은 당시의 아미타신앙이 만들어 낸 불교 예술품이자 민족예술이며, 당시 각 사찰에 조성된 아미타변상도 역시 신라인의 높은 예술의식을 나타내고 있다. 정토사상은 회화, 조각, 건축, 음악 등 예술의 다양한 형식을 미디어로 삼아 종교적 감정의 전달은 물론이고 사상의 전달

[그림 8-4] 감산사 석조아미타여래입상

도 이루었다. 그럼으로써 자연스럽게 신라인의 정신을 고양시킬 수 있었다. 여기서 우리는 아미타신앙의 교육적 의의를 찾을 수 있다.

신라사회는 구술문명의 사회다. 구술문명에서 주된 교육미디어는 문자가 아니다. 물론 신라에서도 문자는 활발하게 사용되었다. 더구나 신라의 문자문화를 주도한 계층은 다름 아닌 불교계다. 그리고 문자로 이룬 성취도 매우 높았으며, 동아시아의 불교계에 영향을 끼치기도 하였다. 그렇지만 그와는 별도로 구술사회인 신라사회에서 효과적인 미디어는 오히려 설화나 향가를 비롯하여 각 사찰에 있는 불교예술 미디어들이다. 『삼국유사』에서는 경주에 "절들은 하늘의 별처럼 펼쳐져 있고(寺寺星張), 탑들은 기러기 떼처럼 열 지어 있다(塔塔雁行)."라고 했다. 그 가운데 수많은 아미타 사찰이 조성되었고,[13] 그 속에 아미타여래상을 비롯하여 각종

___

13) 욱면비 설화에서는 욱면의 주인인 귀진의 집이 혜숙법사가 세운 미타사에서 멀지 않다 하였다. 만일계를 만들고 수도한 곳일 것이다. 또 그전에 문무왕 때 왕의 동생인 김인문이 중

정토예술이 꽃피었던 것이다. 바로 유·무형의 신라의 교육문명의 한 부분이었던 것이다.

🎎 신라인의 미륵신앙과 교육

미륵신앙과 미륵사상

미륵신앙은 미륵사상을 바탕으로 하고 있고, 미륵사상은 『미륵상생경』『미륵하생경』과 같은 미륵 경전에 근거하고 있다. 이에 따르면, 미륵은 처음 바라문 가정에 태어났으나 뒤에 불제자가 되었으며, 부처의 입멸에 앞서 보살의 몸으로 천인(天人)을 위해 설법을 하며 도솔천에 머무른다고 한다. 또 다른 경전에 따르면, 이 보살은 중생의 성숙(成熟, 교화)을 위해 초발심 이후 고기를 먹지 않았기 때문에 자씨(慈氏)라는 이름이 붙었다고 한다. 미륵사상에 바탕을 둔 미륵신앙은 크게 두 형태가 있는데, 하나는 상생(上生) 신앙이며, 다른 하나는 하생(下生) 신앙이다. 상생 신앙은 현재 도솔천에서 설법하고 있는 미륵을 믿으며, 도솔천에 왕생하고자 하는 것이다. 하생 신앙은 미륵이 부처 입멸 후 56억 7천만 년 뒤 이 땅에 하생하여 용화수(龍華樹) 아래서 삼회설법(三會說法)을 하여 석존이 교화하지 못한 중생을 구할 것인데, 이때 자신도 삼회설법에 참석하여 성불하기를 바라는 것이다. 중국의 경우, 상생 신앙은 동진(東晉) 불교의 중심인물인 도안(道安)이나 법상(法祥) 등과 당의 현장(玄奘), 규기(窺基) 등에게서 흔적을 볼 수 있다. 하생 신앙도 유송(劉宋)의 명제(明帝, 465~471 재위)가 「용화서원기(龍華誓願記)」를 지은 것을 필두로 각종 「미륵삼회기(彌勒三會記)」「용화회기(龍華會記)」 등의 서원문(誓願文)이 역대로 지어졌으며, 측천무후(則天武后, 690~705 재위)는 위경『대운경(大雲經)』을 만들

국의 옥에 갇혔을 때 그의 석방을 빌기 위해 인용사(仁容寺)라는 절을 지었다. 그 절은 관음도량이었는데, 그가 귀국 도중에 죽자 미타도량으로 바꾸었다는 기록이 있다.

고, 자신을 미륵불의 하생이라 하여 정치적으로 이용한 적도 있다. 우리나라 삼국의 경우, 미륵신앙은 아미타신앙, 관음신앙과 함께 3대 민중불교의 하나로서 서민의 문화 · 예술에 큰 영향을 끼쳤다. 아미타불, 관세음보살이 관념적이고 정적(靜的)인 성격이 있다면, 이에 비해 미륵은 실천 지향적이며 미래 지향적인, 그러면서 젊고 생동감 있는 동적(動的)인 성격이 강하다. 삼국의 경우, 하생 신앙이 크게 발전하여 백제에서는 국토를 미륵이 하생할 땅으로 상징화하고 있으며, 신라에서는 화랑도를 미륵신앙과 결부하여 화랑을 미륵으로 상징화하고 있다. 이러한 하생 신앙은 급기야 신라 말기에는 궁예의 민중봉기(궁예의 아명이 미륵이었다)로까지 이어지게 된다.[14]

신라 고승의 미륵 관련 저술과 원효의 미륵사상

신라사회에 미륵사상이 언제, 어떤 경로로 들어왔는지는 분명하지 않다. 그러나 미륵사상은 신라 불교에서 빠질 수 없는 중요한 부분을 차지하고 있으며, 고승들도 관련 저술을 많이 남겼다. 즉, 원효는 『미륵상생경종요(彌勒上生經宗要)』『미륵하생경소(彌勒下生經疏)』를 남겼으며, 원측은 『미륵상생경약찬(彌勒上生經略贊)』을 남겼다. 또 경흥은 『미륵상생경료간기(彌勒上生經料簡記)』『미륵하생경소(彌勒下生經疏)』『미륵성불경소(彌勒成佛經疏)』『미륵경축의술문(彌勒經逐義述文)』을, 태현은 『미륵상생경고적기(彌勒上生經古迹記)』『미륵하생경고적기(彌勒下生經古迹記)』『미륵성불경고적기(彌勒成佛經古迹記)』를, 의적은 『미륵상생경료간(彌勒上生經料簡)』이라는 저작을 남겼다. 아쉬운 것은 지금 현존하는 것은 이 가운데 원효의 『미륵상생경종요』와 경흥의 『삼미륵경소』(앞의 세 가지 미륵경의 소와 기를 합친 것)에 불과하다는 것이다. 이 가운데 『미륵상생경종요』를 통하여 원효의 미륵사상을 교육학의 관점에서 살펴보도록 하자. 미륵은 석가모니와 함께 불교의 이상적 인간상

---

14) 고구려와 백제의 미륵신앙의 수용 과정에 대해서는 안경식, 앞의 논문(1994), 260-262쪽을 참조할 것.

이자 교육적 인간상이다. 『미륵상생경종요』는 미륵이 어떤 사람인가로부터 시작하고 있다.

> 듣기에 미륵보살의 사람 됨됨이는 가깝고 먼지를 헤아릴 수 없고, 깊고 얕음을 재 볼 수도 없으며, 시작도 끝도 없고, 마음도 아니고 물질도 아니라고 하였다. 하늘과 땅도 그 공덕을 실을 수가 없고, 우주도 그 덕을 포용할 수 없으며, 여덟 종류의 성인도 그 뜨락을 엿본 적이 없고, 일곱 가지 변재도 그 궁극을 이야기하기엔 충분치 못하구나. 그윽하고 그윽하며, 아득하고 아득하여라. 말해야 할 것도 아니고 침묵해야 할 것도 아니로다. 그러나 둘레를 가늠할 수 없는 산이 높다지만 그 흔적을 밟아 볼 수 있고, 조수가 들고 나는 바다가 깊다지만 그 영역을 섭렵할 수 있다. 따라서 지극한 사람이 그윽하다지만 오히려 더듬어 자취가 있고, 현묘한 덕이 아득하다지만 건너갈 수행이 없지 않음을 알겠다.[15]

이와 같이 미륵보살이 얼마나 대단한 사람인가를 설명하면서 미륵이 어떤 수행을 거쳐 성불했는지를 이어 말하고 있다. 미륵은 일찍이 부처님의 제자 시절에 자정(慈定, 자비의 선정)의 치열한 빛에 감동하여 널리 중생을 제도하겠다는 도심(道心)을 일으켰다. 그리고 해탈을 이루는 8해(八解)의 맑은 물에 목욕하고, 깨달음을 이루는 7각(七覺)의 아름다운 숲에서 쉬었다고 했다. 여기서 8해는 여덟 가지 해탈의 방법을 말하며, 7각은 깨달음을 이루는 일곱 가지 방법을 말한다.[16] 8해, 7각은 다른 경전에도 많이 등장하는 내용인데, 원효는 8해, 7각의 수행을 단순히 수행이라 표현하지 않고, "8해의 맑은 물에 목욕하고" "7각의 아름다운 숲에서 쉬었

---

15) 원효(김호성 외 역), 『미륵상생경종요 외』, 동국대학교출판부, 2017, 23쪽. 이하 『미륵상생경종요』의 번역과 해설은 김호성의 번역과 해설을 참고하였다.

16) 원문에는 7각이 아니다. '□각'으로 각의 앞 글자가 분명치 않다. 역자 김호성 교수는 '7각'으로 보고 있다.

다.”라는 멋있는 표현을 쓰고 있다. 지금의 공부가 억지로 타율적이고 힘든 느낌이 있다면 미륵의 수행은 맑은 물에 목욕하면서 아름다운 숲에 쉬는 것으로 비유된다. 좋은 환경에 있으면 힘들이지 않고서도 저절로 수행이 이루어짐을 말한 것이다. 그리고 이런 수행의 결과로 자(慈), 비(悲), 희(喜), 사(捨)의 네 가지 무량심이 생겨 뭇 중생과 여러 세상을 다 교화하게 되었다고 한다. 미륵은 현재 불교의 또 하나의 이상세계인 도솔천(兜率天)에 있다. 도솔천을 번역하면 '지족(知足)'이며, 욕계 6천 가운데 네 번째 하늘이다. 아래의 세 하늘은 욕정이 무거워 가라앉고, 그 위의 두 하늘은 방탕한 마음이 많아 뜨는 데 비해 이 도솔천은 욕정이 가볍고 방탕함이 적어 가라앉지도 않고 들뜨지도 않으며 번뇌에 휩쓸리지도 않기에 지족이라고 한다. 이러한 도솔천에 상생하여 미륵보살과 함께하기 위해서는 두 가지가 필요하다. 하나는 '관(觀)' 수행이다. '관' 수행은 수행자가 고요한 생각으로 깊이 살피는 것[靜慮思察]이다. 다른 하나는 '행(行)' 수행이다. '행' 수행은 실천 수행인데, 미륵보살의 이름을 듣고 지난날의 잘못을 참회하는 것과 미륵보살의 덕을 믿는 것, 탑을 쌓고 향과 꽃을 공양하는 것 등이다. 이러한 '관'과 '행'에 의하여, 식물로 말하자면 싹과 줄기가 땅에서 나오게 되고, 잎들이 피어 시원한 그늘을 만들어 주고, 아름다운 꽃이 피게 되며, 향긋한 열매가 맺게 된다고 하였다. 싹과 줄기가 땅에서 나온다는 말은 지난날 지은 온갖 죄를 없애는 것이고, 잎들이 시원한 그늘을 만든다는 것은 삼악도나 변방, 사견(邪見)에 떨어지지 않는다는 것이다. 아름다운 꽃이 핀다는 것은 도솔천에서 의보(依報, 전세의 업에 따라 과보로 얻는 환경적 요소)와 정보(正報, 전세의 업에 따라 과보로 얻는 오온의 신체)를 얻는다는 것이고, 향긋한 열매가 맺힌다는 것은 위없는 도에서 물러나지 않는다는 것이다.

이러한 생각은 교육학의 관점에서 본다면 미륵사상에 입각한 원효의 교육론이 된다. 미륵보살은 교육적 인간상이며, 교육목표는 미륵의 세계인 도솔천에 상생하는 것이다. 도솔천에 상생한 사람이란 실은 깨달음을 얻은 사람이다. 교육방법은 관과 행이다. 관과 행을 통하여 중생은 지난날 죄업을 없앨 수 있고, 잘못된 생각에 빠지지 않게 되고, 수행의 결과에 따라 최고의 도의 상태에서 물러나지 않게 된다고 하였던 것이다. 원효는 이러한 미륵사상의 교육론은 특정 사람에게만 해당

되는 것이 아니라 어떤 근기(능력)를 타고난 사람에게도 해당되는 대승교육론임을
말하고 있다. 앞에서도 말했듯이, 미륵경전은 『상생경』 『하생경』 『성불경』이 있는
데, 『상생경』은 중품의 근기를 가진 사람에게, 나머지는 하품의 근기를 가진 사람
에게 적합한 경전이다. 물론 그렇다고 해서 경전의 가치가 차이나는 것은 아니다.
원효는 다음과 같이 말하고 있다.

> 옷을 꿰맬 때는 짧은 바늘이 필요한 것이니, 비록 긴 창이 있다 해도 쓸 곳
> 이 없다. 비를 피할 때는 작은 우산이 쓸모 있으니, 비록 온 하늘을 덮는 것
> 이 있다 해도 도움이 될 것이 없다. 따라서 소승이라고 가볍게 해서는 안 된
> 다. 그 근기와 성품에 따라 대승과 소승이 모두 보배가 된다.[17]

대승과 소승을 차별한 것이 아니라 회통시킨 것임을 알 수 있다. 원효는 대승
과 소승을 회통시켰을 뿐 아니라 대승의 여러 사상에 대해서도 회통의 입장을 견
지하고 있다. 원효 사상의 초점은 우열을 가리려는 데 있는 것이 아니라 중생 구
제에 있었던 것이다. 그 중생 구제의 한 방편으로 미륵사상, 미타사상을 이야기한
것이다.

고구려와 백제의 미륵신앙

다음으로 삼국의 미륵신앙을 보도록 하자. 신라의 미륵신앙을 보기에 앞서 고
구려와 백제의 미륵신앙을 잠시 보기로 하자. 고구려의 미륵신앙을 알려 주는 자료
는 「신묘명금동삼존불입상(辛卯銘金銅三尊佛立像)」과 「영강칠년명금동미륵반가상
(永康七年銘金銅彌勒半跏像)」(영강칠년명금동광배)이다.
「신묘명금동삼존불입상」의 광배 후면의 명문에 의하면 이 불상은 평원왕 13년
(571)에 만든 것으로 보인다. 죽은 스승과 부모를 위해 다섯 사람(비구인 도창 및 선

---

17) 원효(김호성 외 역), 앞의 책, 36쪽.

지식인 나루, 천노인 아왕, 아거 등)이 함께 무량수불상 1구를 만든다고 되어 있다. 죽은 스승과 부모가 세세생생 마음속에서 늘 제불, 선지식 등을 만나고, 또 미륵을 만나기를 바란다. 같은 곳에서 태어나 부처님을 만나고 법을 듣기를 바란다고도 하였다. 무량수불상을 만들어 미륵을 만나기를 바란다고 하니 부조화가 있는 것 같지만 아미타신앙과 미륵신앙은 정토신앙이라는 점에서 서로 통한다고 보았던 것 같다. 또 「영강칠년명금동미륵반가상」의 명문에서는 돌아가신 어머니를 위해 미륵존상을 세우니 망자가

[그림 8-5] 신묘명금동삼존불입상

미륵불의 삼회 설법의 처음에 참가하여 깨달음을 얻고 죄를 일시에 소멸하기를 바라는 미륵하생의 내용이 적혀 있다. 이를 보면 고구려의 미륵신앙은 아미타신앙과 큰 차이가 없었던 것 같다. 즉, 망자의 왕생을 위한 신앙이었던 것 같은데, 이러한 경향을 북위(北魏) 불교의 경향과 관련이 있는 것으로 볼 수 있다.[18]

백제의 경우, 미륵사 창건 등을 통해 짐작해 볼 수 있다. 『삼국유사』 「무왕」조에는 다음과 같은 기록이 있다.

어느 날 무왕과 부인이 사자사(師子寺)에 가다가 용화산 아래의 큰 못가에 이르자 미륵삼존이 못에서 나타나 수레를 멈추고 예를 올렸다. 부인이 왕에게 "이곳에 큰 가람을 짓는 것이 나의 소원입니다."라고 하자 왕이 이를 허

18) 김영태, 『삼국시대불교신앙연구』, 불광출판사, 1990, 138-139쪽.

락했다. 지명(知命) 법사에게 못을 메울 방도를 물으니 신력으로써 하룻밤
새, 산을 헐어 못을 메워 평지를 만들었다. 이에 미륵삼존과 전(殿)과 탑, 낭
무(廊廡)를 각각 세 곳에 세우고 절 이름을 미륵사라 했다. 진평왕이 여러
공인(工人)을 보내어 공사를 도왔으며, 지금도 그 절이 남아 있다.

발굴 조사에 의하면 미륵사의 규모는
신라의 황룡사에 못지않다. 설화에 의
하면 미륵사가 왕과 왕비가 인연이 있
는 절이며, 이는 국가사찰이라는 의미
가 된다. 미륵사가 지어진 백제 땅은 미
륵이 하생할 곳이라는 상징성을 부여
한 것이다.

신라의 미륵신앙

신라의 미륵사상에 대해서는 앞서 살
펴본 바와 같다. 미륵사상에 바탕을 둔
신라의 미륵신앙은 어떻게 전개되었을

[그림 8-6] 1910년대 익산 미륵사지석탑

까. 또 신라의 미륵사상과 신앙이 신
라인의 교육에는 어떠한 영향을 끼쳤을까. 신라의 미륵사상은 우선 화랑도와 밀
접한 관련이 있다는 것에 주목할 필요가 있다. 제6장에서 보았듯이, 진지왕대에
는 미륵선화 미시랑 설화가 남아 있다. 흥륜사 승려 진자는 이 절의 미륵불 앞에
서 "미륵이시여, 화랑의 몸으로 나투어 내가 항상 가까이 뵙고 받들 수 있도록 하
시옵소서!" 하고 발원했다. 이 정성에 감응하여 꿈에 한 스님이 나타나 "네가 웅
천 수원사에 가면 미륵선화를 볼 수 있을 것이다."라는 계시를 주었다. 그러나 수
원사에서 미륵선화를 만났지만 알아보지 못하였고 흥륜사로 돌아왔다. 그 소식을
들은 진지왕이 진자를 불러 서울에서 찾아보라고 하였고, 급기야 영묘사 부근에

서 놀고 있는 미시를 찾아내었고, 왕은 그를 존경하고 사랑하여 국선으로 삼았다는 것이 이야기의 요지다. 이 설화에 나오는 미시랑의 이미지는 미목이 수려한 미소년이다. 미시랑이라는 화랑이 그냥 보통의 인물이 아닌 미륵의 화신임을 상징화한 것이다. 이러한 상징화는 『삼국사기』「김유신」 전에서도 볼 수 있는데, "공이 15세에 화랑이 되니 당시 사람들이 기쁘게 따랐으며, 그 낭도들을 용화향도라고 불렀다."라고 하였다. 용화향도란 미륵불에 향을 사루어 예배 드리는 무리라는 뜻인데, 당시 유신의 화랑도를 그렇게 불렀다는 것이다.

경덕왕대에는 하늘에 해가 둘이 나타나 열흘 동안 없어지지 않는 변괴가 발생하자 왕이 월명사에게 해결해 달라고 부탁했다. 이때 월명사는 "소승은 국선의 무리에 속해 있어 향가만 알지 범성(梵聲)은 모릅니다."라고 했다. 월명사가 왕의 거듭된 요청으로 지은 노래가 「도솔가」다.

오늘 이에 산화 불러, 솟아오르게 한 꽃아 너는,
곧은 마음에 명에 부리어져, 미륵 좌주 모셔 벌이라.

대궐에서 일어난 일을 말한 것이다. 노래 가운데 '오늘'은 월명사가 대궐에서 산화가를 부른 오늘이다. 대궐에서는 변괴를 물리치기 위하여 꽃을 뿌리는 산화(散花) 의식이 있었다. 곧은 마음으로 기원하는 것이니 부디 도솔천의 미륵 좌주(미륵불)를 모셔와 이 변괴를 해결해 달라고 하는 것이다. 조동일 교수는 이 노래에서 꽃은 미륵에게 바친 공양물만이 아니고 미륵을 모셔올 수 있는 매개자라고 했다. 월명사가 "꽃아 너는" 하고 불러서 그럴 수 있게 주술을 걸었다. 노래를 불러서 천지와 귀신을 감동시키는, 불교 이전의 사고방식이 여기에 작동하고 있다고 했다.[19] 그런데 신라에서 꽃은 화랑이기도 하다. 월명사가 화랑도에 속해 있었으니 신라에서는 미륵과 화랑은 둘이 아니었던 것이다.

월명사와 함께 또 한 명의 화랑도 소속의 승려인 충담사 역시 미륵신앙과 관련

---

19) 조동일, 앞의 책, 152-155쪽.

이 있는 인물이다. 그 역시 「찬기파랑가」라는 화랑을 찬양하는 노래를 지었던 적
이 있으며, 경덕왕의 요구로 「안민가」라는 노래를 짓기도 하였다. 물론 이러한 노
래는 오늘날 우리가 생각하는 노래와는 차이가 있다. 앞의 「도솔가」도 그러하지만
궁중에서 관련되는 큰 의식이 있고, 그와 관련하여 지어진 노래이다. 주술적인 힘
을 바라고 지은 기원의 노래다. 충담사는 삼화령 미륵불에게 차를 끓여 공양하는
사람이었다. 충담사가 해마다 3월 3일과 9월 9일에 차를 달여 공양한 삼화령 미륵
불에 대해서는 『삼국유사』 「생의사 석미륵」조에서 다음과 같이 적고 있다.

　　선덕왕 때 승려 생의(生義)는 도중사(道中寺)에 상주했다. 꿈에 어떤 스님
　　이 그를 끌고 남산으로 올라갔다. 풀을 묶어 표시를 하게 하고, 산의 남쪽
　　골짜기에 와서 "내가 이곳에 묻혀 있으니 스님께서는 꺼내어 고개 위에 놓
　　아주시오."라고 하였다. 꿈에서 깨어 친구와 함께 그 표시된 곳을 찾아 그
　　골짜기에 이르러 파 보니 석미륵이 나왔다. 삼화령 위에 두었다. 선덕왕 13년
　　갑진년에 절을 짓고 그곳에 두었다. 후에 생의사라고 하였다.

[그림 8-7] 삼화령 석미륵삼존불상

출처: 『한국불교미술대전』.

석미륵과 미륵보살반가상

『삼국유사』에는 석미륵과 관련된 내용이 더러 있다. 낙산사 관음보살상 앞에서 사랑하던 낭자와 맺어지기를 빌었던 조신(調信)의 이야기에도 있다. 조신의 굶어 죽은 아들을 묻은 고개가 해령(蟹嶺)이다. 조신이 꿈과 같은 인생사를 겪고 난 후 관음보살 앞에서 참회의 눈물을 떨구었다. 그 후 그 해령에서 묻은 아이를 파 보니 석미륵이었다. 이것을 물로 씻어 부근의 절에 모셨다는 이야기다. 죽지랑 설화도 석미륵과 관련이 있다. 진덕여왕 때의 술종공이 삭주도독사가 되어 임지로 갈 때 한 거사가 길을 닦고 있었다. 서로 지음(知音)으로 지내고 있었는데 부임한 지한 달째 되던 날, 술종공 부부의 꿈에 거사가 방 안에 들어왔다. 사람을 보내어 거사의 안부를 물어보니 며칠 전 죽었다고 하였다. 술종공은 거사가 자기 집에 태어날 것 같다고 말하며, 군사를 보내어 죽지령 위 북쪽 봉우리에 장사 지내게 하고 석미륵 하나를 무덤 앞에 모시게 했다. 그래서 태어난 아기가 화랑 죽지랑이었다는 것이다. 이상을 보면, 석미륵은 어떤 간절한 염원을 실현하는 부처로 등장한다. 그래서 주로 꿈을 통해 존재를 드러낸다.

석미륵과 다른 의미를 지니는 불상이 미륵보살반가상이다. 미륵보살반가상은 신라에서만 만들어진 것은 아니나 현재 남아 있는 것 가운데 신라의 것이 단연 많다. 그 전형적인 모습은 국보 제83호와 일본 코오류지(廣隆寺)의 반가상이다. 몸을 조금 앞으로 구부리고, 손을 턱에 가볍게 괴고, 오른발을 왼발에 얹고, 뭔가 깊이 고뇌하고 사유하는 모습이다. 그래서 이를 반가사유상(半跏思惟像)이라고도 한다. 원래 이 반가사유상은 싯달타 태자가 생로병사의 문제와 직면하여 고뇌하고 사유하는 모습을 형상화한 것인데, 중국 북제(北齊)에서 미륵상으로 바뀌었다. 미륵이 반가사유상으로 표현된 이유는 미륵이 석가의 후계자로 여겨졌다는 것과 젊은 시절 석가와 같은 과정을 밟아 출가 성도한 것 등이 닮았기 때문이다. 그리하여 반가사유상은 북위(北魏)에서 수(隋)에 이르기까지 약 2세기 동안 한편으로는 태자상으로, 다른 한편으로는 미륵상으로 조상되어 신앙의 상징이 되었다. 그러나 신라에서는 화랑도와 결부됨으로써 태자상보다는 미륵상으로 만들어졌다. 즉, 미륵

이 하생한 존재로 상징화한 것이 화랑이라면, 이런 상징을 형상화한 것이 미륵
보살반가사유상이라고 할 수 있다. 타무라 엔초(田村圓澄)는 신라의 반가사유상이
6세기에서 7세기 후반에 집중되어 있다는 점과 화랑의 성쇠가 일치한다는 점을
근거로 신라에서는 화랑이 반가사유상으로 상징화되었음을 말한 바 있다.[20]

[그림 8-8] 미륵보살반가사유상

미륵신앙이 신라의 교육문명에 끼친 영향

그렇다면 지금까지 본 미륵사상과 미륵신앙이 신라의 교육문화, 나아가 교육문
명에 끼친 영향은 무엇일까. 지금까지 본 바와 같이, 미륵신앙은 여러 가지 다양
한 면모를 보여 줌으로써 신라사회와 신라인의 삶에 큰 영향을 끼쳐 왔다. 이를
종교적인 측면, 사회 · 문화적인 측면 등으로 나누어 살펴보자.

먼저 종교적인 측면에서 보면, 미륵신앙은 신라인에게 구원과 희망의 메시지를
던져 주었다. 아미타불, 관세음보살과 함께 미륵불은 구원의 부처이며 보살이었

---

20) 田村圓澄, 『日本佛教史 Ⅳ』, 京都, 法藏館, 1983, 29-31쪽.

[그림 8-9] 미륵보살설법도(돈황 막고굴 344굴)

다. 56억 7천만 년 후에 하생하여 지금까지 구제되지 못한 중생들을 용화수 아래 삼회설법으로 구원할 것이라 하였고, 도솔천 왕생의 길도 제시하였다.

후삼국시대의 궁예의 예에서 보듯이 미륵신앙은 혁명적 요소를 가지고 있지만 신라에서는 위로는 왕실에서부터 아래로는 서민들에 이르기까지 구원의 상징으로 여겨졌다. 구원이란 종교적 개념이다. 그러나 구원은 교육적 함의를 가지고 있다. 홍륜사의 승려 진자가 미륵선화를 뵙고 모시고자 한 것은 구원을 요청한 것이다. 그 결과 미시랑을 미륵선화로 모시게 되었고, 그 미시랑은 7년간 풍류를 세상에 빛내었다. 미시랑은 자제들과 화목하게 지냈고 풍교가 보통 사람과 달랐다 했다. 미시랑이 세상을 구원하는 방식, 즉 미시랑의 자제(화랑도)를 교육하는 방식은 지식을 가르치는 방식이 아니다. 그것은 같이 생활함으로써 부지불식간 영향을 주는 방식이다. 불교적 개념으로는 이런 방식을 훈습(薰習)이라고 한다. 향을 싼 종이에는 향내가 배어들고, 생선을 싼 종이에는 생선 냄새가 배어들 듯이, 미륵선화의 교육은 바람과 같은 것이다. 그래서 바람의 교육, 즉 풍교(風敎)라고 하였다. 미시랑의 제자 진자는 그 이름부터가 '참다운 자비[眞慈]'다. 참다운 자비를 실천하는 것, 그것이 그의 삶의 목표임을 스스로 다짐하고 있는 것이다. 진자는 과연 미시랑을 만나 자비의 은택에 '흠뻑 젖었다'고 했다. '흠뻑 젖었다'는 말은 『삼국유사』에서는 '음목(飮沐)'이라고 표현을 했다. 자비라고 하는 은혜의 늪[澤]에 푹 빠진 것이다. 완전히 감화된 것이다. 이미 스승은 자취를 감추고 없어도 부족한 부분을 스스로 고칠 수 있게 되었고[能自悔改], 정성스럽게 진리를 탐구할 수 있게 되었다 [精修爲道].

미륵불은 여러 가지 모습으로 형상화된다. 경전에서 형상화됨은 말할 것도 없고, 때로는 문학으로 형상화되고, 때로는 예술로 형상화된다. 심지어 꿈속에서 각자의 소원대로 형상화되기도 한다. 경전에서의 모습은 자비의 부처로 용화수 아래 삼회설법을 하는 구원자의 모습이다. 그러나 불상으로 형상화될 때는 깨달은 자의 모습으로 중생을 도솔천으로 이끌어 주는 모습이 있는가 하면, 반가사유상에서와 같이 중생 구제의 큰 이상으로 고뇌에 잠긴, 사색하는 모습도 있고, 현세의 이루지 못한 꿈을 이루기 위해 석미륵의 모습으로 나타나기도 한다. 그런가 하면 설화나 향가와 같은 문학에서는 모든 것을 다 이루어 주는 전능자의 모습으로 형상화되기도 한다. 관세음보살도 그러하지만 미륵불 역시 중생의 요구에 응하여 천차만별의 모습으로 형상화된다. 교육의 관점에서 보면, 미륵불은 스승의 모습이다. 스승의 모습이 하나로만 형상화되지 않은 것이다. 이야기의 초점이 스승에가 있는 것이 아니라 학생에게 있는 것이다. 학생의 필요에 따라 스승의 모습은 얼마든지 변화될 수 있는 것이다. 미륵불이 이끄는 교육이 아니라 학생인 중생의 요구에 따라 미륵불이 따라가는 방식의 교육인 것이다.

그렇다고 미륵사상이 주장하는 바가 전혀 없는 것이 아니다. 『상생경』에서는 오계(五戒)를 비롯하여 팔재계(八齋戒), 십선법(十善法) 등을 말하고 있다. 이 가운데 십선법은 다른 미륵 경전에서도 강조되는 것인데, 신업(身業)으로 살생, 투도, 사음과 구업(口業)으로 망어, 양설, 악구, 기어, 그리고 의업(意業)으로 탐심, 진심, 치심 등을 끊고 선업을 쌓는 것을 말한다. 원효도 『미륵상생경종요』에서 정업(淨業)과 참회를 강조한 바 있다. 특히 신라인은 전쟁임에도 불구하고, 아니 전쟁 중이었기 때문이었는지도 모르겠지만 불살생의 계율을 특히 중시하여 원광법사는 귀산과 추항과 같은 젊은이에게 세속오계의 하나로 내려 주기도 하였다. 미륵신앙의 계율 중시 사상은 진표율사에게서 잘 볼 수 있다. 진표는 미륵의 도움을 얻어

세상 사람들에게 교화를 베푼 것은 말할 것도 없고 어별(魚鼈, 물고기와 자라)에게
도 계를 주어 성불하게 하였다. 이러한 방식의 교육이 신라의 교육문명이었으며, 미
륵사상, 미륵신앙 자체가 신라의 교육문화요, 교육문명의 한 구성 요소다.

　미륵신앙과 미륵사상의 영향은 신라시대는 물론 고려시대를 넘어 조선시대까
지도 과거 한국인의 삶 속에 문화, 문명으로 자리 잡았다. 일연이 『삼국유사』를 쓸
때까지도 사람들이 신선(神仙)을 미륵선화라고 한다 하였다. 또 중매하는 사람을
미시(未尸)라고 하고, 길가의 가로수를 일컫는 노방수(路傍樹)를 화랑을 보는 나무
라는 의미의 견랑수(見郎樹)라고 부르기도 한다는 등의 이야기를 기록하면서 모두
미륵사상의 유풍이라고 하였다. 미륵신앙의 유풍은 매향(埋香) 의식에서도 찾아
볼 수 있다. 김유신의 화랑도를 당시 사람들은 용화향도(龍華香徒)라고 하였다. 용
화는 용화삼회다. 미륵이 장차 용화수 아래에서 벌일 세 번의 법회에 참석하기 위
해 준비하는 모임이 용화향도다. 왜 향도라고 하였는가. 향도의 뜻은 향을 사루어
올리는 무리라는 뜻이지만 바로 미륵신앙의 결사체를 말한다. 당시 화랑은 미륵
이 하생한 존재로 상징화되었고, 김유신이 화랑이었기 때문에 김유신의 화랑도를
용화향도라고 한 것이다. 그런데 민간에서도 이런 향도가 고려시대를 거쳐 조선
시대까지 남아 있었다. 『고려사』에서는 "나라의 풍속에 계를 만들어 향을 사루는
것을 향도라고 한다. 서로 돌아가며 연회를 베풀고 남녀노소가 순서대로 앉아 함
께 술을 마시는 것을 향도연(香徒宴)이라 한다."라고 하였고, 조선시대는 "우리나
라의 풍속에는 온 나라의 향읍방리(鄕邑坊里)가 모두 계를 만들어 서로 규검(糾檢)
하는데, 이를 향도라고 한다."라는 기록이 있다.[21] 향도(香徒)는 향촌(鄕村) 조직
으로써 기능했다는 것을 알 수 있다. 그런가 하면 신앙조직으로서의 모습도 여전
히 남아 있다. 매향 의식을 거행하고 매향비를 만든 것에서 그런 모습을 볼 수 있
다. 향(香)은 중생의 바람, 정성을 부처님께 전하는 도구다. 장차 미륵불의 용화삼
회에 공양할 침향(沈香)을 만들기 위해 향나무나 소나무, 참나무 등을 갯벌에 묻는

---

21) 『고려사』권122, 열전, 심우경 전; 『지봉유설』권2, 채응석, 「여말선초 사천 지방의 매향활
　　동과 지역사회」, 한국중세사학회, 『한국중세사연구』제20호, 2006, 245쪽에서 재인용.

것이 매향 의식이다. 전국 곳곳에서 발견되는 매향비의 비문에 따르면 수행결사체
로서의 향도의 간절한 소망을 엿볼 수 있다. 고려 우왕 13년(1387)에 경남 사천에
세워진 매향비의 비문은 다음과 같다.[22]

천인(千人)이 계를 맺어 매향하면서 행원(行願)하는 글

무릇 최고의 경지에 도달한 깨달음을 얻으려고 한다면 반드시 수행과 서
원(誓願)이 서로 함께 부합되어야 합니다. 수행만 있고 서원이 없으면 그 수
행은 반드시 의지할 데 없이 홀로 되어 외롭게 되고, 서원만 있고 수행이 없
으면 그 서원은 설 곳을 잃게 됩니다. 수행이 의지할 곳이 없이 홀로 되어
외롭게 되면 과보(果報)를 잃고, 서원이 헛되게 되면 복이 적게 됩니다. 따라
서 두 업(業)을 다 운용해야 묘과(妙果)를 키울 수 있습니다. 빈도(貧道)와 제
천인(諸千人)이 함께 큰 원을 발원하고 향목(香木)을 묻고, 그로써 미륵불께
서 하생하시는 것과 용화삼회를 기다려 이 향을 가지고 미륵여래께 봉헌 공

양하며 청정한 법을 듣고 생
멸(生滅)을 여윈 진여의 경지
인 무생인(無生忍)을 깨달아
보살의 불퇴지(不退地)를 이
루기를 원합니다. 기원하옵
건대 같이 발원하는 사람들
이 모두 내원(內院)에 태어나
불퇴지를 증득하기를 바라오
니, 자씨여래께서는 보시고
우리를 위하여 증명하시어
우리가 이 나라에 미리 태어

[그림 8-10] 사천 흥사리 매향비

22) 채웅석, 앞의 논문, 237-238쪽의 번역문을 참조하였다.

나 용화초회에 미리 참석하여 법을 듣고 도를 깨달아 일체가 구족하여 성불

할 수 있게 하옵소서. 주상전하 만만세, 국태민안을 기원합니다.

이 비문을 보면, 향도들은 천 명의 사람들이 모여(비문의 끝에는 합계 4,100인이라
고 하였는데 실제 인원인지는 모른다) 계를 만들어 매향 의식을 거행하였고, 그때 이
런 비문을 만들었다. 내용은 비문 그대로 용화삼회의 첫 번째 모임에 참석하기를
발원하는 것이다. 여기서 주목할 것은 이들이 그냥 용화삼회에 참석하기를 바란
것이 아니라 수행을 기약한 수행단체, 즉 수행결사였다는 것이다. 이 결사체에는
비구와 비구니는 말할 것도 없고 재가 신도인 우바새, 우바이도 포함되어 있었다.
이들의 수행이 구체적으로 어떤 것인지는 적혀 있지 않지만, 이들의 수행은 불교
교육뿐 아니라 민중교육사의 측면에서 볼 때도 큰 의미를 지닌다.

⊛ 신라인의 관음신앙과 교육

관음신앙의 성립과 전개

관음신앙은 한국 불교에서 가장 대중적이고 서민적인 신앙이라 할 수 있다. 관
음신앙이 신앙의 대상으로 삼고 있는 관음보살은 우리에게 자비의 보살, 고난 구
원의 보살로 알려져 있다. 관음보살은 관세음보살(觀世音菩薩), 광세음보살(光世
音菩薩), 관자재보살(觀自在菩薩), 관세자재보살(觀世自在菩薩), 현음성보살(現音
聲菩薩) 등으로 불리고 있으며, 줄여서 보통 관음보살이라고 한다. 산스크리트어
는 Avalokiteśvara이며, 한자로는 阿縛盧枳低濕伐羅로 번역된다. 관세음신앙은 인
도에서 성립하였으며 불타 입멸 후 약 400년에서 500년 사이에 성립한 것으로 보
고 있다. 즉, 초기 대승경전이 편찬될 무렵에 아미타정토사상이 출현하였는데, 여
기서 관음보살은 중요한 위치를 차지하고 있다. 『법화경』의 「관세음보살보문품」은
관음보살의 사적을 상세히 기록하고 있는 대승경전이며, 용수(龍樹, Nagarjuna, 150?

~250?)보살은 대승사상을 낳은 주요 인물인데, 그의 『대지도론(大智度論)』가운데서도 등장한다. 중국에서는 286년 축법호(竺法護, Dharmarakṣa, 266~313)에 의하여 『정법화경(正法華經)』이 번역되고, 그 가운데 「광세음보문품(光世音普門品)」이 『보문경』『광세음경』이라 하여 민간에 널리 전파되었다. 그 후, 구마라집(鳩摩羅什, Kumārajīva, 344~413)의 『묘법연화경』이 번역된 것(406)은 관음신앙의 형성에 결정적 영향을 끼쳤다 할 수 있다.

고구려와 백제에서의 관음신앙

고구려와 백제 불교에는 아쉽게도 관음신앙의 기록이 많지는 않다. 일본의 사료에 고구려 관음신앙을 알려 주는 몇 가지 자료가 있다.[23] 정법사(頂法寺)의 창건 설화에서 고구려 광명사(光明寺)의 관음상을 일본의 쇼토쿠(聖德) 태자가 맞이했다는 기록이 『원형석서(元亨釋書)』에 있다. 또 고구려에 유학 왔던 일본승 교젠(行善)이 강을 건너려 할 때 다리가 무너져 건널 수 없었는데 관음보살의 도움으로 건너게 되었고, 관음상을 만들어 관음보살에 예경했다는 『일본영이기(日本靈異記)』의 기록도 남아 있다. 백제의 경우도 남은 기록이 많지 않은데, 『삼국유사』의 「혜현구정(惠現求靜)」에는 백제의 승려 혜현(惠現)에 대한 기록이 남아 있다. 그는 어려서 출가했고 오로지 『법

[그림 8-11] 호류지 백제관음

출처: 『百濟觀音』.

23) 김영태, 앞의 책, 205-211쪽.

화경』을 독송하는 것을 업으로 삼았는데, 관세음보살의 신이한 영험이 많았다. 그는 중국에 유학을 가지 않고 험준한 산속에서 수도하며 일생을 마쳤다. 죽었을 때 그의 시신을 돌방 속에 두었더니 범이 유해를 다 먹고 혀만 남겨 두었는데 3년이 지나도 혀는 붉고 부드러웠다는 설화가 전해진다. 백제의 관음상으로는 부여 군수리 사지에서 출토된 금동관음보살입상을 비롯하여 여러 점이 출토되었다. 일본에도 백제에서 『청관음경(請觀音經)』이 건너가서 신봉되었다는 젠코지(善光寺) 연기 설화 등의 설화와 호류지(法隆寺)의 통칭 백제관음이라 불리는 관음보살입상이 남아 있다.

고난의 구원자로서의 신라의 관음신앙

관음신앙의 바탕이 되는 관음사상에 대한 저술은 아미타신앙이나 미륵신앙에 비해 적은 편이다. 무슨 이유에서인지 모든 분야에 방대한 저술을 남긴 원효만 하더라도 관음사상과 관련해서는 단 하나의 저술도 남기지 않았으며, 의상이나 경흥, 태현도 마찬가지다. 다만, 지인(智仁)과 둔륜(遁倫)의 『십일면경소(十一面經疏)』가 있었다고 하나 모두 실전된 상황이다. 그래서 신라의 관음사상은 관음신앙을 통해서 추정해 보는 수밖에 없다. 다행히 관음신앙과 관련한 설화적 형태의 자료는 『삼국유사』에 다수 남아 있는 편이다.

선덕왕 때의 고승인 자장(590~658)율사의 아버지 소판 무림이 자식을 낳기 위해 천수관음상을 조상하여 "자식을 낳으면 법해(法海)의 진량(津梁)으로 삼겠습니다."라고 기도하였다. 이에 석존의 탄생일과 같은 날에 아이가 태어났으며 이름을 선종랑이라고 하였다 했다. 이러한 기도는 「관세음보살보문품」에 의하면, "만일 여인이 아들 낳기를 원하여 관음보살에 예배 공양하면 곧 복덕과 지혜를 갖춘 아들을 얻으리라."라는 구절에 근거한 것으로 보인다. 이 같은 득남 설화는 고려 초의 명신 최승로(927~989)에게서도 볼 수 있다. 최승로의 아버지 최은함이 대비상(大悲像, 관음상)에게 기도하여 득남하였다는 설화다. 「관세음보살보문품」에는 아들을 얻는 것 이외에도 중생이 어려움에 처했을 때 구제해 주는 내용들이 다음과 같이 있다.

> 만일 누가 해치고자 하는 뜻이 있어 큰 불구덩이에 밀어 넣으려 해도 저
> 관음의 힘을 생각하면 그 불구덩이가 못으로 변하며, 혹은 큰 바다에 표류
> 하여 용과 고기와 같은 귀신이 달려드는 어려움 속에서도 관음의 힘을 생각
> 하면 파도와 물결에 빠지지 않네. 혹 수미산 꼭대기에 있는데 사람이 밀어
> 서 떨어지게 하여도 관음의 힘을 생각하면 털끝 하나도 다치지 않으리. 원
> 수나 도적이 포위하여 칼로써 해치고자 하여도 관음의 힘 생각하면 다 자비
> 의 마음이 일어나며, 국가적 어려움을 만나 형장에 끌려 목숨이 위태로워도
> 저 관음의 힘 생각하면 칼이 곧 조각조각 부수어지며, 감옥에 갇혀 손발에
> 수갑이 채워지고 칼이 씌워질지라도 저 관음의 힘 생각하면 자연스레 풀림
> 을 얻으리.

그리하여 신라사회에서는 이와 같은 고난에 처했을 때, 관음보살에게 기도하는 사례가 적지 않았다. 문무왕의 동생 김인문이 당나라의 옥에 갇히자 신라 사람들이 인용사(仁容寺)라는 관음도량을 짓고 무사귀환을 기원했다고 한다. 김인문은 학문, 외교, 전쟁에도 능한 사람이었는데 삼국통일 전쟁이 끝날 무렵 당에 있었다. 신라와 당의 관계가 틀어지자 당 고종은 김인문을 옥에 가두어 버렸다. 유학승 의상이 인문을 급히 찾아갔고, 인문은 당의 신라 침공 소식을 전한다. 그 뒤 문무왕은 강수에게 시켜 인문의 석방을 바라는 표문을 지어 올렸고, 황제는 인문을 풀어 주게 된다. 『삼국사기』에서는 효소왕 3년(694)에 인문이 당에서 66세로 죽었다고 했으나, 『삼국유사』에서는 귀국할 때 바다 위에서 죽었으며, 그래서 그를 위해 세웠던 관음도량을 미타도량으로 바꾸었다고 했다. 어느 것이 맞는지는 알 수 없으나 사실과 관계없이 설화로서 고려시대까지 그렇게 전해 왔다는 것만으로도 신라인, 고려인들의 마음속에는 관음보살이 구원의 보살로 자리 잡게 된 것을 짐작할 수 있다.

백률사 관음보살상

집 나간 사람의 무사귀환을 이루어 주는 관음보살의 위신력은 신라 국선 부례랑의 설화에서도 볼 수 있다. 신라의 성지 소금강(小金剛) 남쪽에 백률사(栢栗寺)라는 절이 있다. 이차돈의 순교지에 세워진 절이다. 이 절의 불상은 중국의 신장(神匠)이 중생사 관음 소상(塑像)을 만들 때 같이 만든 것이라는 설이 있었다. 민간에서는 이 부처님이 일찍이 도리천에 올라갔다가 돌아와 법당에 들어갈 때 밟았던 돌 위의 발자국이 지금까지 남아 있다고 하기도 하고, 또 어떤 사람은 그 발자국이 부처님이 부례랑을 구출해서 돌아올 때 보였던 자취라고 하기도 했다. 부례랑은 효소왕 원년(692)에 국선이 되었는데 이듬해 3월에 낭도들과 금란에 놀러 갔다가 말갈적에게 잡혀가는 사태가 발생했다. 그때 낭도들도 당황하여 어쩔 줄 모르고 있었으나 안상이라는 낭도가 뒤쫓아 갔다. 임금도 이 소식을 듣고 놀랐고 자신이 덕이 없어 국선을 잃고 국가보물이었던 거문고(玄琴)와 피리(神笛, 이 피리가 만파식적이다)도 없어져 버렸다고 한탄했다. 이때 부례랑의 부모는 백률사의 대비상(大悲像, 관음보살상) 앞에서 여러 날 저녁 기도를 했다. 그랬더니 홀연히 향탁(香卓) 위에 거문고와 피리가 놓여 있고, 부례랑과 안상도 불상 뒤에 와 있었다. 부례랑에게 연유를 물으니 적국에 잡혀가서 목동이 되어 있는데 갑자기 용의 단정한 스님 한 분이 손에 거문고와 피리를 들고 와 고향 생각이 나느냐고 물어 그렇다고 대답하고, 스님을 따라 해변으로 가서 피리를 둘로 쪼개어 안상과 같이 타고 돌아왔다고 했다. 물론 이 스님은 관음보살의 응신(應身)이었을 것이다. 왕은 이 소식을 듣고 백률사에 토지와 돈, 물건을 주어 부처님 은덕에 보답하게 했다는 것이 설화의 내용이다. 이 설화에 의하면 관음의 위신력은 민간에서뿐 아니라 국왕도 인정하였다는 것이고, 이로 인하여 관음신앙은 더욱 성행했을 것이다.

이와 비슷한 이야기가 민장사(敏藏寺) 보개(寶開) 설화다. 보개는 우금리라는 곳에 사는 가난한 집의 여자였는데 그녀에게는 장춘(長春)이라는 아들이 있었다. 바다에서 장사하는 사람이었는데 오랫동안 소식이 없었다. 이에 그 어머니가 민장사 관음보살 앞에서 7일 동안 기도를 했더니 장춘이 돌아왔다. 연유를 물으니 바다

[그림 8-12] 경주 백률사

에서 풍랑을 만나 배가 부서져 동료들은 모두 죽고 자신은 널빤지를 타고 해변에 닿았다고 했다. 오나라 사람들이 자신을 받아들여 농사를 짓게 하여 살고 있었다. 하루는 고향에서 온 듯한 이상한 스님이 와서 진심으로 위로했다. 스님과 동행하는데 앞에 큰 개울이 나오자 스님이 자신을 끼고 개울을 건너니 정신없는 사이에 고향 말소리가 들리고 사람 우는 소리가 들려 살펴보니 벌써 이곳에 와 있는 것이라고 했다. 이때가 경덕왕 4년(745)이었다. 왕은 이 소식을 듣고 민장사에 밭과 재물을 시주했다 한다.

중생사 관음보살상

　중생사(衆生寺) 관음보살상은 중국의 화공이 만들었는데 『신라고전(新羅古傳)』에 이런 연기 설화가 있었다 한다. 중국의 황제가 총애하는 여자가 있어 화공에게 실제 모습을 그리도록 명했다. 화공은 그림을 다 그렸으나 붓을 떨어뜨려 배꼽 밑에 붉은 점이 찍히게 되었다. 지우려 해도 지울 수 없어서 속으로 원래부터 있는 점일 것이라 생각하고 그대로 바쳤다. 황제가 보고 형상은 실제와 비슷하나 배꼽 밑의 사마귀는 어떻게 알았느냐고 노하며 벌을 주려 했다. 주위에서 정직한 사람이니 용서해 주라고 하자, 황제는 내가 어젯밤 꿈에 본 사람의 형상을 그려 보라고 했다. 화공이 십일면관세음보살을 그리자 황제가 풀어 주었다. 죄를 면한 화공은 불법을 신봉하는 신라에 가서 불사를 닦으며 살겠다고 했다. 그가 신라에 와서 그린 그림이 바로 중생사의 관음보살상이다. 나랏사람 모두가 우러러 공경하고 기도한 사례는 모두 다 이를 수 없을 정도였다 한다. 앞서 언급한 신라 말기의 최승로의 아버지가 기도하여 득남한 곳도 이곳 중생사였다. 아이가 태어난 지 석 달이 못되어 견훤이 침입하여 피난을 가게 되었다. 자신과 아이 둘 다 죽을 위험이 있었다. 할 수 없이 아이를 관세음보살상 밑에 감추어 두고 떠나게 되었다. 대성(관세음보살)께서 아기를 주셨다면 큰 자비의 힘으로 보호하여 기르시고 부디 우리 부자를 다시 만나게 해 주십사 하고 세 번 기도하고 울며 떠났다. 반 달 후, 적병이 물러가고 아이를 찾아보니 살결은 갓 목욕한 것 같고 젖내도 아직 남아 있었다. 고려 초에는 중생사의 절 사정이 어려워져 주지 성태(性泰)가 절에 생산물이 없어 향화를 계속 받들기 어려워 다른 곳으로 옮겨 가겠다고 관세음보살에게 인사를 드렸다. 그날 꿈에 관세음보살이 나타나 떠나지 말라고 하면서 자신이 불사(佛事)를 일으켜 재(齋)의 비용을 충당하겠다고 하였다. 열사흘 후 두 사람이 말과 소에 짐을 싣고 왔다. 자신들은 금주(金州) 사람인데 중생사의 스님이라는 사람이 와서 공양에 필요한 물품 시주를 구하러 와서 마을에서 쌀 여섯 섬과 소금 넉 섬을 구해 싣고 왔다는 것이다. 주지 성태가 이 절에서는 시주 간 사람이 없다고 하였다. 그러자 두 사람은 그 스님이 먼저 이 절에 가서 기다리겠다고 하였다 하면서 법당에 들어가 보니 관음보살상이 바로 그 스님의 모습이었다. 이런 일로 인하여 해마다 중생사에는 쌀과 소금이 끊어지지 않았다 한다. 또 한번은 절 문간에 불이 나서 마을 사람들이 달려와 불을 끄는데 법당에 올라가니 관세음보살상이 없어졌다. 다시 쳐다보니 벌써 뜰 가운데 서 있었다. 누가 그랬는지 알지 못하였고, 모두들 관세음보살의 위신력에 감탄하였다. 중생사의 신이한 이야기는 여기에 그치지 않는다. 고려 명종 3년(1173)에는 점숭(占崇)이라는 스님이 이 절에 살고 있었다. 글을 알지 못했으나 마음이 순수하여 재를 부지런히 받들었다. 어떤 사람이 그 절을 빼앗으려고 이 절은 국가에서 은택과 복을 비는 절이니 글을 읽을 수 있는 사람을 뽑아야 한다고 친의(襯衣) 천사(天使)에게 호소했다. 천사도 그렇게 생각하여 점숭을 시험하려 소문(疏文)을 거꾸로 주었다. 점숭은 받자마자 유창하게 읽었다. 천사가 방 안으로 들어가 다시 읽어 보게 하니 점숭은 입을 다물고 말하지 않았다. 천사는 상인(上人, 큰스님)께서는 정말 관음보살이 지켜 주는 사람입니다라고 인정하고 빼앗지 않았다. 이 이야기는 점숭과 같이 살던 처사 김인부가 마을의 노인들에게 전해 주고 전기에 기록하였다 한다. 설화에서 점숭에게 글을 읽어 보게 한 것은 설화 분류상 '알고/모르기'에 해당한다.[24] '아는 것'을 능력의 기준으로 삼는 것은 속의 세계다. 그 속의 세계를 점숭은 성(聖)의 힘을 빌려 무너뜨린다. 글을 모르는 사람이 글을 줄줄 읽어 내리는 것도 성의 힘이고, 장소를 바꾸자 입을 다물어 버리는 것도 성의 힘이다. 관음보살의 세계는 불가능을 가능으로 바꾸는 힘이 있다. 관음설화는 그 힘을 말하고 있다. 이 힘은 지금의 우리가 신봉하고 있는 글을 읽을 수 있는 힘, 즉 지식의 힘과는 또 다른 차원의 힘이다. 신라인은 그 힘을 믿었던 것이다.

신라시대에는 십일면관음신앙과 천수관음신앙도 성행했던 것 같다. 십일면관음신앙과 관련한 설화로는 경흥(憬興)의 설화가 있다. 나이 열여덟에 출가하여 삼장(三藏)을 통달하여 명망이 높아 신문왕이 국로(國老)로 책봉했을 정도다. 그런데 경흥이 갑자기 병이 나서 한 달 동안 앓았다. 어느 비구니 스님이 와서 병문안을 하면서 근심으로 생긴 병이니 즐겁게 웃으면 나을 것이라 하였다. 그러고는 열한 가지 모양의 얼굴 모양을 만들어 그에 맞는 춤을 추었다. 바뀌는 모습이 말로 할 수 없을 정도로 우스워 턱이 떨어질 지경이었다. 경흥의 병도 저절로 나아졌다. 그러고는 그 비구니는 남항사(南巷寺)에 들어가 몸을 감추었는데 그녀가 쓰던 지팡이가 십일면관음 탱화 앞에 놓여 있었다고 하였다. 설화에서 열한 가지 모양의 탈을 만들었다는 것은 십일면관음상을 이야기한 것이다. 십일면관음(Ekādaśamukha)은 십일면관자재보살, 대광보조관세음보살이라고도 한다. 그 형상은 관련 경전(『十一面觀自在菩薩心密言念誦儀軌經』)에 의하면, 앞 3면은 적정의 형상[寂靜相]이고, 우 3면

---

24) '알고/모르기'와 관련한 추가 논의는 안경식, 『구비설화에 나타난 한국 전통교육』, 문음사, 2004, 서론(구비설화와 교육)을 참조할 것.

은 위압과 분노의 형상[威怒相], 좌 3면
은 날카로운 이빨을 드러낸 형상[利
牙出現相], 뒤 1면은 웃음과 분노의 형
상[笑怒相], 정상의 1면은 여래의 형상
[如來相]을 나타내고 있다. 그 의미에
대해서는 정상의 부처 얼굴은 불과
(佛果)를 나타내고, 앞 3면은 자비의
상으로 착한 중생을 보고 자비의 마
음을 내라는 의미다. 우 3면은 정업
(淨業)을 나타내며, 희망과 찬양을 보
여 불도에 나아가게 하는 의미다. 좌
3면은 화내는 상으로, 정업(淨業)을
행하는 자를 보고 불도(佛道)에 더욱
정진하도록 찬양·권장함을 나타낸
것이다. 뒷면은 선악, 온갖 더러움에
빠져 있는 중생을 보고 괴이한 웃음

[그림 8-13] 석굴암 십일면관세음보살상

을 짓고 악을 고쳐 불도로 나아가도록 하는 의미를 나타낸다.[25] 경흥에게 열한 가
지 얼굴 모습의 탈을 쓰고 춤을 춘 비구니는 바로 십일면관음보살이며, 열한 가
지 탈은 관음보살의 열한 가지 얼굴이었던 것이다. 설화는 두 가지를 말하고 있
다. 하나는 『삼국유사』 전편에 걸쳐 나타나듯이 불, 보살이 멀리 떨어져 있는 존재
가 아니라는 것이다. 내 이웃의 비천한 사람이 비천한 사람이 아닌 성스러운 사람
일 수 있다는 것이다. 다른 하나는 국로의 지위에 있는 높은 사람이 위엄을 차리
며 숭고한 것을 추구하다 마음에 맺힌 경흥의 병을 비속한 모습으로 비구니가 풀
어 주었다는 것이다. 숭고와 비속의 대립을 볼 수 있고, 남자와 여자의 대립을 볼
수 있다.

---

25) 佛光大藏經編修委員會, 『佛光大辭典』, 臺北, 1990, '十一面觀音' 項目.

도천수관음가와 천수관음신앙

천수관음 역시 중생 제도를 위한 관세음보살의 한 종류인데, 신라사회에서는 천수관음신앙도 보인다. 「도천수관음가(禱千手觀音歌)」로 유명한 희명 설화가 그것이다. 경덕왕 때 한기리에 사는 여인 희명(希明)의 아이가 다섯 살이 되어 갑자기 눈이 멀었다. 어머니는 아이를 안고 분황사의 천수관음 앞에서 아이에게 노래를 지어 부르게 했더니 아이가 눈을 뜨게 되었다는 설화다. 노래는 다음과 같다.

> 두 무릎을 낮추며 두 손바닥 모아,
> 천수관음 앞에 비는 말씀 두노라.
> 즈믄 손에 즈믄 눈을 하나를 놓아 하나를 덜어,
> 두 눈 감은 나니, 하나를 숨겨 주소서 매달리누나.
> 아아, 나라고 알으실진댄 어디에 쓸 자비라고 큰고.[26]

광명[明]을 바란다[希]는 이름은 이 여인의 운명을 상징한다. 아이가 노래를 지어 불렀다는 것은 종교심을 극대화시키기 위한 표현이다. 『천수천안관세음보살광대원만무애대비심다라니경(千手千眼觀世音菩薩廣大圓滿無碍大悲心陀羅尼經)』에는 관음보살이 과거 무량억겁에 천광왕정주여래(千光王靜住如來)의 광대원만무애대비심다라니를 듣고 중생을 위하여 천수천안을 발원하여 얻었다는 말이 있는데, 희명의 관음신앙은 바로 이 천수관음신앙이다.

관음보살의 19응신

원래 관세음보살이라는 이름은 세상[世]의 소리[音]를 깊이 살피는[觀] 보살이라는 뜻이다. 그 세상의 소리는 뭇 중생들이 구원을 바라는 고통의 소리다. 열한 가

지의 얼굴로 세상을 살피기도 하고, 천 개의 손과 천 개의 눈으로 세상을 살피기도
한다. 또 중생의 요구에 응하기 위해 열아홉 가지의 몸으로 바꾸어 나타나기도 한
다. 이른바 19응신(應身)인데, 「관세음보살보문품」에는 다음과 같이 이야기하고 있
다.[27)]

> 부처님께서 무진의보살에게 말씀하셨다. "선남자야, 어떤 나라의 중생을
> 부처의 몸으로 제도할 이에게는 관세음보살이 곧 부처의 몸을 나타내어 설
> 법하며, 벽지불의 몸으로써 제도할 이에게는 벽지불의 몸을 나타내어 설법
> 하며, 성문의 몸으로 제도할 이에게는 성문의 몸을 나타내어 설법하며, 범
> 천왕의 몸으로써 제도할 이에게는 범천왕의 몸을 나타내어 설법하며, 제석
> 천의 몸으로써 제도할 이에게는 제석천의 몸을 나타내어 설법하며, 자재천
> (自在天)의 몸으로써 제도할 이에게는 자재천의 몸을 나타내어 설법하며, 대
> 자재천의 몸으로써 제도할 이에게는 대자재천의 몸을 나타내어 설법하며,
> 천대장군(天大將軍)의 몸으로써 제도할 이에게는 천대장군의 몸을 나타내어
> 설법하며, 비사문(毘沙門)의 몸으로써 제도할 이에게는 비사문의 몸을 나타
> 내어 설법하며, 소왕(小王)의 몸으로써 제도할 이에게는 곧 소왕의 몸을 나
> 타내어 설법하며, 장자의 몸으로써 제도할 이에게는 장자의 몸을 곧 나타내
> 어 설법하며, 거사의 몸으로써 제도할 이에게는 곧 거사의 몸을 나타내어
> 설법하며, 관리의 몸으로써 제도할 이에게는 관리의 몸을 나타내어 설법하
> 며, 바라문의 몸으로써 제도할 이에게는 곧 바라문의 몸을 나타내어 설법하
> 며, 비구·비구니·우바새·우바이의 몸으로써 제도할 이에게는 비구·비
> 구니·우바새·우바이의 몸을 나타내어 설법하며, 장자·거사·관리·바
> 라문의 부인의 몸으로써 제도할 이에게는 그 부인의 몸을 나타내어 설법하
> 며, 동남(童男)·동녀의 몸으로써 제도할 이에게는 동남·동녀의 몸을 나타

---

27) 동국대학교 한글대장경(http://abc.dongguk.edu/ebti/c2/sub1.jsp), 『묘법연화경』, 「관세
   음보살보문품」.

내어 설법하며, 하늘·용·야차·건달바·아수라·가루라·긴나라·마후라가 등 사람인 듯 아닌 듯한 것 등의 몸으로써 제도할 이에게는 모두 그 몸을 나타내어 설법하며, 집금강신(執金剛神)으로써 제도할 이에게는 곧 집금강신을 나타내어 설법하나니, 무진의야, 이 관세음보살은 이러한 공덕을 성취하여 가지가지 형상으로 여러 국토에 노니시며, 중생을 제도하여 해탈케 하느니라."

『삼국유사』에서는 이러한 응신의 모습을 더러 볼 수 있다. 앞서 본 '광덕과 엄장' 설화에서 분황사의 종으로, '부득과 박박' 설화에서는 낭자의 모습으로, '낙산의 두 대성' 설화에서는 백의 여인 혹은 다리 밑에서 월수백(月水帛)을 빠는 여인으로 등장하는데, 모두가 관음보살의 응신이다. '조신(調信)' 설화 역시 관음신앙과 관련 있는 설화다. 그 내용을 간략히 살펴보자.

조신 설화와 교육미디어로서 꿈

조신이라는 승려가 태수의 딸을 사모하였다. 낙산사 관음보살 앞에 가서 몰래 그녀와 살게 해 달라고 빌었다. 그러나 여자에게 배필이 생겨 뜻을 이루지 못하였다. 이에 조신은 다시 불당 앞에 가서 관음보살이 자기의 소원을 들어주지 않는다고 원망하며 날이 저물도록 울다 잠시 잠이 들었다. 꿈에 낭자가 기쁜 낯빛으로 들어와 웃으며 부모의 청에 못 이겨 억지로 다른 사람에게 시집을 갔으나 부부가 되고자 하여 찾아왔다고 하였다. 조신은 그 낭자와 함께 고향으로 돌아가 40여 년을 살면서 다섯 자녀를 두었다. 그러나 너무 가난하여 입고 먹을 것도 없이 10여 년을 초야를 돌아다니게 되었다. 명주 해령(蟹嶺)을 지나는데 열다섯 살 된 큰아이가 굶어 죽어 통곡하며 길가에 묻어 주었다. 네 자녀를 거느리고 길가에 풀집을 짓고 사는데, 부부는 늙고 병들고 굶주려 일어설 수도 없었다. 열 살 된 계집애가 밥 얻으러 다니다가 개에게 물려 아프다고 부르짖으며 드러눕자 부모도 목이 메어 눈물만 흘렸다. 갑자기 부인이 "내가 처음 그대를 만났을 때는 얼굴도 아름답고 나이도 젊었으며 옷도 깨끗하였습니다. 한 가지 음식이라도 나누어 먹었고 옷도 나누어 입었으며, 그간의 정과 사랑이 굳어졌으니 가히 두터운 인연이라 하겠습니다. 그러나 이제 병도 심해지고, 굶주림과 추위가 닥쳐오니 남에게 구걸하는 것도 허락되지 않고, 그 부끄러움은 산과 언덕만큼 큽니다. 아이들의 추위와 굶주림도 어찌할 수가 없으니 언제 부부의 정을 나누겠습니까. 불그스름한 얼굴과 예쁜 웃음도 풀 위의 이슬이요, 지초와 난초의 약속도 바람에 나부끼는 버들가지입니다. 이제 그대는 내가 있어서 누가 되고, 나는 그대 때문에 근심이 됩니다. 가만히 옛날 기쁜 일을 생각하니 그것이 바로 근심의 시작이었습니다."라며 헤어지기를 권하며 아이 둘씩 거느리고 헤어지려고 할 때 조신의 꿈이 깼다. 타다 남은 등잔은 깜박거리고 밤도 새려 하였다. 수염과 머리가 희어지고, 세상의 일에 뜻이 없어져 한평생의 고생을 다 겪은 것과 같았다. 이에 조신이 관음보살을 대하기가 부끄러워 깊이 참회하였다는 이야기다. 관음보살은 현실에서 이룰 수 없는 소원을 꿈을 통해서나마 이루게 한다. 꿈은 인간의 본능적·원초적 세계다. 꿈은 현실이 아니지만 현실보다 더 진실의 세계에 접근할 수 있다. 이 설화에서 꿈은 허망한 것으로서의 꿈이 아니다. 한평생의 삶을 하룻밤으로 압축하여 보여 줄 수 있는 수단이다. 이렇게 보면 꿈 역시 현대 교육학에서 말하는 교육미디어가 된다. 실제 신라인을 포함한 고대인들에게 꿈은 결코 허망한 것이 아니라 교육적 메시지가 있는 교육미디어였다. 그래서 그들은 태몽에서부터 적극적으로 교육적 의미를 부여하였다. 태몽이 태교로 이어지고, 이후 그의 삶을 이끌고 감은 여러 사례에서 볼 수 있다.[28]

조신 설화는 현대에 와서도 이광수에 의해 『꿈』(이광수, 1947)으로 소설화된 뒤, 김성동의 소설 『꿈』(2001)과 신상옥의 영화 〈꿈〉(1955), 배창호의 영화 〈꿈〉(1990)으로 새롭게 해석되었다. 또 손진책의 연극 〈꿈〉(2012)으로도 되살아난 바 있다.

---

28) 안경식, 「신라하대 불교지성, 진감선사의 삶의 교육학적 의미」, 한국종교교육학회, 『종교교육학연구』 54집, 2017, 175-197쪽의 논문에서는 꿈이 진감선사의 삶에 어떻게 작동하는지를 볼 수 있다.

[그림 8-14] 신상옥 감독의 영화 〈꿈〉　　[그림 8-15] 조신 설화로 만든 연극 〈꿈〉

교육미디어로서의 신라의 관음상

지금까지 신라의 관음신앙을 주로 설화와 관련하여 살펴보았다. 그런데 이들 설화 속에는 여러 관음상이 등장한다. 설화도 무형의 교육미디어가 되지만 관음상 역시 유형의 교육미디어가 된다. 관음신앙은 현교(顯敎)로서 법화계통, 정토계통, 화엄계통의 신앙으로 구분할 수 있으며, 밀교(密敎) 계통으로는 십일면관음, 천수관음신앙 등으로 나눌 수 있다. 관음상도 이들 신앙 형태에 따라 각기 다른 모습으로 만들어지게 된다. 즉, 법화계통의 관음상은 「관세음보살보문품」에 의거하여 만들어지는데, 앞에서 본 바와 같이 관음보살은 대자비원력을 발하고, 중생의 고통 구제를 위하여 방편을 취하여 십구응신을 나타내 보인다. 이러한 종교적 이상을 형상화한 불상은 일찍이 인도의 굽타시대 혹은 그 이전에 유행했으며, 그 특징은 자비의 표시로 시무외인(施無畏印)을 취하고 있다. 인도 뉴델리 박물관에 있는 녹야원 출토 관음상이 이런 시무외관음상이다. 중국의 경우도 수·당대에 이런 관음상이 보이며, 특히 돈황벽화에 이러한 상이 많이 남아 있다. 화엄계통의 관음상은 『화엄경』 「입법계품」에서 선재동자가 남방의 광명산(보타낙가산)의 서쪽 산림이 울창하고 물이 흐르는 곳에 머무르고 있는 관음보살을 찾아 보살도와 보살법을 묻는 장면이 있다. 이를 소재로 중국에서는 수월관음(水月觀音), 암거관음(岩居觀音), 백의관음(白衣觀音), 죽림관음(竹林觀音) 등이 탄생하게 된다. 정토계통의 관음상은 아미타경전에 의거하여 대세지보살상과 함께 아미타불의 협시보살로 삼존불이 조상된다.[29] 신라에서 발견되는 삼존불의 다수는 아미타삼존으로 본존불 오른쪽이 관음보살이다. 배리삼존불상, 탑리삼존불상 등이 그러하다. 그러나 신라에서 조상된 관음상 가운데 가장 뛰어난 수작은 역시 석굴암 십일면관음보살상일 것이다. 김리나는 영락(瓔珞) 장식이 몸에 두 번 가로질러 걸쳐진 천의 자락과 의상의 주름이 서로 겹쳐 정교하게 묘사되었고, 부드럽고 엷은 옷과 딱딱한 장식과의 대조적인 질감을 느낄 수 있을 만큼 조각 기술이 완벽하고 세부묘사가 섬세하여 마치 불상의 회화적 표현을 보는 것 같다고 했다.[30] 손끝, 발끝까지 신경이 살아 있는 것 같이 생명력을 부여한 예술품이다. 또 김원룡은 "화강암 위에 나타난 이 종교성, 인간성, 그리고 조형적인 아름다움은 신라뿐 아니라 한국미술이 도달한 최고점이라고 해도 과언이 아닐 것이다. 돌은 차가우나 따뜻한 피가 흐르고 발은 멎었으나 영원히 움직이는 무한한 시간과 공간을 휘감고 있는 위대한 작품이다."라고 말하고 있다.[31] 관음상은 결국 보살의 자비로운 모습의 형상이며, 신라인은 이러한 자비의 관음상에 그들의 간절한 마음, 종교심을 투영함으로써 무한한 종교적·예술적 감응을 느꼈을 것이고, 이는 당시 사람들의 인성 형성에 적지 않은 영향을 끼쳤을 것이다.

[그림 8-16] 석굴암 십일면보살입상

---

29) 陳淸香, 「觀音造像系統述源」, 『佛教藝術』 第二期, 臺北, 佛教藝術雜誌社, 1986, 27-28쪽.

30) 김리나, 『한국고대불교조각사연구』, 일조각, 1989, 198-201쪽.

31) 김원룡, 『한국미술소사』, 삼성미술문화재단, 1973, 119-120쪽.

관음신앙이 신라의 교육문명에 끼친 영향

관음신앙은 아미타신앙, 미륵신앙과 함께 신라의 서민불교신앙으로 한국 고대 문화, 문명에 적지 않은 영향을 끼쳤다. 정치와 사회는 말할 것도 없고 예술이나 문학, 도덕과 같은 분야에도 영향을 끼쳤으며, 신라인의 인성 형성에 큰 영향을 끼쳤다. 관음신앙과 교육의 관계를 몇 가지로 정리해 보면 이러하다.

우선 관음보살의 자비 정신, 중생 구제 정신에서 우리는 교육 정신을 생각할 수 있다. 관음보살은 자비의 보살이며, 중생의 요구, 필요가 있는 곳에는 어디든지 응한다. 중생이 단지 자신의 명호를 부르기만 해도 응하고, 때로는 중생이 부르지 않아도 중생의 필요에 따라 자발적으로 응현하기도 한다. 이러한 관음보살의 자비 정신은 종교의 관점에서 보면 종교심이지만 교육의 관점에서 보면 교육자의 마음으로 해석할 수 있다. 우리는 '종교심'과 '교육심'을 다르게 생각할 수도 있지만 본질상 그 마음은 다르지 않다. 그것이 다르다면 그것은 '종교심'도 '교육심'도 될 수 없다. 다만, 보는 관점이 다를 뿐이지 인간의 삶을 개선시키려는 목표는 동일한 것이다.

그래서 관음보살은 언제나 중생을 바른 길로 인도하려고 애쓰고, 이는 바로 교육 행위 자체로 볼 수 있다. 광덕과 엄장 설화에서 보듯이 관음보살은 엄장의 잘못된 행위를 바른 길로 이끌어 주고, 부득과 박박 설화에서는 박박의 굳은 마음을 풀어 주고, 정화시켜 새로운 사람으로 변화하도록 도와준다. 또 낙산의 두 성인 설화에서는 원효에게 구정물을 주어 속세의 때를 벗기고 새사람이 되도록 해주었고, 조신 설화에서는 부질없는 생각을 꿈으로 깨우쳐 주기도 하였다. 불교에서는 부처가 되도록 하는 것이 목표라고 하는데, 그 부처가 무엇인가. 교육의 관점에서 말하면 '새로운' 사람이다. 그 '새로운' 사람을 부처의 입장에서 강압적으로 '만드는' 것이 아니다. 주입시키는 것이 아니다. 그렇다면 그것은 종교가 아닌 교조(doctrine)의 주입(in)이다. 이른바 '인독트리네이션(indoctrination)'이다. 관음보살은 위엄의 보살이 아닌 자비의 보살이다. 무명(無明)의 중생을 새로운 인간으로 태어나게 하는 선지식(善知識)이나 도반(道伴)이다. 스승으로서의 자리를 거부한다. 그렇기 때문에 오히려 스승이 될 수 있는 것이다.

관음보살은 결코 자신의 모습을 일정하게 유지하지 않는다. 불변의 정체성을 거부한다. 관음 십구응신에서 볼 수 있지 않은가. 부처의 몸으로 구제받을 수 있는 중생에게는 부처의 몸으로 나타나며, 성문(聲聞)의 몸으로 구제받을 수 있는 자에게는 성문의 몸으로, 벽지불의 몸으로 구제받을 수 있는 자에게는 벽지불로, 부녀의 몸으로 구제받을 수 있는 자에게는 부녀의 몸으로 나투어서 교화를 펴는 것이 관음보살인 것이다. 우리는 관음설화에서 관음보살이 때로는 노비로, 낭자로, 승려로, 노부인으로, 벼 베는 여인으로, 빨래하는 여인으로, 비구니로 나투어 중생을 교화하는 모습을 보았다. 불타의 대기설법(對機說法), 응병여약(應病與藥)의 교화법과 다르지 않다.

관음보살은 한국적 모성애의 상징이며, 나아가 교육애의 바탕이다. 우리의 전통적 어머니상은 자식을 조건 없이 사랑하고 이해하는 자애로운 모습이다. 엄부자모(嚴父慈母)의 자모(慈母)가 바로 우리의 어머니상이다. 이 모습의 불교적 표현이 자비의 상인 관음상이다. 그렇기 때문에 관음보살은 다양한 여성의 모습으로 나투어 중생을 이끌어 주고 보살펴 주고 있다. 최승로가 전란에서 관음보살의 보살핌으로 살아난 것과 같은 관음신앙의 영험담은 수도 없이 많다. 지금까지 우리에게 널리 알려진 오세암(五歲庵) 설화도 그중 하나다. 이러한 관음보살의 모습은 어머니가 조건 없는 자애로운 사랑으로써 자녀를 바른 길로 이끌어 주는 우리의 전통적 교육의 모습과 다름없는 것이다. 결국 관음신앙은 고대 한국인의, 신라인의 인성 가운데 온화하고 자비로운 그리고 수용적인 특성을 형성하는 데 일정한 작용을 한 것으로 여겨진다. 특히 자애로운 한국의 어머니상을 형성하는 데 적지 않은 영향을 끼친 것으로 생각된다.

관음신앙을 비롯한 신라의 아미타신앙, 미륵신앙 등 불교신앙은 어느 한 영역에만 영향을 끼친 것이 아니다. 그것은 신라문명의 한 부분을 형성하였다. 불교설화나 향가와 같은 무형의 문명의 바탕이 되었지만, 불상이나 건축, 회화 등과 같은 유형의 문명을 탄생시키는 데 바탕이 되기도 하였다.

🏵 신라의 화엄사상과 교육

화엄세계란

『화엄경』에 바탕을 둔 화엄사상에서는 법신불인 비로자나불이 주불이다. 그 비로자나불이 과거 오랜 겁 동안의 큰 서원과 수행에 의하여 성취한 청정 장엄 세계를 연화장세계라고 한다. 연화장세계의 형상에 대해서 『화엄경』에서는 "수미산 미진수의 풍륜(風輪)이 떠받들고 있는데, 그 가장 밑에 있는 풍륜은 평등주(平等住)이고, 가장 위에 있는 풍륜은 수승위광장(殊勝威光藏)이고 이가 향수해(香水海)를 받치고 있다. 이 향수해에 큰 연꽃이 있는데 화장장엄세계해(華藏莊嚴世界海)는 그 가운데 안주하고 있다. 그런데 이 화장세계의 사방은 고루 평탄하며 청정하고 견고

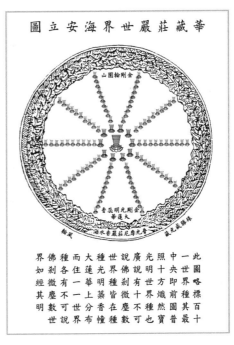

[그림 8-17] 화장장엄세계

하여 금강륜산(金剛輪山)이 두루 에워싸고 있고, 철위산이 미묘한 장엄을 발하고 있다. 그런데 또 이 세계 가운데 말로 다할 수 없는 미진수의 향수해가 또 있고 이 미진수의 향수해 하나하나를 다시 네 천하가 에워싸고 있으며, 그 아래 다시 미진수의 향수해, 그 아래 각각에 다시 미진수의 세계종(世界種)이, 이 세계종 각각에 다시 미진수의 세계가 제석천의 그물처럼 펼쳐져 있다."라고 하여 중중무진의 법계연기를 상징적으로 표현하고 있다.[32]

---

32) 『華嚴經』(80華嚴), 「華藏世界品」.

그런데 화엄사상의 중심사상인 법계연기는 상징적 형상으로는 그러한 모습으로 나타나지만 개념적으로는 '사종법계(四種法界)' '십현연기(十玄緣起)' '육상원융(六相圓融)' '상입상즉(相入相卽)' '성기(性起)' 등의 개념과 원리로 설명된다. 그 요지는 세계는 그물과 같으며, 그 속의 모든 존재는 시간과 공간, 전체와 부분, 현상과 본체의 면에서 상호 의존적이라는 것이다. 이러한 화엄사상이 우리나라를 비롯하여 중국과 일본 등 동아시아 문화권에서 불교 사상적으로 혹은 사회·문화적으로 끼친 영향은 특별하다.

동아시아의 화엄사상

동아시아에서 화엄사상 전개의 근원지는 중국이다. 화엄경전의 편찬지는 중앙아시아 지방으로 보지만 이 경전이 중국에 건너와 수차례에 걸쳐 번역되고, 주소(註疏)가 편찬되고, 드디어 종파까지 형성되었다. 종파의 형성은 경론 연구와 사자상승(師資相承) 및 교단 조직의 체계화를 의미하는 것이어서 종교적 의미뿐 아니라 사회적 의미가 크다. 중국 화엄종에서는 인도의 마명(馬鳴)과 용수(龍樹), 중국의 두순(杜順), 지엄(智儼), 법장(法藏), 징관(澄觀), 종밀(宗密)을 화엄 7조로 받들고 있다. 우리나라와 일본에서도 중국의 화엄사상을 받아들여 의상과 심상(審詳, 심상이 신라인인지, 일본인인지에 대해서는 논란이 있다)이 초조가 된 해동 화엄종과 일본 화엄종이 개창되었다. 이렇게 6, 7세기경부터 독자적 종파를 형성하여 동아시아 불교계에 적지 않은 영향을 끼친 화엄사상은 종교사상 이외의 방면에서도 사회적 영향력을 발휘하게 되었다. 즉, 정치적으로는 화엄의 원융무애 사상 등을 통일 국가의 통치이념으로 활용하기도 하였고,[33] 문화·예술적으로는 여러 형태의 화엄불교 문학을 비롯하여 수준 높은 화엄사찰·불상·불화 등을 조성하여 왕실, 귀족에서 지식인, 서민에 이르는 각계각층 사람들이 정신문화에 훌륭한 자량(資

---

[33] 중국의 경우 이렇게 말해도 무리가 없으나 우리나라의 경우는 논란이 있을 수 있다. 뒤에서 이 문제를 다시 다루고 있다.

糧)으로 삼았음은 물론이고 이들 계층이 공동으로 누릴 수 있는 유·무형의 문화
재를 탄생시켰다.

　신라의 화엄사상과 그 교육사적 의미를 파악하기 전에, 먼저 화엄사상이 어떻게
신라사회에 전래되어 왔으며 또 어떻게 전개되어 나갔는지부터 살펴보자.

화엄경의 성립과 한역 과정

　『대방광불화엄경(大方廣佛華嚴經)』(Buddhāvataṃsaka-mahāvaipulya-sūtra)이 정식 명
칭인『화엄경』은 처음부터 하나의 독립된 경전이 아니다. 각기 독립된 여러 품(品)
의 경전이 하나로 편찬되어 이루어진 경전이다. 각 개별 품의 형성 연대는 서기 1∼
200년으로 보고 있으며,『화엄경』으로 편찬된 연대는 서기 350년 이전으로 보고
있다.[34] 또 편찬된 곳은 중앙아시아 우전(于闐)으로 생각하고 있으며,[35] 법장(法
藏)의『화엄경전기(華嚴經傳記)』권1에는 용수보살이 용궁에서 이 경을 보았다고도
한다.

　이러한『화엄경』의 한역은 경 전체의 완역 이전에 이미「명호품」「정행품」등 많
은 품이『불설도사경(佛說兜沙經)』『보살본업경(菩薩本業經)』등의 이름으로 단독
역출되었다가 동진의 불타발타라에 의해 처음 경전 전체가 60권으로 번역되었다
(418∼420). 진경(晋經)·구경(舊經)·60화엄 등으로 불리는 이 경은 7처(설법 장소)
8회(설법 횟수) 34품으로 구성되어 있다.『화엄경』은 그 뒤 당의 실차난타에 의해
다시 한 번 80권으로 전역되었다(695∼699). 당경·신경·80화엄이라 하는 이 경의 구
성은 7처 9회 39품으로 되어 있다. 또 당대 반야에 의하여 번역되었으며(795∼798)
우리가 40화엄이라 부르는 경전이 있는데, 이는 60화엄과 80화엄의「입법계품」의
번역이다. 신라 화엄사상 전개의 바탕이 된 것은 일차적으로 이러한 한역 경전의
전래에 따른 것이다.

---

34) 中村元,『華嚴思想』, 東京, 法藏館, 1960, 90−95쪽.

35) 카마타 시게오(장휘옥 역),『화엄경 이야기』, 장승, 1992, 31쪽.

『화엄경』의 신라 전래 과정

한역『화엄경』의 전래는 사상의 전래이자 문화, 문명의 전래이다. 신라에 가장 먼저 전래된 것은 60화엄이다. 이 경이 중국에서 번역된 해는 418년에서 420년 사이이지만 언제, 어떤 경로로 우리나라에 들어왔는지에 대한 명확한 기록은 없다. 고구려나 백제로의 전래 문제는 차치하고 신라의 문제로만 좁혀 놓고 본다면, 진흥왕 때인 565년에 유사(劉思)와 명관(明觀)이 진(陳)으로부터 경론 1,700여 권을 가져왔을 때[36] 당시의 나당 관계로 보아 들어 있지 않았나 추측할 수 있다. 만약 거기에 없었다고 하면 자장이 643년 경·율·론 400상자를 싣고 귀국하여 이를 통도사에 안치했다고 하는데[37] 그 가운데 있었을 것이다. 자장은 귀국 이후 원녕사의 낙성회에서『화엄경』을 강했다고 하는데[38] 그때 그가 강의한『화엄경』이 바로 60화엄이었을 것이다. 이렇게 볼 때, 60화엄의 신라 전래는 늦게 잡아도 7세기 전반 이전이라고 볼 수 있다.

그러면 80화엄의 전래는 언제로 볼 수 있는가. 중국에서의 번역은 699년에 완료되었다. 의상의 10대 제자의 한 사람인 오진(悟眞)이 80화엄의 품수(品數)에 대한 문제를 당의 료원(了源)에게 묻고 있는 장면이 있다.[39] 의상의 직제자들이 8세기 전반까지 활동했다고 보면, 8세기 초 이미 80화엄이 들어왔다고 볼 수 있다. 8세기 중엽에 황룡사 출신의 연기(緣起)가 지리산에 화엄사를 창건했으며 또 754년에 80화엄을 사경했던 것으로 보아,[40] 80화엄의 전래 시기는 8세기 전반 이후로 넘길 수는 없다.

---

36)『삼국유사』,「전후소장사리」.

37)『삼국유사』,「전후소장사리」.

38)『삼국유사』,「자장정률」.

39) 均如,『釋華嚴敎分記圓通鈔』卷上, 한국불교전서 편찬위원회 편,『한국불교전서』4, 동국대학교출판부, 1980, 120a면.

40) 김상현,「신라화엄사상사연구」, 동국대학교 대학원 박사학위논문, 1989, 60쪽.

마지막으로 798년에 번역이 완료된 40화엄은 799년에 전래되었다고 본다.[41] 이는 『삼국유사』의 기록, "승 범수가 멀리 당나라에 가서 『신역후분화엄경(新譯後分華嚴經)』과 『관사의소(觀師義疏)』를 구해 돌아왔다."라는 것에 근거한 것이다.[42] 즉, 범수가 가져온 경전이 바로 40화엄일 것이라고 본 것이다. 이렇게 복잡하게 경전 전래의 과정을 따지는 것도 신라사회에서의 화엄사상 전개가 바로 경전의 전래 과정과 불가분의 관계를 맺고 있기 때문이다.

입당 유학을 통한 화엄사상 전래

화엄사상의 전래는 경전을 통하기도 했지만 유학승에 의하여 이루어지기도 하였다. 입당 유학을 통해 화엄사상을 신라에 들여온 최초의, 그러나 신라 화엄사상 전개에 있어 최대의 공헌을 한 인물은 의상이다. '해동화엄초조'라 불리는 의상이 언제, 어떤 계기로 화엄사상에 관심을 가지게 되었는지는 불분명하다. 그러나 의상이 본격적으로 화엄사상을 연구한 것은 역시 입당 후 중국 화엄종 2조로 추앙받는 지엄(602~668)의 문하에서였다. 기록에 의하면[43] 의상은 두 차례에 걸쳐 입당을 시도하게 되는데, 원효와 동행하여 실패로 끝난 첫 번째 시도에서는 화엄사상을 배울 목적이 아니었던 것 같다.[44] 용삭 원년인 661년에 중국 사신의 귀국 길을 따라 이루어진 두 번째 시도에서 마침내 지엄 문하에 입실하게 되고, 지엄의 입적(668) 때까지 그곳에 머물면서 화엄 수행과 교학 연구에 전념하게 된다. 지엄은 27세에 화엄종 입종에 결정적인 역할을 한 『화엄경수현기((華嚴經搜玄記)』 10권을 비롯 『화엄경내장문등잡공목(華嚴經內章門等雜孔目)』 4권, 『화엄오십요문답(華嚴五十要問答)』 2권, 『화엄일승십현문(華嚴一乘十玄門)』 1권 등의 화엄 관계 저술을

41) 김복순, 앞의 책, 27쪽.

42) 『삼국유사』, 「승전촉루」.

43) 『삼국유사』, 「전후소장사리」 및 『宋高僧傳』, 「釋義湘傳」.

44) 『宋高僧傳』, 「釋義湘傳」.

남김으로써 중국 화엄 2조로 받들어지고 있는 인물이다. 그런데 의상이 이러한 지엄의 문하에 있었다고 해서 지엄의 교학사상을 그대로 답습했다고 보기는 어려울 것 같다. 『삼국유사』에서 지엄이 의상을 '영질(穎質)'(학문을 서로 물어 의논할 만한 상대자)이라 하여 기뻐했다고 하며, "남천(藍茜)이 그 본색을 잃었다."라고 하여[45] 의상이 지엄보다 나았다는 표현을 하고 있는 점으로 미루어, 의상은 지엄 문하에서도 그 독자적인 견해를 펼쳤음을 알 수 있다. 또 뒷날 화엄 3조로 중국 화엄종을 완성시켰다고도 할 수 있는 의상의 동문인 법장의 별호가 '문지(文持)'였음에 비해 의상의 별호는 '의지(義持)'였다는 것[46]은 의상이 지엄 문하에서 번쇄한 유식계 이론에 천착한 것이 아니라 실천적인 수행에 비중을 두고 생활하였다는 것을 말한다. 의상이 지엄이 입적하기 3개월 전에 그의 화엄교학을 압축한 『일승법계도』를 저술하여 방대한 화엄교학을 한 편의 도인으로 나타낸 바 있음은 제3장에서 언급한 바 있다.

의상의 전교 활동과 화엄사상의 전개

스승 지엄의 입적 후 바로 귀국하지 않고 계속 당나라에 머물고 있던 의상은 당의 침공이라는 국가적 위급을 알리기 위해 671년 귀국하게 된다. 그러나 귀국 후 의상은 조정으로부터 일정한 거리를 두고 있었으며,[47] 낙산 등 전국을 유행하며 뒷날 화엄 십찰과 같은 전교지의 터전을 마련한다. 그러다가 676년에 왕명을 받들어 화엄종찰이라고 할 수 있는 부석사를 짓고 이를 바탕으로 전교 활동과 제자들을 양성하게 된다.

---

45) 『삼국유사』, 「전후소장사리」 및 「의상전교」

46) 體元, 『白花道場發願文略解』, 『한국불교전서』 6, 동국대학교출판부, 1980, 570c면.

47) 이를 조정으로부터 소외되었다고 보는 견해도 있다. 즉, 김복순은 의상이 돌아온 시기인 문무왕대에는 국가적인 불교 행사가 유가승(瑜伽僧)들에 의해 주도되었고 그리하여 화엄학을 하고 돌아온 의상은 권력으로부터 소외될 수밖에 없었다고 한다. 김복순, 앞의 책, 34-37쪽.

이 당시 그의 활동은 강경과 수도에 전념하면서 제자 양성에 주력한 것이었는데, 강경은 그의 『일승법계도』를 중심으로 한 『화엄경』 강의가 주였으며, 제자 양성에 있어서도 이른바 10대 제자(悟眞, 智通, 表訓, 眞定, 眞藏, 道融, 良圓, 相源, 能仁, 義寂)를 비롯하여 적지 않은 문도들을 양성하게 되었다. 이즈음 전국에 화엄 십찰을 건립하여 실질적 화엄사상 전개의 터전을 마련하게 되었다.

이렇게 볼 때, 신라 화엄사상의 전개 초기는 의상으로부터 시작되었다 해도 과언이 아니다. 그렇다고 해서 의상 이외에는 전혀 화엄사상가가 없었던 것은 아니다. 원효의 경우, 의상과 동시대의 인물로 많은 화엄 관계 저술을 남겼고, 그의 화엄 학설이 중국의 법장, 이통현, 혜원, 징관, 일본의 수령(壽靈) 등에게 영향을 미칠 정도였다 한다.[48] 그러나 원효의 화엄학은 교단적·종파적 차원이 아닌 개인적 차원의 것이라는 특징이 있어 신라사회 내에서 지속적 영향력을 발휘하기 어려웠다.

신라 중대, 하대의 화엄사상

신라 중대의 마지막 전제군주는 경덕왕이다. 이때 부석사 계열의 화엄 승려 이외에 황룡사를 중심으로 하는 일군의 화엄 승려들이 나타나 왕성한 활동을 하게 된다. 법해, 연기, 표원 등이 그들이다. 『삼국유사』에 의하면, 법해는 754년 왕의 요청으로 황룡사에서 『화엄경』을 강했으며, 이때 동해의 물을 기울이는 법력을 과시함으로써 더욱 왕의 공경을 받게 되었다.[49] 이 자료로 당시 화엄이 조정으로부터 유가를 능가할 정도의 인정을 받은 것으로 해석해도 될 것 같다. 또 연기는 80화엄의 일부를 무진주와 완산주 지방 사람들을 동원해 6개월여에 걸쳐 사경 작업을 했다. 또 지리산에 화엄사를 창건하였는데,[50] 화엄사는 신라 하대에 이르면 이 일

---

48) 김상현, 앞의 논문, 55-59쪽.

49) 『삼국유사』, 「현유가 해화엄」.

50) 이기백, 「신라 경덕왕대 화엄경 사경 관여자에 대한 고찰」, 『역사학보』83, 1979, 130-131쪽

대 화엄의 중심 도량이 되어 이른바 '남악'으로서의 구실을 다하게 된다. 표원과 지해 역시 황룡사의 화엄 승려로서 표원은 『화엄경문의요결문답』 4권을 남겼으며, 지해는 원성왕의 초청으로 대궐에 들어가 『화엄경』을 50일간 강의한 적이 있다.[51]

이 밖에 승전, 원표, 범수 등은 입당하여 화엄학을 수학하고 온 승려들이다. 승전은 법장의 문하에서 수학하고 돌아와 법장의 편지, 저술 등을 의상에게 전하였다. 승전은 앞에서도 언급하였지만 귀국 후 돌을 권속으로 삼아 화엄을 강하다가 상주에 갈항사를 세웠다. 자세하진 않지만 신라인이라고 여겨지는 심상 역시 법장의 문하에서 수학하였는데, 일본에 화엄학을 전하여 일본 화엄종의 초조가 되었다. 원표는 귀국 후 국가의 도움을 얻어 759년에 장흥 가지산에 보림사를 창건하였다.[52]

이와 같이 신라 하대가 되면 화엄사상가들은 왕실과 밀접한 관계를 가지면서 화엄결사와 화엄사찰의 건립을 주도한다. 수행과 불사 등을 위해 결성된 신앙단체인 화엄결사의 경우, 8세기 초에 처음 등장하고 9세기 말에는 상당히 성행하게 된다. 『삼국유사』에 의하면, 원성왕 4년(705)년에 왕이 오대산에 진여원이라는 사원을 개창하고 문수보살상을 안치했다.

그리고 영변 등 5명의 승려로 하여금 『화엄경』을 오래 전독케 하고, 화엄사(華嚴社)를 조직하여 계속 비용을 대도록 하였다.[53] 즉, 왕위에 오른 태자 효명이 전날 자신의 수도처를 개창한 것이 진여원이고 화엄결사를 만든 것이 화엄사인데, 결사와 관련해서는 다음과 같은 상세한 설명이 남아 있다.[54]

및 김복순, 앞의 책, 57-58쪽.

51) 『삼국유사』, 「원성대왕」.

52) 「보림사보조선사창성탑비」, 허흥식, 『한국금석전문』, 아세아문화사, 1984, 200쪽, 김상현, 앞의 논문, 76쪽에서 재인용.

53) 『삼국유사』, 「대산오만진신」.

54) 『삼국유사』, 「대산오만진신」.

황색 방위인 중대의 진여원의 가운데는 니상(泥像)으로 된 문수보살 부동상을 모시고 뒷벽에는 황색 바탕에 그린 비로자나불을 으뜸으로 한 36 문수보살을 모셔라. 복전 5명으로 하여금 낮에는 『화엄경』과 『육백반야경』을 읽고, 밤에는 문수보살 예참을 염송하고 이곳을 화엄사(華嚴社)라 일컬어라. 보천암을 개창하여 화장사(華藏寺)라 하고, 원상의 비로자나 삼존과 대장경을 모셔라. 복전 5명이 낮에는 대장경을 읽고, 밤에는 화엄신중을 염송할 것이며, 매년 일 백일 동안 화엄회를 베풀고 이곳을 법륜사(法輪社)라 일컬어라. 이 화장사를 오

[그림 8-18] 오대산 진여원(지금의 상원사)의 문수동자상

대사(五臺社)의 본사로 삼아 굳게 지키도록 하라. 여기에는 정행 복전에게 명하여 길이 향화를 계속하게 하라. 그리하면 국왕은 오래 살고 백성은 편안할 것이며 문무가 화평하고 백곡이 풍성할 것이다. 또 하원에는 문수갑사(文殊岬寺)를 배치하여 사(社)의 도회(都會)로 삼아라. 여기에는 복전 7명에게 밤낮으로 화엄신중의 예참을 행하도록 하라.

이러한 그의 부탁이 그대로 지켜졌는지는 확인할 길이 없으나 당시 화엄결사의 한 모습을 짐작하는 데는 큰 도움이 된다. 이 밖에 『원종문류(圓宗文類)』에 남아 있는 최치원의 글에는 네 종류의 결사 원문이 있는데, '고종남산지엄화상보은사회원문(故終南山智儼和尙報恩社會願文)' '해동화엄초조기신원문(海東華嚴初祖忌晨願文)' '화엄사회원문(華嚴社會願文)' '화엄경사회원문(華嚴經社會願文)'이 그것이다. 앞의 둘은 화엄 종사(宗師)를 추모하기 위한 결사이며, 세 번째는 화엄 승려의 명복을 빌기 위한 것이며, 마지막은 882년 정강왕이 그의 형 헌강왕의 명복을 빌기 위해

조직한 것이다.[55] 이처럼 신라 하대에는 화엄사상이 결사 등의 신앙 운동으로 전개되었으며, 그 배후에는 왕실의 지원이 있었다.

비로자나불상의 건립과 화엄사상

9세기경부터 조성되기 시작한 비로자나불상의 건립을 통해서도 신라 하대에 화엄사상이 어떻게 전개되어 갔는지를 알 수 있다. 9세기가 되면 화엄 종단에서도 아미타불 대신 비로자나불을 주존불로 모시게 된다. 경주의 숭복사에서 860년대에 비로자나불이 모셔졌다는 기록이 있으며, 법수사, 도피안사 등 많은 사찰에서 화엄 본존불로 비로자나불상을 건립하게 된다.[56] 그런데 도피안사의 비로자나 철불좌상은 향도불(香徒佛)이라는 제목

[그림 8-19] 도피안사 철조비로자나불좌상

하에 명문이 남아 있다. 거사 1,500여 명이 결연하여 이 불상을 조상하였다는 말이다. 물론 이 신앙결사의 종류나 형태 등이 기록되어 있지 않아 화엄사상과의 관련성을 명확히 규정하기 어려운 한계는 있다. 그러나 이 시기에 많은 지권인의 철제 비로자나불 건립은 선종의 영향도 부인할 수 없겠지만 화엄사상의 전개에 크게 힘입었다고 단언할 수 있다.

---

55) 김상현, 앞의 논문, 122-125쪽.

56) 문명대, 『한국조각사(선사시대에서 통일 신라시대까지)』, 열화당, 1980, 240쪽.

화엄 사찰의 건립과 화엄사상의 전개

신라의 화엄 사찰은 앞서 잠깐 언급한 바와 같이 이른바 '화엄십찰'로 대표되는데, 『삼국유사』에는 "의상은 이에 열 곳 절에서 가르침을 전하게 하니, 태백산의 부석사, 원주의 비마라사, 가야산의 해인사, 비슬산의 옥천사, 금정산의 범어사, 남악의 화엄사 등이 이것이다."라고 기록되어 있다.[57] 그런데 9세기 초 최치원이 쓴 『법장화상전』에는 "해동 화엄대학은 10산에 있다. 중악공산 미리사, 남악 지리산 화엄사, 북악 부석사, 강주 가야산 해인사 보광사, 웅주 가야협 보원사, 계룡산 갑사, 삭주 화산사, 양주 금정산 범어사, 비슬산 옥천사, 전주 모산 국신사, 한주 부아산 청담사와 같은 것이 이 10여 소이다."라고 기록되어 있다.[58] 『삼국유사』의 기록이 십찰을 중심으로 기록한 것이라면, 『법장화상전』의 기록은 10산을 중심으로 기록한 것이다. 그러나 둘 다 정확히 숫자 10을 말한 것은 아니고, 당시(의상이 살았을 때가 아닌 신라 하대임)에 많은 수의 화엄 사찰이 있었다는 것을 표현한 것이며, 그 대표적인 절을 기록해 둔 것이다.

이렇게 화엄 사찰들을 이야기하는 까닭은 사찰의 기능과 관련이 있다. 우리 고대사회, 특히 신라사회에서의 사찰은 종교 활동의 중심지로서 승려들에게는 수도 활동의 장소요, 신도들에게는 참배의 장소로서 종교적 기능을 수행함은 물론이다. 그러나 이에 그치지 않고 사회·문화적 기능, 예술적 기능, 더불어 교육적 기능도 아울러 수행해 왔음도 주목해야 한다.[59] 부석사, 해인사, 화엄사, 범어사 등은 화엄 종찰로서의 역할은 물론 종합문화센터로서의 역할도 수행했다. 실제로 화엄사상과 화엄문화는 왕실과 귀족, 지식인, 서민 등 모든 신라인의 삶에 큰 영향을 끼쳤고, 그래서 화엄사상은 한국 교육사상의 큰 자산인 것이다.

---

57) 『삼국유사』, 「의상전교」.

58) 崔致遠, 『法藏和尙傳』, 『한국불교전서』 3, 동국대학교출판부, 1980, 775c면.

59) 안경식, 「당대 사원의 세 가지 역할과 정토사원의 교화사적」, 한국교육사상연구회, 『교육사상연구』 제2집, 1993, 99-100쪽 및 「관음신앙이 한국 고대 교육문화에 끼친 영향」, 한국교육사상연구회, 『교육사상연구』 제4집, 1995, 94쪽 등.

왕실과 귀족의 화엄사상 수용

의상은 입당 유학 중 국가적인 문제로 귀국했음에도 불구하고 귀국 직후에 국가의 문제에는 거의 관계하지 않고 수도와 교화에만 전념했다. 이 시기의 화엄사상도 아직은 왕실이나 귀족층에 별 영향을 주지 못했다. 이는 당시 유가(瑜伽) 계통의 승려들이 이미 왕실과 밀접한 관계를 맺고 있었고, 화엄사상은 사상 자체도 낯설거니와 교단의 조직이 없었기 때문으로 풀이된다. 그러다가 신라 하대에 접어들면서부터 화엄교단이 체계화되고, 중국으로부터 여러 화엄 관계 경론이 소개되면서 국가에서도 화엄사상을 재인식하게 되었고, 이때부터 왕실, 귀족층 등 지배층과 화엄사상의 밀착관계가 형성되는 것이다.

그런데 화엄사상을 받아들이는 지배층의 태도는 크게 두 가지로 구분해서 볼 수 있다. 하나는 개인적 · 주술적 차원의 인식과 수용이고, 다른 하나는 국가적 · 사상적 차원의 인식과 수용이다. 전자는 사자(死者)에 대한 명복을 빈다든지, 왕실의 안녕을 기원한다든지 하는 것에 화엄신앙을 이용하는 것이고, 후자는 화엄사상 자체를 국가 안정의, 혹은 호국의 논리로 삼는 것이다. 신라 하대의 각종 화엄결사가 대부분 전자의 차원에서 이루어진 것이라면, 화엄사상 가운데 원융사상은 대립과 모순을 지양하는 통일 국가의 통치이념으로 적합하여 왕실이 화엄종에 적극적인 지원을 아끼지 않았는데 이것이 후자의 차원에서 화엄사상을 인식한 것으로 볼 수 있다.[60]

---

60) 화엄사상과 전제왕권의 관계에 대해서는 논란이 있다. 김문경, 이기백, 안계현 등은 화엄사상이 통일 국가의 통치 논리가 되었으며, 그리하여 신라 하대 왕실과 귀족층의 환영을 받았다는 주장을 했다. 이러한 주장이 학계의 '정설'이라 할 수 있었다. 그러나 김상현은 바로 이러한 '정설'에 의문을 제기했는데, 그의 견해는 중국과는 달리 우리의 경우 의상을 비롯, 원효, 명효, 표원 등 소위 화엄사상가들의 어느 논술에도 실제 화엄사상을 현실적 · 정치적으로 해석한 경우가 없으며, 그리하여 자칫 견강부회의 관념의 유희에 빠질 우려를 제기했다. 이러한 논쟁은 김문경, 『당대의 사회와 종교』, 숭전대학교출판부, 1984, 172쪽; 이기백, 「신라시대 불교와 국가」, 『신라사상사연구』, 일조각, 1986, 248-264쪽; 안계현, 『한국

이렇게 하대에 들면서 왕실이 화엄사상에 관심을 가짐으로써 화엄문화 형성의 재정적·물질적 기반이 마련되었고, 그리하여 화엄사상의 대중화의 바탕을 마련하는 데 기여했다 할 수 있다. 즉, "해마다 봄가을로 이곳에서 가까운 주, 현으로부터 창조(倉租) 백 석과 정유(淨油) 한 석을 공급하는 것을 상규로 삼았다."[61]라는 효명태자 화엄결사의 기록에서 볼 수 있듯이 국가 왕실과 관련된 각종 결사에 국가 재정이 이용되었으며, 부석사, 황룡사, 해인사 등 대중교화에 큰 공을 남긴 사찰들이 왕명에 의해 창건·유지됨으로써 신라 하대에는 화엄사상이 크게 성행될 수 있었다.

지식인 계층의 화엄사상 수용: 최치원의 경우

신라 하대의 지식인으로서 화엄사상에 큰 관심을 보인 대표적인 사람은 최치원이다. 최치원은 문성왕 19년(857)에 경주 사량부에서 6두품의 문한 집안에 태어났다. 12세에 입당하고 29세에 귀국한 후 조정의 관리로서도 일정 기간 활약한 대유학자이자

[그림 8-20] 농산정(최치원의 독서당)

문장가이다. 그는 유교뿐만 아니라 불교, 도교 등 모든 사상에 조예가 깊었으며, 특히 불교와 관련된 많은 저술을 남겼고, 정치에서 물러난 후에는 해인사에서 머

불교사연구』, 동화출판공사, 1982, 79-80쪽; 김상현, 앞의 논문, 227-231쪽 등을 참조할 것.

61) 『삼국유사』, 「대산오만진신」.

물기도 했다.

최치원이 남긴 불교 관계 저술 중 화엄사상과 관계 있는 것이 적지 않은데, 이른바 '사산비명(四山碑銘)' 가운데 '대숭복사비문(大崇福寺碑文)',[62] 승려들의 전기인 '부석존자전(浮石尊者傳)' '법장화상전(法藏和尙傳)' 그리고 앞에서 언급한 네 종류의 원문(願文), 또 '신라가야산해인사선안주원벽기(新羅迦耶山海印寺善安住院壁記)' '해인사묘길상탑기(海印寺妙吉祥塔記)' 등의 기문 등이 있다.[63] 이 중 원문과 비문 등은 최치원이 귀국한 후 왕명에 의한 것이거나 결사와 관련된 형식적인 글들이어서 그가 실제 화엄사상이나 불교에 대한 자발적인 관심으로 쓴 글들이라고 보기 어렵다. 그러나 그가 해인사에 은거한 뒤 그의 나이 48세 때인 904년에 쓴 『법장화상전』을 지었을 당시에는 화엄사상에 상당한 관심을 가진 것으로 볼 수 있다.

최치원이 어떤 계기로 화엄사상, 나아가 불교에 관심을 가지게 되었는가를 생각해 볼 때, 우선 그의 집안 배경이 불교, 특히 화엄 계통의 절과 인연이 깊다는 점을 생각할 수 있을 것이다. 그의 부친 최견일이 숭복사 창건에 관여했음이 앞서 언급한 '대숭복사비문'에 나오고, 그의 형 현준이 해인사의 승려였다는 내용도 나온다. 이러한 가계적 배경과 시대 · 사회적 배경, 즉 그의 유학 시기 및 귀국 후 국내에서 활약하던 시기가 당나라와 신라에서 이미 사회적으로 화엄사상이 크게 유행하던 시기였던 점을 생각할 때, 그가 불교, 화엄사상에 관심을 보인 것은 당연하다 할 것이다. 그런데 이러한 관심은 최치원 한 사람의 특별한 경우라고 보기는 어려울 것 같고, 신라 하대에는 당시의 지식인이 외면하기 어려울 정도의 화엄문화가 형성된 것으로 보아도 무방할 것 같다.

화엄사상이 서민사회에 끼친 영향

화엄사상은 불교사상 가운데서도 신앙적인 측면보다 이론적인 측면이 특히 강

---

62) 이 비문을 화엄 관계 저술로 보는 이유는 김복순, 앞의 책, 167쪽 참조.
63) 위의 책, 제3장의 내용을 참조하여 정리했다.

해 일반인들이 접근하기가 그리 용이하지 않다. 의상이 귀국한 후 바로 화엄사상 전교에 나서지 않고 관음신앙이나 미타신앙을 통한 화엄사상 전교에 나선 것도, 또 난해한 화엄경전을 30구 210자의 『화엄일승법계도』라는 도인으로 축약한 것도 사상의 난해함, 전교의 어려움을 해소하려는 노력의 일면이라 할 것이다. 그러나 문무왕 16년(676) 태백산에 부석사를 세운 이후의 상황은 달라진다. 집이 가난하여 장가도 못 갈 형편에서 소속된 군대에서 틈을 내어 날품을 팔아 홀어머니를 봉양하던 진정이 의상 전교의 소문을 듣고 제자가 된 것을 보면,[64] 또 소백산 추동에서 『화엄경』을 강의할 때 3천 명이 운집한 것을 보면,[65] 의상의 교화 활동이 이미 서민사회에 영향력을 발휘했다고 할 수 있고, 그의 법손 신림이 8세기 중엽 부석사에서 『화엄교분기(華嚴敎分記)』를 강의할 때 천 명의 대중이 모였다는 것[66]도 이 무렵엔 화엄사상이 이미 서민계층에도 낯선 사상이 아니었다는 것을 말해 준다.

　그런데 서민사회의 불교 수용은 아무래도 사상적 차원에서보다는 신앙적 차원에서 이루어졌고, 이 점이 화엄사상의 경우도 예외는 아니었을 것이다. 즉, 화엄경전의 독송, 수지, 강경, 사경, 석경의 조성 등 화엄경전과 관련된 신앙과 화엄신중 신앙, 보살주처 신앙, 그리고 화엄결사 및 화엄조사 신앙 등이 당시의 주된 화엄신앙으로서 서민들은 이러한 신앙을 통하여 화엄사상을 접하게 되는 것이다.

　설화 역시 서민층의 불교 수용 양태를 알 수 있는 중요한 자료가 된다. 화엄사상과 관련된 설화로는 자장의 지식수 설화, 원효의 분백신(分百身, 分軀於百松) 및 낭지승운 설화, 사복 설화, 낙산사의 관음주처 신앙 및 정취보살에 관한 설화, 승전촉루 설화, 진정 모친의 생천 설화, 노힐부득과 달달박박 설화, 의상의 『법계도』 저술과 관련된 설화, 부석사 창건 설화, 법해 설화 등이 있으며,[67] 여기서 우리는

64) 『삼국유사』, 「진정사효선쌍미」.

65) 『삼국유사』, 「진정사효선쌍미」. 물론 이 기록을 사실 그대로 믿기는 어렵다 하더라도 화엄 사상 혹 의상의 화엄 전교 활동이 이미 서민계층에 상당한 영향력을 발휘했다고 볼 수 있는 자료는 된다.

66) 均如, 『釋華嚴敎分記圓通鈔』 권 10, 『한국불교전서』 4, 동국대학교출판부, 1980, 506a면.

67) 김상현, 앞의 논문, 106-128쪽 및 222쪽에서는 이들 신앙과 설화를 상세히 설명하고 있으

화엄사상이 여러 형식의 설화로 서민사회에 용해되어 있음을 볼 수 있다.

화엄사상이 불교계에 끼친 영향: 관련 저술들

화엄사상 연구자인 카마타 시게오가 "화엄경이 불교사상의 근저에 흐르면서 오랜 역사를 지배하는 지위를 누리는 것은 한반도에서이다. 한국 불교의 근본 경전은 화엄경이다."[68]라고 단언한 바 있듯이, 화엄사상이 우리나라 승려사회, 불교계에 끼친 영향은 지대하다.

삼국시대에 불교가 우리나라에 전래된 이래 무불습합(巫佛褶合)의 영향으로 삼국 불교의 성격은 기복적이고 타력적인 측면이 강하게 되었고, 자연히 불교 본래의 자력적 요소나 교학상 발전은 미약하게 되었다. 이러한 삼국 불교의 성격은 통일 이후에도 지속되었다. 그러나 교학적으로 심오한 화엄사상의 전래는 신라 하대에 이르러 신라 불교의 성격을 실천적인 면에서 교학적인 면으로 변화시키기까지 했다. 물론 그 후 선불교가 들어와 다시 실천불교의 성격을 회복했다. 그 사이 화엄문화가 승속에서 형성되어 한국 고대문화가 자기중심적 성격을 극복하고 중세의 보편성을 지향하는 데 일정한 역할을 했다 할 수 있다.

화엄사상이 전래된 이후 불교계 내에서는 자연히 많은 관련 저술이 나왔으며, 이는 신라의 화엄사상의 융성을 대변해 준다. 기록에 나타난 저술을 열거해 보면 다음과 같다.[69]

며, 김영태, 「삼국유사에 보이는 화엄사상」, 불교문화연구원 편, 『한국화엄사상연구』, 동국대학교출판부, 1986, 13-48쪽에서도 설화의 의미를 분석하고 있다.

68) 카마타 시게오(한형조 역), 『화엄의 사상』, 고려원, 1987, p. 96.

69) 한국불교문화연구소 편, 『한국화엄사상연구』, 동국대학교출판부, 1986, 363-364쪽의 '한국화엄관계 자료초' 및 88-89쪽의 채인환의 '의상 화엄교학의 특성', 그리고 鎌田茂雄, 『華嚴學研究資料集成』, 東京, 東京大學東洋文化研究所, 1983 등을 참고하여 작성했다.

- 원효(元曉)
  - 『화엄경소(華嚴經疏)』 10권
  - 『화암강목(華嚴綱目)』 2권
  - 『화엄일도장(華嚴一道章)』 1권
  - 『대승관행(大乘觀行)』 3권
  - 『화엄경종요(華嚴經宗要)』 권수 미상
  - 『보법기(普法記)』 권수 미상
  - 『일도장(一道章)』 1권
- 의상(義湘)
  - 『화엄일승법계도(華嚴一乘法界圖)』 1권
  - 『화엄입법계품초기(華嚴入法界品鈔記)』 1권
  - 『화엄십문간법관(華嚴十門看法觀)』 1권
  - 『백화도량발원문(白花道場發願文)』 1편
  - 『일승발원문(一乘發願文)』 1편
- 의적(義寂)
  『화엄경강목(華嚴經綱目)』 2권
- 태현(太賢)
  『화엄경고적기(華嚴經古迹記)』 10권
- 종일(宗一)
  - 『화엄경소(華嚴經疏)』 20권
  - 『화엄경료간(華嚴經料簡)』 1권
- 견등(見登)
  『화엄경일승성불묘의(華嚴經一乘成佛妙義)』 1권
- 심상(審祥)
  - 『화엄기신관신행법문(華嚴起信觀信行法門)』 1권
  - 『화엄경소(華嚴經疏)』 12권
- 지인(智仁)

『불지논소(佛地論疏)』4권

• 지통(智通)

『화엄요의문답(華嚴要義問答)』(推洞記) 2권

• 연기(緣起)

－『화엄경요결(華嚴經要決)』12권

－『화엄개종결의(華嚴開宗決疑)』30권

－『화엄진류환원낙도(華嚴眞流還源樂圖)』1권

• 표원(表員)

『화엄경문의요결(華嚴經文義要決)』4권

• 범여(梵如)

『화엄경요결(華嚴經要決)』6권(혹 3권)

• 진숭(珍嵩)

『화엄공목기(華嚴孔目記)』1권

• 명효(明晶)

『화엄해인삼매론(華嚴海印三昧論)』1권

• 의융(義融)

『화엄경석명장(華嚴經釋名章)』1권

• 가귀(可歸)

『화엄경의강(華嚴經義綱)』1권

• 도신(道身)

『화엄일승법문(華嚴一乘法門)』(道身章) 2권

• 법융(法融)

『법계도기(法界圖記)』(法融記)

이상의 저술 이외에도 화엄승이 남긴, 그러나 기록에 나타나지 않은 수많은 화 엄관계 저술이 바탕이 되어 신라 중대에서 하대에 이르기까지 사회 각 방면에 화 엄문화를 형성하게 되었으며, 이러한 화엄문화는 당시 교육문명의 중요한 요소가 되었다. 그 교육문명의 하나로 다음의 화엄적 교육철학을 들 수 있다.

화엄사상과 신라인의 화엄적 교육철학

『화엄경』「야마천궁게찬품」에는 "마음은 화가와 같아서 모든 세간을 그려 내나니 오온이 마음 따라 생기어서 무슨 법이나 못 짓는 것 없네."란 말이 있다.[70] 이 '세계'의 일체는 마음이 만들어 낸다는 것이다. 화엄적 '세계'는 바로 화엄적 사유체계의 산물이며, 화엄적 사유체계는 또한 신라인의 인생관, 세계관, 나아가 교육문명의 형성 요인이 된다.

화엄적 세계관

화엄사상에서는 '세계'를 '법계(法界, dharma-dhātu)'라는 개념으로 설명하고, 그것을 크게 네 종류, 즉 사법계(事法界), 이법계(理法界), 이사무애법계(理事無礙法界), 사사무애법계(事事無礙法界)로 구분한다. 이 가운데 사법계는 현상계라 할 수 있으며, 이법계는 실체의 세계, 본질의 세계다. 그리고 이사무애법계는 실체와 현상이 모순과 갈등을 일으키지 않는 세계이고, 사사무애법계는 현상계에서 개체와 개체가 갈등과 모순을 일으키지 않고 원융한 세계다. 그런데 화엄사상에서 이렇게 '사종법계'를 구분해 놓은 것은 법계의 차별을 말하기 위해서가 아니고, 법계의 무차별, 즉 법계평등을 말하기 위한 것이다. 이법계와 사법계가 있지만 이들은 무애(無礙)하며, 사법계도 분별의 입장에서 보자면 삼라만상이지만 그들 사이는 무애·평등하다는 것이다. 그러면 어떻게 해서 이법계와 사법계가 무애한가? 비유컨대, 물과 물결, 해와 그림자의 관계와 같아 물이란 본질은 물결이란 현상계와 별개의 것이 아니고, 해란 본질은 그림자와 무관하게 일어나는 것이 아닌 것이다. 그리하여 『화엄경』「십정품」에서는 다음과 같이 설하고 있다.

---

70) 『華嚴經』(80卷本), 「夜摩天宮偈讚品」.

불자여, 마치 해가 떠서 수미산을 돌면서 일곱 보배산을 비치거든 그 일
곱 보배산과 보배산 사이에는 모두 그림자가 있어서 분명하게 나타나는데,
보배산 위에 있는 해의 그림자가 산과 산 사이의 그림자 속에 모두 나타나
고, 일곱 산 사이에 있는 해의 그림자도 산 위에 있는 그림자 속에 나타나며,
이러하게 서로서로 겹겹으로 나타나는 것을 해의 그림자가 일곱 보배산에
서 난다 하기도 하고, 혹은 해의 그림자가 일곱 산 사이에서 난다 하기도 하
고, 혹은 해의 그림자가 일곱 보배산 사이로 들어간다고 하기도 하느니라.

그러나 이 해의 그림자는 서로 비치고 서로 나타내어서 끝이 없거니와,
그 자체는 있는 것도 아니고 없는 것도 아니며, 산에 머물지도 않고 산을 떠
나지도 않으며, 물에 머물지도 않고 물을 떠나지도 않았느니라.[71]

또 다음과 같이도 설하고 있다.

불자여, 마치 해가 뜨면 세간에 있는 마을 · 도시 · 궁전 · 가옥 · 산 · 못 ·
새 · 짐승 · 나무 · 숲 · 꽃 · 과실 등의 가지가지 물건을 눈 있는 사람은 모두
보느니라. 불자여, 햇빛은 평등하여 분별이 없지마는 눈으로 하여금 각기
각색의 모양을 보게 하듯이 이 삼매도 그와 같아서 성품이 평등하여 분별이
없지마는 보살들로 하여금 말할 수 없이 말할 수 없는 백천억 나유타 차별
한 현상을 알게 하느니라.[72]

즉, 해는 하나로 차별이 없지만[理法界], 해에 비치는 사물의 모습은 천차만별이
고[事法界], 물은 하나이지만[理法界] 인연에 따라 현상적으로는 여러 가지 모습을
나타내는 것이다[事法界]. 또 땅은 차별이 없으나 그 땅에서 나는 곡식의 맛은 천차
만별이니 사법계에서 보는 물은 물이고 산은 산일 수밖에 없는 것이다. 그러나 물

---

71) 『華嚴經』(80卷本), 「十定品」. (이하 번역은 무비 편찬, 『화엄경』, 민족사, 1994 참조)
72) 『華嚴經』(80卷本), 「十定品」.

이 물로 보이고 산이 산으로 보일 수 있는 것은 해 때문이라고 하면, 해와 산, 물은 분별적인 것이 아니고 무애하여 걸림이 없게 된다[理事無碍法界]. 해로 인하여 산이 있고(혹 산을 볼 수 있고), 산으로 인하여 나무가 있고, 나무로 인하여 꽃과 열매가 있으니 산은 사실 산이라고 내세울 만한 실체가 있는 것도 아니고, 물도 물이라할 만한 그 무엇이 고정불변하게 독립적으로 존재하는 것은 아니다. 달리 이야기하면, 물도 인연이 있으면 산이 되기도 하고, 산도 인연으로 물이 될 수 있다는 것이다. 그리하여 온 법계가 고정된 실체가 있는 것이 아니고 다만 인연으로 일어났다 사라지는 것[緣起]을 깨닫게 되면 그 어떤 것에도 집착할 것이 없게 되며, 다만둘이 아닌 세계, 그리하여 우주의 광명 속에 모든 분별의 걸림이 사라지게 된다[事事無碍法界]. 『화엄경』에서는 연기와 변화의 세계를 다음과 같이 표현하고 있다.

> 세계는 잦혀지고 없어도 지고
> 높은 것도 낮은 것도 있다 하지만
> 모두 다 중생들의 생각뿐이니
> 이런 것을 분별하여 모두 다 알고
>
> 크고 넓은 온갖 가지 여러 세계들
> 한량없고 끝단 데도 없다 하지만
> 여러 세계가 한 세계이고
> 한 세계가 여러 세계인 줄 아네
>   (……)
> 여러 종류 세계도 변화하여 되고
> 국토도 변화한 것 중생도 변화하며
> 법도 불도 변화로 된 줄 알아서
> 모든 것이 끝까지 이르게 되네
>   (……)
> 온갖 것이 변화임을 잘 배우면

세계도 변화이고 중생도 변화

세월도 변화한 것, 조복도 변화

변화한 저 언덕에 필경 이르리[73]

이런 법계연기의 세계를 인정하게 되면 한 티끌 속에 시방세계가 있다는 것도 인정하지 않을 수 없게 된다.

『삼국유사』「사복불언」조에는 이상과 같은 화엄적 세계관이 엿보인다. 즉, 사복의 어머니가 죽자 사복은 원효를 찾아가 "그대와 내가 옛날에 경을 싣고 다니던 암소가 이제 죽었으니 나와 함께 장사 지내는 것이 어떤가." 하여 원효의 응낙을 받는다. 장사를 치르고 난 후 띠풀을 뽑으니 그 속에 밝고 깨끗한 세계가 있는데, 칠보로 장식한 난간에 누각이 장엄하여 자못 인간 세계가 아닌 것 같았다. 사복이 시체를 없고 그 속에 들어가니 갑자기 땅이 닫혀 버렸다는 것이다. 여기서 보면 소와 사람과 부모, 자식이 고정불변한 것이 아니며, 삶과 죽음이, 이곳[苦海]과 저곳(연화장세계)이 연기에 따른 변화일 따름이다. 한 띠풀로 인하여 연화장세계가 열리니 한 티끌 속에 시방세계가 들어 있다는 것과 큰 차이가 없다. 사복은 원효와 관련이 있는 화엄승이라 추측해 볼 수 있는데, 일연이 이 설화를 적을 때 이와 관련된 여러 이설이 있었다 한다. 이 설화는 화엄적 세계관이 신라인의 세계관과 인생관에 반영된 모습을 보여 주고 있다.

화엄적 인간관

화엄적 세계에서 본 인간은 변화의 존재다. 앞의 설화에서도 보았듯이, 인간은 인간으로서의 독립된 실체를 가진 것도 아니고 고정불변의 존재도 아니다. 인간은 연기의 존재, 즉 관계 속의 존재이며 유기적 존재이다. 사법계의 입장에서 보면, 나는 나이고 너는 너이며, 그들 사이에 빈부귀천이 뚜렷이 구분되어 인간들 사

---

73) 『華嚴經』(80卷本), 「普賢行品」.

이에도 넘을 수 없는 장애, 걸림이 있다. 하물며 인간이 아닌 다른 유와의 관계에 있어서는 말할 것이 없다. 인간과 소, 인간과 나무, 인간과 돌 사이에는 유기적 관계를 생각하기도 어렵다. 그러나 화엄적 인간관은 털끝 하나에 시방세계가 들어가는 그런 세계이니 인간과 소, 인간과 나무, 인간과 돌도 구분이 필요 없는 '법계평등'만 있을 따름이다.

여기서 우리는 앞서도 언급한 『삼국유사』 「승전촉루」조를 이렇게 볼 수 있다. 화엄승 승전이 당나라 법장(法藏)의 문하에서 수학하고 돌아와 돌무더기[石徒衆]를 거느리고 『화엄경』을 강의했다는 것이 이 조의 줄거리인데, 김복순은 이를 승전이 돌아올 때까지 신라사회에 아직 『화엄경』을 들을 만한 분위기가 조성되어 있지 않았다는 것을 나타내 주는 자료로 파악하였다.[74] 그러나 저자는 이 설화의 의미를 다른 각도에서 파악해야 한다고 본다. 당시 그의 강의를 들을 청중이 실제 있고 없고는 또 다른 역사적인 문제이고, 이 설화에서는 돌과 인간을 구분하는 것이 의미가 없다. 즉, 법계연기의 입장에서 볼 때, 돌이 인간일 수 있고 인간이 곧 돌일 수 있다는 것이다. 그리고 승전이 귀국하여 설령 돌을 놓고 강의했다 하더라도 그 행위는 들을 대상의 유무로써 판단할 수 있는 것이 아니다. 화엄학의 대가인 법장 문하에서 화엄사상을 공부한 승전이 이를 모르고 돌을 대상으로 삼아 강의했을 리가 없는 것인데 사법계에 집착하는 당시의 많은 사람 생각에는 '걸림'이 있어 이해하기 곤란했을 것이고, 이것이 설화거리가 된 것이 아닌가 한다. 이와 같이 사사무애법계의 화엄세계에서는 돌과 인간의 구분이 있을 수 없고, 여기서 빈부귀천을 따진다는 것은 우스운 일이 되고 만다. 『송고승전』 「석의상전」에는 국왕이 그를 흠모하고 존중하여 논밭과 노비를 시주하려 했을 때 의상이 왕에게 "우리 불법은 평등하여 고하(高下)가 공균(共均)하고 귀천이 동규(同揆, 같은 도리)입니다."라고 하였으며, 또 "빈도(貧道)는 법계를 집으로 삼고 발우로서 곡식을 얻어 법신의 혜명(慧命)을 여기에 의지해 살아갈 뿐입니다."라고 했다는 기록이 있으니,[75] 불법

---

74) 김복순, 앞의 책, 43쪽.

75) 『宋高僧傳』, 「釋義湘傳」.

에는 인간의 빈부, 귀천, 고하가 없다는 의상의 말이 바로 화엄적 인간관의 한 단면인 것이다.

화엄적 교육철학

이러한 화엄적 세계관과 인간관에 바탕을 둔 화엄적 교육철학은 어떠한 것일까. 화엄사상의 입장에서 본 이상적 인간상, 곧 교육적 인간상은 평등법계, 사사무애의 해탈 경계에 든[入法界] 사람일 것이다. 그런데 이 단계는 이미 물아의 경계가 없는 상태이므로 가르치는 자와 배우는 자, 가르침과 배움의 구분이 무의미하다. 그러나 이러한 목표를 향해 나아가는 자에게까지 가르치는 자와 배우는 자, 가르침과 배움이 무의미하지는 않다. 『화엄경』「입법계품(入法界品)」의 주인공은 선재동자(善財童子, Sudhana Kumāra)다. 선재동자가 53 선지식을 찾아 구도의 길을 나서는 것이 이 품의 내용이다. 즉, 선재동자는 이미 발보리심(發菩提心)하였지만, 아직 보살행과 보살도에 대해 알지 못하므로 문수사리보살을 비롯한 여러 선지식을 찾아 어떻게 보살행을 배우고 어떻게 보살도를 닦는지를 묻게 된다. 여기서 선재동자는 보살행과 보살도를 '배우는' 사람이고, 선지식은 그를 '가르치는' 사람들이다. 그런데 선재가 찾은 선지식은 문수사리, 덕운비구, 해운비구, 선주비구, 미가장자, 해탈장자, 해당비구, 휴사우바이, 비목구사선인, 승열바라문, 자행동녀, 선견비구, 자재주동자, 구족우바이, 명지거사, 법보계장자, 보안장자, 무염족왕, 대광왕, 부동우바이, 변행외도 등인데, 이들 가운데는 보살을 비롯하여 비구, 비구니, 선인, 장자는 물론이고 바라문, 이교도, 뱃사공, 장사꾼, 처녀, 동남(童男), 동녀(童女)에 이르기까지 각계각층의 사람들이 있다. 그런데 그들이 가르쳐 주는 보살도와 보살행의 인식과 실천이 어렵기도 하거니와 무궁무진하여, 한때 선재는 선지식을 의심까지 하게 된다. 즉, "마(魔)가 시키는 것이 아닌가. 마의 험악한 무리들이 보살인 듯이 선지식의 모양을 꾸며 가지고 나에게 착한 뿌리 심기를 어렵게 하고 수명 지키기를 어렵게 하여서 나의 온갖 지혜의 길 닦는 것을 장애하고, 나를 끌어서 나쁜 길에 들어가게 하고, 나의 법문을 막고 나의 법을 막는 것이 아닌가?"[76] 하고 선지식을 의심하기도 한다. 그러나 곧 참회하고, "선지식은 여래이며, 선지식은 모든 법구름이며, 선지식은 모든 공덕의 광이라. 선지식은 만나기 어렵고 선지식은 열 가지 힘의 보배로운 원인이며, 선지식은 다함이 없는 지혜의 횃불이며, 선지식은 복덕의 싹이며, 선지식은 온갖 지혜의 문이며, 선지식은 지혜바다의 길잡이며, 선지식은 온갖 지혜에 이르는 길을 도와주는 기구로다."[77]라며 생각을 바꾸게 된다. 또 "선지식의 가르침은 봄 날씨와 같아서 모든 착한 법의 싹을 자라게 하며, 선지식의 가르침은 보름달과 같아서 비치는 곳마다 서늘케 하며, 선지식의 가르침은 여름의 설산과 같아서 모든 짐승의 갈증을 없애 주며, 선지식의 가르침은 연못에 비치는 해와 같아서 모든 착한 마음의 연꽃을 피게 한다."[78]라고 생각하게 된다. 그리하여 선재는 선지식을 찾는 노력을 포기하지 않고 계속 이어 나간다. 그가 찾는 보살도와 보살행은 고정된 실체가 있는 것이 아니어서 무궁무진하며, 그래서 집착, 머무름 없이 계속 스승을 찾아 나서는 수밖에 없다는 것을 깨달은 것이다. 그리고 선재에게 보살도와 보살행을 가르친 스승인 선지식들도 온갖 방편으로써 가르침을 펴면서도 자신의 한계를 스스로 말하고, 또 다른 선지식을 추천하여 선재의 구도의 과정이 끊이지 않도록 하였다. 즉, 선재가 찾는 보살도, 보살행도 고정된 실체로 닫혀 있는 것이 아니고, 그러한 사실을 가르치는 선지식도 고정 불변한 존재가 아니며, 선재의 구도 과정도 머무름이 없어서 가르치는 자와 배우는 자, 그리고 진리가 고정된 실체로 존재하지 않고 변화의 과정 속에 있을 따름이다.

이러한 선재의 구도 과정은 바로 인생의 과정을 제시한 것이며, 교육의 정신 혹은 교육과정의 이상적 모습을 보인 것이라 할 수 있다. 보살도, 보살행이라는 진리, 그 진리를 찾아 머물지 않는 선재의 구도 과정, 온갖 방편으로 선재의 구도를 돕는

---

76) 『華嚴經』(80卷本), 「入法界品」.

77) 『華嚴經』(80卷本), 「入法界品」.

78) 『華嚴經』(80卷本), 「入法界品」.

여러 선지식은 유기적이고 역동적인 관계를 맺고 있으며, 그 어느 하나 고정된 실체로 존재하는 것은 없다. 보살도와 보살행이 고정된 실체가 없음은 물론이고 선지식 또한 실체가 없어 모든 이웃이 다 나의 스승이 되니 나의 인생과 삶은 배움의 과정 속에 있고, 배움의 과정을 포기한다는 것은 곧 인생 자체를 포기하는 것이나 다름없는 것이다. 이것이 바로 화엄적 인생관이요 화엄적 교육철학인데, 변화와 역동이 그 특징이라 할 수 있다. 이런 변화와 역동의 관점에서 본다면 앞에서 언급한 바 있는 '승전의 돌'은 강의를 듣는 중생의 상징이기도 하고, 중생에게 강의하는 조사(祖師)이기도

[그림 8-21] 선재동자를 주제로 한 영화 〈화엄경〉 포스터

하고, 그 자체가 여래의 불성의 표현이기도 하다. 사실 화엄사상의 핵심이라 할 수 있는 성기론(性起論)의 입장에서 본다면, 여래의 불성은 있지 아니한 곳이 없어서 미각(未覺)의 중생은 물론이고 산천초목, 심지어 돌멩이 하나까지도 다 여래성을 발하고 있는 것이니 부처가 중생이요 중생이 곧 부처이며, 선재가 선지식이요 선지식이 곧 선재여서 가르치는 자와 배우는 자, 가르침과 배움의 이원적 대립적 경계가 없어지는데, 여기서 불교적 의미의 '교학상장(敎學相長)'의 장이 마련되는 것이다.

제9장

신라인의 의례와 교육

✿ 의례와 교육

동물들의 행동을 가만히 지켜보면, 아무렇게나 행동하는 것이 아니라 일정한 규칙이 있다. 철새가 때가 되면 이동을 하는 것도, 곰이나 개구리가 겨울잠을 자는 것도, 토끼나 개미가 굴을 파는 것도, 그리고 꿀벌이 집을 짓는 것도 그때그때 생각해서 하는 것이 아니라 규칙이 있다. 이 규칙은 인간이 만든 규칙이 아니라 일종의 행동 패턴이다. 그렇다면 인간은 어떨까. 인간도 기본적으로는 동물과 같은 나름대로의 패턴이 있다. 인간도 아무렇게나 살아가는 것이 아니라 패턴에 따라 살아간다는 것이다. 그런데 이 패턴은 생득적인 것도 있고, 후천적으로 만들어진 것을 학습한 것도 있다. 의례는 만들어진 삶의 패턴 가운데 하나다. 만들어진 삶의 패턴이지만 의례는 우리의 행동을 이끄는 강력한 힘이 있다. 우리의 삶 길목 길목마다 의례가 있고, 그것이 우리의 사고와 행동에 영향을 주고 있다. 의례는 문화이자 문명이다. 인간은 의례를 문화로서 학습하며, 문화로서 다음 세대에 전달한다. 의례는 대개 문자적으로 학습하는 것이 아니라 생활 관습으로서 학습한다.

이 책 곳곳에서 말하고 있지만 신라사회는 문자문명의 시대가 아닌 구술문명의 시대다. 문자가 문명을 표현하는 시대라면 문자를 통해 그 교육을 파악할 수 있을 것이다. 그러나 문자를 사용하기는 했어도 본격적인 문자문명의 시대가 도래하지 않았다면 그 시대의 교육은 어떻게 파악할 수 있을까. 이 장에서는 그 문제를 의례를 통하여 해결해 보고자 한다. 의례는 전통사회의 교육의 모습을 파악할 수 있는 중요한 연구 자료다. 의례는 형식화되고 구조화된 문화, 문명의 정수다.

의례에 대해서는 그동안 주로 민속학적 연구와 종교학적 연구가 이루어져 왔으나 최근에는 교육학자도 관심을 가지기 시작했다. 독일의 교육학자 불프(Christoph Wulf), 일본의 교육학자 스즈키(鈴木晶子) 등은 비형식적 교육, 몸 교육, 미메시스적 교육 등 여러 가지 관점에서 의례의 교육학적 의미를 찾고 있으며,[1] 한국에서도 이병준은 일상 의례에, 박종배는 동아시아의 유교 의례에, 안경식은 불교의 의례에 관심을 가지고 교육학적 관점에서 연구를 지속해 오고 있다.[2]

　신라의 의례는 신라라는 국가가 형성되기 이전부터 있었을 것이다. 예를 들면, 국읍(國邑)마다 각기 한 사람을 세워 천신 제사를 주관하게 했다는 마한의 제천 의례를 보면, 신라 건국 이전의 토착민들도 나름대로의 의례가 있었다는 것을 짐작할 수 있다. 사실 어떤 의미에서 의례는 문명의 주요한 상징이 된다. 신라의 의례는 신라문명의 상징이며, 신라의 의례를 신라사회를 이해하는 하나의 열쇠로 삼을 수 있다. 신라 의례의 종류는 헤아릴 수 없을 정도로 많을 것이다. 그러나 알려진 것은 그리 많지 않고, 그것도 상세한 내용을 알 수 없는 것이 많다. 여기서는 교육과 관련하여 세 가지 측면에서 그 내용을 살펴보고자 한다. 첫째는 혁거세를 비롯한 시조 의례다. 둘째는 불교 의례 가운데 강경 의례다. 그리고 셋째는 유교 의례로 석전 의례다.

⊕ 시조 의례와 교육

　신라의 시조 관련 의례를 논의하기 위해서는 그 의례와 밀접한 관련성이 있는

---

1) 불프 교수의 저작과 스즈키 교수의 관련 저작으로는 Wulf, Christoph, *Zur Genese des Sozialen: Mimesis, Performativität, Ritual, Bielefeld: transcipt*, 2005; 鈴木晶子, クリストフ・ヴルフ, 『幸福の人類學』, 京都, ナカニシヤ出版, 2013 등이 있다.

2) 이병준 외, 『한국인은 어떻게 문화적으로 학습하는가?』, 예소디자인, 2015; 박종배, 「조선시대 학교의례 연구」, 서울대학교 대학원 박사학위논문, 2003; 안경식, 「신라시대 불교 강경(講經)의 교육적 의의」, 한국종교교육학회, 『종교교육학연구』제52권, 2016 등.

신화나 설화를 함께 보아야 한다. 신화의 연행(演行)이 의례이며, 의례의 대본(臺本)이 신화, 설화이기 때문이다. 신화는 의례라는 형식을 빌려 우리의 삶 속에 구현된다. 의례를 통하여 그 생명을 지속시킨다. 의례가 사라지면 신화도 사라지게 된다. 역사적 기록으로 남아 있는 상당수의 신화나 설화는 의례에서 재구성된 것일 수 있다. 역사로 표현된 사실, 즉 역사적 사실들도 신화나 의례의 상징을 표현한 사실, 즉 상징적 사실일 수 있다. 다른 국가의 역사도 마찬가지지만 신라 건국기의 역사도 상징적 사실 속에서 역사적 사실을 발견해야 하는 과제가 있다.

탄생 의례

인간의 탄생은 매우 신성한 것으로, 여기에 의례가 없을 수 없다. 이른바 탄생 의례다. 역사적으로 위대한 사람의 출생에 기이한 이야기가 전해져 오는 것은 동양이나 서양이나 차이가 없다. 혁거세 역시 기이한 탄생설화가 있고, 의례가 만들어졌을 가능성이 있다. 그러나 혁거세의 경우 탄생을 직접적으로 기리는 의례는 남아 있지 않다. 설화와 의례의 깊은 상관성을 고려할 때 의례가 있었을 가능성은 충분히 있다.『삼국사기』에는 혁거세 탄생설화를 다음과 같이 기술하고 있다.

> 고허촌장 소벌공이 양산(楊山) 기슭 나정 옆에 있는 숲 사이에 말이 무릎을 꿇고 울고 있어 가 보니, 갑자기 말은 볼 수 없고 다만 커다란 알 하나만 있었다. 그것을 깨어 보니 갓난아이가 나왔다. 데려다 길렀는데 여남은 살이 되자 기골이 준수하고 숙성하였다. 6부 사람들은 그 출생이 신기하고 이상했으므로 그를 높이 받들고 존경했는데, 이때 그를 세워서 임금으로 삼았다. 진한 사람들은 표주박을 박이라고 했는데 처음에 큰 알이 박과 같았으므로 박으로 성을 삼았다.

혁거세는 난생의 존재라는 것이 가장 두드러진다. 사실 혁거세만 그러한 것은 아니고 석씨 시조인 탈해와 김 씨 시조인 알지 역시 난생이다. 더 나아가면 수로

왕 역시 난생이며, 동명왕도 마찬가지다. 난생, 특히 혁거세나 수로왕의 경우와
같이 인간의 몸에서 탄생하지 않고 하늘로부터 내려온 난생은 그 자체로 일반인
과 차별되는, 고귀한 존재임을 암시하고 있다. 『삼국유사』에서는 『삼국사기』보다
좀 더 상세한 내용을 기록하고 있다.

> 높은 곳에 올라 남쪽을 바라보니 양산 밑 나정 곁에 이상한 기운이 전광
> 처럼 땅에 비치는데 흰말 한 마리가 꿇어앉아 절하는 형상을 하고 있었다.
> 그곳을 찾아가 살펴보니 붉은 알 한 개—혹은 푸른 알이라고도 한다—가 있
> 는데, 말은 사람을 보고는 길게 울다가 하늘로 올라가 버렸다. 그 알을 깨어
> 보니 사내아이가 나왔는데 모양이 단정하고 아름다웠다. 놀라고 이상히 여
> 겨 그 아이를 동천—동천사는 사뇌야 북쪽에 있다—에서 목욕시켰다. 몸에
> 서 광채가 나고, 새와 짐승이 따라 춤추며 천지가 진동하고 해와 달이 청명
> 해지므로, 그 일로 인하여 그를 혁거세왕이라 이름했다—아마 우리말일 것
> 이다. 혹은 불구내왕이라고도 하니 밝게 세상을 다스린다는 뜻이다.

『삼국사기』에서 주목하지 않은 내용들이 있는데, 특히 빛, 색과 관련한 것들이
많이 서술되어 있다. 하늘로부터 빛이 전광처럼 비치는 곳에서 태어났다는 것, 붉
은 알(푸른 알)로 태어난 것, 몸에서 광채가 났다는 것, 해와 달이 청명해졌다는 것
등을 비롯하여 결정적으로 혁거세라는 말 자체가 빛을 의미하는 말이라고 한다.
그리고 혁거세는 불구내라고도 하는데 그 의미는 광명이세(光明理世), 즉 밝음으
로 세상을 다스린다고 했으니 이것은 신라의 건국이념이라 할 수 있다(혁거세의 혁
은 붉다, 밝다의 훈차이며 거는 구/그의 음차, 세는 누리/뉘의 훈차라 할 때, 이 이름 자체
가 밝게 세상을 다스린다는 의미를 가지고 있는 것이다).

이러한 혁거세 탄생설화는 많은 의례적 요소를 가지고 있다. 비록 탄생설화와
관련한 의례(의례의 직접적 기록)가 남아 있지는 않지만 의례적 요소가 있기에 그
가능성을 추정해 볼 수 있다. 우선, 혁거세를 맞이하는 의례가 있을 수 있다. 6부
의 사람들이 모여 혁거세를 맞이하는 의례, 예를 들면 '맞이굿' 같은 형태를 생각할

수 있을 것이다. '맞이'는 축제의 형식으로 의례화된다. "새와 짐승이 따라 춤추고 천지가 진동"하였다고 기록되어 있듯이, 모두가 나와 춤과 노래로 반기는 모습이 의례로 표현되었을 것이다. 가락국의 경우에도 "거북아 거북아 머리를 내어놓아라. 만일 내어놓지 않으면 구워 먹으리(龜何龜何 首其現也 若不現也 燔灼而喫也)."라고 노래 부르며 춤을 추라고 하는 하늘의 명에 따라 춤과 노래로 맞이하는 광경이 나온다. 이것은 설화로 표현된 의례의 모습으로 볼 수 있다. 『삼국유사』에서는 가락국의 시조 수로왕을 사모하는 놀이(의례)를 기록하고 있다. 즉, 수로왕을 사모하여 "매년 7월 29일에 이 지방(김해)의 인민과 서리, 군졸들이 승점(乘岾)에 올라가서 장막을 설치하고 술과 음식으로 즐기며 떠들면서 동서편으로 서로 눈짓하고 건장한 인부들은 좌우로 나뉘어 망산도로부터 말발굽은 빨리 육지를 달리고 뱃머리는 둥실거리며 물 위에서 서로 밀면서 북으로 고포를 향해 달아난다."라고 하였다. 이러한 의례는 비단 가락국의 경우만 있었던 것은 아닐 것이다. 나라가 없어

진 가락국의 경우도 의례가 고려 때까지 남아 있었던 것을 보면 신라 역시 기록되지 않은 의례가 있었을 가능성은 충분하다.

혁거세의 출생 후의 모습도 의례의 모습을 기록한 것으로 볼 수 있다. 혁거세를 동천에서 목욕을 시키니 몸에서 광채가 났다고 했다. 목욕은 부정을 없애고 다시 태어나는 의미를 나타낸다. 알영정에서 태어난 알영 역시 입술이 닭의 부리와 같아 월성 북천(北川)에 가서 목욕을 시키니 부리가 떨어졌다고 했다. 이른바 계불(禊祓) 의식으로서 통과의례의 중요한 한 부분이 된다.

[그림 9-1] 김해 허황후 신행길 축제

통치 의례

  후세 어느 시점(이 시점은 『삼국사기』나 『삼국유사』가 정리될 시점이 아닌 진흥왕대의 『국사』와 같은 사서가 편찬될 무렵), 역사로 정리될 무렵에는 이미 신화의 상당 부분은 의례화되어 있었을 것이다. 그 가운데는 『삼국사기』나 『삼국유사』가 편찬될 무렵까지 어떤 식으로든, 즉 문헌으로든 유적으로든 흔적이 남아 있었던 것도 있고, 없어져 버린 것도 있었을 것이다. 『삼국사기』나 『삼국유사』에는 우리의 눈으로 알아채기 어려운 이미 역사화된 신화나 설화도 있을 것이다. 출생과 관련한 것들은 명백히 신화나 설화의 형식과 내용을 갖추고 있어서 알아챌 수 있지만 통치에 관련한 것들은 역사인지, 신화인지 분명치 않은 경우가 생기게 되는 것이다. 그렇지만 시조의 통치에 관한 역사에는 시조의 건국이념이 반영되게끔 되어 있다. 그것이 역사 편찬의 동기에 부합되기 때문이다. 그리고 그것이 시간을 거듭하면서 마침내 역사가 되어, 역사로 인식되어, 후세인에게 역사교육의 자료로 활용되는 것이다. 따라서 시조 관련 역사 서술에는 그것이 역사와 신화의 내용을 모두 담고 있다 하더라도 그 둘 사이에는 깊은 상관관계가 있을 수밖에 없다. 혁거세 설화가 광명이세를 주제로 구성되어 있다면, 그 이념은 역사적 서술에서도 드러날 수밖에 없다는 것이다.
  혁거세의 등장과 통치는 6부의 통치에 대한 의미도 있고, 백성의 통치에 대한 의미도 있다. 또 대외적인 관계에서 지니는 의미도 있을 수 있다. 혁거세의 등장은 실은 백성의 통치에 대한 의미보다는 6부의 통치에 대한 의미로부터 시작되어야 한다. 실제 『삼국사기』와 『삼국유사』는 모두 시조 설화를 6부 사람들로부터 시작하고 있다. 그렇기 때문에 혁거세 설화는 엄밀하게 말하자면 신라의 것이라기보다, 또 일반 백성에 대한 것이라기보다 6부민의 것이 되는 것이다. 혁거세는 6부의 필요성에 의해 등장하였다는 것이다. 신라에는, 정확히 말해 신라라는 국호로 나라 이름의 의미를 새롭게 부여하고 중앙집권적 체제가 명실상부하게 자리 잡은 시기의 신라에는 굳이 혁거세가 아니어도 불교나 유교와 같이 사회를 통합하고 이끌어 나갈 이념이 있었다. 그러나 6부 시대, 다시 말하면 중앙집권적 체제가 형성되기 이전의 신라에서 혁거세의 등장은 6부와 관련짓지 않고는 그 의미를 찾기 어렵다. 『삼국유사』에서는 혁거세를 맞이하게 된 배경을 다음과 같이 적고 있다.

> 3월 초하루에 6부의 조상들은 각기 자제들을 거느리고 알천의 언덕 위에 모여서 의논했다. "우리들은 위에 백성을 다스릴 임금이 없으므로 백성들이 모두 방자하여 제 마음대로 하게 되었소. 어찌 덕 있는 사람을 찾아 임금을 삼아 나라를 세우고 도읍을 정하지 않겠소."

6부를 대표할 수 있는 지도자가 필요했다는 말이다. 기존 체제로써는 통치하기 힘든 상황, "백성들이 방자하여 제 마음대로" 하는 상황을 해결할 수 있는 사람이 필요했던 것이다. 이에 6부가 의논을 하여 새로운 지도자를 모시게 되었고, 그 지도자는 여러 문제를 원만히 해결했다는 것이다. 『삼국사기』를 통해 그 내용 몇 가지를 보자.

① (8년) 왜인들이 군사를 끌고와 변경을 침범하려다 시조에게 뛰어난 덕이 있음을 듣고 돌아갔다.

② (30년) 낙랑인들이 군사를 이끌고 와 침범하려다 변방 사람들이 밤에도 문을 닫지 않고 한데에 쌓아 둔 곡식 더미가 들판을 덮은 것을 보고 서로 일러 말했다. "이곳 사람들은 서로 도둑질을 하지 않으니, 도덕이 있는 나라라고 할 수 있겠소. 그런데 우리들이 몰래 군사를 끌고 와서 그들을 습격함은 도둑과 다름없으니 어찌 부끄럽지 않으랴." 이에 군사를 끌고 돌아갔다.

③ (38년) 호공을 보내어 예를 갖추어 마한을 방문하게 했다. 마한 왕이 호공에게 꾸짖어 말했다. "진한과 변한은 우리 속국인데 해마다 공물을 보내지 않으니 큰 나라 섬기는 예의가 어찌 이와 같으랴?" 호공은 대답해 말했다. "우리나라는 두 성인이 처음 일어나면서부터 세상일이 바로잡히

고, 자연현상이 고르며, 창고에 곡식이 차고, 인민들이 서로 공경하고 사양하니 진한 유민들로부터 변한, 낙랑, 왜인들까지 두려워하지 않음이 없습니다. 그러나 저희 임금님은 겸손하셔서 저를 보내어 인사를 닦으시니 오히려 예에 지나친다고 할 수 있습니다. 그런데도 대왕께서는 크게 노하셔서 군사로써 위협하시니 이 무슨 뜻입니까."라고 하니 마한 왕이 분해서 그를 죽이려 했다고 한다.(……)

④ (39년) 마한 왕이 세상을 떠났다. 어떤 사람이 임금을 설득해서 말했다. "서한 왕이 전에 우리 사신을 욕보였으니, 이제 그 임금의 상을 당하여 그곳을 치면 그 나라는 평정할 수 있겠습니다." 임금은 말씀하시기를 "남의 재앙을 다행스럽게 여김은 어질지 못하다."라고 하고 그 말을 따르지 않았다. 이에 사신을 보내어 조문하고 위로했다.

⑤ (53년) 동옥저의 사신이 와서 좋은 말 스무 필을 바치면서 말했다. "저희 임금께서 남한에 성인이 나셨다는 말을 들으시고 저를 보내어 와서 드리게 한 것입니다."

한마디로 임금이 덕이 있다는 것을 애써 말한 것이다. 사실일까 싶을 정도로 임금의 덕을 표현하고 있지만 사실 여부에 관계없이 이러한 서술은 적어도 그때까지 전승되어 오던 임금에 대한 이미지(설화로 구전되어 오던 이미지)를 반영한 것이라고 보아야 한다. 즉, 광명이세의 현실적 모습이 이러한 '사건'의 형식으로 정리된 것이라고 보아야 한다.

포항 냉수리 신라비에 보이는 의례

그런데 앞서 제시한 내용들은 공통적으로 대외적인 갈등의 해소에 대한 것이다. 내부적인 문제, 예를 들면 6부의 갈등 상황 같은 것을 기록하고 있지는 않다. 앞에서 보았듯이, 혁거세를 추대한 것은 내부적 문제를 해소하기 위해서다. 그 갈등의 해소 과정은 기록에 나타나 있지 않다. 그러나 실제는 6부민들이 희생(犧牲)을

마련하고 그 피를 함께 나누어 마시
는 회맹제(會盟祭)와 같은 의식을 충분
히 상정할 수 있을 것이다. 그 회맹이
혁거세를 추대한 것이며, 뒷날 이른
바 화백이라는 신라의 합의기구를 출
현시켰던 것이다. 그리고 이러한 회
맹의 모습, 합의의 모습이 중고기까
지 지속되었던 것을 여러 자료를 통
해 확인할 수 있다. 1989년 발견되어
화제가 된 포항 냉수리 신라비를 보
면, 그러한 예가 보인다.

이 비는 재산 분쟁과 관련한 판결
내용을 새겨 놓은 것인데, 지증왕 4년
에 세워진 것이다. 관련 판결을 내리

[그림 9-2] 포항 냉수리 신라비문

고 그 내용을 돌에 새기면서 소를 잡아 의식을 거행했다. 또 울진 봉평비는 법흥
왕 11년(524)에 일어난 화재 사건에 대한 내용을 담고 있다.[3] 비에는 화백회의를
한 사실부터 기록하고 있다. 즉, 갑진년 정월 15일에 법흥왕 모즉지 매금왕을 비
롯한 각부의 대표 14명이 모여 회의를 하고, 그 결과를 적었다고 시작하고 있다.
그리고 본론으로 어떤 성이 불에 타서 많은 일꾼이 동원되었으며, 이에 대해 법에
의해 처리한다라고 기록하고 있다. 그리고 글을 쓴 사람, 글을 새긴 사람, 비를 세
운 사람의 이름을 적고 있다. 이 비를 세우면서도 신라 6부는 얼룩소를 잡고 술을
빚어 의례를 거행하였다고 하였다. 이때 이 의례를 거행한 사람 가운데 탁부박사
가 있었다. 탁부박사는 신라 6부 가운데 하나인 탁부 출신의 박사를 말하는데, 이
름은 적혀 있지 않다. 이 사람은 비를 세운 사람이라고 기록되어 있다. 비문을 적
은 사람, 그것을 돌에다 새긴 사람은 따로 있으며 돌 비를 세운 사람이 탁부박사

---

3) 김기흥, 『천년의 왕국 신라』, 창비, 2006, 87-94쪽.

다. 여기서 세웠다는 것은 오늘날 비문 제막식 정도로 보인다. 그런데 제막식을 할 때 참석자들에게 판결 내용을 전달하면서 교유(教諭)하였는데 "이와 같이 하면 (성에다 불을 지르면) 하늘에 죄를 받는다."라고 하였다. 비문을 보면 당시 불을 낸 사람은 잡지 못했다. 그러나 불로 인하여 공공건물인 성이 훼손됨으로써 공권력에 타격을 입었다고 보면, 책임자들을 곤장으로 처벌하였다는 것을 보여 줌으로써 경계하려는 성격도 있었을 것이다. 그리고 참석자가 398명(혹은 1,398명)이었다고 한다. 이와 같이 어쩌면 일상적으로 보이는 이러한 사안에도 각부의 대표들이 모여 합의하고, 그것을 반포하는 자리에는 얼룩소를 잡고 술을 빚어 제사를 지냈다. 사실 이것은 일반 백성들에 대한 일종의 재해 예방 교육의 성격까지 엿볼 수 있다.

광명이세의 실현으로서의 권농 의례

다시 혁거세로 돌아가 보면, 혁거세의 통치 행위에도 6부에 대한 내용은 기록되어 있지만 그 밖의 광명이세의 이념이 일반 백성들에게는 어떻게 실현되었는가를 기록한 부분이 있다. 다음은 『삼국사기』의 기록이다.

> 왕이 6부를 순행(巡幸)하며 백성들을 위무했다. 왕비 알영도 따라갔다. 농
> 사와 뽕나무 기르기를 권장하고 독려하였으며 토지를 충분히 활용하게 했다.

임금의 순행 목적은 시대와 사회적 상황에 따라 차이가 있다. 혁거세의 순행은 백성들의 삶과 직결되는 농사를 장려하기 위한 것이었다. 후기 산업사회인 오늘의 입장에서는 이 순행의 의미가 이해하기 어려운 것일 수도 있다. 요즈음 상황을 빗대어 보자면, 통치 수반이 국가의 전략 산업, 핵심 산업 지역을 방문하는 것과 같다. 당시 상황으로 볼 때, 국가의 존망을 좌우하는 것으로 먼저 이야기할 수 있는 것은 전쟁이라고 할 수 있겠지만, 그에 못지않게 농업 역시 국가의 존망과 관계된 것이었다. 이 순행은 시조 임금의 첫 순행이었고, 그것이 농업 관련 행사였다

는 것은 당시 임금의 통치에서 농업이 결코 가벼이 여길 수 없는 것임을 말해 준다. 농사일은 남성의 일이고 양잠은 여성의 일이기에 혁거세뿐 아니라 알영도 동행한 것이며, 순행 자체가 하나의 의례다. 고려시대나 조선시대의 경우, 친경례(親耕禮)나 친잠례(親蠶禮)가 있었다. 친경례는 임금의 권농 의례다. 고려시대의 친경례의 절차는 『고려사』에 상세히 기록되어 있는데 상징적으로 쟁기질을 다섯 번 하는 것이 핵심이다. 이러한 행사는 농사의 신인 선농씨를 제사 지내는 선농단 제사와 연계되어 있다. 선농제는 신라에서도 거행되었다. 『삼국사기』에는 "입춘 후의 해일(亥日)에 명활성 남쪽 웅살곡(熊殺谷)에서 선농신에게 제사 지냈고, 입하 후 해일(亥日)에 신성북문(新城北門)에서 중농신에게 제사를 지냈으며, 입추 후 해일에는 산원(蒜園)에서 후농신에게 제사를 지냈다."라고 기록되어 있다. 물론 혁거세 당시부터 신농 제사가 거행되었는지는 알 수 없다. 그러나 농신에 대한 제사는 삼국시대 혹은 그 이전부터의 오래된 풍습으로 볼 수 있다. 부여의 영고를 비롯하여 고구려의 동맹, 예(濊)의 무천과 같은 제천 의례는 대부분 농사와 관련한 의례이다.

　권농 의례는 광명이세의 통치이념이 현실생활, 특히 농업에 반영된 모습이라 할 수 있다. 광명은 왕 자신이다. 왕의 통치가 지배계급의 조화나 대외적인 국가 관

[그림 9-3] 조선시대 친잠의궤

계에만 드러나는 것이 아니라 백성들에게도 드러나고 실현되어야 하는데, 그것이 이렇게 권농 의례로서 나타난 것이라 할 수 있다. 왕이 농사에 관심을 가진 것은 왕으로 상징되는 광명이 전 국토의 구석구석까지 비쳐서 땅을 다 활용할 수 있도록 하는 것이 '이진지리(以盡地利)'인 것이다(실제 '이진지리'라는 말은 『시경집전(詩經集傳)』「소아(小雅)」편과 『삼국지(三國志)』「위지(魏志)」 등에 나오는 말이다). 결국 이러한 임금의 관심은 지(知)의 발전을 초래하는 중요한 계기로 작용하는 것이다. 다시 말하면, 임금이 관심을 보이는 이러한 의례가 당시 농업의 발전을 촉진시키고, 농업의 지식과 기술을 증진시키는 의미가 있다고 볼 수 있다.

그런데 신라의 건국 설화에서 농업과 관련하여 주목할 만한 주장이 있는데, 그것은 신라 건국 설화에는 유독 알천, 알지 등과 같은 알과 관련된 말이 많이 등장하며 이 알이 곡식의 알곡으로서의 알이라는 것이다. 이는 시조신이 농업신으로서의 역할도 했다는 것으로 해석할 수 있다고 본다.[4] 다시 말하면, 신라의 건국 설화에서 자주 보이는 '알'은 광명이세라는 이념이 농업에 대한 관심을 반영한 하나의 모습(상징)이 되는 것이다. 그리고 그것이 시조 설화에 반영되어 나타난 것이다.

귀환과 재생 의례

시조 설화에서 혁거세는 하늘로부터 내려와 다시 하늘로 돌아간다. 이 상황을 『삼국사기』에서는 거서간이 세상을 떠나니 사릉(蛇陵)에서 장사를 지냈다고 간략히 언급하고 있지만 『삼국유사』에서는 비교적 자세히 언급하고 있다.

나라를 다스린 지 61년 만에 왕은 하늘로 올라가고 7일 후에 그 몸뚱이가 땅에 흩어져 떨어졌는데, 왕후도 또한 세상을 떠났다 한다. 나랏사람들이 합장을 하고자 하니 큰 뱀이 쫓아와서 방해했다. 머리와 사지를 각기 장사 지

---

4) 三品彰英, 『古代祭政と穀靈信仰』, 平凡社, 1975, 46~47쪽; 나희라, 「신라의 건국신화와 의례」, 한국고대사학회, 『한국고대사연구』, 39집, 2005, 61쪽 인용.

내어 오릉을 만들고, 또한 사릉이라고 했으니 담엄사 북릉이 바로 이것이다.

[그림 9-4] 경주 오릉

왕이 하늘로 올라가 그 몸이 다시 떨어졌다는 것은 천신족인 혁거세가 다시 하늘로 귀환하였다가 7일 후 지상으로 재생하였다는 것이다. 이러한 출생과 귀환, 재생으로 이어지는 영웅의 일생은 신화에서는 전형적인 모습의 하나다.[5] 그런데 이 설화에서 뱀이 중요한 상징이 되고 있는데, 신화학자 캠벨(J. Campbell)은 "뱀은 과거를 벗어던지고, 계속해서 새 삶을 사는 생명의 상징으로 등장"한다고 하였다.[6] 이렇게 볼 때, 혁거세의 죽음은 그것으로써 끝이 아니라 설화 속에서 재생의 장치를 마련해 놓음으로써 끊임없이 신라인의 생활과 역사 속에 재생을 거듭하게 된다. 그리고 그 재생은 시조묘 제사라는 의례를 통해 이루어진다.

---

5) 신경득, 「신라 초·중기 불구내(弗矩內) 뉘 연구」, 경상대학교 남명학연구소, 『남명학연구』 제25집, 2008, 297-342쪽에서는 혁거세를 비롯한 신라왕들의 귀환과 재생을 금관과 관련하여 논의하고 있다.

6) 조셉 캠벨(이윤기 역), 『신화의 힘』, 이끌리오, 2007, 96쪽.

[그림 9-5] 토우장식 항아리

출처: 경북일보.

제사 의례

대부분의 왕이 즉위 후 거행한 시조묘 제사는 대표적인 왕실 의례의 하나다. 이 시조묘 제사는 일종의 즉위 의례에 해당한다. 비유하자면, 국가의 수반인 대통령이 임기를 시작하는 날에 취임식을 성대하게 거행한다. 국민에 대한 선서가 이루어지고, 국정 청사진이 제시된다. 또 중대 범죄자를 제외하고는 대대적인 사면 복권도 이루어진다. 호국영령이 잠들어 있는 현충원도 방문을 한다. 이러하듯이 과거에도 새로이 왕이 되면 즉위식을 비롯한 각종 관련 의례가 거행되었던 것이다. 신라의 경우, 즉위와 관련하여 다양한 행사가 거행되었을 것으로 추정되나 역사적 기록으로는 대개 왕의 즉위년 다음 해 정월이나 2월에 시조묘 제사가 거행되었다. 시조묘 제사와 즉위 의례의 관계는 얼핏 무관한 것으로 여겨질 수도 있을 것이다. 즉위식은 응당 연회 같은 성대한 파티를 떠올릴 수 있으나 그것은 지금의 생각이고, 과거 새로이 왕이 된다는 것은 일반적으로 전왕의 사망을 전제하지 않으면 안 된다. 전왕의 사망 직후 새로운 왕으로 등극하기는 하나 그 자리에서 연회를 열 수는 없는 법이다. 따라서 대개 즉위년 다음 해[그래서 신왕의 원년도 즉위년이 아닌 그다음 해가 되고, 이를 유년칭원법(踰年稱元法)이라 한다]라든지 일정한

[그림 9-6] 경주 숭덕전

시간이 경과한 후(즉위년이나 즉위 후 3년에 하는 경우도 있었다)에 즉위를 고하는 의
식을 거행하게 된다. 그런데 신라의 즉위 의례를 보면 시조인 혁거세의 사당에 가
서 제사를 지내는 의례를 거행했다.

『삼국사기』 남해 차차웅 때 시조묘를 세웠다고 기록하고 있다. 그 이후 유리가
이사금으로 즉위하고 이듬해 시조묘에 제사를 지냈으며, 탈해 역시 이사금으로
즉위한 이듬해 시조묘에 제사를 지냈다. 왕이 박 씨에서 석 씨, 김 씨로 바뀌어도
혁거세 시조묘에 제사를 지냈던 것이다. 이후 소지왕 9년(487) 시조가 탄생한 나
을(奈乙, 나정)에 신궁이 설치되면서(신궁의 설치 시기에 대해 『삼국사기』 제사지에서
는 지증왕대라 하여 조금의 차이가 있다)부터 시조묘 대신 신궁에서 제사를 지냈는
데, 이때까지 시조묘 제사를 즉위 의례로 지속적으로 거행하였던 것이다. 2004년,
이 나정 사적에 대한 유적 조사에서는 3,600m² 규모의 팔각건물지와 우물터 및 건
물지 관련 시설을 확인한 바 있다. 특히 팔각건물지 하부에서 발견된 우물터는 나
정이 혁거세 탄강설화와 관련한 유적일 가능성이 높다고 발굴 조사를 담당한 중
앙문화재연구원이 말한 바 있다. 여기서도 신화와 역사, 의례의 상관관계를 확인
할 수 있다.

이러한 시조묘 제사는 혁거세를 매개로 하여 죽음과 삶, 과거의 왕의 사망과 새로운 왕의 즉위를 인정하고 알리는 고위(告位)의 절차다. 이 절차는 오늘날의 학교에서 신입생의 입학식만큼이나 중요한 상징적 의미를 지닌다. 이 제의에 참여함으로써 정당성을 획득하게 된다.

[그림 9-7] 나정

혁거세가 건국한 이 나라를 잘 지켜 나가겠다는 다짐을 하는 것이니 오늘날 국민에 대한 선서와 크게 다를 바 없어 보인다. 왕이 직접 시조묘에 참배하고 제사를 지냈다는 것은 어떤 방식으로든 시조의 건국이념을 상기하고 그것을 계승하자는 의지가 천명되었을 것이다. 그런 만큼 새 왕조, 새 시대로 가는 입문의례이자 인증의례가 시조묘 제사다. 그러나 아쉽게도 시조묘 제사의 의례 절차에 대해서는 기록이 남아 있지 않다. 중국의 시조묘 제사나 일본의 경우를 참조로 하여 여러 가지 추정을 할 수밖에 없다.

[그림 9-8] 신라 시조대왕 제사

시조 의례와 교육

　지금까지 신라의 시조 의례를 탄생 의례, 통치 의례, 제사 의례 등으로 구분하여 살펴보았다. 신라의 시조라는 한 개인의 일생과 관련한 의례지만 그 개인이 신라라는 나라를 상징하는 인물이기에 그와 관련한 의례는 개인을 넘어 국가적 의미가 부여된다. 시조의 탄생 의례에는 국가의 탄생이라는 건국 의례적 성격이 부여되고, 시조의 통치 의례에는 국가의 성장과 발전을 촉진하는 의미가 부여된다. 또 시조의 제사 의례에는 추모와 함께 새로운 왕이 등극하여 새로운 시대를 열어 가는 재생의 의미가 있다. 한 나라가 있으면 거기에는 구성원들에게 구성원으로서의 정체성을 심어 주는 교육이 있게 마련이다. 이른바 정치교육이다. 오늘날에는 이러한 정치교육이 학교교육이나 사회교육 등 다양한 방식을 통해 이루어진다. 사회과 과목이나 국사, 윤리, 국어 등 학교의 여러 교과목을 통해서 이루어질 수도 있고, 국가나 국기 등의 상징물을 통하거나 심지어 스포츠와 같은 활동을 통해서도 이루어질 수 있다. 당연히 전 국민이 참여하는 국경일은 매우 중요한 '교육 이벤트'의 장이 된다. 자, 요즈음 거행되는 국가 의례, 예를 들어 광복절 행사를 보자.

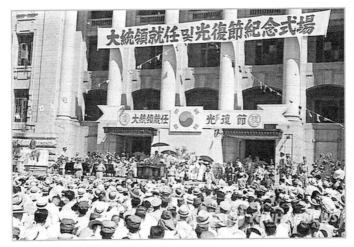

[그림 9-9] 대통령 취임 및 광복절 기념식

출처: 대통령기록관.

광복절은 개천절과 더불어 대한민국의 큰 국가적 행사로서 공휴일로 지정되어 있어 모든 국민이 모를 수 없다. 공휴일로 지정되어 있다는 것 자체가 모든 국민이 참여한다는 의미를 내포하고 있다. 이날은 대개 국가 원수와 독립 유공자들, 그리고 각계각층의 국민 대표들이 참여하여 식을 거행하는데, 국기에 대한 경례, 애국가 제창, 만세삼창, 광복절 노래 제창 등이 필수로 들어간다. 아울러 대통령은 이날 나라를 새롭게 발전시킬 중요한 정책을 발표하는 자리로 삼기도 한다. 이러한 행사는 퍼포먼스, 즉 연행이다. 국가는 이러한 퍼포먼스를 기획하고, 방송사들은 이 모든 과정을 전국에 실황 중계함으로써 정치교육의 기능을 수행한다. 신라의 시조 의례 역시 마찬가지다. 탄생과 통치와 사망 등의 사건을 국가적 이벤트로 만들어 반복함으로써 구성원들에게 시조와 국가의 위대함과 정당성을 '교육'시키는 것이다.

불교의 의례와 교육

신라의 각종 불교 의례

불교의 의례는 어느 특정 영역에 한정되지 않고 불교 전반과 관련되어 있다. 한국 불교의 의례를 정리한 『석문의범(釋門儀範)』에서는 예경(禮敬), 축원(祝願), 송주(誦呪), 재공(齋供) 등 모두 열여덟 가지로 구분한 바 있다.[7] 또 홍윤식은 『불교와 민속』이라는 책에서 불교 의례를 정기 의례와 비정기 의례로 구분하였다. 정기 의례는 세시풍속 의례와 일상 의례로, 비정기 의례는 소재(消災) 의례, 사자(死者) 의례, 영혼 천도 의례, 기타 불공 의례 등으로 구분한 바 있다.[8] 이와 같이 불교 의례는 분류상으로도 다양하며, 실제에 들어가면 수없이 많다. 신라시대에도 여러 불

---

7) 안진호, 『석문의범(상)』, 경성, 만상회, 1935.
8) 홍윤식, 『불교와 민속』, 동국역경원, 1980, 21쪽.

교 의례가 있었을 것이다. 예를 들면, 월명사의 「제망매가」는 죽은 누이의 천도를 위한 재(齋) 의식에서 사용되었을 노래다. 불교는 예전부터 죽은 자를 위한 여러 천도(遷度) 의식이 있었다. 대표적인 것으로 천도재, 우란분절 등이 있으며, 이는 교육적으로 매우 의미가 있다.

천도재는 죽은 이를 대상으로 하는 특이한 교육 형식으로 현대적으로 보면 죽음 대비교육의 성격을 지닌다.[9] 또 우란분절은 한국, 중국, 일본 등 동아시아 각국의 민속과 결부되어 단지 불교 의례로만 인식되지 않고 민족의 전통 의례로 자리 잡았다. 우란분절에 사용되는 탱화로 감로탱화가 있는데, 망자에게 감로의 법을 베풀어 극락왕생을 기원하는 미디어다. 중생들을 위한 그림 교과서인 셈이다. 또 충담사는 중삼(3월 3일)과 중구(9월 9일)에 삼화령 석미륵에 팽다헌공(烹茶獻供)을 하였다는 기록도 있다.[10]

[그림 9-10] 우란분절 감로탱화

9) 안경식, 「불교 천도재의 교육적 의미」, 한국종교교육학회, 『종교교육학연구』 제46권, 2014, 97-121쪽 참조.
10) 『삼국유사』, 「탑상」, 생의사석미륵.

3월 3일과 9월 9일은 신라 이래 민족의 명절로 자리 잡고 있고, 이때 절에서는 부처님께 차 등 여러 공양물을 올리는 의례를 행하게 된다. 이 의례는 요즈음도 불보살이나 조사의 추모제나 명절 의례의 하나로서 다례제라는 이름으로 계승되어 오고 있다. 물론 설, 추석에 지내는 차례 역시 한자는 다례와 같은 '茶禮'이지만 유교의 영향으로 차보다는 술을 주로 올리는 상황이 되었다. 불교 다례제의 발원문은 다음과 같다.

[그림 9-11] 삼화령 석미륵

출처: 『한국불교미술대전』

> 일심정례하옵고
> 지극한 정성으로 감로차를 올립니다.
> 백가지 차 잎과 꽃술을 모아
> 높은 산 석간수를 옥 사발에 달였으니
> 어둠이 부서지고 꿈에서 깨어나
> 혼돈과 미혹을 씻어 내어
> 조주의 깨침을 알게 되어지이다.
> 시방세계 부처님과 청정한 차를 공양하오니
> 이 공덕 무량하여
> 선정의 맑은 차에 지혜광명을 드리우사
> 일체중생 모두 함께 성불하여지이다
> 오직 바라옵건대 여러 부처님이시여
> 이 공양을 받으소서

다례 역시 차 한 잔으로 중생의 어리석음을 씻어 내려는 교육적 노력이 담긴 의례인 것이다. 또 『삼국유사』에서는 "신라 풍속에 매년 2월 초파일부터 보름까지 도성의 남녀들이 흥륜사에서 다투어 탑돌이를 하며 복을 비는 모임이 있다."라고 하였다.[11] 탑은 원래 부처님의 진신사리를 모시는 것에서 유래했지만 법사리(法舍利)라 하여 탑 안에 부처님의 말씀인 경전을 넣기도 하였다. 탑돌이 역시 원래 부처님 재세 시에 제자들이 예경의 표시로 부처님의 오른쪽을 세 번 도는 것에서 유래했으며, 신라에서도 중요한 불교 의례이자 민속 의례로 자리 잡게 되었다. 탑돌이 역시 신라 민중들의 공동 수행의 장이란 점에서 교육적 의미를 찾아볼 수 있다. 이와 같이 신라시대에는 수많은 불교 의례가 민속 의례로서 신라인의 생활 속에 작동하면서 사회교육의 하나로 자리 잡고 있었다. 그러나 상세한 자료가 남아 있지 않아 더 이상 논하기는 어렵다.

여기서는 여러 불교 의례 가운데 교육과 직접적으로 관련이 있는 강경(講經) 의례에 대해 자세히 알아보기로 한다.[12] 신라에는 주지하듯이 많은 고승이 있었으며, 이들은 거의 경전을 강설하는 강경의 대가들이었다. 그들의 강경에 대한 기록은 『삼국사기』를 비롯한 여러 문헌에 기록으로 남아 있다. 그러나 이러한 강경도 오늘날의 수업처럼 그냥 이루어진 것이 아니라 반드시 의례가 붙게 된다. 신라의 강경 의례는 크게 국가에 의해 이루어지는 것과 사찰에서 이루어진 것이 있다.

국가 차원의 강경 의례: 백좌강회

국가 차원에서 거행하는 강경 법회도 여러 종류가 있다. 먼저 고승들이 중국에서 유학하고 돌아왔을 때 기념 법회를 여는 경우가 있다. 자장법사는 귀국 후 궁에 들어가 강경을 하기도 하였고 황룡사에서 강의를 하기도 하였다. 또 국가에 어려움이 있을 때 국왕이 개인적으로 이름 있는 승려들을 초청하여 강경 법회를 여는 경우가 있다. 경덕왕 때인 753년에 가뭄이 심해 왕이 대현 스님을 초청해 『금광명경』을 강하게 하여 단비를 빌었으며, 이듬해에는 왕이 법해 대덕을 초청해 황

---

11) 『삼국유사』, 「감통」, 김현감호.

12) 신라의 강경 의례는 안경식, 「신라시대 불교 강경(講經)의 교육적 의의」, 한국종교교육학회, 『종교교육학연구』 제52권, 2016, 71-101쪽의 내용 일부를 다시 정리한 것이다.

룡사에서 『화엄경』을 강하게 한 적이 있다. 이러한 강경 법회를 조금 더 형식적이고 대규모로 개최한 것이 백좌강회(百座講會)다. 백좌강회는 백고좌회, 백고좌강경회, 인왕경회, 인왕도량 등 여러 이름으로 불리기도 한다.[13] 백좌강회는 국가에 특이한 변고가 있다든지 할 때 개최하는 법회인데, 이때 호국 경전으로 알려진 『인왕반야경』[원명은 『불설인왕반야바라밀경(佛說仁王般若波羅蜜經)』]을 읽게 된다.

이 경전은 "열여섯 큰 나라 왕의 뜻이 국토를 보호할 인연을 묻고자 하는 것임"을 알고, 모든 보살을 위하여 불과(佛果)를 보호하는 인연과 10지행(地行)의 인연을 설하는 것으로 법문이 시작된다.[14] 그리고 5품 「호국품」에 이르러서는 부처님이 대왕들에게 국토를 바르게 보호하는 법용(法用)을 설하는데, 이것이 백좌법회

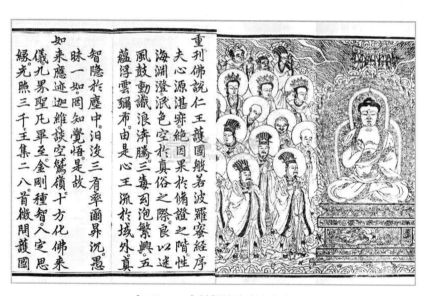

[그림 9-12] 인왕반야바라밀경

---

13) 백좌강회의 명칭에 대해서는 시대에 따라 여러 가지가 있는데, 그 가운데 백좌강회와 인왕도량(다음 절에 제시한 사례 ④가 인왕도량의 명칭으로 설치되었다)이 별개의 것인지, 같은 것인지도 논란이 있다. 신라시대의 사례를 다루는 여기서는 일단 같은 것으로 보았다.

14) 한글대장경 『불설인왕반야바라밀경(佛說仁王般若波羅蜜經)』, 「관공품(觀空品)」.

의 기본적인 의례를 구성하게 된다. 「호국품」에는 "국토가 어지러워지고 파괴되고 겁탈되고 불태워지며 도적이 와서 나라를 파괴하려 할 때 백의 불상과 백의 보살상과 백의 나한상을 모시고 백의 비구 대중과 사부 대중(四衆)과 일곱 대중(七衆)과 함께 백 명의 법사에게 반야바라밀을 강설하여 주기를 청하여 들으며, 백 사자후(師子吼)의 높은 자리 앞에서 백 개의 등(燈)을 켜고, 백 가지를 섞은 향(百和香)을 태우고, 백 가지 색의 꽃을 가지고 삼보에 공양하고, 세 가지 옷(三衣)과 집물(什物)을 법사에게 공양하고, 소반(小飯)·중반(中飯)도 또한 때에 맞출 것이다. 대왕이여, 하루 두 번 이 경을 강독하라."라고 되어 있다.[15] 이러한 백좌강회는 신라뿐 아니라 고려에는 더욱 빈번히 설행되어 한국 불교의 성격을 호국불교로 규정하게 하는 데 일정 부분 기여하였다고 여겨진다. 강경이 중요한 부분을 차지하지만 강경의 목적 역시 교학을 이해하는 것에 있다기보다는 경전의 공덕을 빌어 국가에 도움을 주겠다는 것에 있다 할 수 있다. 따라서 개인적 차원에서 이루어지는 강경보다는 의례적 특성이 분명히 드러나는 법회라고 할 수 있다.

신라의 백좌강회

신라에서 백좌강회가 개설된 기록을 연도별로 정리하면 다음과 같다.

① 진흥왕 12년(551) 거칠부는 혜량법사를 데리고 신라로 돌아와서 왕에게 뵈니 왕은 그를 승통으로 삼아 처음으로 백좌강회와 팔관회를 열었다(『삼국사기』, 「열전」, 거칠부).

② 진평왕 35년(613) 수나라 사신 왕세의(王世儀)가 황룡사에 이르자 백고좌를 베풀어 원광 등 법사를 맞이하여 불경을 강설했다(『삼국사기』, 「신라본기」, 진평왕).

③ 선덕왕 5년(636) 왕이 병이 나서 치료도 하고 기도도 올렸으나 효험이 없

---

15) 한글대장경『불설인왕반야바라밀경(佛說仁王般若波羅蜜經)』, 「호국품(護國品)」.

었다. 황룡사에서 백고좌회를 열어 승려들을 모아 『인왕경』을 강설하고, 100명에게 도승(度僧)을 허락하였다(『삼국사기』, 「신라본기」, 선덕왕).

④ 성덕왕 5년(706) 흉년이 들어 인민들의 굶주림이 심했다. 이듬해(707) 백성들을 구휼하였다. 왕은 태종대왕을 위해 봉덕사를 세우고 이레 동안 인왕도량을 설치하고, 모든 죄인을 사면했다(『삼국유사』, 「기이」, 성덕왕).

⑤ 혜공왕 15년(779) 서울에 지진이 나서 백성들의 집이 무너지고 죽은 사람이 1백여 명이나 되었다. 금성이 달에 들어가므로 백좌법회를 열었다(『삼국사기』, 「신라본기」, 혜공왕).

⑥ 헌강왕 2년(876) 황룡사 승려들에게 재를 베풀고 백고좌강경회를 열었다. 왕이 몸소 행차하여 들었다(『삼국사기』, 「신라본기」, 헌강왕).

⑦ 헌강왕 12년(886) 왕이 병이 나서 국내의 옥에 갇힌 죄수들을 용서해 놓아주고 또 황룡사에 백고좌강경회를 열었다(『삼국사기』, 「신라본기」, 헌강왕).

⑧ 정강왕 2년(887) 황룡사에서 백고좌회를 열었는데 왕이 친히 행차하여 강의를 들었다(『삼국사기』, 「신라본기」, 정강왕).

⑨ 진성왕 원년(887) 황룡사에서 백좌를 베풀고 왕이 몸소 행차하여 강의를 들었다(『삼국사기』, 「신라본기」, 진성왕).

⑩ 경애왕 원년(924) 황룡사에서 백좌강설회 겸 선승 300명에게 반승(飯僧)을 하고 왕이 친히 가서 향공양을 올렸다. 이것이 백좌통설선교(百座通說禪敎)의 시초였다(『삼국유사』, 「기이」, 경애왕).

이 내용을 보면, 『인왕반야경』의 내용과 마찬가지로 지진이나 기근과 같은 국가의 재난이나 왕의 병환 등의 이유로 백고좌회를 개최했음을 알 수 있다(③, ④, ⑤, ⑦의 경우).[16] 그러나 특별한 재난이 없는 경우에도 백좌강회가 열린 경우도 적지

---

16) 이 열 번의 백고좌회가 열렸을 당시의 국내외 상황에 대해서는 김복순의 논문(「신라의 백고좌법회」, 동국대신라문화연구소, 『신라문화』 제36집, 2010년 8월, 81–112쪽)에 상세히 논의되어 있다.

않았는데, 즉위년이나 그 이듬해에 열린 경우(⑥, ⑧, ⑨, ⑩의 경우)는 임금과 나라의 안녕을 축원하는 일종의 즉위 의례의 성격으로 보아야 할 것이다. ②의 경우는 진평왕대의 일인데, 국가 사찰인 황룡사에서 수나라 사신 왕세의가 온 것을 계기로 당시 수나라에서 귀국한 원광을 법사로 초청하여 불법을 강설한 것이다. 그리고 ①은 거칠부와 인연이 있던 고구려의 혜량법사를 신라로 받아들여 처음 백고좌회를 열었다는 기록이다. 그런데 이는 단지 신라 최초의 백고좌회에 그치지 않고 동아시아 사회에서 최초의 기록이다. 중국의 경우, 『불조통기(佛祖統紀)』(卷37, 法運通塞志, 陳, 永定3年條)에서는 559년인 진(陳) 영정(永定) 3년에 칙명으로 인왕대재(仁王大齋)를 설하였다고 하였다. 그 후, 진(陳)의 지덕(至德) 3년(585)에 지의(智顗)대사를 청하여 태극전에서 인왕반야경을 강설하였다 하고, 당대에 들어서는 정관 3년(629)에 태종이 태극전에서 인왕반야경을 설하도록 했다는 기록이 있다. 일본의 경우는 제명천황(齊明天皇) 6년(660)에 거행한 것이 최초다. 그리고 천무천황(天武天皇) 5년(677)과 지통천황(持統天皇) 7년(693)에도 거행하였고, 그 후 나라(奈良)와 헤이안(平安) 시대에도 성행했다고 한다. 물론 학자들은 당시의 불교문화가 중국에서 한반도로 유입되는 상례로 보아 신라에서 동아시아 최초로 거행되었다는 이 기록에 의문을 제기하기도 한다.[17]

백좌강회의 실제

다음으로, 신라의 백고좌회가 실제 어떻게 열렸는지를 알아보아야 하는데, 일단 앞서 제시한 기록으로는 그 내용을 알기 어렵다. 알 수 있는 것은 100명의 고승을 초청해 경전의 강설이 있었다는 것(②의 경우), 100명의 도승을 허락하였다는 것(③의 경우), 일주일 동안 행해졌다는 것(④의 경우), 죄인을 방면했다는 것(④와 ⑦의 경우), 반승을 행하였다는 것(⑩의 경우) 등이다. 국왕이 직접 참여했다는 기록

---

17) 安田純也, 新羅における講經儀礼の受容, 『東アジアの儀礼と宗教』, 東京, 雄松堂出版, 2008, p. 326.

은 즉위 의례의 성격을 가지는 ⑥, ⑧, ⑨, ⑩의 경우에만 있다. 그 밖의 경우에도 국왕이 개설의 주관자로 암시되어 있거나 설령 그러한 내용이 없더라도 이 의례는 국왕 아닌 다른 사람이 개설할 수 없는 행사다. 이를 감안하면 국왕이 거의 참여했다고 보아야 한다. 참여한 국왕은 직접 독경을 하거나(경전에 "대왕이여, 하루 두 번 이 경을 강독하라."라고 되어 있기 때문에), 고승의 강의를 듣거나(경전에 "백 명의 법사에게 반야바라밀을 강설하여 주기를 청하여 들으며"라고 되어 있기 때문에) 했을 것이다.

결국 신라에서 설행된 이러한 백좌강회는 한편으로는 경전의 힘을 빌려 국가나 왕의 안녕과 건강을 기원하는 공덕 기도 법회의 성격을 지닌다. 아울러 당대의 고승을 초청하여 경전을 강설하게 하고 그것을 국왕이나 귀족들이 청강하는 강경 법회의 성격도 있다. 그렇다면 강경법회의 측면에 주목한다면 백좌강회는 교육적 행사라고 볼 수 있다. 다만, 이 교육은 일반인을 대상으로 한 것이 아니라 국왕을 대상으로 한 교육 의례라고 볼 수 있다. 실제 이 자리에는 국사(國師)를 비롯한 당대의 고승들이 모두 참여했을 것이고(파계와 무애행이 사회적 관심이 되었던 원효의 경우는 특별한 경우이지만) 그들은 반야바라밀의 지혜의 가르침을 국왕에게 충분히 강했을 것이기 때문이다.[18] ②의 예에서 보듯이 국가사찰인 황룡사에서 행해진 백고좌회에서는 원광이 으뜸 자리에 앉았으며, 강경에 능한 원광은 이때 국왕을 비롯한 참여자들에게 반야 지혜에 대한 강설을 충분히 행했을 것이고, 그렇다면 백고좌회는 군주교육인 '성학(聖學)'이 이루어진 강경법회라는 의미를 지닌다 할 수 있을 것이다.

---

18) 김종명, 「'호국불교' 개념의 재검토-고려 인왕회의 경우-」, 한국종교학회, 『종교연구』 21, 2000, 93-120쪽에서는 고려 인왕회, 즉 백좌강회가 호국불교의 상징으로 되어 있으나 재고가 필요하다고 하였으며, 인왕에 의한 호국의 의미는 지혜에 대한 이해와 실천이라는 이기영의 견해(이기영, 「인왕반야경과 호국불교: 본질과 역사적 전개」, 단국대동양학연구소, 『동양학』 5, 1975, 491-521쪽)에 주목했다.

적산법화원의 강경 의례

신라시대에는 신라사회 내에서도 다양한 강경 활동이 전개되었음을 알 수 있다. 그러나 아쉽게도 강경 활동이 구체적으로 어떠한 모습으로 전개되었는지에 대해서는 기록이 남아 있지 않다. 이런 가운데 일본의 승려 엔닌(圓仁, 794~864)이 남겨 놓은 기록(『입당구법순례행기(入唐求法巡禮行記)』)에 신라 적산(赤山)법화원(法花院)의 법회 장면이 있고, 그 속에 강경 의례와 관련한 상세한 내용이 기록되어 있다. 이 절은 산동성(山東省) 등주(登州) 문등현(文登縣) 적산촌(赤山村)에 있는 절로서 장보고에 의해 설립되었다. 따라서 비록 중국에 있는 절이기는 하나 다수의 신라 승려에 의해 운영되고 있었으며 신라 불교의 전통이 상당히 반영되어 있었다.

『입당구법순례행기』에는 불교 관계 기사가 많이 수록되어 있고, 그 가운데 중국 사찰의 강경 기록이 더러 보인다. 엔닌 일행은 839년 6월에 적산에 도착하여 이듬해 2월까지 그곳에 머물며 법화원에 대한 상세한 기록을 남겼다. 그 기록에 의하면, 법화원에는 1년에 500섬의 쌀이 나는 토지가 딸려 있으며, 30명의 승려가 있었고, 당시 주지는 법청(法淸)이었다. 신라식으로 8월 보름을 추석 명절로 지내는 풍습이 있었다고 하며, 엔닌이 법화원을 신라원이라고도 칭할 만큼 신라식으로 운영되던 절이었다.

[그림 9-13] 적산법화원

[그림 9-14] 적산법화원의 장보고 상

『법화경』강의 의례

『입당구법순례행기』에서는 두 종류의 적산원 강경 기록을 남기고 있는데, 하나는 11월 16일부터 이듬해 정월 보름까지 두 달간 진행된 『법화경』강의로 11월 16일자에 다음과 같이 기록되어 있다.

> 적산원에서 『법화경』 강경을 처음 시작하는데 내년 정월 15일까지 기한으로 정해서 한다. 각처의 여러 스님과 인연 있는 시주가 모두 와서 참여한다. 그중 성림(聖琳) 화상이 이 강경의 법주(法主)다. 또 논의(論義)가 두 명 있는데, 돈증(頓證) 스님과 상적(常寂) 스님이 맡았다. 남녀승속은 모두 법화원에 모여 낮에는 강경을 듣고, 밤에는 예참(禮懺)과 청경(聽經)을 절차에 따라 한다. 모인 스님들은 40인이다. 강경과 예참은 모두 신라의 풍속에 의거한다. 다만 황혼과 인시(寅時)에 하는 두 번의 예참은 당(唐)의 풍습에 의거한다. 나머지는 모두 신라의 말과 소리에 의거한다. 여기 모인 도속, 노소, 존비는 모두 신라인이다.

이곳 법화원에서는 정기적으로는 연 2회 강경이 이루어지는데, 겨울에는 『법화경』, 여름에는 『금강명경』 8권을 강한다고 하였다(839년 6월 7일자 기사). 강경을 담당한 법주는 신라인 성림 화상이며, 20년간 오대산과 장안을 두루 다니다 법화원에 온 고승이다(839년 7월 23일자). 엔닌은 원래 일본 천태종 본산인 쿄토(京都) 엔랴쿠지(延曆寺)의 승려로 중국의 천태산으로 가려고 했으나 성림화상으로부터 오대산에서 활발하게 이루어지고 있는 법화사상 교화의 모습을 듣고 행선지를 오대산으로 변경하게 된다(839년 7월 23일자). 법화원의 강경에 참여한 사람은 전부 신라인이었으며, 대부분의 예불도 모두 신라말과 신라의 풍속에 의거하여 이루어진다고 적고 있다.

적산원 강경 의례

구체적인 강경 의례에 대해서는 『입당구법순례행기』의 839년, 11월 22일자에 '적산원강경의식'이란 제목 아래 다음과 같이 기록되어 있다.

진시(辰時)에 강경을 알리는 종을 친다. 강경이 시작된다는 것을 대중에게 일깨우는 종을 친 뒤, 대중들이 강당에 들어간다. 대중이 자리하였다는 종이 울리면 강사가 들어온다. 강사가 고좌에 올라갈 때 대중들은 다 같이 불명(佛名)을 염불한다. 염불의 음곡은 모두 신라의 음이며, 당나라의 음과는 다르다. 강사가 자리에 올랐을 때 염불을 멎는다. 이때 아랫자리에 있는 한 스님이 범패를 하는데 모두 당나라 풍으로, '운하어차경(云何於此經)' 운운하는 한 행의 게송이다. '원불개미밀(願佛開微密)'이라는 구절에 이르게 되면 대중은 "계향(戒香) 정향(定香) 해탈향(解脫香)"을 합창한다. 범패를 마치면 강사가 경의 제목을 창(唱)하고, 제목을 삼문(三門)으로 나누어 풀이한다. 이를 마치면 유나사(維那師)가 고좌 앞으로 나와 모임의 이유와 시주의 법명과 보시의 물목을 읽고 그 종이를 강사에게 전해 준다. 강사는 주미(麈尾: 拂子)를 잡고 일일이 시주의 이름을 거론하고 따로따로 서원(誓願)을 말한다. 서원이 끝나면 논의자(論義者)가 논의거리를 질문한다. 질문하는 사이에 강사는 주미를 들고 질문자의 말을 듣고, 질문이 끝나면 주미를 내렸다 다시 든다. 사문(謝問)은 그 자리에서 바로 답을 한다. 첩문(帖問)에는 첩의 형식으로 답을 한다. 이는 일본과 같다. 그러나 '논란'의 방식(難儀式)은 조금 다르다. 손을 옆으로 세 번 내린 후 질문을 하는데, 갑자기 하는 논란하는 소리는 마치 화난 사람이 다투듯 한다. 강사는 논란을 듣고 그에 대해 답을 할 뿐 다시 반론을 제기하지 않는다. 논의가 끝나면 경전을 독경한다. 강경이 끝나면 대중이 함께 긴 소리로 찬탄을 하는데 찬탄 소리 가운데는 회향사(廻向詞)도 들어 있다. 강사가 고좌에서 내려오면 한 스님이 '처세계여허공(處世界如虛空)'이라는 게송을 읊는데 소리가 자못 일본과 비슷하다. 강사가 예반(禮盤)으로 올라가면 한 스님이 '삼례(三禮)'라고 외치면 강사와 대중도 함께 참여한다. 강사는 강당을 나와 거처로 돌아간다. 다시 복강사(覆講師) 한 사람이 남쪽 고좌에 앉아 강사가 어제 강의한 경문을 읽으며, 중요한 뜻이 포함된 구절이다 싶은 곳이 나오면 강사가 자신의 의견을 덧붙여 설명한 부분까지 읽는다. 복강사가 어제의 강문을 다 읽고 나면 강사는 다음 날 그 다음 경문부터 읽는다. 매일 이와 같이 한다.

이 행사는 이 절에서 매해 정기적으로 거행되는 강경 행사의 의례였지만, 부정기적으로 하루와 같이 짧은 기간에 이루어지는 행사도 있다.

일일강 의례

엔닌은 앞의 기록에 이어 그러한 의례에 대해서도 '신라일일강의식(新羅一日講儀式)'이라는 제목으로 다음과 같이 기록을 남기고 있다.

진시(辰時)에 종을 친다. 길게 치고 나면 강사와 도강 두 사람이 강당에 들어온다. 대중이 먼저 들어와 열을 지어 앉는다. 강사와 독사(讀師)가 강당에 들어오는 동안 대중들이 불타의 이름을 함께 길게 찬불한다. 강사가 북쪽 고좌에 앉고 도강이 남쪽 고좌에 오른다. 찬불을 마치고 아랫자리의 한 스님이 범패를 하는데 "운하어차경(云何於此經)" 하며 길게 게송을 읊는다. 범패가 끝나면 남쪽 고좌에서 경의 제목을 창(唱)한다. 이가 이른바 '창경장인(唱經長引)'이라 하는데 소리에 굴곡이 있다. 창경(唱經)을 할 때 대중이 세 번 산화(散花)하며, 산화할 때마다 송(頌)이 있다. 창경을 마치면 다시 단음으로 경의 제목을 창하고, 강사는 경의 제목을 풀이하고, 삼문(三門)으로 구분하여 경전의 대의를 설명한다. 경전의 제목 풀이가 끝나고 유나사가 행사가 이루어진 연유가 적힌 글을 읽는다. 그 글에는 무상의 도리와 망자의 공덕, 죽은 날짜 등이 모두 기록되어 있다.

이상의 두 자료를 보면서 강경과 관련한 몇 가지 사실을 정리해 보면, 우선 앞의 강경과 뒤의 강경은 설행 목적이 차이가 있다. 뒤의 것은 망자의 재(齋) 속의 강경이며, 앞의 것은 법화 사원으로서 법화 교학 연마를 위한 행사로 보인다. 물론 이때도 시주의 발원과 축원이 있지만 그것은 오히려 부차적인 것이다. 이 두 의례는 설행 목적과 성격, 설행 기간 등의 차이에도 불구하고 강경과 관련한 전후 의식에는 큰 차이가 없다. 이 두 가지 기록을 바탕으로 법화원에서 거행된 강경 의례를 준비 단계인 개강 의례, 본 단계인 강설 의례, 마무리 단계인 회향 의례라는 이름을 붙이고 정리해 보았다.

개강 의례

개강 의례는 행사의 시작을 알리는 타종에서부터 시작된다. 종소리를 듣고 대중이 들어와 줄을 지어 자리에 앉으면 강사와 도강(都講)이 들어온다. 강사는 경전을 강해하는 법사로 강주(講主)가 되며 북쪽 고좌에 앉는다. 도강은 독사(讀師)

[그림 9-15] 일본 야쿠시지(藥師寺) 강당의 고좌
출처: 『佛教新發見』 3號.

라고도 하며, 경의 제목이라든지 경문을 창(唱)하거나 읽는 사람으로 남쪽 고좌에 앉는다.

강사와 도강이 입장하여 정좌할 때까지 대중은 찬불로 이들을 맞이하며, 정좌 후에는 아랫자리에 있는 범패사가 범패를 하는데, 천태 법화의 범패는 '운하어차경(云何於此經), 구경도피안(究竟到彼岸), 원불개미밀(願佛開微蜜), 광위중생설(廣爲

衆生說)'을 읊게 되는데, 이를 '운하패(云何唄)' 혹은 운하범(云何梵)이라고 한다. 강경법회가 시작될 때 이 패를 하는 것은 오늘날의 청법가와 같은 역할로 볼 수 있다. 이어 도강이 경의 제목을 창(唱)한다. 앞의 '신라일일강의식'에서는 도강이 창제(경의 제목을 창함)를 할 때 꽃을 뿌리는 산화(散花) 의례가 이루어지고 또 이때 송(頌)도 곁들여진다고 하였다. 그 후, 강사가 제목에 대해 풀이를 한다. 풀이가 끝나면 유나사(維那師)가 나와 법회가 이루어지게 된 연유를 말하면서 시주(施主)의 이름과 공덕, 그리고 시주된 물품의 물목을 읽는다. 시주의 이름이 적힌 글을 강사에게 주면 강사는 그들을 위해 축원을 하게 된다. 이것으로 강경의 개강 의식은 끝이 난다.

강설 의례

다음은 강경의 본 단계로서 강설 의례인데 크게 세 부분으로 나뉜다. 첫째는 논의 부분이고, 둘째는 경전의 강설 부분이다. 셋째는 복강(覆講) 부분이다. 먼저, 논의(論義 혹은 論議, 議論)는 강경에서 매우 중요한 부분을 차지하는 의례인데, '적산원강경의식'에서는 비교적 상세히 언급되어 있다. 즉, 강사가 시주들을 일일이 축원하고 나서 논의자(혹은 問者)가 논의를 한다고 되어 있다. 이 논의는 일종의 경문의 내용에 대한 문답 과정이다. 그 목적은 경문의 이해를 돕기 위하여 질문과 답변 형식을 빌린 것이다. 논의자는 전담자가 있을 수도 있고, 도강이 그 역할을 담당할 수도 있다. '적산원강경의식'에서는 도강이라고 하지 않고 논의자라고 하였고, '신라일일강의식'에서는 도강이라고 하였으나 같은 사람인지는 알 수 없다. 논의에서의 질문은 이와 같이 도강이나 전담 논의자가 할 수도 있으나 참가자가 할 수도 있는데, '적산원강경의식'에서 말한 첩문(帖問)이 그 경우가 아닌가 여겨진다.[19] 또한 '적산원강경의식'에서는 논의 외에 논란(論難)에 대해서도 이야기하고

---

19) 일본 천태종의 경우를 보면 牒論義라는 것이 있는데, 이것이 바로 청중으로 참가한 사람 가운데서 질문을 하는 것이다. 清原惠光, 「天台の論義」, 智山勸學會, 『智山學報』 45, 1996年

있다. 즉, 엔닌이 보기에는 논의는 일본의 것과 비슷하며, 논란은 조금 다르다고 하면서, "화난 사람이 다투듯" 한다고 표현하였다. 논의와 논란의 구분은 자세히 알 수 없으나, 논의 속에 논란 의식이 들어 있었다고 볼 수 있다.

두 번째는 강설 부분이다.[20] 강설의 과정에 대해서는 앞의 자료에서는 자세히 언급되지 않았다. 윤광봉은 "도강이 먼저 경전의 문구를 창하고 나면 그 부분을 강사가 강설하고, 다시 다음 부분을 도강이 창한 다음 강사가 이에 대해 해설하기를 반복하는 형식"이라고 하였다.[21] 그런데 '법화경강경' 자료에서는 낮에는 강경을 듣는다고 한 것으로 보아 실제 강설에 가장 많은 시간이 할애되었을 것이다. 그러나 신라말로 진행된 강설을 엔닌이 알아듣지는 못했을 것이며, 따라서 그 내용상의 특징에 대해서는 기록하지 않은 것이 아닌가 한다. '신라일일강의식'에 의하면, 경전의 대의는 삼문(三門)으로 구분하여 설하는 것으로 되어 있다. 이 삼문은 서분−정종분−유통분의 삼문이며, 이것은 경전 구성의 일반 형식이고 해설의 일반 형식이기도 하다.

세 번째는 복강 부분인데 일종의 복습 과정이며, 어제 강경한 경문과 강사의 강해 내용에 대해 복강사가 다시 읽어 주게 된다. 복강의 실시 시기에 대해서 '적산원강경의식'에서는 강사의 강의를 끝내고 처소로 돌아가고 나서 당일 복강이 실시되는 것처럼 기록되어 있으나 또 "어제 강의한 경문을 읽는다."는 내용이 있는 것을 보면 다음 날 실시되었는지도 모르겠다. 이 복강사 제도는 고려의 기록에도 보

3月), p. 7. '적산원강경의식'에서 엔닌은 신라 법화원의 논의 의식이 일본의 것과 비슷하다고 기록하였다.

20) 논의가 강설보다 먼저 이루어진다는 것이 다소 특이한데, 일단 자료에는 그렇게 나타나 있다. 실제 그러하다면 논의는 의례화된, 다시 말하면 연극적인 요소로 볼 수도 있을 것이다. 오늘날 일본의 고찰 야쿠시지(藥師寺)에 남아 있는 강당의 의례를 보면 논의 의례는 서론에서 이야기한 전독(轉讀)의 경우와 같이 연극적·의례적으로 구성되어 있다고 한다(이 말은 2016년 봄, 야쿠시지의 야스다 죠우키(安田煡基) 스님으로부터 직접 들은 이야기다).

21) 윤광봉, 「중세 한국의 강경과 창도」, 한국공연예술원, 『한극의 원형을 찾아서: 불교의례』, 파주, 열화당, 2018, 282쪽.

이는데, 대각국사 문하에서 공부했던 교웅(教雄, 1076~1142)이 국청사에서 복강사로 있었다는 기록이 있는 것을 보면[22] 법화원 이외의 신라 사원에서도 실시되었을 가능성이 있다.

회향 의례

회향 의례는 찬탄과 삼례 등으로 구성되는데, 찬탄은 부처님을 찬탄하는 것으로 이때 회향도 아울러 이루어진다고 한다. 회향 관련 내용에 대해서 엔닌은 '신라일일강의식'에 이어 '신라송경의식'이라 하여 다음과 같이 기록하고 있다.

> 송경(誦經)을 마치고 도사(導師)가 혼자 '귀의불, 귀의법, 귀의승'을 읊고, 이어 불보살의 명호를 염불한다. 도사가 '나무십이대원' 하면 대중은 '약사유리광불' 하고, 도사가 '나무약사야(南無藥師也)' 하면 대중은 함께 '관세음보살' 한다. 모두 이렇게 하여 예불이 끝난다. 도사가 홀로 회향을 하면서 발원을 하는데 회향이 좀 길다. 회향이 끝난 후, 도사가 '발심(發心)'하면 대중도 함께 '발심'한다. 이어 도사가 발원(發願)하고 이를 마치면 삼보에 정례(頂禮)한다.

앞의 회향 의례는 강경 의례가 아닌 염경(念經)이라고도 하는 송경 의례의 회향 부분이나 강경 의례와도 큰 차이가 없을 것 같다. 이상의 엔닌의 기록에는 강경 의례, 일일강경 의례, 송경 의례의 세 종류의 의례가 소개되어 있는데, 셋 모두 경전을 바탕으로 이루어진다는 공통점이 있다. 강경에 대한 상세한 기록 자료 자체가 매우 드문 상황에서 엔닌이 기록한 신라 법화원의 강경 관련 자료가 말해 주는 것은 많다. 그 이전 자료와 비교해 볼 때, 여기서는 강경의 의례화를 분명히 볼 수

---

22) 「卒國清寺住持了說演妙弘眞慧鑑妙應大禪師墓誌銘」에 "조칙으로 국청사의 복강사가 되었다."라는 기록이 있다.

있다. 물론 앞에서도 보았듯이 신라에서도 백고좌회와 같은 강경 의례가 존재했다. 그러나 그것은 국가 주도의, 국가적 차원의 의례다. 그러나 법화원에서의 강경은 승속이 함께 참여하는 형태, 사원이 주도하고 지역민이 참여하는 형태다. 강경이 국가 차원에서 사원 차원으로 전환되었다는 것은 불교의 대중화라는 차원에서 이해할 수 있다. 동아시아의 불교사를 보면, 실제로 당대(唐代)에는 대중을 위한 변형된 형태의 강경, 이른바 속강(俗講)이 유행하게 되고, 강경의 형태도 매우 다양하게 된다.[23] 특히 강경이 의례와 결부됨으로 해서 설법자가 말하고 청법자가 듣는 단순한 강의에서 벗어나 음악, 미술, 건축, 연극 등 다양한 미디어가 개입하게 된, 교육 방법상 한층 다양해진 강경이 이루어지게 되었다. 아울러 참여하는 사람들도 강사 이외에도 도강(都講), 독사(讀師), 복강사(覆講師), 범패사(梵唄師), 산화사(散華師) 등과 같은 관련 직책들로 분화되고 전문화되었다. 이렇게 인적·물적 요소가 증가함으로써 강경은 더욱 '장엄'해지게 되었고, 교화·교육적 효과는 더욱 커지게 된 것이다.

강경 의례의 교육적 의의

많은 대승 경전에서 강경의 공덕의 수승함을 말할 정도로 강경의 중요성은 신앙적 측면에서 지속적으로 강조되어 왔다. 또 불교 교학의 발전이라는 측면에서도 강경은 중요한 역할을 해 왔다. 믿음의 문제를 학문적 논의의 대상으로 삼음으로써 교학적 발전이 이루어짐은 말할 것도 없다. 특히 성현의 말씀이라는 '경'은 그 자체로 권위를 인정받고 그에 대한 논변을 허락하지 않는 것이 일반적이나, 불교의 강경에서 이를 토론의 대상, 힐문(詰問)의 대상으로 삼는 것 자체가 적지 않은 의의가 있다. 교육학의 관점에서 보더라도 불교의 강경은 의미 있는 연구 과제가 된다. 우리가 오늘 강의라고 하면, 학교와 같은 교육 현장에서 교사나 강사의 수

---

23) 속강의 등장, 유행의 문화적 배경에 대해서는 조명화, 「中國佛敎 講經의 流變」, 서원대학교 인문학연구소, 『인문과학연구』 6, 1997의 제4장에서 논하고 있다.

업 장면을 떠올리게 된다. 즉, 지식의 전달을 위한 하나의 형태로 이해되고 있다. 불교의 강경 역시 그러한 지식의 전달이라는 측면이 존재한다. 그러나 불교사에서 볼 수 있는 강경은 그와 같은 단일한 형태만은 아니다. 강경은 기본적으로 문자를 바탕으로 이루어지는 활동이기 때문에 고대사회에서는 대중들의 참여가 쉽지 않았다. 그러나 불교 대중화라는 추세에 따라 한편으로는 속강과 같은 형태의 변형된 강경이 등장하고, 다른 한편으로는 법회와 같은 불교 의례와 결합된다. 중국의 경우는 속강이 등장하고, 속강용 강경 텍스트 자체가 민중의 수준에 맞게 형태[相]가 변화[變]되어 변문(變文), 변상도(變相圖)와 같은 민중용 텍스트가 등장한다.[24)

강경의 형식도 점점 다양해지고, 범패나 강창(講唱)과 같은 음악, 연극과 같은 형식도 들어간다. 그 자체로 최고의 권위를 지니는 경전마저 힐문의 대상이 되고 변용의 대상으로 삼았다는 것은 교육의 관점에서 본다면 적지 않은 의의가 있다.

[그림 9-16] 화엄경변상도

출처: 해인사.

---

24) 속강(俗講)과 변문(變文)에 대해서는 蕭登福, 『敦煌俗文學論叢』, 臺北, 臺灣商務印書館, 1988, 1-85쪽, 강경변문(講經變文)의 교육학적 의의에 대해서는 安京植, 「唐代淨土宗衆生教化之教育意義」, 國立臺灣師範大學敎育硏究所 博士論文, 1992, 第3章 第2節 참조할 것.

서민들이야 알든 모르든 경전은 신성불가침한 것이어서 한 글자, 한 획도 변화시키지 못한다면 그것은 바로 교육의 포기를 선언하는 것이나 다름없는 것이기 때문이다. 또 강경이 국가나 왕실 의례뿐 아니라 일반인들을 위한 천도재와 같은 법회의 한 부분으로 점차 들어감으로써 촌락의 서민들까지도 법회에 참여할 수 있게 되고, 하루 한나절이나마 경전을 접할 수 있는 기회가 마련되었다는 것은 서민의 교육에 있어 중대한 의미를 지닌다 할 것이다. 경전의 강설이 문자적으로만 이루어지지 않고 의례화되었다는 것은 서민들도 의례화된 법회에 참여함으로써, 의례를 같이 행함으로써 그 상징 텍스트를 체득하게 되는 것을 의미한다. 강경 의례는 경전을 상징화해 놓은 텍스트이기 때문에 머리로 경전을 배우는 것이 아니라 몸으로 경전의 의미를 체득하는 '몸 교육'이 이루어지는 것이다.

이상에서 불교의 강경 의례에 대해 고찰해 보았지만 강경은 사실 불교교육, 불교문화의 전유물은 아니다. 한국의 유교문화에서도 강회(講會), 회강(會講), 유계(儒契) 등 다양한 이름을 가진 강경 활동과 의례는 있다. 동아시아 문화권에서 불교의 강경의 유래는 유교에서 찾을 수 있다는 견해도 있다.[25]

🌐 유교의 학례

유교와 의례

유교는 예(禮)의 종교요 사상이라 할 정도로 예와 밀접한 관련이 있다. 오늘날 우리가 생각하는 유교의 예는 관, 혼, 상, 제의 가례(家禮) 정도일지 몰라도 유교의 예는 그 깊이와 폭이 매우 넓다. 선진(先秦) 시대의 육예(六藝) 가운데 첫 번째가

---

25) 蓑輪顯量, 『日本佛敎史』, 春秋社, 2015, p. 5에서는 중국 강경의 기원은 유가의 강경에 있다고 하였다. 그러나 중국 학자 띵깡(丁鋼)은 『中國佛敎敎育－儒佛道敎育比較硏究－』(四川: 四川敎育出版社, 1988)의 제3장에서 위진남북조 시대에 형성된 불교의 교학 형식이 유가에 영향을 주었다고 주장한다.

예다. 그 예는 구체적으로 길례
(吉禮), 흉례(凶禮), 빈례(賓禮), 군
례(軍禮), 가례(嘉禮)의 오례(五禮)
인데, 이는 개인 차원의 예가 아
닌 사회, 국가 차원의 예다. 이러
한 선진 시대의 예는『예기(禮記)』
『주례(周禮)』『의례(儀禮)』의 삼례
(三禮)로 정리되었다.

그 가운데『의례』가 의식(儀式)
에 관한 구체적 내용을 기록한 것
으로 17편으로 구성된다. 그 17편
에는 유교의 성인식을 기술한 사
관례(士冠禮), 결혼식에 관한 사
혼례(士婚禮), 사(士)와 사가 만나
는 사상견례(士相見禮), 향학에 모
여 음주의 예를 행하는 의식인 향
음주례(鄕飮酒禮), 향대부(鄕大夫)
가 사(士)와 제자(弟子)를 향학에
모아 놓고 활쏘기를 행하는 예인
향사례(鄕射禮) 등이 포함된다.[26]

[그림 9-17] 의례주소

신라시대에도 유교가 들어오면서 다양한 예제(禮制)도 함께 들어왔을 것이다. 특
히 통일기를 전후하여 당과의 교류가 활발해지고, 당의 각종 제도를 받아들이기
시작하면서 유교적 예를 본격적으로 수용하게 되었다. 물론 이미 지증왕 5년
(504)에 상복법을 제정하였다는 기록이 있는 것으로 보아 기본적인 유교 예제가
시행되고 있었음을 알 수 있다. 통일 이후, 신문왕 6년(686)에는 사신을 당으로 보

---

26) 김용천, 박례경 역주,『의례 역주』, 세창출판사, 2012, 29~40쪽.

내 『예기』와 문장(예악 전장)을 요청하였고, 이에 측천무후가 『길흉요례(吉凶要禮)』를 베껴 50권을 만들어 주었다고 하였다.[27] 여기에는 그때까지 길례와 흉례를 포함하여 중국에서 정리된 각종 예제들이 상당 부분 들어 있었을 것으로 보인다. 이들 예제는 신라의 상층부에서부터 점차 받아들여져 왕권을 강화하고 왕실의 권위를 높이는 데도 기여했을 것으로 보인다.[28] 한편, 유교의 예의 확산은 국학의 설립과도 밀접한 관련이 있다. 국학의 교육과정에는 『예기』가 들어 있으며, 뒷날 독서삼품과가 설치되고 나서는 「곡례(曲禮)」가 들어가 중·하급 관리가 되는 데도 필수적으로 익혀야 할 내용으로 자리 잡게 된다. 여기서는 신라에 들어온 여러 유교의 예제 가운데 학례(學禮)에 주목해 보자. 사실 학례란 말은 후대의 개념이지 오례의 한 범주로 포함되는 개념이 아니다. 학례는 학교 관련 의례라는 말로, 『예기』나 『의례』 가운데는 학례와 관련된 내용들이 적지 않다. 향음주례나 향사례와 같은 것들은 오례 가운데서는 가례(嘉禮)에 포함된다. 그러나 그 의례의 출발점이 향학이므로 학례라고 분류할 수 있다. 신라에서는 관련 기록이 없다. 『의례』에는 나오지 않지만 중요한 학례 가운데는 석전례(釋奠禮)를 비롯하여 시학례(視學禮, 보통 석전례 가운데 하나의 행사로 행해짐), 양로례(養老禮) 등이 있다. 이 가운데 신라와 관련이 있는 것은 석전례, 시학례다.

당의 석전례

석전례는 선성(先聖), 선사(先師)에게 지내는 제사를 말하는데, 석(釋)은 차린다는 뜻이고, 전(奠)은 제수(祭需)의 의미(奠 역시 차린다는 의미도 있다)가 있다. 『예기』「문왕세자」 편에는 "처음 학교를 세울 때 석전을 한 번 하고, 철마다 석전을 한다. 모두 다섯 번을 한다."라고 되어 있다. 실제 한 무제(武帝) 때 태학을 세운 이

---

27) 『삼국사기』 권8, 선덕왕 6년.
28) 채미하, 「신라 중대 오례와 왕권」, 한국사상사학회, 『한국사상사학』 제27집, 2006, 123-160쪽.

후 석전제가 이어져 왔으며, 동진(東晋) 시대에 학교에 사당[廟]을 설치하는 이른바 묘학제(廟學制)가 생기고 난 후부터는 철저히 시행되어 왔다.[29] 신라에서는 당과의 교류 과정 중에 석전제를 받아들이게 되었다. 선덕왕 9년(640)에 이미 왕이 자제를 당의 국학에 입학시켜 주기를 청하여 교류의 물길을 텄다. 이어 진덕왕 2년(648)에 입당한 김춘추가 국학에 나아가 석전의례와 강경을 보기를 청한 바 있다. 당시 당 태종은 이를 허락하고 자신이 지은 비문과 『진서(晋書)』를 준 바 있다. 당에서 시행된 석전례가 어떠한 것이었는지는 『대당개원례(大唐開元禮)』『대당교사록(大唐郊祀錄)』 등에 나타나 있는데 주요 내용은 다음과 같다.[30]

- 시기: 정기 제사와 비정기 제사로 구분된다. 정기 제사인 경우, 매년 중춘(仲春, 2월)과 중추(仲秋, 8월)의 상정일(上丁日, 첫 번째 丁日)이다.
- 장소: 중앙은 국자감이며, 지방은 주나 현의 공자묘에서 거행한다.
- 규모: 중앙 국자감에서 거행하는 제사는 중사(中祀)로 하고, 지방에서 거행하는 제사는 소사(小祀)로 한다.
- 주관자: 주관자는 초헌관을 말하는데, 중앙의 국자감의 경우는 국자좨주(國子祭酒)가, 지방의 학교인 경우에는 주의 자사(刺史)나 현령(縣令)이 된다. 국자감 제사에서 아헌관은 사업(司業), 종헌관은 박사가 된다. 국자감 석전례에서는 황제를 대신하여 좨주 아무개가 지낸다는 축문을 읽는다. 비정기 특별 행사에서는 황제나 황태자가 직접 초헌관이 된다.
- 강경: 석전례를 거행한 후, 학당에서 학관의 강경 의식이 있다. 주 내용은 독경, 석의(釋義), 논의(論議) 등이다. 독경은 경전을 읽는 것이고, 석의는 뜻풀이 과정이다. 또 논의는 내용에 대한 질의응답의 과정이다. 이 의식을 주관하는 사람은 집경(執經), 집독(執讀), 시강(侍講) 등이다. 집경은 뜻풀이를 맡고, 집독은 경전 읽기를 담당한다. 시강은 질문[질문을 '논란(論難)'이라 한다]에 응답

---

29) 高明士(오부윤 역), 『한국교육사연구』, 대명출판사, 1995, 196쪽.
30) 오부윤, 「唐代學校敎育制度之特徵」, 한라전문대학, 『논문집』 25집, 2001, 209-211쪽.

[그림 9-18] 성도(成都) 출토 서한 시대의 강학도(講學圖)

하는 사람이다. 이때 경전은『효경』과 오경(五經) 등이다.

『대당개원례』에 있는 석전의 의식의 절차 부분을 좀 더 상세히 살펴보면 다음과 같다.31)

- 재계(齋戒): 제향 3일 전에 석전에 참여하는 각급의 관원과 태학생 및 제사 준비하는 사람들은 모두 재계하여야 한다.
- 진설(陳設): 제향 3일 전에 헌관(獻官)의 위차(位次)를 정해야 한다. 2일 전에는 태악(太樂)이 악현(樂懸)의 위치를 정하게 하고, 석전의 장소를 소제한다. 1일 전에는 삼헌(초헌, 아헌, 종헌)과 제사 참여자의 위차를 정한다. 그리고 예기(禮

---

31)『大唐開元禮』卷53,「皇太子釋奠」; 蓋金偉,「漢唐官學學禮硏究」, 華東師範大學 博士學位論文, 2007, p. 82.

器)나 예품(禮品) 등을 규격에 따라 진설을 마친다.

- 출궁(出宮): 황태자의 출행 의례다.
- 궤향(饋享): 제향의 날에 향관이 제복을 입고, 관원은 공복을 입고, 학생은 청
  금(靑衿)을 입고 날이 밝기 전인 3각(刻)에 입장한다. 봉례(奉禮)와 찬자(贊者)
  가 먼저 입장하여 자리로 나아가서 백관과 제사 참여자를 인도하여 자리에 위
  치시킨다. '영화지악(永和之樂)'이라는 음악을 연주하고, 문무(文舞)과 악무(樂
  舞)를 세 번 추고 음악을 그친다. 모든 관원들은 재배(再拜)를 올린다. 정식으
  로 제사 의례가 시작되면 초헌, 아헌, 종헌을 거치고, 전 관원이 재배를 올린
  다. 무무(武舞)를 추고 나서 다시 재배한다. 전 관원 및 제사 참여자를 이끌고
  나와 궤향 의례가 종료된다.
- 강학: 황태자가 들어와 곧 평상복으로 갈아입는다.
  - 집경(執經), 시강(侍講), 집독(執讀), 집여의(執如意) 및 삼관(三館)의 학관은
    공복을 입는다.
  - 학생은 청금복을 입고, 그 밖의 사람은 평상복을 입는다.
  - 장의(掌儀)가 찬자(贊者)를 이끌고 먼저 자리한다.
  - 알자(謁者)는 각기 여러 관원과 학생 등을 이끌고 자리한다.
  - 좌서자(左庶子, 황태자 비서관)가 행사의 시작을 알린다.
  - 황태자가 수레를 타고 나가서 학당의 뒤에 내려 북쪽 계단으로 올라 자리에
    앉는다.
  - 태부(太傅), 소부(少傅)도 역시 자리에 앉는다. 장의가 재배(再拜)를 하라 하
    고 관리들과 학생 등 재위자는 모두 재배한다.
  - 집경은 절을 하지 않는다.
  - 집독이 경전을 읽고, 집경이 뜻풀이를 마친다.
  - 집여의(执如意)가 여의를 시강에게 주고, 시강은 일어나 받는다.
  - 논의(論議)가 북면하고 앉아 의심나는 것을 묻는다.
  - 집경자가 해답을 주고 일어나 물러난다.
  - 좌서자가 꿇어앉아 예가 끝났음을 알린다.

- 황태자가 자리를 내려와 북쪽 계단에서 학당으로 돌아간다.
- 집경 이하 모두 평상복으로 갈아입는다. 학생은 그대로 청금복을 입고 있
  는다.
• 환궁: 출궁 의례와 비슷하다.

신라의 석전례

그렇다면 신라의 석전례의 상황은 어떠한가. 현재 기록으로는 신라가 석전례를
시행했다는 기록은 없다. 그러나 기록이 미비할 뿐, 실제는 석전례가 있었을 가
능성이 크다.『삼국사기』에서는 성덕왕 16년(717) 9월에 김수충이 당나라에서 돌
아와 문선왕(文宣王, 공자)과 10철(十哲), 72제자의 도상(圖像)을 왕에게 바쳤고, 왕
은 이를 태학(국학)에 모셨다고 하였다. 그런데 당에서 공자를 문선왕이라 칭하고,
공자 4과제자(四科弟子) 10명을 10철이라 부른 것은 717년 이후의 일이기에 시기
상의 착오가 있다고 대만의 학자 까오밍스(高明士)는 보고 있다.[32] 그렇지만 여전
히 석전례가 시행되었다는 것은 부정하기 힘들다. 우선『삼국사기』직관제에 보면
'공자묘당대사(孔子廟堂大舍)'라는 관직이 보인다. 대사는 공자의 묘당을 관리하는
관직이었던 것이다. 공자의 묘당이 설치되었다면 국학에 설치되었다는 것은 말할
나위가 없는 것이다. 신라에 석전례가 있었다는 것은 혜공왕, 경문왕, 헌강왕대에
임금이 국학에 행차한 행학(幸學)에서도 알 수 있다. 즉,『삼국사기』에는 혜공왕
원년(765)에는 임금이 태학(국학)에 행차하여 박사에게 명하여『서경』의 뜻을 강하
게 했다는 기록이 있고, 같은 왕 12년(776) 2월에도 국학에 행차하여 강을 들었다
고 하였다. 행학의 예는 신라 하대에서도 보이는데, 경문왕 3년(863)에 국학에 행

---

32) 까오밍스(高明士)는 앞의 책 198-201쪽에서 당에서 공자를 문선왕으로 존칭하기 시작한
   것은 개원(開元) 27년(739)이고, 종전의 4과제자(四科弟子)라 칭하던 것을 10철로 개원 8
   년(720)이므로, 신라가 문선왕, 10철, 72제자상을 국학에 봉헌한 시기는 경덕왕에서 혜공
   왕에 이르는 시기라고 주장하고 있다.

차하여 박사 이하의 사람들에게 경의 뜻을 강론하게 하였다 했다. 헌강왕 5년 (879) 2월에도 왕이 국학에 행차하여 박사 이하의 사람들에게 명하여 강론하게 했다 하였다. 물론 이러한 기록은 석전례에 대한 직접적인 언급은 아니다. 왕이 강학에 참가하는 것은 석전례 가운데 강학(講學) 혹은 시학(視學)에 해당하는 부분이다. 당시 제사 의례 부분에 대한 언급이 없고 시학에 대한 부분만 기록되어 있는 까닭은 자세히 알 수 없다. 혹 시학 의례만 거행되었는지도 모를 일이다. 그렇다 하더라도 시학은 학례의 중요한 부분임에는 틀림없다. 신라의 석전이나 시학의 절차에 대해서는 알려진 바가 없지만 박사 혹은 박사 이하의 관원에게 강학을 하게 했다는 것 자체만으로도 당의 그것과 유사하였을 것으로 추정할 수 있다.

석전례의 교육적 의미

석전례는 신라에서 시작되어 고려와 조선을 거쳐 지금까지 성균관과 각 향교의 중요한 의례로 이어져 오고 있다. 조선의 경우, 『태학지(太學志)』의 「예악(禮樂)」편에 '왕세자 석전'과 '작헌시학(酌獻視學)' 등의 절차가 상세하게 기록되어 있다.

국학에서 석전례를 열고 왕이 시학하는 것은 여러 가지 의미를 지닐 수 있다. 교육적 관점에서 보면 석전례는 하나의 교육 의례, 즉 학례로서 선성, 선사를 존숭하는 것이다. 그러나 그 이면에는 왕권 강화나 민심의 수습과 같은 정치적 의미가 없을 수 없다. 신라 하대의 경문왕과 헌강왕의 경우, 시학례만 실시한 것이 아니라 백고좌회도 열었고 이때도 직접 가서 강경을 들었다. 왕의 행학은 그 자체로 국가의 큰 행사다. 국가의 문교 행사 가운데

[그림 9-19] 성균관의 석전대제

큰 비중을 차지한다. 석전례를 비롯한 의례의
절차는 하나하나가 상징적 의미를 지닌다. 왕
의 시학에서 『서경』을 강독하게 한 것도 『서
경』이 유가정치를 표방하는 대표적인 책이라
는 점과 무관하지 않고, 박사를 행사 주관자
로 정한 것도 스승을 존중하는 의미가 들어
있다. 유교의 교육은 문자적 특성이 강하다.
불교도 경전이라는 텍스트가 없는 것은 아니
지만 불교의 교화에는 문자 텍스트 이외에 많
은 미디어가 활용되었다. 그러나 유교는 불교
에 비해 미디어가 매우 단조로웠다. 하지만
신라 유교에도 석전례와 같은 의례가 도입됨
으로써 텍스트 위주의 단조로움을 덜게 되었

[그림 9-20] 태학지

다. 앞에서도 언급한 바와 같이 의례는 몸으로 익히는 교육이다. 그 의례에 몸으
로 참여함으로써 분위기로 익히게 된다. 당연히 의례가 펼쳐지는 장은 속(俗)의
장이 아닌 성(聖)의 장이다. 묘학제에서 묘(사당)는 성의 영역이고 학(학당)은 속의
영역이다. 동아시아 국가에서 묘학제를 채택하고 있는 것은 동아시아 문명의 하
나의 특징이기도 하다. 학교에 종교시설을 둔다는 것은 자신들이 연마하는 학문
이 성스러운 것임을 나타내는 것이기도 하다. 학문에 권위를 부여하는 또 하나의
방식인 것이다. 종교학적으로 말하면, 의례는 원초적인 '사건'을 기념하는 것이다.
석전례가 유교의 원조인 공자의 교육을 기억하고 기념하는 것이듯이. 그 원초적
사건은 하나의 원형(archetype)으로서 모범이 된다. 그 모범을 하나의 의례로서 상
징화하고, 후세 사람들은 그것을 주기적으로 반복한다. 이 반복의 과정을 통하여
모범의 학습이 일어난다. 이를 지금의 말로는 미메시스적 학습이라고 한다. 의례
는 연희적 성격이 있다. 아울러 축제적 성격이 있다. 문자 학습과는 매우 이질적
인 방식으로 교육의 효과를 노리고 있는 것이다.

🌀 교육문명사에서 본 신라시대 의례

전통사회, 특히 문자가 지배적 교육미디어가 아니었던 시절에는 의례의 교육적 의미가 매우 크다. 기록이 미비하여 신라사회에서 있었던 다양한 의례를 다 알 수는 없다. 그러나 앞서 시조신화에서 보았듯이 시조의 탄생에서 성장, 통치, 그리고 죽음까지의 모든 과정이 의례화되었다. 의례는 그 사회의 풍속이 되기도 하고 규범이 되기도 한다. 시간이 흐르면 역사가 되고 사상이 된다. 우리는 그간 신라사회의 교육을 문자를 통해서만 찾으려 했다. 그러나 문자에 나타난, 문자가 말해 주는 신라의 교육은 극히 일부분이다. 그래서 문자에만 의존하다가는 신라의 교육을 보잘것없는 것으로 과소평가하게 된다. 교육은 삶의 한 현상이다. 삶이 있는 곳에 교육이 없을 수 없다. 교육문명이라는 것도 거창하게 생각할 것 없다. 교과서에서 공부해 온 큰 단위의 문명권이 있는가 하면, 나라 단위의 문명도 있다. 교육은 문명을 창조하고 전수하는 미디어의 역할을 하지만, 그 자체가 문명이기도 하다. 신라의 교육문명 가운데는 문자로 이루어진 문명도 있지만 의례와 같은 비문자 문명도 있다. 지금까지 문자문명에 귀를 기울여 왔다면 이제는 비문자 문명에도 관심을 가져야 할 때다. 문자문명은 시각 중심적이다. 이에 비해 비문자 문명은 인간의 오감을 골고루 사용하는 특징이 있다. 앞서 여러 의례에서 보았듯이 비문자 문명은 연극적 요소가 강하며, 단일 매체를 사용하는 것이 아니라 다중 매체를 활용한다. 일상 속에서 비일상을 체험하게 한다. 교육을 속의 차원에 가두어 두지 않고 성의 차원으로 고양시킨다. 이러한 형태의 교육은 이 시대의 우리에게는 매우 낯선 것이고, 그리하여 심지어 교육이라고 느끼지도 못한다. 그러나 이러한 형태의 교육이야말로 신라사회의 교육을 특징적으로 잘 나타내 주고 있다. 신라의 교육문명에서 빠뜨릴 수 없는 요소다.

제**10**장

신라인의 전업교육:
과학기술교육과 예술교육

『삼국사기』의 기록에 의거하여 신라의 학교교육을 교과의 성격에 따라 나누면 경학교육과 전업(專業)교육으로 구분할 수 있다. 경학교육은 유가 경전이 주가 되는데, 지금의 문학, 사학, 철학과 같은 인문학교육과 유사한 성격을 지녔다. 그러나 전업교육은 율학(律學), 서학(書學), 산학(算學)과 같은 과목이 주가 되는데, 지금식으로 말하면 실무행정을 비롯하여 과학, 기술, 그리고 예술까지 포함하는 개념이다. 고구려의 태학이나 경당의 경우, 전업교육에 대한 기록이 없다. 다만, 경당에 습사(習射, 활쏘기)의 기록은 있다. 백제의 경우, 박사관(博士官) 가운데 전업박사들의 명칭이 보인다. 의박사(醫博士), 역박사(曆博士)를 비롯하여 기와 기술자인 와박사(瓦博士)나 탑 상륜부 기술자인 노반박사(鑪盤博士) 등을 둔 것이다. 그러나 그들의 교육에 대해서는 알려진 바가 없다. 신라에는 앞서 말한 율학, 서학, 산학을 비롯하여 의학과 역학(曆學) 그리고 예술 관련 부서들도 있었다. 신라교육사를 교육문명사의 관점에서 서술하기 위해서는 이 전업교육의 탐구가 매우 중요하다. 아직까지 학계의 학문적 역량이나 수준이 신라의 전업교육을 깊이 있게 연구하는 데까지 나아가지는 못했지만, 그 중요성을 생각할 때 연구하지 않으면 안 될 분야다.

▦ 신라의 율학교육

고조선의 8조금법

법은 성문화된 법이든 관습법이든 교육과 밀접한 관련이 있다. 인류가 공동체 생활을 하면서 공동체를 유지하기 위한 규율이 필요해지고, 이 규율을 만들고 시행, 유지 및 확립해 나가는 데 필수적인 것이 교육이다. 그래서 서양 고대의 로마에서도 12표법(12동판법)과 같은 법률은 로마인들에게 중요한 교육 내용이 되었다. 고조선의 8조금법도 마찬가지였을 것이다. 고조선의 8조금법은 '사람을 죽인 자는 즉시 죽임으로 갚는다[相殺以當時償殺], 상해를 입힌 자는 곡물로써 배상한다[相傷以穀償], 도둑질을 한 자는 노비로 삼는다[相盜者男沒入爲其家奴, 女子爲婢]' 등인데, 이 세 조항이 『한서(漢書)』에 남아 있고, 이 밖에 간음의 금지와 같은 조항이 있었을 것이라 추정된다. 그런데 이러한 조항이 생명 존중이라든지, 사유재산에 관한 것이라든지 하는 것과 관련되어 있어 가장 기본적인 내용으로 보아 별로 주목하지 않았지만, 교육문명사의 측면에서 보면 이 역시 중요한 의미가 있다고 여겨진다. 『한서』에서는 이들 조항의 소개에 이어 "그래서 그 백성들은 서로 도둑질하지 않게 되었고, 집의 문을 닫지 않았다. 부인은 정신(貞信)하고 음란하지 않았다."라고 기록하고 있다. 여기서 "그래서[是以]"라고 말한 것은 금법의 교육적 효과를 말한 것이다. 그렇다면 신라의 경우는 어떠한가. 신라에서 6부의 촌장들이 혁거세를 모신 것도 백성들이 방자하여 저 하고 싶은 대로 하고 규율이 없었기 때문이라고 하였다. 이 말은 임금의 역할은 곧 규율, 법, 질서를 세우는 것이라는 것이다. 그래서 임금의 정치이념을 정교이념이라고 하는데, 여기에는 법뿐만 아니라 교육과 문화 등이 다 포함된다. 한자의 '교(敎)' 자에서 오늘날 우리는 교육의 의미를 일차적으로 떠올린다. 그러나 이 글자에는 임금의 명령의 의미도 있다. 조선시대에도 임금의 사령(辭令)을 교지(敎旨)라고 하는 것도 그런 뜻이다. 그러니까 '교(敎)' 자 안에는 정치와 교육을 비롯하여 예(禮)도 포함된다.

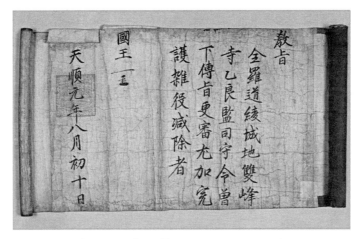

[그림 10-1] 교지(쌍봉사 – 보물 제1009호)

지증왕대의 상복법 제정

신라의 경우, 초기에는 절대적 왕권이 확립된 사회가 아니었다. 왕도 화백회의의 한 구성원 정도의 일정한 역할을 할 수밖에 없는 사회였다. 여러 측면에서 신라사회가 이전 사회와는 다른 질적인 변화를 보이기 시작한 때는 6세기고, 지증왕(500~514 재위) 시대가 그 출발점이다. 율령은 법흥왕(514~540 재위) 7년(520)에 반포되지만 이미 지증왕 시대부터 그런 상황이 하나하나 조성되었던 것이다. 지증왕은 즉위 후 순장(殉葬) 제도를 폐지했다. 그전까지 왕이 죽으면 남녀 각 5인을 순장하던 것을 폐지한 것이다. 이는 세계와 인간을 보는 인식이 바뀌었음을 의미한다. 사회가 점차 신화의 세계관에서 벗어나 합리적 세계관으로 옮겨가고 있음을 의미하는 것이다. 또 이때 비로소 우경(牛耕)을 실시하였다는 기록도 『삼국사기』에 남아 있다. 우경의 실시는 생산력의 증가로 이어지고, 그 파급효과는 사회 전반에 미치게 되어 있다. 지증왕 4년에는 국호를 신라(新羅)로 확정하였는데, 이 역시 사회 변화를 반영하는 하나의 상징으로 여겨진다. 그전까지 사라(斯羅), 사로(斯盧), 신라 등으로 불리던 것을 신라로 확정한 것이다. 신라의 '신'은 덕업일신(德業日新)의 의미가, '라'는 망라사방(網羅四方)의 의미가 있으니 이렇게 표기하는 것이 적절하다고 판단한 것이다. 지증왕 5년에는 상복법을 제정했다. 상복법은 율령은 아니고 유교적 예법이다. 앞 장에서 말한 바와 같이 중국 고대의 예법을 담고 있는 『의례』는 가례(嘉禮), 빈례(賓禮), 흉례(凶禮), 길례(吉禮)로 구성되며, 이 가운데 상복(喪服)과 사상례(士喪禮)가 들어 있다. 『예기』에도 「상복」을 비롯하여 「분상(奔喪)」「문상(問喪)」 등 여러 관련 내용이 많이 들어 있다. 그런데 신라의 이 상복법의 내용에 대해서는 기록하고 있지 않았으나, 『수서(隋書)』에서는 "(신라인은) 죽으면 관에 넣어 주검을 거두고, 땅에 묻어 봉분을 세운다. 왕과 부모, 처자의 상에는 1년의 복을 입는다."라고 하였다.[1] 이러한 상복법의 제정은 유교적 교화, 즉 예교(禮敎)의 중요한 부분이다. 그 단초가 지증왕대에 마련된 것이다.

최근 영일에서 이른바 냉수리비가 발견되었는데, 지증왕 4년(503)에 세워진 것이다. 이 비는 재산권 분쟁과 관련하여 지도로 갈문왕(지증왕)과 6부의 사람들이 모여 협의하고, 결정된 사항을 비를 세워 알린 것이다. 비를 세울 때 그곳에서 소를 잡고 천지신명께 고하는 의식을 거행하여 결정 사항을 바꿀 수 없음을 공포하였다.

법흥왕대의 율령 공포

지증왕의 아들이 법흥왕이다. 법흥왕대부터 신라 중대라고 하는데, 법흥왕 7년(520)에는 율령을 반포하고 처음으로 백관의 공복(公服)을 제정하고, 붉은색, 자주색으로 질서를 나타내었다. 당시 율령의 내용이 남아 있지는 않지만 『삼국사기』에서 밝히고 있는 것은 공복의 제정이다. 공복, 즉 관복을 제정했다는 것은 공무원의 제복을 만들었다는 것이 아니라 색으로 차별적 질서를 마련했다는 것이다. 성골, 진골, 6두품 등의 신분에 따라 붉은색, 자주색, 비색(緋色) 등으로 차별을 두었는데, 이는 비록 왕경의 관료사회에 한정된 것이라 할지라도 큰 파장이 있는 조치였을 것이다.

---

1) 『隋書』, 卷八十一, 列傳, 第四十六, 東夷.

[그림 10-2] 함안 성산산성 출토 묵서 목간

최근 함안의 성산산성에서는 6세기 중반의 법률 상황을 알 수 있는 묵서 목간(木簡)들이 발견된 바 있다. 목간의 내용은 진내멸(眞乃滅) 지방의 촌주(村主)가 성(城)에 있는 '대사(大舍)' 관등의 관리에게 잘못된 법 집행을 두려워하며 아뢴 문서다. 이 촌주는 급벌척(及伐尺) 관등의 이타리(伊他羅)라는 사람이 60일간 일을 해야 하는데 30일만 하고 돌아갔으며, 이는 자신이 법률을 착각해서라고 보고했다. 또 목간에서는 '□법(法) 30대(代)' '60일대(日代)'라는 기간을 명시한 법률 용어가 보인다. 그렇다면 6세기 중반에는 율령 반포의 효과가 지방에까지 미친 것이 아닐까 추정해 볼 수도 있다.

울진에서 발견된 봉평비는 법흥왕 11년(524)에 세워진 것이다. 비가 세워진 울진은 강원도에 인접한 지역으로 장수왕의 남하 정책으로 고구려의 지배력이 직간접적으로 미치고 있던 곳이었다. 그러다 지증왕 6년(505)에 울진 바로 위의 삼척에 지방 행정구역인 실직주(悉直州)를 설치하면서 이 지역도 신라에 편입되었다. 비문의 내용은 주민들이 신라의 과도한 공물 수취에 불만이 있던 중에 누군가의 실수 혹은 방화로 성에 불이 났고, 불을 끈 당국이 책임 있는 자들을 곤장의 형벌에 처한 상황을 적은 것이다.[2]

이 비가 세워졌을 때는 율령이 반포된 지 얼마 되지 않은 시간이었다. 율령의 반

2) 김기흥, 『천년의 왕국 신라』, 창비, 2006, 85~95쪽.

포가 곧바로 중앙집권제의 확립으로 이어지지 않았
다. 그래서인지 화백회의의 모습도 아직 뚜렷하게 남
아 있다. 정월 대보름날 이루어진 회의에서는 모즉지
매금왕, 즉 법흥왕이 회의를 주재하였고, 주요 귀족
14명이 참여하였다. 그리고 결정 사항을 '소교사(所
教事)'라 하여 '명령하신 일'이라고 하였다. 요즈음 같
으면 관의 결정 사항을 관보에 공시하는 것으로 효력
이 발생하겠지만, 당시는 결정 사항, 즉 '명령하신 일'
을 비에 새겨 세움으로써 효력이 발생하게 했다. 그
리고 소를 잡아 의식을 거행하였는데, 이는 교육적
효과를 노린 의식이라 볼 수 있다. 또 당시 화재 사건
에 대한 처벌로 책임자 2인에 대한 곤장 60대, 100대
결정이 있었는데, 이 역시 예방을 위한 가시적 효과
를 보여 주기 위한 면도 있다. 그리고 비를 세우는 행
사를 주관한 사람들은 왕경에서 파견된 6부의 중하
급 관료들과 현지(거벌모라) 관료들이다. 이들이 고
루 참여했다는 것 역시 각 부의 구성원들에게 이 사
실을 알리고, 그러한 일이 생기지 않도록 예방하는
교육적 효과를 거두었을 것으로 여겨진다. 비의 내용
가운데는 "글을 쓴 사람은 모진의 사리공 길지지와
사탁부의 약문 길지지이고, 글을 새긴 사람은 탁부의
술도 소오제지와 사탁부의 모리지 소오제지이며, 돌
비를 세운 사람은 탁부의 박사인데, 이때에 깨우쳐
가르치기를 이같이 불을 지른 자는 하늘에 죄를 지은
것이다 하였다."라는 내용이 있다.[3] 즉, 성에 불을 낸 것은 하늘에 죄를 지은 것이

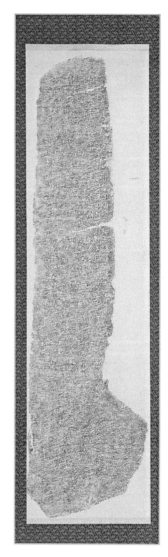

[그림 10-3] 신라 울진 봉평
신라비문

---

3) 앞의 책, 93쪽.

라는 것을 가르치기[敎之] 위해 비를 세우고 의식을 거행한 것이다. 여기서 돌 비를 세운 사람[立石碑人]이 탁부의 박사라는 사실을 기록하고 있는데, 이에도 주목해 볼 필요가 있다. 일반적으로 신라의 박사는 경학박사로 국학의 교관 정도로 생각할 수 있으나 이 당시는 국학이 생기기 1세기 반 이상 전이다. 이때의 신라의 박사에 대해서는 알려진 바가 없으나 경학박사라고 보기는 힘들 것 같다. 비문을 쓴 사람, 비문을 새긴 사람, 그리고 비문을 세운 사람으로 역할이 구분되어 있는데, 비문을 쓴 사람, 새긴 사람은 명료하지만 비문을 세웠다는 말은 무슨 뜻인지 명료하지 않다. 글자 그대로 비를 그 장소에 세우는 일을 주관한 사람이라는 뜻으로 보면 공사장 책임자 정도로 생각할 수 있다. 즉, 비를 세우는 과정의 총책임자 정도로 볼 수 있다. 그런데 "이때 깨우쳐 가르치기……" 하는 부분에 주목한다면 교화, 교육의 역할을 담당한 사람은 아니었을까라는 추측도 가능하다. 이에 대해 김기흥 교수는 종교적 사제일 수도 있다고 보고 있다.[4]

좌리방부를 설치한 진덕여왕과 율령박사를 설치한 경덕왕

그 사이 중국에서는 수가 멸망하고 당이 건국되었다. 당과는 건국 초기부터 사절을 파견하여 우호관계를 유지하려고 애썼다. 선덕여왕(632~647 재위)대에는 당의 국학에 신라 학생들의 입학을 요청하였다. 진덕여왕(647~654 재위)대에는 중국식 연호와 중국식 의관을 착용하는 등 중국식 문물의 도입이 본격화하였다. 여러 관부의 개혁도 이루어졌는데, 예부를 정비하여 중국식 교육과 의례를 관장하도록 하였고, 좌리방부(左理方府)를 설치하여 율령을 관장하도록 하였다. 율령의 반포는 이미 법흥왕대에 이루어졌지만 담당 부서인 좌리방부가 이때 설립됨으로써 율령에 대한 본격적이고 체계적인 관리가 이루어졌던 것으로 보인다. 태종 무열왕(654~661 재위) 원년에는 리방부의 령(令) 양수(良首) 등에게 명하여 율령을 심사하고, 리방부의 격(格) 60여 조를 고치고 다듬어 정하였다고 하였다. 율령의 내용은 율

---

4) 앞의 책, 94쪽.

과 령, 격(格)과 식(式)으로 구성되는데, 율은 형률(刑律)이고, 령은 시행령이다. 또 격은 수시칙(隨時則)이며, 식은 율령의 시행세칙을 말한다. 무열왕이 즉위하면서 율령을 상세하게 다듬었으며, 구체적 시행령인 격도 60조나 손을 보았다. 뒤에 문무왕(661~681 재위)대에 우리방부(右理方府)를 설치하여 율령 담당관서의 완성을 보았다. 이 좌우의 리방부는 그 뒤 효소왕(692~702 재위)대에 좌우 의방부(議方府)로 개칭되었다. 물론 이 명칭 개칭은 '리(理)' 자가 왕의 이름과 같아 피휘(避諱)한 것이지만, 단지 그렇게만 볼 수 있는 것은 아닌 것 같다. 통일 이후 신문왕, 효소왕, 성덕왕, 경덕왕대에 이르기까지 전업교육이 본격화한 과정에서 이러한 변화가 생긴 것으로 보는 것이 나을 듯하다. 실제 효소왕 원년에는 의학(醫學)을 설치한 바가 있다. 그렇다면 율학교육은 언제 실시되었을까. 『삼국사기』의 「직관」조에는 율령 전담 부서인 율령전(律令典)을 두고 박사 6인을 두었다는 기록이 있고, 「신라본기」에는 경덕왕 17년(758)에 율령박사 2인을 두었다는 기록이 있다. 이 기록으로 보아 하한선이 경덕왕대다. 율령전을 두고 박사 6인을 둔 것이 언제인지는 모르겠지만 적어도 경덕왕 17년 이후의 일이다. 율령전은 이전의 좌우 의방부가 개칭된 것인지, 아니면 그 가운데 일부 기능을 옮겨 새로 설치한 것인지는 알기 어렵다. 그러나 여기서 주목할 것은 신라의 경우 율령전 이외에 율학을 설치하지는 않았는가 하는 점이다. 율령전은 정부의 행정 관서다. 율령박사가 2명에서 6명까지 증원된 것을 보면, 율령에 대한 수요가 상당히 늘어난 것으로 짐작할 수 있다. 그러나 국학 내에 율학이 따로 설치되지 않았다면 율학교육은 제한적일 수밖에 없다. 국학에서의 율령박사와 달리 율령전에서의 율령박사는 율령교육도 담당했겠지만, 관료로서의 역할도 수행해야 하기 때문이다.

당의 율학

신라의 율학에 대한 자료가 미비하므로 그 내용을 알기 위해서는 아무래도 당의 율학을 참고하는 것이 도움이 된다. 당의 초기에는 율학관(律學館)이라는 관서의 설치와 폐지를 반복하게 된다. 당 고조 무덕(618~626) 초에 처음 율학관을 설치했는데 곧 폐지하였고, 이어 정관 6년(632)에 다시 회복시켰다가 현경 3년(658)에 다시 폐지하였다. 이후 용삭 2년(662)에 다시 설치하여 지속한 것으로『신당서(新唐書)』에 기록되어 있다. 이 부서는 대개 국자감 소속이었으나 대리시(大理寺)나 상형시(祥刑寺)에 소속되기도 하였다. 대리시나 상형시에 소속되었을 때는 법률 교육을 담당할 인재 양성보다는 옥리(獄吏)의 양성과 같은 직업 교육을 하였다. 당대의 관직에 대한 규정을 담은『당육전(唐六典)』에 따르면, 율학박사는 8품 이하 및 서인의 자손들에게 율, 령, 격, 식과 판례를 가르치도록 되어 있다. 율학박사와 조교의 자격은 국자박사나 조교보다는 3급 정도 낮게 규정되어 있다. 율학생의 입학 연령은 18세 이상 25세 이하로 규정되어 있는데, 이는 국자감의 국자학, 태학, 사문학과 같은 학교에 비해 4, 5세 높은 것이다. 이것은 아무래도 법률적 지식이 다른 지식과 달리 어린 나이에 받아들이기 힘든 특성을 고려한 것일 수 있다.[5] 율학생의 입학 정원은 시대에 따라 변화가 있었으며, 개국 초에는 50인에서 20인, 심지어 5명일 때도 있었다. 50인이 정원이었을 때 국자학은 300인, 태학은 500인, 사문학은 130명이었다. 수업 연한은 6년이었고, 당시 다른 유학 전공은 9년이었다. 율학의 교과목은 앞서 말한 대로 율과 령을 기본 교과로 하고, 격과 식, 판례는 보충 교과로 설정하였다. 당대의 율학의 특징은 과거제와 밀접한 관련이 있다는 점이다. 취사(取士)와 양사(養士)가 일대일로 결합되어 있는 것이다. 그래서 과거시험의 과목 역시 율과 령이 기본이 되는데 율이 7, 령이 3의 비율로 시험을 보았다.[6]

　신라에서는 당의 교육제도인 국자감을 본받아 이미 선덕여왕, 진덕여왕대부터 신문왕에 이르기까지 국학의 설치를 위한 여러 가지 작업을 해 왔지만 국학에 율학 과정을 설치하지는 않았던 것 같다. 경덕왕대에 이르러 율령전만을 설치한 것은 역시 인재 선발 방식의 차이에 따른 것이라 할 수 있다. 당나라에서는 이미 과거제가 확립되어 있었고, 그 안에 명법과(明法科)가 설치되어 있었다. 그러나 신라의 인재 선발은 골품제라는 신분제 안에서 이루어졌다. 물론 여전히 신분상 제한이 있

---

5) 李守良,「唐代律學敎育探析」, 湖北省社會科學院,『社會科學動態』, 2017年 8月, 83-84쪽.

6) 앞의 논문, 87-88쪽.

기는 하지만 그래도 공개적 선발 제도인 독서삼품과가 실시된 것은 원성왕(785~
798 재위)대에 이르러서다. 고려조에 들어서는 국자감이 설치되면서 서학(書學),
산학(算學)과 함께 율학이 생겼다. 그 시기가 언제인지는 자세히 알려져 있지 않지
만 인종(1122~1146 재위)대에 만들어진 학식(學式)에는 율학이 국자감에 소속되어
있다. 율학박사와 산학박사가 설치되었다는 기록도 있고, 과거시험에 율업감시
(律業監試)라 하여 명법과가 잡업(雜業)으로 설치되어 있는 기록도 남아 있다.[7]

일본의 율학

한편, 일본의 경우는 701년에 중국의 율령을 참고하여 율 6권, 령 11권으로 구
성된 대보율령(大寶律令)을 반포하여 본격적인 율령 체제를 완비하게 된다. 대보율
령을 편찬한 사람으로는 오사카 베친왕(刑部親王), 후지와라 노후히토(藤原不比等)
등 19명의 이름이 『속일본기(續日本紀)』에 기록되어 있는데, 이른바 도래계(渡來
系) 씨족이 그 절반을 차지했다고 한다.[8] 도래계는 중국이나 한반도에서 건너간
사람들을 말한다. 당시 율령을 해석하고 관리하는 사람들을 '영사(令師)'라고 했는
데 이 사람들이 도래계였던 것이다. 그러다가 일본의 대학인 대학료(大學寮)에 율
학이 설치된 것은 신구(神龜) 5년(728)이다. 이때 율학박사(뒤에 명법박사로 개칭)가
설치되고, 2년 뒤에 전공 학생인 명법생(明法生) 10명을 받았다. 당시 학생은 잡임
(雜任), 백정(白丁)의 자제에서 뽑는다는 규정이 격(格)에 있었고, 그래서 하급 관료
나 서민의 자제들이 선발되었을 것으로 본다. 일본의 경우에는 이러한 전업직은
대개 세습제였다. 사누키씨(讚岐氏)가 대표적인 씨족이다. 명법시(明法試)와 같은
시험도 실시되었고, 명법 득업생(得業生)을 선발했다는 기록이 있는데, 그러한 시

---

7) 허홍식, 『고려과거제도사연구』, 일조각, 1993, 109-110쪽.

8) 스가노노 마미치(管野眞道) 외 엮음(이근우 역), 『속일본기 1』, 지식을 만드는 지식, 2012,
   59쪽 및 츠지모토 마사시(辻本雅史), 오키타 유쿠지(沖田行司) 외 지음(이기원, 오성철 역),
   『일본교육의 사회사』, 경인문화사, 2011, 24-25쪽.

험을 대비하는 방책으로 명법도(明法道, 명법과)에 입학하였다. 명법시는 당나라와 같이 율 7, 령 3의 비율로 출제되었다.[9] 헤이안 시대에는 명법시의 수험 자격을 아예 우수학생인 명법 득업생과 준득업생에 한정하였다.

🎨 신라의 산학교육

산학(算學), 천문학, 역학은 물론 각기 다른 분야이지만 공통점도 많고 상호 관련성도 많다. 이들은 오늘날 개념으로 말하면 신라의 과학기술학이다. 어떻게 보면 신라 천년의 문명 가운데 과학기술 분야의 문명이 이를 통해 해명될 수도 있다.

신라의 산학

신라의 전업교육 가운데 산학에 대한 기록은 『삼국사기』 '국학'조에 언급되어 있다. 산학박사 약간 명과 조교 1명을 뽑아 『철경(綴經)』 『삼개(三開)』 『구장(九章)』 『육장(六章)』을 가르치게 하였다는 기록이 그것이다. '국학'조에 언급되어 있다는 것은 중요한 의미를 지닌다. 다른 전업과는 달리 산학을 국학 안에 설치했다는 것을 알려 주기 때문이다. 당시 교과목도 상세히 기재되어 있고, 박사와 조교가 설치된 사실과 함께 언급한 교과목을 '가르쳤다[敎授之]'라는 말을 분명히 하고 있다. 산학교육이 실시되었음을 분명히 말하고 있는 것이다. 이는 산학의 중요성을 인식한 것이기도 하지만, 산학을 하나의 학문으로 연구한 것으로 볼 수 있기 때문이다. 교육이 이루어지더라도 그냥 해당 관청에서 실무적으로 이루어지는 것과 이렇게 학교에서 이론적으로 가르치는 것은 차이가 있다. 산학박사가 설치된 것은 성덕왕 16년(717)이다. 당시 의박사와 함께 각 1인이 설치되었다. 그러니까 '국학' 조의 기록은 성덕왕대(적어도 성덕왕 16년 이후)의 기록일 수 있다. 그 뒤, 경덕왕

---

9) 桃裕行, 『上代學制の硏究』, 目黑書店, 1947, 111-116쪽.

8년(749)에 천문박사 1인과 누각박사 6인이 설치되었다. 율령박사가 경덕왕 17년 (758)에 설치된 것에 비해 산학박사는 다른 전업박사보다 일찍 설치되었음을 알 수 있다. 산학박사를 천문박사나 누각박사와 같이 설치한 것이 아니라 그보다 몇 십 년 먼저 설치했다는 것은 그만큼 산학에 대한 중요성을 인식한 것이다. 신라에 서 산학의 의미는 무엇이었을까. 그들은 왜 산학이 필요했을까.

사실 수에 대한 인식은 태곳적부터 있어 왔고, 산수, 수학은 인간생활에는 없어 서는 안 될 핵심적인 교육 내용이었다. 서양에서도 그리스·로마 시대부터 읽기, 쓰기, 셈하기는 3R's(the three Rs)라고 하여 필수적인 교육 내용으로 인식되어 왔 다. 중국에서도 선진(先秦) 시대에 주요 교육 내용을 6예(藝)라 하였는데 수는 그 가운데 하나였다. 중국의 수학의 특징이 유럽과는 달리 실용으로 하는 수단이나 기술의 성격을 지녔다고 하고, 특히 관료 조직 내부에서 성립·발전하였다는 연 구가 있다.[10] 율령 정치의 관료 체제에서는 토지 측량이라든지 조세의 징수 그리 고 국고의 경리와 같은 행정 실무를 수행하려면 산술적 기초가 필요하다. 이러한 현실적인 필요 이외에 형식적인 면에서도 국가의 권위를 과시하기 위해서 토착사 회의 경제 구조와는 다른 정치 체제의 원형 혹은 이상적 모델을 본받아야 하고, 그 과정에서 '관용 과학'으로서 수학이 현실 정치에 중시되기도 하였다.[11] 그래서 한 국의 전통적인 수학관은 율력(律曆)의 수가 천지의 도라는 중국의 사상과 관계가 깊다. 즉, 율력의 수가 모든 것에 깃든 우주의 지배 원리이며, 음률, 역법(曆法), 역 수(易數), 도량형 등이 모두 수로 연결된다는 것이다.

한국 고대사회, 삼국사회에서도 천문학이나 산학이 체계화된 시기는 율령 제도 의 발전과 관계가 있다. 고구려 소수림왕 3년에 율령이 공포되었는데, 이후 고구 려는 법에 따라 행정상의 일들을 처리하기 위해 계산 문제를 전문적으로 담당하 는 기술 관리를 제도적으로 둘 필요가 있었다. 고구려에서는 조(租), 용(庸), 조(調) 라는 세금 제도가 실시되고, 과세는 일정한 비율로 정해졌다. 과세 담당관도 생기

---

10) 김용운, 김용국, 『한국수학사』, 살림출판사, 2009, 30-31쪽.

11) 위의 책, 79-84쪽.

고, 또 농지 측량 같은 것도 실시되었다. 백제는 제8대 고이왕 때부터 중국식 관제가 도입되어 외관(外官)으로 역산(曆算)이나 복서(卜筮)를 담당하는 일관부(日官部)나 시장, 도량형을 담당하는 시부(市部) 혹은 도시부(都市部)가 있었다. 이는 당시 율령 정치 아래서 이른바 규구준중(規矩準繩)과 같은 도량형을 비롯한 수리 지식이 상당히 폭넓게 쓰이고 있었음을 말해 준다. 백제는 또 역(易)박사와 역(曆)박사를 일본에 파견할 정도였고, 일본의 율령제 정치에서 실무 담당관들이 백제계 사람들이었을 가능성이 큰 것을 보면, 산학의 발전도 상당한 수준이었을 것이다. 신라는 고구려나 백제에 비해 율령의 공포가 늦었고, 7세기에 들어서는 각종 전쟁으로 인하여 국가 체제를 관료제로 정비할 겨를과 여력이 없었다. 그러다 신문왕대에 들어 국학 체제를 정비하고, 성덕왕대에 들어 드디어 산학을 설치하게 된 것이다. 산학의 설치는 통일로 인한 국가 행정 체제의 재편과도 밀접한 관련성이 있을 것이다. 중앙집권적인 행정 체제의 마련이 시급했고, 그 체제를 뒷받침할 실무 수학적 지식을 가진 담당관과 부서의 마련이 절실했을 것이다. 그래서 산학이라는 부서를 국학 내에 설치하고, 박사와 조교를 두어 실무 인재 양성에 힘썼던 것이다.

중국과 일본의 산학으로 본 신라의 산학

그렇다면 당시 교과목으로『철경(綴經)』『삼개(三開)』『구장(九章)』『육장(六章)』이 있고 이를 박사와 조교가 가르쳤다고 했는데, 그 실질적 의미는 무엇일까. 이들 교과목과 교수의 유래는 중국에서 찾아볼 수 있다. 중국의 경우, 앞서 말한 바와 같이 선진 시대부터 6예가 중시되었는데, 그 가운데 '수(數)'가 있었다.『주례(周禮)』「지관사도하(地官司徒下)」에는 '보씨(保氏)'의 임무로 "국자(國子)를 도로써 키우되, 곧 육예로 가르쳐야 한다. 그 육예란 첫째, 오례(五禮), 둘째, 육악(六樂), 셋째, 오사(五射), 넷째, 오어(五馭), 다섯째, 육서(六書), 여섯째, 구수(九數)이다"[12]라

---

12) "養國子以道, 乃教之六藝. 一日五禮, 二日六樂, 三日五射, 四日五馭, 五日六書, 六日九數".
尹林譯註,『周禮今註今譯』, 臺北, 臺灣商務印書館, 1997, p. 139.

는 부분이 있다. 여기서 '구수'는 방전(方田), 속미(粟米), 차분(差分), 소광(少廣), 상공(商功), 균수(均輸), 방정(方程), 영부족(贏不足), 방요(旁腰)를 말한다.[13] 이런 '구수'가 과연 주대(周代)에서는 어느 정도로 발전되었는지는 모르지만 '예' '악' '사' '어'에 비해 비중이 낮았다. 「내칙」에는 또한 "10세에 바깥 스승을 처음 만나 밖에 거주하면서 배우는 것이 '서(書)'와 '기(記)'다"[14]라고 하였는데, 이는 이들 과목이 소학의 과목으로 취급되었다는 것을 의미한다. 한대(漢代)의 학자 정현(鄭玄, 127~200)의 주(注)에서는 '서'와 '기'를 '육서'와 '구수'로 보고 이들을 '소예(小藝)'라고 하였고, '예' '악' '사' '어'를 '대예(大藝)'라고 하였다.[15] 선진 시대의 수에 대한 관심은 후한대에 들어 『구장산술(九章算術)』로 집대성된다. 이 책은 전대의 산술서를 계승하여 후한대에 체계를 갖춘 것으로 저자는 알려져 있지 않다. 대개 관리에게 필요한 수학 지식을 모은 것인데, 논밭의 측량 문제를 담고 있는 방전(方田), 곡물의 교환 문제를 담고 있는 속미(粟米), 비례 문제를 다루고 있는 쇠분(衰分), 넓이나 부피 문제인 소광(小廣), 토목공사의 공정인 상공(商功), 조세의 운반과 부역의 공정 분배 문제인 균수(均輸), 과부족의 문제를 다룬 영부족(贏不足), 다원 방정식인 방정(方程), 피타고라스 정리의 응용문제인 구고(句股)의 9개 장, 246개의 문제로 구성되어 있다. 예를 들면, 사각형의 밭이라는 의미의 방전장에서는 여러 형태의 논밭의 넓이를 계산하는 법이 나온다. 첫 번째 문제를 보면 다음과 같다.[16]

> 문: 지금 여기에 사각형 모양의 밭이 있다. 가로가 15보, 세로가 16보다. 그렇다면 이 밭의 넓이는 얼마인가?
>
> 답: 1무(畝).

---

13) 앞의 책, 139-141쪽. 차분, 균수와 같은 일부 용어는 『구장산술』과는 차이가 있다.

14) "十年, 出就外傅, 居宿於外, 學書記". 王夢鷗註譯, 『禮記今註今譯』, 臺北, 臺灣商務印書館, 1995, p. 480에서는 '記'를 '計'라고 하였다.

15) 張瑞璠主編, 『中國教育史硏究』(先秦分卷), 上海, 華東師範大學出版社, 1991, p. 27에서 재인용.

16) 유휘 엮음(김혜정, 윤주영 역), 『동양 최고의 수학서 구장산술』, 서해문집, 1998, 10-39쪽.

신라에서 가르쳤다는『구장』역시 중국의『구장산술』로 보인다. 중국에서는 위, 진 시기를 거치면서 수학으로서 점차 체계를 갖추어 태사(太史), 산생박사(算生博士) 등의 담당 관직이 설치되기도 하였다. 그러나 학교로서의 산학은 아직 설치되지 않았다. 수(隋) 문제(文帝, 581~604 재위) 초에 국자시(國子寺)가 설치되고, 여기에 서학과 산학이 처음 독립적으로 설치되었다. 산학에는 종9품하의 관직으로 박사 2인과 조교 2인을 두었다. 당대에 들어서는 정관 2년(628)에 서학과 더불어 산학이 설치되었다는 기록이『당회요(唐會要)』에 있으나 실제는 더 이른 시기에 설치되었다고 보고 있다. 시기마다 차이는 있으나『구당서』의 기록에는 산학은 국자감의 6학 가운데 하나로 분명히 자리 잡고 있고, 종9품하의 박사 2인, 조교 1인, 전학(典學) 2인, 학생 30인으로 구성되어 있다. 또 박사의 신분은 문무 8품 이하 및 서인(庶人)의 자(子)로 규정해 놓았다.[17] 산학의 수업 연한은 7년이고, 학생은 14세부터 19세까지로 한정하였다. 당대에는 이른바 '산경10서(算經十書)'라 하여 10종의 텍스트를 국자감 산학의 교재로 채택하였다. 그 10서는『주비산경(周髀算經)』『구장산술(九章算術)』『손자산경(孫子算經)』『오조산경(五曹算經)』『하후양산경(夏侯陽算經)』『장구건산경(張邱建算經)』『해도산경(海島算經)』『오경산술(五經算術)』『철술(綴術)』『집고산경(緝古算經)』이다. 이 밖에도『수술기유(數術紀遺)』와『삼등수(三等數)』도 당의 산학 교재로 사용되었다.

일본의 산학은「양로율령(養老律令)」에 의하면 대학료에 경학 이외에 산, 서, 음의 3과를 설치하였고 산박사 2인을 두었다. 교재로는『구장(九章)』『해도(海島)』『주비(周髀)』『구사(九司)』『손자(孫子)』『삼개중차(三開重差)』와『철술(綴術)』『육장(六章)』이 사용되었다. 학생은 30명 정원이었고, 입학 연령은 13세 이상 15세 이하로 한정하였다. 일본의 산학 과목으로 지정된 것 가운데『구장』과『삼개중차』그리고『육장』과『철술』이 들어 있는데, 신라의『철경』을『철술』로,『삼개』를『삼개중차』로 본다면 이는 신라의 산학에서 설정한 네 과목이 다 들어 있는 것이 된다. 양로율령이 반포된 것이 718년인 것을 감안하면 일본의 산학 설치와 신라 산학의 설립

---

17) 金瀅坤,「唐五代明算科與算學敎育」,『中國考試』第6期 2016年, 55-56쪽.

연대는 큰 차이가 없어 보인다. 율학과 마찬가지로 우수 학생을 득업생으로 선발하여 산박사 후보로 삼기도 하였다. 또 대학료 안에는 산학생들을 위한 독립 시설인 산도원(算道院)이 설치되었다. 역시 율학과 마찬가지로 외국에서 온 도래계의 사람들이 산학을 세습하였다. 일본 산학의 한 특징은 나라(奈良)시대로 가면서 역학(曆學)과 밀접한 관련을 가지면서 역학생과 산학생을 통합한 역산생(曆算生)이 설치되었고, 역박사가 산술을 가르쳤으며, 학습 내용도 통합되기도 하였다.[18]

신라인의 수학의 응용

신라의 산학도 그러하지만 중국, 일본 등 동아시아 왕실의 산학의 공통점은 율령제하에서 관료 조직으로 발전한 것이다. 국가 통치와 관리를 위한 실용 수학으로서 기능했다는 점이 동아시아 3국의 공통점이라는 말이다. 그러나 구체적인 면에 들어가면 각 나라마다 고유의 특성이 드러나기도 한다. 신라에서 산학, 즉 수학은 국가의 토목 건설이라든지 조세의 수취와 같은 측면으로도 활용되었지만 불교 미술과 같은 예술적 측면에서도 활용되었음을 알 수 있다. 예를 들면, 불국사와 석굴암의 건축 기법에서는 세밀하고 다양한 기하학적 구성을 볼 수 있다. 요네다 미요지(米田美代治)는 다음과 같이 말했다.[19]

> 건축 계획에 쓰이는 응용수학은 아주 세밀하고 진보된 시대정신을 잘 반영한다. 석굴암의 예술 건축물에서 유출할 수 있는 응용수학은 통일신라시대의 대표적인 기초 수학을 거의 빠짐없이 갖추고 있다. 극히 치밀하고도 조직적으로 구축한 의장(意匠) 전체의 통일적 기법은 동양 건축사상 특이할 만한 하나의 유구(遺構)일 뿐만 아니라 한국 건축의 자랑이 되고도 남는

---

18) 大隅亞希子, 「算師と八世紀の官人社会」, 笠原永遠男 編, 『日本古代の王権と社会』, 塙書房, 2010, 267-280쪽 및 細井浩志, 「奈良時代の曆算教育制度」, 日本歷史學會編, 『日本歷史』 2004年 10月号, p. 1.

19) 김용운, 김용국, 앞의 책, 119-120쪽에서 재인용.

다. 또 평면 기하학을 바탕으로 한 입체 기하학의 지식까지도 발휘되어 있으며, 궁륭천장(穹窿天障, 돔 형식의 천장)은 반구면체의 부재(部材)를 써서 구축했고, 궁륭의 반경 10자에서 위쪽 구면 둘레를 10등분하여 원주율을 써서 즉시 셈할 수 있도록 꾸며 놓은 것은 실로 놀랄 만큼 정교한 방법이라 할 수 있다.

　물론 이러한 요네다의 언급에 대해 한국이나 중국의 고대 수학에 기하학이 설 자리가 없었다는 학자도 있다. 신라의 건축가들에게 기하학이나 계산술은 조화와 관련한 '배치의 법칙'과 같은 2차적 기법의 의미만을 지녔다고 말하기도 한다.[20] 그런데 이런 2차적 의미가 바로 수학의 응용이고, 그것이 사회 전반에 걸쳐 이루어졌다는 점은 그냥 흘려 버릴 대목은 아니다. 석굴암과 석굴암의 동쪽 삼층 석탑의 축조에는 29.7cm의 당대척이 사용되었는데, 주실 반지름=굴 입구 간격=수직 병풍돌 높이인 12자가 기준 척도로 적용되었다. 석굴암의 평면과 입면에는 한 변을 12자로 하는 정사각형과 그 대각선(12√2, 약 17자)이 응용되었고, 불상 대좌의 위치와 세부적 구성은 한 변을 12자로 하는 정삼각형과 그 수직선이 사용되었다. 석굴을 구성하는 기본은 반지름을 12자로 하는 원으로, 이 기준척도 12자는 하루, 즉 12각을 나타내고 원의 360도는 1년을 상징한다. 또 석굴암 본존불의 얼굴 너비는 2.2자, 가슴 폭은 4.4자, 어깨 폭은 6.6자, 결가부좌한 양 무릎의 너비는 8.8자여서 얼굴:가슴:어깨:무릎의 비율이 1:2:3:4로 구성되어 있다 한다.[21] 이와 같이 신라인들은 생활 수학을 '진정한' 의미의 수학이 아닌 수학의 '응용'에 불과하다고 말할지 모르지만, 그 '응용'의 수준은 결코 과소평가할 것이 아니다.

---

20) 앞의 책, 120쪽.
21) 신라천년의 역사와 문화 편찬위원회, 『신라의 학문과 교육 · 과학 · 기술』, 2016, 245쪽.

⊕ 신라의 천문학과 역법교육

신라의 천문학교육

산학과 관련 깊은 학문이 천문, 역법(曆法)이다. 신라에서는 경덕왕 8년(749)에 천문박사 1인과 누각박사 6인이 설치되었다고 하였다. 이들은 산학과 같이 국학에 설치된 것은 아니었다. 그런데 국학에 설치되지 않았다고 해서 관련 교육이 없었다고 할 수는 없다. 한 나라의, 왕조의 흥망성쇠는 하늘이 결정하고, 그 하늘을 관찰하는 것은 왕조에서 매우 중요한 일일 수밖에 없다. 그리하여 동아시아에서는 일찍부터 일관부(日官部)라는 부서를 두어 천문 기상을 관찰하도록 하고, 일관(日官)이라는 관직을 두어 천문 현상을 해석하는 일을 하기도 했다. 이 책의 제1장에서 말한 바와 같이 신라에는 고대부터 일자(日者)를 두었는데, 중앙집권체제의 정비와 함께 그것이 일관(日官)이 되었고, 그 뒤 천문박사나 사천(司天)박사가 되었다. 선덕왕 때 설치한 첨성대(瞻星臺)가 글자 뜻 그대로 천문대가 맞다면 그것을 관리하는 관리(官吏), 즉 일관과 같은 사람이 그것을 관장하였을 것이다. 신라의 역사를 적은 사서(史書)들을 보면 무엇보다 천문 현상에 특히 민감했다는 것을 알 수 있다. 예를 들어, 『삼국사기』의 혁거세왕의 기사들을 보자.

> 4년 여름 4월 초하루 신축일에 일식이 있었다.
>
> 9년 봄 3월에 살별이 왕량성좌에 나타났다.
>
> 14년 여름 4월에 살별이 삼성좌에 나타났다.
>
> 24년 여름 6월에 그믐 임신일에 일식이 있었다.
>
> 30년 여름 4월 그믐 기해일에 일식이 있었다.
>
> 32년 가을 8월 그믐 을묘일에 일식이 있었다.
>
> 43년 봄 2월 그믐 을유일에 일식이 있었다.
>
> 54년 봄 2월 기유일에 살별이 하고성좌에 나타났다.
>
> 56년 봄 정월 초하루 신축일에 일식이 있었다.

[그림 10-4] 일제강점기 당시의 첨성대

59년 가을 9월 그믐 무신일에 일식이 있었다.

60년 가을 9월에 두 마리의 용이 금성의 우물 가운데서 나타났는데, 별안간 천둥소리가 나며, 비가 내리고 성의 남문에 벼락이 쳤다.

　사실 여부를 떠나 이 기록 자체가 말하는 것은 그만큼 해와 달, 별과 같은 천문 현상과 기상 현상에 관심을 가졌다는 것이다. 그러니 이들 업무를 관장하는 일은 초기에는 권력자이거나 권력에 가까운 사람일 수밖에 없었을 것이다. 그리고 그들의 업무가 상당한 정도의 전문적인 능력을 요구하는 것이기에 그들은 그 시대의 지식인일 수밖에 없고, 따라서 그들의 교육도 학교교육은 아니라 하더라도 나름대로 체계적인 도제식 교육이 이루어졌을 것으로 추정할 수 있다. 전업교육은 일본의 경우, 한 가문의 세습제로 이루어졌는데, 신라의 경우는 어떤지 아직 밝혀지지 않았다.

　그런데 천문 현상의 관측과 연구에는 시간이 중요하다. 정확한 시간 계측을 위해 천문박사와 누각박사를 동시에 두었다. 신라의 누각박사는 물시계를 관리하는 전문가인데, 6인(史 1인은 별도)이나 설치하여 천문박사 1인보다는 월등히 많았다.

신라에서 처음 누각(漏刻)을 만들고 누각전이라는 부서를 만든 것은 성덕왕 17년 (718년)이다. 이것은 한편으로는 당시 당과의 활발한 문화 교류 분위기 속에서 이루어진 문물 도입의 일환일 수도 있다. 그리고 대내적으로 보면 전반적으로 진행되던 전업박사의 체제 정비와도 관계가 있는 것으로 보인다. 즉, 성덕왕 12년에는 전사서(典祀署)를 설치하였고, 13년에는 기존의 외교문서를 담당하던 상문사(詳文師)를 통문박사로 고쳤다. 그리고 16년에는 의박사와 산박사를 두었다. 그리고 17년에 누각전을 만든 것이다. 당시에는 누각박사를 설치하지 않았다가 경덕왕 8년(749) 비로소 누각박사 6명을 두었는데 이렇게 그 수가 많은 이유는 알 수 없다. 다만, 일본의 경우를 살펴보면 천문, 역법, 점, 시간 등을 관장하는 음양료(陰陽寮)에 누각박사를 두었는데, 여기에 박사와 함께 실무 담당자인 수진정(守辰丁) 20인을 두었다. 그렇다면 신라에서는 누각박사가 그러한 역할까지 모두 담당했다는 것인지, 아니면 특별히 누각박사를 6인이나 둘 특별한 이유가 생겼는지는 알 수 없다.

기록에는 나타나 있지 않지만 해시계의 파편이 1930년 경주 성곽 부근에서 발굴된 바 있다. 이 해시계의 재질은 화강암이고, 전체의 1/4가량이 남아 있다. 원형판 위에 선을 그어 시각 표시를 한 원반형 해시계의 일부분이다. 현재 남아 있는 것은 자시(子時)에서 묘시(卯時)까지의 부분이며, 통일 이후 제작된 것으로 보고 있다. 이를 복원해 보면, 표면에는 두 개의 동심원이 그려져 있고, 그중 작은 원을 24등분한 각 분점에는 방향에 따라 십이지, 십간을 나타내는 한자가 음각되어 있다. 큰 원의 바깥쪽에는 주역의 팔괘가 새겨져 있다.[22]

[그림 10-5] 경주 출토 신라 해시계

신라의 역법교육

역법은 천문학과 더불어 아무나 할 수 없었던 왕실의 학문이었다. 천체의 운행은 천자만이 알아야 하는 고유한 영역이었던 것이다. 신라를 비롯한 고구려나 백제, 그리고 백제를 통하여 역법을 받아들인 일본은 모두 중국의 역법을 사용하였다. 중국의 역법은 그 기원이 상고(上古)시대로 올라간다. 『한서예문지(漢書藝文志)』의 「천문가(天文家)」를 보면 "천문은 28수(二十八宿)를 차례로 하고, 오성(五星)과 일월(日月)을 추보(推步)하여 길흉의 상(象)을 기록한다. 성왕(聖王)이 정치에 참여하는 까닭이다. 『역(易)』에 이르기를 천문을 보고, 사시의 변천을 살핀다고 하였다."라는 부분이 있다. 『주역』 역시 역법과 밀접한 관련이 있음을 알 수 있다. 『한서예문지』에서는 역보(曆譜)라 하여 역에 관한 문헌을 18가(家) 606권 기재하고 있다. 그리고 "역보는 사시(四時)의 위치의 차례를 정하고, 분지(分至)의 절(節)을 바르게 하며, 일월과 오성의 진(辰)을 만나게 하며, 그것으로써 한서(寒暑)와 살생(殺生)의 실(實)을 생각하게 한다. 그러므로 성왕은 반드시 역수(曆數)를 바르게 하여 삼통복색(三統服色)의 제도를 정한다."라고 그 의미를 기록하고 있다.[23] 이후 중국에서는 여러 역법이 등장하였으나 삼국에 큰 영향을 끼친 것은 송(宋)의 하승천(何承天)이 편찬한 원가력(元嘉曆)인데 445년에 채택되어 65년간 사용된 역이다. 당에 들어와서는 인덕력을 비롯하여, 대연력, 오기력, 정원력, 현상혁, 선명력에 이르기까지 여러 차례 역을 바꾸어 사용하였다. 그렇다면 신라는 어떤 역을 사용하였는가? 그에 대한 기록은 명확하지 않다. 그러나 『삼국사기』에는 문무왕 14년(674) 봄 정월에 당에 들어가 숙위하던 대나마 덕복(德福)이 역술을 배워 와 새 역법으로 고쳐 사용하였다고 하였다. 이때 당에서 사용한 역은 인덕력(麟德曆)이다. 인덕력은 666년에 제정되어 728년까지 63년간 사용된 역이다. 백제와는 달리 신라에서 역(曆)박사나 역(易)박사를 둔 기록이 없다. 그러나 국학에서 『주역』을 상

---

22) 김용운, 김용국, 앞의 책, 162-164쪽.
23) 이세열 해역, 『한서예문지』, 자유문고, 1995, 270-276쪽.

경(上經)으로 인정하고 그것을 교수한 것을 보면, 역법에 대한 관심이 전혀 없었다고 볼 수는 없다. 다만, 당과의 관계 속에서 함부로 역을 편찬하거나 연구할 권한을 가지지 못했던 것이 아닌가 생각할 수 있다. 백제의 경우는 당이라는 대제국이 성립하기 전에 이미 중국과의 활발한 교류관계가 있었고, 그 과정에서 역(曆)박사를 설치하여 연구하고 교수하는 단계에 이르렀으며, 그것을 일본에 전수하기에 이르렀던 것이다.

🏵 신라의 의학교육

신라의 의학교육

『삼국사기』에는 "의학(醫學)을 효소왕 원년(692)에 처음 설치하여『본초경』『갑을경』『소문경』『침경』『맥경』『명당경』『난경』으로 학생을 가르쳤다. 박사 2인을 두었다."라는 기록이 있다. 이 기록에서 유의해 볼 점이 몇 가지 있는데, 우선은 '의학'이라는 명칭이다. 이 명칭이 학교의 명칭인지 아니면 관서(官署)의 명칭인지를 생각해 보아야 한다. 일반 관서의 경우는 '○○전(典)'의 형식이 가장 많다. 신라에서도 약전(藥典)이 설치되었는데, 경덕왕 때 명칭을 보명사(保命司)로 고쳤다가 뒤에 다시 약전이란 명칭으로 환원했다는 기록이 있다. 학생을 가르쳤다[教授學生]는 말과 교과목이 명시되어 있는 것으로 보아 의학을 교육기관으로 생각할 수도 있을 듯하다. 담당 관서로는 약전(보명사)이 따로 있었고, 거기에는 별도로 사지(舍知) 2인, 사(史) 6인, 종사지(從舍知) 2인을 두었다는 기록도 있기 때문이다. 따라서 만일 교육기관이 맞다면 선대왕인 신문왕대에 정비한 국학에 의학을 설치했을까? 아니면 별도의 교육기관을 두었을까? 다른 학문과 달리 교과목명과 함께 교육이 이루어졌음을 명시한 것은 국학에 부설된 산학과 이 의학밖에 없기 때문에 산학과 같이 국학에 부설되었을 가능성을 생각해 볼 수 있을 것 같다. 그렇지만 중국이나 일본의 경우를 보면 의학이 국자감과 같은 관학에 부설된 적은 없다. 그렇다고 보면 담당 관서인 약전, 보명사에서 자체적으로 교육이 이루어진 것이 아닌가 여겨진다. 다음으로 주목할 부분은 교과목이다.[24] 이 가운데『본초경』은 중국의 『신농본초경(神農本草經)』으로 보인다. 이 책은 시대에 따라 내용 차이가 있는데 당시 당에서 새로 편찬된『신수본초(新修本草)』가 수입되었을 수 있다.『갑을경』은 『황제갑을경(黃帝甲乙經)』으로 보이며, 그 내용은 내과적 기초 지식을 위주로 한 『소문(素問)』, 외과 계통에 속하는『침경(針經)』과『명당(明堂)』을 발췌하고 종합한 책이다.『소문경』도 중국에서『황제소문(黃帝素問)』이 여러 차례 편찬된 바 있는데, 신라 의학에서 사용한 것이 어떤 것인지는 알 수 없다.『침경』은『황제침경(黃帝針 經)』으로 보고 있다.『맥경』은 맥의 상태와 증후에 따라 질병의 진단과 예후를 판

정하고 처방하는 진단학으로 진(晉)의 왕 숙화(王叔和)가 편찬한 책이다.『명당경』 은 경락 공혈(孔穴)의 순행하는 경로와 부 위를 논한 도경(圖經), 즉 명당도(明堂圖) 다. 위진남북조에서 당에 이르기까지 몇 가지 서적이 있는데 어느 것이 신라에서 사용되었는지는 알 수 없다.『난경』은 『황제팔십일난경(黃帝八十一難經)』으로 보 이며, 81개의 문난(問難, 질문과 답변)으 로 맥, 경락, 장부, 병, 혈도, 침법의 6편 으로 나뉘어 있다. 이러한 의서들은 한방 의 기초 의학으로서 모든 의학을 공부하 는 사람들이 반드시 읽어야 하는 고전들 이다.

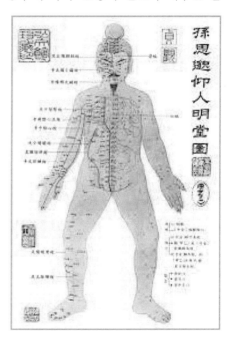

[그림 10-6] 손사막의 명당도

출처: 正保医學教育綱.

그런데 신라의 의학은 이렇게 중국으로

---

24) 三木 榮,「朝鮮醫學教育史」,『朝鮮學報』第14輯, 1959, 75-78쪽 및 김두종,『한국의학사』, 탐구당, 1981, 66-71의 내용을 참조하였음.

부터 건너온 의서들을 바탕으로 하는 학문도 있었지만 인도로부터 불교문화를 통해 건너온 의서들도 있었다고 판단된다. 그 가운데 신라시대에 수입되었다고 여겨지는 책으로는 『불설주시기병경(佛說呪時氣病經)』『불설주소아경(佛說呪小兒經)』『불설주치경(佛說呪齒經)』『불설주목경(佛說呪目經)』『요지병경(療持病經)』『불의경(佛醫經)』『제일체질병다라니경(除一切疾病陀羅尼經)』『능정일체안질병다라니경(能淨一切眼疾病陀羅尼經)』 등이 있다. 이 가운데 '주(呪)' 자나 다라니가 들어간 것은 주문(呪文), 다라니이며, 『불설경』은 지, 수, 화, 풍의 사대(四大) 부조설(不調說)과 질병에 걸리는 열 가지 인연(원인)에 대해 언급한 책이다. 이와 아울러 신라의 승려들에 의해 편찬된 책들도 일본에서 발견된 바가 있는데, 『신라법사방(新羅法師方)』이라든지 『신라법사유관비밀요술방(新羅法師流觀秘密要術方)』『신라법사비밀방(新羅法師秘密方)』 등이 있다. 여기에는 신라 승려들의 약재나 의학 관련 생각이 담겨 있어 불교적 의학의 일단을 엿볼 수 있다.[25]

당과 일본의 의학교육

한편, 중국의 의학, 즉 한의학의 역사는 매우 길다. 이미 전국 시대의 화타(華陀)라든지, 후한 삼국시대의 편작(扁鵲) 등은 우리에게도 널리 알려진 명의들이다. 그러나 의술은 학교에 의해 체계적으로 전해지기보다는 가전(家傳)된 면이 많다. 의학교육이 체계화된 것은 수대에 와서인데, 『수서(隋書)』의 「백관지(百官志)」에는 태상시(太常寺)에 태의서(太醫署)가 있다고 했으며, 주약(主藥) 2인, 약원사(藥園師) 2인, 의박사 2인, 조교 2인, 안마박사 2인, 주금(呪禁)박사 2인, 의사(醫師) 200인 등을 두었다고 하였다. 그리고 당시 이미 의과, 안마과, 주금과의 3과로 분과되어 있었다. 이것이 당대에 오면 역시 중앙의 태의서의 관장하에 각 지방에까지 의학교육 체계가 완비되었다. 주목할 것은 의학과 약학이 분리되어 있었고, 의학은 의, 침, 안마, 주금의 4과로 다시 나뉘었다는 것이다. 여기서 주금은 주문과 같은 주술적

---

25) 김두종, 앞의 책, 72–77쪽.

방법으로 병을 치료하는 방법이다. 이들 4과에는 모두 박사가 있었고, 그 아래 조교와 사(師), 공(工)과 같은 사람들이 있었다. 학생 수와 수업연한은 각 과에 따라 7년에서 3년까지 모두 차이가 있었다.[26]

일본의 고대 의학은 고구려, 신라 등과 밀접한 관련이 있다. 고구려와의 교류는 459년에 고구려에서 덕래(德來)라는 의사(醫師)가 와서 난바(難波, 지금의 오사카 지역)에 살았는데, 그 자손들을 난바의 약사(藥師)라 했다고 한다. 신라와의 교류도 5세기 초에 있었다는 기록이 있다. 『일본서기(日本書紀)』에는 인교(允恭) 천황 3년(414) 정월에 천황이 신라에 사신을 파견하여 뛰어난 의사를 구하였고, 그해 가을 8월에 의사가 신라에서 왔다. 천황의 병이 치료되어 기뻐하며 의사에게 후한 상을 내리고 귀국하게 하였다고 기록되어 있다.[27] 이때 파견된 의사는 파진찬 김무(金武)로 추정하고 있다. 당시 나물왕 시대였는데, 왕의 막내아들 미사흔을 왜에 인질로 파견하는 등 왜와 관계 개선을 이루었고, 이런 정치적 배경하에서 실성왕이 김무를 왜에 파견한 것으로 본다. 그런데 일본의 의학서 『대동유취방(大同類聚方)』 가운데 인교 천황의 비(妃)를 치료하였다는 진명(鎭明)의 처방이 남아 있다. 이것 외에도 네 종류의 신라인의 처방이 더 남아 있다.[28] 일본이 신라와도 비교적 활발한 의학 교류를 했다는 것을 말해 준다. 일본의 의학교육은 대보율령에 의해 전약료(典藥寮)가 설치되었고, 전약두(典藥頭) 밑에 의박사에 의해 의생(醫生), 침생(針生), 안마생, 주금생을 두었다.

🌼 신라의 음악교육

신라의 음악과 관련한 기록은 『삼국사기』 「잡지」의 '악(樂)'조에 있다. 여기에서

26) 劉光明, 「唐代學校式醫學敎育及其對後世的影響」, 『上海中醫藥大學學報』, 第16卷 第3期, 2002年 9月, 15-16쪽.
27) 연민수 외 역, 『역주 일본서기 2』, 동북아역사재단, 2015, 92-93쪽.
28) 신라천년의 역사와 문화 편찬위원회, 앞의 책, 225쪽.

는 신라의 음악을 비롯하여 삼국의 음악을 모두 소개하고 있다. 그 내용을 간략히 제시하면 이러하다. 먼저 신라의 악기와 춤에 대해 소개하고 있다. 신라의 악기는 3죽(三竹), 3현(三絃), 박판(拍板), 대고(大鼓)가 있는데, 3죽은 대금, 중금, 소금이고, 3현은 거문고[玄琴], 가야금, 비파다. 거문고는 중국의 복희(伏犧)가 심신 수양을 위해 만든 것이며, 그 길이가 4자 5치인 것은 사시와 오행을 본뜬 것이고, 7줄은 북두칠성을 본뜬 것이다. 이러한 악기에 대한 소개와 더불어 옥보고를 필두로 한 제자들의 음악교육에 관한 이야기가 나온다.

옥보고의 음악교육

『신라고기(新羅古記)』에서는 "국초 진(晉)나라 사람이 7현금을 고구려에 보냈다. 고구려 사람은 그것이 악기인 줄 알았으나, 그 소리와 음 및 그것을 타는 법을 알지 못하였다. 국인(國人) 가운데 그 음을 알아서 탈 수 있는 사람을 구하여 후히 상을 주기로 했다. 그때에 제2상(相) 왕산악(王山岳)은 그 본 모양을 그대로 두고 그 법제(法制)를 조금 고쳐 만들고 아울러 1백여 곡을 지어 연주했다. 이때에 검은 학이 날아와 춤추었으므로 이름을 현학금(玄鶴琴)이라 했는데, 뒤에는 다만 현금(玄琴)이라고 했다."라고 하였다.

신라 사람 사찬 공영의 아들 옥보고(玉寶高)는 지리산 운상원(雲上院)에 들어가 거문고를 50년 동안 공부하여 스스로 새로운 곡조 서른 곡을 지었고, 이를 속명득(續命得)에게 전했고, 속명득은 이를 귀금(貴金) 선생에게 전했는데, 선생 역시 지리산에 들어가서 나오지 않았다. 신라왕은 금도(琴道)가 끊어질까 두려워하여 이찬 윤흥에게 바로 그 음곡을 전해 얻으라 하고, 마침내 남원 공사(公事)를 맡겼다. 윤흥이 관청에 도착하자 총명한 소년 두 사람을 가려 뽑았는데, 이름이 안장(安長), 청장(淸長)이라 했다. 이들에게 산중에 가서 뵙고 이어받아 배우도록 했는데, 선생은 이를 가르쳐 주었으나 그 은미한 부분은 전해 주지 않았다. 윤흥은 아내와 함께 가서 말했다. "우리 임금님께서 저를 남원에 보내심은 다름 아니라 선생의 기예를 전수하고

자 함인데, 지금까지 3년이나 되었습니다. 선생께서는 숨기는 바가 있어 전해 주지 아니하시니 저는 복명할 수가 없습니다." 윤흥은 술을 바치고, 그 부인은 잔을 잡고 무릎으로 걸어 앞으로 나아가 예절을 극진히 하고 성의를 다했더니 숨겼던 표풍(飄風) 등 세 곡을 전해 주었다. 안장은 그 아들 극상(克相), 극종(克宗)에게 전했는데, 극종은 일곱 곡을 만들었으며, 극종의 후에는 거문고로 자기 업을 삼는 이가 한둘이 아니었다.[29]

이를 보면 신라의 거문고는 진에서 고구려를 거쳐 신라로 온 것이고, 신라에서는 옥보고 → 속득명 → 귀금 → 안장, 청장 → 극상, 극종을 통해 지금까지 이어졌다는 것이다. 신라의 음악교육이 학교와 같은 공적인 어떤 체계를 통해 이루어진 것이 아니라 사적인 교육 혹은 가학(家學)에 의해 전수되어 왔다는 것을 보여 주는 것이다. 그렇다고 신라의 음악이 완전히 사적으로, 개인적으로 이루어졌다고 판단해서는 안 된다. 왕이 신라의 금도가 끊어질 것을 두려워하여 이찬 윤흥에게 명을 내려 '학생'을 선발하여 그 도를 잇도록 했다는 것은 음악이 왕 개인의 관심사가 아닌 국가적 관심사였다는 것을 말해 준다. 사실 국가는 늘 음악에 관심을 가지고 있었다. 국초인 유리왕 5년에 왕이 백성들의 풍속이 편안하고 안정되어 「도솔가(兜率歌)」를 지었는데 이것이 가악의 시초라고 하였다. 또 당시 지어진 「회소곡(會蘇曲)」 역시 국가와 무관한 것이 아니다. 왕(유리왕)이 6부를 정한 후, 이를 둘로 나누어 왕녀 두 사람으로 하여금 각각 부내(部內)의 여자들을 거느리고 편을 짜서 패를 나누어 추7월 기망(旣望, 16일)부터 8월 보름(추석)날까지 길쌈을 해서 진 편이 이긴 편을 위하여 주석(酒席)을 마련하고 가무와 유희를 하였는데, 거기서 유래한 것이 회소곡이다. 음악에 대한 이러한 국가의 관심은 음악의 정치 교육적 역할, 즉 교화적 역할과 관련이 있을 것이다. 그런데 신라 거문고의 비조인 옥보고를 비롯하여 그 후의 계승자들이 주로 지리산에 머물렀다는 것은, 다시 말하면 왕경에 거주한 것이 아니라 깊은 산속에 머물렀다는 것은 세속을 피해 은거한 것이

___
29) 『삼국사기』, 「잡지」, 악.

고, 왕이 보낸 수련생에게 자신의 모든 것을 다 가르쳐 주지 않은 것은 그들의 자존심을 보인 것이라고도 할 수 있다. 아울러 이들과 국가 간의 어떠한 갈등 같은 것도 엿볼 수 있다. 단정할 수 없으나 음악의 역할에 대한 갈등, 즉 국가는 교화의 측면, 실용의 측면을 강조한 반면, 음악가는 예술의 본질을 우선한 것에 따른 갈등은 아니었을까.

우륵의 음악교육

『삼국사기』에서는 가야금에 대해서도 다음과 같이 언급하고 있다.

> 『신라고기』에서는 "가야국 가실왕이 당의 악기를 보고 만들었는데, 왕이 여러 나라 방언이 각기 다르니 성음(聲音)을 어찌 통일할 수 있을까." 하면서 악사(樂師) 성열현(省熱縣) 출신의 우륵(于勒)에게 명하여 열두 곡을 만들게 했다. 후에 우륵은 그 나라가 어지러워질 것 같으므로 악기를 가지고 신라 진흥왕에게 귀순하였다. 왕은 그를 받아들여 국원(國原)에서 편히 살게 하고 대나마(大奈麻) 주지(注知), 계고(階古)와 대사(大舍) 만덕(萬德)을 보내어 그 업을 이어받게 했다. 세 사람이 이미 열한 곡을 전해 받자 서로 말하기를, "이것은 번거롭고 또 음란하니 아악, 정악으로 삼을 수 없다." 그들은 마침내 줄여서 다섯 곡으로 만들었다. 우륵은 처음에 그 말을 듣고 노했으나 그 다섯 종류의 음악을 듣자 눈물을 흘리며 감탄해서 말하기를, "즐거우면서도 절제가 있고, 슬프면서도 비통스럽지 않으니 정악(正樂)이라 할 만하다. 그대들이 이를 임금 앞에 연주하라."라고 했다. 왕이 이 곡조를 듣고 크게 기뻐하였는데, 간하는 신하가 의견을 올리기를, "가야 망국의 음악은 택할 바가 못 됩니다." 왕이 말하기를 "가야왕은 음란하여 스스로 멸망한 것이지 음악이 무슨 죄가 되겠는가? 대개 성인이 음악을 제정할 적에 사람들의 감정에 따라 조절 억제되도록 했으니 나라가 다스려지고 어지러워짐은 음조에는 관계가 없다." 마침내 이를 행하게 하여 대악(大樂)으로 삼았다.[30]

　가야금은 당의 거문고를 참작하여 만든 가야의 거문고라고 하였으나 이는 시대
적으로 맞지 않다. 왕이 여러 나라의 방언이 각기 다르다는 말은 중국의 여러 나
라와 가야의 말이 다르니 가야식의 음악이 필요하다는 것을 말한 것이다. 우륵이
신라에 귀순한 연대는 정확하지 않지만 진흥왕대일 것이다. 진흥왕은 그를 국원
지역(지금의 충주)에 살게 하였고, 진흥왕 12년(552) 3월에 왕이 순행(巡行) 중 낭성
(충주 지역의 성)에 이르러 우륵과 그 제자 니문(尼文)이 음악을 잘한다는 말을 듣고
불렀으며, 왕은 하림궁(河臨宮)에 머물며 그들에게 음악을 연주하게 했는데 그들
이 새 가곡을 지어 연주했다는 기록이 『삼국사기』 「신라본기」에 있다. 그리고 이듬
해인 진흥왕 13년(553)에 왕이 계고, 법지(『삼국유사』 「악지」에는 注知라고 되어 있
음), 만덕 세 사람을 파견하였는데, 우륵은 그들의 재능을 살펴 계고에게는 거문고

를, 법지에게는 노래를, 만덕에게는
춤을 가르쳤다고 하였다. 그들은 학
업을 마치고 왕 앞에서 연주를 하였
는데, 전날 낭성에서 듣던 것과 다름
이 없다며 상을 주었다고 한다. 그런
데 교육의 관점에서 보면, 왕이 이렇
게 계고, 법지, 만덕을 파견한 것은
이전에 관리 윤흥을 지리산과 인접
한 남원의 관리로 파견하여 인재를
선발하고 수업을 받게 한 것과 같은
차원, 혹은 그보다도 한 단계 더 나
아간 것으로 볼 수 있을 것 같다. 무
슨 말인가 하면, 왕이 파견한 계고와
법지의 관위는 대나마였다. 대나마
는 신라 17관등 가운데 10관등으로

[그림 10-7] 충주 우륵문화제 포스터

---

30) 『삼국사기』, 「잡지」, 악.

결코 낮지 않은 관위였다. 만덕 역시 대사의 관직을 가진 사람이었는데 이는 4두품이 오를 수 있는 최고의 관직이었다. 이로써 이들이 혹시 음악 관련 부서의 관리들이 아니었는지 추정해 볼 수 있다. 그렇지 않고서야 다른 관직에 있는 사람을 장기간 파견하여 음악을 배우도록 한다는 것은 납득하기 어렵다.

음성서의 설치

신라에서 음악 관련 전담 부서로 음성서(音聲署)가 있었다. 언제 이를 설치하였는지는 알 수 없다. 『삼국유사』 「잡지」에서는 다음과 같이만 말하고 있다.

> 예부에 속했다. 경덕왕이 고쳐서 태악감(太樂監)이라 했으나, 혜공왕이 다시 옛날대로 회복시켰다. 장(長)은 2명인데 신문왕 7년에 경(卿)이라 했다. 경덕왕이 다시 고쳐 사악(司樂)이라 했고, 혜공왕이 다시 경이라 했다. 관등은 다른 경과 같았다. 대사(大舍)는 두 명으로, 진덕왕 5년에 두었는데, 경덕왕이 고쳐 주부(主簿)라 했다가 뒤에 다시 대사라 했다. 관등은 사지(舍知)로부터 나마(奈麻)까지가 이 벼슬을 한다. 사(史)는 네 명이었다.

이를 보면 대사직을 설치한 진덕왕 5년(651) 이전에 음성서를 설치한 것으로 여겨진다. 최고 책임자는 경 혹은 장으로 관등은 급벌찬에서 아찬까지에 해당하는 사람이다. 그 아래 대사 2인과 사 4인으로 구성하였다. 이는 당시 역시 예부에 속한 국학과 비교해 보면 그 위상을 알 수 있다. 국학도 신문왕 당시는 경 1인, 대사 2인, 사 2인이었는데 혜공왕대에 들어 사를 2인 추가하였다. 비슷한 격이었음을 알 수 있다. 다만, 국학에는 교수에 해당하는 박사와 조교를 두었던 데 비해 음성서에는 그러한 교수직을 두지 않았다. 그러나 음성서는 국가의 주요 의례, 의식에 활용된 음악을 관장하였으며, 자체 교육을 통해 전문 악공을 기르는 체제를 갖추었을 것이다.

정명왕, 애장왕대의 연주 상황

『삼국사기』에서는 신라의 『고기』를 인용하여 정명왕과 애장왕대의 연주단 구성 상황을 다음과 같이 적고 있다.

> 『고기(古記)』에 "정명왕 9년에 신촌에 행차하여 잔치를 베풀고 음악을 연주하게 했다. 가무(笳舞)는 감(監) 6인, 가척(笳尺) 2인, 무척(舞尺) 1인이었고, 하신열무(下辛熱舞)는 감 4인, 금척(琴尺) 1인, 무척 2인, 가척(歌尺) 1인이었다. 사내무(思內舞)는 감 3인, 금척 1인, 무척 2인이고, 한기무(韓岐舞)는 감 3인, 금척 1인, 무척 2인이었으며, 상신열무(上辛熱舞)는 감 3인, 금척 1인, 무척 2인, 가척 2인이었고, 소경무(小京舞)는 감 3인, 금척 1인, 무척 1인, 가척 3인이었다. 미지무(美知舞)는 감 4인, 금척 1인, 무척 2인이었다. 애장왕 8년에 음악을 연주할 때 비로소 사내금(思內琴)을 연주했는데, 무척 4인은 푸른 옷을 입고, 금척 1인은 붉은 옷, 가척 5인은 비단 옷에 수놓은 부채를 들고 거기에 금루대(金縷帶)를 착용했다. 또 대금무(碓琴舞)를 연주했는데, 무척은 붉은 옷, 금척은 푸른 옷을 입었다."라고 했다.[31]

정명왕, 즉 신문왕 9년(689)에 신촌이라는 곳에서 행해진 잔치에서의 규모를 이야기한 것이다. 가무를 비롯한 사내무, 상신열무, 소경무 등이 연주되었는데, 여기에는 각각 감, 금척, 무척, 가척이 모두 몇 명씩 동원되었다. 감의 역할이 무엇인지는 알 수 없으나 신라에서 척은 악공을 말하는데 가야금재비(금척)와 노래재비(가척), 춤재비(무척)로 나뉜다. 이들 전체 연주는 몇 개의 소 연주로 구성되며, 각소 연주에도 적지 않은 인원이 동원되었고, 악기 연주와 노래, 춤 등이 어우러진 종합 연주였다.

---

31) 『삼국사기』, 「잡지」, 악.

최치원의 향악잡영

이러한 국가 차원의 연주 이외에도 민간 차원의 공연도 꽤나 성행했던 것으로 추정된다. 신라 말 최치원의 시「향악잡영(鄕樂雜詠)」5수가 남아 있다. 이를 보면 당시의 민간 공연이 어떻게 이루어졌는지를 짐작할 수 있다.[32]

금환(金丸)

몸 돌리고 팔 흔들어 금환을 희롱할 때
달이 구르고 별이 뜨듯 한눈에 가득
의료(宜僚)가 있다 한들 이보다 나을 건가
경해(鯨海)가 잠잠함을 알 수 있구나

월전(月顚)

어깨를 높이니 목은 들어가고 상투는 뾰족한데,
팔을 걷은 광대들이 술잔을 다투네
노랫소리 들리자 한바탕 웃음소리
저녁에 단 깃발이 새벽을 재촉한다

대면(大面)

황금빛 탈 쓴 사람 그 누구인가
손에 잡은 구슬 채찍 귀신을 쫓네
뛰다가 느릿느릿 아무(雅舞)를 추니
완연히 붉은 봉이 성세(盛世)에 춤추누나

---

32) 시의 번역은 이재호 역,『삼국사기』의 내용을 인용하였다.

속독(束毒)

쑥대강이 남빛 얼굴 이상한 인간들이
떼를 지어 뜰에 와서 난세같이 춤을 추네
북소리 동당동당 바람은 살랑살랑
남북으로 뛰놀면서 끝없이 춤추네

산예(狻猊)

먼 유사(流沙) 건너 만리길을 오느라고
털옷은 헤어지고 먼지까지 묻었구나
머리, 꼬리 흔들면서 어진 덕을 길들이니
걸출한 그 기질이 온갖 짐승과 같을 거나

[그림 10-8] 『악학궤범』에 실린 처용탈

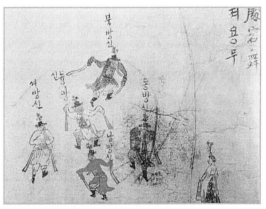

[그림 10-9] 처용무

신라 음악이 일본 음악에 끼친 영향

신라가 안정기에 접어든 7세기 후반부터는 당, 일본과의 각종 교류가 활발해졌다. 『속일본기』에는 신라를 비롯한 삼국의 음악이 일본에 끼친 영향을 보여 주는 기록이 남아 있다. 천평(天平) 3년(731)에 아악료(雅樂寮) 잡악생(雜樂生)의 인원을 정했는데, 대당악은 39인, 백제악은 26인, 고려악은 8인, 신라악은 4인 등으로 규정했다. 그런데 대당악생의 경우 출신지를 따지지 않고 능히 교습을 감당할 수 있는 자를 취했는데, 백제, 고구려, 신라 등의 악생은 모두 해당 번(番)의 출신자로 했다.[33] 해당 번의 출신자란 유민이나 도래인 등을 말한다. 삼국에서 건너간 사람들이 일본의 아악료에서 음악교육을 담당했다는 말이다. 천평 7년(735) 5월에도 천황이 교외에서 말타기, 활쏘기를 참관하는 행사에 당나라와 신라의 음악을 연주하게 했다는 기록이 있다.[34] 그런데 여기서 관심 있게 볼 것은 이때, 즉 천평 7년 2월에 신라에서 사신이 왔는데 일본 조정에서는 신라가 문득 본래의 호칭을 바꾸어 왕성국(王城國)이라 했다 하여 사신을 돌려보내는 사건이 생겼다.[35] 이로 인하여 신라와 일본은 몇 년 동안 상당한 긴장관계가 조성되었다. 그런데 그로부터 3개월 후인 5월에 천황이 신라악을 연주하게 한 것이다. 아직 양국의 긴장관계가 본격화되지 않아서 그런 것일 수도 있고, 그와 무관하게 신라악의 가치를 인정한 것일 수도 있을 것이다. 어찌 되었든, 이를 보면 신라악은 이미 일본 속에서 일본문화의 하나로 자리 잡고 있었음을 알 수 있다.

🌐 신라의 미술교육

신라를 포함한 한국 고대의 예술은 음악 이외에도 미술 분야에서도 충분히 논

---

33) 스가노노 마미치 외(이근우 역), 『속일본기 2』, 지식을 만드는 지식, 2012, 9-11쪽.

34) 위의 책, 66쪽.

35) 위의 책, 63쪽.

의의 장을 펼칠 수 있다. 삼국인의 미술 작품에서 그들의 미감각, 미의식을 알 수 있고, 이는 고대의 문명사에서도 매우 중요한 부분이다. 당연히 신라인들도 회화, 건축, 공예, 조각 등 다양한 영역에서 미의식을 드러내어 신라의 문명사를 이루었다.

신라의 채전

『삼국사기』「잡지」'직관'조에는 "경덕왕 때 전채서(典彩署)로 고쳤다. 뒤에 다시 원래대로 고쳤다. 감(監) 1인을 두었다. 관등은 나마에서 대나마에 해당하는 자로 하였다. 주서(主書)는 2인이었다. 진덕왕 5년에 설치했고, 관등은 사지(舍知)에서 나마(奈麻)에 해당하는 자로 하였다. 사(史)는 3인(혹은 4인이라고도 함)이었다."라고 기록되어 있다. 채전(彩典)의 주 업무가 무엇이었는지는 기록되어 있지 않아 자세히 알 수 없으나 명칭으로 보아 미술과 가장 가까운 부서였던 것으로 짐작한다. 고려의 도화원(圖畫院)의 전신으로 볼 수 있을 것이다. 그런데 이 채전이 처음 생긴 것은 진덕왕 5년(651)이며 경덕왕대에 전채서가 되었다가 뒤에 다시 채전이 되었다는 것이다. 최고 책임자는 채전감이었고, 주서와 사는 실무직이었다. 처음 진덕왕대에 이 부서가 생긴 것은 당 문물의 도입과 관련이 깊은 것으로 보인다. 당의 문명 도입의 일환으로 당의 연호를 비롯하여 중국식 복제(관복)과 아홀(牙笏)을 착용했으며, 처음 좌리방부도 설치하였다. 앞서 말한 바와 같이 좌리방부는 율령과 격식을 만드는 부서였는데, 이때 새로운 관직을 설치하기도 하고, 부서의 명을 정하기도 한 것으로 보인다. 무슨 이야기인가 하면, 채전 설치 이전에 신라에는 미술 담당 부서가 없었다든지, 심지어 미술 자체가 보잘것없었다고 판단해서는 안 된다는 것이다.

신라의 회화

삼국의 미술은 앞서 말한 바와 같이 여러 측면에서 논의해 볼 수 있다. 먼저 회화다. 다른 부분도 그러하지만, 회화의 경우 그 재료의 특성상 남아 있는 것이 많지 않다. 고구려나 백제, 신라의 경우, 모두 주로 고분벽화나 고분 출토 유물을 통해 당시의 상황이 전할 뿐이고, 이를 통해 당시의 사상, 종교, 민속, 예술, 체육 등 여러 가지를 짐작할 수 있다. 구체적으로 보면, 신라의 경우 천마총에서 나온 「천마도」를 비롯한 몇 점의 회화가 있으며, 순흥 읍내리 고분에도 몇 점의 벽화가 남아 있다. 그런가 하면 8세기 중엽의 작품으로 「대방광불화엄경변상도」(약칭 「화엄경변상도」)가 남아 있어 당시의 불교 회화의 한 측면을 보여 주고 있다. 이와 함께 각종 공예품에 나타난 회화로써 신라의 회화 상황을 짐작해 볼 수 있다.

이 가운데 「화엄경변상도」의 제작 역시 당과의 교류 속에서 이해가 가능하지만 통일 이후 당과의 활발한 교류는 신라 회화의 수준을 한 단계 더 높였을 것으로 생각된다. 정원(貞元) 연간(785~804)에 신라인들이 당의 대표적 인물화가였던 주방(周昉)의 작품 수십 점을 후한 값으로 구매해 귀국했다는 기록이 있고,[36] 같은 시기 김충의(金忠義)와 같은 신라 출신의 화가가 8세기 후반과 9세기 초에 걸쳐 당에서 활약했으며, 국내에서는 솔거와 같은 인물이 일반 회화와 불교 회화에 천재성을 발휘하고 있었다. 우리에게도 널리 알려진 솔거는 출생이 한미하여 가계를 알 수 없는 사람이다. 그럼에도 그림 솜씨를 타고났고, 황룡사 벽에 늙은

[그림 10-10] 신라 대방광불화엄경변상도

---

36) 郭若虛, 『圖畵見聞誌』, 卷5, 周昉條, 안휘준, 『한국 그림의 전통』, 사회평론, 2012, 86쪽에서 재인용.

소나무를 그렸는데 줄기는 비늘처럼 터져 주름지었고 가지와 잎이 얼기설기 서리어 까마귀, 솔개, 제비, 참새들이 가끔 날아들어 앉으려다 허둥대며 떨어지곤 했다 한다. 또 그가 경주의 분황사 관음보살과 진주의 단속사 유마상을 그렸다는 기록이 『삼국유사』에 전한다. 신라의 회화 가운데 특히 주목할 것이 이와 같은 불교 회화인데, 그 담당자들은 승려도 있었고 그렇지 않은 사람도 있었던 것으로 추정된다. 앞의 「화엄경변상도」를 그린 사람은 의본(義本), 정득(丁得), 광득(光得), 두오(豆烏) 등이었는데 이름만으로는 승려인지 아닌지 알 수 없다. 전문 화사(畵師), 화공(畵工)이 있었는지도 모르겠다. 솔거의 이야기에서는 분황사의 단청의 칠은 그 절의 승려가 한 것으로 기록되어 있다. 솔거 다음으로 정화와 홍계라는 화가의 이름도 『삼국유사』에는 보인다. 모두 경명왕(917~924 재위)대의 승려들로 흥륜사의 벽에 보현보살상을 그렸다.[37] 당시의 변상도의 경우도 승려 가운데 전문가가 있을 수도 있지만 승려 이외에 따로 전문가가 있었을 가능성이 충분히 있다. 그리고 그 어느 쪽이나 회화의 교육은 공적인 시스템에 의한 것이라는 증거는 없다. 아마 그들 사이의 도제식 교육이었을 것이다.

삼국의 화가와 국제 교류

신라를 비롯한 삼국의 화가가 국내에서 활동한 흔적은 이와 같이 찾아보기 어렵지만 오히려 국제 교류의 흔적은 적지 않게 볼 수 있다.[38] 먼저 가장 활발한 교류 흔적을 남긴 나라는 역시 백제다. 백제는 일찍부터 일본에 화가를 파견했다. 『일본서기』의 의하면 유랴쿠(雄略)천황 7년(463)에 인사라아(일본명 인시라가, 因斯羅我)라는 사람이 백제로부터 일본에 왔는데, 그는 일본 최초의 회화 담당 부서인 화부

---

37) 안휘준, 『한국 회화사 연구』, 시공사, 2000, 212쪽.

38) 이 부분에 대해서는 기본적으로는 위의 책, 제1장 2절, '일본에서 활약한 삼국계 화가들' 부분을 참조하였으며, 구체적인 사실과 내용에 대해서는 저자가 원문의 확인을 거쳐 재서술하였다.

(畵部) 소속 화가였다고 한다. 그는 당시 토기, 말안장, 직물, 통역 전문가와 함께 일본에 파견되었다. 이를 보면 5세기경에 이미 백제와 일본은 화가를 비롯하여 각 분야의 전문가의 교류가 있었다는 것을 알 수 있다. 그 후 1세기 뒤인 스슌(崇峻) 천황 2년(588)에는 백제의 화공인 백가(白加)가 사공(寺工) 태량미태(太良未太)와 문고고자(文賈古子) 그리고 노반박사(鑪盤博士) 백매순(白昧淳), 와박사(瓦博士) 마나문노(麻奈文奴)와 양귀문(陽貴文), 능귀문(倰貴文), 석마제미(昔麻帝彌) 등과 함께 왔다. 그리고 나라의 호코지(法興寺)를 지었다. 호코지는 596년에 완공되었고, 백제의 혜총(慧聰)과 고구려의 혜자(慧慈) 스님이 거주했다. 호코지의 노반명(鑪盤銘)에는 백가(白加)박사와 양고(陽古)박사 등의 이름이 남아 있다. 그리고 스이코(推古)천황 5년(597)에는 백제의 아좌(阿佐) 태자가 일본에 와 일본에서 가장 오래된 초상화인 「쇼토쿠(聖德) 태자와 두 왕자상」을 그린 것으로 알려져 있다. 그는 관음보살의 화신이라 하는 태자의 전생의 제자로도 알려져 있다. 그러나 아좌 태자에 대한 기록이 백제에는 없어서 어떤 인물인지는 자세히 알기 어렵다. 백제계의 화가 가운데 쿠다라노 카와나리(百濟河成, 782~853)가 있다. 그는 원래 성이 여(餘)씨였는데 뒤에 쿠다라(백제) 씨로 바꾸었다. 활도 잘 쏘았으며, 화가로서는 고인(古人)들의 진영을 잘 그렸다. 또 산수, 초목 등을 살아 있는 듯이 잘 그려 일본 화가들이 그를 모범으로 삼았다.

고구려계 화가로는 담징(曇徵)이 대표적이다. 스이코 천황 18년(610)에 담징은 법정(法定) 스님과 함께 일본에 파견되었는데, 당시 그는 오경(五經)을 잘 알고, 또 채색과 종이, 묵을 잘 만들고 맷돌을 만들었다고 했다. 담징은 우리에게는 그간 호류지(法隆寺)의 금당 벽화를 그렸다고 알려졌으나, 최근의 연구에 의하면 그것은 사실이 아닌 것으로 판명되었다. 그러나 그가 회화와 관련 있는 채색과 종이, 묵을 만들었다는 것에서 고구려의 미술문명을 일본에 전달한 사람으로 그를 보아야 할 것이다. 또 가세이쓰(加西溢) 혹은 고마노 가세이쓰(高麗加西溢)라 부르는 사람이 있다. 그는 쇼토쿠 태자가 사망한 후에 비(妃)가 태자의 극락왕생을 염원하여 「천수국만다라수장(天壽國曼陀羅繡帳)」을 만들었는데 그 하도(下圖)를 그린 사람 가운데 한 사람이다. 이 밖에 7세기경부터 화가 씨족으로 알려진 화사(畵師) 씨 가운데는 신라계, 백제계와 함께 고구려계도 많았다고 알려져 있다.

신라계의 화가로는 방금 언급한 화사 씨 가운데 사쿠하타 노에시(簀秦畵師)가 신라계로 여겨지고 있다. 당시 가야계 화사들도 아야(漢) 씨를 쓰고 있는데, 「천수국만다라수장」을 그린 인물 가운데에도 아야 씨가 두 명이나 보인다.

이상 살펴본 바와 같이 삼국의 화공, 화사들이 다수 일본으로 건너가 일본의 회화에 큰 영향을 끼쳤다. 그런데 당시 건너간 인물들은 일본

[그림 10-11] 천수국만다라수장(일본)

에서 직접 회화를 제작하기도 하였지만, 일본의 회화교육을 담당한 사람들이기도 했다. 기록에 없어서 그렇지 한반도에서 건너간 그들 혹은 그들의 선조는 삼국시대 그리고 통일신라시대 그들의 나라에서 회화교육을 담당했을 수 있는 가장 유력한 인물들이었다. 왜냐하면 그러한 기술이 축적되지 않고서 외국에 가서 기술을 전수한다는 것은 논리적으로 성립할 수 없기 때문이다.

신라의 건축과 공예

앞에서도 언급한 바와 같이 신라의 회화는 남아 있는 작품 수가 많지 않지만, 건축과 공예는 오히려 적지 않은 작품이 남아 있다. 물론 대부분 불교 건축과 공예다. 신라의 불교 건축과 공예는 여기서 일일이 다 열거할 수 없다. 다만, 교육과 관련하여 말하거나 추정할 수 있는 부분만 간략히 언급하고자 한다.

불교가 신라에 들어오고 사찰의 조영을 비롯하여 불탑, 불상과 각종 불교 공예품들은 해를 거듭할수록 예술성이 높아져 갔다. 불탑으로서는 대표적인 것이 황룡

[그림 10-12] 황룡사 구층탑 모형(김영택 펜화)

출처: 중앙일보(2019년 5월 1일).

사 구층탑인데, 그 기술은 당대 최고의 기술이었다. 그 조성 연기(緣起)가 『삼국유사』에 다음과 같이 실려 있다.

> 정관 17년 계묘 16일에 자장법사가 당 황제가 준 불경, 불상, 가사, 폐백 등을 가지고 본국으로 돌아와 탑 세울 일을 임금께 아뢰었다. 왕이 여러 신하에게 이 일을 의논하였고, 신하들은 "백제에서 공장이를 청해 데려와야 합니다." 이에 보물과 비단을 가지고 백제에 가서 청하게 했다. 이리하여 아비지라는 공장이가 명을 받고 와서 나무와 돌을 재고, 이간 용춘이 그 역사를 주관하는 데 거느리고 일한 장인들이 200명이나 되었다.

이때는 선덕여왕 12년(643)이었다. 당과의 활발한 교류 속에서 신라의 문화 수준도 상당히 높아져 있을 때였다. 그러나 황룡사 탑은 신라의 기술로는 지을 수 없는 역사였다. 당시 백제에는 사찰 건립과 관련한 상당한 기술을 보유하고 있을 뿐만 아니라 와박사, 노반박사와 같은 실무 기술을 가진 사람이 많았다. 그들은 일본과 신라에 파견되기도 하였다. 아비지가 박사였는지는 알지 못한다. 그러나

[그림 10-13] 황룡사 찰주본기

그는 최고의 기술을 가진 백제의 장인이었고, 그가 거느리고 일한 장인이 200명이나 되었다. 그 장인들이 신라 사람이라면, 백제 사람이라 하더라도 그러지만, 그들에게 기술을 전수한 사람으로 보아야 할 것이다.

또 황룡사의 탑 속에는 사리가 들어 있고 그 사리를 보관하는 각종 사리장엄구들이 있는데, 그 공예품의 예술성 역시 빼어나 관련 기술과 지식의 축적과 전수 과정도 신라 예술교육사에서 주목할 필요가 있다. 우여곡절 끝에 발견과 도굴, 회수의 과정을 거쳐 지금은 국립중앙박물관에 보관하고 있는 황룡사 탑의 심초석 유물 가운데는 탑의 중수 내력을 기록한 황룡사 찰주본기가 있다. 이것은 경문왕 12년(872) 탑을 중수할 때 넣은 것으로 900여 자의 문자 기록이 있다. 이를 보면 탑을 세운 내력이 있는데『삼국유사』의 기록과 유사하며, 탑 수리에 간여한 사람의 이름(박거물과 요극일) 역시『삼국사기』의 기록과 일치한다. 찰주본기에는 황룡사 목탑의 수리와 재건을 위해 성전(成典)이라는 기구가 만들어졌다는 것과 지금의 국방 장관에 해당하는 병부령 김위홍과 당시 신라 불교계의 원로인 전 국통 혜흥(惠興) 등 승려와 관리 53인의 명단이 기록되어 있다. 그 가운데 눈길을 끄는 것은 찰주본기를 새기고 기록한 '전자조박사신 전련(鐫字助博士臣全連)'이라는 장인(匠人)의 관직과 이름이다. 당시 신라에는 이런 불교 공예 관련 기술자 가운데 글을 새기는 전자박사(鐫字

[그림 10-14] 성덕대왕 신종

博士)가 있었으며, 그 아래 전자박사를 돕는 전자조박사(鐫字助博士)까지 있었다는 것은 이미 관련 기술교육 체계가 존재하고 있었음을 말해 준다. 여기 나오는 전련이란 사람은 일반인이었던 것 같고, '전자승혜총(鐫字僧聰惠)'이라는 기록도 있는 것으로 보아 승려 기술자들도 적지 않게 있었음을 알 수 있다.

성덕대왕 신종에 대해서도 잠시 언급할 필요가 있다. 신라의 대표적인 종이자 지금까지 남아 있는 우리나라의 대표적인 예술 작품이다. 크기는 높이 10척(3.75m)으로 상원사 동종의 2배가 넘는다. 이 종의 모습에 대해 미술사학자 유홍준 교수는 다음과 같이 말하고 있다.[39]

> 돋을새김한 조각들은 청동 조각인 만큼 석굴암의 그것보다 더 정교하다. 향로를 받들고 공양하는 비천의 자태와 꽃구름과 함께 휘날리는 천의 자락이 매우 부드럽고 우아하게 표현되었다. 상원사 동종이 강한 동세를 자랑한다면 여기에는 원숙한 아름다움이 있다. 종유는 돌출된 돌기가 아니라 정교하게 돋을새김 되었다. 상대, 하대, 연화당좌, 유곽, 종유의 연꽃과 넝쿨무늬의 새김도 우아하다. 그리고 종의 아랫부분인 종구가 여덟 모로 엷게 각지면서 맵시 있게 마무리되었다. 성덕대왕 신종에는 총 1037자의 명문이 비천상 양옆 두 곳에 나누어 돋을새김 되어 있다. '한림랑 김필중이 왕명을 받들어 짓다.'로 시작하는 이 명문에는 종의 제작 시기, 제작 동기, 주종 기술자 5명의 직책과 이름을 밝혀 놓았다.

여기서도 주목할 부분은 이 종을 만드는 일에 참여한 사람의 직함과 이름이다. 감독관은 대각간 김옹과 각간 김양상이다. 각간은 신라의 최고 관위다. 김양상은 혜공왕을 죽이고 왕위에 오른 선덕왕(宣德王, 780~785 재위)이다. 이들을 비롯하여 아찬 1명, 급찬 2명과 대나마, 나마, 대사에 이르기까지 9명의 관리의 이름이 적혀 있다. 그리고 종의 제작 기술자로는 4명의 이름이 있는데, 주종대박사(鑄鐘大

---

39) 유홍준, 『유홍준의 한국미술사 강의』, 눌와, 2012, 187쪽.

[그림 10-15] 성덕대왕 신종 명문

출처: 국립중앙박물관.

博士) 대나마 박종일과 차박사(次博士) 나마 박빈내, 나마 박한미, 대사 박부부가 그들이다.

여기서 주종대박사와 차박사의 명칭이 보이는데, 이는 신라에서 드물게 보는 전업박사다. 종 만드는 장인을 일컫는 명칭인데, 차박사 역시 주종대박사로서 박종일의 수하에서 일하는 사람을 일컫는 것일 것이다. 이들은 승려 장인, 즉 승장(僧匠)은 아니었던 것으로 보인다. 모두 박 씨 성을 가진 사람들인데, 같은 집안, 친척인지는 모르겠지만 이들 사이에 교육 체계가 있었을 것이라는 것은 쉽게 짐작할수 있다. 주종박사는 요즈음으로 치면 기능장(技能匠)에 해당하는 장인이다. 이 종의 주조의 어려움은 잘 알려졌듯이 '에밀레종 설화'로 전해진다. 종 만드는 작업이자꾸 실패하자 아이를 끓는 물에 넣음으로써 종을 완성한다는 이야기인데, 그만큼 종 만드는 것이 어렵다는 것을 반증하고 있다. 종의 명문(銘文)은 그야말로 명문(名文)이다.[40]

원컨대 이 오묘한 인연으로 존엄한 영령을 받들어 도와서 두루 들리는 맑

---

40) 한국고대사회연구소 편, 『역주 한국고대금석문 Ⅲ』, 가락국사적개발연구원, 1992, 391쪽.

은 소리를 듣고 말을 초월한 법연에 올라감에 과거 현재 미래를 꿰뚫는 뛰어난 마음에 계합하고 (……) 모든 중생들이 지혜의 바다에서 함께 파도치다가 같이 세속을 벗어나서 아울러 깨달음의 길에 오르소서.

종은 그냥 종이 아니다. 깨달음의 미디어다. 모든 중생이 이 맑은 종성을 듣고 고해를 벗어나 깨달음의 길에 함께 오르기를 간절히 바라는 마음을 새겼다. 종을 만드는 모든 사람들의 마음이 종으로 나타난 것이다. 그런 의미에서 종은 문자가 담긴 책과 다름 아니다. 책이 문자를 아는 사람들을 교육시키기 위한 미디어라면, 종은 그 소리를 들을 수 있는 모든 중생을 깨달음의 세계로 인도하기 위한 교육미디어였다. 책을 만드는 사람과 종을 만드는 사람은 같은 마음을 가진 사람이었던 것이다.

신라의 과학기술교육과 예술교육

지금까지 신라의 과학기술교육에 해당하는 율학과 산학, 천문 역법과 의학 등과 예술교육으로서 음악교육과 미술교육을 간략히 고찰하였다. 그 특성을 몇 가지로 정리해 보면 다음과 같다.

첫째, 신라시대의 과학기술교육과 예술교육은 동아시아 문명의 한 부분으로 작동되었다. 그 문명은 한편으로는 음양오행사상과 역학사상 등 유학사상에 바탕을 두고 있고, 다른 한편으로는 불교와 도교 등에 바탕을 두고 고유한 전통을 발전시켜 왔다. 신라의 과학기술교육과 예술교육은 동아시아 문명의 보편성과 특수성을 모두 가지고 있다.

둘째, 순수 학문으로 존재하고 발전하기보다는 실용적 기술학으로서의 의미와 정부에서 주도하는 정치적 수단으로서의 학문이라는 의미가 컸다. 그래서 관리들의 참여가 눈에 띄게 많았다.

셋째, 해당 관서에 독립적으로 교육 체제를 구축한 경우가 대부분이다. 물론 율학과 같이 정규 학교에 교육과정을 개설하는 경우도 있었지만 해당 정부의 관서에서 개설하고 관리하는 경우가 일반적이었다. 가학의 전승 여부는 동아시아의 보편적인 현상이지만 신라에서는 아직 뚜렷하게 확인된 바가 없고, 추후 연구를 기다려 볼 필요가 있다.

넷째, 불교 예술의 경우 승려들의 참여가 두드러졌다. 회화, 건축, 공예 등 불교 예술의 제 방면에 모두 승려들이 다수 참여하여 신라문명을 향상시키는 데 기여하였다.

다섯째, 교수진으로 박사 제도를 가지고 있었다. 율학, 산학, 천문, 역학, 의학 등과 주종 등 많은 분야에서 자체적으로 경학과 마찬가지로 교수 인력으로서 박사를 설치하였고, 보조 인력으로서 조교, 조박사, 차박사와 같은 직책을 두었다. 박사와 조교는 사적으로 설치할 수 없고 모두 국가에서 관직으로 설치하였다.

여섯째, 전업교육은 경학교육에 비해 차별적 요소가 많았다. 학생의 경우, 입학 자격에서부터 수업 연한이라든지 등에 차별이 있었다. 박사의 경우도 중국이나 일본의 사례를 보면 역시 경학과 비교해 볼 때 차별이 있었다. 이러한 차별이 학문의 발전에 장애 요소가 되었을 것이다.

일곱째, 중국으로부터는 학문을 수입하는 입장에 있었지만 일본에 문화를 전달하는 수출자의 입장에 있었다. 그리하여 동아시아 문명, 문화의 성장에 일정한 역할을 담당했다.

제11장

신라 교육문명의 교류사

　제1장에서 제10장까지는 신라의 교육문명의 모습들을 여러 측면에서 고찰해 보았다. 이 장에서는 신라를 중심에 놓고 삼국, 동아시아, 나아가 세계와의 교육문명의 교류 과정을 살펴보고자 한다.[1] 우리는 그간 신라의 문명에 대해서는 두 가지 시각을 가져왔다. 신라는 문명의 후진국이라는 인식과 함께 천년의 찬란한 문명을 자랑하는 나라라는 상반된 인식도 가져왔던 것이다. 문명의 후진국이라는 인식은 고구려나 백제에 비해 국제 교류가 느리고, 선진 문명을 받아들이는 속도가 다른 나라에 비해 느리다는 점 때문일 것이다. 일례로 교육문명의 한 상징인 학교 제도만 하더라도 신라는 고구려에 비해 3세기가량 늦다. 그래서 신라는 교육문명의 후진국이라는 생각을 하게 된다. 그러나 다른 문명이나 문물과는 달리 교육의 경우는 꼭 그렇게 판단할 수만은 없다. 교육문명은 꼭 제도나 문물의 도입만으로 판단할 수 없는 요소들이 있다. 신라의 화랑도를 학교 제도가 아니라고 해서 후진적이라 판단할 수 없는 것과 같다. 신라의 문명이 화려하다는 인식은 어쩌면 우리의 그간의 역사교육의 효과일 수 있다. 신라문명 하면 떠올리는 석굴암, 불국사 등의 축조 기술과 왕관으로 대표되는 황금의 나라라는 이미지는 확실히 학교교육이든지 박물관교육이든지 교육의 결과일 수 있다. 이런 교육이 잘못되었다는 것이 아니다. 신라는 남에게 자랑할 만한 문명의 성취를 이룬 것도 사실이다. 그러

---

1) 저자는 2004년 8월에 「문화교류사의 입장에서 본 동아시아 고대 교육」(한국교육사상연구회, 『교육사상연구』 제15집)이라는 논문을 발표한 바 있다. 이 글과는 다른 내용이지만 그때의 문제의식을 이 장에서 일부 이어받았다.

나 그것이 신라문명만이 우수하다는 편견과 독선으로 흘러가서는 곤란하다. 신라
문명의 형성과 전개 과정은 신라의 역사에 속하지만 신라만의 역사라 닫아 버리
면 곤란하다. 따지고 보면 모든 나라의 문명이 다 그러하듯, 신라문명도 토착적인
요소와 외래적인 요소가 결합하고 접변(acculturation)함으로써 탄생한 것이다. 이
장에서는 신라문명을 교류사의 측면에서 세 시기로 나누고, 각 시기의 교류 과정
을 서술한다.

🏵 국가형성기의 문명 교류

국가형성기의 신라의 교육문명으로 이야기할 수 있는 것은 많지 않다. 실제 많
지 않았던 것이 아니라 알려져 있는 것이 많지 않다. 여기서는 당시의 교육문명으
로서 신화에 주목하고자 한다. 우리는 흔히 신화를 문명과 상대적인 것으로 보아
신화시대를 문명 이전의 그 어떤 것으로 평가하는 경우가 많다. 그러나 신화 역
시 문명의 한 요소이고 문명의 상징이다. 지금 우리는 단군신화를 어떻게 바라보
고 있는가. 단군신화는 고조선의 문명을 알려 주는 중요한 사료이며, 나아가 우리
한민족 전체의 신화라는 의미를 부여하고 있지 않은가. 신라의 신화도 마찬가지
다. 신라 신화라고 하면 우리는 혁거세 신화를 떠올리며, 그 의미 역시 박 씨의 씨
족 신화 정도로 보고 있지는 않은가. 그렇지만 혁거세 신화의 의미를 여기에만 제
한해서 말할 수는 없다. 『삼국사기』에서는 신라의 육촌의 백성들이 원래 고조선
의 유민(遺民)이라고 말하고 있다. 6촌의 지배세력이 고조선의 이주세력, 꼭 고조
선이 아니더라도 북방의 이주세력이라는 것은 신라의 묘제 연구를 통해서도 밝혀
진 바가 있다. 신라의 신화는 많은 사실을 이야기하고 있다. 특히 문명 교류의 역
사의 실마리를 찾을 수 있는 중요한 사료가 신화인 것이다. 신화는 만들어진 것이
다. 그것이 개인이든 집단이든, 누군가가 나타내고자 하는 바가 있어서 의도적으
로 만든 것이다. 그 의도는 드러날 수도 있고 잘 드러나지 않을 수도 있고, 오늘날
우리가 쉽게 파악할 수도, 쉽게 파악하지 못할 수도 있다. 그러나 분명한 것은 신

화는 저절로 만들어진 '자연'이 아니라 인간에 의해 만들어진 '문명'이라는 점이다. 그런 점에서 신라의 신화는 국가형성기의 교육문명과 그 교류사를 엿볼 수 있는 중요한 사료가 된다. 문명사의 관점에서 신라의 신화를 보기로 하자. 먼저 『삼국유사』에 기록된 혁거세의 탄생 신화다.[2]

> 　전한(前漢)의 지절(地節) 원년인 임자년—고본에는 건호(무) 원년이라 했고, 또 건원 3년 등이라 했으나 모두 잘못이다—3월 초하루에 6부의 조상들이 각기 자제들을 거느리고 알천의 언덕 위에 함께 모여 의논하기를, "우리들은 위에 뭇 백성을 다스릴 임금이 없으므로 백성들이 모두 방일하여 제 마음대로 하게 되었소. 어찌 덕 있는 사람을 찾아 임금으로 삼고, 나라를 세워 도읍을 정하지 않겠소."라고 하였다. 이에 높은 곳에 올라가 남쪽을 바라보니 양산 아래 나정 곁에 이상한 기운이 번갯불처럼 땅에 비치는데, 백마 한 마리가 꿇어앉아 절하는 형상을 하고 있었다. 그곳을 찾아가 살펴보니 자줏빛 알 한 개(혹은 푸른색 큰 알이라고도 한다)가 있었다. 말은 사람을 보고는 길게 울며 하늘로 올라가 버렸다.

　신화학자들은 흔히 신화를 구분할 때 일단 남방계와 북방계로 구분한다. 남방계 신화는 남방 해양계라고도 하며, 해양 문명적 요소와 농경 문명적 요소를 담고 있다. 그래서 난생이나 배에 표류하는 등의 모티프를 가지고 있다. 이에 비해 북방계는 북방 유목계 신화인데, 햇빛 감염이라든지 천신 강림 등의 모티프를 가지고 있다. 혁거세 신화나 탈해 신화와 같은 신라의 신화 그리고 수로 신화와 같은 가락국의 신화를 남방계 신화라고 말하고 있고, 주몽 신화를 비롯한 고구려 신화, 부여 신화 등은 북방계 신화에 속한다고 말하고 있다. 그런데 자세히 보면 혁거세 신화는 난생이라는 전형적인 남방 신화의 모티프를 가지고 있기는 하지만 천신 강림의 모티프도 가지고 있다. 그래서 일방적으로 남방 신화로 규정할 수는 없으

---

2) 『삼국유사』 「기이」, 혁거세왕.

며 문명의 결합을 볼 수 있다.

다음으로 혁거세 신화와 연결되어 있는 알영 신화를 보자.[3]

> "이제 천자가 하늘에서 내려왔으니 마땅히 덕 있는 왕후를 찾아 배필을
> 삼아야 할 것이오." 이날 사량리 알영정(혹은 아리영정이라고도 한다) 가에 계
> 룡이 나타나 왼쪽 옆구리에서 여자아이를 낳았는데(혹은 용이 나타나서 죽었
> 는데 그 배를 갈라서 얻었다 한다) 모습과 얼굴은 유달리 고왔으나, 입술이 닭
> 의 부리와 같았다. 월성 북천에 가서 목욕을 시키니 그 부리가 떨어졌다. 이
> 로써 그 내를 발천이라 하였다.

알영의 탄생 신화의 모티프는 알영이라는 우물이다. 이는 전형적 남방 신화의
모티프다. 그래서 혁거세의 신화를 천신 강림적 요소와 남성적·대륙적·북방적
특징으로 보고, 알영 신화는 난생적 요소와 여성적·해양적·남방적 특징으로 보
아, 신라의 탄생이 이 두 문명의 결합이라 말하기도 한다. 여기에다 계룡의 옆구
리에서 태어난 것은 불교문명을 반영한 것이다.

다음은 석씨 시조인 탈해의 출생 신화다.[4]

> 나는 원래 용성국(龍城國) 사람이오. 우리나라에는 일찍이 28용왕이 있었
> 는데, 사람의 태에서 났으며 대여섯 살부터 왕위에 차례로 올라 만 백성을
> 가르쳐 성명(性命)을 닦아 바르게 했소. 8품의 성골(姓骨)이 있었으나 선택
> 하는 일이 없이 모두 왕위에 올랐소. 그때 우리 부왕 함달파가 적녀국의 왕
> 녀를 맞아 왕비로 삼았는데, 오랫동안 아들이 없어 기도하여 아들을 구했
> 소. 7년 후에 알 한 개를 낳았는데, 이에 "대왕이 여러 신하를 모아서 묻기를
> 사람으로서 알을 낳은 일은 고금에 없는 일이니, 아마 좋은 일이 아닐 것이

---

3) 『삼국유사』 「기이」, 혁거세왕.
4) 『삼국유사』 「기이」, 탈해왕.

다 하였다." 하고 궤를 만들어 나를 그 속에 넣고 일곱 가지 보물과 종들까지 배에 실어 바다에 띄우면서, 인연이 있는 곳에 닿는 대로 나라를 세우고 집을 이루라 축원했소.

탈해 역시 난생이며, 용왕의 자손이다. 전형적인 남방 신화이고 해양 문화적 요소가 그대로 드러난다. 그러나 그의 삶의 과정, 성장담에는 또 다른 요소가 있다. 그는 내버려진 삶을 살았다. 아진포의 어구에 이르러 어느 할멈에게 구해졌으며, 처음에는 고기잡이를 업으로 삼았다. 뒷날 왕궁 월성의 터가 된 길지가 당시의 유력자 호공의 집터였는데, 그는 "우리는 본래 대장장이였는데, 잠시 이웃 고을에 나가 있는 동안 다른 사람이 빼앗아 살고 있으니, 땅을 파서 조사해 보라."라고 하여 집터를 차지하였다. 이는 그가 선진 기술이었던 철기 제련 기술의 소유자라는 것을 말하고 그리하여 그를 북방의 이주 세력으로 이해할 수도 있다는 점은 탈해 신화 역시 단일 문명으로만 이해할 수 없다는 것이다.

알지 신화도 마찬가지다. 『삼국유사』에서는 알지의 출생을 다음과 같이 기록하고 있다.[5]

[그림 11-1] 알지신화 금궤도(조선 후기 조속)
출처: 국립중앙박물관.

---

5) 『삼국유사』「기이」, 김알지.

영평 3년 경신 8월 4일, 호공이 밤에 월성 서리를 가다가 큰 광명이 시림 (구림이라고 하기도 함) 속에서 흘러나오는 것을 보았다. 자주색 구름이 하늘 에서 땅에 드리웠는데, 구름 속에 황금 궤가 있어 나뭇가지에 걸려 있고, 빛 이 궤에서 나오는 것이었다. 또 흰 닭이 나무 밑에서 울고 있었다. 이 모양 을 왕께 아뢰자 왕이 그 숲에 가서 궤를 열어 보니, 그 속에 사내아이가 누 웠다가 곧바로 일어났다. 마치 혁거세의 고사(故事)와 같아 혁거세가 알지 라고 한 그 말을 따라 알지라고 이름 지었다. 알지는 신라말로 아이를 이르 는 말이다. 아이를 안고 대궐로 돌아오니 새와 짐승들이 서로 따라와 즐겁 게 뛰며 춤추었다.

알지의 출현은 난생인 듯 아닌 듯 불명확하다. 알지는 알과의 관련성도 있으면 서 신라말로 아기를 의미하니 난생과 태생이 얽혀 있다.

신화는 신의 이야기지만 동시에 인간의 이야기다. 신라의 신화는 신라문명이 특정 지역의 문명에 갇혀 있지 않음을 보여 주고 있다. 신라문명은 문명의 보편적 요 소를 내포하고 있고, 이러한 보편적 요소는 아주 긴 시간 동안의 문명 교류에 의해 획득될 수 있는 것이다. 신라의 신화 속에는 남방의 해양, 농경 문명적 요소만 있 는 것이 아니라 북방의 기마문명, 유목문명의 요소도 있다. 또 거기에는 기층문명 인 샤머니즘을 바탕으로 유교문명, 불교문명 그리고 도교문명의 요소까지 다 결 합되어 있다. 신라가 박 씨나 김 씨만의 나라가 아닌 박 씨, 석씨, 김 씨의 나라라 는 것 역시 신라문명의 다양성, 다층성을 나타내는 요소다. 이와 같이 신라는 국 가형성기부터 단일 문명이 아닌 다양한 문명으로 이루어진 나라이고, 따라서 교 육문명 역시 그러한 토대 위에서 이해되어야 한다.

⊛ 삼국 정립기의 교육문명 교류사

국가 형성이라고 했지만 신라의 국가 형성은 혁거세의 등장으로 일조일석에 이루어진 것은 아니다. 혁거세에서 문무왕에 이르는 통일 과정을 보면 그 사이에는 무수한 전쟁과 정복의 과정이 있었다. 전쟁은 사회 변동을 일으키는 최고의 사건이다. 문화와 문명의 교류는 우호관계의 수립에 의해서도 가능하지만 전쟁에 의해서도 일어난다. 전쟁과 우호는 정반대인 것 같지만 전쟁 중에 우호관계가 수립될 수도 있고, 우호관계가 전쟁관계로 변화될 수도 있다. 우호관계가 있을 때는 말할 것도 없지만 전쟁은 상대방과의 인적·물적 교류를 수반하게 된다. 문화, 문명의 교류가 급격하고 활발하게 일어날 수밖에 없는 조건이 조성되는 것이다. 문명 교류는 매우 다양한 차원에서 일어나지만 사서에서는 그러한 미세한 교류가 기록되어 있지 않다. 일차적으로 기록하는 것이 전쟁이다. 삼국 정립기의 교육문명 교류사를 논하기 위해 우선적으로 이국(異國)과의 전쟁, 우호관계 교류만이라도 살펴볼 필요가 있다.

먼저 혁거세 시기에는 왜와 변한, 낙랑, 마한 등과의 전쟁, 교류가 있었고, 고구려와 백제가 차례로 건국되었다. 남해왕의 시기에는 낙랑, 왜의 침범이 있었다. 유리왕 시기에는 낙랑의 침범과 고구려와 낙랑의 전쟁으로 낙랑인 5천 명이 유민으로 이주해 왔다. 이어 탈해왕의 시기다. 탈해 자체가 왜에서 동북쪽 1천 리 거리에 있는 다파나국 출신이다. 다파나국이 어딘지는 학자마다 의견이 분분하다. 『위서(魏書)』에도 이 다파나국의 이름이 나오는데, 그 위치는 음이 비슷한 일본의 단마(但馬, 다지마)국 혹은 후비국(後肥國)의 옥명(玉名, 다마나)국으로 비정하기도 하고, 혹은 서역에 있던 소국으로 보기도 한다. 한편, 다파나국의 다른 이름인 용성국은 탈해의 출생국이 아니라 탈해 집단이 이주해 오는 과정에서 정복한 동해나 남해에 있던 어떤 섬일지도 모른다는 견해도 있고, 탈해 도래 설화가 용과 관련이 있다는 점에 주목하여 탈해의 출신지를 흉노 지역으로 보는 견해도 있다.[6] 그런데 이 시기에는 왜와 우호관계를 맺었다는 점도 그 출신지와 관련하여 눈길을 끈다. 그런가 하면 마한, 특히 백제와의 전쟁이 본격화되었다. 파사왕 시기에는 가야와의 전쟁도 시작되었다. 음즙벌국(음질국), 실직곡국, 압독국과 같은 인근 지방

---

6) 정구복 외 4인, 『역주 삼국사기 3』, 한국학중앙연구원출판부, 2012, 47쪽.

의 소국들이 합병되었다. 이것이 2세기 초까지의 대외 관계다. 사서(『삼국사기』)의 기록이 실제를 얼마나 반영하는지는 알 수 없다. 그 이하가 될 수도 있으나 그 이상이 될 수 있을 가능성이 오히려 크다. 신라를 지금의 지도로 보아 동남쪽의 한 변방으로 보는 것이 아니라 신라를 중심으로 보는 시각이 중요하다. 이 시각으로 본다면 신라는 그와 인접한 모든 나라와 교류를 한 셈이 된다. 한편으로는 당시 북방의 강자 낙랑과 끊임없이 전쟁이든 화해든 교류를 해 왔고, 다른 한편으로는 서쪽의 백제나 남쪽의 왜와도 마찬가지로 교류를 지속시켜 왔다. 그런가 하면 남쪽의 가야나 인접 소국과도 끊임없이 교류의 과정을 이어 왔다는 것이다. 아직 중국과는 본격적인 교류가 없었지만 그렇다고 해서 아무 일 없이 태평성대가 지속되었다는 것은 아니다. 태평성대는 문명 교류의 입장에서 본다면 오히려 암흑기일 수 있다.

신라의 역사를 상고(上古), 중고(中古), 하고(下古)로 구분한 것은 『삼국유사』다. 일연 스님의 생각인 것이다. 중고가 6세기 초부터 시작되어 7세기 중엽까지라고 하면, 상고는 5세기가 넘는 긴 시기다. 물론 하고도 3세기가 넘는 긴 시간이다. 일연이 이렇게 시대를 구분한 이유는 알 수 없으나 역사 변동이라는 점에서는 수긍이 가는 점이 있다. 일연은 중고의 여섯 왕의 시기가 격변기라고 보았던 것이다.

다시 『삼국사기』의 교류사를 보자. 지마왕 시기에는 가야, 왜와 전쟁이 있었고, 말갈의 침략도 있었다. 일성왕의 시기도 마찬가지다. 아달라왕을 거쳐 벌휴왕 시기에는 왜인 1천 명이 왔다. 이들은 굶주림 때문에 신라로 들어온 사람들인데, 이러한 이주는 신라사회에도 적지 않은 사회 변동을 가져왔을 것이다. 우리는 신라와 왜(일본)의 교류를 이야기할 때 늘 신라가 왜에 전해 준 것만 생각하게 되는데, 문화 교류는 반드시 그렇게만 일어나는 것은 아니다. 이들 왜인 1천 명이 가져온 변화는 언어적인 측면에서부터 생활문화 전반에 걸쳐 결코 작은 것은 아닐 것이다. 2세기 말에 시작된 나해왕에서부터 조분왕, 첨해왕, 미추왕, 유례왕을 거쳐 3세기 말의 기림왕 시기에는 백제와 고구려 등 삼국의 투쟁이 본격화하는가 하면 왜와의 분쟁과 화해도 반복된다. 그러다가 기림왕 3년(300)에 왜와 사신을 교환하게 되었고, 흘해왕 3년(312)에는 왜국왕이 사신을 보내 자신의 아들의 혼인을 청하게 되었고, 아찬 급리의 딸을 시집 보내게 된다. 이러한 사건 역시 문명 교류의 중요한 사건이 된다.

왜, 고구려, 백제 등과의 교류가 중심이 된 신라의 대외 교류에 본격적인 변화가 온 것은 6세기 초부터다. 지증왕으로부터 시작된 6세기는 중국과의 교류 사실이 기록된 것은 아니나 지증왕 5년(504)에 상복법을 제정하고 이어 법흥왕 7년(520)에는 율령이 반포됨으로써 중국 문명의 도입이 본격화되었다. 물론 그 이전에도 중국 문물의 영향은 곳곳에 있었다. 첨해왕 3년에 궁궐 남쪽에 설립한 남당(南堂)도 그 하나다. 도당(都堂)이라고도 하는 남당은 정식 왕궁과는 별도로 설치한 정청(政廳)이다. 미추왕 7년에는 이곳에서 정치와 형벌의 잘잘못을 가렸고, 눌지왕 7년(423)에는 여기서 노인들을 접대하였다. 왕이 몸소 음식을 집어 주면서 곡식과 비단을 차등 있게 주었는데, 이는 차별적 질서를 강조하는 유교 정치의 한 상징이다. 눌지왕대부터는 중국 남조의 양(梁)나라와 공식적인 인적 교류(사신, 유학생 등)와 문물 교류(불교 문물, 일반 문물)가 있었던 시기다.

삼국 통일 무렵의 신라의 교육문명 교류사는 역시 당과의 교류가 중심이 된다. 그 가운데 선덕여왕 9년(640) 5월에 왕이 자제들을 당의 국학에 입학시켜 주기를 청한 것을 주목할 필요가 있다. 당시 당 태종은 명성이 있는 유학자들을 모아 교관으로 삼았다. 그 스스로도 국자감에 수시로 들러 유학 경전을 강론케 하였다. 당시 학사(學舍)를 1,200칸으로 늘려서 학생이 3,260명이 되었다. 이때 고구려, 백제, 고창, 토번을 비롯한 여러 나라에서 학생들을 파견하였다고 『삼국사기』에는 기록되어 있다. 그러나 당시에는 유학생 파견이 이루어지지 않았던 것 같다. 이후 진덕왕 2년(648)에 김춘추가 입당했을 때, 국학에 가서 석전 의례와 강론을 참관한 바가 있다. 이러한 과정을 거쳐 숙위 학생을 비롯하여 정식 유학생들을 파견할 수 있었고, 유교문명의 인적·물적 교류가 유형, 무형의 다양한 형태로 이루어지게 되었다.

한편, 불교의 교류사로 눈을 돌리면, 불교는 법흥왕대에 공인되었지만 그전의 눌지왕대에 승려 묵호자가 고구려에서 일선군(지금의 선산)으로 들어온 바 있다. 당시 그 고을 사람 모례가 자기 집 안에 굴을 파서 방을 만들어 있게 했다. 당시 양나

라에서 사신이 왔을 때 의복과 향을 보내왔다. 임금과 신하들이 향의 이름도 용도
도 모르는 상황에서 묵호자가 알려 주었다. 비처왕(소지왕)대에는 아도화상이 시
중드는 사람 3인과 모례의 집에 다시 찾아왔다가 그곳에서 죽었고, 남은 세 사람
이 그곳에 살면서 경과 율을 강독하였다 한다. 묵호자와 아도는 형상이 비슷하다
고 했는데 같은 사람인지, 다른 사람인지에 대해서는 논란이 있다. 묵호자라는 이
름은 한자로 '墨胡子'라고 표기하는데, 고구려에서 왔다고는 하지만 신라인이 보
았을 때 상당히 이질적인 얼굴이었을 가능성이 있다. 그래서 얼굴이 검은 외국인,
즉 묵호자라는 별칭으로 불렀을 가능성이 있다. 이후 법흥왕대에 이차돈의 순교
를 거쳐 불교가 공인된 것은 신라문명, 나아가 신라의 교육문명에 획기적인 사건
이 되었다. 이어 진흥왕대에는 불교교육의 학교인 사찰(흥륜사)이 완성되었고, 학
생인 출가자가 생겼다. 그리고 양나라에 유학 갔던 각덕(覺德)이 돌아왔다. 이 당
시 신라와 양나라는 매우 밀접한 교류 관계가 있었다. 양나라는 남조에서도 불교
가 매우 성행했던 나라다. 물론 양나라와만 교류 관계를 가진 것은 아니다. 진흥
왕 25년(564)에는 북제(北齊)에 사신을 파견하였는데, 이듬해 북제의 무성(武成) 황
제가 진흥왕에게 신라왕이라는 조서를 내렸다. 그리고 이 해 진(陳)에서 사신 유
사(劉思)와 승려 명관(明觀)을 보냈으며 이때 경론(經論) 1,700여 권을 보내왔다.
이는 불교문명의 교류에 큰 단초를 열었다. 당시 신라 역시 불교가 국가적으로 진
흥되고 있을 때였다. 황룡사 장육존상이 눈물을 흘려 발꿈치까지 젖었다는 설화
가 생길 정도의 상황이었다. 진흥왕의 진흥은 불교를 진흥시킨 왕이라는 뜻이다.
스스로 한결같은 마음으로 불교를 받들었고, 말년에는 머리를 깎고 승복을 입었
으며 스스로 법운(法雲)이라는 법명을 가지고 있었다. 왕비도 그것을 본받아 비구
니가 되어 영흥사에서 머물다 죽었으며, 아들들도 동륜, 금륜(사륜)이라는 불교식
이름을 가졌다. 각덕이 돌아왔을 때가 진흥왕 10년(549)이었는데, 외국과 신라의
불교 교류는 각덕이 그 시초다. 명관(明觀), 지명(智明), 담육(曇育), 원광(圓光) 등
이 뒤를 이어 양(梁)나라, 진(陳)나라 등으로 구법 유학을 떠났다.

⊛ 통일 이후의 교육문명 교류사

통일을 앞두고 신라의 대외 교류가 당에 큰 비중이 주어진 것은 당연하다. 그러나 당과의 교류만 있었던 것은 아니다. 백제와는 전쟁 중에도 장인(匠人) 아비지를 초청하여 황룡사탑을 세웠으니, 우리가 지금 생각하듯 전쟁 중이면 모든 교류가 단절되었다고 생각해서는 안 된다. 한반도에서 통일 전쟁이 한창일 때, 대륙에서의 동아시아 질서는 당으로 통일되었다. 문무왕대의 나당 전쟁이 끝나고 신문왕대부터는 본격적으로 나당 관계가 회복되었다. 신문왕 2년(682)에 설치하였다는 국학 제도가 당의 국자감 제도를 참고한 것임은 말할 나위가 없다. 그렇다고 당의 제도 그대로 신라에 설치한 것은 물론 아니다. 신라 '현지'의 상황에 맞추어 설치하였다는 것은 이 책의 제6장에 따로 상세히 언급되어 있다.[7]

당과의 유학 교류

신라 교육문명, 특히 유학은 절대적으로 당에 의존할 수밖에 없는 상황이었고, 종종 당에 문물을 요청하기도 하였다. 국학 제도를 정비하고 난 지 얼마 되지 않은 신문왕 6년(686)에는 당에 사신을 보내 『예기』와 문장을 청했는데, 이에 측천무후는 담당 관청에 명하여 『길흉요례』를 베끼고 문관사림 가운데 모범으로 삼을 만한 글을 골라 50권의 책으로 만들어 주기도 하였다. 이후 효소왕(692~702 재위), 성덕왕(702~737 재위), 효성왕(737~742 재위), 경덕왕(742~765 재위)을 거치며 신라의 유교는 상당한 수준에 이른 것으로 평가된다. 효성왕 2년(738)에는 당 현종의 조문을 마치고 신라로 돌아오는 당의 사신 형숙(邢璹)에게 당의 황제가 "신라는 군자의 나라라 일컬어지고, 자못 글을 잘 알아 중국과 비슷함이 있다. 그대는 독

---

7) 대략의 내용은 이 책의 6장에 소개되어 있으며, 전문은 안경식, 「신라 국학의 '현지화' 과정 연구」, 한국교육사학회, 『한국교육사학』 제38권 제4호, 2016년 12월, 117-138쪽을 참조할 것.

실한 선비인 까닭에 신임표를 주어 보내는 것이니, 마땅히 경서(經書)의 뜻을 강연하여 그들로 하여금 대국(大國)에 유교가 성함을 알게 하라."라고 한 바 있다.[8] 또 경덕왕 15년(756)에 당 현종이 다음과 같은 시를 보낸 바 있다.[9]

> 멀고 멀리 땅이 다한 그곳
> 푸르디 푸르게 이어진 바다의 구석에 있음에도
> 명분과 의리의 나라로 일컬어지니
> 어찌 산과 물이 다르다 하겠는가
> 사신은 돌아가 풍속과 가르침을 전하고
> 사람들은 찾아와 법도를 익혔네
> 의관을 갖춘 이는 예절을 받들 줄 알고
> 충성과 신의가 있는 자는 유학을 높일 줄 아는구나

대국인 중국의 입장에서 쓴 글이긴 하지만 신라에서 유학이 성행했음을 알 수 있다. 신라의 유학은 이미 8세기 중엽에는 중국에까지 소문이 났을 정도였던 것이다. 혜공왕(765~780 재위)은 즉위하자마자 국학에 행차하여 박사로 하여금 『상서』를 강의케 하였고, 재위 12년(776) 2월에도 국학에서 강의를 들은 적이 있다.[10] 이렇게 국가 통치의 이념으로 유학사상이 확고하게 자리를 잡자 원성왕(785~798 재위) 4년에는 독서삼품과를 설치하여 유학적 소양을 기준으로 관인을 선발하게 되는데, 이는 결국 신라의 관료사회가 그만큼 유학을 기반으로 돌아갈 정도가 되었다는 것을 말한다. 물론 이러한 기반이 조성된 것은 두 나라 사이의 공식적·비공식적 교류가 뒷받침되었기 때문이다.

---

8) 『삼국사기』, 효성왕 2년.
9) 『삼국사기』, 경덕왕 15년.
10) 『삼국사기』, 경덕왕 12년. 국왕의 행학은 경문왕 3년(863)과 헌강왕 5년(879)에 있었다.

도당 유학생

여기서 잠시 신라 하대의 도당 유학생 상황을 보면, 9세기 초반에는 당에 머무는 도당(渡唐) 유학생의 총 인원이 100명 혹은 200명이 넘을 때도 있었다.[11] 헌덕왕 (809~826 재위) 17년(825)에 왕자 김흔을 당에 보내어 황제에게 앞서 가 있던 태학 생 최리정, 김숙정, 박계업 등은 본국으로 돌려보내 주고, 새로 입조한 김윤부, 김 입지, 박량지 등 12인은 숙위에 머물게 해 주기를 청하면서 그들을 국자감에 배 치하여 학업을 닦게 하고 홍로시(鴻盧寺)에서 경비와 양식을 지급케 해 달라고 주 청했고, 이에 황제가 따랐다.[12] 홍덕왕(826~836 재위) 11년(836)에는 국학에서 공 부하고 있던 학생 216명의 의복과 식량을 지급해 줄 것을 요청하였고, 아울러 옛 날에 와서 당에 머물고 있던 학생들의 본국 방환을 청하자 당 황제는 조칙을 내려 이 가운데 7명에게는 의복과 식량을 지급하지만 나머지 기한에 찬 사람에게는 줄 수 없으므로 본국에 돌려보냈다고 한다.[13] 또 문성왕(839~857 재위) 2년에는 당 의 문종이 홍로시에 명하여 신라의 질자와 만기가 되어 귀국해야 할 학생 105명을 모두 돌려보내게 하였다 한다.[14] 이와 같이 우리 측의 요청에 의해서가 아닌 당의 지시로 돌려보낸 것으로 보아 당시 많은 신라 유학생 수는 당에서도 감당하기 부 담스러웠던 것 같다. 9세기 후반에 와서는 황소(黃巢)의 난 등 당나라 내부의 사정 이 좋지 않았지만 유학생은 끊이지 않았다. 경문왕(861~875 재위) 9년(869)에 학 생 이동 등 3인을 진봉사 김윤과 함께 딸려 보내어 학업을 닦게 하였는데 이때 그 에게 책값으로 은 300냥을 주었다.[15] 헌강왕(875~886 재위)대에도 김무생, 최환, 김광유 등의 국자감 입학을 청하여 허락을 받았고, 진성왕(887~897 재위)대에도

---

11) 안경식, 「삼국 및 통일신라시대의 유학교육사상」, 한국국학진흥원, 『한국유학사상대계 V』, 2006, 110-113쪽.

12) 『삼국사기』, 헌덕왕 17년.

13) 『唐會要』36, 권덕영, 『고대한중외교사』, 일조각, 1997, 82쪽에서 재인용.

14) 『삼국사기』, 문성왕 2년.

15) 『삼국사기』, 경문왕 9년.

수차례 유학생의 입학을 청하였다.[16] 이러한 도당 유학생들은 최치원의 경우와 같이 당의 빈공과 별시에 합격하여 벼슬을 받은 경우도 있으나 주로 말단 외직을 받았기에 되돌아오는 경우가 많았으며, 그곳에서 당의 문인, 관리들과 친분이 있었으므로 당의 사절로 임명되기도 하였다. 그러나 돌아와서도 태수(太守)나 소수(少守)와 같은 하급 외직에 임명되거나 중사성(中事省), 선교성(宣敎省) 등 근시(近侍) 기구와 한림원(翰林院), 서서원(瑞書院), 숭문대(崇文臺) 등 문한직에 보임되었으나 신라사회의 골품제의 한계로 그들이 받은 이러한 직책이 그들이 당에서 10년간 연마한 학문적 성취에 합당한 대우로는 부족한 면이 있었다.[17] 그럼에도 불구하고 그들은 통일 이후 신라의 교육문명, 특히 유학교육의 문명의 사절로서는 큰 역할을 했다 하지 않을 수 없다.

당과의 불교 교류

신라의 인적 교류가 유교에 한정되었던 것은 아니다. 불교의 경우에도 통일 이후에 수많은 학승이 구법 유학을 떠났다. 당에 유학을 떠난 구법승들이 공부한 분야도 법화, 삼론, 밀종, 선종, 정토종, 지장, 화엄, 유식 등 다양하다. 또 신라 하대의 일이기는 하지만 신라와 당 그리고 일본의 불교 교류사에서 주목할 것은 당의 산동 지역에 세워진 적산법화원이다. 이곳은 해상왕 장보고가 청해진 대사로 부임했을 때 원찰(願刹)로 건립한 것인데, 신라와 당의 불교문명의 교류처였다. 불교문명은 당이 선진적이었지만 그 선진 문명을 이룩하는 데는 신라인의 역할도 없지 않았다. 예를 들면, 원측(圓測, 613~696)은 유식학의 대가로서 현장(玄奘, 602~664)과 함께 역경 사업에 참여하여 동아시아 한역(漢譯) 불교문명의 형성에 큰 공을 남겼다. 신라 구법승으로 역경 사업에 참여한 사람은 원측 이외에도 신방, 지인, 승장, 현범, 무저, 혜일 등이 있었다.[18] 이들은 장안과 낙양 등을 비롯하여 강남 지역에

---

16) 권덕영, 앞의 책, 93쪽.

17) 신형식, 『한국의 고대사』, 삼영사, 1999, 60쪽.

주로 머물렀지만 명산, 명찰이 있는 곳이면 어디든 찾아가 구법을 하였다. 그러나 그들은 구법승으로만 머문 것은 아니고 강학으로 교화를 하기도 하고, 제자를 양성하기도 하였다. 원광법사는 그곳에서 빼어난 강학으로 이름을 날렸고, 자장율사 역시 그러하였다. 또 김교각으로 알려진 지장은 구화산(九華山)에서 도를 닦아 명성을 얻어 그곳을 지장보살 전문 도량으로 만들었고, 중국 4대 불교 명산에 이르게 했다. 나말여초의 선종 9산 가운데 실상산파, 봉림산파, 사자산파, 수미산파, 동리산파의 초조가 모두 입당 구법승이었다는 것은 두 나라의 불교 교류에서 신라 하대의 불교 교류의 한 면을 보여 준다.[19]

[그림 11-2] 등신불이 된 김교각 스님
(중국 구화산)

서역, 천축과의 불교 교류

그런데 불교의 경우 단지 중국으로만 떠난 것은 아니다. 혜초와 같이 직접 서역 지역으로 간 사람도 적지 않았다. 『삼국유사』「의해」편에는 '귀축제사(歸竺諸師)', 즉 천축에 갔던 여러 고승이라는 항목이 설정되어 있다. 아리나(阿離那)를 비롯하여 혜업(惠業), 현태(玄泰), 구본(求本), 현각(玄恪), 혜륜(惠輪), 현유(玄遊), 그리고 이름을 모르는 법사 2명이 있다고 기록되어 있다. '귀축제사'에 등장하는 스님들은 바른 가르침[正敎]을 희구하여, 혹은 법에 따르고자[順法] 천축국으로 간 스님들이

---

18) 黃有福, 陳景富(권오철 역), 『한중 불교문화교류사』, 까치, 1995, 330-338쪽.

19) 안경식, 앞의 논문(2004), 162-163쪽.

다. 이들은 그곳에서 돌아와 고국에서 활동한 사람이 없다. 일연이 인용한 『대당
서역구법고승전(大唐西域求法高僧傳)』을 보면, 아리나(阿離耶跋摩라고도 함)는 신라
사람으로 젊은 나이에 당에 들어가 불적을 순례하다가 정관 연간(627~649)에 장
안을 떠나 오천축에 이르렀다고 한다. 그리고 중요한 것은 나란타사(那蘭陀寺)에 머
물렀다는 사실이다. 나란타사는 나란다(Nalanda) 대학이라고도 하는데, 당시 최고
의 학문소였다.

아리나는 여기서 많은 율장
과 논장을 공부했고 여러 경전
도 패엽에 초사했다. 혜업(慧業)
역시 정관 연간에 서역을 가 보
리사(菩提寺)에 머물며 나란타
사에서 유마경을 청하여 당나
라 번역본과 대조하며 연구하
여 뜻을 완전히 깨우쳤다 한다.
『대당서역구법고승전』에는 혜
업 스님이 60세 무렵에 입적하
였고 스님이 필사한 범본(梵本)

[그림 11-3] 나란다 대학 유적지

경전은 나란타사에 남아 있다 하였다. 그런데 이들이 이와 같이 가기를 열망해 마
지 않던 나란타사는 용수(龍樹, 나가르주나, 150~250년경)가 머물던 곳이라는 설도
있지만 5세기경에 지어진 것으로 알려져 있다. 631년에 당의 현장(玄奘)이 이곳을
찾았을 때는 상주하는 승려가 1만 명, 교수가 2천 명이었다 한다. 당시 대학의 모
습에 대해서는 『대당서역기(大唐西域記)』에서 다음과 같이 언급하고 있다.[20]

이역(異境)의 학자로서 명성과 영예를 얻고자 하는 사람은 모두 이곳에 와

---

20) 현장, 『대당서역기』, 권9, 김호동, 「속고승전과 대당서역구법고승전에 입전된 한국 고승의
행적」, 영남대학교 민족문화연구소, 『민족문화연구』 제20집, 1999, 198쪽에서 재인용.

서 의의(疑義, 토론에 참여함)를 제기함으로써 비로소 명성을 얻게 된다. 그리하여 여기에서 유학하였다고 허위사실로 말하며 이곳저곳을 다닌다고 해도 어디서고 정중한 대우를 받는다. 외국 사람으로서 이곳 토론의 자리에 들려고 하는 자는 힐문당하여 굽히고서 본국으로 돌아가는 자가 많고, 학식이 고금에 통달해 있는 자만이 비로소 입문할 수 있다. 그리하여 유학하러 온 후진의 학자로서 학문이 깊은 사람도 10사람 중 7, 8명은 물러가게 마련이다. 나머지 2, 3명의 박식한 사람도 승중(僧衆)들의 거센 질문 공세에 꺾여 그 명성을 실추당하지 않은 사람이 없다.

　현장(玄奘)보다 늦게 이곳에 의정(義淨, 635~713)이 왔을 때 이곳의 건물은 3층이고, 중국, 티베트, 몽고, 고구려, 신라 승려들이 유학하고 있었다고 하였다.[21]
　한 연구에 의하면, 삼국의 사람으로서 서역 구법을 떠난 사람은 6세기 중엽에서 시작하여 8세기 중엽과 말기에 끝이 났는데, 확인된 인원은 15명이라고 한다. 그 중 6세기에 2명, 7세기에 9명, 8세기에 4명 등이다.[22] 이들 가운데 6세기의 구법승 3인 가운데 2명은 겸익(謙益, 백제인)과 의신(義信)이며, 7세기의 9명은 무덕(武德) 연간(618~626) 초기부터 당의 의정(義淨)이 『대당서역구법고승전』을 편찬할 때(687)까지 들어 있는 서역 구법승 56명 가운데 9명이다. 이 9명은 『삼국유사』의 「귀축제사」편에 나오는 인물들이다. 이 가운데 혜륜(慧輪)의 범어 이름은 반야발마(般若跋摩)였고, 신라에서 출가하였다 한다. 8세기의 4명은 무루, 원표, 오진, 혜초인데, 이들은 모두 신라인이었다. 이 가운데 무루(無漏)는 신라의 왕족이었다. 다섯 천축국을 가서 8대 영탑(靈塔)을 순례하려는 생각으로 양관(陽關)을 떠나 사막을 지나고 우전(于闐)을 경유하여 총령의 어느 한 가람에 이르렀다가 그곳에서 다시 당으로 돌아왔다고 한다. 또 원표(元表)는 화엄사상가로 잘 알려져 있는데, 천보 연간(742~756)에 중국에 갔다 서역으로 성적(聖蹟) 순례를 떠났는데, 심

---

21) 김호동, 앞의 논문, 198쪽.
22) 黃有福, 陳景富(권오철 역), 앞의 책, 76쪽.

왕보살(心王菩薩)을 만나 가르침을 얻고 중국으로 돌아왔다. 머리에 80화엄을 이고 민월(閩越)로 가, 그 산에 머물면서 시냇물을 마시고 과일을 따먹으며 경문을 수지하였다 한다. 오진(悟眞) 역시 신라 사람으로 781년에 장안으로 가서 밀교를 익혔다. 그 후 장안에서 출발하여 토번을 거쳐 중천축국에 이르렀고, 『대비로자나경』과 『대일경』의 범본을 찾았다. 789년에 범문 경본을 가지고 돌아오다 토번 부근에서 세상을 떠났다.

『왕오천축국전』의 저자 혜초의 경우는 20세 이전에 고국 신라를 떠나 당으로 가서 구법을 하였고, 개원 7년(719)에 남천축국의 고승 금강지가 중국에 온 이후 그 해로를 따라 인도로 가서 불적(佛蹟)을 순례했다. 동천축국으로 들어간 그는 중천축, 남천축, 서천축, 북천축을 차례로 돌다 마지막에는 중앙아시아 길을 택하여 총령(蔥嶺)을 넘고 비단길을 따라 천산 남쪽에 있는 북로를 통하여 장안으로 돌아왔다. 그가 남긴 『왕오천축국전』은 그 자체로 문명 교류사적 의미가 있다. 혜초는 신라 사람으로서는 최초로 대식국(大食國, 아랍)에 다녀왔으며, 한(漢) 문명권에 속하는 사람으로서는 처음으로 대식 현지 견문록을 남겼고, 인도와 페르시아 그리고 아랍과 중앙아시아에 관한 귀중한 지식을 소개하고 전달하였다. 혜초가 서역을 순례하던 8세기 전반은 서반구에서 신생 이슬람 제국이 흥성하여 시들어 가는 유럽 고전문명의 맥을 이어받은 범유라시아적인 이슬람문명권이 출현하고, 동반구에서 당 제국이 전성기를 맞아 범아시아적인 한 문명권이 형성됨으로써, 막강한 2대 문명권이 동서로 상치하고 있던 시대였다. 이러한 역사적 시대에 이루어진 혜초의 서역 기행, 특히 페르시아와 대식으로의 방문은 여러 가지 측면에서 동서문명 교류사에 큰 발자국을 남겨 놓았다고 학계에서는 평가하고 있다.[23]

---

23) 정수일, 『혜초의 왕오천축국전 1』, 학고재, 2008, 122~123쪽.

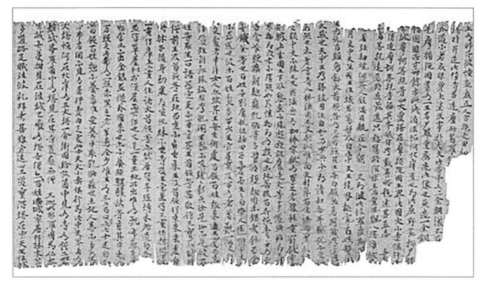

[그림 11-4] 혜초의 『왕오천축국전』(파리 국립도서관 소장)

출처: 국립중앙박물관.

　이상과 같은 신라인들의 천축 구법의 의의는 여러 측면에서 논의해 볼 수 있다. 크게는 정수일 박사가 언급하였듯이 동서문명 교류에 신라인이 기여했다는 점이다. 오늘날 서구적인 관점 혹은 중화주의적인 관점에서 보면 신라는 변방일지 모르지만 신라인은 결코 변방인, 주변인이 아니었다. 그들은 문명의 현장을 멀다 하지 않고 기꺼이 방문하여 문명 교류의 주역이 되었다. 또 교육문명사의 관점에서 보더라도 신라인은 이미 세계인으로서 나란다 대학과 같은 세계 최고 수준의 학교, 세계 최고 수준의 교육문명의 현장에 참여했다는 큰 의의가 있다. 당시 이미 많은 경전이 한역(漢譯)되어 있었지만 그들은 1차 원전(original text)을 보기를 원했다. 1차 원전을 구해서 한역된 경전과 대조해 보며 탐구했고, 이것이 신라화되고 일본화되었던 것이다. 그래서 그들의 천축 구법의 의의를 단지 불전 순례에만 한정해서는 안 된다. 물론 그들은 불자로서 불적을 순례하기를 간절히 원했겠지만 그들의 학문 활동의 의의를 간과해서는 안 된다는 말이다. 그들이 최고의 학문의 전당에 가서 최초의 스승을 만나 가장 선진적인 학문을 연구했기에 그들의 학문과 신라 불교 역시 최고의 수준을 유지할 수 있었던 것이다. 아울러 계율, 비담, 유식, 중관, 화엄, 밀교 등과 같은 선진 불교사상을 따라갈 수 있었다.[24] 물론 그들 가운데 대다수가 신라로 돌아오지 않았다. 그렇다 하더라도 세계 문명사, 세계의 교육문명사에 남긴 그들의 흔적이 적지 않다는 것은 부정할 수 없는 사실이다.

  사실 그들 다수가 신라에 돌아오지 않았다 하였지만 그럼에도 불구하고 경주에는 신라와 서역과의 문물 교류의 흔적이 적지 않게 남아 있다. 우리가 잘 아는 괘릉의 무인석상을 비롯하여 신라의 고분에서도 서역의 물품들이 다수 출토되었다. 황남대총 북분에서 출토된 감옥(嵌玉)팔찌를 비롯하여, 계림로 14호분에서 출토된 장식보검 등은 제작 기법과 디자인으로 보아 서역에서 들어온 것으로 판단하고 있다. 미추왕릉지구에서 출토된 상감유리옥과 로만글라스로 불리는 유리용기 역시 서역의 물품으로 추정하고 있다.

  이러한 문물들이 신라와 서역 간의 직접적인 교류의 산물인지는 알 수 없다. 중국을 통해 들어왔을 수도 있기 때문이다. 그러나 신라와 서역 간의 인적 교류는 사실로 드러나고 있다. 중세의 아랍 지리학자 이븐 쿠르다지바(Ibn Khurdādhibah,

[그림 11-5] 괘릉의 무인석상

---

24) 계미향, 「한국 고대의 천축구법승 연구」, 동국대학교 대학원 불교학과 박사학위논문, 2016, 247쪽.

820~912)의 저서『제도로(諸道路) 및 제왕국지(諸王國志)』에서는 "중국 맨 끝 깐수 (Qansu)의 맞은편에는 많은 산과 왕(국)들이 있는데 그곳이 바로 신라국이다. 이 나라에는 금이 많으며 무슬림들이 일단 들어가면 그곳의 훌륭함 때문에 정착하고 야 만다."라고 기술하고 있다.[25] 무슬림이 신라에 왕래한 사실을 분명히 기록하고 있는 것이다. 물론 신라 때 아랍, 무슬림들이 한반도에 와서 활동했다는 우리 측 기록은 아직 발견된 바 없다. 그러나 일본만 하더라도 당시 서역인들이 도래했다는 기사가『일본서기』등에는 남아 있다. 이는 서역인들이 한반도에도 도래했을 가능성을 방증해 주는 자료라고 할 수 있다. 이러한 문명 교류를 그대로 교육문명의 교류라고까지 말할 수는 없다. 그러나 문명 교류사가 제대로 밝혀지면 교육문명의 교류사도 밝혀질 수 있을 것이다.

일본과의 교육문명 교류

신라와 중국의 교류는 이미 수많은 학자의 연구 주제였고 이 책의 곳곳에서도 다루고 있으므로 생략하고, 다음으로 신라와 일본의 교류에 대해서도 언급할 필요가 있다. 일본과의 교류를 담당하는 부서로는 통일 이전부터 왜전(倭典)이라는 기구가 있어 양국의 외교를 관장하였던 것으로 여겨진다. 영객부(領客府)에서 중국을 담당하고 왜전은 일본을 담당하게 하여 구분했는데 설치, 폐지, 재설치를 거듭했던 것으로 보인다. 삼국 통일 이후부터 공식적으로 마지막 외교 사절 파견이 있었던 779년까지 신라로부터 47회, 일본에서 25회에 이르는 상호 교류가 있었다. 재일 사학자 이성시는 이 기간을 다시 세 시기로 나누어 그 성격의 차이를 이야기한 바 있다.[26] 제1기는 668년에서 696년 사이로 사절이 신라에서 25회, 일본에서 9회 파견되었다. 이 시기에 일본으로 사절을 파견한 것은 신라가 삼국을 통

---

25) 무함마드 깐수,『신라 · 서역교류사』, 단국대학교출판부, 1994, 314쪽에서 재인용.

26) 李成市,「古代日朝文化交流史」, 國立歷史民俗博物館, 平川南 編,『古代日本と古代朝鮮の 文字文化交流』, 東京, 2014, 17-20쪽.

일한 이후 남아 있던 당과 옛 고구려 세력을 견제하기 위한 후방의 안전보장책이라는 성격을 지녔다. 제2기는 697년에서 731년 사이로 사절이 신라에서 10회, 일본에서 10회 파견되었다. 이 시기에 신라는 대사(大使)와 부사(副使)를 필두로 외교 사절을 꾸렸고, 일본도 그에 상응하게 이들의 입경(入京)을 호위했다. 이 시기에 일본은 율령 체제에 따른 국가 체제를 과시하려는 의도가 있었고, 신라는 발해의 건국이라는 국제 관계의 새로운 변수가 생겼다. 제3기는 731년에서 779년까지인데, 사절이 신라에서 12회, 일본에서 7회 파견되었다. 이 시기에는 두 나라의 외교 관계가 정치적 상황에 따라 그다지 원만하지 않아 신라에서 파견한 사신을 일본에서 격식을 문제 삼아 돌려보내는 일조차 생겼다.[27) 신라와 일본의 교육문명 교류도 이러한 정치적 상황에 따라 영향을 받을 수밖에 없었다.

  이제 시각을 좁혀 교육문명의 교류 문제로 집중해 보자. 왜에서 신라에 학문승(學問僧)을 파견한 사실이 있다. 학문승은 학문(주로 불교)을 배우기 위해 외국에 파견한 승려를 말한다. 그런데 이 학문승의 파견은 물론 정치적 관계가 정상화되었을 때 가능한 것이었다. 대체로 통일 전에는 백제와 왜가 공고한 외교 관계를 유지했다. 이는 당시 백제와 고구려, 그리고 백제와 신라의 정치적 긴장관계라는 시대 상황과 관계가 있다. 백제는 고구려와 신라의 침공을 막기 위해 왜와 외교 관계가 필요했고, 그 사이에 문물의 교류가 있었던 것이다. 신라와의 교류를 보기 전에 먼저 백제와 일본의 교육문명 교류에 관한 내용들을 잠시 살펴보자.『일본서기』 계체기(繼体紀) 7년(513) 6월조에 보면, 백제에서 오경박사(五經博士) 단양이(段楊爾)를 보냈다[貢]고 적고 있으며, 계체(繼体) 10년(516) 9월에는 오경박사 한(漢)의 고안무(高安茂)를 단양이와 교체해 보냈다고 하였다. 또 흠명기(欽明紀) 14년(553) 6월에는 백제에서 온 의박사(醫博士), 역박사(易博士), 역박사(歷博士)를 교체하고 복서(卜書)와 역본(歷本)을 보내라는 기록이 있다. 그리고 흠명기(欽明紀) 15년(554) 2월에도 오경박사 왕류기(王柳貴)를 고덕(固德) 마정안(馬丁安)과 교대하였고, 승

---

27) 천평(天平) 7년(735), 9년(737) 및 10년(738), 15년(743) 등에 관련 기록이 있다. 스가노노 마미치 외(이근우 역),『속일본기 2』, 2012, 63쪽, 93쪽, 123쪽, 210-211쪽.

(僧) 담혜(曇慧) 등 9인을 도심(道深) 등 7인으로 교대하였으며, 이와 별도로 역박사(易博士), 역박사(歷博士), 의박사(醫博士), 채약사(採藥師), 약인(樂人) 등을 청에 의하여 교대했다고 하였다. 그리고『고사기(古事記)』에는 응신(應神) 천황 시대에 백제의 왕인(王仁)이『논어』10권과『천자문』1권을 전했다는 기록이 있다. 백제와 왜의 이러한 교육문명의 교류를 바탕으로 훗날 신라와 왜의 교류도 자연스럽게 가능하게 되었다. 당시의 교육문명의 교류는 구체적으로 문자의 교류에서부터 시작하여 서책의 교류, 그리고 사상과 제도의 교류 그리고 인적 교류에 이르기까지 다양했다. 물론 이들이 하나하나 별도로 교류가 이루어진 것은 아니다. 이 가운데 학문과 불교에 대해서는 이성시 교수 등이 이미 상세히 연구한 바 있다.[28] 그의 연구에 따르면, 통일 직후인 1기의 교류기에는 신라에 파견된 일본의 사신, 유학생, 유학승들에 의해 신라의 문물, 제도, 학예 등이 일본에 전해져, 일본의 율령 체제의 정비에 적지 않은 영향을 미쳤다. 또 이 시기 일본의 불교계에서는 신라 불교의 동향에 민감하게 반응하면서 하쿠호(白鳳) 시대의 불교문화를 키워 왔다고 한다. 685년부터 718년까지『일본서기』『속일본기』등의 문헌에는 일본에서 신라에 파견된 '신라 학문승'들의 이름이 보인다. 관상(觀常), 영관(靈觀), 지륭(智隆), 명총(明聰), 관지(觀智), 산전사위형(山田史衛形), 변통(弁通), 신예(神叡), 의법(義法), 의기(義基), 총집(惣集), 자정(慈定), 정달(淨達), 행선(行善) 등이 그들이다. 특히 명총, 관지가 돌아올 때(지통 3년, 689)는 금동 아미타상, 금동 관세음보살상, 대세지보살상 등 아미타 삼존과 같은 불교문물도 가져온 것으로 기록되어 있고, 또 이들의 스승과 동료에게 보내기 위한 비단 140근을 조정에게 내리는 기사도 있다.[29]

　이러한 인적 교류와 함께 이루어진 것이 서책의 교류다. 당시 양국 간에는 수많은 인적 교류가 있었고, 이들을 통해 서적과 같은 교육문명의 교류도 있었을 것으

---

28) 李成市, 앞의 논문, 21-28쪽 및 최재석,「7세기 중국파견 일본사신·학문승과 신라」,『한국학보』84호, 1996; 이병로,「나라시대 신라와 일본의 불교 교류에 관한 연구」, 일본어문학회,『일본어문학』29집, 2005 등.

29)『日本書紀』持統 3年 4月과 6月條.

로 추정된다. 그런데 1933년 일본 토다이지(東大寺)의 왕실 유물 창고인 쇼소인(正倉院)에 소장된 13매의 경질(經帙) 가운데 파손된 『화엄경론(華嚴經論)』의 포갑(包匣)을 수리하게 되었는데, 그때 그 내부의 포심(布心)에 덧붙인 휴지 가운데서 이른바 신라촌락문서라는 것이 발견되었다. 이 문서는 그 내용도 물론 중요하지만 문서가 발견된 과정, 그리고 그것이 신라에서 건너온 서적이라는 점이 주목을 끌었다. 왜냐하면 당연히 수많은 불교 서적이 신라에서 건너왔을 것으로 여겨지지만 신라에서 왔다는 명확한 기록이 있는 것이 많지 않기 때문이다. 이 문서가 작성된 시기는 을미년으로 그간 경덕왕 14년(755) 혹은 헌강왕 1년(875)이 유력했다. 그러나 최근 연구에 의하면 효소왕 4년(695)일 가능성이 대두되고 있다. 이 시기는 앞서 보았듯이 학문승들이 신라를 내왕하고 있을 때였다. 변통(弁通)이 귀국한 해가 696년이다. 그래서 그 시기에 신라에서 성행한 학문인 화엄경과 관련한 문헌인 『화엄경론』을 가져갔을 가능성이 있는 것이다.

　이성시 교수는 신라와 일본의 불교문물 교류에서 원효 관련 내용에도 주목하고 있다.[30] 8세기 후반인 779년 10월에는 신라 최후의 공식 사절이 일본에 왔다. 당시 신라 사절은 대개 다자이후(太宰府)를 통해 들어왔는데, 후쿠오카(福岡)에 있는

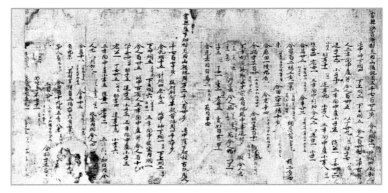

[그림 11-6] 신라촌락문서 – 일본 정창원

출처: 學習院大學 東洋文化硏究所.

<hr />

30) 이성시, 앞의 논문, 23–26쪽.

다자이후는 당시 대외대표부의 성격을 지닌 창구였다. 이때 온 신라 사절은 정사 (正使) 김난손(金蘭孫), 부사(副使) 김암(金巖), 대판관(大判官) 설중업(薛仲業)이었 고, 이들은 당의 사신 고학림(高鶴林)과 함께 하정사(賀正使)로 왔다. 그 이전의 사 신은 742년 6월이 마지막이었고, 그 사이 27년 동안 공식 왕래가 끊어져 있었다. 그 당시 신라와 일본 사이에는 외교적 마찰이 있었다. 일본은 신라를 하나의 번 (藩), 즉 제후의 나라 정도로 인식하고 그에 맞는 대우를 요구했던 것이다. 그러나 신라가 그를 무시하자 관계가 소원해진 것이다. 이때의 사신으로는 김태렴 등이 왔다.[31] 그 이후 소원해진 관계는 회복되지 않았고, 27년 만에 들어온 사절이 김 난손 등이었다. 당시 사절단의 부사 김암은 김유신의 현손이었다. 김암은 숙위로 당에 체제한 경험이 있으며, 그곳에서 음양학을 공부하여 귀국 후에는 천문, 역수 (曆數)를 관리하는 사천대박사(司天大博士)가 되기도 하였다. 그리고 양주(良州, 지 금의 양산), 강주(康州, 지금의 진주), 한주(漢州, 지금의 경기도 광주) 등의 태수, 집사 시랑과 두상(頭上) 등을 역임하기도 하였다. 또 한 사람의 사신 대판관 설중업은 원효의 손자였고, 신라에서는 한림(통문박사)의 직에 있었다. 『삼국사기』 「설총」 전 에는 세상에 전하기를 "일본국의 진인(眞人)이 신라 사신 설판관에게 지어 준 시의 서문에 일찍이 원효거사가 저술한 『금강삼매경론』을 보고 그 사람을 보지 못한 것 을 매우 안타까워했는데 신라국 사신 설씨가 곧 거사의 손자라는 말을 듣고 비록 그 할아버지는 보지 못하였으나 그 손자를 만난 것을 기뻐하여 이에 시를 지어 보 낸다."라고 했다. 이는 설중업이 일본의 사신으로 간 당시의 상황을 기록한 내용 이다. 그런데 신라 사절 일행은 연말에 당시 수도 헤이조쿄(平城京)에 도착하여 정 월 조하(朝賀)에 참석하고 약 1개월간 체재했다. 이때 신라 사절단과 함께 지낸 한 사람이 오우미노 미후네(淡海三船)였다. 오오토모(大友) 왕자의 증손인 그는 어릴 때 출가하여 겐카이(元開)라는 법명으로 살았으나 30세에 환속하여 772년에는 대 학두(大學頭)와 문장박사를 겸하고 있었다. 설중업에게 시를 준 사람이 바로 이 사

---

31) 『續日本記』, 天平勝寶 4年 6月.

람이었던 것이다.[32]

신라와 일본의 불교 교류에서 빠뜨릴 수 없는 한 인물이 심상(신죠, 신쇼, 審祥, 審詳으로도 씀. 이 책의 제8장에서 잠시 소개한 바 있다)이다. 그가 신라 사람인지, 아니면 신라에 왔던 일본의 학문승인지에 대해서는 아직도 분명하게 밝혀지지 않았다. 그는 신라와 당에 각각 유학을 했으며, 당에서는 법장(法藏)으로부터 화엄종을 공부했으며 천평 연간(729~749)에 귀국하여 나라의 다이안지(大安寺)에 주석했다. 이 심상은 당시 최고의 불교 경론의 장서가였다. 700권 이상으로 알려진 장서 가운데도 원효의 저작이 32부 78권을 점하고 있어 수나라의 혜원, 당의 법장의 찬술본(저작)을 능가하고 있다. 그래서 심상의 이러한 방대한 서적들은 그의 신라 유학과 관계가 있을 것이라고 추정하고 있다.

문헌의 교류 이외에도 문자의 교류에도 주목해 볼 필요가 있는데, 여기서 말하는 문자의 교류는 일본의 문자 가나문자의 기원과 신라 문자와의 관련성을 말한다. 일본의 오오타니(大谷) 대학에서 소장하고 있는『판비량론』에는 다음과 같은 기록이 있다.[33]

> 判比量論1卷 釋元曉述
> 咸亨2年 歲在辛未7月16日住行
> 名寺着筆租訖

이 경전은 유식학 논서인데, 671년에 원효가 찬술한 경전이다. 앞뒤가 누락된 책이지만 신라에서 가져온 사본이라는 것이 판명되었다. 이 책에는 각필에 의한 문자, 약자(略字), 절박사(節博士, 행간에 붙인 節의 고저, 장단을 표시한 부호), 성조의 부호, 합부(合符, 하나의 단어임을 표시하는 선) 등이 있으며, 이들은 주인(朱印)이 찍

---

32) 李成市, 앞의 논문, 24쪽; 이기동,「薛仲業과 淡海三船의 交歡: 統一期 新羅와 日本과의 문화적 교섭의 一斷面」, 역사학회,『역사학보』134 · 135집, 1992, 305-317쪽.
33) 李成市, 위의 논문, 25-26쪽.

히기 전에 신라에서 표시된 것으로 추정되고 있다. 여기서 사용된 이런 부호들은 당시 일본에서는 사용되지 않았기에 신라에서 작성되었다는 증거가 된다. 그런데 이러한 부호들이 뒤에 일본의 고대 문자의 형성에 영향을 끼쳤을 것이라는 것이 각필 연구자 고바야시(小林芳規) 교수의 주장이다. 이성시 교수 역시 이『판비량론』이 신라에서 사용되던 약자를 사용하고 있다든지 일본의 오코토점과 유사한 각필이 확인되었다든지 하는 것으로부터 일본의 훈점(訓點)의 발상이 8세기 신라와의 교류에서 유래했을 가능성이 높다고 보고 있다.[34]

동아시아 문자문명과 교육문명의 교류

이와 같은 동아시아의 고대 문자문화와 교육문명의 전파와 수용에 대해 지금까지는 중심과 주변이라는 관계에서 보려고 하였다. 물론 중국의 경우, 한자는 중국에서 생긴 문자이고 대부분의 전적이 한문으로 된 것이다 보니 그러한 중화주의적 관점이 성립했을 수도 있다. 그러나 신라나 일본의 경우도 역사를 자기 나라 문화, 문명을 중심으로 기술한 것은 마찬가지다. 그때, 즉 고대의 역사 서술만 그러한 것이 아니라 지금도 그러한 관점에서 역사를 보려는 경향이 남아 있는 것이 사실이다. 일본의 문화, 문명은 대부분 한반도에서 건너간 것이라는 인식이 그것이다. 물론 그것도 완전히 부정할 수는 없다. 그러나 일본이 신라를 그들의 번(藩) 정도로 인식하고 그에 따른 관계를 요구했던 8세기 후반의 상황도 객관적으로 볼 필요가 있다. 이성시 교수는 문자문화, 문명의 수용과 전파를 다음과 같은 동아시아의 국제질서 속에서 보고 있다.[35]

> 동아시아의 고대 문자문화의 전파와 수용의 형태는 4세기부터 8세기의 한반도와 일본 열도의 정치 상황에 깊게 뿌리내리고 있다. 낙랑군이 멸망한

---

34) 앞의 논문, 26쪽.

35) 앞의 논문, 27-28쪽.

4세기부터 고구려는 조선반도 북부에서 남진하여 백제에 군사적 압력을 주었고, 양국 간의 알력이 높아졌다. 이것은 백제와 왜국과의 정치적 연계를 강하게 했고, 왜국이 한반도에 정치적 관여를 높이는 계기가 되었다. 그 후, 6세기의 신라의 대두는 삼국의 항쟁을 격화시켰고, 삼국이 각각 왜국과의 연대를 모색하고, 상호 교류는 폭주하면서 복잡하고 깊게 전개되었다. 이에 더하여 중국에서 강대한 수와 당이 성립한 것은 삼국의 항쟁이 극점까지 도달하게 했다. 그리고 당과 신라의 연합군에 의한 백제, 고구려의 멸망, 그 사이 백촌강의 전투, 그 후의 당과 신라의 전쟁 등 많은 전쟁을 거쳐, 대량의 이민이 주변 여러 나라에 가게 되었고, 일본 열도에도 그때까지 없었던 규모의 인구이동이 생겼다. 당과 긴장관계를 배경으로 한 7세기 후반에 있어서도 전란 후의 당의 지배를 받고 있던 백제와 고구려 옛 땅의 통합을 목표로 한 신라와 임신(壬申)의 난(亂) 후의 천무(天武), 지통(持統)기의 일본과의 관계는 한층 깊어졌다. 그러나 일본은 7세기 말부터 8세기 초두에 '일본'국을 성립시키면서 종전의 한반도의 여러 나라와의 교류로부터 당과의 직접 교류로 방향을 전환하였다. 그렇지만 일본이 번국(蕃國)으로서 위치시켰던 신라와의 교류는 발해의 성립(687)도 있고 해서 779년까지의 국가 간의 공식 관계는 계속되었다.

이러한 관점은 단지 고대 문자문화의 교류사에만 한정되는 문제는 아니다. 동아시아 문명사를 바라보는 데 매우 중요한 시사점을 제공한다. 민족과 국가 단위에서 자기중심적인 해석은 이 시대, 21세기의 세계사 해석의 태도로는 미흡하다. 한 국가 단위 문명의 해석은 그것을 둘러싸고 있는 상위 단위의 국제 관계 속에서 보아야 하고, 그 국제 관계는 또 그 위의 단계의 국제 관계 속에서 볼 때, 하나의 단위 민족, 국가의 역사도 단위 민족, 국가의 역사로서의 의의를 넘어 세계사적 의미를 동시에 가질 수 있는 것이다.

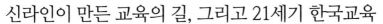

맺음말
신라인이 만든 교육의 길, 그리고 21세기 한국교육

이 책의 키워드는 많다. 각 장별로 각기 다른 내용을 다루고 있기에 서너 가지, 너덧 가지로 정리하기 힘들다. 아무리 압축해도 빠뜨릴 수 없는, 빠뜨리고 싶지 않는 키워드가 있다. '교육문명'이 그것이다. 교육문명이란 무엇인가. 문명은 인간이 만든 길이다. 교육문명은 인간이 만든 교육의 길이다. 그렇다면 신라 교육문명은 신라인이 만든 교육의 길일 것이다. 사실 이 책 내내 저자는 교육문명 운운하고 있다. 제1장 '신라의 교사들'에서부터 시작하여 제11장 '신라 교육문명의 교류사'에 이르기까지 교육문명이 들어가지 않은 곳이 없다. 이렇게 저자는 신라인이 만든 교육문명이 무엇인지를 말하고 싶었다. 즉, 역사 연구를 하는 사람으로서 신라사람들이 만든 교육의 모습은 어떤 것인지가 궁금했던 것이다. 이 궁금증은 여러 질문을 낳았다. 신라사회에서 교사라고 할 만한 사람이 있는가, 있다면 그들은 누구이며 어떤 교육 행위를 했는가를 물은 것이 제1장이다. 마찬가지로 신라사회에서 학생이란 사람들은 어떤 사람들이었는지, 그들은 무엇을 어떻게 학습하고 공부했는지를 물은 것이 제2장('신라의 학생들')이다. 이어 던진 질문이 신라에서 교육사상가라고 할 만한 사람이 있는가 하는 것이다. 이 땅의 교육학도들이 대학에 들어와서 처음 배우는, 아니 처음부터 끝까지 배우는 교육가, 교육사상가가 대부분 서양의 학자임은 부정할 수 없는 사실이다. 그러면 우리의 사상가는 없는가, 신라시대에는 그런 사상가가 없는가 하는 질문을 던지지 않을 수 없고, 이 질문에 대해 답하지 않을 수 없다. 저자는 다수의 교육사상가를 '발견'하였고, 그 가운데 일단 7세기의 사상가들에 주목했다. 그것이 제3장 '7세기 신라의 교육사상가'다. 이 장에서 교육사상가들의 사상 자체가 교육문명이고 그들의 교육실천 자체가 교육문명이라는 것을 이야기했다. 제4장 '신라의 교구, 교육미디어 그리고 교육문명'에서는 신라인이 사용한 교구, 그들의 교육미디어를 교육문명의 관점에서 이야기했다. 이 책의 결론이기도 하지만 신라시대의 교육문명은 매우 생동감 있고 다채로웠다. 교구나 미디어는 단지 교육 수단으로서의 의미만 지니는 것이 아니다. 미디어는 그 문명이 어떤 문명인지를 그대로 나타내 준다. 한 사회의 교육미디어는 그 사회가 우선적으로, 또 기반으로 사용하는 교육미디어가 무엇인지를 보면 금방 드러난다. 신라사회에 문자문명이 도입되지 않았거나 활용되지 않은 것은 아니지만 구술로 대표되는 문명이 그들의 대표 문명이다. 그들이 활용한 미디어가 바로 그들의 대표 교육문명이다. 이어 제기한 질문은 교육공간에 대한 것이었다. 교육공간이란 단지 교육이 이루어지는 공간이 아니다. 한 시대 구성원들이 추구하는 삶과 이데올로기, 욕망 등을 총체적으로 반영하는 거울이다. 그런 점에서 신라인의 교육공간이 어떠한 공간이었는가를 물어보는 것은 신라인의 교육문명 이해의 한 포인트일 수 있겠다 생각했고 그 질문과 답변을 제5장 '신라인의 교육공간 디자인'에 담았다. 제6장에서 물은 것은 화랑도의 교육이다. 사실 화랑도의 교육은 신라인의 가장 특징적인 교육이고, 그런 점에서 많은 이의 주목을 끌었다. 그들의 연구와 저자의 연구는 내용상 큰 차이는 없을지 모른다. 그러나 시각 차이는 있다. 저자는 지금까지의 다른 연구자들과 달리 교육문명사의 관점에서 화랑도를 보려고 했다. 교육문명사의 관점에서 볼 때 화랑도는 교육이상, 교육 내용, 교육 방법, 교육공간이 획일적으로 규정될 수 있는 문자문명의 교육과는 확연히 다른 교육이라는 점이 드러난다. 오감을 전체적으로 활용하는 교육이 주가 되는 구술 문명적 요소가 가장 잘 드러나는 것이 화랑도의 교육이라는 것이 제6장 '신라인의 화랑도 교육'이다. 이와 같이 교육문명사의 관점에서 보면 신라의 유학교육도 조선의 유학교육과는 다른 나름의 독특함을 보여 주고 있다. 제7장 '신라인의 유학교육'에서는 신라사회에서 유학의 교육적 의미가 무엇이냐는 것에서부터 유학이 국학이라는 학교에서 가르쳐짐으로써 생긴 교육문화의 변화에 대해 물어보았고, 그 답을 교육문명사의 관점에서 해명해 보고자 하였다. 제8장은 화랑도, 유학과 함께 신라의 3대 문명의 원천인 불교교육을 이야기하였다. 불교사상이 신라인의 삶에 어떤 교육적 영향을 끼쳤는지를 물어보았다. 신라의 불교사상은 결코 단일하지가 않다. 전래 초기의 소박한 사상에서부터 시작하여 중대(中代)의 아미타사상, 미륵사상, 관음사상 등과 같이 실천성이 강한 서민불교, 그리고 유식사상이나 화엄사상과 같은 교학불교, 하대(下代)의 선불교에 이르기까지 매우 다양한 사상이 교육문명의 자양분이 되었다. 제8장 '신라인의 불교교육'에서는 그 가운데 특히 실천적 성격이 강한 아미타사상, 미륵사상, 관음사상과 신라 교학불교의 대표적 성격을 지닌 화엄사상이 만든 교육문명과 그 문명이 만든 불교교육의 길은 어떤 것인가를 주제로 삼았다. 제9장 '신라인의 의례와 교육'에서는 문자문명의 시대는 문자가 문명을 표현하는 시대였다면, 비문자문명의 시대는 문명, 특히 교육문명을 어떻게 표현했을까 하는 질문을 던졌다. 이 질문의 대답의 하나로서 의례에 주목했고, 의례에 활용되는 다양한 미디어에 주목했다. 제10장 교육문명으로서 '신라인의 전업교육: 과학기술교육과 예술교육'에서는 뒷날 잡학교육으로 불리기도 했던 기술과 예술교육에 주목했다. 신라의 교육문명 가운데 빠뜨릴 수 없는 부분임에도 불구하고 우리는 그동안 경전(cannon) 위주의 교육, 즉 경학교육에만 초점을 맞추어 왔다. 그러나 엄연히 이 시대에도 나름대로의 전문 기술자교육과 예술교육이 이루어져 왔고, 그들에게 박사 칭호를 부여한 전통이 있음을 이야기하였다. 마지막으로 제11장 '신라 교육문명의 교류사'에서는 교류사라는 이름으로 문명 교류의 역사를 살펴보았다. 신라의 교육문명이 삼국 혹은 외국과 어떻게 교류되었는가를 고찰한 것이다. 그러나 이는 결국 신라의 문명의 본질이 무엇인지를 물은 것이기도 하고, 그러한 본질이 어떻게 형성되었는가를 묻는 것이기도 하였다.

 저자는 이 책을 통하여 열한 가지의 질문을 던지고 그에 대한 신라인의 답변을 들었다. 그런데 이 열한 가지의 질문과 답변의 출발점은 신라시대, 신라사회에 있는 것이 아니다. 지금 여기에 있다. 21세기 한국사회에 있다. 이 시대의 교육에 대한 질문을 신라인이 답한 것이다. 푸웨이신(傅偉勳)이라는 학자가 창조적 해석학을 말한 바 있다.[1] 불교의 연구 방법론으로 제시한 것인데 여기에는 모두 5단계의 과

---

1) 傅偉勳, 『從創造的詮釋學到大乘佛學』, 臺北, 東大圖書公司, 1990.

정이 있다. 첫째는 원사상가(original thinker)가 무슨 말을 했는가를 묻는 단계다. 둘째는 그 사상가가 한 말의 의미는 무엇인가를 묻는 단계다. 셋째는 원사상가가 한 말의 시사점이 무엇인가를 묻는 단계이다. 넷째는 원사상가가 그 당시에 마땅히 무슨 말을 했어야 했는가 혹은 지금의 학자, 즉 창조적 해석학자가 지금 이 자리에 없는 그 사상가를 위해 무슨 말을 대신 해 주어야 하는가를 묻는 단계다. 마지막 다섯째는 원사상가가 현재 이 시대, 이 상황에 있다면 무슨 말을 하겠는가, 혹은 원사상가가 해결하지 못한 사상적 과제의 해결을 위해 창조적 해석학자가 어떻게 해야 하는가를 묻는 단계다. 오늘 이 자리에서의 원사상가는 신라인이다. 그리고 창조적 해석학자는 저자다. 과제는 이 시대의 교육이다. 이 시대의 교육에 대해 신라인 혹은 신라문명은 무슨 말을 해 줄 수 있는지 저자를 비롯한 우리가 그들을 위해 대신 답변해야 한다. 사실 문화 예술계에서는 이미 창조적 해석이 이루어져 왔고, 또 지금도 이루어지고 있다. 저자는 이 책 곳곳에서 그것이 어떻게 이루어져 오고 있는지를 글과 그림으로 보여 주려고 하였다. 만파식적은 오늘날 '세계피리축제 만파식적'으로 되살아났고, 화랑 기파랑은 정동극장에서 새로운 모습으로 등장했음을 이야기했다. 조신 설화는 유명한 소설가에 의해 소설로 부활하였고, 신상옥 감독을 비롯한 여러 거장의 손에 의해 연극과 영화로 우리에게 다시 나타났음도 이야기했다. 신라를 거쳐 고려시대에도 이어졌던 가락국 허왕후 맞이 축제는 지금도 김해 지역의 대표적 축제로 계승되고 있다. 이에 그치지 않고 이 설화는 한국과 인도의 외교 관계의 촉매제가 되고 있다. 최근 한국의 대통령 영부인이 양국의 문화 교류를 위해 허황옥의 고향으로 추정되는 인도의 아요드하라는 도시를 일부러 찾기도 하였고, 이를 BBC 등 세계의 유수 언론이 보도하기도 하였다. 설화가 사실이냐 아니냐는 또 다른 문제다. 이미 문화, 예술계를 비롯하여 정치계까지 모두 신라문명을 창조적으로 재해석하고 있는데 교육계만 뒤떨어져 있는 느낌이다.

이 시대를 지칭하는 말들이 많다. 지식사회, 정보화사회는 예전의 이야기다. 몇 년 전부터 화두가 되어 왔던 것이 제4차 산업혁명인데, 이제 그마저 시들하다. 인류 문명의 패러다임은 수차례 변해 왔고, 지금도 변하고 있다. 신라사회는 앨빈 토플러(A. Toffler, 1928~2016)에 따르면 제1의 물결(The First Wave)의 시대에 속한다. 1만 년이나 지속된 첫 번째 물결의 시대가 끝나고, 그 사이 제2, 제3의 물결이 도래했고, 이제 이마저 저물고 있다. 제2의 물결과 제3의 물결 사이에는 불과 300년의 시차만이 존재했다. 그 300년 사이에 어마어마한 변화가 있었던 것 같지만, 또 어떤 분야에서는 그럴 수도 있지만, '이상하게' 교육은 그렇게 큰 변화는 없었다. 이것이 더 신기하다. 제2의 물결이 도래했을 때, 즉 산업사회가 도래했을 때 교육은 종교로부터 벗어나 처음 산업의 품에 안겼다. 종교에 복무하는 교육이 아닌 산업에 복무하는 교육이 된 것이다. 근대교육의 이념은 바로 산업사회가 필요로 하는 인력을 양성하는 것이었다. 지금은 어떤가. 제2의 물결이 도래했을 때도 하층민들의 교육에 변화가 온 것이지 상층민들의 교육은 여전히 '교양인'의 이념을 고수하고 있었다. 이것은 그 이념을 지속적으로 고수해야 된다 아니다의 이야기가 아니다. 다른 모든 이념은 다 사라지고 오로지 하나의 이념만이 남았다는 것을 이야기하는 것이다. 따지고 보면 교육만 그런 것이 아니다. 우리가 1차 산업이라고 하는 농업도 제1의 물결 시대의 농업이 아니다. 이 시대의 농업의 의미는 산업화 안에서 찾을 수밖에 없게 되었다. 그러지 않고 생태 운운하면서 다른 데서 찾아야 한다는 것은 철모르는 이야기로 비난받을 수 있다. 교직을 성직(聖職)이라 한 것은 제1의 물결 시대의 이야기다. 교육은 전 시대보다 더욱 확실히 산업화의 기수를 양성하는 것으로 일원화되었다. 비록 어떤 개념으로 포장되고 어떤 모습의 탈을 쓰고 나타나더라도 그러하다. 굳이 아놀드 토인비(A. J. Toynbee, 1889~1975)의 이야기가 아니더라도 문명은 발생과 성장과 쇠퇴와 해체의 과정을 거치는 것이 상례이자 법칙이다. 토인비가 『역사의 연구(A Study of History)』를 집필한 동기는 서구문명의 어두운 그림자를 읽었기 때문이다. 인종의 지적 · 도덕적 · 유전적 우월에 의해서가 아니라 지리적 차이에 의해서 유라시아 문명이 다른 문명을 지배할 수 있었다는 주장을 담은 『총 · 균 · 쇠(Guns, Germs, and Steel: the Fates of Human Societies)』(1997)의 저자 재레드 다이아몬드(J. Diamond, 1937~)도 2004년에는 『문명의 붕괴(Collapse: How Societies Choose to Fall or Succeed)』라는 책에서 문명의 붕괴에 대한 우려를 드러내었다. 그리고 최근에는 『어제까지의 세계: 전통사회에서 우리는 무엇을 배울 것인가?(The World Until Yesterday: What Can We Learn from Traditional Societies?)』(2012)를 써서 문명 붕괴를 막을 대안을 제시하기에 이르렀다. '전통사회에서 우리는 무엇을 배울 것인가?'라는 책의 부제가 말해 주듯, 그의 대안은 전통사회에 가 있다. 그는 이 시대의 문명, 현대인을 '이상하다(weird)'는 단어로 나타낸다. 이 말은 'Western' 'Educated' 'Industrialized' 'Rich' 그리고 'Democratic'의 첫 글자를 모은 WEIRD의 약자다. 호모사피엔스의 역사는 6만 년이나 되지만 서구화, 교육, 산업화, 풍요, 민주주의라는 문명 세계에 살게 된 것은 최근(어제)이다. 모두가 바라마지 않은 이 문명이 원시문명과 같은 다른 문명의 관점에서 보면 '이상한' 것이다. 우리는 '이상한' 세계에 살고 있지만 그렇다고 원시문명으로 돌아갈 수는 없다. 한국인인 우리가 이 시대가 이상하다고 해서 신라인이 될 수도 없는 것이다.

　저자는 이 책을 통해 계속 교육은 문명의 핵심이라는 점을 이야기했다. 서구화된 교육 체제가 갖추어진 사회는 문명사회이고 그렇지 못한 사회는 야만사회라는 말이 아니다. 문명의 핵심이 교육이라는 말은 오히려 문명의 발생과 성장, 쇠퇴와 해체가 교육과 밀접한 관련이 있다는 말이다. 신라문명은 천년의 긴 시간을 이어 왔다. 그러나 신라문명을 그 천년에 묶어 둘 수는 없다. 국가와 문명을 한 단위로 묶을 경우, 신라의 건국과 멸망은 신라문명의 발생과 소멸을 의미하지만, 꼭 그렇게만 볼 일은 아니다. 신라문명은 사실 신라라는 국가가 생기기 전부터 존재했으며, 신라가 없어진 후에도 지속되었다 보아야 한다. 신라문명은 우리 민족의 원류인 고조선에서부터 부여, 예, 맥, 낙랑 등 북방의 제 민족과 삼한 등 남방의 제 민족의 문명이 모인 고대문명의 '저수지'다. 그리고 그 '저수지'의 물은 다시 천년의 세월을 건너 오늘에 이른 것이다. 신라라는 나라 이름은 없어졌지만 그 나라가 고려에 이어졌고, 고려가 조선을 거쳐 오늘에 이르렀듯이 신라문명 역시 완전히 사라진 것이 아니다. 각계각층에서 이미 신라의 문화, 문명을 자양분으로 삼아 새로운 문화를 창조하고 있다는 것은 앞에서 말한 바와 같다. 저자는 그것을 보여 주기 위해 일부러 영화, 연극, 축제 포스터, 팸플릿 등의 그림과 사진을 제시했다. 신라문명은 결코 죽거나 사라지지 않았다는 것을 보여 주려 한 것이다.

　신라인의 교육, 신라시대의 교육을 문명사적으로 조망하면 신라 천년은 '지(知)'의 황금기이자 혁명기다. 유발 하라리(Yuval Noah Harari)의 말에 의하면 인류는 7만 년 전에 이미 인지혁명을 이루었다.[2] 그러나 사회적으로 '지'의 혁명을 이루는 데는 지역별로 적지 않은 차이가 있다. 신라인은 어떻게 '지'의 혁명을 이루었는가. 신라는 건국에서 통일을 이루던 7세기 후반까지 늘 전쟁 중이었거나 전쟁의 위기에 처해 있었다. 국가 존망을 두고 수많은 인접 국가와 전쟁을 했으며, 심지어 당 제국과도 치열한 전투를 했다. 신라를 폐쇄적인 나라로 알고 있는 사람도 있다. 실은 그렇지 않다. 국가 성립기부터 신라는 폐쇄적인 나라가 아니었다. 전쟁을 하던 시기에도 신라의 대외 교류는 중단되지 않았다. 전쟁을 하고 있던 상대 국가에서도 지식, 기술을 가진 사람을 받는 등 '지'의 흡수를 게을리하지 않았다. 끊임없이 기술자, 승려, 학자들을 다른 나라에 보내고 받아들이는 개방성을 보였고, 그리하여 '지'가 축적되어 문명을 만들어 냈던 것이다. 이 책은 문명의 역사를 주제로 하고 있지만 그것은 '지'의 역사다. 교육학의 관점에서 문명의 본질을 말하면 '지'다. 사상, 종교, 철학, 예술 등 문명의 모든 것이 '지' 아님이 없다. 이 '지'를 표현하고 전달하는 것이 미디어라고 하지만 이것마저도 '지'의 한 형태다. 신라인의 '지'는 근대적 지식과는 구분된다. '지'는 정형적이고 고정적인 근대적 지식과는 다르다. 근대 이후에 앎과 삶의 분리가 늘 문제가 되고 있지만, 신라인의 '지'는 대부분 삶의 현장과 밀착되어 있다. 앎이 삶과 분리되는 순간, 앎은 장식이 된다. 신라인의 교육은 '낭비'가 없다. 이른바 쓸모없는 교육이 없게 된다. 지적인 교육이든, 정의적 예술교육이든, 심지어 신체단련과 유오(遊娛) 활동마저 생활과 결부되어 있기 때문이다.

　신라 교육문명의 의의는 한국의 문명사뿐 아니라 동아시아의 문명사에 있어서도 큰 의미를 지닌다. 한국을 비롯한 중국, 일본 등 동아시아의 여러 나라는 오랜 기간 공동의 문명권을 유지해 왔다. 그 공동 문명의 출발점이 우리로서는 신라시대다. 20세기부터 세계의 문화, 문명의 다양성이 소실되고 급속하게 단일화되어

---

2) 유발 하라리(조현욱 역), 『사피엔스』, 김영사, 2015.

가고 있다. 그럼에도 불구하고 아직까지는 동아시아는 일정 부분 동질성과 독특성을 유지하고 있다. 한때 그 공동의 문화, 문명의 흔적을 지우고 서구문명을 뒤쫓아 가기 위해 애쓰던 때도 있었다. 서구문명의 위기가 거론되면서 인류는 동아시의 문화와 문명을 다시 보기 시작했다. 성장 중심의 서구문명과 삶과 분리된 정형화된 지식을 전달하는 근대 교육문명은 이제 임계점에 와 있다. 이에 많은 문명사가가 '어제까지의 세계'에 주목하고 '오래된 미래'를 주목하고 있다. 이제 우리도 신라시대와 신라문명을 다시 보지 않으면 안 된다. 교육사 연구도 이제 인류 문명사의 관점에서 연구해야 할 필요성이 생겼다.

참고문헌

1. 원전류

『高麗史』

『古事記』

『舊唐書』

『南齊書』

『唐會要』

『大唐開元禮』

『大東野乘』

『大學集注』

『東史綱目』

『禮記』

『文選』

『法華經』

『北史』

『史記』

『三國史記』

『三國遺事』

『三國志』

『續高僧傳』

『續日本記』

『宋高僧傳』

『脩書』

『詩經』

『新唐書』

『梁書』

『日本書紀』

『朝鮮王朝實錄』

『周禮』

『周書』

『陳書』

『漢書』

『翰苑』

『海東高僧傳』

『華嚴經』

『後漢書』

2. 일반 참고문헌

[머리말]

안경식, 「문화교류사의 입장에서 본 동아시아 고대 교육」, 한국교육사상연구회, 『교육사상연구』 15집, 2004.

안경식, 「『金剛經』의 流通過程과 敎化事跡의 敎育史的 意義」, 한국종교교육학회, 『종교교육학연구』 24권, 2007.

안경식, 「한국 고대교육사 연구와 불교 지성으로서 고승」, 한국종교교육학회, 『종교교육학연구』 33권, 2010.

안경식, 「신라 지성사의 구성과 그 특질: 한국 고대 교육사 연구 대상과 방법의 확장을 위한 시론」, 한국교육사학회, 『한국교육사학』 34권 4호, 2012.

안경식, 「미디어의 관점에서 본 신라 국학의 의미」, 한국교육사학회, 『한국교육사학』 36권 4호, 2014.

윌 듀란트(왕수민, 한상석 역), 『문명 이야기』, 민음사, 2011.

이만규, 『조선교육사(상)』, 을유문화사, 1947.

플라톤(최현 역), 『소크라테스의 대화록』, 집문당, 1982.

A. J. 토인비(홍사중 역), 『역사의 연구』, 동서문화사, 2011.

M. 맥루한(임상원 역), 『구텐베르크 은하계－활자 인간의 형성－』, 커뮤니케이션북스, 2001.

[제1장]

구효선, 「신라의 境界와 제사」, 한국고대학회, 『선사와 고대』 28집, 2008.

김대문(이종욱 역주해), 『대역 화랑세기』, 소나무, 2009.

김정배, 「소도의 정치사적 의미」, 『역사학보』 제79집, 1978.

단국대학교동양학연구소, 『한국한자어사전』, 단국대학교출판부, 1997.

박은해, 「한국고대의 일자와 일관」, 『지역과 역사』 제27호, 2009.

서영대, 「한국고대의 종교직능자」, 『한국고대사연구』 제12집, 1997.

송광일, 「듀이의 포스트-포스트모더니즘」, 한국교육철학회, 『한국교육철학회 2018년 한계 학술대회 자료집』, 2018.

신종원, 「고대 일관의 성격」, 『한국민속학』 제12집, 1980.

안경식, 「中國 古代의 師論」, 한국교육학회 국제학술대회 겸 연차대회 논문집, 『21세기의 아시아교육(Ⅰ)』, 2000.

안경식, 「先秦 大學 制度의 考察」, 한국교육사학회, 『한국교육사학』 제22권 제2호, 2000.

안경식, 「한국 고대교육사 연구와 불교 지성으로서 고승」, 한국종교교육학회, 『종교교육학연구』 제33권, 2010.

안경식, 「교사의 탄생: 신라사회의 '교사'」, 한국교육사학회, 『한국교육사학』 제36권 제1호, 2014.

안경식, 「신라시대 불교 강경의 교육적 의의」, 한국종교교육학회, 『종교교육학연구』 52권, 2016.

양주동, 『고가연구(증정판)』, 일조각, 1965.

오부윤, 「학교 전적을 통해 본 신라 학교교육의 특징-경학 및 전업교육 전적을 중심으로-」, 제주한라대학, 『논문집』 제26집, 2002.

이기백, 『신라사상사연구』, 일조각, 1986.

이재호, 「화랑세기의 사료적 가치-최근 발견된 필사본에 대한 검토-」, 한국정신문화연구원, 『정신문화연구』 제36호, 1989.

이영호, 「신라 국학의 성립과 변천」, 제7회 신라학국제학술대회자료집, 『신라 국학의 수용과 전개』, 2013.

이인철, 「사로 6촌의 형성과 발전」, 진단학회, 『진단학보』 93, 2002.

이종욱, 『신라국가형성사연구』, 일조각, 1982.

전덕재, 「니사금시기 신라의 성장과 6부」, 동국대학교 신라문화연구소, 『신라문화』 21, 2003.

전해주, 『의상화엄사상사연구』, 민족사, 1993.

주보돈, 「울진봉평신라비와 법흥왕대율령」, 한국고대사학회, 『한국고대사연구』 2, 1989.

최광식,『고대 한국의 국가와 제사』, 한길사, 1994.

태학지번역사업회 편,『태학지』, 성균관, 1994.

하윤수,「당육전 국자감 역주」, 중국고중세사학회,『중국고중세사연구』제14집, 2005.

한국교육사학회, 연차학술대회 자료집,『역사 속 교사의 사회적 위상』, 2013.

M. 엘리아데(이윤기 역),『샤머니즘』, 까치, 1992.

段玉裁,『說文解字注』, 上海, 上海古籍出版社, 1981.

楊寬,「我國古代大學的特點及其基源」,『古史新探』, 北京, 中華書局, 1965.

容庚 編著,『金文編』, 北京, 中華書局, 1996.

任繼愈 主編,『中國佛敎史』(第三卷), 北京, 中國社會科學出版社, 1988.

[제2장]

김기흥,『천년의 왕국 신라』, 창비, 2006.

김희만,「新羅 官名 '大舍'의 運用과 그 性格」, 동국사학회,『동국사학』54호, 2013.

三品彰英(이원호 역),『신라화랑의 연구』, 집문당, 1995.

안경식,『구비설화에 나타난 한국 전통교육』, 문음사, 2004.

안경식,『한국전통아동교육사상』, 학지사, 2005.

안경식,「신라시대 불교 강경의 교육적 의의」, 한국종교교육학회,『종교교육학연구』제52권,
    2016.

이기동,「신라 화랑도의 사회학적 고찰」,『신라 골품제사회와 화랑도』, 일조각, 1984.

이태승, 최성규,『실담범자입문』, 정우서적, 2008.

주보돈,「신라의 국학 수용과 그 전개」, 신라문화유산연구원,『신라 국학과 인재양성』, 민속원,
    2015.

黃有福, 陳景富(권오철 역),『韓中佛敎文化交流史』, 까치, 1995.

高時良,『中國古代敎育史綱』, 北京, 人民敎育出版社, 2003.

容庚 編著,『金文編』, 北京, 中華書局, 1996.

泉敬史,「古代日本の留學者たち①-學生, 學問僧-」, 札幌大學綜合論叢 第32號, 2011.

[제3장]

고바야시 요시노리(小林芳規, 윤행순 역),「新羅經典에 기입된 角筆文字와 符號-京都.大谷大
    學藏『判比量論』에서의 發見-」, 구결학회,『口訣研究』제10집, 2003.

均如, 『釋華嚴旨歸章圓通鈔』(卷下), 한국불교전서 편찬위원회 편, 『한국불교전서』 4, 동국대학
　　교출판부, 1980.

김상현 교감번역, 『교감번역 화엄경문답』, 씨아이알, 2013.

김항수, 「신라 유학과 설총의 학문」, 국립국어원, 『새국어생활』 11권 3호, 2001년 가을호.

김호성 외, 『법계도기총수록 외』, 동국대역경원, 2013.

김상현, 「『錐洞記』와 그 異本 『華嚴經問答』」, 『교감번역 화엄경문답』, 씨아이알, 2013.

남풍현, 「東大寺 所藏 新羅華嚴經寫經과 그 釋讀口訣에 대하여」, 구결학회, 『구결연구』 30,
　　2013.

동국대학교불전간행위원회 편, 『한국불교전서(제4책)』, 동국대학교출판부.

무비 편역, 『부모은중경』, 창, 2005.

박보람, 「의상계 화엄을 통해 본 교육의 목적과 주체」, 한국교육철학회 편, 『교육과 한국불교』,
　　학지사, 2017.

박상만, 『한국교육사』, 중앙교육연구소, 1956.

박재영, 「의상(義湘)의 『화엄일승법계도(華嚴一乘法界圖)』의 교육사(教育史)적 의의」, 동아시
　　아불교문화학회, 『동아시아불교문화』 11집, 2012.

박재영, 「7세기 지성으로서의 고승(高僧) 의상(義湘) 연구」, 『한국교육사학』 34권 2호, 2012.

박종배, 「설총의 석독구결과 한국 고대의 유학교육」, 한국교육사학회, 『한국교육사학』 제40권
　　제3호, 2018.

박태원, 『원효의 『금강삼매경론』 읽기』, 세창미디어, 2014.

안경식, 「신라시대 불교강경의 교육적 의의」, 한국종교교육학회, 『종교교육학연구』 52권, 2006.

안경식, 「의상대사의 교육론: 미래의 자기가 현재의 자기를 교육한다」, 한국교육사상학회, 『교
　　육사상연구』 33권 2호, 2019.

안경식, 「신라국학의 '현지화' 과정 연구」, 한국교육사학회, 『한국교육사학』 38권 4호, 2016.

안경식, 「신라 하대 불교지성, 진감선사의 삶의 교육학적 의미」, 한국교육철학회 편, 『교육과
　　한국불교』, 학지사, 2017.

의상, 「백화도량발원문」, 『한국불교전서』(제2책), 동국대학교출판부, 1980.

의상, 「화엄일승법계도」, 『한국불교전서』(제2책), 동국대학교출판부, 1980.

이기백, 『신라사상사연구』, 일조각, 1986.

이시이 코세이(石井公成), 「華嚴經問答의 諸問題」, 195쪽. 김상현 교감번역, 『화엄경문답』, 씨
　　아이알, 2013.

전해주, 『의상화엄사상사연구』, 민족사, 1993.

정광, 「한반도에서 한자의 수용과 차자표기의 변천」, 구결학회, 『구결연구』 11집, 2003.

천도교중앙총부,『천도교경전』, 포덕 110년(1969).

최영성,「법장화상전」,『(역주)최치원전집(2)』, 아세아문화사, 1999.

츠지모토 마사시, 오키타 유쿠지 외 지음(이기원, 오성철 역),『일본교육의 사회사』, 경인문화
　　사, 2011.

한기언,『한국교육사』, 박영사, 1963.

[제4장]

강종훈,「명문의 새로운 판독을 통해 본 울주 천전리각석의 성격과 가치」, 대구사학회,『대구사
　　학』제123호, 2016.

김재홍,「고대 목간, 동아시아의 문자 정보 시스템」,『내일을 여는 역사』67호, 2017년 여름호.

나경수,「반구대 암각화의 신화학적 해석 가능성」, 한국암각화학회,『한국암각화연구』제16집,
　　2012.

노용필,「신라 국학의 교육 내용과『문선』」, 제7회 신라학국제학술대회논문집,『신라국학 수용
　　과 전개』, 2013.

문명대,「울산 반구대 암각화의 발견과 의의」,『반구대매거진』창간호, 2013.

미셸 푸코(오생근 역),『감시와 처벌-감옥의 역사』, 나남출판, 1995.

박형익, 조병로, 김헌선,「알타이신화의 문화사적 의의 연구-한국신화와 신화 그림의 시원적
　　기저 탐색을 중심으로-」, 한국사상문화학회,『한국사상과 문화』제17집, 2002.

서울대학교 교육연구소,『교육학용어사전』, 하우동설, 1995.

안경식,『구비설화에 나타난 한국 전통교육』, 문음사, 2004.

안경식,「삼국 및 통일신라시대의 유학교육사상」, 한국국학진흥원,『한국유학사상대계Ⅴ(교육
　　사상편)』, 2006.

안경식,「미디어의 관점에서 본 신라 국학 성립의 의미」, 한국교육사학회,『한국교육사학』제36
　　권 제4호, 2014.

안경식,「교사의 탄생: 신라 사회의 '교사'」,『한국교육사학』제36권 제1호, 2014.

윤선태,「목간으로 본 신라 왕경인의 문자생활」, 동국대학교 신라문화연구소,『신라문화재학술
　　발표논문집』28, 2007.

이건청,「감각과 주술-시의 힘을 송신해주는「반구대 암각화」」,『반구대 암각화 앞에서』, 동학
　　사, 2010.

이경섭,『신라 목간의 세계』, 경인문화사, 2013.

임재해,「통섭과 융합의 학문으로서 구비문학 연구의 실천」, 실천민속학회,『실천민속학연구』
　　제29호, 2017.

전호태, 「울주 천전리 각석의 세선각화와 동아시아 선사고대미술로 본 기록문화」, 『선사와 고대』 제47호, 2016.

정동찬, 『살아있는 신화 바위그림』, 혜안, 1996.

조동일, 『구비문학의 세계』, 새문사, 1980.

조동일, 『한국문학통사 1』(제2판), 지식산업사, 1992.

츠지모토 마사시(이기원 역), 『일본인은 어떻게 공부했을까?』, 지와 사랑, 2009.

크리스타 뒤르샤이트(김종수 역), 『문자언어학』, 유로, 2007.

플라톤(조대호 역해), 『파이드로스』, 문예출판사, 2016.

한순미, 「언어문화적 상상력으로 읽어 본 「천전리 암각화」」, 국어국문학회, 『국어국문학』 제147호, 2007.

황금중, 「교육공간으로서의 자연: 화랑도 교육의 공간, 산수(山水)」, 한국교육사학회 편, 『역사 속의 교육공간, 그 철학적 조망』, 학지사, 2011.

M. 맥루한(임상원 역), 『구텐베르크 은하계-활자 인간의 형성-』, 커뮤니케이션북스, 2001.

M. 엘리아데(이은봉 역), 『종교형태론』, 형설출판사, 1982.

『正中形音義綜合大字典』, 臺北, 正中書局, 1974.

中村雄二郎, 『術語集』, 東京, 岩波書店, 2013.

[제5장]

高明士(오부윤 역), 『한국교육사연구』, 대명출판사, 1995.

김봉렬, 『김봉렬의 한국건축 이야기 3』, 돌베개, 2006.

성현, 『용재총화』, 권8 (『국역 대동야승 I』), 민족문화추진회, 1982.

안경식, 「당대 사원의 세 가지 역할과 정토사원의 교화사적」, 한국교육사상연구회, 『교육사상연구』 제2집, 1993.

안경식, 「先秦 大學 制度의 考察」, 한국교육사학회, 『한국교육사학』 제22권 제2호, 2000.

안경식, 「先秦儒家의 時教論」, 한국교육사학회, 『한국교육사학』 제23집 제1권, 2001.

안경식, 「先秦 小學 制度의 硏究」, 한국교육사학회, 『한국교육사학』 제33권 제1호, 2011.

안경식, 「미디어의 관점에서 본 신라 국학 성립의 의미」, 한국교육사학회, 『한국교육사학』 제36권 제4호, 2014.

안경식, 「신라시대 불교 강경의 교육적 의의」, 한국종교교육학회, 『종교교육학연구』 제52권, 2016.

안경식, 「신라 하대 불교지성, 진감 선사의 삶의 교육학적 의미」, 한국종교교육학회, 『종교교육학연구』 제54권, 2017.

오부윤, 「당대이후 한·중 석전학례의 공동발전−동아교육권의 연속존재와 관련하여−」, 제주
　　대학교동아시아연구소, 『동아시아연구』 제5호, 1994.

이곡, 「동유기」, 고전국역총서 30, 『동문선』 71, 1982.

이−푸 투안(구동회, 심승희 역), 『공간과 장소』, 대윤, 2007.

정순목, 『한국서원교육제도연구』, 영남대학교 민족문화연구소, 1980.

최영성 역주, 『역주 최치원 전집 1−사산비명−』, 아세아문화사, 2004.

한국교육사학회 편, 『역사 속의 교육공간, 그 철학적 조망』, 학지사, 2011.

한국향토문화전자대전(http://www.grandculture.net/)

황금중, 「교육공간으로서의 자연: 화랑도 교육의 공간, 산수(山水)」, 한국교육사학회 편, 『역사
　　속의 교육공간, 그 철학적 조망』, 학지사, 2011.

段玉裁, 『說文解字注』, 臺北, 天工書局, 1987.

[제6장]

조동일, 『한국문학통사 1』, 지식산업사, 1995.

한기언, 『21세기 한국의 교육학』, 한국학술정보(주), 2003.

황금중, 「교육공간으로서의 자연: 화랑도 교육의 공간, 산수(山水)」, 한국교육사학회 편, 『역사
　　속의 교육공간, 그 철학적 조망』, 학지사, 2011.

[제7장]

高明士(오부윤 역), 『韓國敎育史硏究』, 대명출판사, 1995.

권덕영, 『고대한중외교사』, 서울, 일조각, 1997.

금장태, 『유학사상의 이해』, 집문당, 1996.

김희만, 「新羅 官名 '大舍'의 運用과 그 性格」, 동국사학회, 『동국사학』 54호, 2013.

노중국, 「신라와 고구려·백제의 인재양성과 선발」, 신라문화선양회, 『신라문화재학술발표논
　　문집』 19, 1988.

류남상, 「백제 유학의 기반과 본질 추구를 위한 시도」, 충남대학교 백제연구소, 『백제연구』 6집,
　　1975.

박현숙, 「백제의 교육기관과 인재양성」, 주보돈 외, 『신라 국학과 인재양성』, 민속원, 2015.

신형식, 『한국의 고대사』, 삼영사, 1999.

안경식, 「삼국 및 통일신라시대의 유학교육사상」, 한국국학진흥원, 『한국유학교육사상대계 Ⅴ

(교육사상편)」, 2006.

안경식, 「교사의 탄생: 신라사회의 교사」, 한국교육사학회, 『한국교육사학』 36권 제1호, 2014.

안경식, 「신라국학의 '현지화' 과정 연구」, 한국교육사학회, 『한국교육사학』 38권 4호, 2016.

이기백, 『신라사상사연구』, 일조각, 1986.

주보돈, 「신라의 국학 수용과 그 전개과정」, 주보돈 외, 『신라 국학과 인재양성』, 민속원, 2015.

주보돈 외, 『신라 국학과 인재양성』, 민속원, 2015.

천인석, 「통일신라의 유학사상」, 『변정환화갑기념논집』, 1992.

한준수, 『신라중대 율령정치사 연구』, 서경문화사, 2012.

한준수, 「신라국학의 수용」, 주보돈 외, 『신라 국학과 인재양성』, 민속원, 2015.

高明士, 『唐代東亞敎育圈的形成』, 臺北, 國立編譯館中華叢書編審委員會, 1984.

[제8장]

均如, 『釋華嚴敎分記圓通鈔』 卷上, 한국불교전서 편찬위원회 편, 『한국불교전서』 4, 동국대학교출판부, 1980.

김리나, 『한국고대불교조각사연구』, 일조각, 1989.

김문경, 『당대의 사회와 종교』, 숭전대학교출판부, 1984.

김복순, 『신라화엄종연구』, 민족사, 1990.

김상현, 「신라화엄사상사연구」, 동국대학교 대학원 박사학위논문, 1989.

김영태, 「삼국유사에 보이는 화엄사상」, 불교문화연구원 편, 『한국화엄사상연구』, 동국대학교출판부, 1986.

김영태, 『삼국시대불교신앙연구』, 불광출판사, 1990.

김원룡, 『한국미술소사』, 삼성미술문화재단, 1973.

동국대학교 한글대장경(http://abc.dongguk.edu/ebti/c2/sub1.jsp), 『묘법연화경』 「관세음보살보문품」.

목정배, 『삼국시대의 불교』, 동국대학교출판부, 1989.

문명대, 『한국조각사(선사시대에서 통일 신라시대까지)』, 열화당, 1980.

문명대, 「경덕왕대의 아미타조상문제」, 불교사학회 편, 『신라미타정토사상연구』, 민족사, 1988.

문명대 외, 『한국불교미술대전』(전7권), 한국색채문화사, 2003.

무비 편찬, 『화엄경』, 민족사, 1995.

보광, 『신앙 결사의 연구』, 여래장, 2000.

신형식, 『삼국사기연구』, 일조각, 1981.

안경식,「당대 사원의 세 가지 역할과 정토사원의 교화사적」, 한국교육사상연구회,『교육사상 연구』제2집, 1993.

안경식,「아미타신앙이 한국 고대 교육문화에 끼친 영향」, 한국교육사상연구회,『교육사상연 구』제3집, 1993.

안경식,「미륵신앙이 한국 고대 교육문화에 끼친 영향」, 한국교육학회 교육사연구회,『한국교 육사학』제16집, 1994.

안경식,「관음신앙이 한국 고대 교육문화에 끼친 영향」, 한국교육사상연구회,『교육사상연구』 제4집, 1995.

안경식,「신라 화엄사상이 한국 고대 교육문화에 끼친 영향」, 한국교육사상연구회,『교육사상 연구』제5집, 1995.

안경식,『구비설화에 나타난 한국 전통교육』, 문음사, 2004.

안경식,「한국 고대교육사 연구와 불교 지성으로서 고승」, 한국종교육학회,『종교교육학연구』 제33권, 2010.

안경식,「신라하대 불교지성, 진감선사의 삶의 교육학적 의미」, 한국종교교육학회,『종교교육 학연구』54집, 2017.

안계현,『한국불교사연구』, 동화출판공사, 1982.

옥천사,『연화산 옥천사지, 연화옥천의 향기』, 연화산옥천사, 1999.

원효(김호성 외 역),『미륵상생경종요 외』, 동국대학교출판부, 2017.

이기백,「신라 경덕왕대 화엄경 사경 관여자에 대한 고찰」, 역사학회,『역사학보』83, 1979.

이기백,「신라시대 불교와 국가」,『신라사상사연구』, 일조각, 1986.

조동일,『한국문학통사 1』, 지식문화사, 1992.

채웅석,「여말선초 사천 지방의 매향활동과 지역사회」, 한국중세사학회,『한국중세사연구』제 20호, 2006.

體元,『白花道場發願文略解』,『한국불교전서』6, 동국대학교출판부, 1980.

崔致遠,『法藏和尙傳』,『한국불교전서』3, 동국대학교출판부, 1980.

카마타 시게오(한형조 역),『화엄의 사상』, 고려원, 1987.

카마타 시게오(장휘옥 역),『화엄경 이야기』, 장승, 1992.

한국불교문화연구소 편,『한국화엄사상연구』, 동국대학교출판부, 1986.

허흥식,『한국금석전문』, 아세아문화사, 1984.

鎌田茂雄,『華嚴學硏究資料集成』, 東京, 東京大學東洋文化硏究所, 1983.

佛光大藏經編修委員會,『佛光大辭典』, 臺北, 1990.

法律寺 編,『百濟觀音-法隆寺』, 小學館, 1993.

中村元,『華嚴思想』, 東京, 法藏館, 1960.

田村圓澄,『飛鳥 白鳳佛敎論』, 東京, 雄山閣出版, 1975.

田村圓澄,『日本佛敎史 IV』, 京都, 法藏館, 1983.

陳淸香,「觀音造像系統述源」,『佛敎藝術』第二期, 臺北, 佛敎藝術雜誌社, 1986.

[제9장]

高明士(오부윤 역),『한국교육사연구』, 대명출판사, 1995.

김기흥,『천년의 왕국 신라』, 창비, 2006.

김복순,「신라의 백고좌법회」, 동국대 신라문화연구소,『신라문화』제36집, 2010.

김용천, 박례경 역주,『의례 역주』, 세창출판사, 2012.

김종명,「'호국불교' 개념의 재검토-고려 인왕회의 경우-」, 한국종교학회,『종교연구』21, 2000.

나희라,「신라의 건국신화와 의례」, 한국고대사학회,『한국고대사연구』39집, 2005.

박종배,「조선시대 학교의례 연구」, 서울대학교 대학원 박사학위논문, 2003.

신경득,「신라 초·중기 불구내(弗矩內) 뉘 연구」, 경상대학교 남명학연구소,『남명학연구』제25집, 2008.

안경식,「불교 천도재의 교육적 의미」, 한국종교교육학회,『종교교육학연구』제46권, 2014.

안경식,「신라시대 불교 강경(講經)의 교육적 의의」, 한국종교교육학회,『종교교육학연구』제52권, 2016.

안진호,『석문의범(상)』, 경성, 만상회, 1935.

오부윤,「唐代學校敎育制度之特徵」, 한라전문대학,『논문집』25집, 2001.

윤광봉,「중세 한국의 강경과 창도」, 한국공연예술원,『한극의 원형을 찾아서: 불교의례』, 파주, 열화당, 2018.

이기영,「인왕반야경과 호국불교: 본질과 역사적 전개」, 단국대동양학연구소,『동양학』5, 1975.

이병준 외,『한국인은 어떻게 문화적으로 학습하는가?』, 예소디자인, 2015.

조명화,「中國佛敎 講經의 流變」, 서원대학교 인문학연구소,『인문과학연구』6, 1997.

조셉 캠벨(이윤기 역),『신화의 힘』, 이끌리오, 2007.

채미하,「신라 중대 오례와 왕권」, 한국사상사학회,『한국사상사학』제27집, 2006.

한글대장경『불설인왕반야바라밀경(佛說仁王般若波羅蜜經)』.

홍윤식,『불교와 민속』, 동국역경원, 1980.

蓋金偉,「漢唐官學學禮研究」, 華東師範大學 博士學位論文, 2007.

蓑輪顯量,『日本佛教史』, 春秋社, 2015.

三品彰英,『古代祭政と穀靈信仰』, 平凡社, 1975.

蕭登福,『敦煌俗文學論叢』, 臺北, 臺灣商務印書館, 1988.

安京植,「唐代淨土宗衆生教化之教育意義」, 國立臺灣師範大學教育研究所 博士論文, 1992.

鈴木晶子, クリストフ・ヴルフ,『幸福の人類學』, 京都, ナカニシヤ出版, 2013.

安田純也, 新羅における講經儀礼の受容,『東アジアの儀礼と宗教』, 東京, 雄松堂出版, 2008.

丁鋼,『中國佛教教育-儒佛道教育比較研究-』, 四川, 四川教育出版社, 1988.

朝日新聞社,『佛教新發見 3(藥師寺)』(改訂版), 2016.

朝日新聞出版,『藥師寺』, 東京, 2016.

淸原惠光,「天台の論義」, 智山勸學會,『智山學報』45, 1996.

Wulf, Christoph, *Zur Genese des Sozialen: Mimesis, Performativität, Ritual*, Bielefeld: transcipt, 2005.

[제10장]
김기흥,『천년의 왕국 신라』, 창비, 2006.

김두종,『한국의학사』, 탐구당, 1981.

김용운, 김용국,『한국수학사』, 살림출판사, 2009.

스가노노 마미치(菅野眞道) 외 엮음(이근우 역),『속일본기 1』, 지식을 만드는 지식, 2012.

스가노노 마미치(菅野眞道) 외 엮음(이근우 역),『속일본기 2』, 지식을 만드는 지식, 2012.

신라천년의 역사와 문화 편찬위원회,『신라의 학문과 교육·과학·기술』, 2016.

안휘준,『한국 회화사 연구』, 시공사, 2000.

안휘준,『한국 그림의 전통』, 사회평론, 2012.

연민수 외 역,『역주 일본서기 2』, 동북아역사재단, 2015.

유홍준,『유홍준의 한국미술사 강의』, 눌와, 2012.

유휘 엮음(김혜정, 윤주영 역),『동양 최고의 수학서 구장산술』, 서해문집, 1998.

이재호 역,『삼국사기』, 솔, 1997.

이세열 해역,『한서예문지』, 자유문고, 1995.

츠지모토 마사시(辻本雅史), 오키타 유쿠지(沖田行司) 외 지음(이기원, 오성철 역),『일본교육의 사회사』, 경인문화사, 2011.

한국고대사회연구소 편,『역주 한국고대금석문 Ⅲ』, 가락국사적개발연구원, 1992.

허홍식, 『고려과거제도사연구』, 일조각, 1993.

金瀅坤, 「唐五代明算科與算學教育」, 『中國考試』 第6期, 2016.

大隅亞希子, 「算師と八世紀の官人社会」, 笠原永遠男 編, 『日本古代の王権と社会』, 塙書房, 2010.

桃裕行, 『上代學制の研究』, 目黑書店, 1947.

劉光明, 「唐代學校式醫學教育及其對後世的影響」, 上海中醫藥大學, 『上海中醫藥大學學報』 第16卷 第3期, 2002.

三木 榮, 「朝鮮醫學教育史」, 『朝鮮學報』 第14輯, 1959.

細井浩志, 「奈良時代の曆算教育制度」, 日本歷史學會編, 『日本歷史』, 2004.

王夢鷗註譯, 『禮記今註今譯』, 臺北, 臺灣商務印書館, 1995.

尹林譯註, 『周禮今註今譯』, 臺北, 臺灣商務印書館, 1997.

李守良, 「唐代律學教育探析」, 湖北省社會科學院, 『社會科學動態』, 2017.

張瑞璠主編, 『中國教育史研究』(先秦分卷), 上海, 華東師範大學出版部社, 1991.

[제11장]

계미향, 「한국 고대의 천축구법승 연구」, 동국대학교 대학원 불교학과 박사학위논문, 2016.

고노시 다카미쓰(神野志隆光), 「문자와 말−동아시아 세계에서의 고찰」, 동아시아 일본학회, 『일본문화연구』 제7집, 2002.

권덕영, 『고대한중외교사』, 일조각, 1997.

김호동, 「속고승전과 대당서역구법고승전에 입전된 한국 고승의 행적」, 영남대학교 민족문화연구소, 『민족문화연구』 제20집, 1999.

무함마드 깐수, 『신라·서역교류사』, 단국대학교출판부, 1994.

스가노노 마미치 외(이근우 역), 『속일본기 2』, 2012,

신형식, 『한국의 고대사』, 삼영사, 1999.

안경식, 「문화교류사의 입장에서 본 동아시아 고대 교육」, 한국교육사상연구회, 『교육사상연구』 제15집, 2004.

안경식, 「삼국 및 통일신라시대의 유학교육사상」, 한국국학진흥원, 『한국유학사상대계 Ⅴ』, 2006.

안경식, 「신라 국학의 '현지화' 과정 연구」, 한국교육사학회, 『한국교육사학』 제38권 제4호 2016.

이기동, 「薛仲業과 淡海三船의 交歡: 統一期 新羅와 日本과의 문화적 교섭의 一斷面」, 역사학회, 『역사학보』 134·135집, 1992.

이병로,「나라시대 신라와 일본의 불교 교류에 관한 연구」, 일본어문학회,『일본어문학』29집, 2005.

정구복 외 4인,『역주 삼국사기 3』, 한국학중앙연구원출판부, 2012.

정수일,『혜초의 왕오천축국전 1』, 학고재, 2008.

최재석,「7세기 중국파견 일본사신·학문승과 신라」,『한국학보』84호, 1996.

黃有福, 陳景富(권오철 역),『한중 불교문화교류사』, 까치, 1995.

橋本 繁,「東アジアにおける文字文化の傳播」,『古代東アジアの社會と文化』, 東京, 汲古書院, 2007.

李成市,「古代日朝文化交流史」, 國立歷史民俗博物館·平川南 編,『古代日本と古代朝鮮の文字文化交流』, 東京, 2014.

齋藤 忠,『古代朝鮮文化と日本』, 東京, 雄山閣出版, 1997.

[맺음말]

앨빈 토플러(원창엽 역),『제3의 물결』, 홍신문화사, 2006.

유발 하라리(조현욱 역),『사피엔스』, 김영사, 2015.

유발 하라리(전병근 역),『21세기를 위한 21가지 제언: 더 나은 오늘은 어떻게 가능한가』, 김영사, 2018.

재레드 다이아몬드(김진준 역),『총, 균, 쇠』, 문학사상, 2005.

재레드 다이아몬드(강주헌 역),『어제까지의 세계: 전통사회에서 우리는 무엇을 배울 것인가?』, 김영사, 2013.

傅偉勳,『從創造的詮釋學到大乘佛學』, 臺北, 東大圖書公司, 1990.

찾아보기

인명

내용

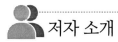
저자 소개

안경식(安京植, An Gyeong-Sik)

[경력]

국립대만사범대학 교육연구소 철학박사(1992)

전) 히로시마대학교 교육학부 객원교수(2015~2016)

    북경 제2외국어대학교 교환교수(1998~1999)

    동아대학교 인문과학대학 교육학과 조교수(1995~2002)

현) 부산대학교 사범대학 교육학과 교수(2002~)

[학회활동]

한국교육사학회(전 회장)

한국교육사상학회(전 회장)

한국교육철학학회(이사)

한국종교교육학회(이사)

동아시아불교문화학회(이사) 등

[저서]

교육과 한국불교(공저, 학지사, 2017)

역사 속의 교육공간, 그 철학적 조망(공저, 학지사, 2011)

한국 전통 아동교육사상(학지사, 2005)

구비설화에 나타난 한국 전통교육(문음사, 2004)

소파 방정환의 아동교육운동과 사상(학지사, 1994)

教育學方法論(공저, 중국어 저서) 등 20여 권

E-mail: sinosan@pusan.ac.kr

신라인의 교육, 그 문명사적 조망

Silla People's Education and Its Civilization-Historical Perspectives
新羅人の教育、その文明史的眺望
新罗人的教育與其文明史上的眺望

2019년 6월 10일 1판 1쇄 인쇄
2019년 6월 20일 1판 1쇄 발행

지은이 • 안경식
펴낸이 • 김진환
펴낸곳 • (주) 학지사

04031 서울특별시 마포구 양화로 15길 20 마인드월드빌딩
대표전화 • 02)330-5114   팩스 • 02)324-2345
등록번호 • 제313-2006-000265호

홈페이지 • http://www.hakjisa.co.kr
페이스북 • https://www.facebook.com/hakjisa

ISBN 978-89-997-1845-8 93370

정가 25,000원

이 도서의 국립중앙도서관 출판시도서목록(CIP)은 서지정보유통지원
시스템 홈페이지(http://seoji.nl.go.kr)와 국가자료공동목록시스템
(http://www.nl.go.kr/kolisnet)에서 이용하실 수 있습니다.
(CIP 제어번호: CIP2019022891)

출판 · 교육 · 미디어기업 학지사

간호보건의학출판 학지사메디컬 www.hakjisamd.co.kr
심리검사연구소 인싸이트 www.inpsyt.co.kr
학술논문서비스 뉴논문 www.newnonmun.com
원격교육연수원 카운피아 www.counpia.com